经济科技档案工作管理创新和档案信息资源开发利用

案例集

（上册）

国家档案局经科司　编

石油工业出版社

内容提要

本书以习近平新时代中国特色社会主义思想、习近平总书记关于档案工作的系列重要指示批示精神为指导，按照《"十四五"全国档案事业发展规划》要求，总结了经济科技档案信息资源开发利用和档案工作管理创新的经验和做法。本书旨在宣传经济科技档案信息资源在服务中心大局中发挥的重要作用，调动档案部门和人员的工作创新积极性，推动经济科技档案工作高质量发展。

本书适合企业档案工作人员学习参考。

图书在版编目（CIP）数据

经济科技档案工作管理创新和档案信息资源开发利用案例集：2019—2021. 上册 / 国家档案局经科司编. -- 北京：石油工业出版社，2024.12. -- ISBN 978-7-5183-6886-0

Ⅰ. G275.3；G272

中国国家版本馆 CIP 数据核字第 2024N5C575 号

出版发行：石油工业出版社
　　　　　（北京市朝阳区安华里二区 1 号　100011）
　　　　　网　　址：www.petropub.com
　　　　　编辑部：（010）64523785
　　　　　图书营销中心：（010）64523633
经　　销：全国新华书店
印　　刷：北京九州迅驰传媒文化有限公司

2024 年 12 月第 1 版　2024 年 12 月第 1 次印刷
787 毫米 ×1092 毫米　开本：1/16　印张：52.5
字数：882 千字

定价：350.00 元
（如出现印装质量问题，我社图书营销中心负责调换）
版权所有，翻印必究

《经济科技档案工作管理创新和档案信息资源开发利用案例集（2019—2021）》

编委会

主　任：高　嵌
副主任：李　忱
委　员：蔡盈芳　肖　妍　张晶晶　袁　瑞　车昊珈

前　言

为深入贯彻落实习近平总书记对档案工作的重要指示批示精神和党中央关于档案工作的决策部署，推动经济科技档案工作创新和高质量发展，近年，国家档案局组织开展了全国经济科技档案工作管理创新和档案信息资源开发利用案例征集工作。此项工作深度挖掘了经济科技档案工作创新的鲜活案例，有效激发了档案部门及人员的积极性、主动性、创造性，有力宣传了经济科技档案信息资源在服务中心大局中发挥的重要作用，取得了较好的工作成效。

为更好地发挥创新案例的示范引领作用，国家档案局经科司在前期创新案例出版的基础上，继续将2019—2021年的214个创新案例集结出版。这些案例展现了广大档案工作者立足岗位创新开展经济科技档案工作的好经验、好做法及取得的效益。如2019年中国商飞上海飞机设计研究院《攻坚克难，建立试飞档案管理体系；鉴往知来，助力打造商用飞机精品》展现了档案工作主动支撑大型客机研制核心业务，并取得显著经济效益和社会效益的成果；2020年国家电网武汉供电公司《为生命护航，专题档案助力战"疫"奇迹》展示了档案工作在应对重特大事件中发挥作用的方法和途径；2021年自然资源部中国海洋档案馆《档案发声再现建党百年海洋成就，蓝色印记绽放科技档案文化魅力》凸显了建党百年来中国海洋事业走过的不平凡历程和取得的成就，树立了科技档案发挥社会价值和文化价值的示范。通过这些创新案例的交流和学习，相信档案部门和档案工作者能够继续加大经济科技档案工作创新力度，自觉围绕"国之大者"，发挥好档案工作存史、资政、育人的独特作用，为以中国式现代化全面推进中华民族伟大复兴贡献档案力量。

本案例集由国家档案局经科司组织编写，在编写过程中得到了案例形成单位的大力支持，在此表示感谢！

由于时间仓促，水平所限，书中错漏之处在所难免，敬请读者批评指正。

编者
2024 年 12 月

目 录

2019

一类案例

开发多媒体档案资源为企业文化建构、播种、扎根 /3

国家记忆·南京长江大桥档案开发与保护 /9

运河五号
——工商档案的活化新生 /15

创新声像档案同步利用,打造地铁建设文化精品 /23

挖掘非遗档案,传播中药文化 /30

人保寿险客户档案数字化管理和应用案例 /37

与祖国同庆,礼赞中国雷达事业 70 周年
——档案系列开发利用案例 /44

深化应用"互联网+"电子档案,助力优化电力营商环境 /52

充分发挥档案"第一手"史料价值,共同打造文化鸿篇巨制
——《三峡工程史料选编》 /60

攻坚克难,建立试飞档案管理体系;鉴往知来,助力打造商用飞机精品
——上飞院开展试飞档案管理工作 /67

二类案例

守护碧水蓝天,创建长青基业
——跨地域集团化供水企业产销差率管控项目档案资源开发利用实例 /73

多举措突破性尝试,充分挖掘历史档案;彰显档案价值,助推企业持续发展 /79

蒙牛档案多点发力,与高科技集成
——培育企业档案新的增长极 /85

全方位整合信息数据库,精细化掌控城市"大动脉"
——利用地理信息系统建设供水管网的档案应用案例 /93

推动老城保护，还原历史记忆

　　——南京历保集团企业档案向纵深发展　　　　　　　　　　　　　/ 99

开发企业档案资源，服务古井高质量发展　　　　　　　　　　　　　/ 106

挖掘音像档案，制作《青岛港凤凰传奇四十年》史料专题片　　　　　/ 112

变电运维档案查询 App 打造"口袋里的移动档案库"　　　　　　　 / 118

传承历史文化，弘扬企业精神

　　——庆祝广州石化成立 45 周年系列档案展　　　　　　　　　　/ 125

利用档案资源，企业获得大额补偿　　　　　　　　　　　　　　　　/ 132

一份档案追溯崂矿历史发展，实现"崂山"品牌价值达 228.95 亿元　 / 135

全国首堆档案助建《AP1000 核电工程标准工程量清单》　　　　　　 / 141

航天科工充分挖掘历史档案，庆祝中国改革开放 40 周年　　　　　　/ 148

航天档案闪耀太空，让档案"带你飞"

　　——航天档案高效服务于航天科工集团首星"天鲲一号"　　　　/ 154

水井档案为融入雄安新区绿色生态建设贡献力量　　　　　　　　　　/ 160

档案精准助力追回亿元国际欠款　　　　　　　　　　　　　　　　　/ 165

明镜鉴形

　　——依托境外项目档案助力国际化高质量发展　　　　　　　　　/ 170

定制个性化档案利用方案，服务葛洲坝电站机组增容改造，

　　助推水轮发电机结构设计创新　　　　　　　　　　　　　　　　/ 175

大数据电子档案智能分析系统助力企业管理水平有效提升　　　　　　/ 181

基于需求信息关联的企业档案信息资源知识化服务　　　　　　　　　/ 188

三类案例

知识管理平台提升档案利用效能　　　　　　　　　　　　　　　　　/ 195

凭证利用信息化，向档案创新要效益　　　　　　　　　　　　　　　/ 201

共识共享、创新发展

　　——探索企业档案信息资源开发利用新模式　　　　　　　　　　/ 209

《雄关漫道——改革开放中的浦发银行》纪录片中的档案信息　　　　/ 214

精心编研全领域、全产业链发展的水下隧道，推动企业品牌价值的升华　/ 219

传承红色基因，弘扬奋斗文化

　　——湘钢厂史展览馆建设项目档案资源开发利用　　　　　　　　/ 225

发挥档案资源价值有序盘活存量资产，"一企一策"取得国有企业改革新成果　/ 231

地质档案在国土资源部设立的陕西商州—丹凤—商南地区
  铀矿整装勘查项目中的开发利用 / 236

5000 万元不良贷款成功清收背后的档案故事 / 245

构建档案数字化信息平台实现资源共享、远程利用和综合服务 / 251

创新档案管理，服务保障民生，促进企业发展 / 258

企业内容管理一体化平台（ECM）的实施推广及深度开发 / 264

真凭实据，一锤定音
  ——档案凭证价值屡为组织权益保驾护航 / 273

科学有效利用档案助力产品开拓创新 / 279

神秘"151"，添彩青海湖
  ——军工档案助力青海湖景区开发 / 285

庆祝改革开放 40 周年和兵器工业集团成立 20 周年献礼系列作品：
  《中国兵器工业遗产图册》《辉煌成就图文集》
  《兵器工业"不忘初心、牢记使命"主题图片展》 / 290

百年大观
  ——纪念中国航空发动机之父诞辰 100 周年图片展 / 298

实施油气勘探开发档案资源整合，助力发现世界最大砾岩油田 / 304

庆祝中国石化成立 35 周年主题展览 / 309

创新岩心实物档案资源的开发利用，助力国有特大型石油企业可持续发展 / 314

深耕细作物探科技档案，助力企业扭亏为盈健康发展 / 320

新媒体 + 档案助庆祝电力改革开放 40 周年出彩 / 327

强基础、重服务、立品牌，彰显百年云电辉煌
  ——云南电网有限责任公司档案信息资源开发利用创新之路 / 334

提升管理见成效，助力企业破困局 / 341

档案文件开发利用为供热改造提供服务保障，为企业盈利 2763 万元 / 348

以"联通记忆"主题为例，对企业档案信息资源开发利用一次创新形式的实现 / 352

建设专业化知识管理平台，打造新时代档案管理新模式 / 359

发挥档案价值，助力中国建筑大型国际仲裁案胜诉 / 367

挖掘利用档案资源，传承弘扬历史文化
  ——华润档案馆历史文化展 / 372

深度定制档案利用方式，为核电站生产提供高效服务 / 379

2020

特别案例

精准施策，科学做好"两山"医院应急档案工作	/385
为生命护航，专题档案助力战"疫"奇迹	/392
兰台见证"两山"起，助力防疫阻击战	
——市城建档案馆"两山"医院建设档案收集工作案例	/399
规范建档强支撑，助力民企快发展	
——九州通医药集团档案管理的生动实践	/406

一类案例

"千村档案"助力美丽乡村建设	/411
建设项目档案管理"十步工作法"	/417
擦亮国家名片，中国桥梁建设档案焕发新生	/423
创新档案治理机制，赋能工程高质量发展	
——深圳市建筑工务署体系化工程档案治理机制结硕果	/430
全域统建统管统用档案资源的市镇村一体化新机制	/437
中国科学院战略性先导科技专项档案管理的探索与实践	/444
交通银行大力推行档案工作数字化转型	/451
档案专业思维下的拓展式管理助力航天智慧总体部知识工程建设	/456
中国石油档案工作数字化转型助力企业价值创造	/466
"云在线"模式在工程档案过程检查和验收中的创新应用	/473
追寻历史，回望初心，传承使命	
——"浙电记忆"口述历史档案采集项目	/482
建立新能源基建项目"1+2+N"合规性文件体系，助力企业转型升级高质量发展	/490
创新海外档案管理，助力建设世界一流企业	/498

二类案例

"小桔灯"档案点亮全国照明"大数据"	/505
聚力农村改革，厚植乡村记忆，打造乡村振兴档案工作新格局	/513

信息化检测技术背景下引江济淮工程档案监控管理的研究探讨 /521

三明市"村档乡管"模式服务乡村振兴战略 /528

深中通道项目 BIM+ 电子档案协同管理创新 /534

以"信息化"为抓手，引领泸州老窖进入档案管理智能化时期 /540

镇海区聚焦农村档案资源共建共享跑出档案服务"加速度" /548

空间科学先导专项档案管理创新实践 /551

讲好时代楷模故事，弘扬创新为民初心，营造档案文化氛围
　　——上海药物所"不忘初心、牢记使命"时代楷模主题档案展 /558

构建一体两翼档案管理模式，服务银行业务快速稳健发展 /565

基于互联互通的核电智能档案管理创新应用 /572

"拍立存"声像档案管理系统的建设与创新
　　——以"华龙一号"示范工程为例 /580

建院六十周年系列丛书之《辉煌六十年群英谱》 /587

利用试点项目实现船舶产品设计电子档案全生命周期管理 /594

中国石油创新境外档案管理模式有力保障境外油气业务优质发展 /601

创新档案管理体制与共享服务模式，谱写集团型企业档案管理新篇章 /608

"五位一体"实施 10 号令新方法 /615

桥梁档案大数据为"桥梁+"发展战略注入新动能 /622

三类案例

电厂关停转型期间档案的精准服务 /628

智能档案大数据技术助力唐山城市规划建筑设计行业转型升级 /634

构建"模块式+立体化"档案管理格局为项目建设发展提供服务 /641

商业银行基于集中采购业务的合规内控电子档案数据整合 /647

构建"1+14+N"涉农档案管理体系，助推档案工作服务农村基层社会治理 /654

基于 TextCNN 人工智能算法的档案保管期限鉴定 /662

用电子化手段实现工程项目档案生命周期化管理 /667

打造档案"乡愁"版，助力泉州乡村振兴
　　——泉州市乡村记忆文化项目建设综述 /674

运用"文件包"技术，优化洪屏电站项目档案管理 /679

白蚁档案资料助力小浪底大坝安全防护 /685

文档一体化编码（HN 编码）在海南核电的创新应用 /692

聚焦攻坚，电亮民生
    ——电网扶贫工程档案管理创新与实践 /699

以服务产出为导向的"档案业务合伙人"文化建设 /704

宣传领航，创新档案文化传播实践 /709

"档案集中共享"模式助力企业经营管理 /715

全方位精细化技术引领，创新重大项目档案管理 /722

《民用运输机场建筑信息模型应用统一标准》的编制与发布 /729

核动力知识型数字档案室建设 /739

基于文件生命周期理念的固定资产投资项目档案协同管理 /747

瞄准一心二效三节，打造星级服务现场 /756

军工科研院所综合档案馆资源协同整合与多粒度标引机制实践 /765

AEOS 建设助力固定资产投资项目档案管理 /772

国家级页岩气示范区全数字化移交及在线归档实践 /781

基于融合共生理念的电网基建与运检档案管理提升 /788

机制、业务、技术"三位一体"创新档案管理助力打造电网精品工程 /795

创新思维，强化产权变动企业档案管理主动谋划，保障国有资产安全高效利用 /802

科技创新激发内生动力，档案价值助力科技创效
    ——中稀依诺威科技创效档案管理侧记 /809

"6·9"国际档案日宣传之"深圳特区四十周年及中广核（大亚湾核电）与
特区同成长特展
    ——博物大亚湾，珍贵手稿展" /816

新中国铁路记忆
    ——企业历史档案挖掘与利用 /819

2019

开发多媒体档案资源
为企业文化建构、播种、扎根

上汽通用汽车有限公司（以下简称上汽通用）是我国迄今为止最大的中美合资企业。1997年成立以来，公司充分发挥企业经济、科技和文化优势，捷足快行，如今已经拥有浦东金桥等4个分布全国的生产基地、3大轿车品牌、30多个产品系列、100多款车型，累计用户超过1900万人。支撑上汽通用22年发展的不竭动力，是融中外文化精髓、又扎根中国土壤的企业文化。先进的企业文化在培育了一支充满朝气、能征善战的员工队伍之余，也成为企业最为宝贵的精神财富。

为了弘扬和传承先进的企业文化，自2013年起，公司档案室将发展的目光聚焦到多媒体企业文化档案管理上来，紧紧围绕企业文化建设需求，一手抓资源建设，一手抓档案编研，通过二者的良性互动，取得了企业文化档案资源建设和档案编研工作双丰收。

一、收集：为档案编研夯基

企业文化是企业宝贵的精神财富，也是新领域建档的不竭源泉。随着数码影像技术的迅猛发展，公司各部门兼职摄影师们用相机或手机，拍摄了大量反映企业文化活动的照片或视频。然而，这些资源长期以来一直分散保存在各部门拍摄者手中，无整理、无管理、无保护，利用十分有限。面对文化建档的困惑，公司档案室自我加压，主动担当起企业文化建档的使命。

（一）建章立制，构建多媒体企业文化档案管理的保障体系

为了使建档工作有章可循、持续发展，公司档案室于2015年制定《多媒体档案管理规定》，明确规定了多媒体企业文化档案的收集范围、收集要求、分类

方案、著录规则、整理方法和利用规定，并将该类档案纳入电子档案管理范畴，明确工作职责和专职人员，实行集中统一管理。

文化建档，资源为本。公司档案室从研究企业文化和企业文化档案的概念出发，经过广泛的调研，制定了《企业文化档案收集范围》，该范围分六大类目：一是企业文化职能，包括企业党群、生产、经营、行政、科研、基建、设备、环保、节能等活动记录，这类档案与传统档案多有交叉；二是企业文化活动，包括班子建设、班组建设、演讲报告、业务竞赛、岗位练兵、联欢娱乐、社会公益等活动记录；三是企业文化标记，包括企业标记、企业歌曲、荣誉证书、知识产权证、文化实物（如标牌、车模）等；四是企业文化精神，包括经过梳理归纳，被全体职工普遍认同和共同遵循的文化理念、行为规范等；五是企业文化宣传，包括宣传企业文化的图书、资料、刊物，电台媒体中有关本公司的新闻报道等；六是企业文化记录，包括各项活动中形成的计划、方案、制度、规范、标准、经验、总结、报告、荣誉证书及微电影、微信公众号等。

鉴于多媒体在表现企业文化活动中的普及性和生动性，因此在以上档案收集中突出照片、视频、录音等多媒体的收集，这样就避免了企业文化档案与传统档案的交叉和重叠。

（二）疏通收集渠道，为企业档案资源输送新鲜血液

企业文化档案收集采用了四种方式：一是突击收集，如每次重大活动结束以后，专职档案员立即主动上门向有关部门收集重大活动的多媒体档案。又如围绕档案编研的主题，本着拾遗补阙的原则，突击收集某专题的材料。二是常态收集，即专职档案员与各部门兼职档案员或摄影师之间建立长期的协作关系并落实兼职档案员工作职责，结合重大工程、重点项目以及文书材料的归档，一并收集有关多媒体档案。三是内部收集，鉴于传统的基建、设备、生产、经营等档案也记录了企业物质和精神文化成果，蕴含了丰富的企业文化要素，为此公司档案室从传统档案中提取了一批平时利用率较高的企业文化档案，如企业资质、知识产权证书等，建立专题目录，率先实施数字化，将其列为重点保护和共享利用的档案。四是模数转换，即将公司成立初期拍摄的传统照片进行扫描，将模拟图像进行模数转换，及时抢救和收藏了一批珍贵的反映造车人初心和梦想的多媒体企业文化档案，这些档案在以后的档案利用和编研中发挥了重要的史料价值。

二、整理：为企业文化扎根

2013 年公司在"SGM 档案管理系统（UAMS）"中建立了专用的"多媒体企业文化档案管理子系统"，由专职档案员利用该系统收集、整理多媒体文化档案。至今已收集整理数码照片档案 1118 件 /114500 张，视频档案 617 件，多媒体档案总容量达 5TB。收集知识产权档案 2162 件，企业资质档案 485 件，荣誉档案 2111 件，形成了初具规模、整理有序的多媒体企业文化档案资源库。

为了方便多媒体企业文化档案的检索和编研选材，采取了以下务实的做法：一是要求归档部门严格按规范要求归档，归档前必须注明多媒体企业文化材料的基本要素，包括人物、地点、事由、背景、摄影者等，以便于归档后的整理；二是确保档案的原始性，归档多媒体一般不做编辑，保留档案的原始属性，视频在收集编辑片的同时还收集原始片，并保留原始声音；三是整理时按档案所反映的单项活动组件，选择其中具有代表性和典型性，且主题鲜明、影像清晰的照片或视频归档，剔除重复件，以确保档案的质量；四是多媒体档案采用实名制命名，即按"档号＋归档部门＋题名＋件内序号"方式命名，以便于档案的有序化保管和精准化检索；五是多媒体档案采用国家推荐的多媒体电子文件格式保存，确保其长期有效；六是采用统一的"多媒体企业文化档案管理系统"，建立可按照授权进行广泛共享的多媒体企业文化档案资源总库。

三、选题：为企业文化建构

多媒体企业文化档案编研是围绕特定的主题，应用多媒体技术，对多媒体企业文化档案资源进行编辑和研究，形成以多媒体形式表现、以体系化方式展示的新型档案编研成果。编研包括选题、选材、编辑等过程，其中选题是编研工作的出发点和归属点，是确保编研成果价值的前提条件。本课题以企业文化建设需求为导向，实施了以下两个编研项目，分别从"编"和"研"两个侧重点上，探索实现企业档案编研工作的目标。

（一）"SGM '六重'珍贵记忆多媒体系列展示"为企业文化留声、留影

该课题侧重于"编"，即将上汽通用成立以来发生的重大事件，以多媒体表现形式编纂成有机整体，以图文声像方式展示企业发展历史，满足为企业文化留

声、留影、扎根的需求。同时该成果对企业多媒体文化档案的收集、分类又具有重要的指导意义。该成果分为"六重"，见表1。

表1 SGM"六重"珍贵记忆多媒体系列展示一览表

项目名称	项目内容
重奖荣誉	本公司所获国家级、部委级和上海市级荣誉称号的标志、证书等
重要来访	党和国家领导人莅临视察、指导，以及名人、贵宾来访接待活动
重大活动	本公司举办的各类重要会议、庆典、技术竞赛、表演、培训、展览、轿车下线、班组建设、演讲报告、社会公益等活动
重点项目	本公司实施的重点基建项目、重点新品项目、重点科研项目
重量人物	本公司历任主要领导、市级以上先进模范员工的照片和简介
重彩文化	本公司形成的经过梳理的先进文化理念、核心价值观以及反映安全、质量、创新等主题的计划、方案、总结、报告、歌曲、微电影等

（二）"上汽通用企业文化荟萃"为企业文化建构、搭台

该课题侧重于"研"，即对上汽通用的文化积淀进行概念化定义和系统化梳理，形成较为完整的体系架构和较为准确的文化内涵，满足企业文化体系化、精准化传播的需求。"上汽通用企业文化荟萃"编研片对上汽通用特色鲜明的企业文化进行了归纳梳理，初步形成了企业文化体系架构，包括"战略层"等6个层次、"上汽愿景"等15个主题、"目标导向"等6项功能（图1）。15个主题采用

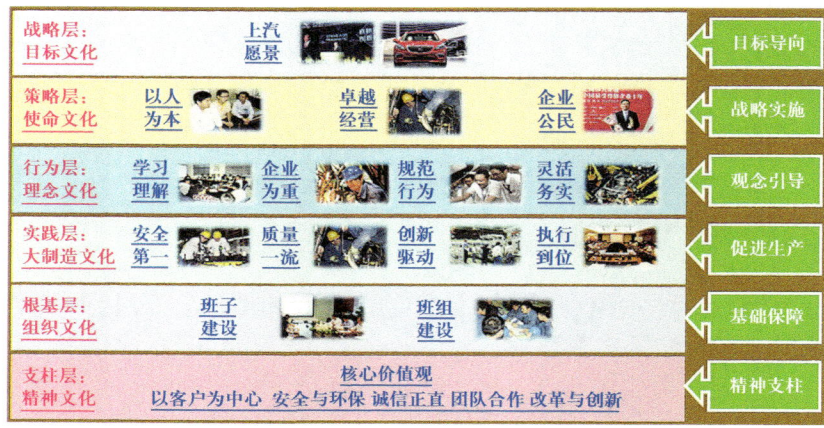

图1 上汽通用企业文化体系

形象的多媒体编研片，诠释了上汽通用特色企业文化的精髓。用户可以用鼠标分别点击观看。编研片还专门编制了一个片头，通过回眸企业发展成就，突出了习近平总书记关于"文化自信是最根本的自信"的鲜明主题。

四、选材与编辑：为企业文化播种

编研主题确定后，关键在于编研素材的选定。传统纸质档案编研成果载体单一、形式呆板，不便于传播和再次优化编辑。本课题充分发挥了多媒体技术的优势：一是紧扣主题，为主题服务。选取的素材力争具有系统性、针对性、完整性，能从多角度反映主题思想和内容。二是高度保真，确保素材的原生态。选取的图像、声音均出自档案，并尽量注明档案号和出处。三是质量上乘，技术和内容俱佳。在技术上确保素材的图文影像信息完整、清晰，兼容性强，易于编辑且播放流畅；在内容上确保信息的真实性、生动性和凭证性。四是形式生动，内容可视。优先选取反映企业奋发向上精神风貌、特色鲜明、图文声像并茂的素材，力争以较强的视听效果反映抽象的企业文化理念和丰富内涵。选材的优先级顺序为视频、照片、文字，如果没有视频，则在编辑中突出照片和文字的动感。

图文编辑是编研工作的最后环节。为了便于编研成果的传播，本课题综合运用了视频编辑、图像处理、语音合成等软件工具。所有编研成果都可供用户采用交互方式选择观看。最后将成果刻录成可以独立播放的光盘，配上精美的光盘标签，以便于编研成果的查找、播放、传播。

纸质档案不便于编辑修改，编研成果往往"毕其功于一役"。为了克服传统编研的局限，本课题从多媒体技术特点出发，在项目完成后不断以需求为导向，对成果进行优化处理。为此，每次编研都保留好编研的过程性文件及素材，并加以汇总整理，归档保存，以确保编研工作的可持续发展。

五、见效：为企业文化建设助力

（一）梳理了企业文化成果，构建了上汽通用文化架构

优秀的企业文化形成于企业员工的创建，主要通过企业刊物、会议宣传、口传身教等方式传播，由此在体系、概念、内涵上往往存在模糊性。《上汽通用企业文化荟萃》编研片对企业文化进行了归纳梳理，初步形成了完整的体系架构、

准确的概念定义和内涵描述，为企业文化的理论化、系统化、精准化传播奠定了基础。

（二）整合了企业文化资源，增强了企业文化的软实力

传统档案都以纸质单媒体材料为主，主要为企业领导和机关的行政工作服务，形式单一，不便查找和传播。企业文化档案资源建设开辟了档案内容和档案服务的新领域，车间生产一线的员工通过被授权，可共享多媒体档案管理系统，直接利用企业文化档案开展文化宣传活动，使宣传更加贴近企业的生产、经营、科研、教育工作，更好地为各部门和员工服务。

（三）固化了企业文化精髓，初步形成企业文化"基因库"

在22年发展中积淀下来的特色企业文化是企业的宝贵财富和优质"基因"。然而随着员工的新老更替和流动，这种"基因"存在失落和失传的风险。企业文化档案集成、固化、记录了企业文化的精髓，从而确保先进的企业文化成为丢不掉、流不散的企业财富，代代相传。

经过上述努力，公司现已构建琳琅满目的多媒体企业文化档案，为企业文化建设提供了强大的推动力。通过对多媒体企业文化档案的利用，公司重大活动得以顺利举办，企业文化宣传得以深入人心，职工教育培训得以生动鲜活，企业文化氛围也变得更为积极向上。

今后，公司档案室将继续聚力贯彻落实习近平总书记视察上汽通用时作出的重要指示要求，以创新的档案工作还原企业文化记忆，表现企业文化内涵，传播企业文化价值，构建企业文化体系，助力造车人实现造车梦。

案例形成单位：上汽通用汽车有限公司
案例形成人：俞志洪、吴超、张大伟

国家记忆·南京长江大桥档案开发与保护

一、案例概述

为系统、完整地收集,妥善保护有关南京长江大桥档案,开发一批南京长江大桥档案精神产品,在南京长江大桥建成通车50周年之际,江苏省档案馆与中铁大桥局集团有限公司建立联系,整合多方力量,共同完成南京长江大桥档案开发与保护工作,形成了南京长江大桥档案"五个一"系列成果,为进一步研究与开发南京长江大桥档案提供翔实、全面的基础资料,使南京长江大桥珍贵档案得到妥善保护,并为开启"地企合作"开发利用档案信息资源进行了积极探索、提供了有益借鉴。

二、实施背景

"一桥飞架南北,天堑变通途。"作为第一座由中国人自行设计、自主建造的双层式铁路公路两用特大型桥梁,南京长江大桥以气贯长虹的"中国跨度"和气吞山河的"民族气概",见证半个世纪的历史风云,彰显着永久魅力和时代风采。周恩来总理曾自豪地告诉国际友人:"新中国有两大奇迹,一个是南京长江大桥,一个是林县红旗渠。"

南京长江大桥全部档案,包含文书档案、科技档案约415卷,照片档案3000余张,还有数盘影像资料。多年来,这些南京长江大桥筹建、设计、施工及使用等档案,分别珍藏在江苏省档案馆、中铁大桥局集团有限公司、南京市档案馆、南京市城市建设档案馆等单位。2015年,江苏省档案馆馆藏南京长江大桥档案入选"国家记忆"——中国档案文献遗产名录。2018年12月29日,是南京长江大桥通车50周年纪念日。为系统、完整地收集以及妥善保护有关南京长江大桥档案,江苏省档案馆主动与中铁大桥局集团有限公司、南京市档案馆等单位建立联系，围绕"国家记忆·南京长江大桥档案开发与保护"项目，整合多方力量，共同完成南京长江大桥档案开发和利用。

三、创新做法

（一）思想共通

用档案发声，以史实说话，充分利用南京长江大桥建成通车50周年重要契机，深入挖掘南京长江大桥档案价值，记录共和国一个时代的辉煌印迹，总结和弘扬大桥建设过程中所形成的"独立自主、自力更生"精神，激励广大干部群众奋进新征程、建功新时代、创造新业绩，具有重要历史和现实意义。

秉持着这一理念，江苏省档案馆不断解放思想，拓展开发思路，走政府、企业合作开发档案的新路子，积极与中铁大桥局集团有限公司等单位联系，共同商讨南京长江大桥档案合作开发利用项目。大家思想统一、目标一致，都充分认识到在南京长江大桥建成通车50周年，全面、系统收集整理有关南京长江大桥档案，推出一批南京长江大桥档案精神产品，真实还原20世纪那个特定的历史条件下，党和人民克服重重困难、建成世界第一流雄伟大桥的历史壮举，不仅能充分展示时代精神和中华民族的优秀品质，让南京长江大桥的历史记忆重现，让所有年龄段的人都能感受到它的历史，明白它的历史，还能为南京长江大桥档案进一步的研究与开发提供翔实、全面的基础资料，并使档案得到妥善保护，是一件功在当代、利在千秋的大事、好事。

（二）资源共享

2018年3月，江苏省档案馆与中铁大桥局集团有限公司正式签订了合作开发利用南京长江大桥档案协议，明确将双方分别保管的南京长江大桥档案进行全文数字化，共同享有南京长江大桥档案资源数据库，并迅速启动南京长江大桥档案的系统整理、编目及全文数字化。

在合作过程中，江苏省档案馆、中铁大桥局集团有限公司、南京市档案馆等单位齐心合力、积极投入。中铁大桥局集团有限公司及驻南京二公司、四公司的档案部门全体同志全身心投入，安排人员对南京长江大桥的档案文件资料、影像资料进行了全面清理，对涉及政治、历史、技术核心秘密的资料进行了剔除，所共享的档案资料全部由技术部门、法务部门、宣传部门进行了严格审核把关。各相关单位对馆藏南京长江大桥档案分别做了认真细致的鉴定,做到了共享、利用的档案文件资料符合保密要求。

随后,江苏省档案馆组织档案数字化专业队伍,专程赶赴湖北武汉,将中铁大桥局集团有限公司保存的近千卷、数万份南京长江大桥文书、图纸、照片等各类档案,进行了数字化加工,不仅使南京长江大桥档案得以长期保存,也使得尘封50多年的大桥档案能更加方便快捷地走进大众视野,让人能够全景式、多角度地了解南京长江大桥"炼"成的历史过程。

(三)互利共赢

在合作过程中,各相关单位坚持以"为党管档、为国守史、为民服务"的初心和"为党护旗、为国家立心、为民族立魂"的使命,精诚团结,紧密配合,相互协作,使合作的过程成为相互学习、互通有无、互利共赢的过程。在建成南京长江大桥档案数据库的基础上,经过广泛走访大桥建设的领导者、设计者、施工者、管理者、保卫者,积极征集相关图片、文字、实物,以及口述档案资料,从多方面和多角度,全面真实、生动翔实地体现了南京长江大桥建设的艰难历程和广大建设者的精神风貌,使档案素材更加鲜活、充实、丰满,为丰富各自馆藏、为利用者提供更加便捷和高质量的服务,奠定了良好的基础,也为南京长江大桥50华诞献上了一份厚重的生日礼物。

四、主要成果

通过一年努力,主要形成了南京长江大桥档案信息资源开发与保护"五个一"系列成果。

(一)一个南京长江大桥综合档案数据库

江苏省档案馆和中铁大桥局集团有限公司共同将保管的415卷南京长江大桥文书、图纸及3000余幅照片档案,进行数字化加工,建成一个南京长江大桥综合档案数据库,使半个多世纪分散保管的大桥档案第一次实现了数字化资源整合,不仅使大桥档案得以长期保存,也使公众能对尘封50多年的大桥档案查阅自如。

（二）一次大型展览——"国家记忆·南京长江大桥建成50周年档案史料展"

2018年12月26日，"国家记忆·南京长江大桥建成50周年档案史料展"在中共代表团南京梅园新村纪念馆盛大开幕。此次展览由江苏省档案馆、江苏省政协文化文史委、中铁大桥局集团有限公司、南京市档案馆、南京市博物总馆联合主办，是中铁大桥局集团有限公司首次与多家档案部门联合办展。展览分为"千年建桥梦""九载架飞虹""精神永流传""历史铸丰碑"四个部分，共从江苏省档案馆、中铁大桥局集团有限公司、南京市档案馆、东部战区档案馆等馆藏有关南京长江大桥档案中，遴选出图片300多幅、文电图纸40多份、实物30多件进行展出，大部分都是首度公开的珍贵的历史档案文献。展览吸引了全国各地30多家新闻媒体采访报道。展览展出3个月，前3天就达到了万人看展览、万人上大桥的宏伟规模。《中国档案报》《江苏经济报》《桥梁建设报》等多家报刊以专刊、特刊形式报道此次展览，中央电视台、江苏电视台以及数十家报刊媒体竞相报道。2019年4月，此展被江苏省确定为2019年重点展项在全省巡回展出。

（三）一套"南京长江大桥档案汇编"丛书

2018年12月，由江苏省档案馆、中铁大桥局集团有限公司有关专家精心编纂的"南京长江大桥档案"丛书，正式由南京出版社出版发行。该丛书从数万件尘封了半个多世纪的南京长江大桥文字和图纸等档案中，精选了经典、精彩的档案文献，丰富翔实地记载了大桥立项规划、选址勘探、设计施工、科研攻关、运行维护等过程。这些史料原汁原味地记载了20世纪60年代在国家经济条件和科技水平都很落后的情况下，数以万计的建设者在党的领导下天堑架飞虹的英雄壮举，展示出中华民族追梦圆梦大无畏的智慧和气魄。该书装帧精美、厚重，一经出版，就引起学术界以及读者的高度评价和广泛关注。该书2019年10月荣获第33届华东地区优秀哲学社会科学图书奖。

（四）一部五集电视文献纪录片《南京长江大桥》

2018年12月20日至24日，由江苏省档案馆、中铁大桥局集团有限公司和南京电视台联合摄制的五集电视文献片《南京长江大桥》，在中央电视台中文国际频道"国家记忆"特别节目播出。该片以时间为主轴，以主题为版块，分为

"自力更生""自主创新""众志成城""大江丰碑""跨越百年"五集，用大量鲜为人知的档案文献和影像史料，从不同侧面讲述了南京长江大桥的规划设计过程、建造过程，展现了大桥建设自主创新和万众一心的精神，揭示了南京长江大桥的价值以及中国人民对她寄予的特殊感情。该片2019年10月荣获江苏省第十一届精神文明建设"五个一工程"奖。

（五）一本《南京长江大桥——亲历·亲见·亲闻实录》口述史

2018年11月，《南京长江大桥——亲历·亲见·亲闻实录》口述史由南京出版社出版发行。该书首次以口述史的形式再现大桥设计、建设前后的历史，娓娓道来，生动感人，献礼南京长江大桥建成通车50周年，具有重要的意义。该书在广泛征集大桥建设的领导者、设计者、施工者、管理者、保卫者口述档案史料的基础上，通过认真甄别、精心编撰，从不同侧面和不同角度，遴选70余位南京长江大桥建设的亲历、亲见、亲闻者，有军人、工程师、技术工人、艺术家等，亲身讲述他们与南京长江大桥那一个个动人的故事，以亲历者的口述，图文并茂、真实生动地再现南京长江大桥建设的艰难历程和广大建设者的精神风貌，具有较强的趣味性、可读性、知识性和史料价值。该书入选南京市全民阅读办主办的"2019共读南京"书目。

五、效果及影响

档案记录历史、服务当代、昭示未来。地方档案部门和企业多方合力开发出南京长江大桥"五个一"档案精神产品，反响巨大，影响深远，不断凸显出激发广大人民群众爱国情怀、提升"四个自信"的良好效果。

（一）保护并丰富了南京长江大桥档案馆藏

经过半个世纪的风风雨雨，在中铁大桥局集团有限公司档案室馆藏的南京长江大桥档案整体情况不容乐观，亟待抢救性保护。如何在自身人力、财力有限的情况下，系统保护好这批蕴含民族精神内涵的"活化石"，是公司档案工作的重中之重。通过共享合作方式，借助江苏省档案馆的专业力量，通过共同开发利用，实现了"小投入、大产出"，非涉密资料实现了全文数字化保护。双方馆藏南京长江大桥档案的共享，使各自的南京长江大桥档案馆藏得到了极大丰富，如彭敏同志向江苏省委报告关于南京长江大桥1959年计划完成情况和1960年计划安排手稿信件等一大批珍贵档案数字化资料收入馆藏，极大地弥补了中铁大桥局集团有限公司馆藏南京长江大桥档案的不足。

（二）传承并弘扬了南京长江大桥建设精神

在南京长江大桥的建设过程中，无数的难题横亘在前。其自然地理条件之复杂、施工技术难度之大，在当时的历史条件下均堪称"世界之最"。通过此次地企合作形成的一系列成果，特别是对大桥建设所蕴含的自主自强的奋斗精神、创新创造的进取精神、精细精美的工匠精神、拼搏拼命的献身精神、合心合力的团结精神，用档案史料进行了深入解读和生动展示，产生很大反响，有助于保留南京长江大桥的历史记忆，有助于传承南京长江大桥的奋斗精神，有助于激发广大人民的爱国情怀，有助于提升中华民族的历史自豪感与自信心，有助于发挥档案工作在构建社会主义核心价值体系中的作用。

（三）创新并培育了企业档案信息资源开发利用新载体

江苏省档案馆与央企"地企合作"新模式的成功实践，成为档案开发利用新载体。在系列活动的带动下，中铁大桥局集团有限公司所属四公司南京长江大桥桥史馆正式开馆，2019年3月，南京长江大桥桥史馆被评为南京市学雷锋活动示范点。目前，中铁大桥局集团有限公司正全面复制这一成功实践经验，陆续对接多地地方局（馆），推进其他国家重点工程档案开发利用工作。同时，合作开发过程中培育的地企良好关系，也为企业档案工作队伍建设、业务指导、政策支持等方面工作提供了有力支撑。

案例形成单位：中铁大桥局集团有限公司、江苏省档案馆、南京市档案馆
案例形成人：薛春刚、秦伟朋、周云峰、袁飞绪、王伟、付志琼、王明莉

运河五号

——工商档案的活化新生

一、案例概述

常州是座工商名城,在工业发展进程中,一批曾经辉煌的国有企业破产关闭,留下了众多工业遗存和工业档案。位于市中心的第五毛纺织厂,是座有着80多年历史的老企业,20世纪90年代后期逐渐沉沦停产,并面临拆迁。2009年,常州产业投资集团有限公司与市档案局联手,开始了抢救、保护和再利用工业遗存与档案的探索与实践。通过"抢救、保护、利用"的办法,将这片旧厂区打造成了一个集工业遗存和档案的抢救保护、陈列展示、文化创意、旅游观光、社会教育于一体的"运河五号创意街区"(图1)。

图1 运河五号创意街区内景

街区内，常州百年工商档案展示馆、恒源畅历史陈列馆、常州档案史料陈列馆、大运河记忆馆交相辉映，形成了一条独具文化魅力的档案街区。60万卷工业档案与锯齿形厂房、斑驳的水塔、风机廊道等工业遗存浑然一体，构成一部鲜活的常州百年工业文明史，使"古运河畔老工厂"成为"常州文化新码头"。

目前，街区所在地"常州恒源畅厂"已被纳入国家工业遗产名单（第三批），获国家AAA级旅游景区、两岸文创产业合作实验示范基地、中国创意产业最佳园区奖、长三角优秀文化创意产业集聚区、江苏省工业旅游区、江苏省现代服务业集聚区、江苏省重点文化产业园区、江苏省台湾青年就业创业基地等称号，实现了由"工业遗存"向"创意产业"的华丽转身。

二、实施背景

（一）常州近代工业文明记忆逐渐消失

常州是座有3200年历史的文化名城，不仅是近代中国民族工商业的发祥地、现代制造业的主要诞生地，也是全国工业明星城市。1992年创造出市区工业总产值名列全国城市第二，仅次于上海的辉煌业绩；金狮自行车、红梅照相机、星球收录机、卡其布、灯芯绒飞入中国百姓家……然而，随着城市化的进程加快和企业改革改制，"关停并转"使一批曾经辉煌的国企步入了暮色黄昏之中，一批承载骄傲的工厂被拆除转移，一批见证了常州经济发展的行业企业迅速消失，工业遗存遭遇前所未有的侵蚀，抢救保护工作刻不容缓！

（二）国有破产关闭企业档案陷入困境

在企业产权变动进程中，常州有120多家市属国有（集体）企业破产关闭，留下100万卷企业档案。这些档案，真实地记录了常州人民进行社会主义建设取得的辉煌成就和经验教训，再现了改革开放和建立社会主义市场经济体制的全部历程，反映了企业兴盛和常州工业明星城市诞生的发展历史，是研究常州民族工业发展不可再生的历史资源。然而，这些与企业相伴相生的老档案，用麻袋纸箱包装，或堆在地上，或束之高阁，无人问津，损毁严重，企业档案处于濒危状态！

（三）保护抢救工业档案是历史的重托

2007年5月，常州市委决定将原机电、化轻、纺织、贸易、服装、塑料等

9大国资公司合并,成立工贸国资经营有限公司。6月,市委办、政府办印发了《关于做好我市工贸系统国资(集团)整合中档案管理工作的通知》,要求妥善处置机构整合中档案的归属与流向。公司领导深刻地认识到:工业档案是常州城市历史文化的重要组成部分,保护工业档案既是对常州历史文化的尊重和敬畏,也是对传统产业和工艺技术历史贡献的纪念,更是后人认识常州经济发展历程的形象教育。抢救好、保护好、传承好工业档案,既是市委、市政府交给的重要任务,也是历史的责任和现实的需要。

(四)第五毛纺织厂工业遗址面临拆迁

第五毛纺织厂位于市中心古运河南岸三堡街141号,是座有着80多年历史的老纺织企业,原名恒源畅织布厂(图2),由著名爱国将领冯玉祥题写厂名。当年红极一时的"童鹰"牌羊毛毯,年产80万条,走入全国百姓家庭。随着城市退二进三,第五毛纺织厂逐渐沉沦、停产。过去,卖地——拆房——新建或开发房地产是原来老工业基地改造的基本流程,这种操作模式使很多老工业厂房、老仓库等优秀历史建筑和珍贵的工业遗迹得不到保护,抹去了城市发展的历史印记。如何处置这座占地36388平方米,总建筑面积约32000平方米的厂房,如何留存好历史、规划好未来?考验着城市管理者的智慧。

图2 恒源畅织布厂老厂门

三、创新做法

（一）与创意对接，让工业遗存延续文明历史

一座曾经的工业明星城市，应该建有一座承载工业记忆、见证工业现代化城市进程的专题博物馆。2008年常州产业投资集团在谋划第五毛纺织厂发展前景时，决定留下这座工业遗迹。2009年成立了"运河五号创意街区"，并开始联合市档案局，广泛征集常州近现代工业档案、照片、产品、实物，力争把运河五号建成集工业遗存和档案抢救保护、陈列展示、文化创意、旅游休闲于一体的创意街区，让工业文明痕迹清晰地镌刻入常州3200年文明史，为子孙留住城市记忆。

（二）与文保合作，着力培育工业遗存文保建筑

保护工业遗存，把工业遗存打造成文保建筑，是推进运河五号街区建设的首要目标。2010年，恒源畅织布厂旧址1号楼被列入江苏省首批古运河沿线重点文物抢救工程。厂区内拥有横跨20世纪30年代到90年代的早期民居、日式建筑和极具纺织企业特色的连排锯齿形厂房，改造过程中严格遵守"不改变文物原状"和"最少干预"的原则，最大限度地保护了文物建筑的真实性和文物价值，同时注重提炼其中蕴含的工业文化，让斑驳的围墙、爬满青藤的厂房，默默地诉说着它们当年的芳华。2011年12月，江苏省人民政府在街区内单个市级文保建筑的基础上扩展范围，将整个恒源畅织布厂旧址列为江苏省文保单位。

（三）与档案联手，共建企业档案抢救保护和开发新模式

2009年，常州市档案局、市国资委、常州产业投资集团有限公司（原工贸国资公司）经过多次商榷，决定创新理念，整合资源，优势互补，联手开展工业遗存和工业档案抢救、保护和开发的实践。2010年，市工贸国资公司出场地、出资金，档案部门出人力、出智慧，在运河五号利用一座旧厂房进行改造，经过两年的艰苦努力，一幢8000平方米的档案大楼改造完成，先后接收整理破产关闭企业档案60万卷，征集到老照片1100余张，产品实物200多件，为濒危的破产、关闭企业档案"安了个家"，形成企业档案集中保管、统一开发利用的工作新格局。

（四）与文化相融，打造工业发展历史档案文化街区

利用工业遗址的表现载体，挖掘企业档案的丰富内涵，建成五个固定展厅，老档案、老照片、老产品与工业遗存浑然一体，构成一部鲜活的常州百年工业文明史，形成了一条独具魅力的档案文化街区（图3）。

图3　运河五号创意街区全景图

1. 百年工商档案展示馆

面积2000平方米的展馆，主要围绕常州"近代工业发祥地""现代装备制造城"这一城市定位，从"沧桑历史""创业发展""今日辉煌"三个方面，全面反映常州工商业由小变大、由弱到强的发展轨迹，再现常州"全国工业明星城市"诞生和"苏南模式""中小城市学常州"的辉煌历史。

2. 恒源畅历史陈列馆

利用恒源畅织布厂的风机廊道，改造建成常州首家工商企业历史的陈列馆，展出内容由"三和起家""恒源畅业""公私合营""童鹰展翅"和"创意转身"五个部分构成，用一台台旧机器，一张张老照片，一页页珍贵的史料，全方位地反映了这家80余年老厂的前世今生，从一个侧面折射出常州老工业企业的兴衰，在产业结构调整中的阵痛，最终摆脱无奈和叹息，实现华丽转身的过程。

3. 龙城记忆——常州档案史料陈列馆

1000平方米的展厅，通过陈列富有常州地域和时代特色的档案文献，以"历史文化古名城""宜居宜业现代城""强富美高新龙城"三个篇章，追溯常州悠久的历史和璀璨的文化，再现今日常州创新创业城、现代产业城和生态宜居城的建设全过程，展望在市委、市政府领导下，常州人民建设"强富美高"新常州的美好未来。

4. 常州大运河记忆馆

通过"运河历史""运河遗存""运河风物""运河儿女""运河新姿"五大版块和20多处场景还原，生动再现数千年来大运河与常州城水相依、人水相亲的亲密关系。运河记忆馆的建成开放，不仅是文化惠民的一项民生实事，更是宣传世界文化遗产、寻找运河记忆的一个重要阵地。

5. 全国劳模档案展示馆

新中国成立70年以来，常州市各行各业涌现出了107位全国劳动模范和先进工作者，为常州经济和社会发展作出了突出贡献。从2011年起，常州市档案馆开展了全国劳模档案库的征集活动。展馆撷取了全国劳模捐赠部分档案，用档案展现全国劳模的成长轨迹，用图片展示不同时期的劳模风采，用实物诠释伟大的劳模精神。

（五）与旅游联姻，建成工业文化旅游新景点

发展旅游是工业遗产实现其自身价值的重要途径。运河五号为寻找城市记忆、追溯历史文化、热爱创意生活的人们提供了丰富多元的旅游体验和服务。

1. 百年工商文化游

运河五号就像一个活态博物馆。在外部，到处可见20世纪30年代初到90年代中期每个时期的建筑。在内部，随处可寻20世纪20年代以来，不同时期的老机器、旧设备、旧档案、老照片，出自常州的收录机、电视机、照相机等全国金银奖产品，真实地再现了常州"民族工业发祥地""现代装备制造城"的前世和今生，勾起人们对常州百年工业起步、兴盛、辉煌的美好回忆。

2. 悠悠运河水上游

从运河五号码头出发至东坡公园，全程往返约15千米，行程近2个小时，

除了常规的航线外,红船党课、运河圆桌派、"乾隆线"夜游等定制活动参与人数众多,多渠道打响运河文化的特色牌。

3. 创意休闲时尚游

从涂鸦背景墙到高耸的水塔,创意元素布满街区,总会在不经意间被小物件、小细节吸引,激发创意灵感。走进一个个创意小店,总能遇见一群相似的人,或是喜欢阅读创作,或是留恋咖啡茶香。

四、效果及影响

妙笔点化沧桑老者,文化激活百年工厂。运河五号,一个被创意重新激活的全新街区,延续的不再是隆隆织机声,而是用奇思妙想来实现的一次华丽转身。

(一)百年老企业,城市文化新地标

2018年1月,央视4套播出纪录片《走遍中国·新生的运河五号》。运河五号创意街区作为近代工业的发源地也有幸成为常州的城市符号出镜,诠释一个城市的发展历史轨迹,彰显一个城市的传承与创新。作为常州文化新码头,文化活动的运营与发声正是驱动其不断前行的重要力量。运河五号每年都要举办近百场艺术展览、市民摄影节、小型音乐会、创意市集、运河文创节等系列活动,成为市民触摸历史、感受文化的绝佳场所。

(二)工商档案库,便民服务库

针对破产关闭企业档案数量大、种类多,且大多分散在企业的情况,常州产业投资集团有限公司定期与档案博览中心沟通协作,制定移交方案,共移交档案资料338车约676吨。档案博览中心将工作人员组成若干个档案整理专项小组,全速推进破产企业档案抢救、整理进度。目前,集中统一保管了全市破产关闭企业档案60万卷。查档窗口共接待社会各界查档利用者5000余人次,帮助3500多人找到了连续工龄、有毒工种、职工证明等材料,为维护职工合法权益,解决职工待遇,维护社会稳定发挥了积极作用。

(三)企业老厂房,创意新势力

目前,街区吸引了200多个创意团队3000多名青年艺术家入驻,孵化了

100多个文化创意品牌，累计促成企业交易达亿元。入驻创新创意的新兴公司鳞次栉比，其中视觉设计、艺术工作室、画廊、摄影工作室、影视机构、创意机构达80多家。作为省级台湾青年创新创业基地，街区内现有台湾青创项目20个，在推动两岸文化交流方面起到了积极推动作用，为台湾青年来常创业打拼搭建更大平台。运河五号创意街区的建设，也使街区周边区域的整体环境得到了明显提升，对区域经济及产业结构转型升级起到了积极的先导作用。

（四）活化工业遗存，加分申遗申名

创意转身的运河五号还作为重要平台，配合完成联合国教科文组织遗产委员会中国大运河江苏段考察评估工作，完成国家住建部会同国家文物局组织的历史文化名城申报专家评估的考察评估工作，为申遗、申名工作加分添彩。

（五）古运河畔老工厂，工业旅游新景点

目前，运河五号已成为常州古运河工业旅游带上的一个重要景点，每年来参观旅游、休闲生活、学习实践的中外游客、市民、学生超70万人次，成为青少年难忘的历史课堂、新职工入职教育、党校干部学习教育、党员主题教育和弘扬社会主义核心价值观的重要场所。

正如常州人所说，摩天大楼、灯红酒绿、人流如织，可以倒映出一个城市的繁华，却道不出他的灵魂。运河五号是常州这座城市的根与魂，它就像一束光引领人们走进精神家园，让更多的人有了寻求思想交流和灵魂对话的地方。

常州产业投资集团有限公司、市档案局在城市现代化进程中，从"对历史负责、为现实服务、替未来着想"高度，积极承担社会责任，利用工业遗存和工业档案，以老运河、老厂房、老档案、老机器等为载体，化腐朽为神奇、变废物为宝贝、化历史为文化，推进了常州特色工业文化旅游发展，走出了一条工业档案和工业遗存保护利用的新路子。这是档案文化事业对接文化创意产业的成功范例，是工业遗存牵手文化创意的成功范本。

案例形成单位：常州产业投资集团有限公司
案例形成人：赵洪波、林玲、苏云

创新声像档案同步利用，打造地铁建设文化精品

一、案例概述

2017年9月，合肥轨道要打造廉政特色、档案文化"一站一线"，即打造"包公园廉政文化站"和全国首例"兰台号"地铁专列，针对宣传部门无法及时全面采集利用声像资料的困境，档案部门鼎力相助，提供声像档案，保障了"一站一线"文化主题建设圆满完成。"兰台号"成为我国首列档案主题地铁专列，为安徽省合肥市国际档案日宣传活动增添浓墨重彩的一笔；"包公园廉政文化站"（图1）则被评为合肥市廉政教育基地，成为合肥对外宣传、展示形象的一张亮丽名片。

图1　包公园廉政文化主题站内景

二、实施背景

从无到有，从有到优。2016年12月26日，合肥地铁1号线开通运营，合肥在全省率先迈入地铁时代。2017年12月26日，地铁2号线投入运营，合肥又在全省率先迈入换乘时代。如今，越来越多的市民选择地铁出行。截至2019年12月12日，线网总客量超3.6亿乘次，单日客流最高达69.72万人次。变化的不仅是数字，还有合肥市人民实实在在的获得感和对合肥地铁寄予的期望和关注。

如何把合肥地铁打造成一张靓丽的名片，成为展示合肥文化内涵，树立轨道交通美好形象的窗口，满足合肥市人民更直观了解地铁建设、运营情况的需求，拥有更多的幸福感和参与体验，发挥声像档案在创优申报、运营维护等方面重要作用，打造声像档案同步利用，为每条地铁线路定制属于自己的独特"档案"十分必要。

（一）声像档案利用在地铁文化宣传中的重要性日益凸显

地铁运营直接面对广大市民，地铁站、线作为全市对外宣传的窗口，在地铁文化和城市文化的记忆传承中扮演重要角色，越来越受到市民广泛关注和市委、市政府的高度重视。这就对地铁建设和运营过程中声像档案的管理、利用提出了更高的要求。

（二）声像档案的重要性在轨道建设过程中日益突出

轨道交通项目投资大、技术环节多、周期长，社会关注度高、涉及面广、系统性强，因此，其声像档案采集、保管、利用的重要性在项目建设过程中日益突出。受限于参建单位自身专业能力，项目建设过程中大量影像资料未收集和保存，对项目建设档案造成极大损失。

（三）轨道交通项目建设全过程声像档案同步利用需求量大、要求高

轨道交通项目重大节点和重大活动多，因此对外宣传报道多，建设全过程声像档案利用量大，形成质量要求高。传统的声像档案管理只注重前期形成，对建设过程中的声像档案管理则失之于散。项目完工后再移交声像档案，无法满足轨道交通项目建设过程中对声像档案的同步利用需求。

（四）轨道交通项目后期声像档案利用量大、利用率高

轨道交通项目在后期创优、审计、运营维护等方面对声像档案的利用需求量大、要求高。轨道交通项目对创市优、省优甚至国优方面的需求较一般项目高，而项目隐蔽工程声像档案采集须满足各种严苛要求，才能保证创优工作顺利通过。作为百年工程，地铁后期运营维护工作量大、专业多、时间长，这也对隐蔽工程声像档案采集和管理利用提出了更高的要求。

有了这些档案后，合肥各条地铁开工前原有建筑或地貌景观、全程施工状况、竣工后各角度新貌俯瞰、获得荣誉、穿越重点地带和盾构安装掘进等节点、车站及附属建筑装修等将有据可查。

三、创新做法

（一）标准先行，实行采集内容及要求标准化

合肥城市轨道交通有限公司通过大量调研，针对项目施工单位在声像采集方面力量不足的问题，结合传统声像档案管理模式已无法满足过程同步利用和后期利用需求的实际，在合肥轨道交通1号线至5号线投资500多万元，招标引入专业声像摄制单位，研究开发合肥轨道交通项目声像档案管理系统，开展过程影像资料的收集和后期制作（涵盖了建设前期、勘察、土建施工、机电安装、系统设备安装及调试、竣工验收、试运营等建设全阶段），建立了相关工作机制，保障了声像采集和同步利用工作的顺利开展。

通过调研探索，对合肥轨道声像资料采集内容、拍摄项目范围、采集标准进行了统一，保障声像档案同步利用。

（1）规范了收集内容的标准：开工及奠基仪式，施工过程中项目实施进度，全程施工状况，竣工后各角度、特写航拍，各级领导的视察、工程事故及获得荣誉等；车站、区间、车辆段、变电所、控制中心等主要施工阶段场景；穿越重点地带和盾构安装掘进等节点；车站及附属建筑装修；大型设备安装调试；单位工程不同阶段验收等（重点采集）。

（2）规范了项目拍摄的质量标准：明确照片档案彩色模式及分辨率、视频档案视频流帧率、视频压缩格式、专题片字幕、剪辑标记等，相关内容均量化统一标准。

（3）建立工作机制。建立以建设单位牵头组织，专业声像摄制单位具体开展现场采集，施工单位配合的工作机制。同时建立工作制度，建立工作群，由施工单位根据现场建设时序，对重要工序、关键节点、重大活动安排，提前2天通知，保障现场采集工作及时开展。

（4）建立专业化声像采集及制作队伍。分设5个组，3组声像采集，1组取材，1组编辑，每组2人，共10人。声像采集队伍配备了摄像摄影专业毕业人员，选材、编辑人员须是编导专业毕业或计算机类数字媒体技术等相关专业人员。

（5）加强过程审查，确保采集质量和同步利用。建设单位定期与专业声像摄制单位召开会议，对近期声像采集和制作情况进行会审，保障采集及制作质量满足建设单位同步利用要求。

（二）开发系统集成，开展声像电子文件单套制探索

2018年6月，国家档案局将合肥轨道交通1号线三期工程列入全国5个建设项目电子文件归档和电子档案管理试点项目，合肥城市轨道交通有限公司高度重视、稳步推进，取得了元数据、四性检测、电子签章、数据封装、长期保管系统等关键技术研究阶段性成果。按照"先行先试、风险可控、分步推进、逐步完善"的原则，在声像档案采集系统成熟应用的基础上再向建设项目档案拓展，并逐步向其他业务系统延伸。通过系统集成开发，稳步推进轨道交通工程类档案从纸质双套制到电子文件单套制的改革，努力实现包括声像档案在内的电子文件单套制管理，在保证归档电子文件真实性、完整性、可用性和安全性的同时，可大大节约项目投资。据估算，合肥轨道交通项目每条线档案数字化扫描、整理、硬件建设等投入费用近1000万元，按照合肥轨道15条线的规划体量，总投资可节约近1.5亿元。如果推广到轨道业乃至整个建设行业，节约投资不可估量。

（三）深度开发，与省、市档案局联合打造全国首列"兰台号"档案主题列车

为迎接第11个国际档案日，合肥城市轨道交通有限公司与省、市档案局精诚合作、深度开发，匠心打造了以档案为主题的地铁专列，为节日献上一份大礼。"兰台号"档案主题专列（图2）共有6节车厢，分别以"记忆合肥""足迹

合肥""印记合肥""创新合肥"为主题,展陈了近 150 幅合肥档案图片。其中部分珍贵档案为首次对外展出,包括清嘉庆八年(1803 年)合肥县傅郭城图、清咸丰元年(1851 年)房契、1949 年皖北行署成立文件、国家级非物质文化遗产——粉蜡笺等。这些档案图文并茂地呈现在广大乘客眼前,细说着合肥的区域变化、建置沿革、名人足迹、城市风貌,展现出合肥敢为人先的创新精神和改革开放 40 年的发展成果,让人们更加直观地感知合肥的过去、当下,畅想合肥的美好未来。

图 2 "兰台号"档案主题地铁专列内景

(四)挖掘潜能,助力打造廉政文化主题站

合肥城市轨道交通有限公司积极落实省、市纪委对廉政文化建设和社会主义核心价值观宣传工作要求,通过地铁廉政文化建设相关声像档案有效利用,以忠孝清廉的"包公文化"和"廉政文化"为主题,将 1 号线包公园站打造成廉政文化主题站,营造浓厚的廉政文化氛围。

四、效果及影响

（一）强化同步利用，助力建设过程宣传和管理

通过招标引入专业声像摄制单位，对项目建设全过程进行跟踪拍摄和后期制作，为合肥轨道交通项目及其管理积累了珍贵的声像档案。目前，合肥轨道1号线、2号线在施工单位声像收集基础上，收集视频素材1万多分钟，后期制作形成视频档案3000多分钟，另收集照片档案1.3万张。在公司日常宣传工作中，及时为宣传部门提供内容丰富的影像资料，1号线、2号线为宣传部门同步提供利用照片800余张，为专题及宣传片提供视频素材100多分钟等。此外，声像档案在展示城市形象和公司宣传工作中发挥着积极作用；在项目试运营评审专题片制作过程中，提供了宝贵的施工建设过程影像资料；在项目验收过程中为隐蔽工程施工提供了很好的佐证材料，取得了良好的效果。

（二）打造"一站一线"，讲好档案故事，传播档案文化

2018年6月9日是第11个国际档案日，全国首列"兰台号"档案主题专列在合肥地铁1号线开通运行。"兰台号"成为我国首列档案主题地铁专列，以更直观的方式揭开了档案的神秘面纱，传递着档案文化，传承着城市精神，受到合肥市民的广泛好评，并被全国各大主流媒体宣传报道，为合肥市国际档案日宣传活动增添浓墨重彩的一笔；"包公园廉政文化站"则受到市民广泛赞誉，获合肥市纪委命名"合肥市廉政教育基地"，被中央纪律检查委员会官网刊文《安徽合肥：地铁轨道线上"廉"味浓》盛赞，成为合肥对外宣传、展示形象的一张亮丽名片，乌鲁木齐、济南等兄弟城市地铁公司慕名前来考察学习。

（三）延伸职能，强力保障创优申报

2017—2018年度，合肥市轨道交通1号线、2号线施工单位中铁十二局集团电气化公司、中国铁建电气化局等参加了中国安装工程优质奖（中国安装之星）、合肥"庐州杯"申报评选工作。评选标准要求参选单位除提供原材、风水电各专业安装记录外，还需要提供对应专业领域隐蔽工程照片。因参建单位建设过程中档案意识不强，一方面过程照片留存数量不够，另一方面提供照片质量不符合评选要求。中铁十二局集团电气化公司、中国铁建电气化局等参建单位先后向公司

档案室求助，公司档案室利用声像档案库提供照片 1000 多张，满足了评审要求。

2018 年 12 月，中铁十二局集团电气化公司、中国铁建电气化局等参建单位通过评选，获得中国安装工程优质奖（中国安装之星）。1 号线、2 号线 38 家土建及机电工程施工单位通过评审，获得 2018 年轨道交通建设工程"庐州杯"奖。此外，2019 年合肥轨道交通 1 号线一、二期工程获"国家优质投资项目奖"。

（四）注重高效，实现声像档案资源共享

合肥市轨道集团注重拓展声像档案开发利用形式，努力提高服务质量，积极发挥声像档案利用最大效率，为轨道建设和运营管理提供坚强保障。建立了照片档案、视频档案专题库，其中照片 1.3 万余张，视频档案 1700 条，并通过授权实现总部、分（子）公司在线浏览。通过检索可以直接查询调取对应的声像档案信息，简单直观、高效便捷，利用效率大大提高。1 号线、2 号线陆续开通 2 年以来，在后续线路建设技术档案、运营维护、设备维护、工程创优等方面累计为建设管理部门、运营单位累计提供照片、视频、专题片等声像档案 3000 余份，2018 年累计访问人数超过 5 万次，发挥了良好的社会经济效益。

案例形成单位：合肥城市轨道交通有限公司
案例形成人：王德文、胡永涛、马南鹤、张玉童、席克平、刘百慧

挖掘非遗档案，传播中药文化

一、案例概述

昆明中药厂有限公司（以下简称昆中药）响应习近平总书记"深入发掘中医药宝库中的精华"的号召，用"候选档案"成功申报非物质文化遗产，摄制非遗电视片《如意花开云之南》在中央电视台播出，持续五年挖掘档案里的"云药故事"在《云南日报》等媒体传播。企业走出了一条主动深度发掘利用档案的新路子，使中医药知识走入百姓生活，展示了中华民族优秀文化的独特魅力。

二、实施背景

近年来，人民群众中医药养生保健需求日益旺盛，但其保健素养水平不容乐观。2014年，我国公民中医养生保健素养水平为8.55%［来源：医药经济报，2016-4-18（7）.］，说明掌握健康生活方式及行为、了解常用中药产品和方法的人比例不高，中国公民中医养生保健素养需要大力提高。另外，中医药文化产品供给严重不足，大众化、通俗化适合青少年和一般群众的中医药读物匮乏，尤其年轻人难以接触到专业的、权威的而又通俗易懂的中医药文化知识。"魏则西事件"是医盲的悲剧，也是公民健康素养包括中医药文化素养偏低的真实反映。

2015年12月22日，习近平总书记在致中国中医科学院成立60周年贺信中要求："深入发掘中医药宝库中的精华……切实把中医药这一祖先留给我们的宝贵财富继承好、发展好、利用好，在建设健康中国、实现中国梦的伟大征程中谱写新的篇章。"为在"十三五"期间将中国公民中医养生保健素养水平提高到12%，国家政策积极支持中医药科普，2016年8月11日《中医药发展"十三五"规划》发布，提出要"引导开发一批富有中医药特色的文化传播精品"。

昆中药是"中华老字号"企业，传承着历代昆明地区药师药工创造的中成药，有丰富的中成药资源。生产止咳丸、疏肝颗粒等140余个中成药，绝大多数是百姓日常所需的非处方药（OTC）。这些中成药知识专业性强，群众不便掌握，如何讲好中药故事,让百姓掌握用药知识,一直以来困扰着企业和企业档案工作者。

昆中药建有综合档案室,收集保存有7800余卷(件)档案,其中大部分为产品档案。开发和利用好这些档案资源,是档案员的职责。另外,在社区群众的宣传活动中,公司销售员的产品知识讲义,也正需要药档信息和药史故事。内外需求大,档案资源丰富,怎样适应时代发展,挖掘和整理人民群众急需的中药文化知识,考验着档案员。昆中药和档案人员迎难而上,勇于承担责任,持续5年,把档案信息资源开发作为引领档案工作的火车头,主动挖掘、创作和传播档案文化作品,在网络和微信平台传播,赢得群众的热烈欢迎。

三、创新做法

(一)利用档案申报非物质文化遗产

昆中药由1956年公私合营时昆明地区的82家老药铺组成,传承着非常宝贵的非物质文化遗产,档案是其承载物。昆中药档案员利用档案,成功申报省级和国家级非遗项目。2013年11月和2014年11月"昆中药传统中药制剂"分别入选第三批云南省级非遗代表性项目名录和第四批国家级非遗代表性项目名录(图1),实现云南中医药入选非遗项目零的突破。

图1 2014年国务院公布的国家级非遗标牌(昆中药藏)

1. 充分利用"候选档案"申报非遗

2013年3月,昆中药领导把申报非物质文化遗产工作安排给档案员。档案员按照联合国教科文组织《保护非物质文化遗产公约》要求，整理库存档案，查阅和筛选出涉及非遗档案 616 卷。其中代表性档案、文物和资料 20 余件。根据非遗保护的"真实性、系统性"原则，档案员深入研究这些"候选档案"，解决了诸如昆明地区中药起源时间、专营中药的中药铺正式开工时间、师徒传习起止时间和过程等非遗传承的重大问题，并梳理了非遗传承谱系，为该项目申报奠定了基础。接着，协助公司领导，从药德、药道、药理、药艺、药品、药规、药铺、药史等文化形态，提炼出"昆中药传统中药制剂"7 种具体的文化内涵，并筛选了代表性图片 30 张。用这些"候选档案"编制的申报书、申报录像片和辅助材料，以不可辩驳的事实真实准确地呈现了这项遗产 600 余年的医疗、科学、经济、历史、文化和生态价值。申报材料在 5 月举行的初审会上赢得非遗专家的称赞。

2. 抢救档案和老药工口述

昆中药综合档案室建于 1991 年，早期档案保存较少，尤其新中国成立前的档案几乎没有。为了理清药艺及其传承史，档案员以"分批抢救，分项保护"的策略，分三个阶段，分别上门征集 70 岁以上的老药工档案、老药铺档案和 60～70 岁老药工档案。自 2012 年 8 月至 2018 年年底，征集档案 160 余件。一些珍贵的档案，如民国中药配方《昆明方目》(1939)、镇厂之宝《昆明 81 中成药配方目录》(1954)、《制造过程规格表》(1962)、代表药工技艺的证书和奖状等档案，编入申报材料之中。

同时，借申报非遗之机，昆中药档案员抢救性记录了 40 余名老药工、老药师的事迹和技艺。药工口述还原了许多历史事实。比如，师徒传承在"十年动乱"中中断，缺乏记载。老药工的口述则填补了空白。有了口述记录，中药生产的历史文化更加清晰。

3. 借鉴馆外档案史料

昆中药档案员借助昆明市档案馆、云南省档案馆等外部档案，整理了清末民初昆明地区中医药情况，补齐了本企业馆藏档案缺失。2012 年 8 月，昆中药组织 2 名档案员到昆明市档案馆查阅，复印 1915 页民国档案，掌握了 1936 年至 1962 年昆中药起源店情况。这些档案，明晰了止咳丸、疏肝散等特色产品的生产历史。《师约存查》(1934)、《成药许可证》(1938) 被收为非遗申报书代表性图片。后来，还在非遗电视片、企业画册等作品中使用。

（二）摄制非遗档案纪录片《如意花开云之南》

2017年2月，昆中药与中央电视台合作，摄制非遗电视纪录片《如意花开云之南》（图2）。该片以国家级非遗项目"昆中药传统中药制剂"档案为素材，讲述中药传承人对技艺的坚守和创新，弘扬昆明中药业精益求精的工匠精神。所用珍档《昆明81中成药配方目录》、档案员讲述、药工拜师仪式、非遗传承人生产等镜头，增强了这项文化的个性和特质。

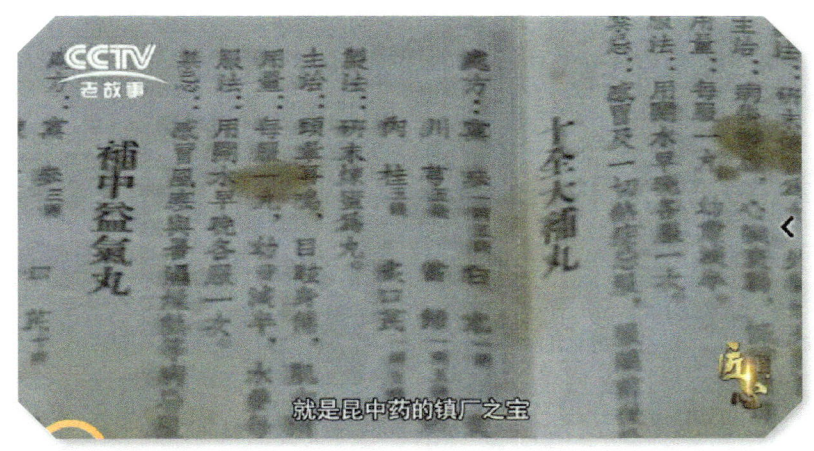

图2　2018年1月30—31日，中央电视台播出的《如意花开云之南》画面

《如意花开云之南》（15分钟）2018年1月30日-31日在中央电视台老故事频道"匠心"栏目播出，宣传了云南中医药文化。

除中央媒体外，昆中药还用国家非遗项目"昆中药传统中药制剂"档案数据库素材，摄制了非遗电视专题片《昆中药传统中药（制剂）文化》（15分钟，2014）在云南电视台播出。目前，销售业务员也常用该视频。

此外，昆中药摄制了档案文献电视片《植物王国，昆明中药》（10分钟，2010）、《中华老字号，精品昆中药》（10分钟，2011）、《如意花，昆中药》（10分钟，2015）、《丸心：一脉相传六百年》（10分钟，2018）等，内部用于产品推广、学术培训等活动。这些电视片用珍贵的档案史料，展示昆中药深厚的中药文化底蕴。

（三）持续挖掘和传播档案里的"云药故事"

2013年4月至2017年12月，昆中药档案员带头创作和整理系列科普小品文"云南老药经典解读"83篇,在省级媒体上刊登,获得良好声誉。

1. 深挖档案背后的细节

原有产品档案情节故事较少,对此,昆中药档案员在《春城晚报》刊登档案征集启事,征集到100余张珍贵的照片档案,并请老药工或收藏人讲述背后的故事,掌握了其中的许多细节。比如,糊药里有味原料——糊饭,是熬糊涂或煮饭时留在锅底的一层糊糊的脆皮。这些细节拼接起了生动的产品故事。

经过准备,创作和传播产品故事的设想得到公司领导的支持。2013年年初,企业与《云南日报》合作,在该报开设"云南老药经典解读"栏目,用讲故事的方法,向群众介绍常用中成药知识。专栏连载科普小品文,每周登载一篇,每篇介绍一个中成药故事,1000字左右,纸质和网络同步传播。4月8日,第一篇"云南老药"故事刊出,实现了媒体+企业的优势互补。

2. 专家团为后援

为保证稿件来源,昆中药发动11名药学、化学、档案等专业的高级技术人员,组成专家团。专家团分工整理,每人负责数个产品的合理用药研究,限期完成。研究范围既有药理、病理、临床等中药知识,也有制造使用史、轶事掌故等人文事迹。

在研究基础上,专家团拟写科普小品文"云南老药"。小品文用历史故事,通俗易懂地介绍中成药知识。主编档案员核对史料,修改后定稿。到2014年12月,连载45篇"云南老药"故事。

3. 借助网络新媒体

昆中药瞄准传媒趋势,转战网络新媒体。借助云南省中医药管理局主管的"国医在线"网站和"云南中医"微信平台在云南政务平台的传播优势,昆中药与其合作,开设"云药故事——昆中药篇"专栏。专栏每周刊载1篇"云南老药"小品文。自2015年9月至2017年12月,转载和登载"云药故事"83篇,深受群众喜爱。

4. 争取政府资金资助

为持续开发云药故事,昆中药联合云南省中医药学会和云南省中西医结合学会,争取云南省科学技术协会的支持,实施"中医药非遗科普示范基地建设(第1期)"项目。接前45篇"云南老药"故事,项目继续创作和传播38篇中成药科普小品文。该项目 2017 年年初列入云南省科学技术协会重点资助项目,获得 15 万元政府专项科普经费。实施一年后,项目顺利完成。

四、效果及影响

(一)传播效果突出

"昆中药传统中药制剂"入选国家级非遗代表性项目名录后,2014 年 12 月 16 日昆中药举行新闻发布会,云南省文化厅、云南省中医药管理局、云南日报社等单位代表出席会议。人民网、新华网、中国新闻网、云南电视台等 32 家主流媒体采访报道。在 2015 年 11 月 25 日举行的云南省中药产业发展研讨会暨昆中药国家级非遗传播会上,云南省委常委、省委宣传部部长赵金,省政府副省长高峰,省政协副主席罗黎辉等 140 余名领导、专家学者、企业代表参会,高峰为昆中药颁发国家级非遗标牌。人民网、新华网、中国新闻网、云南电视台等 20 家主流媒体给予报道。入选名录和颁发标牌,分别被云南省中医药管理局评为 2015 年和 2016 年云南中医药十大新闻。

(二)经济效益显著

昆中药把国家级非物质文化遗产"昆中药传统中药制剂"传承保护作为企业发展三大策略之一。实施"立足精品国药,品牌助推发展,弘扬传统文化"的企业发展战略,将"文化+学术+创新"作为企业发展的驱动力。《如意花开云之南》在央视播出后,腾讯视频等网站转播。到 2019 年 4 月,该片在腾讯视频播放已达 127.5 万次。昆中药销售业务员在全国使用。"云药故事"登载后,反响强烈。截至 2018 年 12 月 30 日,"云药故事"的阅读量和点击量达 46.69 万人次。"云药故事"为昆中药销售业务员提供了生动的产品故事和信息。各省区分公司的产品培训、学术营销、品牌讲座等都把它作为讲义内容,增强了药品营销的科学性、趣味性和实用性。近五年来,昆中药年销售收入一直保持两位数的增长,高于行业平均增速。

(三)社会效益良好

"昆中药传统中药制剂"是云南省第一个入选国家级非遗名录的中医药项目,发挥了良好的示范作用,带动了兄弟单位的非遗保护。经过持续宣传,"中国非物质文化遗产"的品牌声誉日益提高,员工和受众的文化自觉逐步增强。"云药故事"列入云南省中医药管理局 2017 年云南省中医药文化大众传播工程,还在 2017 年 5 月 18 日举行的发布会上推介。"癫痫宁片诞生记""宁人的柏子养心丸"等许多篇章被人民网、中国共产党新闻网、中国青年网等主流传媒转载,扩大了影响。云南广播电视台 2017 年 6 月 4 日在"云南新闻联播"中,报道了"云药故事"微信服务给百姓带来的方便。同年年底,昆中药获得云南省中医药学会颁发的"大众科普传播团体杰出贡献奖"。

(四)传承队伍不断扩大

昆中药以非遗保护为契机,将"大药厚德,在抱"的制药信念确定为企业使命,发布了新的企业文化体系,传承文化基因。恢复师带徒制度,激励老药工传授青工技艺。截至 2018 年年底,关键岗位传承师徒 256 人,政府命名的非遗项目"昆中药传统中药制剂"代表性传承人 8 名,形成梯级传承队伍。因保护和传承非遗成绩显著,昆中药 2016 年 6 月被云南省文化厅公布为"云南省非物质文化遗产保护传承基地"。昆中药公司列入 2018 年云南省中医药文化宣传教育基地,正在按照标准,建设"昆中药博物馆"和非遗体验区,培养讲解员等宣传教育队伍。研究馆员杨祝庆 2017 年 9 月 25 日被中国民族医药学会选为该学会科普分会理事。

(五)影响和作用可持续发挥

目前,中国非遗网、"学习强国"平台等均登载国家级非遗项目"昆中药传统中药制剂"。非遗电视片《如意花开云之南》等视频继续在网络上播出、在营销中使用。糊药等 83 篇"云药故事"在《云南日报》"国医在线"等网站永久展示,供群众持续查阅和使用。这些档案文化产品,将历代药工创造的中药知识融入现代生活之中。它们激发了"中华老字号"企业昆中药的活力,将持续呵护人民健康。

案例形成单位:昆明中药厂有限公司
案例形成人:杨祝庆、陈宗凤、王云鹏、余思源、赵小康

人保寿险客户档案数字化管理和应用案例

一、案例概述

为积极响应集团"以客户为中心"战略,人保寿险强化客户信息数字化管理与应用能力建设。通过建设统一客户平台(ECIF),为客户授予唯一客户编码,整合客户信息和保单信息,建设客户档案数据库,实现客户档案数字化管理。开发"问题客户信息标签",推动客户信息真实性治理;同时以 ECIF 系统客户档案为基础,利用大数据平台建立标签体系并绘制"客户画像",助力精准营销和服务。目前,客户档案和保单档案实时关联,更精准、更便捷地服务于公司经营管理。

二、实施背景

(一)建立客户电子档案的需求十分迫切

在客户档案方面,公司当时主要存在两大需求:

一是基于保单档案的运营管理流程日益不适应市场的发展,亟须向基于客户档案的运营流程转变。首先,伴随公司业务规模迅速增长,业务范围不断扩大,客户可能在公司投保多份保单,保单档案日益增多且储存分散。其次,在承保、核保、保全和理赔等保险的每个环节都需要基于客户的全面风险和保障情况作出评估,单独的保单档案提供的信息有限。最后,保单模式的管理,导致公司向客户提供重复的营销和服务,营销效率降低,服务成本升高,客户体验不佳,建立全面的客户档案需求十分迫切。

二是公司拥有亿级以上的保单档案,保单的保全和理赔记录多而杂,客户档案信息无序、零散,建立客户档案数据库成为唯一选择。同时,根据运营服务智能化、自助化和高效化的未来行业发展趋势，更需强大的IT支持，其中扮演重要角色的就是客户档案数据库建设。因此，公司于2016年启动IT咨询，由IBM咨询公司制定ITSP战略，构建完整的IT平台体系，通过IT能力提升建设提高公司整体运营效率和服务水平。其中，统一客户平台（ECIF）率先启动立项和建设。

（二）大数据技术的应用为客户档案建设提供解决方案

随着公司规模的壮大，客户数据的不断增多，现有的技术架构已无法满足海量数据快速统计分析的需求，与客户信息快速、高质量分析需求严重不匹配。首先，传统数据分析多以保单维度分析，以报表的形式进行统计，统计频度最高为T+1，部分报表甚至按月统计，在时效性方面存在不足。其次，部分业务场景下需要提取客户和保单档案，如果没有清单报表的支持，只能依靠运维取数，而清单报表的开发时间较长，运维取数的产能严重不足，每次取数需要2~3个工作日。总之，档案数据应用供不应求，甚至拖累公司运营效率，亟须解决海量数据处理难题。为了响应集团"以客户为中心"战略，同时随着大数据技术的日趋成熟，基于Hadoop平台的主流大数据技术提升了大规模数据的并行处理能力，依靠大数据平台，不仅能解决客户统计和客户提取的时效及技术问题，还能进行更深入的客户挖掘，档案数据的利用迈上新台阶。在这一背景下大数据平台提上建设日程。

三、创新做法

目前公司对客户档案数字化管理和应用包括以下节点：建立ECIF系统，实现客户数据的整合和统一，初步盘点公司的客户资源；将ECIF的客户数据传输到大数据平台，使用大数据算法为客户打标签和分群，更加深入地了解客户；将大数据的标签和分群结果推送到业务员的"E动神州"，帮助业务员进行精准营销和服务。具体创新做法如下。

（一）建设统一客户平台，实现客户档案全生命周期数字化管理

ECIF系统实现将人保寿险分散在各个系统的客户信息进行整理、清洗、合并，建立360度的统一客户视图，首次实现公司对客户数据全生命周期的管理。

首先，客户数据识别与归并，主数据管理将对来自各个系统的客户数据按照识别规则进行唯一客户识别，并按照数据覆盖规则进行客户数据合并，以获得唯一的客户记录。其次，客户数据校验，对客户数据的合法性和完整性进行校验，如身份证规则验证、客户准入校验。最后，提供一致接入点，以便用户或外部系统请求 MDM 服务，如消息服务、发布和订阅服务，为实现"以客户为中心"战略提供数据支持。

（二）实现客户档案多维度展示，提升档案利用效果

ECIF 系统将客户相关信息与保单相关信息进行关联整合，实现客户档案数字化管理，并通过 360 度视图多维度展现客户的基础信息、财产信息、接触信息、关系信息、分析信息以及保单信息等，并对客户关键信息脱敏保护，确保客户隐私安全。通过多维度展示，管理人员、业务人员均能从中获得所需信息，档案利用效果提升明显。

（三）整合客户信息并进行数据挖掘，丰富客户档案信息资源

保险行业低频交易和接触的特点，让公司在客户信息的收集方面存在诸多困难，传统上除了承保时填写在保单档案上的投保人和被保人信息，只有保全和理赔时能够再次收集相关信息。此次创新除保单档案直接存储的客户信息以外，还进一步丰富了客户档案内容：一是提取了电话中心的数据，将可匹配的接触信息和投诉信息纳入客户档案；二是通过统计客户的保单、保额、险类和保障时间，初步绘制客户画像；三是根据投被保人关系建立客户的家庭图谱，客户的家庭关系和家庭成员保障情况也进入档案；四是将客户语音图像相关信息也一并纳入，实现了客户档案内容的融合管理，便于后续档案开发利用。

（四）高标准落实客户档案安全管理，确保客户信息安全

公司之前并无客户电子档案管理工作经验，经过市场和同业调研后，高标准制定并印发了《中国人民人寿保险股份有限公司客户信息管理办法》。同时，通过 ECIF 系统权限管理、用户管理、日志管理、异常处理、备份和恢复管理等实现档案安全管理。可按角色和所属机构授予客户档案权限，根据角色向用户提供访问不同数据库的权限；用户申请必须使用实名制，同时报备证件号码，开立账号需要审批。为了避免人为及外界不可抗力因素对系统破坏，具备完善的系统备

份与恢复功能；系统还为客户的证件号码、银行账户和手机号码等进行脱敏处理，多管齐下确保客户档案信息安全。

（五）大数据分析实现客户标签和分群，提升客户档案利用价值

通过大数据平台所建设的 Hadoop、Spark、Solr、Kafka 集群及应用组件，以客户数据为基础，ECIF-ID 为唯一标识，按照一定的规则对数据进行加工、梳理、整合、汇总，建立客户标签汇总客户个人维度、家庭维度、保单维度、险种维度等多维度信息，通过标签组合实现客户分群，对客户实行差异化服务和营销，满足客户个性化需求。

同时搭建了大数据客户通系统，通过客群筛选分析，让经营分析人员以标签的形式，利用 Solr 搜索引擎的全文检索能力，将客户维度数据与保单、险种维度数据有机结合，实现客户数据的多维度分析；将筛选后的客户数据通过线上流转的方式匹配其营销员 ID 直达营销员手机 App，与产品营销活动精准匹配，开展针对性商机营销，进一步提升客户档案的利用价值。

（六）客户信息数字化应用，助力业务员精准服务与营销

为便利客户档案的查询和应用，公司在"E 动神州"上实现了准客户管理、保单客户管理、客户 360 度画像等功能。业务员可通过准客户管理功能查看、新增、修改准客户信息，删除及合并多个相似准客户；通过保单客户管理功能可在保单客户列表中查看营销员名下保单客户的个人信息、保单信息、保全信息和理赔信息，及时了解客户保险业务和服务的进展；通过客户 360 度画像功能可调用人保寿险大数据平台对客户本人和家庭的画像，提供客户多维度标签，帮助业务员判断保障缺口和服务需求；此外，"E 动神州"还会展示其他系统推送的服务提醒和商机提示，有力助推业务员精准服务与营销。

（七）创新流程管理，提高客户档案质量

一方面，在 ECIF 平台上线前，公司对过往的客户信息进行统一清理和整合，对清理发现的问题及时处理并向前端核心等出单系统提出加强校验规则需求，减少垃圾数据的录入。ECIF 上线后，这种由后端客户数据库分析发现问题，查找问题数据来源后，提请补充和更新前端录入规则和校验规则的流程更加完

善，是加强档案真实性管理的有效途径。

另一方面，对于已经存在的问题信息，由于信息数量多且考虑到客户信息的安全和隐私，不适合由客户信息管理部门统一提取再逐级下发督促更新的流程。为解决线下治理客户信息质量的痛点，公司打造全新的线上全流程客户信息治理模式：ECIF 建立问题信息标签体系，在存在问题信息的客户档案上打标签，向与客户直接接触的柜面、业务员、电话中心和客户自服务端推送，提示请客户修改问题信息。通过柜面保全或在线自助保全更正信息后，ECIF 中的客户信息也会实时更新，同时，还可通过报表统计各类客户信息问题的改善进度，实现完整的档案质量闭环管理，最大限度地避免客户信息的泄露，从而提高客户档案质量。

四、效果及影响

（一）客户信息管理更加规范高效

通过建设客户档案数据库，利用大数据平台与先进技术对客户档案进行深度挖掘、分析、研究，实现对客户信息的治理与真实性管理，公司客户信息管理更加规范、高效。现有客户档案主要包括 6 个模块：模型管理模块、监控管理模块、外围接口管理模块、统一数据访问模块、权限管理模块及配置管理模块。

ECIF 系统目前已经识别出的疑似客户数超过千万；针对客户信息质量治理开发报表，为后续客户信息质量治理提供工具支持，为公司客户信息规范高效管理提供档案信息资源。

（二）客户服务能力显著提升

通过建立起完整可查询的客户档案，实现向所有客户触点推送。在基础服务方面，每一个与客户接触的节点都可以全面了解客户，更加便捷和迅速地满足客户需求；在增值服务方面，通过客户分群后，针对不同的客户提供差异化的服务，满足其个性化需求。特别是业务员"E 动神州"端可以查询到客户的信息和画像后，先后开通了生日提醒、理赔提醒、续期提醒、分红提醒等一系列服务提醒，让业务人员更及时地了解客户相关动态，做好服务工作。

（三）客户资源开发更加精准

在对客户的个人信息进行分析和处理后，生成了包含婚姻状态、家庭构成、职业、是否有其他公司保单、年收入、年龄、性别、星座、企业理赔次数、企业理赔金额等信息的多维度客户信息标签，显示其历年投保轨迹，购买习惯和保障缺口等信息。业务员通过查看客户的个人画像和其家庭画像，可直观查阅客户的个人保障缺口及家庭保障状况。此外，在公司下发最新商机信息后，业务员可以通过商机功能，查看符合商机活动的客户名单，对名单里的客户进行针对性的二次开发，客户资源开发更加精准，极大地提高业务员展业效率。2019年开门红期间，使用"E动神州"出单的占比达94%。

（四）客户体验明显优化

建立客户档案后，一是原有的重复营销和服务减少，对客户的无意义打扰降到最低频率。二是对于客户关心的理赔、保全、续期和增值服务，可以由业务员直接查询进度告知客户。三是通过大数据绘制客户画像，精准分析客户的服务需求和保障需求，为客户提供的产品和服务更具针对性。此外，以客户档案为基础实现在线投保、在线保全和在线理赔等诸多线上服务，适应新形势下"互联网+"的发展趋势，也迎合中青年客户对线上服务的需求。目前，客户自助查询保单信息和进行在线保全和理赔的比例都在稳步提高。

（五）企业大数据应用能力提高

在客户数据维度方面，以 ECIF-ID 为唯一标识，将各系统与客户行为产生关联的数据汇总在一起，不仅包括保单全流程的客户信息，还包含了微信注册状态、电话回访次数等用户接触行为相关的信息，逐步丰富了客户档案的完整性。除此之外，随着"E动神州"、微信等终端系统记录用户的访问日志、浏览信息等行为情况，大数据平台还将丰富公司客户半结构化维度的相关数据。

在提高分析效率方面，大数据客户通系统利用 Solr 全文搜索引擎，汇总了公司数亿级的保单数据和客户数据，覆盖各种组合统计分析需求，实现用户进行客群筛选分析的秒级响应，将以往的报表查询范围31天扩展到开业以来所有数据，大幅提升用户分析效率。同时在维度方面，大数据客户通系统实现多维度百余个指标的实时分析。

（六）企业环保绿色安全运营

公司目前存量客户超过 2 亿位，建立客户档案数字化管理后，原先公司各渠道建立的手工客户账本均不再需要建立，节约了大量纸张资源，减少碳排放的同时，保护了森林。同时，客户档案数字化管理后，墨水、硒鼓等耗材的使用量大幅度降低，不仅绿色环保，还为公司节约了成本。

案例形成单位：中国人民人寿保险股份有限公司
案例形成人：谢怡刚、赵妤、田杰、柳会彬、田领、叶俊彦、彰鑫、杨国梁、郑璐、高兰芳、冯博

与祖国同庆，礼赞中国雷达事业 70 周年

——档案系列开发利用案例

一、案例概述

为迎接中华人民共和国成立 70 周年、中国电科第十四研究所（以下简称十四所）建所 70 周年以及中国雷达事业 70 年的到来，广泛宣传十四所"国防、科技、电子信息"主业定位，牢记"电子强军、科技报国"使命责任，以"三军之眼，国之重器"为己任的企业精神，十四所档案室牵头有关单位，以"庆祝中国雷达事业 70 年"为契机，主动作为，提前谋划，充分挖掘档案室馆藏资源，广泛征集各类档案资料，秉承"为国家留史，为企业烙印"的理念，顶层策划，系统布局，以"7 个一"，即一部所史、一部影片、一部微电影、一次实物展、一本礼赞书籍、一本画册、一次荣誉展等多种形式，全方位、深层次、系统化地展现中国雷达事业 70 年来的风风雨雨和辉煌成就。

二、实施背景

《中国雷达 70 年——历史上的今天》全面记录了中国雷达 70 年来的重大历史事件；《十四所曾用名》用组织机构沿革的形式生动形象地展现了十四所 70 年来的发展和变革；"中国雷达 70 年老档案展览"用最普通、最简单的实物来唤醒雷达人对辉煌历史的记忆，激励后辈继续为国奋斗；《礼赞 70 年》系列丛书讲述了中国雷达事业从无到有，从落后到引领的发展过程中那些不为人知的感动故事；《国家记忆》系列影片讲述了中国雷达人不懈奋斗的革命精神和心路历程，折射出中国雷达人对国家和民族的热爱之情。

中国雷达 70 年系列编研成果，全方位弘扬了艰苦奋斗和爱国精神，激发了职工的自豪感和凝聚力，为中国雷达的发展研究提供了重要参考，为"强军强国""能打仗、打胜仗"和"实现预警、探测感知领域的突破"提供了重要支撑。

三、创新做法

刘华清上将曾说过,十四所是中国雷达工业的"老母鸡"(图1),十四所也是中国雷达工业的发源地。十四所档案室成立于20世纪60年代,作为十四所历史的记录者,承担着十四所及直属公司档案的收集、保管、利用职能。档案室的馆藏资料真实记录了中国雷达事业70年发展壮大的辉煌历程,是中国雷达工业发展的重要见证和宝贵财富。因此,十四所档案室宣传雷达事业历史成就、弘扬雷达人爱国情怀、增强企业文化责无旁贷。

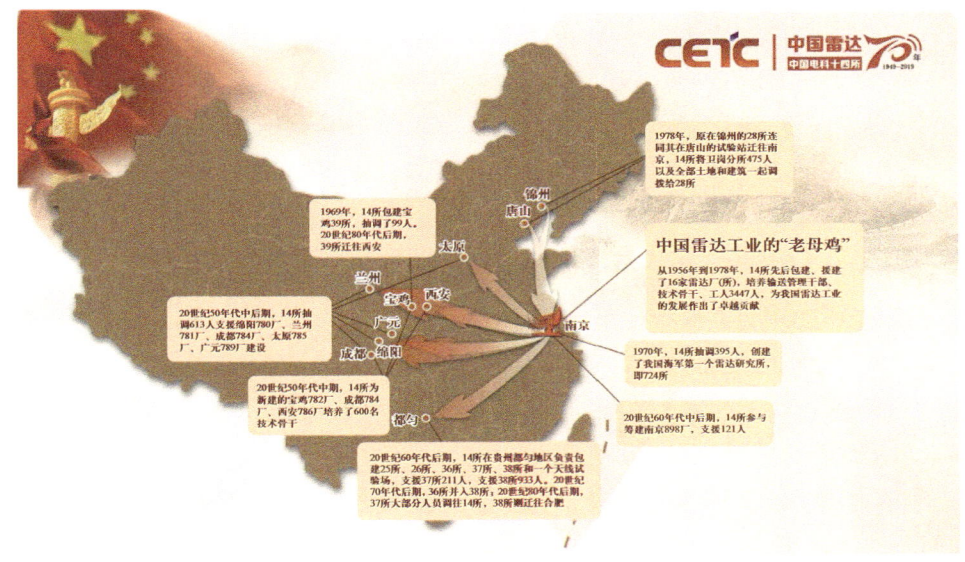

图1 中国雷达工业的"老母鸡"

自2018年6月起,十四所档案室联合十四所党委办公室、所办公室、离退休办公室、工会、科技部等有关部门,以"改革开放四十年"为契机,主动作为,提前谋划,广泛征集了十四所建所以来的各类档案资料。2019年1月,十四所档案室以"中华人民共和国成立70周年和十四所建所70周年"系列活动为契机,顶层策划、系统布局,以"7个一",即一部所史、一部影片、一部微电影、一次实物展、一本礼赞书籍、一本画册、一次荣誉展为载体,全方位、深层次、系统化地展现中国雷达事业70年来的风风雨雨和辉煌成就。

2019年,档案室在2018年征集工作的基础上,深度挖掘馆藏资源,走访离退休干部,适时推出了一系列档案编研成果,这些成果形式多样,表现有层次,内容有真情、有温度,生动地描绘了中国雷达70年走过的风雨历程,不仅收到了企业职工的一致好评,也得到了上级领导和专家的肯定,取得了良好的社会效益。

(一)档案主持、多方互动,推出中国雷达"7个一"

自2018年起,档案室与其他宣传部门秉承"为国家留史,为企业服务"宗旨,以"宣传雷达事业,传承雷达精神,发扬爱国热情"为己任,抓住"庆祝中国雷达事业70周年"的历史契机,主动作为,提前策划,多方联动,系统布局,以"7个一"活动策划为主构建了立体化档案编研成果体系。

1.一部所史,一次实物展,宏观展现中国雷达事业发展历程

《中国雷达70年——历史上的今天》,全面、详细地记录了中国雷达事业70年中具有重大意义的历史事件,构筑70年雷达史的筋骨和血脉。

"中国雷达70年老档案展览"以老档案来讲述中国雷达事业70年中的点滴故事和精彩瞬间。

2.一本画册,一次荣誉展,从机构、荣誉彰显中国雷达的砥砺创新

《十四所曾用名》系统地记载了中国雷达工业的发源地——十四所组织机构产生、发展变化的历史脉络。

"十四所辉煌荣誉展"清晰地反映了十四所中国雷达事业70年来获得的各种国家荣誉和创新成果。

《国之重器——十四所多个"第一"雷达画册》和"中国雷达奠基人——十四所院士风采展"向世人展现了十四所雷达事业自力更生、创新发展的"争气"形象和雷达事业领航人的风采。

3.一部影片,一部微电影,一部书籍,从人物点滴映射雷达人精神

《国家记忆》影片、《爷爷的钢笔》微电影、《礼赞70年》系列丛书,讲述了以中国雷达工业的奠基人张直中、张广义、贲德为代表的中国雷达人在雷达的研制过程中的心路历程,映射出国防科技工作者的家国情怀。

(二)让馆藏档案"活"起来,让编研素材"聚"起来

1.深入挖掘档案室馆藏资源

档案室借助此次中国雷达事业70周年活动机会,将档案室馆藏资源进行了一次全面、详细的梳理、分类。梳理十四所大事记、雷达史、年鉴百余份,查

阅、复制、扫描档案 2 万余件，涵盖 1949 年至 2019 年 70 年的档案素材，丰富的馆藏资源和有序的素材收集计划为档案编研提供了坚实的资源基础。

借助中国雷达事业 70 周年系列档案信息资源开发活动，档案室将十四所所有的产品竞标、对外展示、接待、项目建设等录音录像素材进行了再次编辑，成功为微电影、专题片的拍摄提供了一手素材，让中国雷达尘封已久的历史瞬间得以重现。

2. 广泛收集十四所历史资料

"中国雷达 70 年老档案展览"的成功展出得益于档案室、党委办公室、离退休办公室等部门提前策划，深入宣传，广泛征集十四所在职和离退休职工手中与十四所有关的老物件、老档案。十四所提供一个老档案与现实对话的平台和机会，让这些历史能够"开口说话"，诉说中国雷达事业的奋斗历程。

（三）档案让雷达人"团结"起来，合力出精品

档案室为了制作有深度、有内涵、有影响力的档案编研作品，仅靠档案人员是不够的，因此档案室联合党办、离退休办公室、研究部等部门开展合作，邀请雷达设计师、退休老领导、老院士等外部力量协同编研。

《中国雷达 70 年——历史上的今天》编写组邀请了十四所首席专家、情报室老领导、党办领导、所办领导等专家对编写成果进行把关，邀请保密部领导对产品和事件的密级和是否适宜对外开放进行鉴定。

对于《十四所曾用名》的编写，档案室在充分分析馆藏资源的基础上，发现了很多不清晰的地方，于是档案室赴中国第二历史档案馆查阅相关民国档案，对十四所组织机构沿革有了一个比较明晰的认识，确保了编研成果的质量和准确度。

"中国雷达奠基人——十四所院士风采展"制作过程中多次邀请院士本人和其家人、朋友对画册年代背景等信息进行咨询，确保真实、准确。

微视频、专题片采用跨部门合作的方式成立联合拍摄组，借助各部门的资源和人物，有效提高了影片质量。

（四）严谨又不失风趣，编研成果瞄准"高质量"

为了保证档案编研成果的可信性，编研组在编写过程中采取严谨审慎的态

度,为保证时间、事件、地点、人名、单位等信息的准确性,仔细考证材料。档案室采取二次审查制度,编写组编写完成后,由二次审查小组对其中的细节进行审查。对于有争议和记载模糊的事件,档案室组织相关专家反复分析材料,寻访相关人员,寻找所外佐证材料,力求完美还原事件原委。

编写过程中,编写组除了把握准确性之外,还力求让编研成果更风趣,更接地气,引人入胜。例《礼赞70年》系列丛书中就有很多介绍院士之间是如何相识、如何合作的小故事,其中《二人初相识》《"看"出来的雷达》两篇文章描写得非常形象,风趣自然。

(五)档案搭上信息化快车,用平台扩大传播范围

十四所档案室2018年完成了企业数字档案馆的一期建设,档案室秉承"让数据多跑路,职工少跑路"的利用原则,将数字档案馆存储的海量数据与档案信息的多维度检索和协同编研技术相结合,实现了对《十四所辉煌荣誉展》《十四所曾用名》等编研成果的在线查询、利用、展示,开启了档案编研与业务工作融合的序幕。

十四所职工在工作门户可直接访问数字档案馆,通过平台可以便捷访问所庆活动期间的照片、视频、展览以及其他档案编研成果。截至目前,企业数字档案馆累计访问量达1万余人次,有效地提升了职工在所庆活动中的参与度,深化了中国雷达事业70周年庆祝活动在企业职工中的影响力,真正做到了"让档案发声,让群众受益"。

(六)声名远播,档案编研成功"走出去"

编研成果借助十四所的宣传平台,通过微信公众号、远望报、出版社、社交网站、社会展览的形式进行广泛宣传,突破了传统档案编研宣传局限,有力地扩大了编研成果的影响力和共享范围。

《礼赞70年》系列丛书文稿(图2)在微信公众号和《远望报》上连载至2019年10月份,并于10月公开出版。

《中国雷达70年——历史上的今天》《十四所曾用名》《爷爷的钢笔》和"十四所辉煌荣誉展"等编研成果已编纂完成,已在纪念五四运动100周年系列活动中展出、播映。

图 2 礼赞 70 年系列推文

《国家记忆》《国之重器——十四所多个"第一"雷达画册》和"中国雷达奠基人——十四所院士风采展"等系列影片和画册在十四所建所 70 周年庆典上播映和展出。

这些编研成果向十四所员工和社会展现了中国雷达人不懈奋斗的精神风貌，弘扬了爱国精神，激发了国防科技工作者的报国激情，效果良好。

四、效果及影响

十四所档案室通过联合十四所多个部门的支持，在中国雷达事业 70 周年到来之际，开展了一系列的档案资源开发利用活动，形成了一批有影响力、有内涵、有深度的编研成果，受到了企业职工和社会各界的广泛关注，取得了良好的社会效益，具有较好的社会影响力。

（一）极大地弘扬了十四所持续奋斗的"雷达精神"

"中国雷达70年老档案展览"向大家展示了十四所建所70年间的老档案、老物件，参观者络绎不绝，参观人数近5000人次。企业职工通过追忆往昔老一辈雷达人的奋斗历程，极大地鼓舞了奋斗热情，坚定了传承十四所"自力更生、创新图强、协同作战、顽强拼搏"预警机精神的信念。

（二）为十四所建所70周年系列活动提供重要支撑

《中国雷达70年——历史上的今天》《十四所曾用名》等编研成果已经在十四所公众平台和《远望报》上进行刊登。作为所庆的预热活动，受到了广泛的关注，截至目前，访问量多达4万余人次。《国家记忆》影片的拍摄采用大量的档案原始材料和视频镜头，《国之重器——十四所多个"第一"雷达画册》和"中国雷达奠基人——十四所院士风采展"更是以照片档案为主，这些都是十四所建所70周年非常重要的活动。可以这么说，档案的编研成果是十四所企业的宣传和对外交流的重要工具和媒介。

（三）激发了企业员工的爱国热情和奋斗精神

《中国雷达70年——历史上的今天》"十四所辉煌荣誉展"《国之重器——十四所多个"第一"雷达画册》等展现了中国雷达事业创建之初的艰辛历程和中国雷达人顽强拼搏精神，彰显了中国雷达人自主创新、不辱使命的爱国力量。

"中国雷达奠基人——十四所院士风采展"通过对十四所院士的生活、内心世界的回顾，宣传了院士们爱国、奉献、敬业、拼搏的感人事迹。

《礼赞70年》系列丛书讲述了老一辈中国雷达人艰苦的奋斗历程，印证了十四所人"勇于担当、主动作为、只争朝夕、精益求精"的企业精神，激励一代代十四所人砥砺前行，不懈奋斗。

档案编研成果通过不同形式，呈现出中国雷达事业70年惊人的发展速度，从跟跑到并驾齐驱再到现如今的领跑行业，激发了年轻职工的爱国热情和奋斗精神，引起了社会公众对于雷达事业的关注和支持，提高了社会影响力。同时对号召广大青年投身国防事业，为国防事业的创新发展增强力量有着深刻的意义。

（四）为中国雷达事业的发展提供参考

《中国雷达 70 年——历史上的今天》记录了中国雷达史上 150 多个重大历史事件，其中有许多事件都是首次公开披露，涵盖重大科研进展、重大会议、历史变迁、领导视察、重大荣誉奖励、服务国家战略等多个方面，比较全面记录了雷达史上的标志性事件，反映了中国雷达事业发展的历史轨迹，具有极高的史料价值。

各类画册和影片的编研成果成功填补了十四所档案室在声像档案编研方面的空白，声像档案编研是档案编研非常重要、也非常直观的可视化展现方式，在记录历史、传承精神方面有着重要作用，为十四所名人档案的编研提供了一个创造性思路。

各类编研成果都是基于档案史料，包括文字材料、实物、照片、影像资料等，这些资料中包含着对雷达事业发展历程、产品研制过程经验总结、雷达事业发展规划的内容，因此档案信息编研对中国雷达事业的未来发展、雷达产品的未来设计都有着重要的参考研究价值。

案例形成单位：中国电科第十四研究所

案例形成人：马建林、王文强、彭鑫、胡雪飞、戴康燕、陈江波、陆丽桦

深化应用"互联网+"电子档案，助力优化电力营商环境

一、案例概述

营商环境是国家综合运行效率和经济软实力的重要体现，"获得电力"为世界银行营商环境评价的十大"一级指标"之一。本案例介绍了"互联网+"营业电子档案深化应用的具体实践。国网上海市电力公司（以下简称国网上海电力）围绕助力优化电力营商环境，深入开展营业档案资源开发利用，助力体现FREE2.0"三减"（减少流转资料，减少临柜次数，减少办电环节）成效。同时，深度挖掘电子档案价值，发挥增值作用，推动营销业务数字化转型，为全面推广"单套制"档案管理模式提供经验借鉴。

二、实施背景

近年来，世界银行营商环境报告选取上海和北京作为样本城市（上海权重为55%，北京为45%），衡量我国营商环境排名，其中"获得电力"为十大"一级指标"之一。作为直接关系"获得电力"指标排名的公共事业责任主体，国家电网公司制定了《持续优化营商环境提升供电服务水平两年行动计划》；国网上海电力针对办电环节数、时间、成本和供电可靠性四项"二级指标"分别制定了专项改革举措。营业电子档案是客户服务的重要资料，涉及客户办电全过程，与办电环节数、时间两项指标提升紧密相关。同时，随着"互联网+"技术快速发展和智慧档案建设有序推进，公司开展营业电子档案深化应用条件已经成熟、需求非常紧迫。

（一）"互联网+"电子档案深化应用是建设智慧档案、适应档案现代化管理的必然要求

为积极适应互联网时代的新要求，国家档案局在《全国档案事业发展

"十三五"规划纲要》中明确了"到2020年将初步实现以信息化为核心的档案管理现代化"的发展目标。《国家电网公司档案工作"十三五"规划》提出,要积极运用大数据、云计算、物联网等新思维、新技术、新方法,认识、管理、开发和利用档案,大力开展智慧档案建设。在此背景下,进一步深化电子档案应用,更好地适应新时代档案现代化管理要求,成为当前档案工作亟待解决的关键问题。

(二)"互联网+"电子档案深化应用是深度挖掘营业档案价值、提供优质营销服务的迫切需要

营业电子档案全过程记录了供用电双方在业扩报装、分布式电源并网、用电变更、电费管理、计量管理、用电检查等业务的办理情况,能够为营业业务办理提供重要的数据支撑和材料佐证。截至2019年5月,国网上海电力营业电子档案数量已达450万份(其中,低压大用户11万份、低压非居民71万份、高压40万份、居民用户197万份、住宅配套近10万份),平均每月增加19万份,每年增长126%。在营业档案信息呈现几何级增长的趋势下,如何利用"互联网+"改造传统营销服务模式,充分发挥电子档案复用性特性,深度挖掘档案资源价值,建立充分满足客户快捷办电需求的营销服务新流程,成为公司在移动互联网时代提升优质服务水平的迫切需要。

(三)"互联网+"电子档案深化应用是提升电力"获得感"、助力优化营商环境的内在驱动

为落实国务院优化营商环境工作部署,国网上海电力自2018年2月起,对标国际最高标准、最高水平,迅速出台、全力推进"五省五增"❶十大改革举措,打造"FREE"(Free省钱、Rapid省时、Easy省事、Excellent卓越)办电服务新模式。2019年,围绕"获得电力指标排名再提升"工作目标,进一步推出"FREE2.0"版"五降五减"❷改革新举措。两年来,国网上海电力始终把深化营业电子档案智能应用作为助力优化营商环境的重要抓手,把电子档案统一管理的

---

❶ "五省五增":压缩环节,办电更省力;多措并举,申请更省事;优化方案,建设更省钱;明确时限,接电更省时;接入优先,用电更省心。电网坚强,供电增能力;规范办电,流程增透明;各方联动,协同增效率;业务创新,服务增价值;多维评价,管控增品质。

❷ "五降五减":降办电投资、降配套费用、降用能成本、降审批时间、降建设时间和减办电环节;减临柜次数、减流转资料、减停电次数、减停电时间。

资源优势转变为客户价值创造的最大动力,把"互联网+"最大变量转变成档案开发利用的最大增量,以营业电子档案平台为基础,全力支撑营销业务系统和政府"一网通办"平台的办电业务,催生了电子档案开发利用的新理念、新模式。

三、创新做法

国网上海电力坚持以客户为中心、市场为导向,以"三式"❶思维谋划推进"互联网+"电子档案深化应用,在客户服务中植入档案开发利用的数字基因。一是勤用网式思维,建立面向资料、流程、数据、价值的档案利用体系,加快形成要素全覆盖、业务全融通、数据全可用的档案开发利用能力。二是善用链式管理,打造"三化三减"❷管理链条,把全要素标准化、全过程信息化、全流程智能化紧紧链接到营业电子档案的收、存、管、用等环节,构建了"内转外不转""跨平台共享"等档案流转、利用机制。三是狠抓点式突破,以深化应用营业电子档案管理平台为着力点,以实现档案增值赋能为切入点,以推动营业电子档案管理平台与其他信息管理系统互信互认为关键点,全面提升客户服务品质,持续优化营商环境。

(一)创新内容和对比分析

1. 平台构建强化档案数字管理

建立统一的营业电子档案管理平台(图1),通过全要素标准化,将重要的用户身份信息、申请资料、合同等原始凭证及单据纳入信息化平台,保证了营业档案数据的安全、完整和长久保存,便于查询、调阅和利用,提高了营业档案利用率,为公司管理业务整合及企业级信息化建设提供支撑。

2. 技术认证确保档案互信互认

营业电子档案管理平台引入电子签章、电子认证技术及自动采集、检测、数字签名和元数据采集等技术措施,推动各部门对电子档案信息的互信、互认,提高档案线上利用效率。通过基于电子化档案全环节全流程实时信息在线查询、透明公开,实现"客户少跑路、信息多跑路",减少客户办电临柜次数。

---

❶ "三式":网式思维、链式管理、点式突破。

❷ "三化三减":全要素标准化、全过程信息化、全流程智能化;减少流转资料、减少临柜次数、减少办电环节。

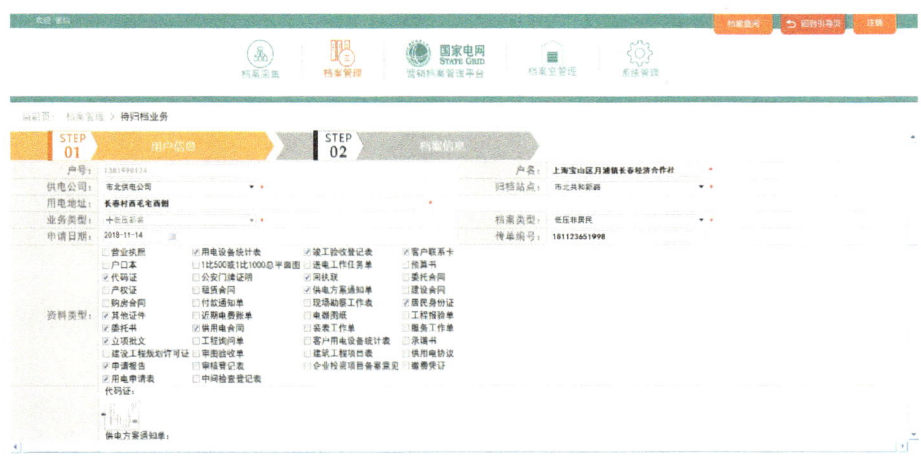

图 1 营业电子档案管理平台界面

3. 系统互联实现档案信息共享

营销业务系统与营业电子档案管理平台对接，通过系统推送，自动从档案中获取客户信息，减少项目流转资料，真正实现文档一体化管理。充分发挥电子档案管理高效、利用便捷的优势，通过共享为客户提供更精准、优质的服务。

4. "互联网+"助推档案高效利用

通过营业电子档案系统与政府"一网通办"平台对接，在实现全业务线上办理、全天候"一站式"服务的同时，实现了营业电子档案的在线检索、提档、推送，并借助服务质量在线评价功能及时获取到档案利用的成效反馈。

5. 智能应用实现档案增值赋能

将营业电子档案管理平台与其他业务系统集成，借助先进的智能设备，通过对电子档案开展大数据分析、人工智能技术应用，通过电子档案有效支撑综合能源、节能咨询、智能充电等多元增值服务，助力精准营销。

（二）实施过程

1. 推进营业电子档案收集全要素标准化，进一步减少资料流转

为了让客户办电更省心，国网上海电力梳理制定营业档案业务规范、数字化标准和电子档案元数据方案，统一客户办电数据采集标准（包括信息清单、数据格式和编码规则等），明确营业执照、供用电服务合同、工程询问单报验单、客

户联系卡等 42 种营业电子档案资料类型，确保了档案信息规范收集。同时，优化营业电子档案管理平台与营销业务系统的接口功能，开展"四性（真实性、完整性、安全性、可用性）"检测，实现了电子文件自动归档。此外，通过营销业务系统自动获取客户在政府"一网通办"平台提交的办电申请及证照信息，并存储到营业电子档案管理平台，避免了客户在多个平台重复提交资料。

2. 推进营业档案管理全过程信息化，进一步减少临柜次数

为了让客户办电更省事，国网上海电力开展营业电子档案管理平台深化应用，试点推行客户办电档案"单套制"管理新模式，实现从收集、整理、归档、保存、管理到使用的全过程信息化。在营业网点全部配备了扫描仪、高拍仪等高清数码采集设备，确保客户办电提交的所有资料同步生成标准化的电子文件。全面开通线上受理、线上签约等功能，运用电子签名、流程引擎等技术，确保营业电子档案即时生成、即时归档。建立"内转外不转"的营业档案流转机制，通过内部跨专业线上协同处理、电子档案自动调取，以及客户在线查询、实时信息互动体验提供，实现"客户少跑路、信息多跑路"。

3. 推进营业档案利用全流程智能化，减少办电环节

为了让客户办电更省力，国网上海电力积极推进基于业务流程的营业档案智能应用。通过与其他业务系统的集成，智能推送营业档案至业务系统"大后台"，信息实时流转与共享，实现客户用电申请在线审核，提升后续现场勘查、供电方案编制等工作效率，减少客户等待环节，为业务部门提供更加智能的档案利用渠道。通过大数据、智能分析技术形成客户档案生命周期图谱，对客户用能需求、保电等级等进行分类评估、画像，为客户提供更加智慧的档案精准服务。通过在营业电子档案平台上建立数据分析、数据挖掘等技术应用模型，对档案资源进行比对检索、分类分析，支撑客户智能充电、综合能源、节能规划等多元化业务，为客户提供更加智敏的档案增值服务。

【案例】

2018 年 12 月 3 日，某企业负责人周先生前往某供电公司营业厅咨询低压非居民增容事宜。营业员告知其申请办理该业务需提供身份证、营业执照及该地址的上月电费账单等资料。周先生只携带了身份证，打算补齐材料后再来营业厅办理。营业员告知国网上海电力自 2017 年开始，已统一开发并使用营业电子档案管理平台，可实时查询具有电子认证的营业执照等客户资料，该平台也与外部网

上政务服务平台实现信息共享，有些资料也可直接通过政务平台获取。不到半分钟，周先生的历史电费账单与营业执照资料均已显示在营业前台电脑上，且企业营业执照在有效期内，遂告知周先生可据此即时办理增容业务。

营业员在系统中录入企业户号信息，发现该企业已申请过充电桩与光伏接入业务。此次增容后，考虑到厂房面积扩大，建议周先生可同步申请新增屋顶光伏发电业务，还可考虑在厂房内建设综合能源管理项目，实现冷热电三联供，最大限度节约能源和经济投入。周先生非常感谢供电部门的建议，表示将在与公司决策层商议后，考虑是否采纳。

周先生临走前，营业员还告知其营业执照将于半年后到期，届时将会通过手机短信提醒前往营业厅更换，以便客户信息及时更新，方便业务办理，此外还可以在 App 上实时查询到业务办理进程。

在周先生办理业务的同时，增容业务申请资料已同步发送至营业后台。申请当日，供电部门与周先生联系并勘查现场，制定出增容改造方案。12 月 9 日，该增容项目完成接电，相关资料全部归档至营业电子档案管理平台，为后期业务实施提供了档案数据支撑。

周先生表示，此次申请办电过程的全新体验完全超出了预期，交最少的材料，在最短的时间里，获得了供电部门提供的高效、便捷、满意的服务和增值体验，感受到了国网上海电力优化营商环境、简化办电手续的卓越成效。

四、效果及影响

国网上海电力营业电子档案深化应用的效果主要表现：客户服务评价好、提质增效表现好、先行先试成效好。

（一）客户服务评价好——营商环境"获得电力"指数排名大幅提升

通过营业档案电子化等手段，进一步压缩办电时长，助力"获得电力"全球排名由 98 名跃升至 14 名，实现了"三个最，两个第一"[1]，为客户带来"三减"办电体验：减少流转资料方面，深化营业档案智能化应用，通过客户所有资料只填一次、电子档案有效期内智能流转共享等，实现窗口免重复填单、同城异地全

---

[1] "三个最，两个第一"：得分提高最多、提高 23.18 分，排名进步最快、提升 80 名，整体提升贡献度最大、达 27.77%，办电环节和接电成本指标并列排名世界第一。

业务受理。用户办电平均填写次数从5次降为1次，同城异地业务受理数量、比例分别达到2563次、50.5%。减少临柜次数方面，将营业电子档案与"网上国网"App、微信、支付宝等互联网平台有机结合，实现基础业务全时段在线办理，复杂业务在线预办理，确保办电业务"最多跑一次"，力争"一次都不跑"。办电业务受理总体平均往返次数从3次降为0.8次（减少往返2.2次），压缩73%；其中居民业务受理平均往返次数从1.25次降为0.5次（减少往返0.75次），压缩60%，非居民业务受理平均往返次数从3.25次降为1.75次（减少往返1.5次），同比压缩46%。减少办电程序方面，受益于电子档案实时同步，原有"串联"业务模式调整为"并联"实施，以及基础材料由营销业务系统进行大数据快速审核等因素，办电环节由原来的5个压降到2个，减少60%；客户办理业务滞留时间由原来的20分钟降到15.2分钟，平均减少4.8分钟，下降24%。

（二）提质增效表现好——经营管理水平显著提升

通过实施"互联网+"电子档案、建设营业档案大数据库、提高档案利用效率，营业业务管理效率效益得到显著提升。主要体现在：线上办电率从90.15%提升至96.43%；线上缴费率从70%提升至85%；客户满意率提升0.59%，达到98.69%。业扩接电周期（高低压平均时间）由原来的7.7天减为5.4天（缩短2.3天），下降30%，通过客户早接电、企业多卖电提升了经营效益。

通过营业档案从收集、整理、归档、保存到利用的全过程数字化管理，以及与客户业务需求的智能匹配分析，营业档案管理水平得到显著提升。主要体现在：营业电子档案保存的真实性、完整性达到100%；以国网上海市北供电公司为例，营业电子档案月均利用次数达到1.2万次，与纸质营业档案利用量相比，翻了近3倍。

在深化应用营业电子档案基础上，国网上海电力启动数字化转型三年行动计划，以数字档案管理为抓手，促进核心专业数字化转型，努力实现用数据说话、凭数据决策、靠数据管理。2018年国网上海电力在全国公用事业领域首家获全球卓越绩效奖（世界级）。

（三）先行先试成效好——档案价值显示度持续提升

在业档融合方面，"互联网+"电子档案管理能够与企业发展的方方面面深度融合，打通全业务信息流，为供电可靠性提升、基建项目现场管控、电力应急抢修、智慧保电体系建设等各专业工作，提供有效的档案数据支撑。通过"大云物移智"等技术手段，进一步打通电厂、电网企业、客户之间的"互联网+"电子档案，可为 VIP 客户提供档案借阅等增值服务，促进了全社会能源高效利用。

在档案管理提升方面，国网上海电力在开展"互联网+"电子档案管理过程中，实现了线上线下业务深度融合，原有的"双套制"管理模式逐步转变为"单套制"管理模式，大幅提升了政企之间和企业内部的管理效能。公司建议在公用事业行业广泛推广应用"单套制"和"互联网+"电子档案，促进公用事业行业服务水平再提升。

案例形成单位：国网上海市电力公司

案例形成人：周峰、王聪、徐建兵、朱海吉、陈雪萍、余思钧、施昱青、杨翼、周善敏、周璿

充分发挥档案"第一手"史料价值，共同打造文化鸿篇巨制

——《三峡工程史料选编》

一、案例概述

为真实记录三峡工程规划论证和建设运行历程，系统反映三峡工程建设成就和巨大效益，配合三峡工程整体竣工验收宣传工作，在国务院原三峡办统筹协调下，2013年至2018年中国长江三峡集团有限公司（以下简称三峡集团）联合有关部门、单位组织编纂了《三峡工程史料选编》（以下简称《选编》）（图1）。三峡集团办公厅组织三峡工程档案馆主动作为、积极配合，创新服务方式，为《选编》的编纂提供了10万余件"第一手"档案文件，共同打造出集权威性、资料性、研究性、可读性为一体的3000多万字的文化鸿篇巨制，为从历史深度认识三峡工程在我国治水史上的重要地位，从国家高度认识三峡工程在我国经济社会发展中的重要地位，从全球视野认识三峡工程在世界水电建设领域的重要地位发挥了重要的基础作用。

图1 《三峡工程史料选编》样书

二、实施背景

盛世修史是中华民族的优良传统。三峡工程自提出设想以来,在近百年的时间里,形成了大量史料。这些史料浩如烟海、散于各处,如果不系统收集整理,恐怕会随着岁月的推移而湮没甚至消失。三峡工程是治理和开发长江的关键性骨干工程,关系到长江安澜,关系着国计民生,在我国政治经济社会中具有特殊的地位和作用。三峡工程是迄今为止唯一由全国人大表决通过兴建的工程,由党中央、国务院领导,举全国之力兴建,是国家意志的体现。这样一项伟大的国家工程,理应载入国家史册。编纂《选编》对于全面、客观、系统地记录三峡工程百年历程,反映三峡工程建设成就和巨大效益,弘扬三峡精神,传承三峡文化,都具有十分重要的现实意义和深远的历史影响。

在国务院原三峡办统筹协调下,三峡集团作为责任主体,各有关部委和单位参与,于2013年启动了《选编》编纂工作。《选编》最终定稿18卷25册,其中,除移民工程卷、长江防洪卷、勘测设计卷、电力输送卷、地灾防治卷、生态环保卷6卷,结合三峡工程建设管理实际由有关部委和单位负责或牵头负责编纂外,其他12卷(包括百年综述卷、机电工程卷、航运工程卷、电力生产卷、科学试验卷、工程管理卷、工程建设卷、枢纽运行卷、三峡标准卷、三峡文化卷、国家验收卷、附录索引卷)均由三峡集团组织编纂。

三峡集团高度重视《选编》编纂工作,集团主要领导亲自担任编纂委员会主任,要求坚持历史使命感、国家责任感、民族自豪感,准确把握史料选编的编纂要求,切实提高史料选编的编纂质量,极度认真、极其严谨、极为细致地做好编纂工作,"为国家留史、为历史存真、为时代立传"。

档案是最真实的"第一手"史料,《选编》的编纂离不开也必须立足于档案。完整、准确、系统的档案,是保障《选编》编纂质量的"稳定器"和"压舱石"。

三峡集团高度重视档案工作,自公司筹建起便从相关部门、单位收集了大量三峡工程前期历史档案和规划论证期间形成的重要成果档案,并自三峡工程正式开工之后,逐步建立健全了三峡工程建设档案管理体系,通过一系列经济制约手段和行政管控措施,实现了项目档案随项目建设同步收集、同步归档,形成了完整、准确、系统、规范的三峡工程建设、管理与运行档案,共计7万余卷(100多万件),为《选编》编纂工作的有序开展奠定了坚实基础。

三、创新做法

（一）强化顶层设计，为《选编》编纂提供组织保障

一方面，在国务院原三峡办统筹协调下，三峡集团组织成立《选编》编纂委员会，将三峡工程档案馆纳入编委会并作为重要组成单位，既加强编纂队伍力量，也为编纂查档工作提供组织保障。编委会下设办公室，具体负责协调各卷编辑室开展编纂工作、协调档案馆查阅提供档案史料等有关事务。档案馆和编委会办公室相互配合、紧密协作，保障了史料收集、整理等工作的有序开展。

另一方面，三峡工程档案馆主动作为、强化服务，成立了《选编》配合专项工作组，将配合《选编》工作作为每年重点工作推进，组织档案专业人员分工负责《选编》各卷所需各卷史料的分类查找、汇总整理等工作，保障了工作质量。

（二）加强档案信息化，为《选编》编纂提供技术支撑

三峡工程规模巨大，其建设、管理与运行形成了海量的档案，纯手工方式很难实现高效率的管理与利用。自2006年起，三峡工程档案馆启动了馆藏档案数字化工作，至2010年时已实现入库档案同步数字化，到2013年《选编》编纂工作启动时，三峡工程入库档案数字化率已达到100%，形成电子数据约10TB，为《选编》编纂工作提供海量数据资源。2018年《选编》编纂完成时，三峡工程档案数字化数据已达到14TB。

在全面实施存量档案数字化的同时，三峡集团同步设计开发档案管理信息系统，于2008年10月上线运行，实现了数字化档案的在线异地检索利用，为《选编》编纂委员会及各卷编辑室的同志精准查找所需档案史料提供了极大便利，切实提高了《选编》编纂工作效率。

（三）实施同步管理，为《选编》编纂各阶段工作提供优质服务

《选编》编纂规模宏大，总工期长达5年，是一项系统工程。《选编》编审工作大体分为四个阶段：第一阶段为精选组稿阶段，从2013年7月至2014年12月，用一年半时间主要完成史料海选、大纲编纂、内容精选、纲目审查等工作；第二阶段为样稿编纂阶段，从2015年1月至2016年6月，再用一年半时间主要完成稿件编辑、文字校对、内部审核等工作；第三阶段为评审修编阶段，从

2016年6月至2017年12月，主要完成"三评两审"、样稿修编等工作；第四阶段为收尾阶段，从2018年至今，完成18卷25册的审核、审定，集中完成送审样书、出版协调等工作。三峡集团办公厅组织三峡工程档案馆在各个阶段积极提供优质档案服务。

1. 精选组稿阶段

在史料海选工作中，三峡工程档案馆对馆藏档案进行了认真筛选，编制了涵盖所有可能用到档案的目录清单，分别对应百年综述、机电工程、航运工程、电力生产、科学试验、工程管理、工程建设、枢纽运行等相应卷宗，供编纂委员会精选。

经过一年多时间的海选，编纂委员会在大量史料支撑的基础上，提出了编纂大纲和精选史料，并将《选编》纲目提交集团公司进行审查。

2. 样稿编纂阶段

在样稿编纂工作中，三峡工程档案馆根据章节、编写大纲和框架确定提供档案范围，认真查找、细致甄别，明确到具体文件，以档案管理系统为支撑，提供下载或拷贝档案数字化副本达10万余件，总字数达3亿多字。

编纂委员会各编辑室严格按照编委会要求，根据审定的编纂纲目，将档案数字化副本连同其他史料通过反复文字校对、内部审核，形成了初评样稿。

3. 评审修编阶段

2015年8月，《选编》专家评委会正式成立。评委会成立后，编制了《〈三峡工程史料选编〉评审大纲》，明确经评审后各卷编辑室需根据评审意见进行修编。

在各卷评审修编工作中，三峡工程档案馆按照评委会意见，协助各卷编辑室及时查漏补缺，补充提供了3万余件电子档案。编纂工作坚持精益求精，评审工作坚持从严把关，档案人员兢兢业业、高效配合，共同确保了编纂质量。

4. 收尾阶段

《选编》意义重大，编纂过程中形成的文件材料异常珍贵。在收尾工作中，三峡集团办公厅组织三峡工程档案馆同步做好原始资料和中间过程资料的收集工作，按专题进行整理，确保编纂工作档案完整，真实反映编纂历程。

5年多来，三峡集团办公厅组织三峡工程档案馆积极配合全体编纂人员、评审专家和编务工作人员，为《选编》编纂工作倾注了极大心血和精力，克服家庭、生活困难，认真细致，加班加点，为保证《选编》的编纂完成作出了积极贡献。

四、效果及影响

截至2018年年底，《选编》全书18卷25册已全部完成评审，形成了送审样书，目前正在进行最后的出版协调工作。这一集权威性、资料性、研究性、可读性为一体的3000多万字的文化鸿篇巨制，不日将与公众正式见面。

立足海量的档案史料编纂《选编》，主要形成了以下经济效益和社会效益。

（一）经济效益突出

主要体现为提供档案数字化副本利用所节约的大量人工成本。在整个编纂过程中，三峡工程档案馆共提供了10万余件档案数字化副本。若换成纸质档案，将需要大量的人力检索、上下架档案及案卷整理还原，仅此一项相当于节约了人工成本230余万元。

（二）直接社会效益显著

1. 档案"留史存真、资政育人"的价值充分发挥

档案是社会活动的真实记录，完整、准确、系统的三峡工程档案为《选编》编纂工作提供了"第一手"史料，为《选编》提供了真实、可靠的依据，对于全面、客观、系统记录三峡工程百年历程，反映三峡工程建设成就和巨大效益，弘扬三峡精神，传承三峡文化，具有十分重要的现实意义和深远的历史影响。

为表彰三峡工程档案对于推动《选编》编纂工作的重要作用，三峡集团办公厅、三峡工程档案馆获得了2018年度三峡集团公司特别奖励。

2. 集团公司全员档案意识乃至社会档案意识得到提高

在《选编》编纂工作过程中，编委会成员及全体工作人员再次认识到档案工作的重要性和档案史料的珍贵性、唯一性，提高了集团公司全员档案意识。随着《选编》的出版发行，社会档案意识也将得到有效提高。

3. 进一步梳理、完善了馆藏结构

《选编》所需档案素材数量浩大，在提供档案利用过程中，间接促使三峡工

程档案馆对馆藏内容和结构进行了彻底梳理,加深了工作人员对馆藏档案的了解,为进一步提高服务水平起到了积极作用。

(三)间接社会效益巨大

《选编》对三峡工程建设管理进行了全面的历史记载、科学解读、文化诠释、精神概括,全方位地展示了水利水电工程建设的国家级成果和水平。这是一项重大的系统工程,也是一次重大的整合提炼,意义重大,影响深远。

1. 有助于从历史深度认识三峡工程在我国治水史上的重要地位

自古以来,人类逐水而居,并不断开发利用这一大自然赋予的资源。水孕育文明,也带来灾害。中华民族五千年的发展史,从某种程度上说,就是一部治水的历史。三峡工程,无疑是我国治水史上的杰作。三峡工程的建设成功,不仅大大减轻了中下游防汛压力,消除了长江两岸人民的心腹之患,而且变害为利,让洪水成为资源,造福社会,超越了以往的治水理念。三峡工程目标多元,在运行实践中,兼顾各方需求,实现了统筹兼顾、科学调度,最大限度发挥其综合效益。以三峡工程为代表,标志着我国治水水平提高到了一个新高度。

2. 有助于从国家高度认识三峡工程在我国经济社会发展中的重要地位

三峡工程自 2003 年水库初期蓄水、首批机组投产发电、船闸试通航以来,随着工程基本建成,各项功能开始充分发挥。2010 年、2012 年,三峡工程成功抵御了峰值超过 1998 年洪水的两次大洪水,防洪效益显著。截至目前,三峡电站累计发电已突破 1 万亿千瓦时,清洁绿色电能助力国家改革发展。三峡工程从根本上改善了宜昌至重庆 660 千米的长江航道,货运能力提高约 5 倍,运输成本下降三分之一以上,为推动长江经济带发展贡献力量。三峡工程运行实践证明,三峡工程在我国经济社会发展中的地位举足轻重。

3. 有助于从全球视野认识三峡工程在世界水电建设领域的重要地位

以三峡工程为依托,通过引进消化吸收再创新,使我国企业掌握了巨型水轮发电机组设计制造核心技术,实现了 70 万千瓦巨型水轮发电机组国产化目标。目前,我国企业自主设计制造的 80 万千瓦水轮发电机组已在向家坝水电站投产,并正在白鹤滩水电站研发 100 万千瓦水轮发电机组,标志着世界水电装备制造业水平又迈向一个新台阶。

三峡工程建设推动了世界水电建设水平的提升。在三峡工程建设过程中，形成了110多项"三峡技术标准"，树立了水电建设的"三峡品牌"。三峡工程建设还锻炼了我国水电建设队伍，使我国水电建设企业"走出去"的同时，也输出了三峡标准，为世界水电建设水平的提升作出了积极贡献。

案例形成单位：中国三峡集团办公厅、三峡工程档案馆、《三峡工程史料选编》编纂委员会办公室

案例形成人：徐俊新、齐腾云、毛跃光、胡祥科、张湘平、屈清、安志燕、程静、张壮志、袁国林、于文星、黄华、朱金华、吴霄燕、梁健伟、庄绪静、张捷、乔仁贵

攻坚克难，建立试飞档案管理体系；
鉴往知来，助力打造商用飞机精品
——上飞院开展试飞档案管理工作

一、案例概述

ARJ21-700飞机从2008年11月28日首飞成功，到2014年12月30日取得中国民航局颁发的型号合格证（TC），ARJ21-700飞机5架试飞机累计安全飞行2942架次、5257小时，其中完成适航取证试飞总时长超过波音787，成为世界上试飞时间最长的一款飞机。试飞过程中，上海飞机设计研究院（以下简称上飞院）档案专业人员发挥专业优势，建立试飞档案管理体系，编制试飞档案管理制度，赴试飞现场采集试飞数据，构建试飞档案数据库，发布试飞档案利用服务手册，积极服务型号改进优化，在助力打造ARJ21-700飞机精品工程方面产生了巨大的经济社会效益。

二、实施背景

ARJ21-700飞机是中国首次按照国际民航规章自行研制、具有自主知识产权的中短程新型涡扇支线客机，是中国首次按照FAR25部申请美国联邦航空局（FAA）型号合格证的飞机，座级78～90座，航程2225～3700千米。于2014年12月30日取得中国民航局颁发的型号合格证，2017年7月9日取得中国民航局颁发的生产许可证。目前，ARJ21-700飞机已正式投入航线运营，市场运营及销售情况良好，安全运营超1万小时，载客超过32万人次，累计24家客户596架订单。

试飞是指在飞机交付使用前，对飞机进行飞行测试，采集飞机飞行数据，使飞机在交付前处于最稳定的飞行状态，保证飞机飞行结果的准确科学。项目团队紧紧围绕试飞取证目标，充分贯彻"啃骨头、拾麦穗、画句号"的要求，提供强有力的技术保障，相继完成高寒试飞、自然结冰试飞、排液试飞、最大刹车能量中止起飞、功能可靠性、防火试飞、载荷试飞等重点难点试飞科目。2014年12月16日，105架机完成最后1架次功能和可靠性补充试飞，历时6年的试飞任务全部结束。自2008年11月28日首飞至2014年12月16日，累计飞行2942架次、5257小时，完成528个验证试飞科目，近3000个验证试飞试验点。

在试飞过程中形成了大量试飞档案，这些试飞档案是型号研制过程中重要的过程记录，对型号取证和后续优化改进具有重要作用。

三、创新做法

为了确保ARJ21新支线飞机项目试飞档案的完整、系统和安全，上飞院档案部积极谋划，多措并举，出色完成了ARJ21新支线飞机项目试飞档案收集、整理和开发利用工作任务，为打造商用飞机精品工程贡献了档案人员的力量。

（一）提前谋划制定方案，未雨绸缪有备无患

ARJ21新支线飞机项目首飞工作紧张准备的同时，上飞院档案专业人员就已将未来试飞档案工作如何开展提上了议事日程。为此，专门到中国飞行试验研究院、中航工业西安飞机工业（集团）有限责任公司等单位，就试飞档案管理相关方职责划分、工作边界、归档范围、归档方式、归档流程、整理组卷、保管保护、开发利用等内容进行专题调研。与上飞院内总体、试飞等相关专业进行专题座谈，了解未来试飞工作整体安排。结合上述调研、座谈所获取的信息和材料，整理形成《ARJ21新支线飞机项目试飞档案工作方案（草案）》，为后续工作开展开好头、起好步。

（二）广泛深入调查研究，梳理排查管理难点

2008年11月28日，ARJ21新支线飞机项目即展开了紧张的试飞工作。中国商飞公司成立外场试验队，专门负责协调安排各类试飞工作。ARJ21新支线飞机项目试飞工作紧锣密鼓地展开后，档案专业条线人员作为外场试验队工作人员的一部分也奔赴试飞一线。

在试飞工作现场，档案专业人员深入试验现场，了解试验队管理工作体系和工作制度，学习了解试飞工作业务流程，分析试飞档案管理难点。

难点一：试飞档案来源广泛，既有外场试验队自身形成的文件材料，又有试验承担方试飞院形成的文件材料，还有上海本部形成的文件材料和供应商提交的文件材料。

难点二：试飞档案载体形式多样，既有纸质文件材料，又有以光盘为载体的文件材料，还有存储在电脑硬盘上的文件材料。

难点三：外场试验队人员紧缺，且流动变化频繁，给试飞档案管理带来不小的难度。

（三）结合型号研制难点，搭建试飞档案体系

为了确保各类档案收集齐全，上飞院档案部编制发布《试飞数据及相关资料归档管理规定》，明确相关方职责、归档范围、归档元数据、归档时间、归档方式等要求（表1）。按照中国商飞公司和上飞院档案管理规定，明确外场试验队对试飞现场各类档案归档及归档材料系统性、完整性的主体责任。为了确保试飞档案工作有效开展，在外场试验队，设置兼职档案员，并明确兼职档案员工作职责、工作要求和工作流程，并针对外场试验队人员和兼职档案员开展专题培训，编制发布外场试验队试飞档案工作手册。

表1 试飞档案类别

序号	类别	备注	序号	类别	备注
1	飞行数据		8	测试改装报告	
2	协调单		9	每日通报	
3	试飞现场问题处理单		10	试飞大纲	
4	试飞任务单		11	表明符合行试飞报告	
5	试飞员评述问题答复单		12	重量重心报告	
6	试飞科目关闭单		13	风险评估单	
7	检定校准报告				

（四）定期开展档案交接，确保体系正常运转

试飞档案工作体系建立以后，档案专业人员每月赴西安阎良外场试验队，与兼职档案员一起清点核对接收的各类档案资料，确认无误后，双方交接签字，由

档案人员随身带回上海。档案人员每月参加型号工程工作例会，汇报试飞档案收集归档进展情况，提请协调解决档案管理工作中各类问题。对于大批量的试飞档案原件，档案人员耐心整理，仔细核对，租用可靠车辆，并安排押运人员，从西安阎良将上万份纸质档案运回上海。

（五）扎实开展整理建库，构建试飞档案专题

根据试飞档案特点，档案专业人员确定试飞档案分类整理建库规则，设置飞机编号、试飞任务单号、试飞架次、涉及专业、试飞地点、机型、试飞时间、文件大小等特殊元数据。针对纸质载体档案，除了建库之外，同时开展数字化工作，确保每份纸质档案都有对应电子版可以查阅。对于光盘载体试飞数据，开展光盘翻刻备份，同时上传到档案系统。对于存储在移动硬盘上的档案，一方面上传到档案系统，另一方面光盘刻录，确保档案存储载体和信息内容的安全。截至目前，已建成完整的ARJ21新支线飞机项目试飞档案目录数据库和全文数据库，管理档案28卷、14618件，档案容量约5T。对于依赖于特殊格式的试飞数据，保存其读取软件，并配备试飞数据档案利用专用电脑，方便用户查阅。

（六）积极推动开发利用，发挥试飞档案价值

为了最大限度发挥试飞档案价值，服务ARJ21新支线飞机项目飞机问题排查、改进优化等工作，档案专业人员积极推动试飞档案开发利用工作。一是将电子全文上传到档案系统，建立试飞档案全文数据库。二是针对试飞档案元数据的特殊性，开发试飞数据专用检索页面（图1），方便用户快速查找，提高用户检索准确率，提升用户体验满意度。三是编制基于用户视角的试飞数据利用手册，对试飞数据借阅相关事项进行详细说明，实现手册在手，借阅无忧。四是针对用户试飞档案利用咨询，提供耐心、细致、专业的服务，确保用户乘兴而来，满意而归。

四、效果及影响

上飞院扎实开展试飞档案管理，在国内首次建立系统的大型客机试飞档案管理工作体系。档案人员为工程设计人员提供全天候、零距离档案服务，截至2018年年底，共提供利用服务达到1274件/次（利用专业、年度分布图分别见

图 1 试飞档案检索页面

图 2、图 3），为型号设计人员成功处理 38 项难题和设计优化项目提供了重要数据支撑。产生直接经济效益 1.9 亿元，间接经济效益达数亿元，档案服务型号研发核心业务经济成效显著，社会效益突出。档案成为大型客机研制工作价值流中的重要一环，档案价值得以实现，档案工作得到认可，档案人员赢得了设计人员的尊重，实现了自身价值。

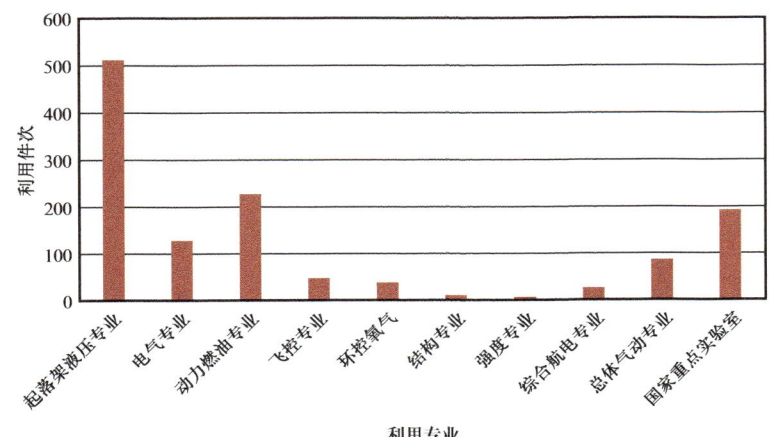

图 2 试飞档案利用专业、件次分布图

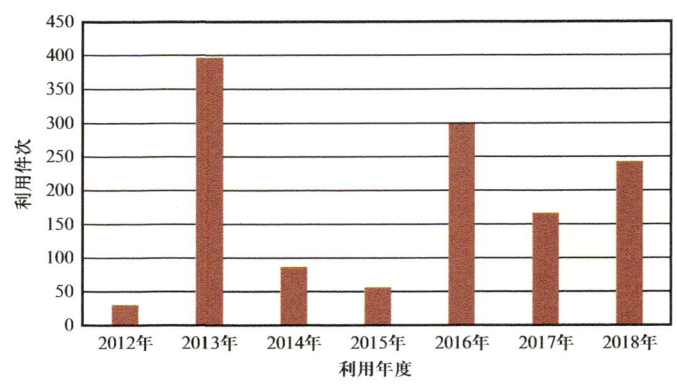

图3　试飞档案利用年度、件次分布图

案例形成单位：上海飞机设计研究院

案例形成人：刘文恭、蒋君仁、王木亮、胡卫乐、陈华韬、张丽霞、张超、陈丽、欧阳珍、刘志彤、陈婧

守护碧水蓝天,创建长青基业

——跨地域集团化供水企业产销差率管控项目档案资源开发利用实例

一、案例概述

供水企业产销差是指供水企业提供给城市输水配水系统的自来水总量与所有用户的用水总量中收费部分的差值。产销差率是衡量供水企业运营管理、经济效益和社会效益的核心指标。

北京首创股份有限公司(以下简称首创股份)通过对产销差率管控项目档案资源的开发利用,形成了一套完整的、可复制性强的产销差率管控专项档案资源(图1),对于扭转供水企业以往缺乏指导性和持续性"头痛医头,脚痛医脚"的管理弊端,具有极强的实践意义。

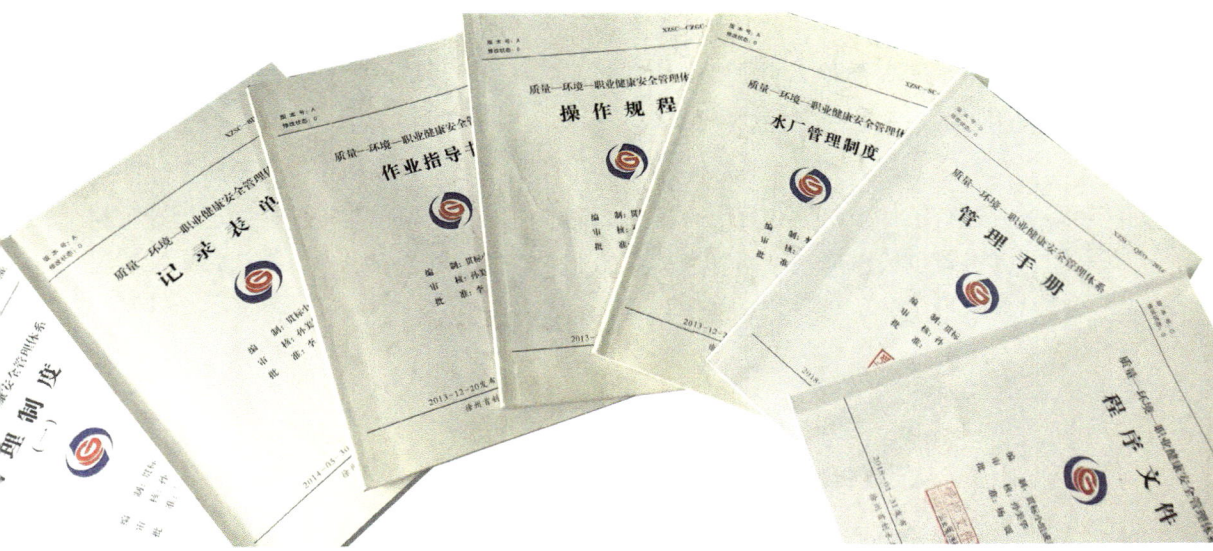

图1 形成的部分管理办法、标准、记录等成册档案资料

二、实施背景

（一）产销差率管控工作开展的行业背景

据统计，我国人均水资源量为 1718 立方米，接近国际公认的 1700 立方米的缺水警戒线。但供水统计年鉴显示，2016 年全国年供水总量达 767 亿立方米，产销差率平均为 22.20%，即年损失水量 179 亿立方米。2015 年 4 月与 2016 年 10 月，国务院与发改委等十部委相继颁布了《水污染防治行动计划》和《全民节水行动计划》，两者均对供水管网漏损率提出了明确要求。

作为一家具有高度社会责任感的国有控股上市企业，首创股份将发展方向定位于中国环境产业领域，专注于城市供水和污水处理等中国水务市场的投资和运营管理，具有行业影响力巨大、下属供水项目分布广层级多、跨地域集团化运营的特点，在"十三五"规划期间提出了产销差率年递减 2%，节能降耗、降低生产成本 10% 以上的目标，因此构建产销差率管控体系，全面提升产销差率管控工作的质量和水平成为首创股份公司级重点工作。

（二）产销差率管控专项档案资源开发利用的必要性

在首创股份产销差率管控体系建立之前，首创股份各供水项目公司的产销差率管控工作往往是各自为政、参差不齐的，所形成的档案也是零散的、不系统的，仅留存于本企业，档案资源的利用及信息化建设的水平低，局限了档案资源的利用、共享和价值发挥。

因此，非常有必要将各供水项目公司在产销差率管控工作过程中所形成的档案资源进行统计、整理和分析，形成产销差率管控专项档案资源，并进行开发利用，促进首创股份产销差率管控体系的建立，提升首创股份系统产销差率管控工作整体水平。

三、创新做法

（一）从起点开始，拟订计划

首创股份将产销差率管控专项档案资源的开发和利用工作列入年度工作计划，年初即制定专项档案资源开发利用工作方案，包含前期调研、过程跟踪、后期收尾、整体推广等详细工作内容，并与产销差率管控工作同步推进。

（二）全程参与，同步进行

根据产销差率管控专项档案资源开发计划，首创股份办公室选定了成立时间较早、产销差率管控工作具代表性且人员流动性较小的供水项目公司作为试点单位，与产销差率管控工作同步组建档案工作组，明确档案产生节点、使用范围、开发目标、收集方式和管理方式，对试点单位产销差率管控工作全流程档案进行收集、整理和分析，并制定详细的档案收集工作步骤，使档案资源的收集与项目同时推进，实现"生产收集同步、整理管理同步、开发利用同步"。

（三）定向跟进、专题梳理，构建专项档案资源库

1.定向跟进项目工作，收集数据档案资源

通过对产销差率管控项目各项工作进行定向跟进，对水表普查、水表管理评价、管网检漏三项专项工作所产生的档案数据进行搜集、统计、分析，为后期分析产销差率居高不下的原因提供强有力的档案数据支持。

（1）水表台账：档案工作组协同产销差率管控工作组，选取淮南首创、徐州首创、铜陵首创三家供水项目公司开展普查工作，历时62天共计普查水表1.29万只；档案工作组全程跟踪参与、记录，统计1.29万条水表信息，形成水表台账。

（2）水表全生命周期多维度记录：档案工作组历时15天，围绕制度、流程、台账等14个维度，从水表采购选型开始，记录了全生命周期的管理评审工作。

（3）管网检漏问题记录统计：档案工作组与专项团队历时55天，对于技术人员普查管线3753.84km（DN100以上）所出现的问题进行记录、统计。

2.围绕专题，梳理标准化档案资源

围绕产销差率管控项目各专题工作，档案工作组及时梳理、总结了诸多标准化档案资源。所整理的相关档案资源，包括首创股份产销差管控专项档案资源从分散到集中、从简单到全面、从纸质版到信息化，逐步构建起以管理制度、作业指导书、记录表单、工作流程、专业分析报告等为主的产销差率管控专项档案资源库。

（四）线上线下结合，充分开发利用

1. 新建产销差率管控模块，线上线下利用结合

前期收集整理的专项档案资源中纸质档案占比较高，只能用传统的手工检索方式查询利用。虽基本可以保障项目在进行时对档案的利用需求，但极大限制了专项档案资源在全系统内推广的方式与效果，最终影响档案价值发挥。

首创股份在公司原档案管理系统中新建产销差率管控专项档案管理模块，按照现行《档案著录规则》进行著录，利用计算机系统检索档案目录；并根据人员属性区分功能，如各供水项目公司档案管理人员可以线上查阅、下载档案，编辑、补充档案信息库，技术人员只可以线上查阅档案，而首创股份级档案管理员可以鉴定供水项目公司档案管理人员对专项档案管理模块所补充的档案，为便捷利用创造先行条件，使有档案利用需求的人员在本岗位上就能查到所需档案的电子文件，确保专项档案信息资源实现有效共享。

另外，首创股份还在原档案管理系统中新增全文检索功能，将包含产销差率管控项目专项档案资源在内的 571 卷与 2.8 万件纸质档案数字化副本转化成双层 PDF 文件，挂接至升级后的档案管理系统中，实现了在档案管理系统中 1 秒钟查找电子档、1 分钟取实体档的目标。

首创股份产销差率管控专项档案管理模块的新建，促进产销产率管控工作专项档案资源的全面利用与深度融合，改善了之前产销差率管控档案"点散不成面"的问题。目前，首创股份档案管理系统的使用范围已经涵盖河北、河南、山西、四川、广东、内蒙古等地区的项目公司。

2. 组织专题培训，全系统内推广专项档案资源

档案工作组联合相关部门，面向首创股份的 6 个大区、2 个事业部、2 个业务区召开了 8 次首创股份供水项目公司产销差率管控专项会议，并就《档案与项目的整体配合》《供水项目公司产销差率管控工作档案资料库补充原则》《首创股份档案管理系统搭建思路与使用规范》等问题，面向供水项目公司的技术骨干与档案人员组织档案资源利用专题培训，参会人数总计约 600 人。通过培训，使首创股份系统内 45 家供水项目公司的参训人员对档案资源的价值和利用方式有了更加深入的了解，熟练掌握了在档案管理系统中查询、提取产销差率管控专项档案的方法，而且部分供水项目公司开始对专项档案资源库进行完善补充，进一步深化了专项档案资源库的全面利用与共享。

四、效果及影响

（一）管理效益及影响

1. 积累了可再次利用的优质专项档案资源

首创股份基于产销差率管控工作的推进，进行了档案收集、整理、分析、统计，并同时开展数字化处理及档案内含资源开发等工作，形成一整套供水项目公司产销差率管控专项档案资源，为各供水项目公司的产销差率管控工作提供数据支撑，有据可依、有例可查；同时，专项档案资源帮助各供水公司在产销差率管控工作方面树立清晰的管控目标、路径与完整的体系，编制企业级的管理、技术指引，确保产销差管控工作更为科学、高效。

2. 极大锻炼了项目档案资源开发人员和队伍

整个专项档案资源的收集、整理、分析、汇总、提炼的过程就是培养复合型人才的过程，对技术人员来说，不仅更加系统地梳理了岗位工作，还提高了归档的意识，理解了档案对后期工作的重要价值。

对档案工作人员来说，不仅积累了与项目同步进行档案收集、整理、统计等工作的经验；同时，帮助档案工作人员了解和熟悉了公司级重点项目，让档案工作更加贴近公司业务，为继续开发其他专项档案资源奠定基础。

（二）社会效益和经济效益及影响

首创股份基于产销差率管控项目，梳理了一整套产销差率管控专项档案资源，涵盖产销差率管控工作各方面，既有实践数据，也有规律方法的总结。目前，此产销差率管控专项档案资源已在首创股份全系统内推广，取得了较好的经济效益。

2016年，首创股份系统内供水项目公司的供水量为79592.04万吨，售水量为65115.85万吨，产销差率为18.19%；2017年，首创股份系统内供水公司的供水量为83265.55万吨，售水量为70095.24万吨，产销差率为15.82%；产销差率比上年下降了2.37%，节省水量1973.39万吨。按供水项目公司水价均价1.86元/吨计算，即产生直接经济效益3670.51万元。

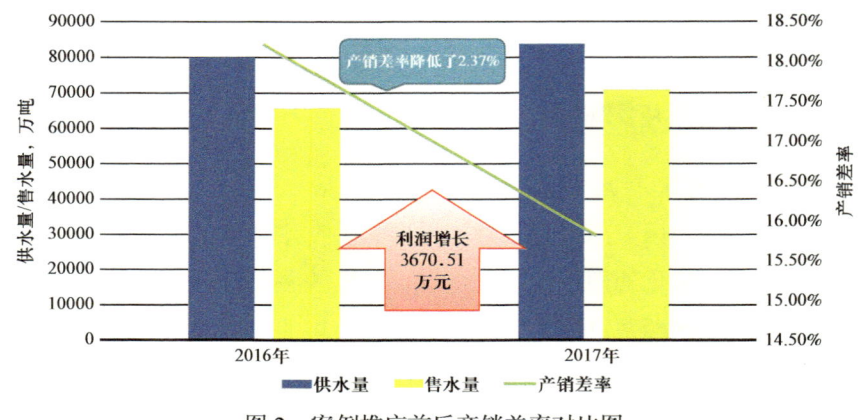

图 2 案例推广前后产销差率对比图

首创股份产销差率管控专项档案资源的形成和利用,已经引起了行业内其他公司的关注。2018 年,东风(十堰)水务有限公司相关人员专程来首创股份学习产销差率管控工作,查阅、提取产销差管控专项档案资源,并运用于产销差率管控工作实际,后期反响良好。这一档案应用实例打开了首创股份产销差率管控档案专项资源在行业内推广运用的新局面,为进一步推进产销差率管控工作迈上新台阶作出贡献。

案例形成单位:北京首创股份有限公司
案例形成人:王丽滨、王光辉、杨震、杨邦华、孔斌、唐子煜、帖莹霞

多举措突破性尝试，充分挖掘历史档案；彰显档案价值，助推企业持续发展

一、案例概述

天津烟草有着深厚的历史文化底蕴，历经 300 余年岁月的变迁与洗礼，留下了诸多弥足珍贵的时代记忆。上海烟草集团有限责任公司天津卷烟厂（以下简称天津卷烟厂）自 2013 年起，根据工厂品牌发展规划，立足档案核心资源，开始了有步骤、成系统的文化挖掘工作和历史档案的完善工作，并在此基础上，及时对文化成果及档案成果进行整合集成输出，开展了全方位、多层面、立体化的宣传活动。

二、实施背景

2013 年以来，随着天津卷烟厂"恒大"品牌产品的上市和销售，天津卷烟厂为了提升品牌形象和企业形象，结合深厚悠久的天津历史文化，另辟蹊径地进行品牌文化宣传。由于天津卷烟厂的档案管理工作一向规范，并且拥有大量而丰富的资源，所以以档案资源为核心，将资源进行集成式的应用与输出，从而树立起良好的品牌形象和企业形象，助力市场营销。

三、创新做法

（一）助力"三个年份、三种文化"的体系搭建

"恒大"品牌文化承载着悠久的天津烟草历史文化、企业文化和品牌自身的历史文化，时间跨度 300 余年，在中国烟草行业历史上书写了重要的一笔。其中，1903 年、1919 年、1949 年是三个重要的历史时间节点，工厂档案管理部门通过对大量资料的查询，将这三个时间节点梳理，整理出若干个宣传点，从而为

对外宣传提供框架、线索与参考。

企业及品牌文化体系的搭建就是以1903年、1919年、1949年三个年份为核心，向外辐射发散，与地域文化、企业文化、品牌文化相交融，即"三个年份、三种文化"互通渗透的文化体系，以此为核心和基准，作为挖掘历史文化和输出文化成果的指导性架构。此后，工厂文化宣传工作均以此为指导开展和进行。

（二）"辐射型"历史文化挖掘

基于品牌文化体系的宣传关键点，天津卷烟厂档案管理工作由点及面，运用侧向、横向、多路思维的方式，以三个重要的时间节点为根本，辐射式地、尽可能多地扩展研究范围，通过查询大量室存历史资料，进行多层面立体化的挖掘，从而最大限度丰富"恒大"品牌文化内涵，形成诸多有意义、有深度、有文化、有水平的品牌故事，提高品牌文化输出质量及效率。如北洋烟草公司史料的文化挖掘、中国第一包民族机制卷烟"龙珠"的史料挖掘、天津市最老商店"中和烟铺"及"烟魁"牌匾的文化挖掘、英美烟公司相关史料及天津工厂建立的文化挖掘、天津大英烟公司工厂（图1）建筑设计文化的挖掘、中国近代工业第一台电梯的文化挖掘、天津烟草红色记忆的文化挖掘、东亚烟草公司相关史料的挖掘、"恒大"注册证（图2）的历史挖掘、陈嘉祥与"恒大"烟标的故事挖掘、毛主席与"恒大"烟的故事挖掘、"恒大"烟与抗美援朝故事的挖掘、"恒大"烟与海空飘烟的故事挖掘、"恒大"烟与天津三大怪的城市文化挖掘等。

图1　1919年，在天津市河东区大王庄兴建的天津大英烟公司工厂

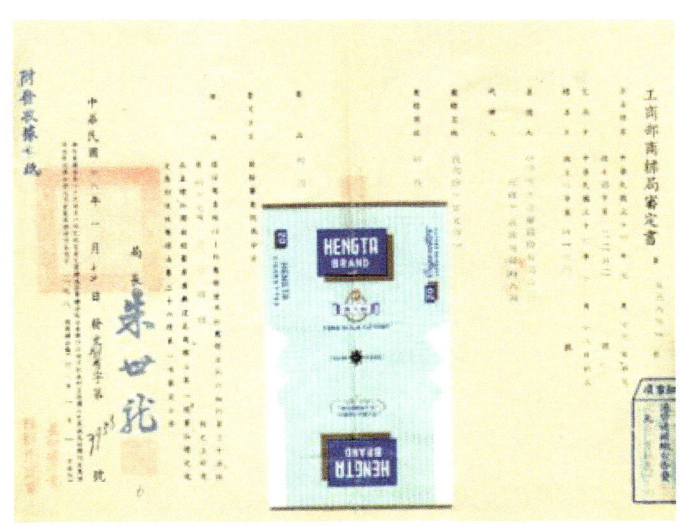

图 2　恒大注册证

　　工厂的档案资源中存有老厂房的图纸，根据图纸的内容，结合建筑学的相关知识，工厂探索出了当时老厂房在建筑方面的先进性特征，这种先进性在当时工业建筑中是领先的，这从另一个侧面反映出工厂先进的特征。厂房的先进设备也是一笔重要的宣传资源。我们通过一张张图纸和史料，挖掘出了诸多信息。对老厂厂房的历史文化挖掘，为百年企业形象的宣传奠定了坚实的文化基础。

　　2018 年 5 月，天津卷烟厂在天津博物馆建馆 100 年之际，向博物馆无偿捐赠了包含民国年间天津颐中烟草公司使用过的工业照相机、进口切纸机等 11 件套近代工业设备及办公家具，为天津地方文化特别是近代工业的历史研究、文物保护工作提供了支持。此举践行了烟草行业社会责任，充分展现了企业责任文化的内涵，为天津文博事业的发展贡献了力量，树立了良好的企业形象。天津市委常委、市委宣传部部长陈浙闽为天津卷烟厂颁发了"天津博物馆特殊贡献奖"。所捐赠的物品在天津博物馆进行陈列展示。

（三）"融合式"媒体互联宣传

　　2014 年以来，工厂致力于搭建新型媒体宣传融合矩阵，以"恒大"品牌文化为核心内容，向外延伸辐射，拓展宣传渠道，将报纸、杂志、电视、网络等既有共同点又存在互补性的不同媒体，在内容、宣传形式、不同受众等方面进行全面整合，共同发力，实现"资源通融、内容兼融、渠道互融"的融合宣传效果，利用互补优势，交叉互联，扩大覆盖层面范围，形成宣传联络网络，不仅让"恒大"品牌走出去，还让"恒大"品牌能够走得长远、走得稳健。

2014年起，由于恒大新产品宣传的需要，工厂开始尝试与行业内媒体建立稳定持久健康的合作关系，在行业权威媒体《中国烟草》杂志和《东方烟草报》成一定规模地投放宣传文章，从而在行业内造成一定影响力。2016年年底至2017年，工厂与天津市地方主流媒体《每日新报》合作开辟"往事如烟"专栏，系统深入地讲述了自烟草传入天津以来到北洋烟草公司再到大英烟公司天津工厂成立、"恒大"牌卷烟诞生至今的历史文化故事，每周五整版推出，策划风格一致，共发布了18版专题内容，在社会层面产生了一定的影响力，一些读者朋友主动集报，问询相关情况。

2017年，根据工厂挖掘出的毛主席与"恒大"烟的历史故事，工厂与由中共天津市委宣传部、天津广播电视台等单位联合出品的重大革命历史题材电视连续剧《换了人间》剧组开展了合作。这是"恒大"品牌首次借助电视媒体连续亮相，使"恒大"品牌在一个新的传播领域中树立了良好的品牌形象。

（四）"立体化"文化宣传体系

工厂以李家骥专访为核心内容，结合天津烟草和"恒大"品牌的历史文化，将毛主席与"恒大"烟的故事拍成了文化短片，既有历史追溯，又有人物见证，真实展现了"恒大"品牌的红色血统，为工厂的内外宣传工作提供了宝贵的素材。

2017年，工厂首部"恒大"品牌文化宣传片在工厂星级班组建设年会上与大家见面。这部宣传片将"恒大"品牌文化的精髓串联了起来，也是近些年文化挖掘成果的集成。宣传片将1903年北洋烟草公司的成立、1919年天津大英烟公司工厂的诞生、1949年"恒大"品牌的创牌这三块内容紧密联系在一起，时间上纵向连贯，气势上一气呵成，将"恒大"品牌文化生动而又独具特色地展现了出来。

随着老厂房搬迁，一批英美烟公司的文物被抢救了下来，其中，就有美国生产第一代奥的斯电梯。工厂将其中一部电梯间完整地捐赠给了中国烟草博物馆，供行业内外参观，工厂留有另一部电梯的电机，上面存有金属铭牌，铭牌上记载着公司名称"WAYGOOD-OTIS LTD LONDON, S.E."、型号"N.o.: 10871"、电动机的额定转速"800转/分"、制动马力、电压等参数数据。这部电动机与工厂的摇臂钻、老式进口地板、铅丝网玻璃、进口墙砖等在工厂一楼进行展示，展台设计简约雅致，散发出了浓厚的复古工业感味道，成为工厂办公楼的一道独特风景线。

在办公楼外，通往青年林的空地上，工厂将老厂的文物"龙门吊"和"立式打叶机"也展示了出来。"龙门吊"是1919年建厂时期就有的大型工业设备，如今仍整体保存完好，机身经过时间和风雨的洗礼已经有些锈蚀，但是上面仍隐约看到生产厂家的名称、地理位置等信息，年代感十足。"立式打叶机"相对"龙门吊"时间要晚一些，是德国虹霓机械公司生产的产品，也是一款时代记忆的见证。大型怀旧设备的展示，体现了工厂深厚的历史文化底蕴，树立了良好的企业形象。

（五）"集成性"历史文化丛书

纵横百年的津烟记忆，仿佛沧海中的珍珠，一一散落在文物上、文字中、人们的脑海里。为将这些珍贵的历史文化记忆串联了起来，天津卷烟厂对其进行了甄选、提炼、整合，自2013年起开始着手编写"津烟历史文化丛书"。这套丛书包括4本画册和3本文稿，纵跨北洋、颐中、津烟3个历史时期，聚焦文化，谈古论今，将厚重的津烟历史文化集成于字里行间、图中画上。

这套丛书共8册，包括5本画册和3本文字书籍。其中《恒大记忆》《颐中遗韵》《颐中往事》3本书已经面世，《津沽烟档》《津烟印记（上）（下）》《津烟记忆（上）（下）》正在策划编写中，整套丛书详细地记录了天津烟草历史、工厂历史和品牌历史，将无数珍贵的历史资料和图片资料集成于一体，为工厂全员营销活动的开展提供文化保障，为工厂对外宣传工作的推进提供文化支撑。同时，在工厂建厂100年之际，这套丛书将成为献礼津烟百年华诞的一笔重要文化资源，助力相关的宣传、营销活动。

四、效果及影响

总体来看，近几年工厂在企业及品牌文化宣传方面做到了诸多首次：首次结合室藏档案成系统、成体系地开展历史文化研究，用以指导具体工作；首次大规模地进行多层面的文化挖掘，取得了丰硕的文化成果；首次在社会媒体上开辟文化专版，全面讲述工厂及品牌的历史文化；首次与行业媒体、集团媒体建立持续稳定的合作关系；首次运用"互联网+"的形式，结合社交新媒体的形式开展大型宣传活动；首次编写纵贯古今的天津烟草历史文化书籍《津烟历史文化丛书》。这些"首次"离不开档案管理提供的基础数据，体现了工厂的档案管理工作在各个方面与层次作出的突破性尝试，取得了显著效果，由此大大提升了企业及品牌形象和产品的知名度，在行业内外和集团层面获得了肯定，为日后的工作开展奠定了坚实的基础。

案例形成单位：上海烟草集团有限责任公司天津卷烟厂

案例形成人：郭婉莹、季然、王雪飞

蒙牛档案多点发力，与高科技集成

——培育企业档案新的增长极

一、案例概述

（一）时间和思路

内蒙古蒙牛乳业（集团）股份有限公司（以下简称蒙牛集团）自2018年启动档案信息化平台，建立了以集团总部为中心，覆盖下属各单位的档案管理与服务网络应用系统，实现了档案资源共建共享，对电子文件与电子档案进行规范化管理。同时实现在线接收、在线监督指导、网上查阅服务等，最终建成以蒙牛集团数据中心为基础的统一的档案利用平台，实现了全员管理、全员利用的高效管理模式。

（二）实现效果

传统的档案工作发生革命性变化——全国各分支单位通过互联网实现档案保存和共享，极大地提升了工作效率。采用"六大全"的策略，整体推动项目的实现。

1. 全统一

实现蒙牛集团范围档案系统的"一体化"。覆盖公司总部、二级单位及基层单位的档案信息化系统，形成上下互联互通的档案资源共享平台，从而推动集团公司档案工作规范化、科学化。

2. 全智能

应用"大数据"技术，实现蒙牛集团档案业务的智能化管理和自动化操控，提高档案工作效率。

3. 全防控

满足国家要求的安全防控。区分不同阶段，运用用户身份识别、数据加密、访问权限颗粒度控制、数字签名、分级审批等技术和措施，实现公司商业秘密档案文件的安全防控，从档案管理环节确保不发生失、泄密事件。

4. 全集成

实现与档案业务及其他接口系统的无缝集成，保证各类电子文件实时归档和接收；与基础平台统一身份认证、单点登录等系统的集成。与原档案平台顺利过渡，确保档案数据的完整无损迁移。

5. 全管控

实现档案各业务及数据的全管控。通过档案管理信息系统，实现全公司范围内的档案工作规范、监督指导、盘点和考核；并对全公司范围内的档案数据进行维护。

6. 全覆盖

实现档案类别的全覆盖。包括文书、科技档案、专门档案以及照片、声像、实物等信息资源，从而通过计算机内网连接成超大规模的知识库。

二、实施背景

（一）创新前状况

此前，蒙牛集团档案工作均采用传统手工整理及人工查阅的方式进行。同时档案收集及日常监督指导工作也是采用线下的纯人工模式开展。历史档案管理工作量大，也不同程度地影响工作效率。早期，档案的保存方式多数以纸质及实体档案的形式存放，不利于日常的查阅、借阅，而且长期频繁利用，会对档案原件造成损坏。上述诸多原因导致档案工作的创新与高科技集成势在必行。

（二）需求和动因

1. 国家要求层面

近年来，国家档案局及国资委多次对档案信息化建设提出了明确要求。现阶段，央企档案信息化建设也取得了很大进步。档案信息化建设是实现大数据时代央企档案工作的跨越式发展，进一步提高档案数据管理的信息化水平和开发利用的程度，充分发挥档案数据资产对于企业的巨大价值，降低管理成本，提升管理效率，加强信息资源管控，为央企提升国际竞争力具有极其重要意义的一项工作。

2. 企业发展层面

针对集团发展规划，结合未来几年内的发展速度及业务管理的实际情况，可以预计，文件材料的归档量将成倍增长，这将给档案管理带来以下问题：

（1）工作量问题：目前信息化管理已经普遍应用于公司各业务，如何通过"前端控制"真正实现档案管理由计算机辅助进行，使得档案收集整理这一巨大工作量任务实现自动化，充分保障档案人员可以有更多的时间进行档案编研工作。

（2）信息化问题：各业务单位在进行信息化建设时缺少统一规划，因此对后期档案数据的接口、安全保管及共享造成了极大的困难。

（3）管理问题：由于缺少智能化的管理，随着档案量的增加，各单位间的档案的收集、移交、整理、保管和利用等环节都存在严重问题，将不利于档案工作的更优推行。

（4）查阅利用问题：实体档案不利于保存及流转，传统的查阅、借阅及复印等利用方式已经不能适应为各业务部门提供优质服务的需要，尤其是异地利用的困难尤为突出；加之，文本、图像、声音、视频等多种类型的电子文件也需要提供更加丰富的查询利用手段及安全保障平台。

（5）高速发展问题：针对集团发展规划，结合未来几年内的发展速度及业务管理的实际情况，可以预计，文件材料的归档量将成倍增长，这就要求集团的档案工作必须跟上公司快速发展的节奏。

3. 档案历史层面

近年来，蒙牛集团档案工作在领导的大力支持和档案人员的努力下，取得了长足的发展，档案基础业务较为扎实，建立了一套符合企业实际的档案制度及档案管理体系，实现了各类档案的规范化整理及自上而下的档案工作推行，效果显著。但从长远考虑仍存在着明显的不足，主要体现在以下几方面：

（1）此前，集团档案工作仍采用传统手工的方式，制约或影响了档案的工作效率。在高速发展的信息时代，电子档案量陡增。现有的档案工作方式已远远不能满足当今发展需要，档案工作与高科技集成已迫在眉睫。

（2）全国各工厂有 65 个独立档案室，档案总量超 300 多万件，归档质量不便监督和管理，也不便于很好地掌握各地档案室存放档案具体情况，使查档者容易出现绕圈现象。

（3）部分分公司早期购买的档案软件五花八门，不利于后期统一接口及数据迁移，容易造成档案数据的不识别或丢失，给公司增加运营风险或造成损失。

（4）档案室保存的大量纸质及特殊载体历史档案未经过数字化加工，将极大地影响或限制档案查阅利用及共享。

（5）各业务单位有强烈需求，希望改善并提升档案管理水平，实现档案工作自动化管理，以减轻各单位档案人员工作量，和利于公司对档案工作集中统一管理。

（6）档案信息化是档案认证或评优中一项必要条件，也是制约公司档案工作的上台阶或向高标准发展因素之一。

鉴于以上情况，传统的档案管理模式已无法适应企业现代化管理的需要，为保证档案管理工作与企业发展相协调，急需建立一套档案信息化管理系统，以实现档案信息传输网络化、档案管理自动化和档案信息利用在线化，充分发挥档案部门的信息服务功能，为企业生产以及管理、决策提供优质的服务。

三、创新做法

（一）具体做法

1. 全国一盘棋

建立一个覆盖蒙牛集团总部、全国工厂、销售及分公司的档案管理平台。各级单位间业务互联互通、能满足各级单位档案现代化管理需要、开放的、易于扩展的档案管理平台。

2. 三核引擎

依据国家标准、行业标准和企业标准，利用国际、国内成熟研究成果，采用合理的技术架构和技术手段，解决全程管理、前端控制、电子文件安全存储、数据管理和安全利用等问题。

3. 智慧档案

实现多全宗、多层次集中方式的档案信息管理要求，实现各级单位间系统的互联互通和海量资源的共享，方便为公司领导提供可靠的决策依据，满足各级单位的档案管理需求。

4. 穿针引线

在形成电子文件归档技术规范的基础上实现与其他应用系统数据归档接口，实现真正的文档一体化；实现与 OA 用户集成；为其他系统提供标准的档案信息查询接口。

5. 颠覆性尝试

业务系统采用可定制平台的设计方式，使得档案平台与各单位业务规范实现低耦合，通过强大的业务定制功能充分保障对各类型业务档案的适应性、对管理内容的扩展性和对功能需求的可变性，提供后台定制功能强大、前台使用简单方便的业务系统。

6. 工作服务站

满足各级单位档案现代化管理的业务需要，包括档案的业务管理和上下级的工作管理。

7. 高度融合

逐步实现统一内容管理平台，支持对非结构化数据以及各类归档文件形式（如文字、语音、视频、图形、图像等）的管理，实现对各业务系统中电子文件的统一规范管理；实现或提高用户的易用性和流程的自动化程度。

（二）对比分析

1. 全流程网上借阅

以往查阅、借阅均需查档人到档案室后，将档案原件进行扫描或复印并登记。自从推行了档案系统平台后，借阅人不用到档案室，在网上办理就可以查到自己想要的档案，不受时间和地点的限制，减少往返路途。

2. 原档案保护

与以往相比，网上办理查阅、借阅，减少了因多次使用对原件造成的损坏，对档案原件起到了保护作用。经统计，每年翻阅量至少减少近 600 多次，节省时间达 500 小时。

3. 前端控制

针对档案收集方面，从系统接口自动接入，减少人为收集因素，使档案起始环节的收集阶段，在前端得到有效的控制，最初的人工收集不全问题得到有效的改善。

4. 智能化管理

与前期对比，减少了人为因素导致的理解上偏差或误差而引起的档案整理中分类、鉴定、排列等做法的不统一。

5. 实时监控

与前期相比，极大地方便了对各单位档案工作的日常监督、指导和考核，不受时间和地域的限制，可以随时随地开展。

6. 统计的准确性

与前期人工统计方式相比，其数据统计更加快速、便捷、准确、全面。

（三）实施过程

蒙牛集团档案室从高起点谋划数字化档案系统的设计，从六个层面开展实施：

1. 层面一：拉动三驾马车

由蒙牛档案室、集团信息部及第三方公司，共同组建成档案信息化系统项目小组。实现了档案需求的出具、信息技术支持及软件开发设计及落地。

2. 层面二：业务强基固本

在原有的较为规范的档案业务基础上，搭建并完善符合档案信息化系统的业务管理规范体系，使线上线下档案业务工作更具有准确性、操作性和科学性。

3. 层面三：档案状态转化

对蒙牛集团利用率较高的纸质档案进行数字化加工，转换成符合国家长期保存要求的 PDF 格式，对库存录像带等档案进行格式转换，避免老设备淘汰导致无法读取的现象。也延长档案资源寿命，为蒙牛集团的档案资源利用查询服务提供信息资源支撑。

4. 层面四：规范业务制度先行

建立符合数字档案信息化系统的集团档案业务管理制度汇编，为档案管理系统业务定制以及档案业务管理工作提供参考和依据。从制度层面使各业务单位的档案工作顺利实施，从而实现和推动了集团档案管理工作的规范性和系统性。

5. 层面五：建立大集中信息平台

建立已覆盖蒙牛集团总部各职能单位的档案管理平台，使得档案平台与各单位业务数据实现相互融合。各级单位输出物互联互通，能满足各级单位档案现代化管理需要、形成开放的、易于扩展的、强大的档案数据大脑。

6. 层面六：培训加码

按照角色对普通用户、采集员、兼职档案员开展循环式培训及实操演练。同时通过现场录屏、制作 Flash 形式人物对话式培训课程，上传档案信息化系统平台，供所有人员进行反复学习。

四、效果及影响

（一）建设效果：实现了"1+1＞2"

蒙牛集团数字化档案管理系统是采用统一的信息平台实现档案信息化建设的跨地域的大型企业。

2018 年 4 月开始建设档案管理信息平台，2018 年 11 月在蒙牛总部完成部署实施。目前，覆盖了包括总部范围内 25 个部门，普通用户超 4 万人，涉及各单位档案分类 9 个门类，案卷 1406 卷、文件条目 4.96 万条、电子文件 1.9 万件、合同 1.4 万件，商标 4376 件、实物 909 件，电子原文已达到 200GB 以上。

档案系统平台与 OA 系统、HT 系统、PS 系统、Epros 管理平台、考评系统实现无缝集成，通过前端控制，提高了档案系统的电子归档率，并极大地提高了档案查阅效率。

（二）经济效益

（1）从档案管理角度看，系统实现了文档一体化和部分档案管理业务的自动化，为统一全公司系统档案管理提供了先进的技术手段，减少了档案人员繁重的工作量，极大地降低了生产成本。

（2）从企业管理角度看，档案管理信息平台的建立，可以使企业现有的现代化设备、设施能发挥更大的作用，同时由于该系统采用了集中存储方案对海量电子数据集中存储管理，资源高度共享，因此实现投入少获取经济效益高的目的。

（3）从档案整理质量和效率看，由于采用全程控制节点，通过对电子文件源头的控制和管理、结合对归档流程的控制和管理，使得档案收集整理工作规范、高效，系统提供的大量自动整理功能和智能化手段，保障了各类归档文件收集的齐全、完整、准确，真正解决了档案工作中工作质量和效率的最大弊端。

（4）从档案利用角度看，由于利用者可直接快速方便地在网上查询和浏览所需要的档案资源，极大地节省了查档时间，如果从异地查阅方面考虑，其节约的费用是可想而知的。目前，从集团档案室一个季度档案利用重要案例梳理，其中涉及或带来的价值约达8亿元。

（三）社会效益

档案是品牌的传播者和助推者。档案是桥梁，间接促进公司的品牌发展，提升竞争力和消费者口碑。

（1）经验传承：接待各兄弟企业及档案局档案工作者前来学习交流，获得了各单位同行人员的好评，扩大了公司的知名度和影响力。

（2）知识转移：通过档案的提供利用，为公司解决了无数正面或负面事件，保护了企业核心利益，继续为企业创造价值。

（3）蒙牛印象：通过档案维护了品牌形象，提升了企业信用度，增强了公司对外的诚信度，牢固树立消费者与合作商的信心，极大地提升了公司对外界的吸引力。

（4）档案力量：通过献爱心、公益活动及赞助项目档案的展示，体现了蒙牛公司对国家及民族的社会责任和大爱。

案例形成单位：内蒙古蒙牛乳业（集团）股份有限公司
案例形成人：罗荣、陈慧、哈申其其格、于莲萌

全方位整合信息数据库，
精细化掌控城市"大动脉"

——利用地理信息系统建设供水管网的档案应用案例

一、案例概述

管网应用档案资料是供水管网运行管理的重要依据，其准确程度与管理方式直接影响管网养护、排管及抢修工程的效率。为顺应水务集团市场化、国际化、专业化改革，上海市城投水务（集团）有限公司供水分公司（以下简称供水公司）自2014年成立后，就着手启动管网GIS地理信息系统整合升级项目，开展了需求调研、方案设计、项目立项、数据整合、软件开发、调试测试和规范制定。从2015年年初试运行起，公司4年来已初步实现了供水管网信息档案资料的动态应用，使管线技术档案管理工作更规范、更科学、更高效。

二、实施背景

供水管网是城市的"生命线"，自来水每天源源不断地通过密密麻麻的地下供水管网输送到千家万户。供水管网深埋于地下，结构错综复杂，管线敷设时间跨度大。由于技术条件限制等原因，一些年代较早的管线资料不准确、不完整。同时随着城市经济的高速发展，地面参照物发生了较大的变化，一些资料缺乏必要的维护与更新，已经失去指示作用。而且人工管理海量的管网应用资料存在着较大的局限，归档方式的不合理、不规范常造成查阅困难，影响企业生产效率，在实际工作中造成浪费损失。基于掌控城市"大动脉"的精细化要求，必须健全GIS供水管网的档案资料。

GIS是采集、存储、管理、分析空间和地理分布有关数据的空间信息系统。在自来水行业中，GIS将水源、用户、管线的地理位置信息与属性信息相结合，建立以GIS技术和计算机技术为支撑的供水管网GIS平台来代替传统的管网档案管理方法，是我国管网档案管理领域的一场意义深远的变革。随着近年来供水企业的不断改革，原有的"南""北"分治的供水管网信息系统已然不合时宜，整合升级势在必行。供水公司自 2014 年成立以来，坚持改革创新，把纸质档案管理与数字管网管理工作相结合，在原有基础上稳步推进管网信息 GIS 系统整合升级建设，实现管网档案应用数据资料的信息化管理与广泛资源共享，确保相关档案资料管理的规范化和应用的高效化。

三、创新做法

GIS 供水管网信息系统（图 1）的整合升级建设以"智慧水务"建设为指导思想，以管网基础数据全面整合为依托，以充分对接多业务、多系统，实现业务数据的共享互通为长期目标，制定了数据管理为核心、多层次应用为载体的总体架构。

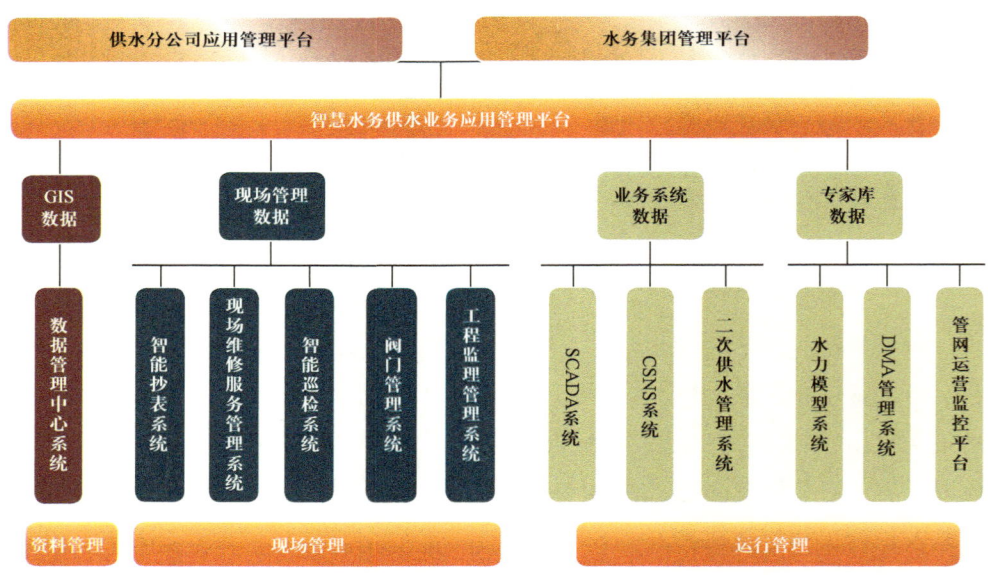

图 1 管网 GIS 框架图

（一）推进完善和应用 GIS 供水管网信息档案的实施步骤

数据库及软件平台选用的是 Oracle10.2 以及 ArcGIS10.2。硬件方面采用两台 HP DL580 服务器协同一台 8TB 磁盘阵列作为数据中心，另设图形发布服务器、应用发布服务器、文件服务器、网络服务器及若干中继服务器。

截至 2018 年 12 月，已包含以下管网数据：供水管道总长 1.62 万千米，阀门 23.6 万个，消火栓 4.4 万个，各类地下水表 18.3 万个，各类在线监测点 732 个。业务数据：各类竣工资料 4 万份，管网修漏数据 8 万条。二次供水数据：小区 4392 个，泵房 4380 个，楼宇 21451 幢。

除了图形操作的各项基础功能外，管网信息综合展示平台还具备强大的专业功能：专题地图功能可以提供用户在管网及地形背景上叠加各类矢量图或栅格数据，实现同区域多层次的直观展示；管网、表位卡、监测点、二次供水等多项专题查询统计功能，可以更快速便捷地查询并定位到所需数据；历史维修养护记录、施工停水分析、管网评价分析、DMA 管理等高级运行分析工具则可以成为管网业务工作的有力助手；与 SCADA、智能巡检、现维系统、报装业务平台、智能计量系统、DMA2.0 等多个业务系统实现互联互通，在图形上可以查询到多平台的实时数据，而在不同平台上也可以载入管网图形数据实时查询。

（二）发挥完善和应用 GIS 供水管网信息档案的互动作用

这次系统建设也进行了数据资料管理流程的重新梳理及标准制度的制定，其中主要包括：

一是梳理维护管网数据资料。数据维护采用集中管理、集中维护的方式，并根据新制定的维护流程设置了专职专岗。维护流程则根据工程资料类型进行区分，大体分为基础资料审核、外业审核、数据录入任务制定及派发、数据录入、录入审核入库、资料归档几个主要环节，并分别编制了流程图（图 2）及管理程序。

二是开发独立的管网数据编辑系统，使用更安全高效的 C/S 方式，并实现编辑任务的流程管理。

三是制定资料管理标准及规范。为保障数据资料的准确、完整及维护流程可持续运行，制定了《供水公司管道工程竣工图测绘标准》《外业复核技术标准》《供水管网综合管理地理信息系统》等编辑系统操作标准。

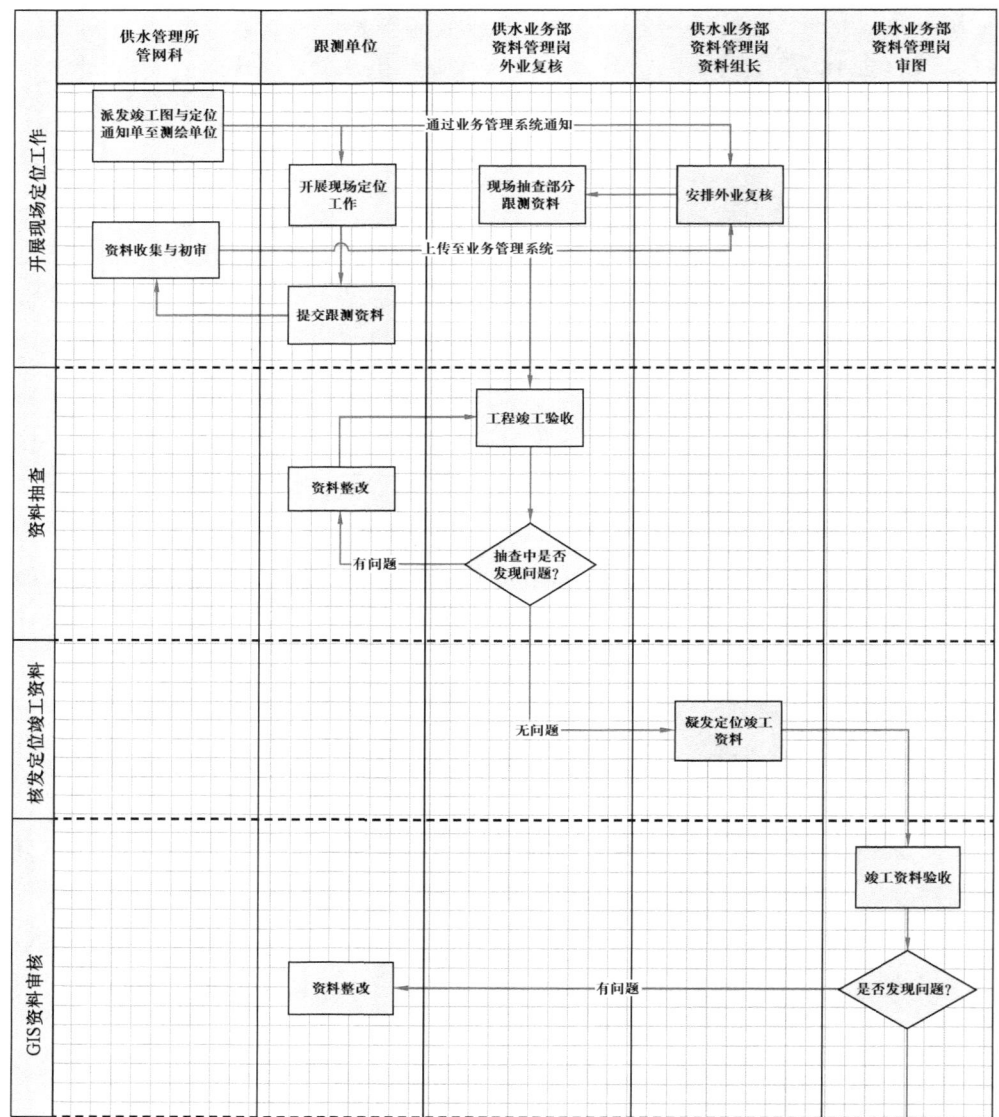

图 2　管网资料维护流程 [居民接水、总表分装、增设消火栓、改因、加装设备、单位接水（含施工用水）、住宅配套]

四、效果及影响

目前供水公司的供水面积约 1037 平方千米，服务区域主要为上海市黄浦江以西的 11 个区。GIS 作为空间数据管理的基本平台，具有数据采集、存储、输出、分发、专题制图和空间查询等功能。公司针对点多面广的现状，利用GIS的基本功能，结合城市供水行业的应用，极大地提高了供水管网的管理能力，应用效果显著。

（一）提升了企业排查漏洞、降本增效的管理水平

首届中国国际进口博览会召开前夕，青浦华翔路西、华翔路55号门口处供水总管DN800管上接出一根DN300配水管，沿华翔路向北排设，至华翔路245号（宝马4S店）结束。为确保进博会安全供水，供水公司按计划对辖区内管道进行夜间听漏巡检。其间产销差一直居高不下，夜间道路管网听漏及加强日常服务代表的道路管网巡检等措施收效甚微。于是公司根据4S店现场用水情况，利用GIS平台进行筛查核实，与用户地址匹配定位，发现在GIS图上没有该4S店的进水管位置，同时也没有标注相应的大口径水表，因此怀疑宝马4S店有违章用水现象。经过对DN300管实地勘察、排摸，结合实地情况对可疑地块进行开挖，发现DN300管上确有一处梯口属违章用水，即口径为150的管线上安装了不属于供水公司的水表。最终经当地华漕镇政府多次协商，共追补水费40万元。

（二）增强了企业精细化管理、降低产销差的技术支撑

2018年闵行集约化管网改造工程中，公司结合GIS对闵行供水管理所现有管线进行梳理，针对附近有本公司管线的集约化地区用户，在管网改造前事先改接到我司管线上，废除不必要的支管，如2018年3月废除曹行集约化10号水表，在颛兴路上莘奉金高速东西两侧的用户都已经完成改接。GIS平台在管网改造和用户改接的工作中起到不可或缺的作用，为理清冗余管网提供技术支撑。

（三）解决了企业管理的"老大难"历史遗留薄弱环节

供水公司管辖的新桥站与九亭站由于历史原因，原来属于不同的镇、村，边界呈犬牙交错状，给管线养护以及计算产销差带来不小的麻烦。2015年起，借该处几个自然村动迁新建漕河泾开发区的机会，公司利用GIS平台重新梳理管线，并分别在九新公路近顺庆路DN500、莘砖公路518号东门DN300、莘砖公路棕榈广场南DN300安装二级分区流量仪，利用GIS平台的供水分区功能，重新绘制了边界图，彻底解决了长期困扰两个站点的问题。站点各自的养护范围以及水表所属关系一目了然，为今后分站点考核产销差打下良好的基础。

GIS 供水管网信息档案系统不断完善和推广应用，为上海市海量的"大动脉"管网基础数据提供了有效的管理手段，保证了信息一致性、唯一性和及时性，实现了管网档案资料信息化管理质的飞跃；也为相关档案管理员提供了高效、便捷的查询手段，进一步提高了管网档案资料现代化管理应用水平。

案例形成单位：上海城投水务（集团）有限公司供水分公司

案例形成人：韩冰

推动老城保护，还原历史记忆

——南京历保集团企业档案向纵深发展

一、案例概述

老城保护与更新既要保留传统建筑格局、历史风貌，又要改善落后配套设施、激发城市活力，对于弘扬中华民族文化具有重要意义。本案例介绍了在老城保护更新过程中，企业档案深化应用的具体实践。

南京历史城区保护建设集团有限责任公司（以下简称南京历保集团）本着"匠心铸造、历久弥新"的发展理念，将档案工作向纵深方向发展，与企业项目紧密结合，推动老城保护、传承历史文脉、还原城市记忆。在南京历保集团承建及运营的老门东历史文化街区、愚园项目中，档案工作对恢复项目历史原貌、推动项目进展起到了至关重要的作用。

二、实施背景

2010年江苏省人大批准《南京市历史文化名城保护条例》，同时《南京历史文化名城保护规划（2010—2020）》等一批文件相继出台，老城"整体保护"纳入法治轨道。老门东历史文化街区保护复兴工作起于2010年，2013年开放主街，2017年街区全面开放；愚园在坊间又称胡家花园，南京市建委2008年下发文件《关于同意将胡家花园建设工程转为正式项目的批复》，同意实施胡家花园建设工程。项目分两期实施，2016年5月1日愚园正式对外开放。

老门东历史文化街区和愚园项目均属于老城保护更新工作内容。南京历保集团认为，老城保护更新工作的宗旨是还原历史风貌、传承历史文化，而档案工作的职责也是存史、传承，二者高度统一，集团档案工作必须与老城保护项目建设紧密结合，协同推进。

（一）保留原始档案，是传承历史文化、留住城市记忆的重要方式

一个城市的历史文化遗迹是城市生命的一部分。在老门东的保护思路上，南京市委、市政府提出"整体保护、有机更新、政府主导、慎用市场"的十六字方针，要求怀着"对历史敬畏、对文化崇尚、对先人感恩"的态度，保护历史文化街巷体系和肌理，保护建筑风貌、名人故居、非物质文化遗产和特色民居，传承历史文脉，彰显城市独特的历史文化魅力，做到"应保尽保、能保则保"。因此，挖掘历史文化、保存原始档案对留住南京老城南的根脉、留住老南京的记忆，至关重要。

（二）保留原始档案，是完善方案设计、推动项目进展的重要支撑

在老门东保护修缮方案上，经过调研、梳理、评价、定位之后，确定老门东共有1处文物古迹（省级文保单位）、46处传统老建筑、8处文化资源。老门东片区保护修缮思路的确定，首先要根据《南京市历史文化名城保护条例》的要求，同时要依据当地原址原貌、建筑风格、文化特色。

在愚园的保护修缮目标中，强调要挖掘历史、文物、社会和艺术价值，复原愚园本体，展示它作为南京私家园林的代表在中国园林史上的地位。对于愚园的复建，南京历保集团坚持老工艺、老材料的建设原则，要求保存愚园原有形态，力求最大限度展现历史建筑及景观风貌。

老门东和愚园保护更新项目的要求，催生了南京历保集团档案工作新模式。档案必须向纵深方向发展，与项目深度结合，真正做到助力集团老城保护更新工作的开展。

三、创新做法

为进一步满足老城保护工作需求，让企业档案工作发挥更大效益，南京历保集团针对老门东历史文化街区和愚园项目采取创新做法。

（一）开工前提前介入，让档案为项目建设提供依据

以往，集团档案工作都是在年度结束或项目结束时，进行资料的搜集、整理、归档，属滞后状态。在老门东历史文化街区和愚园的项目建设上，集团信息

档案管理部开拓创新，采取提前介入的方式，偕同集团前期开发部，在项目规划期间、开工建设之前，大量搜集项目片区的原始资料，为后期项目开展提供原始数据和建设依据。

在老门东历史文化街区建设之前，集团信息档案管理部通过走访、查档、召开专家座谈会等多种方式，搜集整理并建立了"门东文史资料档案"。内容包括古井街巷、河流桥梁、历史名人、成语故事、戏曲茶艺、文人轶事、名人宅邸、非遗文化等。形式包括文字资料、老旧图片。特别针对老门东片区省级文保单位蒋寿山故居查找搜集了大量文史资料。

老门东有一处省级文保单位蒋寿山故居，房屋老旧破损，内部违章搭建严重，格局不清，原有的建筑结构遭到严重损坏，修复工作一度进展缓慢。集团组织信息档案管理部、前期开发部、工程公司定期召开专题会议，信息档案管理部通过档案资料图片，分阶段向大家详细介绍蒋寿山故居概况以及历史上的房屋旧貌，通过对房屋历史、房屋主人及生活状态的了解，让工程公司项目负责人和工程人员熟知蒋寿山故居的人文历史和生活面貌，对促进蒋寿山故居的修复、房屋布局的分格起到了快速的推动作用。工程公司根据信息档案管理部提供的文史档案资料，对房屋的主体结构、屋面、墙面、原构件等一一考评确认，对于部分损坏严重无法修复的构件参照"修旧如旧"的原则进行更换，对于难以恢复的部分也参照历史资料及图片进行最大限度的复原。

老门东其他宅院的保护修复工作也均采用此种方式，比如傅善祥故居、姚鼐故居、提调公馆建筑群等，集团信息档案管理部提供了相关建筑的历史、人文、建筑等资料，让项目建设有理可依、有据可查，在一定程度上保证及推动了项目的顺利进展。

在愚园建设之前，集团信息档案管理部通过走访愚园后人、查找各类书籍史志、召开专家座谈会等多种方式，搜集整理并精心建立了"愚园文史资料档案"。内容主要为愚园史事年表、园林36景、园林植物列表，分别以文字和老旧图片的形式加以存档。愚园的文史资料档案更是为愚园的修复工作提供了重要的参考依据，为愚园后期重建32景及愚园展厅的建设，提供了翔实的资料。

集团档案工作的提前介入，为老城保护更新项目的开展奠定了坚实的基础，起到了很大的推动作用。

（二）建设中紧跟过程、建立专题档案保存历史

南京历保集团肩负老城保护重任，在保护历史的同时需要让后人铭记历史，方能传承城市的历史文脉。集团信息档案管理部深知这一责任的重大，针对老城保护项目的档案管理问题进行了专题讨论。为了对老门东历史文化街区和愚园项目进行全程跟踪服务和保障，集团充分利用档案信息化管理手段，在集团档案管理软件上建立文保修缮专题档案库（图1）。

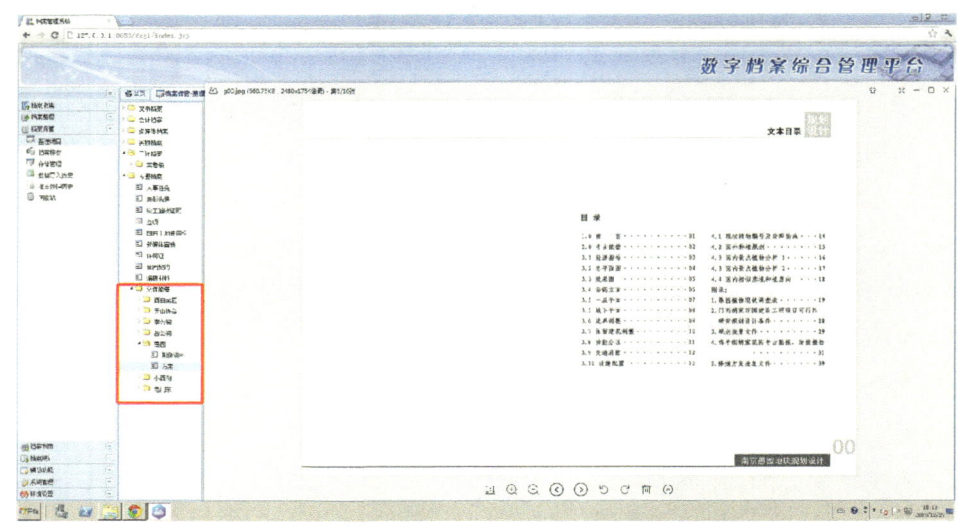

图1　档案管理系统截图

文保修缮专题档案库，是将南京历保集团负责的老门东历史文化街区、愚园等文保项目的修缮全过程进行完整存档，一屋一档。其中主要内容为文保等级认定、保护规划方案、修缮方式、图片记录、影像记录。

南京历保集团专门成立文保修缮影像采集小组，与信息档案管理部无缝对接。影像采集小组注重文保项目的图片、影像资料采集，从项目开始前的现状老照片，到项目建设过程中的施工照片，再到项目完成之后的成果照片，均做了详细记录，尤其对房屋重要部分的施工过程，同一点在不同阶段的施工状况都做了影像记录。影像采集小组每周与信息档案管理部进行资料移交，信息档案管理部及时对采集到的相关影像资料进行梳理，并加以文字说明，进行分类归档。

文保修缮专题档案库目前已有老门东、愚园、李公祠、曾公祠、西白菜园等多个文保修缮项目，专题档案库的设立为老城保护的修复建设工作留下珍贵的档

案记录，努力做到全面保存历史、还原历史，让后人铭记历史。

（三）结束后加大宣传、扩大项目知名度和影响力

在老门东历史文化街区和愚园的项目上，集团档案工作不仅仅发挥着提供依据、保存历史的重要作用，还起到了重要的宣传推动作用。在项目进展过程中越来越丰富的档案资料不能一味地、冷冰冰地存在库房里，信息档案管理部创新思维，让集团档案活起来。

在老门东项目建设后期以及愚园开业之后，信息档案管理部及时开通了微信公众号——历保讯息。"历保讯息"根据老门东和愚园两个项目丰富的档案信息资源，统筹规划，制作了各种类型稿件，以图文并茂的形式进行分期发布，对老门东历史文化街区和愚园项目进行了大力宣传，为老门东的招商运营起到了重要的推动作用，也对愚园的后期运营和宣传打下基础。

在老门东的信息宣传中，信息档案管理部根据档案资料整理出六个篇章，分别为门东园林、门东宅院、门东街巷、门东文化、门东界石、门东民俗，配以门东精美图片，通过"历保讯息"进行发布，让更多的人了解门东、熟悉门东、爱上门东。

在愚园的信息宣传中，信息档案管理部根据档案资料整理出愚园32景景观详解，包括铭泽堂、觅句廊、春晖堂、青山伴读楼等著名景点，在"历保讯息"进行发布，通过建筑的介绍及修复前、修复后的图片对比，让更多的人了解愚园的过去和现在，感受这颗门西明珠的魅力。

四、效果及影响

南京历保集团在老门东历史文化街区和愚园项目上的创新举措，将档案工作与集团重要项目建设紧密、高度结合，为项目建设在不同时段里提供不同服务，展现出档案的巨大利用价值，为项目的整体建设运营发挥出重要作用。项目的顺利开展和成功运营，提升了企业的品牌形象，为社会带来了一定的文化效益。

老门东历史文化街区（图2）于2013年开放主街，2017年全面开放；愚园于2016年5月1日正式开放。老门东街区自开街以来获得多项荣誉：国家级文化产业试验园区、江苏省旅游购物诚信街区、江苏省价格诚信区域、第一批江苏省老字号集聚街区。2018年，老门东历史文化街区和愚园双双被评为南京市"新文化地标"。

图 2　老门东历史文化街区

（一）助力老城保护工作顺利开展

老门东历史文化街区的改造并没有使其失去原貌，而是在其原貌的基础上加以整新，做到"修旧如旧"。既修缮了省文保单位蒋寿山故居、沈万三故居、傅善祥故居、芥子园、上江考棚等重要历史文化景点，又复建了骏惠书屋、问渠茶馆等代表秦淮市井文化特色的古建筑，修复、修建了一批极具特色的古民居院落群，同时恢复了原有的石板路、青石街。古民居住宅厅堂规整，外观朴实，古井、古树、古桥散落其间，依旧是"青砖小瓦马头墙、回廊挂落花格窗"，城南旧影，于这里得到重现。

作为积淀着金陵悠久历史和深厚文化的城市文脉，老门东汇聚了众多的南京文化符号。自开街以来老门东历史文化街区累计接待游客超过 3500 万人次，完成部、省、市级工作调研接待任务 2610 批次。

愚园自开放以来，重建 32 景，再现历史风貌，融自然景观、人文景观与愚、孝、善、雅文化于一园。作为江南古典园林艺术宝库中的一颗明珠，愚园不仅是历史文化的产物，也是中国传统思想的载体，具有深厚的历史价值、文物价值和艺术价值。

今日之愚园，不仅颇具江南园林特质，更是一处文化底蕴深厚、彰显南京地域文化特色的兴旺之地。一面面古典之墙、一道道岁月之门，引领游客走进自然美、建筑美、文学美。俯水、枕石、听风、赏月，徜徉愚园，感知魅力。

（二）拓展了档案信息利用的广度和深度

较之以往简单的档案收集、整理、归档工作，在老门东历史文化街区和愚园项目中，档案信息利用范围更广，利用深度更深，挖掘出档案的无穷潜力，向企业提供了多项"+服务"，进一步展示出了档案更高的利用价值。

老门东历史文化街区和愚园专题档案中，完整保存了大量文保修缮资料，内容详尽、类别丰富，包含老城保护更新思路、方案、做法、图片、影像等，项目档案数量达3000余卷。老城保护项目的档案资料对于集团和整个社会来说，都是无比宝贵的经验和财富。

南京历保集团把档案承载的静态信息活化，主动有效地对档案信息资源进行开发利用，推动企业创新发展。首先建立了集团展厅。依据老门东和愚园丰富的信息资源，通过生动的场景、翔实的资料、精美的图片、高科技的手段，将老门东和愚园项目全方位地进行了展示。展厅中还陈列着在项目建设过程中搜集和挖掘出的许多老物件，比如砖雕、木雕等，这些珍贵的实物档案，每一件都饱含着历史信息，有着最深刻的文化记忆。展厅的创建，一方面成为集团对外宣传展示的窗口，为企业树立了良好的形象；另一方面也成为员工的学习、培训和教育基地。然后编写了《老门东——青石的见证》《门西明珠——愚园》《历保集团精品工程项目汇编》《文体活动助力企业文化》等具有特色性、针对性、专业性、实用性、宣传性的高质量的编研材料。

（三）全面促进集团档案工作上台阶

在老门东历史文化街区和愚园项目的建设过程中，南京历保集团信息档案管理部全程参与、高度配合，开拓思维、创新举措，档案管理水平不断提高，根据档案工作需求，加强了档案信息化建设，使得集团档案管理工作持续登上新台阶。南京历保集团2017年通过江苏省档案工作四星级标准评审，4A级数字档案室评审；2018年顺利通过江苏省档案工作五星级评审，5A级数字档案室评审。南京历保集团档案工作在创新过程中砥砺前行。

案例形成单位：南京历史城区保护建设集团有限责任公司
案例形成人：刘敏蓉、李颖、张昊磊、张慧、柳维刚

开发企业档案资源,服务古井高质量发展

一、案例概述

在信息化迅猛发展的当下,重视并深入开发档案信息资源,对企业的高效发展将产生巨大的助推作用。自 2016 年起,安徽古井集团有限责任公司(以下简称古井集团)通过筹建古井党建企业文化馆,升级古井酒文化博物馆,妥善开发各类馆藏资源等形式,有效地展示了古井的企业文化和品牌形象,创新了员工思想政治教育的渠道和内容,维护和保障了员工的基本权益,为古井集团首破百亿目标的实现贡献了力量。

二、实施背景

2015 年 8 月 27 日,古井贡酒"年份原浆"商标历经 7 年的漫长申请,终于正式获准注册。为成功注册该商标,古井集团档案馆协同集团品牌管理中心耗费了大量人力、物力,从尘封多年的老档案中调取了大批相关资料,所有关于年份原浆的销售合同、销售发票、销售数据、专项审计报告、打假维权案件资料、产品创意书、新产品开发立项报告、荣誉证书、商标、专利、著作权等各类档案几乎被全部调阅。据统计,仅年份原浆商标注册一案的调阅次数就不少于 200 余次,调阅资料 1000 余件(卷)。

功夫不负有心人,"年份原浆"商标终被古井集团成功注册。然而,其相关证据收集的过程也是异常波折。由于古井集团档案部门对档案的利用仅限于使用单位被动利用,在主动开发档案资源方面相对欠缺,导致大部分关于年份原浆的资料被零散封藏于档案库房的各个角落和各类档案中,基本没有任何关于某一特定产品的全套资料汇编,即便是当时销售火爆的"年份原浆"系列产品也是如此。这使得品牌管理中心的工作人员在举证时困难重重,耗时弥久,在历次复审、公告、异议答辩、裁定等环节耗费了过多时间和精力,也给企业销售额的顺利增长带来了阻碍。

历时 7 年之久的"商标战",彻底敲响了古井集团主动开发利用档案资源的

警钟,档案的利用方式必须要转变和创新,"坐等利用"的被动方式已经完全不能满足现代企业发展的要求,只有主动开发档案信息资源,才能在企业竞争中掌握主动权和话语权,使尘封于档案库房内缺少生机的一张张纸片成为具有鲜活生命力的"诉说者"和"佐证者"。

三、创新做法

面对如此现状,自 2016 年起,古井集团为全方位、多角度开发利用企业档案资源,以筹建古井集团党建企业文化馆为抓手,以升级改造古井酒文化博物馆为依托,充分利用现有档案资源,形成了一套富有古井集团企业特色的档案开发利用体系。

(一)依托丰富馆藏资源筹建古井党建企业文化馆

古井集团档案馆保存着古井酒厂自 1959 年转制建厂以来的各类档案,主要涵盖文书、产品、基建、财务、审计卷宗、法务卷宗、声像、专利、证照等多种档案类别,截至 2017 年,古井集团档案馆馆藏案卷类资源 89468 卷、文件类资源 40238 件,馆藏内容丰富而全面。然而,实际面向员工和社会的档案资源却少之又少。

2017 年年初,古井集团提出以"党建立企、党建兴企、党建稳企"为宗旨,以"围绕运营抓党建,抓好党建促发展"为方针的党的建设方略。为更好地贯彻落实该方略,做到党建和经营同时推进,古井集团依托丰富的档案馆藏资源,于 2017 年 4 月正式开始筹建古井党建企业文化馆(图 1),并于 2017 年 9 月落成,总建筑面积达 3700 平方米,布展面积达 2100 平方米。

图 1 古井党建企业文化馆外景

为充分发掘企业档案资源的利用价值,最大限度地开发企业档案信息资源,使其发挥应有的品牌宣传和思想教育作用,古井集团档案馆汇总整理了集团公司荣誉、声像、名人、文书、产品、实物等多类别档案信息,通过层层筛选,精选出部分有重要意义和代表性的档案资源,并借助图片、音像、智能讲解、3D全息大屏轮播展示等方式,在党建文化馆内陈列展出。展出内容包括古井党建大事记,古井党建文化活动图片集锦,古井集团历年来获得的具有重大历史意义的荣誉集锦(如古井贡酒1963年至1989年间4次蝉联全国白酒评比金奖的荣誉奖状、巴黎第十三届国际食品博览会"金夏尔奖"、安徽省政府质量奖、中国地理标志产品等荣誉),全国及省、市级劳动模范以及五一劳动奖章获得者,各类优秀共产党员,各类古井优秀人物(如感动古井人物、古井好人、古井工匠等),"年份原浆"系列产品设计稿等档案资源。

通过展示古井集团建厂以来在党建、企业文化、品牌建设、产品开发、社会责任等方面取得的重大成就,揭示了古井人60年来披荆斩棘、风雨无阻取得的卓越成就和奋发向上的精神风貌,让人们在接受党性教育的同时,也加深了对古井的历史、文化、产品以及员工精神状态的了解和认同。同时,对引领员工思想方向、激发员工创造活力、凝聚员工思想共识起到了很好的推动作用。

(二)全面升级改造古井酒文化博物馆

为深入挖掘企业档案资源,传承古井企业文化,积极拓展档案利用深度和广度,促使企业档案文化资源成果共享,古井集团斥资400多万元对国家4A级旅游景区古井酒文化博物馆进行升级改造,在原有基础上重新筹建古井历史文献档案陈列馆(图2)和名人馆,开辟全方位展示古井贡酒厚重历史文化的宣传阵地。

古井酒文化博物馆是全国著名的4A级旅游景区,也是永久性古代酒文化研究与参观的遗址景观园区。馆内展示着丰富的古井历史文化档案,如体现古井酒道文化的各时期酒器、酒具,古井贡酒4次蝉联国家金奖及重大历史性事件的相关档案,历次评酒会上收集的老酒档案,古井历史上的名人大家档案以及古井品牌复兴工程产生的档案,较好地展示了古井贡酒的前世今生和酒文化的博大精深。为更加细致、全方位地将古井的历史和文化推向社会,古井集团实施了古井酒文化博物馆全面升级改造工程,筹建古井历史文献陈列馆和名人馆。

图 2　古井历史文献档案陈列馆内景

古井历史文献档案陈列馆共 2 层，一楼主要展示的是与古井集团有关的历史文献材料，其中不乏 2009 年出土的明清和唐代酿酒作坊遗址珍贵材料，展示了古井酒文化的起源。二楼陈列馆共分 4 个展区，即建厂初期、成长壮大期、快速发展期、跨越式发展期，通过展示各时期形成的对古井发展产生重大影响的举措、技术革新及重要文件、奖牌、荣誉等档案，展现了古井发展成长的历程和脉络，揭示了古井贡酒酿造的奥秘。

古井名人馆主要展示了与古井贡酒有关的历史名人的酒文化情结。如曹操父子、杨坚、姚崇、范仲淹、欧阳修、曾巩、宋应星等俊彦均在此留下大量诗酒佳话，把谯地名酒九酝春酒（古井贡酒前身）推向全国。

伴随着古井酒文化博物馆的全面升级和改造，古井集团逐渐形成了以实物档案为基础，以文书档案为支撑，全面系统地展示古井历史文化、发展历程、品牌推广、酒道文化以及员工思想教育为主线的大型记忆工程。此举对古井的品牌形象和企业文化宣传起到了极大的促进作用，使得游客在游玩的同时，能快速了解古井的发展历程和酒文化的传承脉络。同时，增强了员工的自豪感和荣誉感，对员工的思想政治教育也起到了良好的推动作用。古井集团档案馆藏资源的充分发掘和利用，也间接地提升了员工的档案意识，为今后集团档案收集的齐全性和完整性以及档案资源的深度开发利用奠定了基础。

（三）妥善利用企业财务档案资源为员工谋福祉

2017年3月，一位原古井印刷公司的老员工突然造访古井集团档案馆，说明来意后，才知道他是为办理特殊工种证明而来。可是，从其人事档案中无法证明他曾从事特殊工种，经过认真思考，古井集团档案馆决定从该子公司的财务档案中查找相关工资表，用于佐证该员工当年从事的工种。经过多番查找，终于在相关财务档案中成功查找到该员工累计8年的特殊岗位工资表，成功助其办理了特殊工种证明，为其享受特殊工种的待遇（男性55岁退休、女性45岁退休）提供了必要的档案信息保障。

此事后，古井集团档案馆经过认真核查该子公司移交的相关资料，发现大部分特殊工段员工在岗期间均没有足够的证据证明其从事过特殊工种岗位，对其将来享受特殊工种的退休政策非常不利。为保障这批员工的个人利益，报请公司领导审批后，古井集团档案馆决定对该子公司所有财务档案中的特殊岗位产生的工资表进行复印留存，并根据该子公司100余位特殊工段员工名单，分别为其查找累计8~10年的工资表，并通过该公司当前负责人逐一联系每位符合条件的员工，通知他们可到集团档案馆调阅相关工资表，以办理特殊工种岗位证明。

截至目前，已有超过100名该子公司员工利用档案馆提供的工资表顺利办理了特殊工种岗位证明，成功享受了特殊工种退休待遇。此举维护了一线员工的基本权利，增强了基层员工对公司的归属感和满意度，也在一定程度上维护了企业和社会的安宁。

四、效果及影响

（一）社会效益

自古井酒文化博物馆升级改造以来，访客数量逐年递增，2016年访客数量为10.31万人次，2017年的访客数量达17.08万人次，2018年访客数量增至25.27万人次，较上年增长约50%。企业党建文化馆自开馆之日起，接待各类行业间党建工作交流达400余次，集团内员工思想教育场次达200余场、参观人数达3700余人。"两馆"的升级和筹建，有效地实现了企业档案资源面向员工、面向大众的目标。一方面，其生动、直观的展示方式，创新了员工思想政治教育和企业文化教育的内容与渠道，很好地实现了员工思政教育的效果；另一方面，有力地宣传了古井的品牌形象和企业文化，传播了古井的品牌故事，维护了古井的社会声誉，提高了企业的社会认同感，为古井百亿目标的实现贡献了力量。

若无员工笑，哪得企业安。"如果不是集团档案部门通知我们来领取工资表，我怎么也不会想到来档案馆查档案，这下查到了8年在彩印车间的工资表，我可以55岁就退休，拿退休工资了，现在看来档案的确挺重要的"，原古井印刷公司彩印车间员工涂海峰高兴地说。古井集团重视档案资源、善于开发利用档案资源的做法，不仅充分维护了一线员工应得的利益，保障了弱势群体的基本权利，而且极大地提高了企业的社会声誉。其事事想到员工前面和主动作为的态度，更是对企业的长远发展提供了有力保障，对企业的经营管理产生了不可估量的社会效益和经济效益。

（二）外部评价

2017年10月2日，安徽省人民政府原副秘书长、办公厅主任梁热视察古井集团党建企业文化馆，对古井集团首创党建企业文化馆的创意表示认同和赞赏。

2017年10月19日，安徽省纪委第一纪检监察室主任王发和，安徽省国土资源厅纪检组长、厅党组成员江献军参观调研古井白酒博物馆、古井党建企业文化馆，对古井集团独具特色的档案开发利用案例和特色党建表示赞赏。

2018年2月9日，安徽省委常委、省委政法委书记姚玉舟，省委政法委委员、秘书长李国庆到古井集团视察并参观古井党建企业文化馆，对古井集团依托档案资源筹建党建企业文化馆的做法表示认可。

2018年5月9日，安徽省人民检察院党组书记、检察长薛江武调研古井集团并参观党建企业文化馆，对古井集团利用档案资源结合党建文化创新宣传的方式表示认可。

2018年，古井集团顺利突破百亿目标，无言的档案在古井人拼搏发展的道路上展示着其强大的助推作用。档案将不再是尘封的记忆，而将成为保障职工权益、助力企业安定、争取企业利益、维护企业声誉、助推企业发展的有效推手。

案例形成单位：安徽古井集团有限责任公司
案例形成人：王静

挖掘音像档案，制作《青岛港凤凰传奇四十年》史料专题片

一、案例概述

2018年是中国改革开放40周年，如何以档案的视角解读青岛港40年的发展历程，讴歌改革开放以来国有企业的进步和发展，成为摆在青岛港（集团）有限公司（以下简称青岛港集团）面前的一项重要课题。青岛港集团档案室从历史音像档案中挖掘重要线索，档案人员在将目前已无设备读取的库藏近40年的老录像带进行现代数字格式转录中，读取、聆听历史，感悟光辉岁月，从中梳理青岛港发展脉络，整理港口重大事件、重要发展节点，剪辑完成档案纪实《青岛港凤凰传奇四十年》史料专题片（图1），以档案的视角反映改革开放40年来青岛港改革发展、凤凰涅槃的变革，向改革开放40周年献礼。

图1 《青岛港凤凰传奇四十年》专题片光盘封底封面背景
（封底左为青岛栈桥早年缩影，封面右为青岛港新港区气势恢宏的集装箱码头场景）

二、实施背景

2018年，国家档案局大力推进企业数字档案馆（室）建设，在着力推进数字档案室建设的过程中，青岛港投入资金，着手开展目前已无设备读取的库藏近40年的珍贵老录像带的数字格式转录。

"四十载惊涛拍岸，九万里风鹏正举。"改革开放40年来，青岛港在党的领导下发生了翻天覆地的变化，成为世界第七大港。这些老录像带真实记载了港口发展变迁的历史、企业改革奋进的进程，怎样把这些散落在不同年度的一粒粒"珍珠"穿成故事、穿成海港人难以磨灭的记忆？自2018年2月正式立项起，青岛港集团档案室人员就着手整理历史音像档案，推进老录像带外包数字格式转录工作。从一帧帧再现青岛港奋斗历程的画面中，可以真切感受到港口改革开放的传奇巨变。档案室人员认识到，总结好青岛港40年的发展历程，对国有企业担当作为、勇当共和国建设的中流砥柱有着极为深远的意义。在感受、感动、感悟中，青岛港集团档案室着手制作以档案视角记载40年港口发展巨变的史料专题片，向中国改革开放40周年献礼。

三、创新做法

（一）深入调研、论证

为做好历史音像档案的转录工作，青岛港集团档案室首先展开了外围调研，从调研了解到的情况看，近年来，青岛市档案部门及有关企业越来越重视历史音像档案的抢救工作，海尔、海信、青岛交运集团也都先后投入资金，将历史音像档案转换变成了可以读取的数字化档案。从2018年2月开始，青岛港集团档案室就库藏音像档案的内容、数量、保管质量及价值等展开了前期调研，多方咨询相关厂家，并通过港口采购中心询问目前转录工作设备、厂家等，洽谈合作，确保从源头上高质量地完成转录工作。

（二）制定初步实施方案

经过前期调研、论证，青岛港集团档案室摸清了历史音像档案的基本情况，全集团大约库藏8000盘音像档案，这些不同年代形成的录音、录像带，是港口发展的历史见证、是港口共同的资源体系。青岛港集团档案室人员多次与青岛市档案局等上级主管部门沟通,学习音像带转换、光盘刻录及生成电子档案的标准、格式和要求,制定了整理音像档案技术规格书,确立了开展此项工作的目标、方案及分步实施的具体步骤。

(三)确立转录整体思路

为做好这些音像档案的抢救整理工作,青岛港集团档案室确立了"全面盘点、分步实施;抓大放小、有效激活"的整体思路,计划利用2018—2020年共3年的时间,分3个批次将青岛港有重要收藏和保存价值的历史音像档案转换成可以读取的格式,使这些以前的港口历史变革、历史事件和人物得以再现原音、原貌、原影,并按照"重要、紧急;重要、不紧急;不重要、但紧急;不重要、不紧急"的原则,有计划、有步骤、分阶段地优先盘活2000余盘最有价值的音像档案。

(四)划定转录范围

根据青岛港近40年形成的历史音像档案的实际,将音像档案分为录音、录像两部分,第一批次主要对原始录像档案进行整理,分为6个方面(图2、图3):

图2 2019年1月5日21时,马士基欧洲航线"美若马士基"轮靠泊青岛港新港区集装箱码头

图 3　青岛港新港区前湾四期集装箱码头和堆场

（1）历年来中央、省、市领导来港视察，包括考察新老港区港容港貌及建设工地、看望慰问劳模群体、查看火灾现场等录像；

（2）围绕本单位的主要职能活动、基本历史面貌和重要成果等方面形成的音像资料；

（3）反映港口生产经营与发展过程中的各类开业庆典及揭牌、奠基等仪式录像；

（4）船舶首航、首靠、开辟新航线以及创造行业纪录等录像；

（5）重大事件、重大事故、重大自然灾害现场调查跟踪录像；

（6）重点工程项目建设、审查、竣工、验收等录像。

（五）撰写脚本

在转录的同时，青岛港集团档案室整理了港口 40 年来建设发展过程中形成的珍贵历史资料镜头：一代代海港人在艰苦创业时期的拼搏、坚韧，一座座现代化大码头的拔地而起，一次次港口发展战略转移的执着、顽强，仿佛是一座永不磨灭的历史丰碑，需要被传承、敬仰。青岛港集团档案室人员潜心研究这些历史音像档案，从这些渐渐被还原的散落在各个不同年代的音像资料中，读取海港的记忆、发展和变迁，读取一种精神的力量和内心的呼唤，一遍遍找感觉、一次次对照录像带的内容，着手专题片脚本写作，并登录国家档案局官方网站学习相关微视频,最后形成了初步思路,结合港口改革开放四十年的巨大变化,将其命名为档案纪实:《青岛港凤凰传奇四十年》史料专题片。

(六)审核定稿

脚本完成后,青岛港集团档案室人员与制作人员多次进行思路的碰撞和沟通,阐述脚本制作的构想、寓意以及想要达到的效果。2018年9月底,专题片初步完成。为了在短暂的镜头里更好地展示青岛港40年的沧桑巨变,青岛港集团档案室以尊重档案就是尊重历史的责任感,一次次认真审核专题片,反复研究每一个镜头、每一帧画面,并最终审核定稿。

四、效果及影响

(一)传承精神的岁月记忆

为党管档、为国守史、为民服务,是档案工作的使命和责任。这部记载并传承历史的档案史料专题片,翔实地记录了青岛港改革开放40年发生的巨大变化,讴歌了一代代海港人的作为、贡献和牺牲精神,唤起了海港人心灵深处的岁月记忆,也必将激励青岛港人沿着党指引的方向走好国企改革之路。

(二)对外宣传的坚强阵地

档案史料专题片《青岛港凤凰传奇四十年》时长8分59秒,浓缩了青岛港改革开放40年的发展历程,其丰厚的历史积淀和精神传承,成为青岛港宣传港口改革开放40年辉煌成就的重要载体。制作完成后,该片共在港内播放126次,收看人数达到1289人次,成为宣传企业历史文化的坚强阵地,为中国国有企业的改革发展带来了启迪和思考,也为中国港口企业留下了一部以档案题材记录港口改革进程的电视专题片,凸显了青岛港音像档案蕴藏的社会价值。

(三)展示港口的珍贵宝典

档案人员在2000多盘重要音像带档案中,挖掘港口重点工程项目建设、领导视察、开业庆典、企业文化领域各个方面的珍贵资料(图4),并将这些资料通过改革开放40年的伟大进程进行脉络梳理,使青岛港音像档案真实地还原历

图4　2018年12月，青岛港集团档案室在转录历史音像档案中发现的珍贵的历史镜头（从左至右依次为20世纪80年代老港区建设场景、新港区建设场景、三国四方青岛前湾集装箱码头有限公司开业庆典、青岛港集装箱突破200万标准箱庆典、青岛建港一百周年纪念大会场景）

史、再现历史。档案人员按照国家规范标准将库藏音像档案转换为电子档案，丰富了档案资源，留存了港口难以忘怀的珍贵宝典。

（四）港史研究的重要参考

青岛港是大型国有企业，有着深厚的历史文化积淀，一些有重要史学研究价值的史志类书籍，诸如《青岛市志》《海港志》等，都离不开原始档案。2019年是中华人民共和国成立70周年，总结历史有着更为重要的现实意义和深远的历史意义。这部专题片中真实的镜头、原始的素材、建设的概貌等等，成为续写港史、港志的重要参考。

（五）爱港敬业的有声教材

多年来，青岛港一直大力倡导员工培训教育，这部专题片的诞生，以档案的角度、历史的维度、视野的宽度，展示了青岛港改革奋进年代真实的历史，引起了港口职工的共鸣，在潜移默化间产生了巨大的感召力，成为一部回荡在人们心海的有声教材。

案例形成单位：青岛港（集团）有限公司
案例形成人：李海英、丁江涌、丁兆深、郝凌

变电运维档案查询 App
打造"口袋里的移动档案库"

一、案例概述

为拓宽电力行业变电专业运维人员获取档案资源的途径，提高档案利用效率，推进电力运维工作质量提升，国网湖南电力办公室、国网株洲供电公司于 2018 年研发了一款变电运维档案查询 App。利用安装于手机、平板电脑等智能移动平台的应用软件实现档案资源的无纸化存储及随身携带，并通过分类整理、搜索匹配等功能实现档案资源的快速查询和高效利用。该 App 工具的运用，简化了变电运维人员获取各类档案资源信息的步骤，大大缩短了档案咨询利用的时间，提高了变电运维工作的效率。档案资源价值通过高科技的应用手段，正以一种全新的方式得到充分挖掘。

二、实施背景

近年来，随着电力行业的不断发展和信息化水平的不断提升，档案的应用场景越来越丰富，电力工作人员对档案资源数字化、智能化的应用需求越来越广泛，如何利用现代化的新技术实现档案信息资源更便捷、更快速、更准确的利用，成为档案工作者们研究探索的新课题。

变电运维是电力行业中不可或缺的一个专业，其主要工作职责是负责变电站内设备的巡视维护、倒闸操作、异常处置等工作。在变电运维人员日常工作中，经常需要用到各项技术资料、图纸文件、历史纪录等种类繁多、数量巨大的档案资源，这些档案信息仅凭个人学习记忆难以全部掌握。以变压器发热异常处置为例，现场处置过程中，往往需要查询其历史巡视文件档案、检测文件档案、检修文件档案等工作记录档案以帮助确定异常性质及原因，也需要查询安装使用说明书、运行规程等技术资料档案以帮助确定处置策略。这些需要获取的档案资源不仅类别多、数量大，而且存储方式、存储地点不一致。有的是以电子文档形式存储，有的以纸质文档形式存储，有的存放在公司档案室，有的存放在部门档案室。

变电运维工作中的异常处置和抢修工作具有突发性强、无法事先预测和准备的特点。在变电站作业抢修现场，变电运维人员需要应用档案资源时，往往面临着时间紧迫的困难。传统模式下，需要调集多方人员进行多种方式的查阅，并对查询结果进行汇总甄别，造成变电运维人员获取有效档案资源的速度慢、难度大、流程复杂。因此，变电运维人员对便捷、快速、准确获取档案资源信息有着强烈的需求。

为拓宽变电运维人员获取档案资源的途径、提高获取效率，国网株洲供电公司办公室综合档案室积极探索创新，通过智能移动平台的应用软件实现档案资源的无纸化存储及随身携带，达到变电运维人员快速查询和高效利用档案资源的目的。

三、创新做法

（一）专业融合，开启档案资源利用新模式

2018年1月，在国网湖南电力办公室的指导下，国网株洲供电公司办公室决心打破传统档案文件应用方式少、效率低的弊端，以全新的方式解决变电运维人员在获取档案资源上面临的实际困难。档案室召集变电运维、信息通信等多个专业的专家，以及在软件编制、数据分析方面有突出特长的人才成立专项课题小组，课题围绕档案管理要求、档案资源利用范围、变电运维查档需求、技术实现方向和难点等方面，集思广益，多点击破，充分发挥各专业优势，利用多专业技术融合、大范围经验共享，积极探索档案资源利用新模式。

课题组召开多次专题会议，最终确定本项目要以整合档案文件资源为基础，依托信息技术实现档案文件资源的高效利用，通过移动智能终端技术拓宽档案文件资源的应用范围。并且制订了详细的工作计划，明确各阶段时间节点、成果要求、责任人等，定期开展项目进展情况督导，确保项目顺利实施。

（二）双线调研，制定档案资源运用新方向

为充分掌握变电运维人员档案资源利用现状，了解工作中遇到的实际困

难,获取对档案资源利用的真实需求,满足档案安全管理的要求,课题组对变电运维人员和档案管理人员开展了双线调研,并针对典型事例分类进行统计分析。

其中,档案管理人员提供了档案安全管理的要求、变电运维相关档案资源存储的现状,并对相关档案资源利用范围和次数进行了统计。变电运维人员则提供了档案资源利用需求和工作中查询档案时面临的实际困难。

从调研结果中,可以看出变电运维人员利用档案资源信息的主要问题:

(1)档案资源存储方式、存储地点不统一,无法在工作现场随时随地查询利用档案资源信息。

(2)档案资源获取时间长、难度大,直接影响了运维检修工作效率。

结合双线调研结果,课题组将档案资源运用目标确定为:

(1)实现在工作现场随时随地查询利用档案资源信息。

(2)统一档案资源存储方式、存储地点,信息准确性、可靠性、安全性达到100%。

(3)运维人员获取档案资源信息平均耗时缩短为5分钟以内。

(三)对比分析,实现档案资源查阅新功能

1.优点对比,确定最佳实施方案

结合前期调研结果,课题组分别给出了3个具体方案(表1)。为实现最优档案资源查阅功能,课题组从功能、成本、维护、推广应用等方面进行全面的分析比较。最终"单机App内置档案资源信息,直接查阅"因具有信息准确、开发难度低、适用性强、使用方便、成本低等突出优点,被确定为实施方案。

2.结合实际,完善软件功能设计

以档案资源信息准确存储、快速查询为目标,通过精心的程序编制,变电运维档案查询App满足了"只读查看、分类浏览、快速检索、实用知识汇总"的利用需求,结合变电运维工作实际,课题组对现有档案资源进行汇总分析,确定了"巡视工作档案""检测工作档案""检修工作档案""评价工作档案""隐患工作档案""缺陷工作档案""设备信息档案""应急管理档案"8个类别的档案查询模块。页面显示效果突出,功能设计全面,软件实用性强。

表 1 方案确定表

序号	解决方案	功能实现	开发成本	后期维护	推广应用	是否采用
1	手机浏览器网络搜索	搜索结果还需人工筛选,信息准确性无法保障,仅能搜索到公开信息,内部资料无法查询	已有成熟的手机浏览器、搜索应用,无须自行开发	无须后期维护	有智能手机即可使用,无须推广。但使用时需要网络环境,存在一定局限性,并且有信息泄露的安全隐患	不采用
2	网络服务器存储档案信息,手机App访问	档案资源信息通过人工集中管理,实现可控、权威性、针对性强	需同时开发网络服务器以及手机App,开发难度大	需要同时维护网络服务器以及手机App,维护难度大	需要购置网络服务器,推广成本高。需要网络环境才可以使用,存在一定局限性,并且有信息泄露的安全隐患	不采用
3	单机App内置档案信息,直接查阅	档案资源信息通过人工集中管理,实现可控、准确性、针对性强。能快速准确查询到专业档案资源信息	只需要开发手机App,开发难度小	只需定期更新手机App程序,维护难度低	专用平板,推广成本低。使用中不需要联网,无局限性	采用

3. 测试分析,实现档案利用目标

App 编制完成后,课题组对 App 的程序功能进行了多轮测试,并与原有档案资源利用方法进行对比分析。程序安装、运行正常,各项功能使用完备。

对比一:在工作现场随时随地查询利用档案资源信息。

在专用平板电脑上安装 App 后,在各作业现场即可通过 App 进行档案资源的查询,并且无须网络环境,实现了在工作现场随时随地查询利用档案资源信息的目标。而应用 App 之前,查询利用档案资源信息需要到档案室、变电站进行,无法做到随时随地查询。

对比二:统一档案资源存储方式、存储地点,信息准确性、可靠性100%(表2)。

信息存储方式由原来存放于不同地点变为 App 工具存储。信息存储方式得到统一,实现集约化管理,同时信息存储可靠性得到有效保障,实现了信息准确性、可靠性100%的既定目标。

表 2　档案资源信息存储方式变化对比

信息类别	原有信息存储方式	现有信息存储方式
五通一措技术档案	纸质文档、内网计算机存放的电子文档	档案资源查询App
岗位标准档案	纸质文档、内网计算机存放的电子文档	
带电检测档案	在班组存放的纸质文档、电子文档	
倒闸操作档案	在班组存放的纸质文档，在班组、运维平台存放的电子文档	
运行维护档案	在变电站存放的纸质文档、电子文档	
变电检修档案	纸质文档、电子文档	

对比三：利用 App，变电运维人员获取档案资源信息平均耗时由 15 分钟缩短为 5 分钟以内（表3）。共计 227 次的 App 查询测试中，平均每次查询时间仅为 2.7 分钟，而原有方式查询时间在 15 分钟以上。

表 3　档案资源信息获取耗时调查

信息类别	查询次数	平均耗时
运维档案	60	2.5 分钟 / 次
检修档案	35	3 分钟 / 次
检测档案	43	2.5 分钟 / 次
评价档案	31	3 分钟 / 次
验收档案	58	2.5 分钟 / 次
总计	227	2.7 分钟 / 次

（四）个性定制，确立档案安全利用新高度

随着档案资源管理对安全性、保密性要求的逐渐提高，课题组根据 App 的实际运行环境，进行了个性化的安全设计。此变电运维档案查询 App 设计为单机模式，不连接互联网，有效防止了档案内容因联网而造成违规泄露。变电运维档案查询 App 在安装前，使用人要在档案管理部门和变电运维部门进行登记和审核，变电运维档案查询 App 中的档案文档设计为只读模式，不允许查阅人员进行修改和下载，只能由专人进行维护，有效保障了档案资源的正确性和安全性。变电运维档案查询 App 中的档案资源文件在存入前，由 2 名及以上的档案

管理人员进行过专项安全审查，从源头确保了档案资源安全保密的要求。

为确保 App 安全可靠，程序编制完成后，课题组还对 App 进行了安全性检测，并取得了"国网湖南省电力有限公司 App 安全检测报告"。

四、效果及影响

变电运维档案查询 App 研制成功后，国网株洲供电公司办公室将其在公司变电运维专业进行了全面推广应用，并对使用情况进行统计分析、对使用人员进行走访调研。统计结果以及变电运维专业人员反馈情况表明，变电运维档案查询 App 工具的应用极大地简化了变电运维人员获取各类档案资源信息的步骤，缩短了工作等候、咨询时间，提高了工作效率，改进了工作质量，大幅减少了电网异常处置的停电时间，保障了电网的安全稳定运行，经济和社会效益明显。

（一）统一化存储，创新档案利用模式

使用变电运维档案查询 App 后，变电运维人员日常工作中所使用的巡视工作档案、检测工作档案、检修工作档案、评价工作档案、隐患工作档案、缺陷工作档案等各类工作记录档案以及设备使用说明书、图纸资料、运行规程等技术档案资料的存储方式由原来存放于不同地点、不同介质统一为在变电运维档案查询 App 工具内以电子数据形式存储，档案资源存储方式得到统一。

（二）集约化管理，提升档案管理水平

变电运维档案查询 App 的应用也促进了档案资源集约化管理水平的提高。变电运维档案查询 App 中所存储的档案数据以及 App 软件程序都由专人负责统一维护，定期进行档案数据的录入、校核及软件更新，其他人无法修改，确保了档案资源的准确性和及时性。并且对档案数据、软件数据进行加密处理，使用者只能查询档案信息数据，不能修改、转移数据，档案资源信息存储的安全性、可靠性得到有效保障。

（三）便捷化利用，提高专业工作效率

变电运维档案查询 App 可直接安装在专用平板电脑上，对仪器配置要求低，操作使用简便。变电运维档案查询 App 使用时不需要网络环境，实现了档案资

源的随身携带、随时随地查询，极大地提升了档案资源获取的便捷性，提高了作业人员现场工作效率。

（四）高效化获取，提升经济社会效益

课题组选取 227 次利用变电运维档案查询 App 进行各类档案信息查询的过程进行统计分析，统计结果表明：平均单次档案信息查询时间由原来的 15 分钟缩短到 2.7 分钟，实现并超过了 5 分钟每次的既定目标，大幅缩短了档案资源获取时间。

档案资源获取时间的大幅缩短也有效缩短了变电站现场异常处置、设备停电时间，为企业带来极大的经济和社会效益。以 2018 年国网株洲供电公司为例，日平均使用变电运维档案查询 App 大于 50 人次，全年使用次数超过 1.5 万人次，累计缩短设备停电时间超过 600 小时。以 10kV 线路停运 1 小时损失电量 6000 千瓦时、每千瓦时电量产生经济效益 0.6 元计算，相当于创造经济效益超过 216 万元。

案例形成单位：国网湖南省电力有限公司、国网株洲供电公司

案例形成人：王健、夏哲辉、周瑞华、李照璐、单纯、夏田、陈国茜、刘轶驰

传承历史文化，弘扬企业精神

——庆祝广州石化成立45周年系列档案展

一、案例概述

  档案展览是开发利用档案资源、展现企业历史和文化的重要途径，是充分发挥档案社会价值最直接、最有效的方式。2018年是中国石化广州石化公司（以下简称广州石化）成立45周年，广州石化档案馆秉承服务公司中心工作的宗旨，举办庆祝广州石化成立45周年系列档案展，为迎接企业成立45周年及中国石化公众开放日献上了一份深情厚礼。展览依靠广州石化深厚的文化底蕴，深挖馆藏档案资源，依托信息技术优势，通过网上和实体相结合，多形式、多角度、多方法展现广州石化45年来的建设发展历程，弘扬企业历史文化和艰苦奋斗的精神，激发企业职工"爱我中华，振兴石化""为美好生活加油"的热情，同时传播档案知识，使档案馆成为丰富职工文化生活、接受知企爱企教育、增长知识的第二课堂，有效促进了档案文化与企业文化的深度融合。

二、实施背景

（一）敢为人先锐意创新的企业文化，提供鲜活的展览素材

  被喻为南粤明珠的广州石化，坐落于广州市黄埔区，目前该区被定位为"打造粤港澳大湾区国际科技创新中心核心枢纽"，是我国南方经济最发达的前沿阵地。20世纪70年代，广州石化扛着促进国民经济发展，为珠江三角洲百姓衣、食、住、行提供基础原料和能源动力保障的光荣使命而诞生。80年代随着开放大门的打开，广州石化乘着改革的东风，以保障地方能源安全供应为己任，进行了一系列大建设、大重组、大兼并、大发展，跨入千万吨炼油企业行列，在广州地区石油化工制造业中享有无可替代的地位。在45年的建设发展历程中，广州

石化进行了一次又一次的尝试，创造了一个又一个的奇迹，沉淀下了深厚的企业文化，也积累了丰富的档案财富，把这些档案资料变成服务企业发展的生动教材，是档案工作围绕企业中心服务企业职工的最终目的。

（二）丰富的馆藏档案文物资源，提供坚实的展览基础

档案是企业的知识宝库，为企业的发展建设提供支撑。广州石化档案馆自1990年成立以来，已成为广州石化永久保管档案的基地及档案工作归口管理部门，1997年被国家档案局批准为第一批企业综合性档案馆，2005年成为国家二级档案馆，2015年被广东省档案局核准为广东省首家企业档案工作"一级甲等"规范企业。截至2018年12月，馆藏档案12.5万卷又15.4万件、照片近万张、实物档案近9000件，累计提供档案利用超过11万人次，较好地服务了企业的改革发展。

（三）先进的信息化技术，提供多媒体档案资源及网络展览平台

随着知识经济的到来和企业信息技术的快速发展，职工对互联网和新媒体的需求日益增加，通过企业局域网平台传播档案知识是大势所趋。广州石化档案馆隶属信息中心，享有得天独厚的技术优势，近年来，与宣传部门合作建设媒体资源管理系统，构建档案管理系统与OA系统、媒体资源系统归档接口，实现OA公文、图片、音频、视频等媒体资源上传、下载、审核、存储和归档管理一体化管理，从源头保护了企业文化数字档案资产，为厂史陈列室、展览馆提供数据支撑。截至2018年12月，已建立各类档案数据超96万条、档案原文295万张。丰富的数字化资源，为开发档案资源、举办档案展览提供了技术和平台。

三、创新做法

为紧扣企业"庆祝建厂45周年"和"中国石化公众开放日"中心工作，提升展览效果，吸引更多职工和群众关注和走进档案馆，扩大广州石化的影响力，最大限度发挥档案的社会公共服务功能，广州石化档案馆广拓渠道、精心策划、严格筛选档案精品，面对职工和社会人士，采取档案实体展和网上展览相结合的方式，举办系列档案展览，做到展览形式多样、内容丰富、影响力大。

（一）"历史的记忆"实物档案展

1. 区分观众及主题，突出展览效果

实体展览采取了面向不同受众分区域、分主题陈列的方式。

一是在广州石化厂史展览馆中，开设以"历史的记忆"为主题，职工生活物品为载体的征集档案展，展示一批征集到的反映建厂初期职工生产生活中形成的实物精品档案，分类摆放，并对每件档案的历史来龙去脉作了详细说明，成为厂史展览馆以文字图片展示为主的有益补充，丰富了展馆内容，使公众近距离接触到企业的历史，感受档案文化的魅力。

二是在位于厂区内的档案馆陈列室（图1）举办以"档案承载广州石化45年建设历程"为主题的荣誉实物档案展览，并在背景墙制作了大幅海报，以企业45年来获得的荣誉实物为载体，配以大事件图片。与厂史展览馆的精致、细腻不同，档案陈列室展览整洁、简朴、庄重，使参观的职工荣誉感和自豪感油然而生。

图1　广州石化档案陈列室全景图

2. 选材有的放矢，彰显行业特色和粤港澳大湾区风貌

档案展览形式是外衣，展品内容才是展览的灵魂。在甄选展品时，广州石化档案馆坚持需求驱动原则，充分考虑到各个展览的规模、地点、受众等因素，有的放矢，提供差异化服务，突出各个展览的特色。厂史展览馆是全面反映广州石化发展史的基地，是领导视察、公众开放日百姓参观的必到之处。为彰显档案的文化特色和魅力，吸引公众兴趣和关注，发挥实体档案展真实感强、互动性强的优势，从近几年开展征集活动收到的"老档案"中，精选出最能反映广州石化人

艰苦奋斗精神和体现时代特色的实物，以吸引职工和社会公众的兴趣。如20世纪70年代建厂初期职工使用的安全帽、水壶、饭盒，筹建之初新入厂职工的报到通知书，职工出差购买机票的介绍信，2角钱的塑料饭票、5分钱的冰室票、从广州市区到文冲上班搭乘的火车票等。这些当年广州石化人工作、生活的点点滴滴，带有鲜明的时代特色，给观众以最直观、亲切的感受，将历史清晰地还原在观众眼前，让他们了解到当年珠江河畔大田山下艰苦创业的一段故事。在中国石化公众开放日，几位退休阿姨在征集档案展品面前热泪盈眶，纷纷发出"我的青春年华，最美好的回忆就是做石化人！""我的少年时代，汗水就挥洒在这片土地上！"等感叹。有不少职工带着孩子来参观，他们异口同声地表达了肺腑之言：要让下一代了解广州石化的过去，才能更珍惜广州石化的今天，创造广州石化美好的明天。

广州石化把陈列室打造成广州石化的"荣誉堂"，将广州石化40多年来获得的各项荣誉进行集中展示。在馆藏近1000件荣誉实物档案中选出企业在生产经营、安全环保、科技创新、社会责任等各方面获得国家、省、部级以上的证书、匾牌、奖杯、奖状、锦旗近200件进行展示，使参观者体会到广州石化作为国有特大型企业履行国企政治、经济、社会三大责任和担当。如1990年由国家统计局颁发的"中国500家最大工业企业第35位"、2017年"广州碳排放优秀会员奖"、2018年"环境保护先进单位"，充分体现了广州石化为发展国民经济、保护广州碧水蓝天所作出的贡献。档案陈列室的展览，得到地方同仁、领导的高度重视和肯定，公司党委书记在百忙中抽出时间参观，并给予了高度认可。

3. 精心铺垫，留下档案线索

档案展览中展出档案不仅是档案简单的陈列，还有蕴含着很多档案背后的故事，只有留下线索，才能激发职工了解探寻背后故事的欲望。展览馆展出的"历史的记忆"，通过巧妙地运用关联法，以刻有历史印记的老物件，对展览馆中"高大上"的宏观历史进行叙事，辅以"美亲暖"的生活点滴、个人情感、家族记忆，体现历史的温度。每个人都是历史的创造者、参与者和亲历者，把企业恢宏的历史与职工的家族记忆、当下的生活联系起来，建立起观众与历史情感联系的纽带。如通过历届劳模名录、企业文化之星、模范班组长等档案资料了解职工历史；通过国有企业职工档案，年长一代追忆曾经的青春记忆，年轻一代了解父辈的故事等。

(二)"档案见证辉煌"网上档案展

1. 精心制作,扩大档案展览效果

网上展览是档案展览在网络环境下的创新形式,是宣传档案工作、传播档案文化的新型档案开发服务方式。广州石化档案馆精心策划制作了"档案见证辉煌——庆祝广州石化成立45周年档案史料展",在公司信息门户的"热点"专栏展出(图2)。充分借助信息技术优势,请专业公司设计网上展览,专业技术人员把关,使展览的结构、布局、色调设计紧扣主题,恢宏大气又透出历史的厚重,增强了展览效果。网上展览充分发挥其不受时空地域限制、受众多、影响广泛、浏览方便的特点,将丰富的馆藏数字档案资源,通过网络平台直观地呈现在企业全体职工面前。

图2 "档案见证辉煌"档案史料展在广州石化门户网站首页展出

2. 选材全面，全方位展示企业历程

网上档案展选取反映企业发展历程中重大事件各类档案超 500 件，以时间为纵轴、大事件为横轴，全方位真实完整地描绘了广州石化 45 年来发展的历史画卷。展品的组织以企业建设历程中 6 个重要阶段为主线，按时间顺序设定了"梦的起点""一次飞跃""二次腾飞""生命线工程""兼并成就一体化""梦圆大炼油"6 个主题，每个主题包含建设历程、领导关怀、企业文化等方面的文件、照片，做到点面结合、以小见大，既反映重大历史，又贴近日常生活，引起观众共鸣。其中，既有艰苦创业时广州市政府的支持与号召，万人齐集大建设、大誓师的恢宏场面，展现建厂时期建设者高涨的革命热情，又有建厂前草棚饭堂职工集体用餐、草棚幼儿园内孩子们纯真的笑脸，从细节反映了第一代广州石化人不畏艰苦、牺牲小我、成就大家的乐观奋斗精神；既有建成后雄伟壮观的厂区鸟瞰全景，又有工程技术人员认真钻研练兵、解决生产瓶颈的工作细节。每个主题按事件发展的时间顺序，系统、完整、成套地反映事件的全过程。如"兼并成就一体化"主题，讲述了 2000 年兼并广州乙烯，进行复产、改造、竣工验收到扭亏为盈的历程，展现了广州石化在关键时刻以国家大局为重的无私精神。又如"生命线工程"主题通过惠州码头立项、成立、爆破、建设、通油、再扩建的一组组照片，展现了广州石化作为珠三角地区改革的先行者，敢于创新大胆实践的历史。网上展览还选取了相当一部分记载企业成立、改造、扩建过程的文件材料，如 1973 年广州石化成立的文件、1999 年决定进行千万吨炼油改扩建的文件等，使职工可以在闲暇时间，坐下来慢慢了解、回顾企业的历史。内容丰富充实、浏览便捷的网上展览，极大程度上发挥了档案信息资源的文化教育价值，成为职工了解企业发展历程、开展知企爱企教育的重要窗口。

四、效果及影响

广州石化 45 年来为珠江三角洲经济发展作出的贡献，为保护广州碧水蓝天所作出的努力，不忘初心发挥好国有企业政治、经济、社会三大责任和担当，需要企业历史的积淀，更需要档案的见证。广州石化在档案陈列室、厂史展览馆、局域网上举办系列档案史料展览以来，接待国内外参观交流人士超 3000 人次，得到企业领导和职工的点赞，作为一个打开大门、敞开胸怀，以开放的心态接受社会公众"检阅"的国有大企业，搭建与社会公众和普通职工零距离沟通的平台，其经济效益和社会效益不言而喻。

（一）传承企业文化，弘扬企业精神

以庆祝广州石化成立45周年和中国石化公众开放日为契机，举办形式多样、内容丰富的系列档案展，展现了企业45年来波澜壮阔的发展历程，一方面为职工讲述了企业历史、传递了知识；另一方面也起到了宣传档案文化，弘扬"勇于拼搏、永不言败"的企业精神的作用。如今，广州石化展览馆已成为企业形象的一张名片、工业旅游的一个窗口、职工爱厂教育基地和广东省青少年爱国主义教育基地。2018年接待社区居民、学生、媒体代表、政府官员、档案同行等超千人次，引起了企业领导和职工的关注。2019年4月适逢中国石化公众开放日第四季在广州石化启动，广州石化档案馆通过系列档案展览，回望了企业45年来的光辉历程，使企业不辱"为美好生活加油"的使命，助力粤港澳大湾区建设，自觉融入地方、服务国家，让广州石化这颗南粤明珠更加璀璨夺目。

（二）提高档案信息资源的利用效率

通过举办展览，有效促进了广州石化馆藏档案的利用。近三年来，广州石化档案馆在公司生产经营、技术改造、企业文化建设等方面接待档案利用者1.8万人次，调阅档案8万多卷次又1.4万件次，其中网络利用占80%以上。形式多样的档案展览增强了档案馆的开放性，使档案利用工作变被动为主动，档案主动"走出"档案馆接触企业职工和社会人士，使职工了解到档案馆究竟有什么，可以获取档案馆的哪些资源和服务，促进了档案资源在更大范围的利用和共享。

（三）提升档案工作的影响力

档案展览是综合体现档案管理水平的一项工作，可以树立档案部门开放、鲜活的新形象，对档案工作具有一定的检验和推动作用。档案展览给档案部门带来的影响是潜移默化的，丰富多彩的展览内容伴随着现代化的展览技术，通过企业职工、社会人士的传播，一方面大大提升了档案部门的形象，扩大了档案工作的影响力；另一方面增强了企业职工的档案意识，促进了档案资源建设，进一步提高了档案宣传和服务水平，两方面相互促进，形成了良性循环。

案例形成单位：中国石油化工股份有限公司广州分公司
案例形成人：林文娣、陈亚静、廖珊琳、柯万苏、刘建军

利用档案资源，企业获得大额补偿

一、案例概述

2013年因建设黄河引水工程，陕西省延安市政府要求拆除关停延长油田股份有限公司部分油井，需要对拆除关停的32口油井、3口注水井设施及道路价值、覆盖石油储量损失、油井拆除费用和所涉及的土地转征费用4个方面进行评估。经查阅档案相关资料，实施资产清查核实、实地查勘、市场调查和询证等，延长油田股份有限公司因拆除关停青化砭采油厂部分油井资产评估值为3835.38万元，双方约定油水井及附属资产赔偿2521.81万元。

二、实施背景

黄河引水工程是陕西省十大重点水利工程之一，是落实延安市"引水兴工，产业转型"战略的先决条件，是根本上解决沿线100多万群众生产、生活及北部能源化工产业集群用水的主要途径。延安地处陕北黄土高原沟壑区，水资源十分匮乏，延安黄河引水工程是从根本上解决延安城区及北部地区水资源短缺的最佳途径。

由于黄河引水工程库区内有延长油田股份有限公司青化砭采油厂32口油井和3口注水井，直接影响延安黄河引水工程的开工和工程建设，亟须关停拆除，并对库区内所涉及的油井设施及道路进行资产评估，根据评估价格进行经济赔偿。而此次拆除关停的35口油水井的井型、井深、井身结构、采油方式不尽相同，钻前费用、钻井费用、建井费用、安装费用各不相同，导致油气井的建安工程费用评估有较大难度。关停油井所涉及的剩余石油储量无法开采，还需对这部分经济损失进行合理评估。

三、创新做法

（一）创新内容

延长油田股份有限公司根据油气井的分布情况和地质构造特点，将该区域划分成若干个区块，再根据区块内井型、井深、井身结构特点，按类别确定出具有代表性的标准井8口，分别计算出油气井建安工程费用；对其他油气井，按被评估井的实际井深、井型、采油方式，采用同类别标准井的平均每米钻井工程费用、固井费用、测井费用、射孔费用、压裂费用及安装费用，计算出其他油气井的建安工程费用，从而算出所有油气井的建安工程费用。

（二）实施过程

油田公司档案馆提供了32口油井和3口注水井的单井档案、项目建设档案、合同档案、会计凭证、账簿等共计500余卷，账页200余张，并复印可作事实依据的票据。主动联系公司所属青化砭采油厂档案室，提供35口开发井的单井地质资料、试油数据、试采数据、油水井动态分析表、钻井工程合同、油井交接书等多项资料，还联系青化砭采油厂开发科、油建科、生产科提供了生产报表、决算资料、竣工验收等资料。此外，还提供了"姚店油田石油探明储量套改成果说明报告"，以供评估剩余石油储量。

1. 工程建设费用评估

为了合理评估工程建设费用，公司档案馆主动提供了陕油财发〔2012〕16号及延油发〔2012〕59号文件编制《开发井工程费用定额标准》《石油化工工程建设费用定额（2007版）》《石油化工工程建设设计概算编制办法（2007版）》等文件材料，采用重编预算法确定工程费用，使资产评估更切合油田实际。

2. 油水井建安工程费用评估

根据油气井的分布情况和地质构造特点，将该区域划分成若干个区块，再根据区块内井型、井深、井身结构特点，按类别确定出具有代表性的标准井8口，依据陕油财发〔2012〕16号及延油发〔2012〕59号文件编制《开发井工程费用定额标准》《石油化工工程建设费用定额（2007版）》《石油化工工程建设设计概算编制办法（2007版）》等文件材料确定油气井建安工程费用。

对其他油气井，按被评估井的实际井深、井型、采油方式，采用同类别标准井的平均每米钻井工程费用、固井费用、测井费用、射孔费用、压裂费用及安装费用，计算出其他油气井的建安工程费用，从而算出所有油气井的建安工程费用。

3. 剩余石油储量评估

本次评估的油井位于姚店油田，根据延长油矿管理局2006年11月"姚店油田石油探明储量套改成果说明报告",姚店油田探明含油面积109.2平方千米,探明石油地质储量5573万吨,经济可采储量553.68万吨。根据延长油田股份有限公司青化砭采油厂提供资料,按面积分摊计算,油井覆盖经济可采储量为80500吨,截至评估基准日(2013年3月31日)已开采储量为22883.5吨,剩余经济可采储量为57616.5吨。

四、效果及影响

经实施资产清查核实、实地查勘、市场调查和询证等程序,得出延长油田股份有限公司因拆除关停青化砭采油厂部分油井资产而导致的损失价值总计3835.37万元,较其账面价值81.81万元,评估增值3753.56万元,增值率4588.03%。其中:

(1)延长油田股份有限公司青化砭采油厂需拆除关停的32口油井、3口注水井设施及道路评估值总计2236.09万元。

(2)因拆除关停油井覆盖石油储量无法开采而导致的企业经营损失总计1313.56万元。

(3)拆除油井所涉及的企业已缴纳的土地转征费用总计38.72万元。

(4)油井拆除费总计247万元。

经双方协商免赔储量损失费1313.56万元,最终约定油水井及其附属资产赔偿金额为2521.81万元。油井赔偿问题得到圆满解决,使国有资产损失降低到最低程度,黄河引水工程按工程节点完成拆除补偿,并对处理延长油田类似的油井赔偿问题具有借鉴和指导作用。

在本次资产评估中,油田公司档案馆所提供的企业生产经营管理资料客观、真实、科学、合理,所提供的财务会计及其他资料真实、准确、完整,油水井资产评估值得到延安市黄河引水工程有限责任公司和延长石油集团公司的认可和肯定。

案例形成单位:延长油田股份有限公司
案例形成人:高玲、郭永宏、翁邦红、张晓泉、白爱云

一份档案追溯崂矿历史发展，实现"崂山"品牌价值达 228.95 亿元

一、案例概述

作为国有中华老字号企业，厘清企业的百年发展史，既是对历史的负责，也是企业发展的新动能、实体经济发展的重要基础。为此，青岛饮料集团有限公司联合青岛市档案馆组建研究团队，经过大量文史查证和专家研讨，确认发现崂山矿泉生产历史始于1900年，从而改写了青岛现代消费工业品生产历史。2017年，青岛市档案馆与青岛饮料集团有限公司签订战略合作协议，这是青岛市档案馆首次与国有企业签订战略合作协议。2018年，"崂山"品牌一路飙升，以228.95亿元价值再度荣膺"中国500最具价值品牌"。

二、实施背景

崂山矿泉水作为国有中华老字号企业，是行业内唯一集中国名牌、中国驰名商标、中华老字号于一身的中国第一瓶天然矿泉水、中国第一瓶碳酸饮料的生产企业，生产基地位于世界前三、中国唯一优质地下水系中心，100多年来企业始终专注生产矿泉水，坚守实体经济发展勇于承担国企社会责任，对经济社会发展作出了应有的贡献。多年作为国宴饮品并保持出口量全国第一，是具有深厚历史底蕴的中国民族品牌。同时，崂山矿泉水一直是国内顶级商务政务用水，国内重要的对外交流会议和活动，崂山矿泉水都是指定用水。南极探险、亚丁湾护航、反法西斯战争胜利70周年大阅兵、APEC会议、大洋一号科考以及中美人文对话、中国发展高层论坛等活动都留下了崂山矿泉水的身影。此外，崂山矿泉水还是国内唯一界限指标超过两项的天然矿泉水，被誉为"中国第一水"。《香港大公报》将其称为"祖家神水"，称赞其"防病强身即是仙，青松泰岱伴华年。深知海上长生药，不及崂山第一泉"。企业现已从区域性地方名牌成为全国知名品牌，产品在出口东南亚等国家60多年后的今天，又远销到欧美、非洲及"一带一路"

沿线等40多个国家和地区，成为青岛市对外宣传的又一张"青岛制造、中国产品"城市名片。

传统说法是崂山矿泉水始于1905年。德国人马牙首先发现了青岛的优质水源。传说他在太平山麓打猎，发现许多小刺猬聚众饮水。马牙很好奇，也俯首捧饮，顿感泉水清爽甘甜，随后钻井取水，化验后发现水质不亚于当时法国著名矿泉水水质，这口井后来就被叫作"刺猬井"，成为近代中国最早的矿泉水水井。德国商人罗德维嗅觉敏锐，很快筹措资金与马牙合作，在此打了一口深井，建起近千平方米的厂房，1905年生产出中国第一瓶矿泉水。由于矿泉水水质好，又有医疗保健之功效，加上青岛德国福柏医院的验证，迅速声名远播，成功销往上海、天津、烟台、香港等沿海城市。

作为德占青岛时期创建的瓶装矿泉水生产厂，其历史起源一直存在疑问。为进一步厘清企业的百年发展史，同时本着对历史负责的态度，不断发掘品牌历史文化内涵，充分发挥档案作用，深挖品牌无形资产价值，激活历史积淀和文化优势，以历史文化凸显品牌的中国特色，青岛饮料集团有限公司联合青岛市档案馆组建研究团队，对崂矿历史起源进行了梳理，经过大量的史料考证，确认崂山矿泉水始于1900年。

三、创新做法

（一）组建研究团队，发掘崂矿历史起源

青岛饮料集团有限公司积极与青岛市档案馆对接，联合组建了研究团队，以激活历史积淀和文化优势为切入点，深入挖掘历史档案信息资源，充分利用青岛市档案馆馆藏档案以及其近年来持续对外征集积累的大批德国、美国的外文档案，对崂山矿泉水百年发展历史进行系统梳理和严谨考证。

（二）释读史料，考证历史，精选史料

历史时期形成的文言文字词语句多数难以理解，本着尊重历史、尊重事实、尊重档案的原则，工作人员披沙拣金，寻找证据，孤证不立，不迷信任何无证据的信息资料，认真遴选能够反映历史事件的档案书籍资料，百余字的文稿每每都要翻阅大量档案资料，深入挖掘、去伪存真、以史为鉴，用现代文详细释读每份文件的题名、内容摘要等。同时，借助互联网等现代化工具，多方查找，充实印证历史起源，使其更加有可信性。

（三）追溯崂矿历史发展，充分发挥档案作用

1. 崂矿历史发展起源（1900—1914年）

2017年，崂矿联合青岛市档案馆组建的研究团队，经过数月地毯式搜索，功夫不负有心人，最终在德国胶澳总督府呈报给国会的《胶澳发展备忘录》（1900.10—1901.10）中发现了蛛丝马迹。根据该年度报告"工商业发展"部分记载："矿泉水厂已经建成很久了"。同时，在分工检索查阅中，发现1900—1901年的《青岛及周边地区图》上赫然标着"Mineral Wasser Fabrik"（矿泉水厂），所处位置正是今崂山矿泉水厂的旧址，位于太平山南麓、湛山附近，现今的矿泉花园（图1）。

图1　1900—1901年的《青岛及周边地区图》上"Mineral Wasser Fabrik"（矿泉水厂）标注

由此可以断定，崂山矿泉水前身——Iltis矿泉水的诞生至少不晚于1900年，"已经建成很久了"几个字足以说明早在1900年之前矿泉水工厂已经建成了。1907—1908年、1913—1914年，多册《青岛行名录》（电话黄页）中记载，经营者（厂长）为维格特。1909年出口（凌基洋行）价目表有记录矿泉水、伊尔蒂

斯矿泉水。1910年出版的画册,在奥古斯特·梅尔商业综合楼、弗里德里街213号(现中山路25号)有伊尔蒂斯矿泉水事务所。1909年《山东汇报》(青岛)、1909年《德文新报》(上海)、1911年《青岛新报》(青岛)上,都有伊尔蒂斯矿泉水广告。1911年的《青岛及周边平面图》上,标明了伊尔蒂斯矿泉("刺猬井")位置。

2. 成长阶段(1914—1949年)

1914—1915年,日本调查资料记载:伊尔蒂斯矿泉水水质好,除了供应本地需要外,还出口到了华北、华南等地,仅1911年就出口了18000余打。1920年,日本驻青岛守备军民政部编《管内工场一览表》(现企业登记表),记录青岛矿泉株式会社湛山工厂,日军撤出时胶澳商埠局接收日本守备军司令部移交的地籍图(1922年)青岛矿泉株式会社湛山工厂。一战结束后(1922—1929年),1929年德国大使馆记录的卡尔·哥穆尔向日本外交部门索要日占时期被没收的机器设备重建汽水厂。1947年卡尔·哥穆尔的弟弟致中国大使馆的电报,其中提到卡尔·哥穆尔曾在青岛经营矿泉水厂。1929年,《青岛行名录》标注:崂山晶泉汽水公司的业主更换为化学博士卡尔·罗德维和麦斯·格力。同时,有外籍身份调查卡片证明卡尔·罗德维1923年到过青岛的记录。1931年,德国美最时洋行参与,与其他股东一道收购崂山晶泉矿泉水公司,改名为崂山汽水公司,并与美国可口可乐公司合作,成为美国可口可乐公司在华两大汽水生产、销售商之一。当时,美最时洋行负责山东全省独家销售。20世纪30年代,美最时洋行营业所注册在青岛的浙江路,那个年代工人们用奔驰和自行车运送崂山矿泉水。1941年,崂山汽水公司与美最时洋行签订股权合作合同,更名为"崂山汽水工厂两合公司",戴爱龢任总经理。1944年,戴爱龢解散崂山汽水两合公司,另行招股,组建崂山汽水股份有限公司,赎买美最时洋行股份,以及在湛山的机器和房屋,成为华商全资企业。1944年5月,成立崂山汽水股份有限公司。

3. 曲折发展阶段(1949—1990年)

中华人民共和国成立后,1952年,青岛交通银行接管青岛崂山汽水股份有限公司,将其更名为青岛崂山汽水厂。1953年,根据周恩来总理"中国人应该有自己的可乐"的指示,崂山矿泉水于1956年研发并生产出中国第一瓶碳酸饮料——崂山可乐。1954年,公私合营崂山汽水公司正式成立。1962年,公私合营青岛崂山汽水厂厂长任命通知。同年,根据外贸部门反馈的外商需求信息,公私合营青岛汽水厂联合青岛医学院、青岛疗养院等多家科研单位,研制出全新矿泉水风味饮料——崂山白花蛇草水,并迅速出口新加坡、印尼、马来西亚等国家。1966年青岛汽水厂成立,1968年成立青岛汽水厂革命委员会,同年改名为国营青岛汽水厂。20世纪80年代,中国矿泉水行业标准更是以崂山矿泉水作为检测标准,制定出中国矿泉水的国家标准。

4. 发展壮大阶段(1990年至今)

1991年,成立青岛崂山矿泉水厂。1993年,原一轻局整体转制青岛益青实业公司(后改为青岛益青国有资产控股有限公司)。1998年,成立青岛崂山矿泉水有限公司。2006年6月13日,青岛饮料集团有限公司正式组建,原青岛益青公司持有的崂矿股份划拨给青岛饮料集团。2003年,被国家质检总局评为"中国名牌产品"。2006年,被商务部认定为"中华老字号"。2007年,被国家工商总局认定为"中国驰名商标"。1998年,崂山矿泉水厂将基地搬到了真正的崂山上,水源地位于崂山仰口,由中法专家历时3年勘探而成。崂山仰口水源地远离了工业污染,并进行严格的水源地三级保护,承诺:"取自地下117米深层花岗岩隙间,纯天然零污染,水质优异,属罕见的锶和偏硅酸复合型矿泉水,水质清澈甘洌,全部为水源地(青岛崂山)开采、灌装。"2000年以后,经先后开发北龙口、崂峰口、崂石口等水源地,崂山矿泉水公司进入全新的发展阶段。2015年,"崂山"品牌以35.41亿元的品牌价值入围"中国500最具价值品牌"。2018年,崂山(青岛崂山矿泉水有限公司)被世界品牌实验室及其独立的评测委员会评测为"2018年(第十五届)中国500最具价值品牌"(图2),

图2 青岛饮料集团有限公司—青岛崂山矿泉水有限公司被世界品牌实验室及其独立的评测委员会评测为"2018年(第十五届)中国500最具价值品牌"的证书

品牌价值评估为 228.95 亿元人民币，一举跃进前 200 强，位居 198 位，连续四年成为矿泉水行业唯一上榜品牌。

四、效果及影响

（一）深度挖掘历史，档案凸显成效

通过文献、照片、地图以及产品广告等资料，充分证明了至少在 1900 年就有了崂山矿泉水厂，这意味着中国的第一家矿泉水厂起源于青岛。自此，崂山矿泉水便开启了它具有传奇色彩的百年历程，开创了中国饮料行业的多个"第一"，书写了中国矿泉水发展的奇迹。同时，也使崂山矿泉水成为青岛目前已发现并得到证明的、青岛市内时间最早的现代工业产品，改写了青岛现代消费工业品生产历史，以"青岛之最"再创中国矿泉水奇迹。

（二）发挥档案资源潜在价值，不断提升企业品牌价值

企业发展中档案最大的价值在于应用，品牌价值的攀升与档案的发掘有着密不可分的联系，最大限度地利用好已存档案，深度挖掘和查找尚未归档的文件材料并整理归档，将所有的档案信息激活，将有限的档案资源发挥到极致，变"档案资源库"为"文化信息资源库"，利用档案信息资源助力企业再发展，促使企业再发新枝，不断提升品牌价值以及产业特色和美誉度，推动崂矿等品牌发展成全国性乃至世界品牌，在"一带一路"建设中发挥更大作用。

（三）充分发挥双方资源优势，签订战略合作协议

为进一步加强合作，充分发挥双方资源优势，青岛市档案馆与青岛饮料集团有限公司签订了战略合作协议。这是青岛市档案馆首次与国有企业签订战略合作协议，也是青岛市档案馆积极响应国家、省市关于支持企业发展振兴决策部署，利用档案信息资源助力企业再发展的又一新尝试。同时，本着资源共享、互惠互利、共同发展、实现双赢的原则，规定了双方的责任和义务，围绕档案文化、企业文化宣传，共同开展征集档案、举办展览、编撰志书等活动。

案例形成单位：青岛饮料集团有限公司
案例形成人：邱茂才、苏婕

全国首堆档案助建
《AP1000核电工程标准工程量清单》

一、案例概述

目前，我国建设工程造价管理基本采用工程量清单计价模式，遵循 GB 50500—2013《建设工程工程量清单计价规范》，这为工程进度款支付提供了计算依据；清单计价经国内外多年的工程成本管理实践证明，是控制项目施工建设阶段工程成本的有效方法。

三门核电一期工程是国家三代核电自主化依托项目，1号机组为全球首个AP1000核电机组，无先例可循，不具备工程量清单报价条件；为准确掌握AP1000机组设计图纸工程量，编制科学合理、完整准确的工程量清单，为后续AP1000机组报价及合同管理奠定基础，三门核电有限公司启动了《AP1000核电工程标准工程量清单》（以下简称《清单》）编制工作；档案人员深度挖掘6万余份竣工图纸的价值，发挥其增值作用，推动《清单》的编写工作，为公司项目管理四大控制，尤其是成本控制提供量化依据，为后续三代核电工程量计算标准化作出了较大贡献。

二、实施背景

住房和城乡建设部2012年12月25日正式发布GB 50500—2013《建设工程工程量清单计价规范》，明确提出使用国有资金投资的建设工程施工发承包必须采用工程量清单计价。国家能源局2014年第4号公告发布了NB/T 20259—2014《核电厂建设项目工程量清单计价规范》，并要求自2014年11月1日起实施。

由于核电工程建设的复杂性和特殊性，国标清单规范作为通用标准，难以直接应用于核电厂的合同和造价管理。国家能源局清单规范"适用于国内建设的二代改进型商用压水堆核电厂，其他核电厂参照使用"，而AP1000作为三代核电技术，与二代改进型相比，在设计、采购、建造等方面有很多新要求、新技术和新特点（如模块施工、非能动系统设计等），工程量也有较大改变，该规范亦不能很好地指导AP1000机组的计量、计价行为。

三门核电一期作为AP1000首堆，亦无基本准确且完整的工程量/工程量清单可参照。一期核岛EPC合同是依据西屋公司2008年4月30日提交的工程量清单编制概算，合同价格采取概算切块方式确定，而西屋的工程量清单存在诸多问题，如没有工程量计算规则、没有工作内容、接口划分不清，且西屋公司表示其清单的误差为±25%。三门一期工程常规岛及其BOP工程的工程量清单由华东电力设计院依据DL/T 5369—2007《电力建设工程量清单计价规范火力发电厂工程》及初步设计文件编制。该清单条目粗放，部分项目采用指标形式，部分招标用工程量清单与施工图计算量有较大差异，随着设计的深入，变更及缺漏项越来越多地显现，需要结合施工图纸对清单进行修改及细化，修改量较大。全厂BOP无完整工程量清单，有的需参考已完成的施工图编制，有的需结合设计图纸及国标清单对原有清单进行修改。

为准确掌握AP1000工程量，编制科学合理、完整准确的工程量清单，为后续AP1000机组报价及合同管理奠定基础，2013年8月，三门核电启动了AP1000标准工程量清单项目的基础开发工作，并向中国核能电力股份有限公司提交了共性项目建议书。

三、创新做法

（一）创新管理方式，结合技术融入业务

作为AP1000标准工程量清单项目的承办单位，三门核电一方面负责项目全过程的技术管理（从方案策划到全过程的质量和进度管理，参与清单编制并组织技术问题攻关），还负责落实项目组的管理工作，并联合合作单位开展合同管理，包括项目预算、合同立项、合同洽谈、费用支付、合同变更、服务承包商考评等。回顾3年多的项目开发历程，取得项目研究成果的同时也锻炼了三门核电人员的专业技术和组织管理能力，体现了造价管理（工程经济）技术与经济相结合的工作特点和岗位价值。

1. 以技术为基石，注重清单的科学性和系统性

在策划阶段，组织对潜在供方的调研，现场踏勘，基本情况讲解、摸底。通过对现场交流及对相关单位工作业绩、技术实力情况的调研，合理确定2个目标：清单和报价清单一个合同两套成果文件。此后，编写了立项专题汇报材料，经公司决策及授权，展开与合作单位的接洽工作。在合同准备阶段充分酝酿，形成翔实的技术要求（涵盖三大控制），纳入合同，主要包括项目目标、技术要求、质量及进度控制措施、项目验收标准、成果移交、工程量数据库、对业主的培训等，充分开展合同技术谈判。

在执行阶段，做好图纸及相关档案的搜集工作。因设计和竣工图纸输入是清单编制的重要依据，AP1000设计特点是没有图纸总清单，文档部门积极配合牵头部门，通过多渠道搜集比对，形成所需图纸目录；各类设计和施工方案也是清单编制的重要依据，文档部门多渠道搜集各类方案，牵头部门组织业主和咨询人分阶段学习消化，联系业务部门、承包商讲解、支持；同时，清单编制过程中还尤其注重基础理论研究，通过前瞻性，深入研究NB（能源标准）清单规范等相关项标准，符合行业体系的结构性要求。

2. 以质量为抓手，注重清单的合理性和准确性

编制清单前，仔细讨论制定了核岛、常规岛及BIP清单编制大纲，合同签订前组织充分的技术澄清，确保工作开展有章可循。

项目组内配套形成内部审查工作要求，执行并跟踪解决审查问题。编制了《质量审核实施细则》，分工明确、细节把关、问题导向，清单式管理。执行中，每一轮成果文件及时组织审核，三级审核，共性问题组织集中讨论。

2013年10月赴咨询单位源地检查（咨询人项目组织实际落实情况）、交流工作，制定各厂房清单初稿的分解提交计划，组织分析偏差原因制定纠偏措施。核岛清单编制过程中，组织与施工单位完成了清单初稿工程量核对工作，通过细致核对双方底稿和设计文件、施工方案，对比差异并合理修正，清单工程量的准确性得到了验证。

通过公司内部评审，组织与公司技术部门的核对（2013年年底），夯实基础，确保成果合理可靠，避免纸上谈兵。通过两次专家评审会，确保清单合理性、准确性。

3.以计划为龙头,确保清单的编制工作有序推进

项目组在每一个环节都有工作计划,季度－月度－每周盘点,清单式管理,与质量管理相结合。通过周密安排,既满足清单的开发进展,又保证了二期报价工作按计划开展,事实上起到了对三门核电合同管理工作的直接支持,为在二期工程核岛和常规岛实现清单管理的项目总体管理目标奠定了基础。

(二)严控编研内容,依据国标贴合实际

1.清单的形式、编制深度及项目划分符合能标行业标准

项目组按照业务规则和工程划分规则,对项目档案按照核岛、常规岛、BOP等分别归类整理,不仅产生了《AP1000核电工程标准工程量清单》,还根据文档的分类方法和过程总结,提炼了总体说明,其中包括系统介绍三门一期工程概况,清单编制依据、编制范围、编制原则及方法,主要工程量汇总等;每个部分分为建筑和安装分册,分册由册说明和工程量清单两部分组成;各册说明主要包括:(1)在总说明的基础上,详细说明各分册清单在编制和应用时的注意事项;(2)各分册对国家能源局NB/T 20259—2014《核电厂建设项目工程量清单计价规范》的调整说明;各分册工程量清单:以核岛工程为例,建筑工程按子项划分清单,结构模块不单独设置清单,而是纳入所属的核岛子项清单;安装工程按工艺、仪控、电气、通风、起吊设备划分清单,机械模块清单单独列出。

清单是完全依据工程文件和档案编制的,编制深度和体系设置上符合NB/T 20259—2014《核电厂建设项目工程量清单计价规范》的要求,建筑、安装工程的项目划分符合能源行业标准NB/T 20023—2010《核电厂建设项目费用性质及项目划分导则》的规定。在充分研究国家能源局标准的基础上,对照AP1000机组的工程特点,对国家能源局清单计价规范进行了适应性补充和修改,以"调整说明"的形式呈现,便于使用中与国家能源局计价规范进行对照。

2.清单编制范围完整、边界清晰

工程项目合同边界清晰,产生的文件和记录也有明显的特点,基于这些特点编制了《AP1000核电工程子项清单》《AP1000核电工程系统清单》,并在各清单分册说明中详细描述了接口信息,便于清单的使用。

3.清单内容总体合理准确

清单编制的工作内容、项目特征尽可能地反映 AP1000 的设计、工艺和施工特点。通过以下方面进行保障：（1）以设计文件和主要施工方案为编制依据；（2）在充分研究国家能源局清单规范的基础上，对照 AP1000 机组的工程特点，对规范进行适应性补充和修改；（3）组织 AP1000 首堆业主的工程、调试、设计管理等技术部门参与编制和评审；（4）组织主要建安承包商提供技术支持并参与核对和评审；（5）通过组织项目阶段性评审和总体评审，根据专家组意见进行完善。

在工程量方面，完成了近 6 万张图纸工程量的计算，并与主要建安承包人开展了工程量核对，保证了清单工程量的合理性和准确性。

四、效果及影响

（一）《清单》得到核电行业技术经济领域的多名权威专家认可

2014 年 6 月，核岛典型系统及子项清单评审会在三门核电现场召开，邀请了核电行业技术经济领域的多名权威专家组成专家组，公司多个部门安排专人组成评审会工作小组，配合评审并协助解答专家提问。经过细致评审，送审清单顺利通过专家评审并得到专家组和中国核电的充分肯定，认为送审清单编制方法科学、成果内容扎实，同时提出了修改指导意见。

2014 年 11 月，清单（核岛与常规岛工程）总体审查及成果验收会在三门核电现场召开，邀请了核电行业技术经济领域的多名权威专家。经过评审，专家组认为，本次送审的清单内容全面，深度符合行业规范要求，具备验收条件。

清单 A 版和 1 版成果文件分别于 2015 年和 2016 年通过中国核电共管委共性项目验收，并给予了高度评价：项目较好地结合了 AP1000 核电工程的应用情况，体现了工程的现场需求，为今后 AP1000 核电工程建设提供了标准，为指导、优化 AP1000 机组的电厂报价及合同管理奠定了基础。

（二）《清单》为后续机组合同报价及结算提供依据

在本项目之前，AP1000 机组没有符合国际惯例/国标规范或行业规范的工程量清单，基于 AP1000 首堆工程的建设经验，编制符合相关规范要求的 AP1000 机组工程量清单，并探索 AP1000 机组工程量清单计价规范的制定，为后续 AP1000 及 AP 系列核电机组标准化工程合同招标定价及竣工结算提供了量化标准，具有开创性意义。

（三）《清单》为三门核电调整预算提供了科学依据

项目成果利用全球首台的平台，在创造中前进、在前进中创新，项目组成员不断学习 AP1000 核电技术知识、工程建设管理知识、合同管理知识和档案管理知识，通过档案的关联关系追溯工程材料、单价、设备等相关联影响工程量的元素，完成了《清单》的编制。重视专家意见，不懈努力，多轮查缺补漏、完善清单，为三门核电一期工程的预算调整提供了依据。

（四）《清单》为三门核电 3 号、4 号机组和后续 AP1000 项目的概算提供了参考依据

《清单》作为国际首堆，AP1000 也是标准化设计、模块化建造，采取该技术建造核电项目，除了地质条件有差异外，设备、系统、子项等都是标准化的，有了本项目成果《清单》，为国际 AP1000 核电建设提供了预算测算和结算比对参考依据。

（五）《清单》为 AP1000 核电项目三大控制起到促进作用

在《清单》开发过程中，深入分析了影响工程进度和质量的因素，把电站按照子项、系统、设备、材料等拆解成最小单元核算了成本，对于在建电站的质量控制、进度控制尤其是成本控制起到参考依据。

（六）《清单》为 AP1000 核电项目预决算节省了成本

《清单》是把电站按照子项、系统、设备、材料等拆解成最小单元核算了成本，为后续项目可研、设计、建安、采购等预算和决算提供了科学、有效的参考依据。

（七）《清单》完善了《核电厂建设项目工程量计价规范》

NB/T 20259—2014《核电厂建设项目工程量计价规范》是基于核电二代的机组工程设计和建安特点编制的，没有考虑到三代核电（如 AP1000、华龙一号、国和一号）的技术特点，本项目的成果补充、完善了该标准。

综上所述，在信息化时代的驱动下，仅专注于档案管理而置身于业务规则之外，对档案编研工作带来的挑战不言而喻，融合业务深挖数据，可有效弥补传统以客体档案为核心的编研方式的局限性。档案管理人员要在熟知技术和管理流程的基础上，掌握文件记录的产生范围，熟知关键记录内容，以服务利用为目标，通过多种连贯而有效的方式管控，坚守岗位职责，落实"三纳入"和"四同时""四参加"，把国家对项目档案验收时查验的要点和标准在项目前期就宣贯并作为文件记录产生、收集、整理、鉴定、归档的统一标准。在本案例中，档案人员参与项目组，收集整理30余万份文件、6万余份工程设计图纸，历经三年技术攻关，完成了清单编研成果，本成果是AP1000核电机组的首个完整工程量清单，充分结合了AP1000设计、施工的特点，经评审得到了业内专家的认可，为一期工程结算提供了基础数据，为后续AP1000核电机组乃至其他三代核电机组合同报价提供了依据，为建安工程造价控制和精细化管理奠定了基础，也提升了档案工作者在企业中的价值和社会价值。

案例形成单位：三门核电有限公司

案例形成人：戴法、周辉、雷宇、岳振兴、万小燕、徐海根、李寒梅、杨爽、李碧云

航天科工充分挖掘历史档案，庆祝中国改革开放 40 周年

一、案例概述

2018 年，以中国改革开放 40 周年为契机，中国航天科工集团有限公司（以下简称航天科工）开展实施了一系列形式多样、内容丰富的档案开发利用活动，主要活动有在航天科工总部举办以"档案见证航天科工改革发展成就"为主题的图片展览，组织编制《改革开放 40 年中国航天科工辉煌成就画册》等，充分发掘并展现了历史档案的信息资源价值，在集团内取得了积极反响，取得了良好的利用效果。

二、实施背景

（一）档案利用需求推动档案服务方式创新

习近平总书记强调："经验得以总结，规律得以认识，历史得以延续，各项事业得以发展，都离不开档案。"航天档案记载着中国航天事业 60 余年的发展历程，通过真实、丰富、完整的档案资料，可以了解到航天的重大发展历程、取得的重要科研成果，感受到航天精神的传承、航天文化的延续与创新。航天档案是航天事业的宝贵财富。这些宝贵的财富需要进一步挖掘和开发，充分发挥档案的价值。

而档案用户希望获得深度开发的编研成果，获得一定专题的集文件、档案、图书、情报为一体的知识服务；更加偏好直观、醒目、生动的图、文、声、像等多种形式的成果；希望信息资源共享程度更高、获取方式更加便捷。航天科工围绕用户需求不断寻求创新、改进档案信息资源开发利用的方式方法。2018 年正值庆祝中国改革开放 40 周年，档案用户对改革开放 40 年主题的档案信息资源关

注度高，希望了解航天科工历史发展的印记、感受改革开放发展的成果，航天科工结合时代主题、热点，实施开展档案信息资源开发利用工作。

（二）以改革开放 40 周年庆祝活动为契机

改革开放 40 年来，在中国共产党的正确领导下，中国人民艰苦奋斗、顽强拼搏，书写了国家和民族发展的壮丽史诗，中华大地发生了感天动地的伟大变革，中国的航天事业也突飞猛进。作为中国航天的核心组成部分，航天科工在党中央、国务院、中央军委的正确领导下，坚持党的路线、方针、政策不动摇，不断解放思想、实事求是、艰苦奋斗、与时俱进，在党的建设、经济发展、防务装备、航天产业、民用产业、交流合作、创新驱动、条件能力建设、人才队伍建设等方面取得了辉煌成就。

在庆祝中国改革开放 40 周年之际，为充分展示航天科工改革发展的一系列成果，突出展示党的十八大以来航天科工所取得的辉煌成就和宝贵经验，增强广大干部职工的荣誉感、使命感和责任感，提升航天科工的向心力、凝聚力，鼓舞干部职工继往开来，团结拼搏，继续谱写航天事业的壮美诗篇，航天科工组织所属单位开展实施了一系列档案编研活动，形成了具有历史价值的编研成果，向改革开放 40 周年献礼。

三、创新做法

（一）顶层设计，建立机制，提前确定年度编研主题

航天科工坚持"为党管档、为国守史，围绕中心、服务航天，记录历史、传承文明，为国负责、确保安全"的档案文化价值观，自 2017 年起，总部着手考虑抓住"2018 年中国改革开放 40 周年"的历史契机，紧前调研、科学布局，顶层设计、积极组织，确定了 2018 年度档案开发利用主题及编研成果形式。

2018 年 1 月，航天科工集团办公室印发 2018 年航天科工档案工作要点，明确要紧密结合中国改革开放 40 周年、国际档案日宣传等开展档案资源开发利用工作，专项明确下达 2018 年档案编研任务，并明确责任主体、成果形式及任务时间节点。

航天科工开展了征集中国改革开放 40 年航天科工辉煌成就档案史料照片

活动。成立了"档案见证航天科工改革发展成就图片展"（以下简称图片展）及《改革开放40年中国航天科工辉煌成就画册》（以下简称《画册》）编辑工作机构，由航天科工总部各业务部门、中国航天科工防御技术研究院档案馆相关人员组成。在图片展与《画册》的编辑工作中，档案部门、业务部门、管理部门密切配合、大力协同、群策群力、集思广益。与此同时，编辑部与航天科工年鉴、航天科工宣传册、航天科工社会责任报告、航天科工展厅等主办和设计制作单位进行了广泛沟通交流，对相关内容进行了参考借鉴。力求全方位、多角度、系统化、科学化地展现出航天科工改革开放40年来取得的辉煌成就。

（二）多措并举、多路并进，有效挖掘档案资源，维护历史记忆

档案的原始记录价值决定了档案是历史记忆的守护者。在图片展与《画册》的设计与编制过程中，为最大限度地有效挖掘档案资源、焕发历史档案的生机，图片展与《画册》编研人员在挖掘航天科工总部档案资源馆藏的基础上，面向航天科工总部各部门、航天科工新闻中心、所属各单位、航天档案馆、航天报社等内外部单位，多次深入广泛开展了老照片、档案史料、素材的征集工作。征集范围涉及重大事件、重要产品、重要活动、主要人物方面的档案等，涉及单位多、涉及内容广。在征集过程中，各单位档案部门积极配合，进一步挖掘档案资源，筛选和鉴定出有重要价值的历史档案资源，并对资源进一步补充完善。据统计，前后共征集到老照片及各类史料达3000余张（件）。在紧密结合档案开发利用主题内容的原则下，最终精选出了500多张记录了航天科工改革发展珍贵历史瞬间的照片。

为了用最具代表性、高质量的照片呈现历史瞬间，编研人员进行了仔细筛选、优选。为切实保障档案编研选材的真实性、可信性，编研人员坚持"宁缺毋滥、去粗取精、优中选优"的严谨和审慎的工作态度，对存有争议或记载模糊的事件，反复比对、仔细考证，通过寻访亲历人员，求证事件原委，力求时间、地点、人名、单位名称、事件结果等信息准确，最大限度地还原历史、维护留存航天科工改革发展的历史印记、展现每一个辉煌时刻。

（三）别出心裁、精心设计，打造内容丰富、版面精美的作品

通过甄选出的500多张珍贵照片和相关史料，图片展与《画册》对航天科工改革变迁和发展成果进行了全方位展示，并梳理总结出一系列航天科工的"首

次"成就,涉及的业务覆盖航天科工总部各部门、各业务领域的方方面面。主要内容有前言、党和国家领导人对航天事业的指示批示(摘录)、航天科工简介、历史沿革、领导关怀、党的建设、发展战略、经济发展、防务装备、航天产业、民用产业、交流合作、创新驱动、条件能力建设、人才队伍建设、企业文化和精神文明建设16个部分。在编制过程中,以改革开放40年发展历程为历史脉络,以各业务发展为纵向脉络,精心设计编排,通过对档案资源的系统梳理、分析、整合及深度加工,使得资源有序化、内容翔实化、要展示的主题突出化,最终完成的图片展与《画册》具有逻辑性强、历史性强、线索性强等特点,真正发挥出了档案真实可靠和准确记录历史的价值。

图片展与《画册》以图片为主,配以简要文字注解,并通过专业化的版面设计作为衬托,图文并茂、形象生动、可读性强,呈现出了内容丰富、版面精美的突出特点。

(四)加强管控,严格审查,确保编纂质量

为确保编研成果的质量,航天科工建立例会制度,定期组织编辑部协调解决编撰中的各类问题。加强与业务部门及有关单位之间的沟通取证,上门请教、逐项落实,确保有关文字表述、数据图表的准确无误,力争做到重大历程和重大成果不遗漏;加强与航天科工宣传部门的沟通协调,做到编研成果在形式与宣传风格上与航天科工企业文化与精神风貌相统一;加强质量与保密审查,多轮次征求航天科工有关部门和所属单位意见及建议,及时补充修改完善,确保无任何质量与保密问题。组织航天科工总部各部门及有关专家对图片展素材和《画册》各部分内容及保密进行了专项审查。编研部成员对稿件进行反复校对,追求零差错率,确保编校质量。

(五)以项目为牵引,锻炼培养了一支档案编研人才队伍,提升了档案信息资源服务水平

举办图片展、编制《画册》,这两个项目难度和复杂度高。两个项目形式不同、内容设置不同,图片展采用现场展览形式,《画册》采用文献出版物方式;时间跨度40年,时间跨度长,需要仔细研究航天科工发展的历史;涵盖航天科工各重点领域,内容广泛、协调面广,需要跨领域、跨单位、跨专业协调合作;

需站位高，选取重点、亮点、特色的内容，做到重中选重、优中选优；需准确度高、历史性强；需图文并茂、设计精美。面对两个项目的高标准、严要求，以档案人员为主力的编研团队迎难而上，自主完成框架（初稿）的设置、内容初稿中各主题的设置、脚本编写、图片选用。在围绕主题开展档案资源的收集、整理、筛选、挖掘、采编、研究、展示等工作中，培养和锻炼了一支敢打敢拼、工作态度严谨、使命感责任感强、专业素养高的档案编研人才队伍。档案编研人才也为进一步提升档案信息资源服务水平贡献了自身力量。

（六）注重成果积累，构建成果数据库

在图片展和《画册》的设计编制过程中，通过各渠道收集、积累的大量图片、历史资料，都是重要的劳动成果。航天科工注重保存这些宝贵资源，通过有效整理，形成专题数据库，一方面丰富了馆藏资源，优化了馆藏结构；另一方面便于资源的检索、查找和利用，可以为用户提供专题信息资源，大大降低了时间成本、研究成本。

四、效果及影响

通过举办图片展、发布《画册》，收到了来自航天科工内外的广泛好评，产生了积极的影响。

（一）信息作用

图片展和《画册》集中展现了历年来党和国家领导人对航天科工的关心关怀，系统记载了航天科工自1978年改革开放以来的发展历程，展现了航天科工取得的成就，成为中国航天史不可或缺的宝贵历史资料。同时，《画册》可以为各级领导了解航天科工各方面情况提供信息参考，是领导资政的得力助手。

（二）宣传作用

通过图片展和《画册》这两大窗口，系统介绍宣传了航天科工各阶段发展成果，展示了航天科工服务国家战略、服务国防建设、服务国计民生的重要标志性事件，从而彰显了航天科工"科技强军、航天报国"的突出贡献，展现了航天科工的发展能力和社会影响力。

（三）教育作用

图片展和《画册》通过档案文献资料展示了航天科工发展变迁的历史印记，从中可以感受到航天科工辉煌成就的取得是党中央、国务院、中央军委坚强领导的结果，是中央机关和国家部委、军委机关以及各军兵种、各战区、有关地方各级党委和政府大力支持的结果，是航天科工人顽强拼搏、无私奉献的结果，鼓舞了广大干部职工继往开来、团结拼搏、努力奋斗。图片展和《画册》成为航天传统教育的生动教材。

面临新的发展时期，档案信息资源开发利用工作凸显出更加重要的作用，航天科工将继续秉承"围绕中心、服务航天，记录历史、传承文明，为国负责、确保安全"的价值观，以"总结历史、服务现在、面向未来"为己任，抓住发展契机，主动作为、勇于创新，发挥档案"求真存实对历史负责，鉴往知来为现实服务"的作用，继续为中国航天续写新的篇章作出应有的贡献。

案例形成单位：中国航天科工集团有限公司、中国航天科工防御技术研究院、北京航天情报与信息研究所

案例形成人：张燕、郭东军、卓文友、高苏、曾雨、焦红艳、李文婷、沙元昌、吴克、周平平、李静、任中姣、崔雪妍

航天档案闪耀太空，让档案"带你飞"

——航天档案高效服务于航天科工集团首星"天鲲一号"

一、案例概述

为践行"探索浩瀚宇宙，发展航天事业，建设航天强国"的航天梦、服务国计民生，中国航天科工集团创新性布局商业航天领域，2017年3月3日7时53分，"天鲲一号"的成功发射打响了集团进军该领域的"第一枪"。

从项目立项论证到卫星发射成功仅耗时三年，航天项目的高效推进离不开其背后丰富的航天档案为项目提供积极、高效、创新性的利用，重要档案助力项目技术攻关，为推进项目研制、缩短研制周期、减少研制经费作出了重大贡献。

二、实施背景

我国航天产业经过几十年的发展，取得了载人航天、探月工程、北斗导航等重大成就，但是随着航天产业内外部环境的变化和世界各国商业航天计划的陆续出台，我国在商业航天领域的短板效应逐渐凸显。

为解决上述问题，实现快速进入空间和高效利用空间的能力提升，进一步充实我国空间技术力量和科研生产体系，中国航天科工集团公司瞄准未来商业航天发展，作出了全力拓展空间工程任务的战略决策，由航天二院抓总，启动实施了通用天基平台的研制，卫星命名为"天鲲一号"。

项目启动之初，航天二院面临着空间领域基础薄弱、研制队伍人才缺乏等问题，这无疑给研制带来了诸多困难和质疑。开创性的事业总会历经磨难坎坷，"天鲲一号"的研制也不例外，研制过程中，团队遭遇了适应快速发射、轻小型低冲击分离、空间热环境复杂等诸多技术难题，项目团队经过几十次大大小小的会议讨论，编写了多套设计方案，仍然无法完美解决其中的几项关键技术。

就在遇到瓶颈问题的特殊时期，陈定昌院士提及航天二院曾于 20 世纪 80 年代研制某相关项目，建议项目团队查阅相关档案，作为辅助参考。于是，项目团队对档案部门提出了利用需求。档案部门即刻通过档案信息系统查询，快速、精准定位了一批对这个项目来说非常重要的珍贵手稿档案。在此基础上，档案部门通过档案数字化、信息化手段，对相关技术领域档案文献进行编研，深度挖掘项目共性信息档案并主动推送给研制单位，为研制一线提供了丰富的档案资源和高效的档案服务。参照档案中学习到的设计思路，项目团队对星箭机械接口创新性地采用了点式连接方式，解决了轻质小空间低冲击问题。较传统包带连接形式重量下降一个数量级，较普通点式连接方式分离冲击响应下降 60% 以上。项目成功后，设计师们谈到，档案部门提供的珍贵的航天产品档案中记载的部分技术途径，不仅在当时属于国内首创，在近 40 年后的今天看来，依然极具指导和借鉴意义。借助这样一批重要的档案记录，使得困扰项目团队已久的瓶颈问题迎刃而解，项目研制周期大大缩短。

"天鲲一号"卫星成功发射标志着中国航天科工集团已具备独立自主研制典型空间飞行器平台的能力，提升了我国在快速发射、多功能集成应用方面的支持能力以及应急救灾等空间信息获取的快速响应能力。

三、创新做法

（一）综述

档案部门建立数字档案系统，进行全部库存档案的数字化工作，所有档案均可以通过档案信息系统检索。在"天鲲一号"的研制过程中，档案部门为项目团队查找到档案信息后，仅一个工作日就把几十份尘封多年的卫星研制档案及其数字化扫描版提供给设计师进行了解、学习和利用。同时，利用档案系统的资源智能匹配功能，自动推荐了相关档案 100 多份，一次性推送给设计师进行利用，给设计师查找档案资源节约了大量时间。档案利用的方式体现的仅是简单地按照需求提供档案，同步为利用者提供与查找内容近似信息的档案，也是为设计过程中技术上的延伸拓展思路提供帮助，为同类型项目积累延续性的档案素材做好准备。

（二）具体做法

1. 档案部门提早做好数字档案资源建设和数字档案系统能力建设，主动服务项目团队，助力项目团队精准检索定位、高效在线查借阅档案资源

档案部门在早于该项目实施的两年前，提前布局并落实传统航天产品档案数字化工作，提供数字化目录及原文信息；同时，档案部门牵头建设了具有强大功能的新型数字档案系统，提供秒级全文检索和智能匹配等利用功能。面对项目团队遇到的困难，结合院士提示的查借阅并学习档案，档案部门第一时间对项目团队进行细致的数字化档案资源检索、查借阅的相关培训，并积极辅助和保障设计师查找相关档案，同时通过档案系统的资源智能匹配功能，查找出了几十份同研制方向有共性的档案，解决了设计师在几万份库存档案中筛查的烦恼；提供了线上查借阅档案的便利条件，为项目团队节约了大量翻阅实体档案的时间。

2. 利用档案第一时间准确定位，有效突破快速发射、轻小型低冲击分离、空间热环境等瓶颈问题

档案部门在为"天鲲一号"团队提供档案时，有针对性地进行了归档数据筛查，为项目团队提供几十份同类型历史型号的值得借鉴的档案。这样一批档案为项目团队攻克难题，提供了有力的技术支撑。其中最有价值的几份档案有着完整的研制记录和试验数据。在项目任务中，设计师们对研制产品的材料、数据、环境等一筹莫展的问题，都在这些历史档案中找到了一一对应的解答，为问题攻关清晰指明了方向。设计师在档案中找到了航天器适应快速发射结构设计、低冲击分离、热设计等部分关键的历史档案记录的关联信息，通过精确建模、不断迭代等设计方式，有效解决了技术难题，并通过大量的测试和试验，对性能和参数进行了验证。尤其针对轻小型低冲击分离问题，项目团队通过档案知识的启发，对星箭机械接口创新性地采用了点式连接方式，不仅解决难题，甚至较传统包带连接形式重量下降一个数量级，较普通点式连接方式分离冲击响应下降 60% 以上。

同样，对于项目研制中其他关键技术问题，项目设计人员在档案中也找到了对应的参考思路，档案部门对照利用需求为项目团队精准提供的历史档案，第一时间完整还原了当年所研制项目的研制过程、难点、攻关情况等，项目组利用档案中对材料的描述、公式的计算、数据的素材，经过反复对比和验证，顺利完成技术攻关，极大地节约了研制周期，为卫星试验成功奠定了重要基础。

上述利用的历史航天产品档案准确记录了项目研制过程，试验过程的一点一滴数据、详尽的公式、缜密的推导、毫无差错的计算、手绘的数据图表、工整如印刷般的笔迹，高度呈现了历史航天产品档案的重要利用价值。

3. 智能匹配已利用的档案信息，主动搜集并推送更多相关档案资源，开拓设计思路

为了让设计师从更多同类型的项目档案中获取信息，档案部门利用数字档案平台的知识关联功能，从档案库的大数据中又查询出了近似档案 100 余份，这些档案不仅涵盖了试验的相关技术，还包括了大量有价值的预研理论基础材料、充足的理论基础和实践应用的相关素材。档案部门利用档案系统对多元性的档案内容进行匹配检索，主动推送关联技术信息档案。推送的匹配内容包括预研、合同、航天相关型号研制、民用技术档案信息、国内外研究信息等，整理出档案提供利用的脉络，形成该项目档案利用的网络图谱，全面涵盖研制过程所需要的档案信息，为项目研制的首发试验成功提供了精准辅助。

由此，项目团队所获取的档案知识不仅用于解决瓶颈问题，其作用更像中药的药引子，它所带来的叠加效益在项目的其他问题上甚至其他很多型号的研制过程中均有着进一步的展现。以此型号研制为例，航天档案在更多的产品研制时均发挥了重要的辅助作用。航天档案在各个型号产品研制过程中发挥的重要作用，无形中树立了的档案部门的服务形象。

4. 深度挖掘档案信息，对档案进行二次开发利用，让老档案焕发新活力

档案部门根据利用历史数据这一需求，挖掘出包含相关型号中的近似技术的其他档案信息。因为有了历史档案对现有型号研制支撑的实际作用以及通过档案系统的新技术手段提供利用的案例，激发档案部门针对系列的型号研制相关信息进行了挖掘和整合，进而先后形成《科研项目成果汇编》《项目研制试验汇编》《质量归零问题编研成果》等编研材料，提供给设计部门参考查阅，进一步提高了历史档案的利用率，让老档案焕发出新活力。

5. 关注档案利用效果，及时储备新项目档案资源

更好地利用是为了更全面地积累。在为新项目研制过程中提供档案利用的同时，档案部门根据档案利用效果的反馈，提前策划好新项目档案的存储方式及管

理对接人员,提前预留新项目档案存储空间,规划项目在档案管理系统中同其他各门类档案的关联关系,为新项目的顺利归档做好准备。

四、效果及影响

(一)社会效益

1. 展示航天科工集团强大的技术底蕴

项目研制关键技术攻关过程中,采信的大量航天产品技术档案,经过设计师后续的复核复算以及地面试验,验证了项目进程中的关键因素,档案在"天鲲一号"卫星研发的过程中发挥了重要作用。项目团队正是借助历史档案的宝贵知识,取得了试验的成功,在充分印证航天档案资源在关键时刻的知识堡垒作用的同时,也展示了航天科工集团强大的技术底蕴。

2. 提升航天科工集团在商业航天领域的知名度和话语权

2017年3月,"天鲲一号"卫星发射成功。作为航天科工集团首星,该星攻克了多项关键技术。整星在轨工作正常,状态良好,性能指标符合要求,验证了卫星快速机动发射技术、通用卫星平台的总体设计技术、多类型载荷管理技术等。同时通过一系列在轨试验,获取了大量宝贵的试验数据。"天鲲一号"的发射成功,标志着航天科工集团在空间工程领域实现了历史性的重大突破,提升了航天科工集团在空间领域的知名度和话语权。

航天科工集团作为航天技术的探索者和商业航天事业的开拓者,一贯追求与奋斗的目标是通过不懈努力,在太空乃至深空中为人类拓展新的生存与生活空间,不断拓展人类文明发展的边界。要实现这一目标,就必须要走商业航天的发展道路。"天鲲一号"的成功为航天科工集团商业航天新格局的打造迈出了坚实的第一步。

(二)经济效益

1. 档案高效助力突破技术瓶颈,缩短研制周期,节约400余万元研制经费成本

一批重要的档案,在"天鲲一号"卫星研发的过程中其隐形的经济效益是可观的。这批档案提供了珍贵的试验参考数据和分析结论,高效助力解决了困扰

项目团队的关键技术问题，使项目工作得到飞速推进，按照以往项目经验测算，预计缩短攻关周期约3个月，项目团队由32人组成，共计节约人力资源投入96人·月，按照单位4.2万元/（人·月）的人力资源成本标准计算，合计节约400余万元〔4.2万元/（人·月）×96人·月=403.2万元〕的研制经费成本。同时，这样一批档案的强力技术支撑，使项目研制周期按照预定的计划顺利开展，还规避了项目进度拖期的管理风险，实现了规避风险和降本增效的双重效果。

2. 以"天鲲一号"为代表的整体商业航天计划潜在千亿级市场

档案为"天鲲一号"卫星研发和试验成功提供重要保障，使项目研制周期按照预定计划顺利开展，严格控制了研发和试验的成本。其成功的重要意义还在于作为集团首星的"天鲲一号"将引领"五云一车"（飞云工程、快云工程、行云工程、虹云工程、腾云工程和高速飞行列车，"五云"分别代表无人机载区域云网、临近空间飞艇载区域云网、星载窄带全球移动物联网、星载宽带全球移动互联网和空天往返飞行器）的商业航天计划的深入推进，为我国空间领域市场创造了更多高达千亿级别的潜在经济效益。

（三）外部评价

基于"天鲲一号"卫星成功拓展我国小型低轨通用卫星平台型谱的重要意义，"天鲲一号"新技术试验卫星发射成功的信息获得中央电视台、新华社、腾讯、新浪、搜狐、今日头条、中国航天报、中国军网等国内各大媒体、主流网络媒体以及航天科工集团官方微信、官方微博等多方报道。该项目的成功为中国航天科工推进实施以虹云工程为代表的"五云一车"商业航天计划奠定了坚实的技术基础。

案例形成单位：北京电子工程总体研究所、航天科工空间工程发展有限公司

案例形成人：王莹、陈洪磊、宋建光、王蒙一、郑月雪、苗薇、王宇、雷亚珂、张楠、孙琼阁、林艳华、陈静、袁伟、邬爱玉

水井档案为融入雄安新区绿色生态建设贡献力量

一、案例概述

华北石油管理局有限公司（以下简称华北油田公司）位于京津冀腹地，毗邻雄安新区。根据业务发展需要，2016年，华北油田公司将矿区范围内的水井资料进行批量整理并实现数字化，建立了专题目录数据库和全文数据库。

2017年，国家设立雄安新区后，华北油田公司认真贯彻集团公司部署，抓住有利发展契机，积极拓展清洁能源业务，全力服务雄安新区绿色生态建设，科研人员利用水井资料进行科学研究分析论证，摸清了资源总量和构成，确定了雄安新区地热井钻探井位，钻探取得了成功。为了更好地融入和服务大局，华北油田公司在雄安新区注册了河北雄安华北石油地热能源有限公司（图1）。

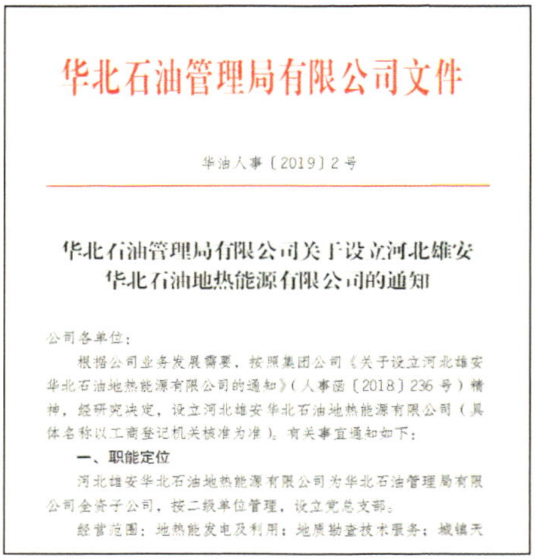
华北石油管理局有限公司文件

华油人事〔2019〕2号

华北石油管理局有限公司关于设立河北雄安华北石油地热能源有限公司的通知

公司各单位：

根据公司业务发展需要，按照集团公司《关于设立河北雄安华北石油地热能源有限公司的通知》（人事函〔2018〕236号）精神，经研究决定，设立河北雄安华北石油地热能源有限公司（具体名称以工商登记机关核准为准）。有关事宜通知如下：

一、职能定位

河北雄安华北石油地热能源有限公司为华北石油管理局有限公司全资子公司，按二级单位管理，设立党总支部。

经营范围：地热能发电及利用；地质勘查技术服务；城镇天

图1 《华北石油管理局有限公司关于设立河北雄安华北石油地热能源有限公司的通知》

二、实施背景

2016年的一天，档案人员在接待用户借阅档案资料时，有用户要求查阅水源井的档案资料。经过检索数据库，档案人员未找到相关资料，经过询问用户需求获悉，华北油田公司计划对相关区域地热资源进行产业化开发利用，查阅此资料是为了进行地热项目研究。了解情况后，档案部门分析科研人员前期要对原钻水源井进行全面对比分析，开展地质研究，必然需要所有水源井形成的资料，于是迅速行动，以服务公司发展为己任，主动与相关部门、单位联系询问，追踪这些档案资料的形成源点。经过 2 天的询问查找，终于找到了这批资料的下落——华北油田矿区范围的水井资料，保存在原来具备水源井研究施工资质的水电厂，由于业务调整和机构撤销，这批水井资料刚刚移交给水电厂档案室，多年来利用率很低，还没来得及进行整理。

通过清理发现，这批资料只是简单地按单井进行了档案袋分装整理，有 30 本台账按照资料形成接收时间进行了登记，没有系统的目录，没有经过系统整理，没有电子文档，也没有建立数据库。通过整理，厘清了目录清单，这批资料包含 953 口井的 3540 卷单井资料，76 口井的 1504 张水井底图，综合类资料 318 件（其中批件类 141 件，规划类 42 件，各种分析报告 40 件，成果报告 13 件，月、年报和图册、年鉴 82 件），各种地质图 209 幅，各种透明图 1437 幅，图书 140 本，水井井位、分布图 31 张，水位埋深等值线 56 张。

为使这批资料尽快符合用户的要求，档案部门迅速行动，确立了批量系统整理，形成专题目录数据库和全文数据库，全面数字化的工作程序，为提供"一站式"服务开辟了通道。

从其他岗位调整人员，集中精力进行突击推进工作。采取先仔细整理，再录入目录与数字化同步开展的形式。按照档案管理的要求，将综合类以件为保管单元归入油气勘探开发类的综合类；将地质图、透明图、水井井位、分布图、水位埋深等值线等按井号归入单井，按照以卷为基本保管单元归入油气勘探开发类的单井类。经过两个月的紧张整理，完成了这批水井资料的目录数据库和全文数据库的建设，为提供利用创造了条件，为华北油田公司地热资源评价、方案编制、热水井的钻探、地热的利用提供了精准信息。

三、创新思路

（一）主动作为，把控信息资源

档案部门改变坐等上门的服务方式，从用户需求出发，与档案信息资源产生单位、业务职能部门沟通联系，查找档案信息资源。由于矿区水井与油气井勘探开发、钻探工作的性质存在些许差别，资料利用管理有其特殊性，水井资料被完整、安全地保管在形成单位档案部门，这限制了资源利用的范围、作用的发挥和其利用价值的实现与共享。档案部门主动到利用部门和形成单位了解情况，协商后达成一致意见，实现规范化集中管理和大数据便捷化利用，既方便了业务单位（部门）对档案信息的利用，又丰富了档案部门的信息资源，进一步奠定了档案信息服务的基础，使档案资源要素配置更加合理。

（二）数字化存储，一站式服务

档案部门急用户之所急、想用户之所想，以服务公司中心工作为出发点和落脚点，收集重要档案信息资源。从利用方便角度出发，集中人力、财力、技术将归档文件全部数字化，录入目录 9111 条，扫描 5571 卷（件），存储格式为 PDF 文件，扫描分辨率根据纸张和字迹情况，最小 300dpi，以不影响阅读且存储空间小为标准，为用户既能看得清又能快速打开电子文件奠定基础；以目录为指导，以件为保管单位的，一件存为一个多页电子文件，以卷为保管单位且有卷内件的，一个卷内件为一个多页电子文件，电子文件挂接到件或卷内件，完成专题目录数据库和全文数据库建设。为地热科研人员及时注册用户、赋予权限，上门培训，提供了及时、便捷、准确、完整的水井资料，实现了"一站式"服务，践行了服务宗旨，树立了高效和现代化档案信息利用的良好形象。

（三）服务中心，意义深远

科研人员通过对档案部门提供的 152 口热水井和 786 口水井资料的科学研究、分析论证后认为，雄安及周边地区的地热资源丰富而且品位极佳，富集以 Nm、Ng 和 Jxw 为主，地热资源总量标煤 $446×10^8t$，地热开发利用潜力巨大。科研人员对雄安新区内上百口钻井资料进行分析，围绕容东安置区、雄安高铁站枢纽片区等先行建设区域进行反复论证，确立了地热井钻探井位，取得了成功。为更好推动地热产业发展，华北油田公司在 2017 年 2 月成立了地热开发项目部，项目部成立后即开始利用丰富的档案资料，对冀中地区的地热资源情况进行摸排。通过资源的摸排并结合周边地热市场调研，使地热产业化发展初见成效。河北雄安华北石油地热能源有限公司根据前期成果完成了任丘西部新城地热储层评价和地热开发方案编制，完成了蠡县、霸州和保定等地区的地热潜力资源摸排，为地质和工程技术研究开发提供了有力的数据支撑，也为地热资源持续开发提供了有力保障，档案部门融入中心、融入科研的具体做法，受到了用户的好评并取得了一系列成果。如今，雄安新区及周边成功完钻 12 口热水井（图 2），居民地热供暖初步实现规模化，不仅结束了当地居民过去依靠燃烧污染环境的煤炭取暖的历史，也为雄安新区绿色生态建设贡献了一份力量。

图2 地热新井

四、效果及影响

（一）助推管理提高

整理953口水井资料，丰富和优化了馆（室）藏，改善了馆（室）藏结构，完善了华北油田公司档案目录和全文数据库，提升了管控标准和水平，提高了档案利用率和服务能力。水井资料在公司范围全部向员工开放，实现了档案的网上归档、查询、借阅，实现了"一站式"服务，在公司地热业务发展中发挥了重要作用。

（二）助推观念转变

通过集中归档水井资料并提供利用，使档案作为企业独有信息和知识的理念深入人心，改变了员工的思维惯性和工作方式。员工的主人翁意识明显增强，主动参与收集归档各类有价值的文件，并做到纸质和电子文件同时归档，"谁产生，谁负责"的理念落到了实处，员工的信息化意识明显增强，只要工作中有需要，就设法通过档案管理平台"要答案、找凭证",提高了工作效率。2018年,共收集归档11口水井档案,提供利用水井资料566人次、1万多卷(件)次,成为地热科研人员必不可少的工作助手。

(三)助推效益提升

根据档案部门提供的水井档案,雄安新区及周边地区的热水井开发工作已经全面展开,并取得了很大成效。完成昝岗组团资源评价及方案编制,完成容东地热资源评价及开发方案,可满足1000万平方米规划面积,容东热5-1井进尺1832米;完成地热资源勘查探矿权申办范围设置;完钻任丘职业学院4口地热井,采、注能力达到设计目标,已进入实质供热运行阶段;完成石油新城14口开发井网部署,发放10口井井位设计表,完钻3口,满足63万平方米供热。完成东星建材城7采7灌开发井网部署;完成霸州2口井的井位设计与地质设计,霸9-H1完钻;完成蠡县6口开发井设计,2口井井位设计与地质设计。根据华北油田公司的决策部署,"十三五"期间,以中深层地热资源为基础,浅层地热资源利用为补充,油田余热就近利用为特色,形成多源互补、全面覆盖的地热资源利用模式。地热利用以供暖(制冷)为主,兼顾中低温发电、现代农业、休闲旅游等市场,形成多元开发产业格局。

(四)助力绿色雄安

中央对雄安新区的定位是作为北京非首都功能疏解集中承载地,要将其建成推动高质量发展的全国样板,打造绿色生态宜居新城区、创新驱动发展引领区、协调发展示范区和开放发展先行区。坚持生态优先、绿色发展是雄安新区建设的核心理念。建设绿色生态宜居新城区是雄安新区建设的首要目标。华北油田公司抓住机遇,开发地热这一洁净能源,主动融入绿色生态雄安建设,推动清洁能源产业发展,为新区的天蓝、水清、境美作出了积极努力,水井档案为雄安新区的地热资源开发提供了信息支撑。随着雄安新区及周边新水井的完钻,档案资料会进一步丰富,并会在今后雄安新区的绿色生态建设中持续发挥巨大潜能。

案例形成单位:华北油田公司

案例形成人:满杰、吕桂欣、郭晓光

档案精准助力追回亿元国际欠款

一、案例概述

2010年7月28日,BGP GEOEXPLOR ER PTE.LTD.(东方地球物理公司的子公司)与Chinampa Exploration Pty Ltd签订了三维地震采集处理解释服务合同,并与其母公司Mineralogy Pty Ltd签署了担保付款的母公司保函。项目自2011年10月11日开工,2012年1月21日完工,2013年4月对方无故停止付款,其母公司拒绝承担保证责任,我方将Chinampa Exploration Pty Ltd与其母公司Mineralogy Pty Ltd一并告上法庭,要求子公司付款、母公司承担保证责任以及负担我方律师费等。在这场跨国官司纠纷中,《巴新PPL2541255&256区块三维拖缆采集服务》合同及相关材料原件先后3次从综合档案室借出应诉,合同档案原件材料齐全、保存完好、笔迹清晰、条款缜密,在举证中发挥了重要作用。2018年12月,当地法院判决东方地球物理公司胜诉,Mineralogy Pty Ltd公司应向BGP GEOEXPLORER PTE.LTD支付1830万美元欠款(承担保证责任)及律师费117万澳币(总计金额约1.3亿元人民币)。

此案成为东方地球物理公司首例胜诉西方公司的欠款诉讼案件,有力地维护了公司合法利益。

二、实施背景

(一)建设世界一流地球物理技术服务队伍的总体要求

东方地球物理公司海洋物探处(以下简称物探处)成立于2008年,具备从陆地到潮间带一直到3000米深水的完整物探技术服务链条,勘探足迹遍及全球近60个国家及各大海洋油气主产区,拖缆总缆能力23缆,位居全球第7位,是全球最大的2D拖缆业务主承包商,整体产值规模接近30亿元。作为东方地球物理公司海洋业务板块主体,物探处成立伊始,档案归档无统一办公场地、无专业档案管理队伍，档案管理存在手段和模式滞后等诸多矛盾，严重制约了物探处"建设世界一流地球物理技术服务队伍"的步伐。

（二）档案提升保障海洋业务快速发展的目标

档案管理工作是企业发展的真实记录，档案的科学性、系统性对于企业整体方向调整有着明确的指导价值，是企业管理的宝贵财富。随着东方地球物理公司海洋业务的快速发展，管理事务及海外地震勘探项目合同数量激增且金额较大，档案管理工作的重要性日益凸显。物探处紧紧围绕公司海洋业务发展战略部署，不断夯实档案基础建设，有效发挥档案服务功能，通过建立健全和规范管理，做到了"底子清、情况明"，提高了档案工作透明度和时效性，积累了丰富的工作经验，为各项工作开展提供了有效保障，为日后"追回亿元国际欠款"打下了良好的基础。

（三）档案工作规范化、标准化、科学化建设的实现途径

在新时代的发展背景下，档案工作更加规范、灵活，档案管理也存在着部分由于不能适应变化而存在的缺陷。2014年以前，物探处档案管理处于"零基础"阶段，档案资料分散在个人手中，不仅查询工作非常困难，还存在着档案资料丢失的风险，严重阻碍了其服务功能的有效发挥。2014年，物探处主要领导亲自抓档案落实，实施档案集中规范管理，并不断创新档案服务理念、服务内容和服务手段，仅用3年时间就全面完成了涵盖生产、科研、经营管理等各类文档标准化归档及管理工作，为后续档案工作的开展奠定了坚实的基础。

三、创新做法

2014年以来，物探处始终坚持以集中管档为抓手，调方式、优布局，切实将档案资源管理好、利用好，使其成为管理好企业基础工作的一把"利器"；同时，抓质量、促利用，增强服务意识，突出从严管"档"，有效扎紧档案日常管理的"篱笆"，为企业良好运作保驾护航。具体创新做法如下。

（一）完善基础设施，有序推进集中管档

实施档案集中管理，标准配备档案室、借阅室和办公室，且三室分开，档案密集架、除湿机、中央空调、空气净化器、扫描仪、刻录机、温湿度计、灭火器等档案设备设施齐全。充分利用计算机、扫描仪等现代设备对归档材料进行快

速处理，并 100% 规范录入中油档案管理系统，管理类（管理档案、合同档案）、科学技术研究类、油气勘探开发类档案全部实现了纸质文件与电子文档 100% 同步归档。

（二）强化管理机制，抓好责任落实

档案员在完善档案制度、资源使用等方面狠下功夫，完善档案规章制度，如《海洋物探处专、兼档案员的岗位职责》《档案资料保管制度》《档案查、借阅制度》《档案保密管理制度》《档案室"八防"管理制度》等。加强日常档案基础管理，在档案收集、整理、鉴别、归档、保管、利用"六个节点"上严格把关，厘清管理职责，按照"谁收集、谁把关；谁产生、谁录入；谁归档、谁负责"的原则，实行统一领导、统一管理、统一制度、统一标准，专职、兼职档案员严把档案质量关，压实工作标准，稳固推进了档案工作规范化、标准化、科学化建设。

（三）夯实队伍建设，提升管档水平

采用"专岗专管、多岗协同、互相督促"的队伍管理模式，档案人员全部为部门管理骨干，保障了档案工作有序开展。为提高档案人员业务水平，单位选派专人参加国家档案局、东方地球物理公司举办的档案培训班，定期对各部室档案管理进行检查、指导。对新上岗的档案管理人员通过临时集训、一帮一带、微信群互助等方式，持续提高档案人员业务素质和整体水平。积极开展业务交流，加强档案管理人员责任心，提升档案的收集、整理工作能力，努力打造一支熟悉档案政策、精通档案业务的档案队伍。

（四）增强保密意识，确保档案安全

专职、兼职档案人员牢记安全责任，掌握保密知识和技能，保密承诺书签订率 100%，有效规避安全风险。除做好档案资料的"八防"，即防火、防盗、防强光、防高温、防潮、防尘、防污染、防有害生物，还严格遵循"八个关键记录点"，做好日常档案查（借）阅、接收、复印、转入、转出、利用及库房温湿度控制和电器的月检等工作，特别对借出档案，实施定期催还制度，有效控制了借阅频繁导致的档案损坏、丢失等安全隐患，确保了档案完整。遵守档案利用底线，严格查（借）阅审批制度，做到无领导审批、无查（借）阅审批单、非正规渠道的"三不查（借）"原则，增强档案利用的严肃性和安全性。

(五)创新档案利用,发挥服务效能

档案员使用中油档案管理系统及 Excel 台账表"双保险"核对档案归档情况,确保档案归档无遗漏。严格要求各部门归档按照单位文件材料归档范围确认单名称、中油档案管理系统归档录入题名及归档实物档案材料名称三项一致,实现纸质化和数据格式的统一并存,提高了档案归档信息的精准度。通过档案 100% 信息化管理,档案员依托中油档案管理系统实现快捷查询检索,兼职档案员可根据部门归档的档案目录,快速查找所需材料,几分钟就能解决问题,消除档案信息壁垒,畅通档案服务渠道,实现档案的资源共享,进一步发挥了档案利用价值。在工作实际中,物探处法律事务科与国外油公司签订的勘探合同文件归档时,要求合同档案要尽量保持原样,合同页码中不得有涂改、添加内容。因为在合同发生纠纷时,对方会质疑我方签订的合同档案是否为原件。为此档案人员根据需求改进工作方法(过去合同档案归档时上级档案馆要求在文档右下角用黑色碳素笔标注页数),与公司档案馆沟通后改为用铅笔标注页码。尤其在法律事务科与澳大利亚 MINERALOGY 公司案件的审理过程中,三借三还《巴新 PPL2541255&256 区块三维拖缆采集服务》合同,档案员三拆三装三擦三写合同档案,有力地支持法律事务科"追讨亿元国际欠款"的应诉工作,积极发挥了档案的服务效能。物探处法律事务科签订的合同大部分为全英文文档,为了便于查阅,档案员除在中油档案管理系统录入中、英题名,还为归档的合同文本全部打印了中、英文题名的绿色硬纸封皮,并用塑管装订,装订后的档案规范、美观、查阅方便,利于长久保存。

(六)加强档案宣传,促进事业发展

广泛利用在物探处业务指导、基层调研,召开管理与技术交流会等平台,向机关和基层宣传档案及档案工作,宣传档案法律和依法治档知识,让更多管理人员懂档案、重视档案,扩大档案工作影响力,使档案意识进一步深入人心。

四、效果及影响

(一)企业取得了重大的经济效益和社会效益

从 2013 年 7 月至 2018 年 12 月,物探处历经 5 年多的漫长维权,最终取得

胜利，追回亿元国际欠款。应诉期间，Chinampa Exploration PtyLtd 公司连续更名 2 次，其总裁 PALMER 本人是澳大利亚的政治人物，具有较高的社会影响力，母公司 MINERALOGY 也具备一定的经济实力。由于路途遥远、语言差异，要打赢官司困难重重，但物探处不畏艰难，坚持不懈，积极应对出现的各种问题。诉讼中母公司 MINERALOGY 公司质疑合同《巴新 PPL2541255&256 区块三维拖缆采集服务》以及保函签字的真实性，要求申请澳大利亚专家对笔迹进行鉴定，鉴定结果为合同档案文本与保函的笔迹相同，击破了 MINERALOGY 公司涉嫌恶意拖延欠款的行为，对推动案件进展起到了关键性作用。此次"追回亿元国际欠款"案件的胜诉在中国企业中引发巨大反响，为我国企业应对错综复杂的国际贸易争端，积极应对外商的无理纠纷提供了成功的借鉴经验。

（二）档案管理水平显著提升

通过几年狠抓档案工作落实，物探处建立了标准的综合档案室，基本实现了档案管理功能齐全、布局合理、设计科学，档案数字化程度不断提高。现从事档案工作专职、兼职人员 17 人，拥有各类综合档案共计 40952 件、17975 卷。2016 年 12 月，物探处通过东方地球物理公司档案馆的达标审核，获得公司"优秀档案单位"荣誉称号。

（三）独具特色的档案管理文化初步形成

在这次的"追回亿元国际欠款案件"后，广大员工的档案意识进一步得到了提升，在档案收集、档案上报和利用等方面达成共识，形成了具有物探处特色的档案管理文化。通过认真做好档案材料归集、强化档案信息化建设、提高档案人员业务素质、增强档案利用效率等工作，档案信息资源的服务作用得到了充分发挥，为企业经济文化建设贡献了应有的力量。

案例形成单位：东方地球物理勘探有限责任公司
案例形成人：李丽梅、李新宽、贾淼淼、宋志天

明镜鉴形

——依托境外项目档案助力国际化高质量发展

一、案例概述

在国网总部办公厅的指导支持下,国网国际发展有限公司(以下简称国际公司)逐步完善具有公司特色的档案规范管理体系。在此基础上,不断探索高效开发利用档案信息资源的创新方法,围绕业务需求,深挖现有丰富数据资产价值,成功形成纵向贯穿各项目环节、横向连通全球市场可比项目的多维度档案信息参考系统,并建立档案荣誉室,以实物档案的形式向来访领导、贵宾和公司全员展示传播档案价值,取得了显著的经济和社会效益,为公司国际化业务高效开展提供了有力保障。

二、创新做法

自 2008 年 6 月成立至今,国际公司先后成功中标完成 11 个项目,参与投标的项目达上百个,海外投资运营资产版图遍布亚洲、美洲、欧洲和大洋洲的 8 个国家和地区,境外资产总额超过 655 亿美元,2018 年利润突破 100 亿元人民币,海外电力能源资产投资运营的档案资料积累丰富。为更好地发挥此类数据资产对未来国际业务开展的指导作用,国际公司不断探索档案科学管理和有效利用的创新模式,于 2012 年制定印发《国网国际发展有限公司境外项目档案管理实施细则》,规范统一境外项目归档文件目录,明确项目档案收集、整理、归档和移交全业务流程无缝衔接的管理要求。

完整、准确、规范、系统的档案管理过程,为后续数据资产分析应用奠定了坚实基础。以此为依托,国际公司从纵向和横向两个维度,汇总、整合、梳理、分析参与投标和中标完成的各类项目档案资料,成功形成纵向贯穿各项目环节、横向连通全球市场可比项目的多维度档案信息参考系统,夯实未来国际并购业务的决策信息基础。除此之外，国际公司搜集整理过往项目签约照片、中标纪念品、荣誉奖状等各类实物资料，建立档案荣誉室，向各级来访领导、贵宾和公司全体员工传播档案价值，展示公司大力实施国际化战略的丰硕成果。

（一）推进项目档案资料汇编，纵向展现海外交易全貌

国际公司作为国家电网有限公司实施海外电力能源资产投资运营的唯一平台，自成立以来大力推动国家电网核心业务实现海外延伸，参与投标的各类项目数以百计，公司各部门归纳积累了丰富的专业经验。

为进一步加强项目文件归档和经验梳理，推动不同专业部门间数据经验的流动传播，为未来项目提供经验借鉴，公司档案管理部门会同业务部门积极开展项目档案的开发利用，策划完成了希腊国家电网公司项目资料汇编的整理、设计及印制工作。汇编内容完整覆盖了项目各流程环节，涵盖前期决策、审批、核准、授权类文件，中期尽职调查文件、交易报价文件、顾问选聘文件、咨询合同以及后期股权交割合同等全部档案材料，形成5册共计2000页的汇编成果。为进一步方便员工学习借鉴过往项目经验，公司档案管理部门开发上传汇编电子版至公司内网，公司员工登录"协同办公系统"中的"档案管理"模块申请借阅，按照授权范围审批后，即可直接浏览阅读并下载。

线上线下双渠道的资料汇编系统，全面地归集呈现了项目全部档案信息，贯穿了项目从始至终的所有环节，为后续项目开展提供了"全景式"信息参考，使公司项目资料得到更加合理充分的利用，切实发挥了档案编研材料辅助公司决策、工作查考、编史修志的作用。

（二）搭建档案数据库，横向提炼全球项目规律

为客观评价过往存量并购项目投资效益，切实提高未来境外项目投标精准度，国际公司不断优化境外项目档案管理流程，提高已投项目数据资产利用效率，建立形成国际并购交易数据库。数据库在详尽梳理近十年来国际公司参与项目和能源行业重大交易数据信息的基础上，系统性归纳、提炼了国际能源行业存量并购活动价值评估规律，为公司未来国际业务的开展提供了可比信息参考，切实提升了公司在境外能源资产投资新格局下的国际竞争力。

国际公司于2017年启动国际并购交易数据库搭建工作后，借助可行性研究

报告、案头尽职调查、约束性报价函和股权交割文件等项目全流程档案资料，从项目所处地区、投资规模、估值参数、交易结构、监管环境、融资成本等多个维度对过往项目进行全面梳理，把握公司参与投标和中标已投项目的典型特征，对比归纳未中标项目的流标原因和教训，提炼总结已投项目的盈利模式和管理经验，详细分析与我方共同参与项目竞标的市场活跃主体的投标风格和业务财务状况，深度挖掘现有档案资料潜在价值，夯实未来国际并购业务的决策信息基础。

在此之上，利用4个全球权威数据源和近万页公开资料，整理2008年至今全球能源并购市场重大交易活动，深入研究覆盖欧洲、美洲、亚太地区的80个交易案例，切实提高公司自身经验与市场同类交易数据的横向可比性，充分印证公司过往项目前期定价策略和后期管理运营的合理性，为公司未来国际并购业务的开展提供信息参考。

国际并购交易数据库的建立契合主业实需，突出服务时效，是国际公司立足于自身业务特色，积极开发档案信息资源的创新性尝试，具有独特意义。面对海外能源电力资产投资竞争日趋激烈、投资回报压力增大的严峻形势，公司亟须梳理利用过往经验，深挖国际能源并购市场历史数据价值，基于项目所处的不同环境和条件判断投资策略，把握投资趋势。

国际并购交易数据库的建立和完善以此项工作需求为导向，对公司现有档案资料进行可比性补充、阶段性总结和战略性剖析，揭示了一系列并购交易规律，发现了交易核心指标与各类外部环境因素的紧密联系，为公司未来项目的竞标策略和管理运营提供了有力指导。

（三）建立实物档案荣誉室，树立国际业务品牌形象

相比长篇累牍的纸质档案资料，照片、奖杯等实物档案资料是体现公司历史沿革、文化传承、生存发展、企业实力的原始凭证，能够更好地成为宣传企业业绩、弘扬企业文化、加强对外交流、展示企业形象的名片。

为更好地树立传播国际公司品牌价值，响应国网总部办公厅和文档处提出的档案集中统一管理的原则要求，实物档案管理变零为整是最佳选择。国际公司规划建立了荣誉室，对反映公司发展历史全貌的过往项目签约照片、中标纪念品、荣誉奖状等各类实物资料进行集中收集和统一整理，保证荣誉档案的齐全、完整。

实物档案荣誉室是介绍国际公司历史沿革、展示公司实力的生动见证。经过精心设计布置，荣誉室用一张张照片、一块块奖牌，生动展现了公司组建至今的风雨历程，诠释了公司积极拓展国际业务，努力开拓国际市场，稳健运营境外资产，大力实施国际化战略，构建全球能源互联网取得的丰硕成果。

三、效果及影响

"有档能佐证千秋，无档说不清古往今来。"依托国网总部办公厅和文档处的指导支持，国际公司充分利用丰富的档案信息资源，积极开展对过往项目档案资料的全面梳理总结和深入分析利用，本着"对历史负责、为现实服务、替未来着想"的初衷，对数据资产的收集保管转化为管理利用，在实践中不断发现，深度挖掘现有档案资料潜在价值，取得显著的经济效益和社会效益。

（一）档案创造价值，助力境外项目新突破

国际公司秉承"利用境外低成本资金，投资境外优质资产"的发展模式，汇总档案信息资源，归纳过往项目所处利率环境与对应融资结构，整合提炼不同项目融资经验。在希腊国家电网公司股权私有化项目中，参考分析同属欧洲地区的葡萄牙国家能源网公司和意大利存贷款能源网公司的存档文件，研究提炼其并购融资安排的特点，创新实现希腊项目负利率融资，推动项目成本大幅下降，形成的负息欧元贷款每年可获得 85 万欧元的利息收入，实现央企境外融资新突破，在保证项目收益水平的前提下提升国际竞争力，切实展现了国际公司对国家和企业利益高度负责的态度、做优国际业务的不懈努力以及运作国际资本的专业水准。

（二）档案沉淀经验，推动首次境外上市公司要约收购圆满完成

巴西 CPFL 股权投资项目是公司迄今为止历时最长、交易规模最大的境外投资项目，交易结构复杂，政府审批环节繁琐。项目组分类梳理各环节形成的大量档案资料，重点研究 CPFL 公司 54.64% 股份交割过程中各类审批文件，从而透彻掌握后续要约收购工作流程，高效开展政府审批工作，在首次面对境外上市公司要约收购的局面下，较规定时间大幅提前，圆满完成了 CPFL 公司要约收购工作，促使 CPFL 公司并表成为可能。CPFL 公司并表后，2017 年为国际公司贡献

利润 21.55 亿元人民币，且其未来业务增长前景广阔，未来五年利润总额以每年 10 亿元人民币的规模递增，可有效提升国际业务收益水平，为公司国际业务高效发展提供了有力保障。

（三）档案书写历史，彰显企业国际化实力

国家电网有限公司党组副书记、副总经理辛保安和总会计师罗乾宜等多位领导、贵宾均参观过国际公司实物档案荣誉室，充分肯定了荣誉室传递公司价值观念、提升公司品牌影响力的积极作用。辛保安赴国际公司调研时在实物档案荣誉室驻足良久，并对巴西特里斯皮尔斯输电二期特许权中标锤兴趣浓厚，仿佛透过这把小锤即可复现中标当日群情激昂的现场画面；罗乾宜出席国际公司与意大利国家天然气公司战略合作框架协议签字仪式后，特意参观了国际公司实物档案荣誉室，饶有兴致地听取了相关人员对各项实物档案的介绍，高度赞扬了实物档案见证下的公司国际业务开拓历程。

作为国家电网有限公司国际化经营的实践者，国际公司推动国家电网发展空间从本土向全球的积极拓展。实物档案荣誉室作为国际公司"走出去"的鲜活见证，是弘扬企业文化、展示企业形象的最佳名片，不仅有助于宣传公司在经营管理中取得的突出业绩成就，同时也进一步夯实了国家电网有限公司作为世界最大公用事业企业的良好形象。

案例形成单位：国网国际发展有限公司
案例形成人：胡玉海、王子建、于冰、沈勤靖、张静、刘育成

定制个性化档案利用方案,服务葛洲坝电站机组增容改造,助推水轮发电机结构设计创新

一、案例概述

为保障葛洲坝水电站长期安全稳定运行,同时适当增加葛洲坝水电站的单机容量及总装机规模,避免弃水弃电,2013年9月至2018年10月,中国长江三峡集团有限公司所属中国长江电力股份有限公司(以下简称长江电力)组织滚动实施了葛洲坝水电站部分机组增容改造(图1)。在此期间,长江电力档案馆以服务为导向,积极主动作为,依据改造计划,科学分析利用需求,定制个性化档案提供利用方案,明确增容改造工作各阶段重点利用档案,定期分析利用效果,总结改进提供档案利用途径,服务增容改造工作期间共提供档案利用260卷次,复印图纸533张,为提高增容改造工作效率、创新水轮发电机组结构设计发

图1 葛洲坝电站增容改造现场

— 175 —

挥了重要作用。整个增容改造工作完成后，葛洲坝水电站总装机容量将增加47.5万千瓦，相当于不建坝、不移民、不影响环境新建一个大中型规模的水电站，为国家经济增长提供了源源不断的绿色动能。

二、实施背景

葛洲坝水利枢纽是长江干流上兴建的第一座大型水利水电工程，是三峡工程的航运梯级和反调节水库，最大坝高47米，总库容15.8亿立方米。葛洲坝水电站共装设有轴流转桨式水轮发电机组21台，1988年12月工程竣工时总装机容量271.5万千瓦，其中二江电站安装2台17万千瓦和5台12.5万千瓦机组，大江电站安装14台12.5万千瓦机组。

自首台机组投产发电时起，葛洲坝电站机组运行至今已超过30年，机组年平均运行小时数在6000小时以上，远高于全国水电站年平均运行小时数（3000~4000小时）。在经过30多年的运行后，电站水轮机叶片空化严重，定子槽楔松动现象比较普遍，机组投入运行已接近使用寿命年限，机械和电气性能上存在安全隐患。

同时，随着三峡工程的建设，葛洲坝电站的运行方式、水位、水头都发生了变化。改造前，葛洲坝电站满发流量约18000m^3/s。三峡电站投产后，三峡左右岸26台机组加右岸地下电站6台机组，最大过流能力达到31000m^3/s，大大超出葛洲坝电站的过机流量，势必造成大量弃水，同样需要对葛洲坝电站进行增容改造，以提高水能利用率和发电量。

启动增容改造工作需要全面了解机组历年运行情况，特别是设备投运以来有无重大事故、易产生的缺陷、轴承运行情况以及长江历年来水量、利用量、电站发电量等，在此基础上通过科学分析，确定改造设备的型号、参数，科学制订工作计划并有效实施。档案无疑是提供这些信息和数据的不二选择，增容改造工作对于档案部门既是机遇又是挑战。

三、创新做法

葛洲坝电站增容改造是长江电力重点工作之一，为更好地促进档案信息资源服务公司生产经营活动，长江电力档案馆主动作为，积极转变服务方式，依据业务需求和工作进度定制了一整套个性化档案提供利用方案。

（一）以合同为依据，变无序为有序，增强工作计划管理

增容改造工作具有极强的计划性，每年度需要进行改造的水轮机、发电机非常明确。为减少档案提供利用的盲目性，长江电力档案馆依据增容改造滚动实施计划和改造实施合同，制定档案提供利用计划，细化至每月每台机组、每个设备，增强了档案工作的计划性。

（二）以需求为入口，明确档案查找思路和方法，提高利用效率

为保证提供利用更有针对性，长江电力档案馆结合增容改造工作具体内容，分析不同时期的档案利用需求，再结合当前馆藏结构和分类，明确所需档案资源及提供利用思路和方法。

1. 在增容改造立项工作中提供决策依据

在葛洲坝电站增容改造立项工作中，长江电力档案馆提供了大量档案，证明了葛洲坝电站具有增容改造的可能和潜力，为公司决策提供了依据。如原水利电力部华中电业管理局印发的《葛洲坝机组运行出力研讨会总结》（华中电水字〔87〕23号）显示，葛洲坝电站125MW机组增发电量的裕度较大，早在1987年华中电业管理局已要求葛洲坝电厂将19台125MW机组实际额定出力调整为134MW，但未做机组铭牌变更。

2. 在可行性研究工作中提供工作参考

在明确葛洲坝电站具有增容改造的可能后，长江电力档案馆提供了葛洲坝水力枢纽设计、长江水文水情、葛洲坝电站发电量统计等档案，为科研人员开展增容改造可行性研究提供了工作参考，形成了相应研究成果（图2）。

3. 在优化水轮机结构设计中提供历史数据

在水轮机结构设计工作中，长江电力档案馆提供了原有设备运行记录，特别是设备运行以来易产生的缺陷、轴承运行情况等，以供公司专业技术人员总结旧设备运行工况并提出相应优化建议。

4. 在选定水轮机参数工作中提供信息支撑

在设备选型工作中，公司科研人员基于发电量统计、机组启停机记录等档案进行统计和分析，对加权效率因子进行优化调整，最终明确了增容改造后的水轮机额定功率由原125MW提高到150MW。

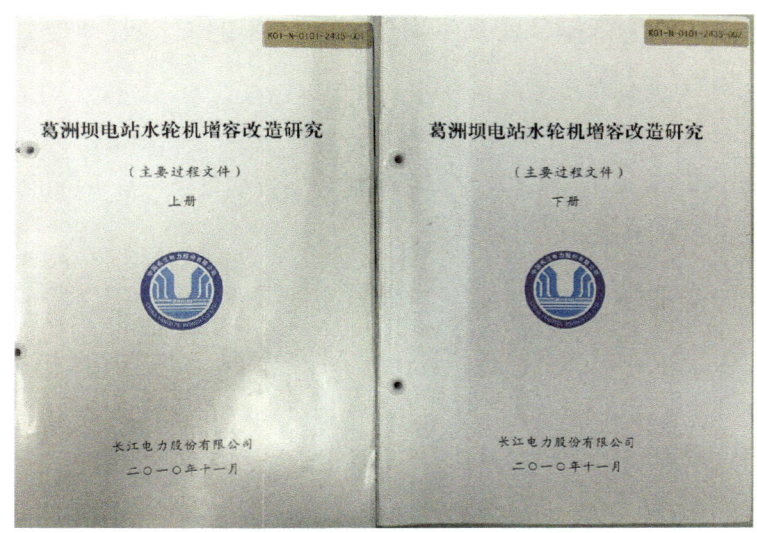

图 2　葛洲坝电站增容改造研究成果

5.在增容改造工作过程中提供实施依据

增容改造工作正式实施后，公司项目管理部门依据设备出厂文件了解原有设备重量、安装记录等，制定转子吊装施工方案，明确施工设备规格型号。同时，长江电力档案馆积极做好增容改造项目档案收集、整理，及时归档入库，为下一阶段滚动实施增容改造项目招标采购和施工工作提供参考，推动项目管理水平和施工水平不断提升。

（三）以信息化为手段，变纸质为数字，拓宽档案利用渠道

从 2007 年开始，长江电力档案馆对馆藏档案进行数字化加工，至增容改造工作启动时，已基本实现 80% 馆藏档案的数字化和全部 19 万条档案条目的信息化，形成了 9TB 的数据存储，为多途径、多方式提供利用做好准备。

在档案数字化的基础上，根据增容改造工作需求的特性，档案专业人员依据机组编号和文件内容将数字化后的电子文件进一步细分整理，将每台机组相关档案归置在一起，极大地方便了查找利用。

（四）以提升为目的，及时分析总结

对于提供利用过程中发现的问题，长江电力档案馆及时分析总结，针对著录

不规范造成个别档案查找困难的问题，将字段信息进行了记录和统一，并对一定时期内利用率较高的档案做好备份，防止重复查找。

四、效果及影响

（一）直接影响

有力促进了水轮发电机组的设计创新。在设计新的水轮发电机组时，长江电力专业技术人员依据设备运行档案，结合30年管理经验，提出了38项优化建议。2012年，代表我国目前最高研发制造能力的大型轴流转桨式水轮机转轮模型通过了专家评审，其比速系数达到2730、单位流量达到2.113m^3/s。新转轮水力设计、结构设计、制造技术等方面均达到了同类机组世界先进水平。

（二）直接经济效益

在传统档案利用的模式下，业务人员查找利用档案往往需要不少工作时间，需求数量较多时可能耗费1天以上。长江电力档案馆通过制定个性化档案利用方案、实施档案数字化和主动服务等措施，将所需档案提前准备好，有效减少了工作人员在合同实施过程中查找档案文件所占用的时间，提高了合同实施进度，是档案工作服务公司中心工作、重点工作的生动体现。按照检索1卷档案节省的工作量计算，仅此一项节约人工成本约10万元。

（三）间接经济效益

葛洲坝电站机组增容改造完成后，单机额定容量由125MW改造提高至150MW，总装机容量将增加47.5万千瓦，老旧设备得到更新，设备运行更加安全稳定。以2016年机组增发电量为例，平均每台机组增发电量比改造前增发607.5万千瓦时，以综合上网电价0.219元/千瓦时计算，2016年全年为长江电力增收4380万元。

（四）间接社会效益

葛洲坝电站机组增容改造，提高了葛洲坝电站与三峡电站联合运行的能力，减少了弃水，提高了水资源利用率，提高了机组效率。以设计年增发电量看，相当于长江电力依靠科技进步,不建坝、不移民、不影响环境而新建一个大中型规模的水电站。根据国家统计局、国家能源局发布的 2015 年 GDP 数据和社会用电量的推算,1 千瓦时相当于支撑 12 元 GDP,2016 年葛洲坝电站增发的 2.0057 亿千瓦时电量,相当于支撑 24 亿元 GDP,为国民经济发展提供了澎湃的绿色动能。

案例形成单位:中国长江电力股份有限公司档案馆
案例形成人:侯积改、张悦、祝锦晖、王吉垒

大数据电子档案智能分析系统
助力企业管理水平有效提升

一、案例概述

中建一局建设发展公司信息档案管理部门研发的档案信息资源开发成果——大数据电子档案智能分析系统,是通过整合企业项目管理系统、资产管理系统和人力资源系统,14余年时间跨度的电子档案数据(总数据近100万行),运用大数据技术,抽取企业日常管理行为产生的平面档案文件,将档案文件根据管理者需求方案进行有效"整形",再结合企业数据的主档案,建立多维度、多主题的联机在线分析CUBE模型,设计生成用户可自主掌控的、强交互的动态报表,最终形成一套综合性的信息管理系统。

中建一局建设发展公司大数据电子档案智能分析系统于2016年12月正式投入使用。在实际运作中,该系统强有力地辅助企业在经营管理活动中作出更为系统科学、针对性更强的决策。

二、实施背景

(一)大数据电子档案智能分析开发是建筑企业发展的迫切需求

大数据电子档案对于建筑施工行业而言,是一笔宝贵的财富。项目的工程量、建材价格数据、设备产品数据、企业资质数据、产品质量评估数据、劳务实名制数据等对于整个行业而言,都是重要的数据财富。建立和完善企业的电子档案大数据库,是建筑施工企业在新一轮竞争中需要抢占的战略高地之一。然而,目前建筑施工行业对数据的利用还比较粗糙,整个行业数据管理不佳。一些建筑施工企业虽然都已经建立了自己的网络和信息中心,但由于缺少统一规划,或者各子系统开发的间隔时间长,导致功能模块之间相对独立,数据不能共享,企业内部存在多个"信息孤岛",导致无法真正实现数据资源的共用共享。利用大数据信息化技术对已有档案数据利用价值进行分析,挖掘档案数据潜在的价值,形成企业管理所需的有效辅助工具,已成为企业发展的迫切需求。

(二)大数据电子档案智能分析开发是企业数据驱动决策的必然需求

经过业务系统流转推送至档案管理系统的数据,如果不经过加工处理,则只是档案数据。只有当一个个复杂的业务流程被清楚的数据分析模型所定义,当一个个分散的信息被整合在一起,当用户的所有问题都可以从数据分析中心得到回答时,档案数据才能真正体现出价值。无论是企业对项目的市场营销、进度计划、成本控制、风险预警方面,还是劳务、物料、质量、安全、采购、绿色施工等管理,都迫切需要利用数据为企业战术层、战略层、决策层提供准确而有效的参考。

三、创新做法

(一)主要做法

1. 库存档案数字化与增量档案电子化

大数据电子档案智能分析系统(BI)是一种互联网+档案的综合方法,其关键是运用大数据手段,从企业运作系统的海量数据档案中提取出有用的部分并进行清理,以保证数据的正确性,然后经过抽取、转换和装载,合并到一个企业级的数据档案仓库里,从而得到企业数据的全局视图。为使种类繁多的档案信息变为辅助决策的知识,势必要将海量的库存档案进行数字化,将增量档案进行电子化管理。

档案类型的转换主要包括两个部分:一是纸质文件的数字化,将纸质存储改为电子存储;二是从档案的产生阶段介入,将传统的档案管理从"事后管理"转变为"过程管理",加大新增档案电子化的管控力度。

通过持续10余年的档案数字化工作,中建一局发展公司已实现档案管理工作前移,将档案管理深入到各类业务过程中。一方面,大数据电子档案智能分析系统使企业员工在进行日常管理行为的同时,自动完成档案数据的生产、采集、存储工作,形成业务数据库电子档案;另一方面,通过定期对项目自行上报的各类过程管理档案进行数据整形，将其纳入大数据智能平台中来，使档案管理与企业的日常管理行为相融合。

2.建设统一的数据仓库

通过整合企业内部各业务系统的数据和外部的市场信息等，按业务需求建立相应的数据模型，并对各类档案数据进行清洗转换，统一加载到数据仓库。

3.建立企业数据维度和指标库

通过分析业务需求，结合各业务部门的使用习惯，设计一套适用于本企业的、统一的、标准的维度和指标库，让企业上下具有相同的业务概念。

4.建立企业标准管理报表体系和自助分析模型

建立企业各部门适用自己的通用的报表体系，定期出具相应报表；同时建立一套自助分析模型，让用户可以自动开发分析报表。

（二）设计特点和创新点

1.敏捷性

大数据电子档案智能分析系统采用轻量建模、N个视图的方法，连进来的档案数据可以直接进行分析，基于大数据处理技术，其对 TB-PB 级的数据可实现秒级响应。

2.可塑性

大数据电子档案智能分析系统与项目过程管理联动，能够实现数据档案动态跟踪、实时更新，多业务系统数据档案共享，业务人员可以实时调整分析的维度和度量的计算方式，根据需求进行个性化定制。

3.便利性

以网络为载体的大数据智能平台，能够在时间和空间上超越传统馆藏档案的维度，查询操作更为便利。且平台内数据均可一键导出，能够有效对接政府、上级单位的各类数据采集要求，扩大了数据档案的使用半径。

（三）应用效果

由于大数据电子档案智能分析系统内容较多，下面以人力资源分析、经营指标分析、成本管控分析为例说明应用效果。

1. 人力资源分析

（1）利用数据及整形工具，从公司人力资源系统中抽取员工人事信息数据及异动业务数据。

（2）利用建模工具，建立以员工信息表、员工离职表为业务事实表，以员工、日历为维度的 CUBE 模型。

（3）在此模型基础上，利用报表工具可快速生成种类丰富的图表，直观、便捷地展示企业员工的状态、职称、学历、性别分布情况（图1）。

此外，点击任意单项，所有类型图表都会实时联动，并筛选出该单项的分布状态及详细名单。

从以上描述可以看出，通过简单的人机交互操作，大数据智能能够为人力资源档案提供从全景到微观的各类侧写，使企业在今后的人力资源调配中可以有的放矢地进行调节。

2. 项目经营指标分析

（1）利用数据抽取和整形工具，从项目日产管理中产生的档案文件里抽取数据并进行必要的整形。

（2）利用建模工具，建立以十大经营指标❶为业务事实表，以指标名称、建筑类型、项目为维度的模型。

（3）在此模型基础上，利用报表工具，设计十大经营指标分析报表（图2）。

通过十大经营指标分析报表，企业可以迅速直观地掌握各类型项目部的各种经营指标完成情况：平均水平如何、与企业制定的标准偏差大小；反过来，该模型也可以检验企业标准制定的合理性，为标准修订工作提供参考。

3. 成本分析

（1）利用数据抽取和整形工具，从项目日产管理中产生的档案文件及业务系统数据库中抽取档案数据并进行必要的数据清洗和整形。

（2）利用建模工具，以项目为维度，以收入、成本为事实表建立模型。

---

❶ "十大经营指标"：主体结构人工费、钢筋量盈余率、混凝土量盈余率、大型机械平米费用、周转架料平米费用、模板木方材料费、临时设施费占比、水电费平米费用、管理费用占比、资金费用占比。

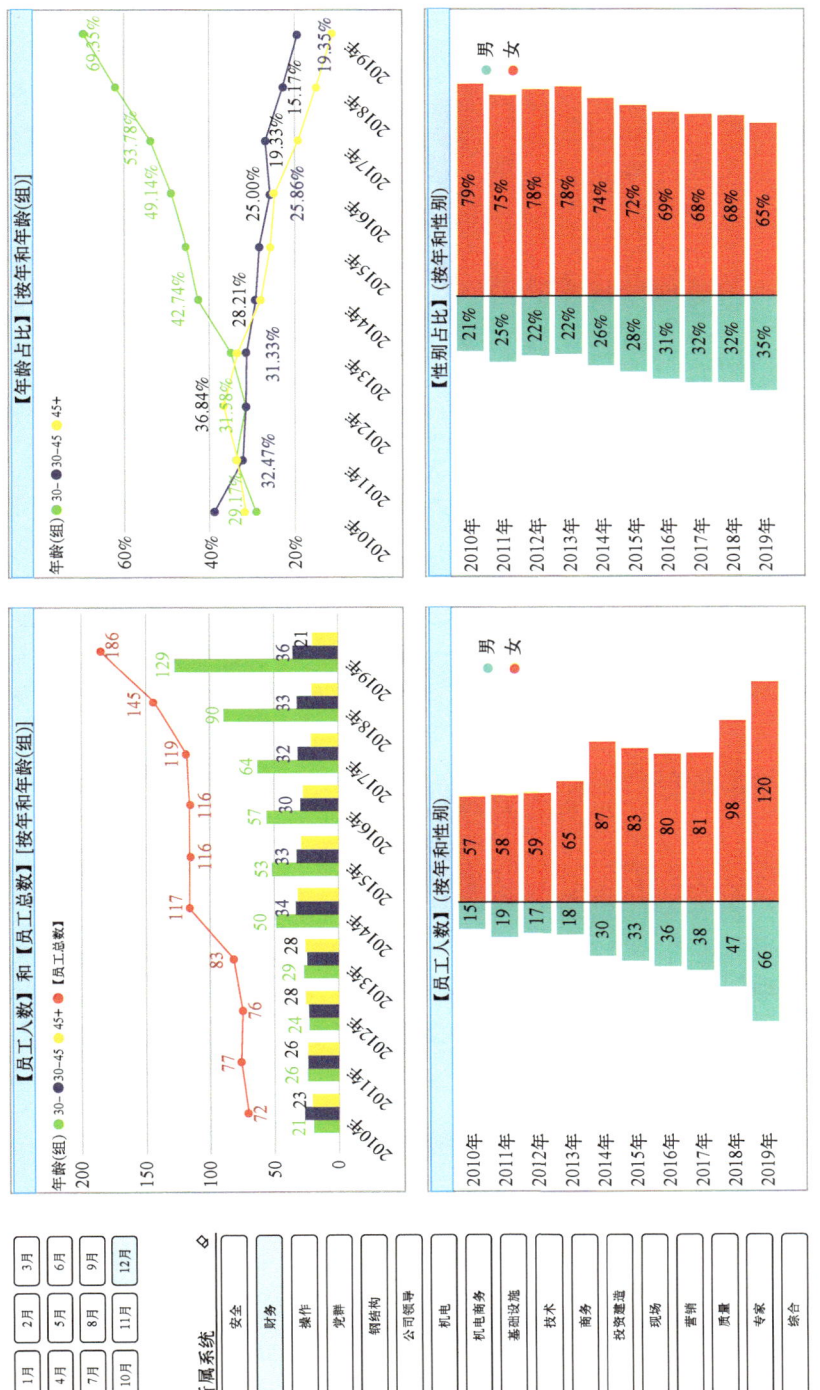

图 1 员工整体情况

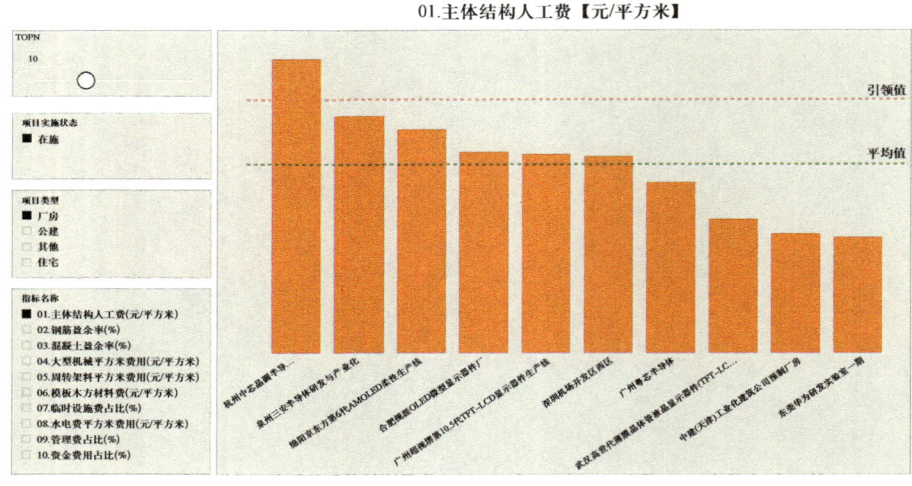

图 2　项目经营十大指标分析

（3）在此基础上，建立商务偏差分析报表。通过报表可以清晰看出公司整体经营情况、成本盈亏情况。同时，该系统可以实现数据快速下钻功能，能够在极短时间内根据成本管控情况追溯到具体项目，使管理者能够及时了解项目成本盈亏情况及亏损原因。

四、效果及影响

（一）助力风险管控，辅助系统决策

大数据电子档案智能分析系统为管理者实时把控项目履约进展情况，了解项目成本盈亏提供直观数据。为企业风险管控、人才梯队建设乃至公司发展发挥重要作用。通过对大数据技术的应用，大数据电子档案智能分析系统能够帮助使用者发现企业的系统性短板，从而制定有针对性的策略。

（二）充分发挥企业档案价值，增强企业竞争力

大数据电子档案智能分析系统以企业档案资源为基础，又高于档案本身，它将传统档案数据加以综合处理，通过提供直观图表、较强的交互性能，帮助企业得到丰富、综合、系统的管理信息，从而帮助企业解决更为宏观、系统性的管理问题，充分发挥传统档案数据的作用，使信息化系统的价值迅速扩张，企业的竞争力得到极大提升。

（三）推进企业数据、维度和指标定义的规范化和标准化

借助大数据电子档案智能分析系统，业务部门进一步梳理了数据、维度和指标的定义，重新思考了日常管理运行的报表和计算逻辑，让业务语言更标准，让企业管理更规范。

（四）促进业务系统功能优化，提升企业信息化建设进程

一方面，大数据电子档案智能分析系统的数据来源于企业的业务系统，因此对业务系统的数据质量有严格要求，这必然会促进业务系统的优化；另一方面，大数据电子档案智能分析系统的数据或报表也可反向推送给业务系统，助推业务系统的功能扩展。

（五）小成本投入，大效益输出

结合该案件实际利用情况，开发投入费用仅为5万元的大数据电子档案智能分析系统，每年为企业减少4~6人的人工投入，年节约成本约120万元。仅仅投入5万元开发的大数据电子档案智能分析系统，在投入使用的第一年即为企业创造了55万元经济效益。小成本投入，大效益输出，由此可见档案开发利用工作功不可没。

案例形成单位：中建一局集团建设发展有限公司
案例形成人：杨家和、曹立坤、张延新、唐卫华、范佳美

基于需求信息关联的企业档案信息资源知识化服务

一、案例概述

档案信息资源开发利用水平是检验企业档案工作质量的第一要素，而用户需求是做好档案服务工作的关键所在，是档案人员思考如何开展档案服务工作的逻辑起点。因此，加强用户需求研究利于企业更好地开展档案工作。案例基于用户需求信息关联的企业档案信息资源知识化服务主要是利用内容知识标签化的方法获取和揭示用户需求，进而以"用户画像"建立用户间的关联，以"知识标签体系"加强用户需求间的关联，最终实现用户推荐用户、需求推荐需求的目的。

二、实施背景

（一）档案开发利用工作目的——服务企业

随着国家经济形势的不断发展，中交集团提出"五商中交"战略，加快产业链上下游业务和技术的整合，全面向海外、城市、铁路轨道、海洋等进军，积极推动从承包商、制造商向投资商、运营商、发展商转型升级。为了更好地顺应这一形势的变化，中国交建档案工作积极围绕业务生产，以服务为主题，加大档案开发和利用力度，不断提高档案工作服务中心、服务大局的能力。

（二）档案开发利用工作重点——开发资源

为了提高档案服务工作水平，中交集团所属企业在档案资源的开发和利用方面作出了诸多尝试和努力。横向方面，档案部门在档案系统中拓展集成了不同的资源类型，以此向用户提供多元化档案信息；纵向方面，档案部门在档案系统中加工编研了多层次、多角度的档案汇编成果，以此向用户提供深层次档案信息。总体看来，企业在提供档案服务方面，着重于档案资源的开发，聚焦资源层面。

（三）档案开发利用工作难点——识别需求

然而做好档案服务工作，还需要紧密围绕用户需求，才能真正意义上实现档案资源与用户需求的个性化匹配。中交第一航务工程勘察设计院有限公司（以下简称一航院）创建于1958年，主要从事国内外基础设施建设领域的高端咨询设计和管理服务，是典型的知识密集型企业。其信息化管理中心档案图书馆在提供档案服务方面，也曾重"资源"忽"需求"。为了更好地提供与用户需求相匹配的资源，公司档案管理工作从需求角度出发，对用户需求信息进行研究，通过数据关联技术的手段识别用户的真正需求或潜在需求，进而推送与之相关的资源，以提高用户需求与资源的匹配度，凸显档案服务的专业化和针对性，提高了档案服务的效率和水平，并在实践中总结得出：只有"资源"和"需求"两驾马车并驾齐驱，才能真正意义上实现档案的高效利用和精准服务。

三、创新做法

一航院在获取用户需求信息的基础上，将用户需求以标签的形式加以结构化描述和表达，并根据结构化的需求标签信息，揭示用户间和需求间的关联关系，分别建立用户兴趣小组和知识标签体系，进而实现基于用户兴趣小组和知识标签体系的个性化推送。此案例做到了以数据关联的方式发现用户需求，实现了精准信息的精准投递，体现了大数据环境下全面激活档案知识利用价值的新思维。

（一）用户需求信息获取

一航院在企业档案管理实践中，尽可能采取多种手段获取反映用户需求信息的数据。既包括用户个人属性静态特征，用户年龄、性别、专业、工作内容等，也包括用户行为动态特征，检索用词行为、用户借阅行为、用户浏览行为和其他用户行为等。

一航院档案部门协同人力资源部门，收集了一航院630位在职职工的完整人力资源数据，包括个人基本信息、专业信息、在职信息等属性特征，建立了完整的职工信息数据库，进一步方便了档案馆掌握和推测用户需求。此外，在一航院档案信息化建设中，着重强调了对每位用户动态行为数据的抓取留痕，并记录于需求行为数据库，进而对用户需求行为统计分析，了解用户的需求信息。

（二）用户需求信息组织

用户行为记录繁多且复杂多变，但是也具有一定的稳定性。为了更好地掌握用户需求，需要对用户行为数据加以筛选，重点关注用户经常浏览、下载的行为数据，摒弃偶有的行为记录，以免对用户需求造成误判。因此，一航院档案馆对档案系统的用户行为数据加以清洗，并对清洗后的数据进行频次分析，以收集能够较大程度反映用户需求的浏览记录、下载记录、借阅记录以及检索记录等，再将较高频次的行为记录在企业知识资源管理平台中的"个人空间"加以展示，以显现用户的热点关注需求。如2009—2018年档案的借阅人数为6.07万人次，其中某位公司技术总工以818次的借阅次数居于首位，系统通过后台的日志计算将该用户借阅频次较多的档案资源显现在他的"个人空间"，从中可以看出其重点关注工程检测方面的报告和规范。

上述对用户热点关注需求的组织，从需求粒度的描述角度看，这仅是对用户需求的粗粒度描述，因此，关于用户需求的揭示还远远不够。只有将用户需求做到细粒度的完整揭示和表达，才能真正理解用户需求，提高资源与需求的匹配度。完整揭示表达用户需求，行业往往采用的做法是利用自然语言处理技术、文本处理技术等对浏览记录、检索记录进行碎片化标注。而一航院却创新性地结合用户的档案需求主要来源于其实际工作项目这一实际，将用户需求的揭示前置嵌入用户的生产工作环节。在这一环节，用户在生产系统中采用知识标签对业务内容主题加以标注，形成了公司平面、水工、土建、工艺等专业的数据标签。之后，档案系统匹配与需求标签相关的档案信息进行档案信息资源推送，不仅实现了让用户自己准确揭示和表达工作需求的目标，还实现了将用户需求从物理层次的文献单元向认识层次的知识单元转化。

通过对用户信息需求从宏观到微观不同粒度大小的知识表示，形成了多粒度知识群，为进一步满足多层次的用户需求提供了知识基础。

（三）用户需求信息关联

1. 构建"用户画像"，建立用户兴趣小组间的知识关联

通过上述用户需求信息获取和组织可以实现较为直接的揭示用户需求，而要更全面地了解用户需求，挖掘用户的潜在需求，则需对用户进行关联，以实现用户推荐用户的目的。由此，一航院档案馆引入了"用户画像"概念，具体做法是将用户的不同需求分别标注在用户身上，形成用户画像。而当不同用户被标注的相同需求越多，则说明他们之间的需求相似性就越强，便可将其视为用户兴趣小组。如此，用户兴趣小组成员的档案需求很可能也是小组内部其他成员所需要的档案资源，档案系统便可以根据用户间的关联关系进行用户和需求资源间的推送，扩展了推荐途径，促进了企业内部员工之间的交流，实现了企业隐性知识显性化。

2. 构建标签体系，建立反映用户需求的标签词间知识关联

为了方便给用户推荐更多相关资源，需要建立用户需求间的知识关联，明晰用户需求和需求间的关系，以推测与用户需求相关的其他真实潜在需求，进而实现自动推送相关档案资源。如用户需要"装卸设备"方面的档案，通过建立用户需求间的关联，将"装船机""卸船机"与"装卸设备"建立关联关系，则此时档案系统便不仅为用户推送与"装卸设备"4个字相匹配的档案资源，也会将与"装船机""卸船机"相关的档案资源一并推送给用户。基于此，一航院将2449个标签词建立了关联，以便更好地满足用户需求，实现以需求推送需求的目的。

（四）需求与资源关联匹配

1. 基于用户兴趣小组间知识关联的企业档案信息资源推送

一航院档案馆在实际的生产业务流环节中，设置生产人员为其设计的项目概括主题内容并标注标签词以表示需求。随着需求标签词积累的增多，生产人员的知识背景被勾勒出来，并与整合后的人力数据中个人专业、学历、岗位等特征信息相关联，形成了生产人员个人的"用户画像"。当不同用户被标注的共同需求标签越多，便说明生产人员工作内容、知识背景越相似，便被视为用户兴趣小组。因此，当档案系统接收到生产人员标注的标签时，一方面会为该生产人员推荐与此标签相关的其他兴趣小组成员以便相互学习；另一方面也会为此生产人员推荐与其知识背景相似度高（拥有多个共同标签）的生产人员所关注的热点档案资源，以增加推荐资源的相关性（图1）。

2. 基于用户需求标签词间知识关联的企业档案信息资源推送

业界在此方面的实践主要是通过对用户需求中的实体对象及其属性、关联关系进行抽取，最后借助符号系统（如资源描述框架RDF）实现统一规范化语

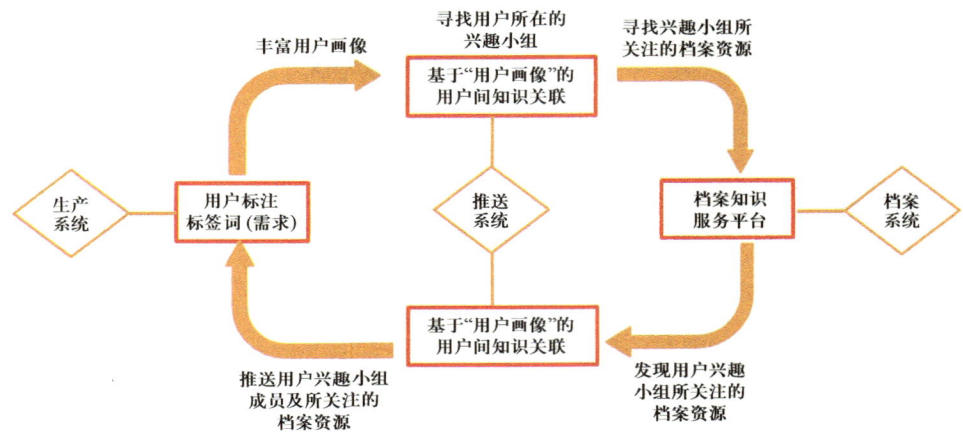

图 1　基于用户知识关联的企业档案信息资源推送

义表示，以关联不同的需求。而一航院创新性地将用户需求的揭示前置嵌入用户的生产工作环节，并将设计人员在生产环节标注的反映用户需求的标签词创建知识标签体系，以反映这些标签词的上下位关系或者相关关系，建立具有关联关系的港工行业知识体系（图2）。在知识推送系统中，档案系统接收设计人员的标签词后，一方面将该词纳入标签体系，并建立与其他标签词的关联关系，不断动态补充扩展此标签体系；另一方面，档案系统会根据标签体系，自动获取与设计人员标注的标签词有关联关系的标签词，将其视为用户可能的潜在需求，并将标签化的档案需求与现有 29.21 万卷、图纸 11.7 万张、各类电子文件 132.78 万件、折合 1720GB 的档案数据资源进行互关联，个性化地推送给每位用户。

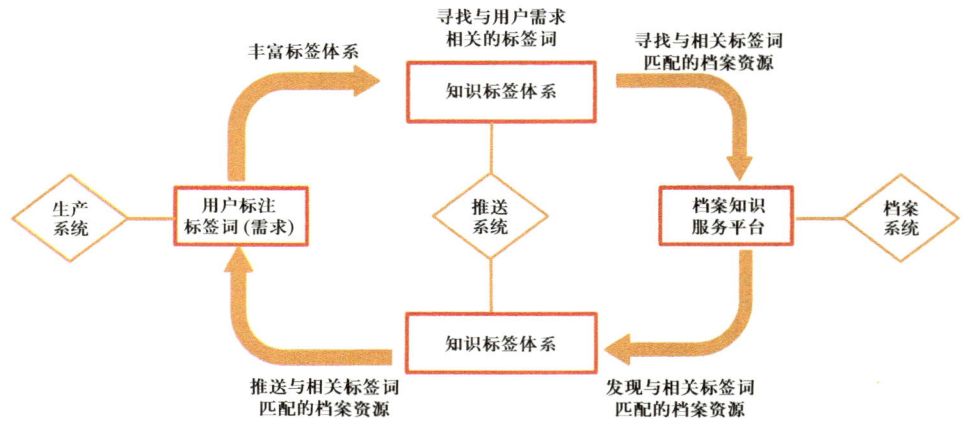

图 2　基于需求标签词间知识关联的企业档案信息资源推送

四、效果及影响

基于用户需求信息关联的企业档案信息资源推送，真正做到了以用户工作需求为角度、以用户需求信息为媒介、以需求信息关联为手段，增加需求与资源的匹配度，提高档案信息资源满足用户个性化需求的效率。

（一）档案工作

1. 提高档案资源利用工作效率

基于标签体系的用户需求关联，可以建立标签词与标签词之间的语义关系，进而实现为用户推送更多与标签词相关的资源，拓宽了档案资源利用途径。俗话说，"酒香也怕巷子深"，增加资源在用户面前的曝光度，能够直接提高资源的利用效率。

2. 提高档案部门的企业工作参与度

将用户需求的揭示前置嵌入用户的生产工作流，促进了档案系统与公司主营业务系统的对接，提高了档案部门的企业工作参与度，用信息化手段增强了全员档案意识，用流程化思想实现了档案信息资源开发利用中的"共建、共治、共享"，彰显了档案工作在新时代的价值。

3. 营造多元高效动态的档案推送服务模式

以生产人员在设计项目初始标注的标签词作为用户需求，随着用户标注标签词的不断积累，有效促进了一航院个人用户画像及港工知识体系的建立和补充完善，而不断动态完善的个人用户画像和港工知识体系又能反哺促进用户需求的多样化满足，这种档案知识服务模式对同行业、同领域档案服务工作具备较高的借鉴意义。

（二）企业效益

1. 为公司生产经营工作提供强有力的知识支撑

一航院创立的推送服务模式优化了公司生产经营工作中的知识服务，不仅能为新入职员工提供快速学习成长的途径，而且能够为生产经营一线人员提供与需求相匹配的知识服务。

2. 提升企业生产经营软实力和增加企业隐性资产积累

在收集和完善项目知识标签集的过程中，不断动态扩充形成的公司港工项目知识标签体系，有助于构建企业的知识地图。此外，档案部门通过"用户画像"勾勒用户的知识背景，促进了一航院隐性知识显性化，缩短了间接经验向直接经验转化的周期，利于公司可持续地培养专业技术人才。

（三）社会价值

1. 具有较高的推广借鉴价值

由工程技术专家产生的需求知识标签体系，使知识分类更加合理与专业，其在行业内具有较高的推广借鉴价值。

2. 提供切实可行的实践案例

基于用户需求信息关联的多元、高效、动态的档案推送服务模式，为传统工业设计企业档案工作向知识管理转型升级，提供了切实可行的实践案例。

3. 具有先进的示范带动效应

在当前信息社会知识经济的环境下，大数据、云计算、人工智能技术深刻改变着国家、社会的发展形态。基于需求信息关联的企业档案信息资源知识化服务，对知识密集型企业提升产品产出效能、缩短人才培养周期、积累企业知识资产、发挥档案信息资源"以知促智"价值方面具有先进的示范带动效应，是档案开发利用工作在新时期、新形势下的崭新实践。

案例形成单位：中交第一航务工程勘察设计院有限公司

案例形成人：范如霞、徐超、杨晶晶、程培、王晓雷、季梦晗、任文亭

知识管理平台提升档案利用效能

一、案例概述

北京市建筑设计研究院有限公司（以下简称BIAD）为了做到信息资源共享，提高设计工作质量和效率，以知识管理做导向、门户建设做切入，以抓取业务系统数据、链接展现数字档案馆资源为做法，整合知识资源和业务系统流程，建成了知识管理平台（图1）。其中，优秀作品库、项目百科提升了科技档案的利用效能，将300万张"死"的工程图纸变成了"活"的知识，充分满足了设计人员全面、准确、便捷的查档需求，有力促进了知识开放共享和技术创新，取得了良好的应用效果。知识管理平台的建成，在2017年帮助BIAD获得了中国最受尊敬知识型组织（MAKE）奖卓越大奖，进而获得亚洲MAKE奖，并获全球MAKE大奖提名。在2018年，BIAD的知识管理体系建设还获得了北京市属企业协会管理创新二等奖。

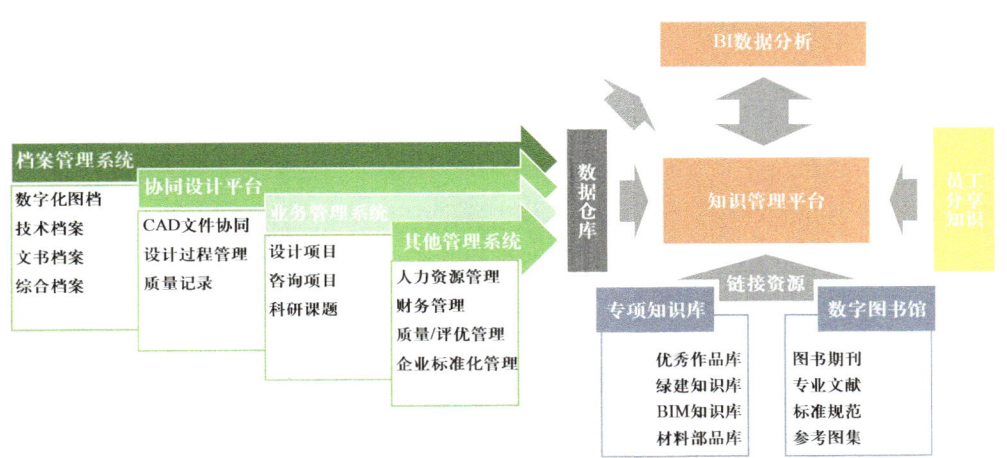

图1 知识管理平台与其他系统的关系

二、实施背景

（一）信息化建设背景

BIAD 的信息化建设在全国勘察设计行业内一直处于领先地位，从公司领导层到各职能和生产部门，对信息化都具备很好的意识和应用的积极性。十几年来陆续建设了规范化设计过程管理的"协同设计平台"、强化设计项目过程管理的"项目管理系统"、收集和保存各类档案的"数字档案馆"，以及集成展现各系统知识资源同时承载公司内部门户功能的知识管理平台。网络和信息系统已经成为公司职工、各业务部门、公司领导日常办公不可或缺的工具，信息化建设帮助公司在管理和业务各个领域实现了很大提升。2016 年年末，公司被评为"全国勘察设计行业'十二五'期间信息化建设先进单位"。

（二）数字档案资源背景

公司的数字档案馆，容纳了全公司的档案资源，包括工程档案和综合档案两大类别。自成立以来近 70 年，积累了超过 300 万张工程图纸，这既是公司的档案资源，更是公司的知识资产。公司用了近 4 年时间全部扫描了这些库存的图纸，以电子文件方式存入数字档案馆，硫酸图原件则妥善保管，减少调用。2016 年起，公司信息化管理上了新台阶，实现了数字化底图归档，打印交付，不再使用硫酸图晒印的落后技术手段。数字档案馆直接从项目管理系统接收电子图纸和资料归档，同时继承项目管理系统中的项目基本信息及属性，过程全部由系统自动完成。工程设计项目按照公司的分类方式，以项目为单位分专业目录保存图纸 PDF 文件，套图和文件命名公司有统一标准，并有软件工具帮助执行。

随着公司知识共享企业文化的形成，部门间的技术壁垒逐渐打破，全部工程图纸档案向全体员工开放查阅浏览，在保证数据安全的前提下，供设计人员学习利用。

（三）创新需求——从数字化、信息化到知识化

在知识体系研究和架构梳理的基础上，公司整合知识资源和业务系统流程数据，建设了知识管理平台。

知识管理平台建设的思路是"知识管理做导向，门户建设做切入"，平台包

括知识仓库、知识地图、知识问答、专家网络和知识社区等几大功能模块。知识管理平台集成了企业内部门户、OA系统、项目管理系统和科研管理系统等主要业务系统，将业务过程中形成的记录及成果抽取出来，进行分类展现。

数字档案是知识管理平台的重要内容和资源，而知识管理平台具备比数字档案馆系统更加灵活、方便的查询检索功能，此外还具备知识的评论、评价、推荐、加精等数字档案馆所不具备的功能。因此，BIAD决定探索将数字档案馆的海量资源与知识管理平台的强大功能相结合，更好地为设计人员提供项目查询服务，把"死"的档案变成"活"的知识。

三、创新做法

在确定知识管理平台开发需求时，BIAD充分认识到平台作为知识枢纽，应最大限度与业务系统做到数据信息共享，最大限度通过系统技术和机制自动采集知识，尤其是与数字档案馆的数据关联。知识管理平台抓取业务系统数据，链接展现数字档案馆图文档，既不提取档案数据，亦不回写数据，保证数字档案系统数据安全。建成的知识管理平台包括知识仓库、开放百科、知识地图、知识社区、知识问答和专家网络等功能模块和工具。知识平台同时也起到内网门户作用，具备整合展现各类知识的功能，以"最新知识""最热知识"和"精华知识"标注未读和阅读量最大的知识条目，以显示头像的方式鼓励最新知识上传用户。员工既可以在公司内网登录，也可使用公司员工账号通过外网登录访问公司知识资源，其中特别重要的内容还可以通过移动设备推送给相关人员。

经过研究探讨，BIAD认为工程设计档案作为供员工学习的专业技术知识，通过专项知识库和开放百科的方式在知识平台上展现，可以起到更好的作用。专项知识库集合了全公司最优秀的精华知识，也是工程技术档案库中最有价值的部分；而百科词条由于其可以被完善、被修订、被评论的功能优势，可以支撑工程设计项目全寿命周期的知识创新、转化过程，形成一个可以生长的有生命的知识。

在多年档案管理的经验积累和知识管理新理念的碰撞当中，BIAD努力把传统严谨的档案管理思想与创新活跃的知识管理理念相融合，试图从知识管理的角度去重新理解档案管理，发掘档案管理的潜在价值，重新定义档案管理的地位和作用，拓展工程技术档案服务的领域，从而更加充分地发挥档案作为知识学习的资源和支撑作用。

（一）优秀作品的整合展现

在海量的工程项目成果资源中，每年度评出的优秀方案和优秀工程设计是最优质的知识资源，提供学习和利用的价值最大。同时，这些优秀作品经过评优过程，又沉淀下来大量更加精华的设计总结、反思和后期建造及使用中的信息反馈，以及评优中专家评委的论辩和点评。BIAD 在知识管理平台上，以优秀作品库的形式，集中展现优秀方案和优秀工程设计的全部图纸和技术档案。优秀作品知识库整合了工程档案库、评优管理等资源库和业务系统，形成专项知识库。

优秀作品库中的项目基本信息和属性信息来源于项目管理系统等业务系统，评优技术档案和项目施工图纸则直接来源于数字档案馆，用户可以通过工程项目类型、项目编号、项目名称等条件甚至模糊查询方式，快速找到自己想要的项目，查看项目各专业设计要点、评优陈述以及全部施工图纸。

（二）开放百科方式的知识展现

工程设计项目从公司立项开始，经历整个设计过程，形成设计成果，归档到数字图书馆，同时出版交付给顾客，进入施工建造过程。而漫长的施工建造过程，同时也是设计工作的延续，从图纸到建筑物，还会有很多信息附加到设计成果中。因此，BIAD 选择了开放百科（即 Wiki）的方式来展现工程设计项目的知识，具体做法如下：

词条名来源于项目名称。当项目管理信息系统中的工程设计项目进行到施工图设计完成归档节点，也就是设计文件的图纸部分提交归档，知识管理信息平台的项目百科知识库中，就会自动新建一个项目百科词条，词条以项目名称命名。

预设词条文档目录结构。预先设置好词条文档目录结构，确定每个段落从业务系统提取信息的位置。运行时自动抽取系统中的相关信息，按照设置好的目录分段显示。工程设计项目在信息系统运行过程中被不断添加的专业技术信息，也全部被同步带入词条，形成设计项目各专业方面的技术概要。在归档的节点上，设计人员还可以再做增删和修订，完善技术信息。

多维度的项目属性信息体系。预先建立了一整套多维度的项目属性信息体系，维度包括项目属性、设计属性、功能属性、性能属性、结构技术属性、机电系统属性等，共有近百个属性，几乎涵盖了工程项目全寿命期可查询的属性信息。属性信息的赋值通过业务系统完成，在不同设计阶段逐步取得赋值，运行全过程中，这些属性信息会一直被继承。

后期可持续修订完善。由于百科词条是开放的，在词条建立之后，设计人员可以通过持续完善词条的方式，将施工建造阶段甚至投入使用后的情况不断纳入词条，丰富词条知识内容。修订完善的内容不会随时回写到档案系统，需经后期审核，以确认是否收入档案系统。

四、效果及影响

（一）优秀作品库成为最受欢迎的知识库

由于查询便捷、内容全面，优秀作品库已经汇集了超过 270 个优秀方案和优秀工程，成为最受欢迎的专项知识库。为了进一步满足设计人员的需求，优秀作品库中的方案库还将进一步升级优化，与方案评审、方案评优流程对接，以容纳更大范围的设计方案，支持方案创作人员的需要。

（二）项目百科词条成为业内首创的知识展现方式

根据对勘察设计行业的了解，目前能够做到以开放的百科词条方式动态实时展现工程设计项目案例的，BIAD 为首创，且尚未有其他企业可以实现。知识平台上线运行两年多来，随着设计项目的进程，项目百科知识每天都在增加，从上线之初的 4400 多个词条，增加到了 5100 多个词条，是知识仓库中最主要的知识内容。设计人员可以及时了解最新完成的设计项目的情况，及时学习最新知识。

（三）促进知识开放共享与技术创新

整体知识平台起到了在员工中倡导知识共享良好氛围的作用，促进了部门和员工对打破内部知识壁垒共享知识资源的愿望。由于开放共享资源给设计人员带来了便利，提高了设计工作质量和效率，员工已普遍接受了知识共享的先进管理理念，全公司已形成知识开放与共享、知识升级与创新的内部环境，部门级的知识门户也已开始搭建。这些新的情况也给知识管理和平台功能提出了更多需求，知识管理平台的升级迭代空间开阔。

（四）获得行业管理创新认可

BIAD 的一系列知识管理研究和系统平台建设实践，获得国家勘察设计行业的高度重视和广泛认可。2017年11月，中国勘察设计协会科技创新工作委员会在BIAD召开工作会议，现场观摩了BIAD知识管理系统功能和实际应用情况，认为BIAD的知识管理研究和实践为勘察设计行业科技创新提供了一个范例，树立了行业创新的标杆。

为促进勘察设计行业知识管理工作，帮助更多行业企业了解并认识知识管理，北京工程勘察设计行业协会于2018年3月邀请具备一定规模和代表性的专业院、民营设计院代表，在BIAD召开了北京工程勘察设计行业"知识管理"体系建设经验研讨会。北京市勘察设计行业协会希望将BIAD的知识管理体系建设实践作为成熟经验和成功案例在北京市勘察设计企业普及推广。

2018年，BIAD知识管理体系建设还获得了北京市属企业协会管理创新二等奖。

（五）获得知识管理权威奖项

通过两年多来在知识管理方面的研究和实践，BIAD知识管理水平在国内居于领先地位，并已进入国际先进行列。2017年，BIAD获得中国最受尊敬知识型组织（MAKE）奖卓越大奖，进而获得亚洲MAKE奖（图2），并获全球MAKE大奖提名。

图2 亚洲MAKE奖杯

知识管理是一个企业存在和发展的基本支撑，尤其是BIAD这样一个智力密集型企业。正如近70年来依靠强大的技术实力雄踞建筑设计行业之首，BIAD今后的道路上，知识仍旧是发展与进步的动力和能源，而优秀的知识管理则是高效能的"发动机"，使知识资源发挥更大的潜力。随着公司高层领导的坚定引导，知识中心的大力推进，各设计院所及全体员工对知识管理的认识不断提升，BIAD的知识管理研究与实践正在循序渐进、稳步前行中。

案例形成单位：北京市建筑设计研究院有限公司
案例形成人：卜一秋、张立全、刘栋

凭证利用信息化，向档案创新要效益

一、案例概述

近年来，随着北京汽车集团企业财务公司结算业务量的激增，在收集、整理和归档方面，会计凭证管理给凭证经手人员增加了极大的工作量，成为困扰北京汽车集团企业财务公司多年的顽疾，越来越制约着财务公司的快速发展。积极推进财务公司电子会计档案进程，成为当前会计档案发展的必然趋势。本案例介绍了结算业务凭证档案电子化管理的具体实践。北京汽车集团财务有限公司着眼提升结算会计凭证管理质效，合理降低人工工作量，自主开发凭证档案电子化系统，在会计档案管理电子化方面作出了有益尝试，在财务公司行业内产生了积极的示范作用。

二、实施背景

2011年10月，北京汽车集团财务有限公司（以下简称北汽财务公司）经中国银行业监督管理委员会批准成立，是北汽集团进行资金管理的专业化金融机构，为成员单位提供高效、优质的金融服务和强有力的资金支持。自开业以来，北汽财务公司与银行之间产生的业务回单一直以纸质方式进行传递，回单的打印、传递、分拣、整理，与公司记账凭证的匹配、装订及归档均需要人工处理来完成。随着公司业务的不断拓展和业务量的快速增长，结算业务凭证手工整理的工作量呈倍数增加，这种高成本、低效率的方式，严重制约了公司的高效发展，急需一种更加安全、快捷、高效的凭证管理模式，提高业务效率。同时，随着"互联网+"、大数据、云计算等新技术的快速发展，凭证档案电子化的应用条件已经逐渐成熟，业务需求异常紧迫。

（一）凭证档案电子化系统应用是适应档案现代化管理的必然要求

为积极适应互联网时代的新要求，国家档案局在《全国档案事业发展

"十三五"规划纲要》中明确了"到2020年将初步实现以信息化为核心的档案管理现代化"的发展目标。同时,随着国家《企业会计信息化工作规范》《会计档案管理办法》的颁布以及信息技术的不断革新,积极推进电子会计档案进程,已经成为当前会计档案发展的必然趋势。在此背景下,部分银行逐步开发与客户之间的电子回单,为北汽财务公司开展结算业务凭证与银行回单匹配自动化管理,提供了必要的前提条件。进一步深化凭证档案电子化管理,更好地响应国家档案局、北京市档案局及北汽集团档案"存量数字化、增量电子化"的号召,不断提高档案利用效率,成为北汽财务公司当前档案管理工作亟待解决的关键问题。

(二)凭证档案电子化系统应用是提升金融服务质效的迫切需要

由于绝大多数财务公司不具备人行清算行号,北汽财务公司代理客户的所有收付款、资金调拨等结算业务,均需借助合作银行完成。而大多数财务公司与银行之间的回单传输主要以单张纸质回单为主,辅以少量银行清单式回单,结算业务记账凭证大部分也都是纸质载体。随着公司各项业务的迅速发展,特别是2015年财务公司获得汽车金融业务资质以来,随之而来的结算业务量呈几何式增长。截至2018年年末,客户数量1000多户,合作银行近30家,全年结算业务突破25万笔,日均结算业务1200笔,凭证档案每年至少产生A5纸张50万张,1名专职人员至少需整理15个小时。同时,北汽财务公司因依托银行进行收付款,银行产生的纸质回单需要合作银行打印、盖章及传递,银行端凭证的传递存在一定的滞后性,直接导致财务公司不能及时整理结算凭证,造成会计档案整理压力越来越大。在此趋势下,如何利用信息化技术提高结算凭证整理使用效率,成为财务公司提升金融服务质效的迫切需要。

(三)凭证档案电子化系统应用是维护公司合法权益的客观需求

随着汽车金融业务客户的大量拓展,消费信贷客户购车贷款风险业务逐渐显现,个别客户车贷发生逾期还款。为保证公司权益,相关部门对符合诉讼的消费贷款提交法院,进行其资产的强制执行。在向法院提交受理的诉讼材料中,银行加盖公章的回单凭证,是重要的诉讼依据。但提交诉讼的车贷业务分布在不同年份、不同月份、不同日期,传统纸质载体档案目录无法快速按照日期、金额和目标客户等关键要素进行查询，只能依靠人工逐笔查询，查询凭证的时间长、范围广，涉及参与的部门多，汽车金融档案原有查找利用方式不能快速响应，严重制约了公司合法权益保障的时效性，亟须创新一种新的凭证使用管理方式加以研究解决。

三、创新做法

北汽财务公司在内部业务需求及外在有利环境的基础上，提出了凭证档案电子化项目，从多个方面实现了质的突破，推动了北汽金融服务质效双升。

（一）创新内容和对比分析

1. 系统平台的高独立性

该系统通过独立于核心系统之外的数据专线与银行进行联通，通过银企直联接收银行回单凭证数据至匹配平台，匹配平台同时从北汽财务公司主动获取内部账务信息，根据金额、收付款方户名、账号等关键信息进行匹配，匹配方式可以通过系统设定参数，制定自动执行方案，完成内部记账凭证与银行回单凭证的自动匹配，也可通过手工逐笔匹配。

2. 系统运行的高自动化

该系统使用轻量级的自动任务调度平台，对合作银行电子回单 T+1 日进行获取和解析，按照结算业务凭证组成及业务分类，按天逐笔自动匹配，匹配参数系统为结算业务主要汇款信息，主要包括日期、金额、收付款双方户名及账号、银行名称等20余项。对于无法提供电子回单信息的银行回单，该系统可以通过手工扫描方式形成电子回单，并根据相应规则与北汽财务公司核心系统中记账凭证自动匹配，最终形成完整的电子结算业务凭证档案后自动归档。该系统可以提供全面的自动作业监控能力，能够监控多种作业的执行情况，提供统一的作业预警，并可通过系统、短信、邮件等多种方式进行预警提示，最大限度地减少人为干预。

3. 系统架构的低耦合性

该系统采用分层设计架构，分为展现层、控制层、引擎层、基础设施4层，系统的组件之间、各分层之间为低耦合，相互影响最小。该系统与合作银行数据源信息交易系统之间支持多种接口方式获取数据，当银行接口或数据源交易系统发生系统改造升级时，结算凭证自动化匹配系统无须配合银行端的升级改造进行较大的修改即可响应。

4. 系统匹配的高准确率

该系统不管银行端回单是否为电子化形式，均可实现凭证整理的电子化、自动化匹配，通过合理的匹配和自动算法，可自动提供查错和纠错功能，保证系统自动匹配的正确率达到100%。

5. 系统操作的高可靠性

首先，该系统采用"用户名+密码"的方式登录，设置管理员和操作员两级，登录权限需要进行后台权限分配，没有权限的人员无法登录该系统。其次，操作留痕，系统操作具有监控功能，日常的凭证档案匹配是手动和系统自动完成，匹配完成归档后的电子档案，进行变更或删除时，需要经办、复核两级操作，且任何人、任何时间进行任何系统操作均留痕迹，并生成系统日志，以保证档案内容的真实性、可靠性、完整性、安全性、可用性、不可篡改性和可追溯性。再次，系统定期提醒操作员进行密码更换，确保系统运行的安全性。最后，该系统可以实现对匹配完成的结算业务凭证定期导出，以"天"为单位形成PDF格式文件进行存档，多重备份。

6. 凭证查阅的高便捷性

该系统支持多种关键字查询档案，支持Excel导出、导入，支持多种要素过滤方式查询。在后续档案再利用时，可根据金额、户名、日期等关键字段进行信息查询并可打印。

7. 系统外设的低依赖性

为保证该系统功能实现100%匹配，仅需要一台分辨率在300dpi以上、速度达到70页/分钟功能的扫描仪，就可以实现系统的数据输入。

（二）实施过程

1. 需求分析

根据实际结算业务需要，基于财务公司主要合作银行电子回单，提出项目需求并进行评审，评审后确定由北汽财务公司自主开发搭建匹配平台及应用系统。

2. 运行流程

凭证档案电子化系统运行流程如图 1 所示。

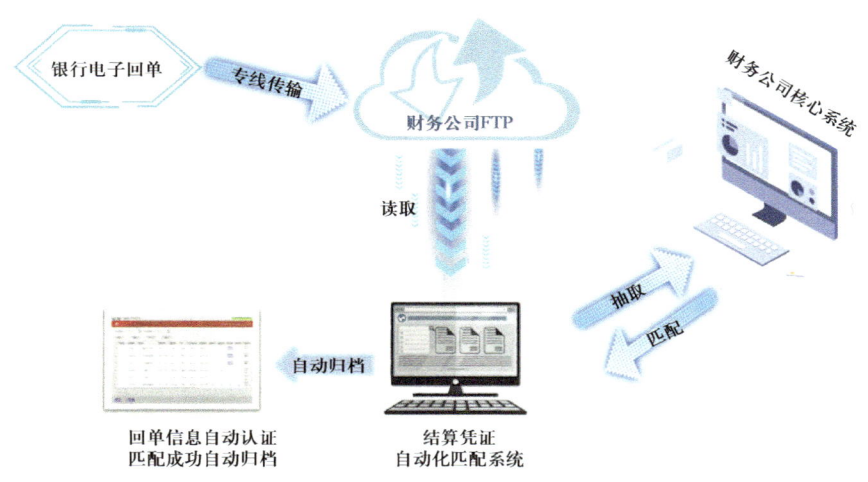

图 1　凭证档案电子化系统运行流程

3. 项目立项

召开信息化建设委员会进行内部项目立项，制定方案专项推进，确定项目实施周期为 9 个月。

4. 分步实施

根据实际业务需要，项目实施按月进行分解。2018 年 3—4 月，主要在同业财务公司及合作银行调研的基础上完成凭证自动化匹配系统的需求编写及评审；5—6 月，与合作银行进行实施方案的交流及研讨，签署相关协议；7—8 月，进行多轮开发需求的细化，完成信息化建设需求评审；9 月，完成信息化建设项目立项；9—11 月，进行系统自主开发及内部测试；12 月，完成业务验收测试及上线，正式投产运行使用。

5. 实施团队

该系统功能建设由 2 名技术人员及 3 名业务人员组成，技术人员主要负责系统的设计与开发、与合作银行的技术对接，具备自主开发的能力，能够根据业务需求，高效地进行项目开发实施、平台搭建及参数设定。业务人员主要负责项目具体需求的撰写、评审，与合作银行的商务对接及功能测试。业务人员与技术人员合作顺畅，确保项目进度按期完成。

四、效果及影响

北汽财务公司凭证档案电子化系统深化应用效果的主要表现：降本提速效果强、凭证利用效率高、档案查阅时间短、设计开发成本低、占用物理空间少、示范作用发挥好。

（一）降本提速效果强

结算凭证自动化匹配系统自动化程度达100%，不管银行端回单是否为电子化形式，该系统均可实现凭证整理的电子化、自动化，将人工日整理阶段档案回单时间由原来的15个小时缩短至7个小时，节约公司档案系统将纸质档案扫描、装订存档时间为30天，年节约1个人的档案整理工作量，降低人工成本约15万元；合作银行电子回单信息日终次日即可通过银企直联传输给财务公司，减少了银行端打印、盖章、传递的时间，有效提高了结算业务处理效率；同时，会计凭证档案电子化系统基本取消了纸质档案的打印装订，大大减少了纸张消耗。

（二）凭证利用效率高

目前，结算凭证主要用于法院诉讼以及呆账核销。财务公司发生诉讼调用档案材料时，结算业务部根据法律合规部诉讼清单，准备公司材料向合作的金融机构调取相应结算回单证明，再由结算业务部比对诉讼清单对所调回的结算证明进行准确性审查，调用时间较长且分布在不同年份，按照原来的档案存储模式，需要经过档案所属部门、公司档案存储部门的配合，通过纯手工查询，凭证调用以500笔为例，累计时间耗时25天左右、单笔耗时24分钟。凭证档案电子化系统上线后，银行回单凭证调用无须再启用公司档案系统及内部审批流程，直接根据目标时间及金额等重要信息进行查询，平均每笔调用时间在0.5分钟，单笔调用凭证再利用时间节约23.5分钟，有效提高了凭证再利用效率。

（三）档案查阅时间短

该系统上线前的内部结算档案查阅，主要需要大量人工翻阅、审批、查阅、调出等，一般以100笔计算，公司内部查阅记账凭证大概需要2~3天审批及逐笔查阅，单笔时间在15分钟，该系统上线后，操作员可以根据日期、金额、收付款户名、账号等关键信息，随时进行调阅、打印，每笔完成时间为0.5

分钟，且凭证打印无次数限制，极大地提高了查询调阅工作效率和凭证再利用时间。

（四）设计开发成本低

结算凭证自动化匹配系统由北汽财务公司根据实际业务需求自主开发，节约开发费用59万元，项目实施周期相比外部第三方承接项目缩短了9个月，且项目实施的源代码均实现自主掌握，对于需求的实现及后期的需求升级，升级改造速度更快，进一步提高了财务公司信息自主开发和维护的能力。

（五）占用物理空间少

随着公司业务的不断发展，结算业务量逐年攀升，结算业务凭证成倍增长，凭证档案存储空间面临极大考验，且档案以纸质形式保管，对保管库房在防腐防潮方面要求比较高。凭证档案电子化系统，解决了结算凭证档案占用更多物理空间存储的问题，加之财务公司可以通过异地灾备进行电子档案的双备份保管，免去对物理存储空间存储的各项要求，进一步保障了会计档案保管的安全性，同时节约公司档案三分之二物理存储空间，缓解了公司档案存储空间不足的难题（图2）。

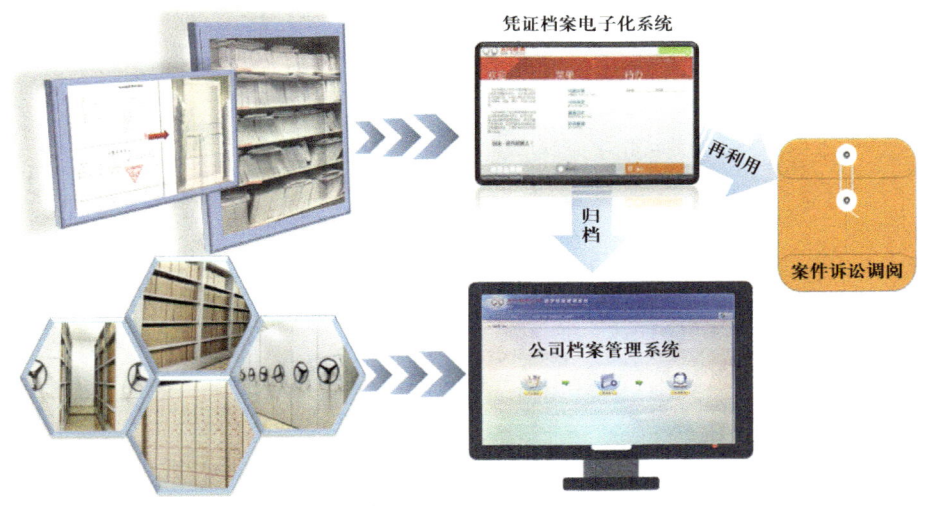

图2 凭证档案存储空间转化

（六）示范作用发挥好

北汽财务公司的凭证档案电子化系统是基于财务公司结算模式基础上提出来的，在凭证类档案的整理、调阅方面，解决了财务公司行业结算凭证通用的难题，加之系统操作的便利性，在行业内具有较强的示范性、适用性和推广性。

案例形成单位：北京汽车集团财务有限公司

案例形成人：牛俊杰、王敬贤、周海燕、张慧鑫、张玲、吴霜

共识共享、创新发展

——探索企业档案信息资源开发利用新模式

一、案例概述

企业档案是企业形成的用之不竭的"财富"。企业档案的信息资源开发利用情况,反映了企业具备的档案素养和企业基础管理水平,反映出企业依档治企的管理理念。本案例介绍了企业在维护权益、编史修志、巡视监察、缴纳税款等方面应用企业档案的具体实践。四平卷烟厂围绕社会发展中出现的新事务、新情况,深入挖掘档案潜在信息,探索企业档案信息资源开发利用新模式,有效地保护了企业和员工的利益,实现了企业档案的价值,同时也为企业档案信息资源开发利用提供了借鉴经验。

二、实施背景

湖南中烟工业有限责任公司四平卷烟厂(以下简称四平卷烟厂)组建后,根据近期与长远发展的要求,积极探索建立适应本厂的档案管理模式,基本确立在档案行政管理部门的监督指导下,档案工作以资产关系为纽带,实行统一领导、统一制度、统一标准、统一管理的档案管理体制。全厂配备专兼职档案人员40人,设独立档案(馆)室3个,全厂区馆(室)总面积达540平方米。库藏档案6万余卷、底图725张、照片155张、电子档案光盘120张,还有大量实物档案。

(一)逐步健全档案组织管理

2015年,四平卷烟厂成立了档案工作领导小组,由主管厂长任组长、各部门负责人任成员,明确办公室为档案工作主管部门,负责全厂档案的管理、协调监督和指导,配备了专职、兼职档案人员,档案管理网络基本形成。

（二）不断完善档案管理制度

根据国家有关档案工作法律法规和《企业档案工作规范》的要求，结合本企业档案工作实际，组织本厂相关人员系统修订了《四平市烟卷厂档案工作规定》《四平市卷烟厂档案分类编号编制规则》等15项档案管理制度和档案业务规定。另外，根据《四平卷烟厂档案管理制度》制定了查借阅清单，更方便档案的利用。

（三）认真举办档案业务培训及召开档案工作会议

为了提升企业档案管理水平，实现档案管理科学化、制度化、规范化，公司定期在企业内部举办了档案管理培训班，专门邀请四平市档案局领导和专家讲课。此外，公司每年还定期举行档案工作会议，交流档案工作经验。

（四）扎实推进档案信息化建设

随着信息技术的普遍应用，档案数字化和信息化成为时代发展的必然要求，对于企业来说，这也是档案工作发展的必然趋势。企业需要增强自身的竞争实力和文化能力，更离不开网络信息技术在档案开发工作中的应用。因此，企业档案信息开发利用工作需要加强企业档案工作现代化和信息化建设，以先进的服务手段和服务方式为企业文化建设提供丰富的档案信息资源和及时的档案信息服务。

四平卷烟厂配备了电脑、打印一体机，利用OA办公系统平台，使电子公文传阅及归档更加方便快捷、电子公文更加规范。2019年，四平卷烟厂启用紫光档案管理软件，进行档案数字化。

（五）为易地技改项目保驾护航，为项目完成后审计提供凭证

随着项目的筹备，四平卷烟厂档案室发布了《四平卷烟厂易地技术改造工程项目档案管理实施细则》。与此同时，各专业组设立了资料员，注重抓早抓小，对项目的立项资料、设计变更、目标进度、质量资金、招投标、项目实施、项目验收、项目审计资料进行收集、整理，按照档案要求完成了一类费用107个标段和二类费用46个标段的归档工作，并在城建档案馆取得了档案合格证，为2018年10—11月公司纪检巡查组来四平卷烟厂巡查提供了项目凭证。

三、创新做法

（一）编写年鉴

四平卷烟厂自 2008 年起编写年鉴，内容涉及企业发展的简史、基本建设、生产与营销、工艺控制、人力资源管理、安全保卫、财务管理、纪检监察、专卖管理、党务工作等多个方面，通过查阅档案最后汇集出所有的年鉴资料，为年鉴的编辑工作提供了有力的依据。

（二）接受上级巡视

2017 年 4 月下旬，中国烟草总公司巡视组到四平卷烟厂巡视检查，按巡视组要求，须调阅一部分供应商与四平卷烟厂的往来款项产生原因及数额的材料，四平卷烟厂财务人员到档案室查阅了 2007 年至 2015 年间所有与相关供应商有关的账册并进行了复印，整理出一套完整的资料，满足了巡视组对这一部分的检查工作要求。

（三）接受税务检查

2017 年 7 月，四平市地税局对四平卷烟厂进行指导性税务检查，要求调阅四平卷烟厂 2011 年度进行易地技改时交缴的购置土地的发票及相关支付凭证。四平卷烟厂财务人员到档案室进行资料借阅，查找到入账的相关凭证及支付票据，为四平市地税局的办税人员顺利完成检查工作提供了便利。

（四）对费用进行整理归类分析，为管理层服务

按照湖南中烟工业有限责任公司的管理要求，对四平卷烟厂 2015 年招待费发生情况进行统计，按行业内外及各省份进行分类汇总。通过组织全体财务人员到档案室进行查阅，最终汇集出全年资料上报公司财务部，为上级制定相关政策提供了有力依据。

（五）查询单位名称变更情况

财务人员将湘烟工 441 号文件借出，顺利办理了工商登记变更。

（六）开具历年工资证明

2015年至2016年四平卷烟厂员工程晓英、于淑梅在办理退休养老手续过程中，由于多种原因其个人退休金需要排查核对，通过到四平卷烟厂档案室查询，档案员为其出具了历年的工资情况证明，顺利办理了退休手续。

（七）提供任免证明

2016年12月23日，原四平卷烟厂田春立同志查考其中层任职年限，经其现单位人员到四平卷烟厂档案室查询，找到1992年12号文件证明了其任职年限。

（八）房产资料查询

2017年4月，四平卷烟厂财务人员及后勤人员到档案室查询2000年12月817号凭证及使用证，湘烟工〔2006〕246号吉烟计2〔2003〕147号房产办理产权证。

（九）为审计部门检查提供资料

2014年，四平卷烟厂原厂长衣文友退居二线，审计组到四平卷烟厂对其进行离任审计，四平卷烟厂相关部门工作人员按照上级审计部门要求到档案室调档，赢得了肯定，顺利完成了审计抽查。

四、效果及影响

（一）维护了企业及个人利益

工程档案为四平卷烟厂避免了520万元损失。在四平卷烟厂易地技改综合库、片烟库工程，施工方与四平卷烟厂建设合同纠纷一案中，由于提供了招投文件、评标结果报告及施工合同等档案资料，最终由吉林省高级人民法院终审判决由施工方向四平卷烟厂支付违约金3.62万元。施工方支付的履约保证金174.43万余元归四平卷烟厂所有，施工方应赔付四平卷烟厂二次招标差额180万元，四平卷烟厂代支付的农民工工资129.77万元、电费6.38万元，冲减施工方工程款。

为员工个人提供的工资证明和任免证明，有效维护了员工的个人利益。

（二）为志书、年鉴编写提供翔实材料

2017年11月14日，吉林烟草公司王彦全处长一行5人来到四平卷烟厂为编写《烟草志》一书查阅资料。他们编写的专题时间最早涉及20世纪90年代，内容涉及四平卷烟厂生产经营、组织架构、制度管理等方面。四平卷烟厂档案员热情接待，积极配合，不厌其烦地检索调阅案卷。王处长说："我的文章如果是一座房子，那么档案材料就是房子的地基、砖瓦，没有档案材料，我平地盖不起房。"据四平卷烟厂档案借阅登记簿统计，前后共查阅了215件1994—2001年文书档案，复印了520页，翻拍了56张照片，为编写《烟草志》提供了丰富翔实的材料。同时，也为四平卷烟厂编写年鉴提供查考资料，促使企业年鉴内容更加翔实。

案例形成单位：湖南中烟工业有限责任公司四平卷烟厂
案例形成人：苏美英、王妍

《雄关漫道——改革开放中的浦发银行》纪录片中的档案信息

一、案例概述

2018年10月23日晚间，上海电视台纪实频道正式首播了纪录片《雄关漫道——改革开放中的浦发银行》（以下简称《雄关漫道》）。为应用好本部作品，借势改革开放40周年的宣传东风，浦发银行利用主流媒体+新媒体的媒体融合传播手段，扩大这部纪录片的宣传影响力。电视媒体播出前，浦发银行就开始通过"遇见浦发"官方微信号以及纪实频道、看看新闻等视频平台进行预告，结合首播开展社会化传播，引发传播热度。纪录片在首播后即投入浦发银行行内常态化使用，纳入员工（特别是新入行员工）培训工作内容，让更多干部员工通过此片了解浦发银行的创业发展历程。同时，浦发银行将此纪录片储存在U盘中，设计制作成宣传品，作为重要接待、拜访活动中的纪念品赠送。

二、实施背景

2018年是上海浦东发展银行建行25周年。为了筹划25周年行庆活动，浦发银行早在2017年就着手筹划相应活动方案，其中《雄关漫道》纪录片的拍摄也是行庆活动方案的重要内容之一。

《雄关漫道》的历史背景是20世纪90年代，股份制商业银行快速发展，各种银行业务创新层出不穷。在这股浩浩荡荡的金融发展潮流中，浦发银行的发展有许多非常鲜明的历史和时代印记。譬如，1992年浦发银行筹建开业，就是根据邓小平同志的战略构想，落实江泽民同志在党的十四大报告中提出的"以上海浦东开发开放为龙头，进一步开放长江沿岸城市，尽快把上海建成国际金融、贸易中心之一，带动长江流域地区经济的新飞跃"决策的重要举措；1999年浦发银行上市公开发行股票,成为《中华人民共和国商业银行法》《中华人民共和国证券法》颁布后规范上市的银行第一股……但是如何通过一部纪录片来全面、系统、生动地再现这些重要的历史事件,是银行宣传工作当时面临的课题。为此,通过竞争性谈判,浦发银行遴选了上海广播电视台纪实频道真实传媒有限公司,作为该部纪录片制作合作机构。

根据制作方案,该部纪录片拟呈现20世纪90年代以来商业银行的产生和发展历程。这时期的历史纪录依照《中华人民共和国档案法》要求,正在逐步对外开放公布,但能够系统、全面地反映商业银行发展历程的正式出版物十分稀缺,专门呈现这段现代金融发展历史的成果,在银行同业中也是少之又少,公众媒体也没有权威性的书籍专刊和声像资料。因此,只能通过挖掘浦发银行档案室室藏档案资源,解决纪录片内容创作的来源问题。

三、创新做法

(一)细致做好前期准备

在纪录片的前期准备阶段,上海广播电视台纪实频道纪录片导演、制片人陈菱来到浦发银行总行档案室,调阅了230余卷(件)纸质档案、12件音频电子文件等重要档案信息。但是在档案调阅利用过程中,纪录片拍摄与用于日常单位参考工作的档案利用,仍然有着很多不同之处。

首先,调阅档案的范围不同。日常单位查考调档工作中,档案调阅利用的指向非常明确,所用归档材料就是文件批复请示或会议材料。用于纪录片拍摄的档案利用则不同,没有这样的指向性,档案管理人员必须要依靠原有的档案编纂材料,找到历史阶段的经纬,有目的地去查阅档案原件,查证相关历史。

其次,纸质文字材料的局限性。不同于日常单位查考调档工作,纪录片制作仅有纸质档案是远远不够的。一是利用效率不高。仅凭纸质目录和文件材料完全无法满足纪录片制作的档案利用需求。二是内容呈现不具体、不生动。这部纪录片要呈现展示20世纪90年代以来商业银行产生和发展的历程。纸质文书档案以公文为主,无法全面地反映这段历史,需要照片和声像档案的辅助,才能把历史相对完整地还原和展示。

最后,录像材料的素材缺乏。纪录片的拍摄素材,需要大量日常录像材料的积累,但企业档案室室藏录像材料往往面临内容不够丰富和多元的问题。由于收集的目的与纪录片的拍摄要求有诸多差异，室藏录像材料能成为纪录片内容的素材很少。此外，很多档案室室藏录像材料的像素较低，录像视频制式很多是老旧的信息制式，需要专业的视频加工处理后方可使用。

（二）大力挖掘内部档案材料

纪录片制作过程中，浦发银行总行办公室多措并举，积极开展档案材料收集工作，促进上述问题得到有效解决。

1. 重大事件材料实时收集

浦发银行自 1993 年开业以来，就着重对重大事件进行归档材料的收集。在筹建、上市以及引入战略投资等重大项目的实施过程中，项目组都落实专人负责对重要文件材料进行收集归档及编制项目大事记。项目完成后，项目组及时将应归档材料、项目工作大事记向总行档案部门移交归档，为该部纪录片的创作贡献了较为翔实的文字材料。

2. 电子文件同步归档

1993 年，浦发银行文档一体化管理系统上线后，总行办公室启动了发文电子全文的同步归档，新一代核心系统项目、引入战略投资者等重大项目归档材料中均包含了电子文件。在确保安全保密的前提下，本次纪录片拍摄过程中，总行档案部门向纪录片编剧提供了以上电子档案，有效提高了剧本编制的工作效率。

3. 录音（像）带数字化加工

2016 年起，总行档案部门对室藏的录音带（538 盒）、录像带（107 盒）开展了数字化加工。在纪录片制作的调研阶段，总行档案部门提供了徐匡迪、庄晓天、裴静之等领导在浦发银行发起人会议、首届董事会上的发言音频电子文件。这些第一手的音频电子文件，为纪录片的编剧人员提供了较为丰富的感性认知素材，确保了对重要事件的表述不发生重大偏差。

4. 行史材料定期编纂

在浦发银行 5 周年、10 周年、15 周年等重要时间节点，总行办公室对行史材料进行汇总编纂，出版了《浦发银行史》等珍贵历史材料，帮助纪录片编剧在拍摄前就对浦发银行历史发展和沿革的整体脉络有了更为清晰的了解。

基于以上档案基础工作的保障，档案部门为此次纪录片的创作工作提供了 230 余卷（件）档案、12 个音频电子文件等重要档案信息。

（三）积极寻求外部公共档案资源

除在浦发银行的档案资料中深挖素材以外，此次拍摄中还寻求了外部公共档案部门大量的素材支持。上海音像资料馆管理着 SMG 旗下所有电视频道和广播频率的广播电视节目档案，拥有上海人民广播 1949 年开播以来和上海电视台 1958 年建台以来所有广播电视节目资源，以及从 1898 年至今的新闻纪录片、专题片、素材以及各类影像档案 10 万部。《雄关漫道》制作合作机构——上海广播电视台纪实频道真实传媒有限公司也是 SMG 旗下的公司，依托上海音像资料馆的公共档案信息资源平台，收集了浦发银行开业（图 1）、上市（图 2）等重要时点的珍贵视频素材，大大丰富了该部纪录片的历史影像内容。

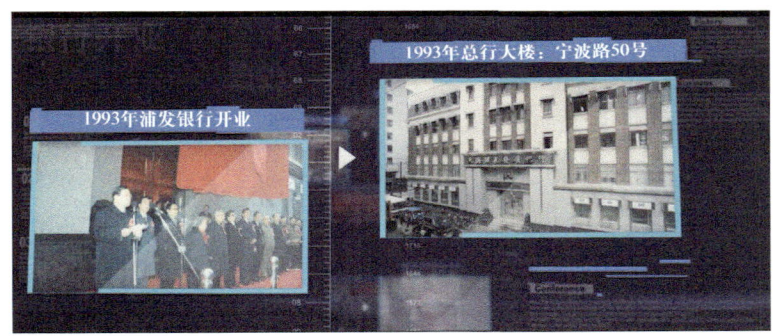

图 1　浦发银行开业仪式

图 2　浦发银行上市纪念

不仅如此，在纪录片的制作过程中，结合前期档案材料的信息，制作组寻访亲历者 20 余人，将口述实录与史料一一核准。脚本内容多次请总行相关部门和分行进行复核，确保史实准确、表述到位。拍摄工作于 2017 年 10 月启动，涉足 5 个城市，收集素材数据量达到 4TB。拍摄手法既保持了纪录片传统的跟踪记录、深度采访、挖掘典型人物故事，又融入了新颖的叙事理念以及航拍、移动延时摄影、轨道、移动平衡器等新兴的拍摄技法。以上素材也已向浦发银行档案部门移交归档，充实了口述档案的内容。

（四）努力争取领导支持

在创作过程中，纪录片多次得到浦发银行行级领导的审核指导以及庄晓天（原上海市分管金融财贸工作副市长、原浦发银行董事长）、裴静之（原上海市计划委员会副主任、原浦发银行行长）等老领导的支持。2018年3月以后，在这部纪录片的后期制作过程中，**邀请社会知名专家进行审片**，包括复旦大学历史系教授、复旦大学中国金融史研究中心主任吴景平，国务院政府特殊津贴专家、中央新影集团（前身为中央新闻纪录电影制片厂）知名导演梁碧波，《第一财经日报》副总编辑、知名媒体人杨燕青等。在充分吸收专家意见的基础上，至2018年10月上旬，全片制作基本完成。

四、效果及影响

该纪录片得到了各位专家、领导的一致好评，正如本片审片专家之一、国际知名纪录片人梁碧波所言："金融业银行业，是最难用影像语言表现的题材，但本片团队呈现给观众的，是一部影像表现与内容呈现均佳的纪录片，实属不易，是纪录片记录现实、为党和政府的中心工作服务的一部好作品。"

通过本次纪录片的制作，浦发银行充分认识到档案信息资源开发利用与档案信息资源基础建设相互促进的重要作用。这一认识也体现在浦发银行于2017年年底编制的《全行档案工作三年规划（2018—2020年）》及其实施方案之中。根据规划方案，浦发银行在2018年将档案信息化工作作为重点工作予以大力推动，对总行室藏纸质档案进行数字化加工，并将电子扫描件挂载至全行档案管理系统。同年，浦发银行参加了国家档案局第二批企业电子文件归档和电子档案管理的试点工作。目前，该项试点工作的程序开发已基本完成，数据接口已正式上线。2019年，在顺应当代媒体融合的新趋势下，浦发银行档案信息利用平台正式上线，这将进一步加强档案信息资源的开发与利用，推动全行档案工作更上一层楼。

案例形成单位：上海浦东发展银行总行
案例形成人：李光明

精心编研全领域、全产业链发展的水下隧道，推动企业品牌价值的升华

一、案例概述

中铁第四勘察设计院集团有限公司（以下简称中铁四院）是世界500强企业中国铁建的国有全资子公司，综合实力位居全国勘察设计百强前列。秉持着敬人敬业、创优创新的立足之道，中铁四院成为目前国内唯一能设计并拥有盾构法、沉管法、矿山法、围堰明挖法4种水下隧道修建工法实例的单位，也是国内唯一拥有铁路、公路、地铁、核电输水、煤矿斜井等各领域水下隧道设计业绩的单位。从"万里长江第一隧"的武汉长江隧道到地质条件极度复杂的南京长江隧道，从高铁第一盾构水下隧道广深港高铁狮子洋隧道到第一条公铁合建盾构隧道武汉三阳路长江隧道，中铁四院近年来设计的数十条国际一流水准的水下隧道工程，创造了国内水下隧道界一项又一项第一，打造了响当当的"水下隧道"核心品牌。本案例精准服务于广大技术人员学习借鉴水下隧道设计成果的迫切需求，深入开展水下隧道档案资源开发利用，从全领域、全产业链出发，重点梳理、提炼并总结了中铁四院设计的39座典型水下隧道的概况、重难点技术、创新成果及经验教训等内容，助推企业保持行业竞争的龙头优势及品牌价值的"再升华"，同时优化服务细节，提升服务品质，实现了档案服务的"再升级"。

二、实施背景

编研是把"死档案"变成"活信息"的重要途径，是发挥档案价值的重要工作。当前，"重藏轻用"的档案管理思想早已被时代所弃，如何提供高质量的档案利用服务是当代档案工作关注的重点。中铁四院档案馆找准企业档案工作融入主业的结合点、着力点，紧密围绕企业发展品牌战略，响应企业员工的档案利用需求，进一步挖掘服务潜力，助推企业高质量发展。

（一）挖掘水下隧道档案价值是企业发展品牌战略的必然要求

从陆地延伸到江河海洋。经过代代"四院人"的砥砺奋进，中铁四院的隧道业务已经从铁路山岭隧道勘察设计，发展到如今业务范围涵盖铁路、公路、城市道路、轨道交通、水工、电力（含核电）、煤炭、石油等多个行业。在水下隧道工程设计领域更是独树一帜，设计和研究的水下隧道多达60多座。所设计的盾构隧道涵盖了2.0～15.9米多种直径，分布于祖国的江河湖海和多个城市。武汉长江隧道、广深港高铁狮子洋隧道、武汉三阳路长江隧道，以及杭州庆春路过江隧道、杭州钱江隧道、台山核电取水隧道、甬舟铁路金塘水道海底隧道等各种高水压、大断面、长距离、复杂地质环境下的水下隧道，多项指标摘取国内水下隧道之冠，创造了多项国内和世界纪录，极大地推进了国内水下隧道建设的技术进步。水下隧道已成为中铁四院创建并确立的包括高速铁路、现代铁路站房、城际铁路、市域铁路、磁浮轨道交通在内的"六大核心品牌"之一，挖掘水下隧道档案价值，在既有经验上做好技术储备，是企业发展品牌战略的必然要求。

（二）编研水下隧道档案内容是积极响应企业利用者的迫切需要

"以服务为指挥棒"是档案部门不懈的追求。尽管中铁四院完成了许多世界级水下隧道的设计工作，但这些成果分散在各个项目，且不同项目有着不同的施工工艺和技术要求。例如，矿山法是修建山岭隧道常用的方法，将其用于水下隧道修建时，需特别注意强大的水压增加坍方及涌水的可能性，因此一般需要超前探明地质情况并采取加固围岩和止水措施。矿山法主要适用于围岩稳定性较好的基岩，且需要一定的基岩覆盖厚度。同样采用矿山法的情况下，具体施工工艺也存在差异，如武广客专浏阳河隧道与长沙湘江大道（市政道路）浏阳河隧道均为矿山法施工，但前者采用爆破式矿山法，而后者采用非爆破式矿山法。从中可看出水下隧道设计施工工艺繁多、类型复杂，典型案例资源分散在不同的项目中，不便于技术人员全面地查阅与参考，造成优质资源的闲置与浪费。

为利用好中铁四院水下隧道这一核心品牌资源，服务技术人员对于高质量、深层次水下隧道档案编研成果的利用需求。中铁四院档案馆主动调研需求、研究档案内容，通过信息采集、分析、加工、整序、综合制成信息二次甚至多次加工成品，把档案承载的静态信息转化为动态，提供综合档案信息的高层次服务，降低了利用者多途径收集信息的时间成本，提高了工作效率。

（三）高素质的档案人员队伍为编研工作提供了人才保障

中铁四院档案馆现有专职档案管理人员14人，其中高级职称2人，中级职称6人，并于近年引进5名高校档案专业研究生，多渠道、多方式地加强档案人员教育培训，充分搭建内部、外部档案交流协作平台。档案人员始终坚持"主动、热情、迅速、准确"的服务方针，以档案价值最大化的愿景深入开展档案编研实践。他们在服务态度中做到热情主动、细致周到，善于与利用者沟通，了解利用者的需求；在服务内容上做到紧跟社会形势，了解企业需求，及时、有针对性地开发档案资源，提供急需的高质量档案信息。

三、创新做法

（一）精准定题，牢抓需求，系统梳理

中铁四院档案馆面对档案编研工作充分发挥创造性和主观能动性，按照"一定、二抓、三梳理"的步骤开展编研工作。

一定：精准定题。水下隧道作为中铁四院的核心技术品牌，多年来虽积累了大量设计经验及实例，但优质的设计及实例等信息资源散落在不同的项目档案中，没有系统性、整合性的资源以供利用。鉴于此，中铁四院档案馆首开选题汇编中铁四院设计、施工的水下隧道，填补了此领域整合性信息资源的空白。

二抓：牢抓需求。确定选题后，编研小组走访、咨询、请教多达几十位隧道专家和专业技术人员，认真听取每一位专家和专业人员对水下隧道各自的见解和技术人员对编研成果的需求，分析讨论，认真研究，以需求为导向，完成能够切实服务企业发展、服务职工需求的编研成果，充分发挥编研成果的效益与价值。

三梳理：明确大纲。编研小组依据选题，针对需求，面对馆藏的大量水下隧道设计及研究资料，全面摸查全院多达3000个工程项目，梳理出近百座有特点的水下隧道，初选图片多达1000多张，包括地形图、效果图、设计图、现场实景图、隧道动工剪彩图等，查阅相关资料达500余册。最终锁定39座典型水下隧道，从中梳理出技术人员迫切需要的内容，包括隧道的主要技术标准、施工工法工艺、解决的技术重难点、创新性技术等。对相关档案材料内容进行研究、分类、整理、加工等，完成大纲。

（二）广采数据，深挖内容，精心编排，精彩呈现

1. 从选题出发，广采数据

编研小组通过走访专家和分析讨论，对中铁四院设计的39座水下隧道精心分类，采集整合其工程类别、规模及施工方法等关键数据。

2. 从需求出发，深挖内容

针对对象主要为技术人员的特点，根据他们的利用需求，确定编研成果内容主要包括隧道概况、设计标准、建设规模、施工工艺工法、建设历程、新技术、新结构、重难点技术等方面。案例式归类、整合水下隧道的基础概况数据，并深度挖掘、分析其亮点特色，为技术人员开拓技术视野。

以广深港高铁狮子洋隧道为例进行说明：

（1）水下隧道基础数据，包括广深港高铁狮子洋隧道的概况、设计标准、建设规模、施工工艺工法、建设历程等。

（2）水下隧道亮点数据，包括广深港高铁狮子洋隧道采用的新技术、新结构、重难点技术等。如采用的大断面复合式盾构施工、合成纤维混凝土防火等新技术；通用楔形管片、洞口缓冲等新结构；国内首次采用的"相向掘进、地中对接、洞内解体"的施工方式等重难点技术。

3. 从利用出发，确定展现形式

本案例成果为全一册、分为五章，详述了39座在建和已完工的水下隧道。其中图片161张（包括地形图、效果图、设计图、现场实景图、隧道动工剪彩图、盾构机实况图、新闻图片等），表格26张，近5万文字，以图文并茂的形式对不同隧道的差异性进行了总结，方便了技术人员的阅读和理解。

（三）纵、横向深度综合分析，定位水下隧道技术成就

立足本位介绍并比较中铁四院在水下隧道领域的发展概况与工程、技术成就，本案例还全方位地进行了纵向、横向深度综合分析，将中铁四院在水下隧道领域的当前地位归纳为以下几点：

（1）傲立行业群雄的综合实力，使中铁四院成为水下隧道发展的领跑者：深厚的发展底蕴、领先的技术实力、丰富的工程业绩。

（2）始终追求卓越的匠心营造，是承载着水下隧道建设不断勇攀高峰的追

梦者：万里长江第一隧——武汉长江隧道，世界首例公铁合建的盾构隧道——武汉三阳路隧道，世界首座高速铁路水下盾构隧道——广深港高铁狮子洋隧道，世界上首条大断面特高压电力工程——苏通（苏州至南通）GIL综合管廊长江隧道。

（3）数十年如一日的自主创新，是引领水下隧道技术向纵深发展的开拓者：由简单地质向复杂地质发展，由中等水压向高水压和超高水压发展，由大直径向超大直径发展，由单层结构向多层结构发展，由单一工法向组合工法发展，由传统领域向多领域发展。

（4）着眼全领域、全产业链发展，是共同推动水下隧道事业再上新台阶的担当者：贯彻新理念提升水下隧道技术，加快研究海底隧道设计建造技术，大力推行水下隧道全产业链发展。

四、效果及影响

（一）发挥知识惠人效益，促进水下隧道知识共享，助推企业人才培养

本案例共收集整理并深度分析了中铁四院设计的具有代表性的39座水下隧道特色及研究成果，这些隧道涵盖铁路、地铁、公路、输水管等使用领域。水下环境包括大江、大河、大海，修建方法包括盾构、沉管、钻爆、围堰明挖等，可供从事水下隧道工程设计、施工、建设管理人员阅读学习，是水下隧道知识共享的良好范本。

（二）发挥知识复用效益，提供水下隧道设计参考读本，助推企业降本增效

本案例精心加工、整合提炼在不同地质条件下各种隧道的施工工艺、修建技术、结构方案及创新技术，为后续项目提供了思路和解决方案借鉴，可以避免技术及方案选择不当造成的工期延误或经济损失。如武汉三阳路公铁合建长江隧道，成功解决了列车高速运行、地层复杂多变、盾构段超长所带来的难题，实现了工程施工与运营风险、工期风险、造价等因素的合理平衡与综合优化，为今后隧道向更长、更大水深发展奠定了坚实基础。截至2019年年底，本案例成果被

设计人员、技术管理等人员借阅多达 3600 余次，助力企业水下隧道业务持续高质量发展。

（三）发挥知识增值效益，促进新技术成果推广及应用

本案例在重点介绍 39 座隧道时，对隧道在设计、施工等方面的创新技术成果进行了详细描述和深入分析，对新技术应用起到了一定推动作用。如编研南京长江隧道工程项目时，重点介绍了三大综合创新技术成果。南京长江隧道作为世界上在高水压强渗透地层修建的第一座超大直径盾构隧道，取得了水下隧道修建技术方面的重大突破，开启了我国水下隧道建设的新局面，对同类隧道的建设起到了引领和重要的技术示范作用。该项目成果已经全面应用于南京长江隧道，并推广应用于扬州瘦西湖隧道、广深港高铁益田路及深港隧道等多项工程，取得了显著的经济效益和社会效益；且获国家专利 5 项（其中发明专利 1 项）、软件著作权 2 项，发表论文 47 篇、专著 1 部。

（四）发挥知识赋能效益，助推企业品牌价值"再升华"

水下隧道设计是中铁四院"六大核心品牌"之一，在行业内乃至世界具有较高的知名度。本案例对进一步扩大中铁四院及中国铁建在水下隧道建造领域的影响，提升企业在行业内的知名度有非常积极的作用。

案例形成单位：中铁第四勘察设计院集团有限公司
案例形成人：吴朝晖

传承红色基因，弘扬奋斗文化

——湘钢厂史展览馆建设项目档案资源开发利用

一、案例概述

湘潭钢铁集团有限公司厂史展览馆，是为庆祝湘钢建厂60周年而兴建的职工教育阵地和企业文化宣传平台。其建设充分挖掘利用了湘钢档案馆的文献史料和所获荣誉、照片、科技、实物等档案资源，采用了空间立体、图文渲染和"声、光、电"等技术手段，展示了湘钢各个发展时期的企业理念、产品结构、科技创新和活动事件等内容，再现了湘钢人怀揣"建设好毛主席家乡"的初心使命和60年栉风沐雨、奋斗不息的光荣历程。湘钢厂史展览馆自2018年11月5日开馆至今，已接待300多场、9000多人参观。目前，湘钢厂史展览馆已成为职工教育基地、企业文化建设示范点、新入厂职工的新课堂，成为湘钢对外形象展示的第一站，获得了广大职工、外来参观者的一致好评和良好的社会效益。

二、实施背景

湘潭钢铁集团有限公司（以下简称湘钢）始建于1958年，是国内现代化大型钢铁联合企业，也是南方重要的精品钢材生产基地。60年来，湘钢人秉承"建设好毛主席家乡"的初心使命，艰苦奋斗、拼搏发展，在产品结构、经济效益、行业地位、社会影响力等方面都发生了意义深远的重大变化。2018年，实现销售收入657亿元，创利65.6亿元，上缴税金31亿元。

湘钢作为中国南方千万吨级的精品钢材制造基地，全球产能规模最大的宽厚板生产基地，湖南省单体规模最大、综合实力最强的国有企业，必须要有一个记录企业发展历程、传承企业文化的"瑰地"。从历史看，1956年国家确定的钢铁工业"三大五中十八小"战略布局中，湘钢被列为"5个年产钢50万～100万吨中型钢铁企业"，是由冶金工业部领导的中央直属企业。湘钢落户于湘潭的一个主要原因是改变毛主席家乡工业化落后的面貌,因此具有与生俱来的红色基因。从行业看,鞍钢、宝钢、武钢等大型国有钢铁企业都有自己的厂史展览馆。从发展看,随着湘钢规模不断扩大、职工数量不断增多,许多厂区景象已经发生变迁,许多新进厂的职工对湘钢的历史、发展变迁的了解呈碎片化,没有一个完整、清晰的认识。基于上述情况,恰逢湘钢建厂60周年,为了让全体职工更好地了解湘钢60年来的发展历程,弘扬湘钢奋斗文化,激励湘钢人做强红色基业、打造百年湘钢,湘钢档案馆主动作为、超前谋划,提出以档案资源为基础,在湘钢科技大楼的一楼、二楼建设湘钢厂史展览馆。该项目经公司批准同意后,成立了以公司领导为组长,档案馆成员和相关人员为组员的项目团队,全力推进厂史展览馆项目建设,从项目调研到建成历时10个月,于2018年11月正式对外开放。

三、创新做法

(一)勾勒大主线,以档案为基础精心编写厂史展览馆项目文案

湘钢厂史展览馆建设项目的文案部分是项目组成员以档案资料为基础,通过对馆藏资料进行挖掘、研读、梳理,编撰而成的。

1. 精选史料

湘钢厂史展览馆作为职工教育基地,应让职工了解湘钢的历史,观后能够使职工产生强烈的责任感、自豪感、归属感,同时又能激发职工的荣誉感和使命感。依据这个思路,项目组开始着手甄选资料。湘钢档案馆集中收藏和记录了湘钢发展建设中珍贵的历史档案资料和大量企业数据信息,是厂史展览馆建设文案内容的首要来源。档案人员从文书档案、实物档案、科技档案、新闻书稿档案、照片档案、荣誉档案和档案历年编研资料中,先后查阅湘钢地形地貌勘测、调研、厂址选定、建设、创业、发展、改革、技术改造、科研、转型升级、国家领导人视察、先进人物、荣誉等资料近万件,对初选的档案资源进行了精心选择和特定处理,形成了5000件资源内容。其中包括:照片1760张,珍贵实物70件,建厂时期地貌图文、组织机构资料、企业资质、产品科技研发、企业产能产量、销售利润数据等档案资料2570件,为厂史展览馆建设项目文案编写提供了非常有价值、有依据的真实文件材料。

2. 精心布局

根据精选的史料，制定布局大纲，将整个展览馆分为序厅和"钢铁布局，落子湘潭""使命在肩，唯有奋斗""宝贵经验，薪火相传""面向未来，基业长青"4个篇章进行展示，每个篇章都是一部壮丽的史诗。其中，序厅的主题"弘扬奋斗精神·做强红色基业"，这既是对湘钢60年奋斗史的精辟总结，也是对湘钢未来发展提出的坚定目标，更是湘钢积极响应习近平总书记提出的"坚定不移做强做优做大国有企业"的号召，向打造世界一流的钢材综合服务商的目标迈进的有力体现。4个篇章中，第一篇章以时间为轴，追寻历史的脚步，还原了湘钢在最初的建设阶段如何一步步走来，创造钢铁史上的奇迹。第二篇章重点讲述了湘钢从20世纪60年代前五年遭遇停建和恢复建设、"文革"十年迎难而上、改革开放后从传统老国企向现代企业转变、进入21世纪实现向板材领域重大突破的艰难曲折和发展之路，展现了湘钢人永不言败、越战越强的精神风貌。第三篇章浓墨重彩地介绍了湘钢在困难重重的环境下对企业发展具有关键意义的一系列技改工程和湘钢在科技创新、管理变革、辅业发展、党的建设等方面形成的一整套具有企业特色的成功经验，展现了湘钢人对于企业发展的全面协调推进，一步步构建了强大的企业竞争力。第四篇章展示了湘钢如今的实力、成就和未来规划，展现了湘钢人站在新的起点，面对未来的种种机遇和挑战，不忘初心、牢记使命，走向百年辉煌的精神风貌。

（二）精雕小细节，以项目为载体充分开发档案信息资源

1. 梳理档案信息，丰富编研成果

湘钢档案门类多、复杂、分散，时间跨度长，并且没有将档案资源进行有机整合。通过厂史展览馆项目建设，梳理了湘钢建厂至今60年奋斗历程中的重要图文资料，先后编制了文字资料《湘钢六十年大事记》《湘钢厂名变更史》《六十年科技创新成果汇编》《湘钢集团产业发展历程》和视频资料《铿锵奋斗六十年》等，是历年来档案信息编研成果最多的一年，同时为湘钢厂史展览馆提供了宝贵的资料。

2. 提炼档案素材，再现历史全貌

一是将一张张、一本本、一卷卷存放在档案柜中的冰冷文字资料转换为挂在展板、立在展厅、制成影片的活生生资料。如：1957年10月21日，国家经济委

员会冶金工业计划局在就湖南钢铁厂建设问题呈报薄一波、李富春两位副总理的报告原件；1957年12月30日，国务院批准湖南钢铁厂设计任务书；《中央钢铁厂选址图》等，让参观者清楚地了解湘钢是怎么来的历史。二是通过开展"寻找钢城记忆"档案征集活动，向全体职工及离退休老员工征集湘钢建厂以来与湘钢建设、发展、改革、创新等各方面有关的，具有代表性、时代性、典型性的老照片和老物件。大家积极参与，主动将实物和照片捐赠给档案馆。档案人员从中精挑细，进行再加工，进一步充实了档案馆的实物档案。档案馆也将这些珍贵实物在厂史展览馆中集中展示出来，其中包括20世纪60年代工作服、20世纪70年代国家领导人叶剑英来湘钢调研的珍贵手稿（图1）、湘钢第一任书记孙云英出版的《纪行歌》和20世纪60年代《湘钢小报》等珍贵老物件共计50余件，以及湘钢各个历史时期生产建设、先进人物、重要活动等珍贵老照片500余张，这些实物让每一位参观者都更加深刻地了解了湘钢的历史。

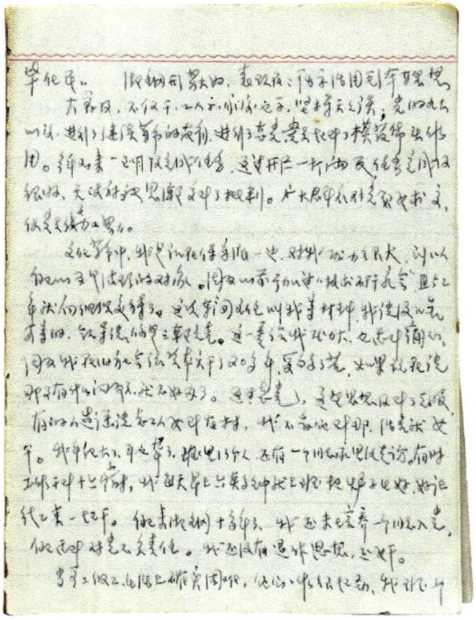

图1 叶剑英来湘钢座谈会笔录

（三）演绎活历史，以科技手段创新档案展示方式

厂史展览馆分4个展厅，除传统的展板、铜制浮雕、展柜等展览方式外，还运用了触控屏、拼接屏、大型弧幕、高清投影、一键式智能控制系统等数字化设备和多媒体技术，让参观者切身感受湘钢的奋斗文化。

一是还原历史场景（图2）。湘钢厂史展览馆的主题浮雕形象墙，所展现的是湘江之滨十里钢城的大气磅礴和钢铁工人的奋斗英姿。场景利用半景画的艺术手法，展示了湘钢勘察选址、动工兴建、初期投产的历史时刻。墙面采用大幅油画为背景，结合现代声光电和智能控制等技术手段，动静结合，让整个画面灵动起来，通过视觉、听觉、触觉三者共振，给参观者以强烈的画面感、历史感。

二是多媒体展示。湘钢厂史展览馆的180°大型弧幕观影区采用了多台高清

图 2　场景还原

投影、智能控制系统、全方位立体环绕音效等先进设备和技术。同时，项目组打破过去图文陈列的老模式，通过将湘钢建设、发展、技术、转型升级、企业文化等内容制作成影片，利用图片、模型、互动系统、多媒体演示等多种展示手段，让参观者体验全新的沉浸式观影带来的更为震撼的视听效果，深刻感受到湘钢创业时期的恢宏场面，对湘钢的历史时刻感同身受、激情澎湃。

三是动画展示。以"钢铁是如何炼成的"为主线，将湘钢线材、棒材、板材等主要产品的生产工艺流程制成动画，让职工和参观者更清晰地了解钢铁的冶炼过程，湘钢已走在现代钢铁技术进步的前列。以时间为轴，将"十里钢城"60年的大事件制作成一本电子书，方便参观者直接点击屏幕阅览，同时，还可以将新的大事件录入系统进行更新。总之，湘钢档案馆积极探求各种展示途径，使企业的 60 年奋斗文化积淀在信息时代获得新的突破，使湘钢企业精神获得最大限度的彰显。

四、效果及影响

（一）传承企业文化，发挥教育基地作用

湘钢厂史展览馆记载了湘钢发展变化过程中老一辈湘钢人艰苦创业的智慧和经验，是对湘钢精神和奋斗文化的集中展示，是全体职工进行爱岗敬业教育的重要基地。湘钢各单位先后组织职工，特别是新进员工参观厂史展览馆。通过讲解

员生动形象的讲解和一份份图表、一张张数字的集中展示，让每一位参观者真正走进湘钢的历史长河，沐浴湘钢文化，也让职工深刻感受到"做强红色基业，弘扬奋斗文化"的内涵，领悟到"善于学习，不断创新，争创一流"的湘钢精神，进一步激发了职工的归属感、荣誉感、自豪感，凝聚了员工士气。

（二）树立企业品牌，创造经济效益和社会效益

当前，湘钢正积极推进工业旅游项目，湘钢厂史展览馆作为湘钢工业旅游的第一站，能够第一时间让每一位参观者走进湘钢，零距离感受优秀的湘钢文化。让来访的每一位领导、客户迅速了解湘钢的背景和发展前景、企业文化、社会责任，从而对企业品牌产生信任，提升湘钢形象，真正在企业品牌推广和工业旅游观光融合发展中做到"挺起湖湘工业脊梁，承载中国制造骄傲"。通过参观厂史展览馆，开展厂史教育，广大职工士气高、干劲足，各项工作都取得了明显进步。2019年1—4月，实现销售收入219.4亿元，创利15.9亿元，上缴税金13.4亿元，利润排名位列行业第六，比2018年年底前进6名。

（三）激活档案资源，促进档案工作有效融入企业发展

企业档案记录历史、传承文明、服务企业。湘钢厂史展览馆的建立，激活了档案资源，打开了档案记忆之门，让档案随着信息技术的融入，更加直观生动地展示出来，具有更强的吸引力、说服力和感染力，活化了湘钢的档案信息，也是对湘钢档案工作无形的宣传，增强了职工的档案意识。同时，在建设湘钢厂史展览馆的过程中，对湘钢档案工作进行了一次全面梳理，不仅增加和补充了大量实物档案，还极大地提高了档案的编研再利用，进一步让档案工作获得了生机与活力。通过将档案资料进行对外展览，打破了传统档案工作方式，主要体现现有档案资料的查借阅利用服务的内涵，使全公司职工、离退休职工以及对外参观者与湘钢档案更加近距离接触，让珍贵的历史档案资料被广大职工所熟知，为真正需要的人提供信息参考，让档案工作更加有效服务企业改革发展。

案例形成单位：湘潭钢铁集团有限公司

案例形成人：喻维纲、彭志良、何展、肖鸣、冯波、林志超、唐梅、罗华伟、廖旌云

发挥档案资源价值有序盘活存量资产，"一企一策"取得国有企业改革新成果

一、案例概述

党的十九大以来，国有企业深化改革和加快发展进入全新阶段。伴随进入改革"深水区"和攻坚期，国务院国资委将国有企业存量资产及历史遗留问题整改列入改革试点，要求坚决打好国有企业遗留问题攻坚战。截至2018年年底，四川省投资集团有限责任公司（以下简称川投集团）在推进国有企业改革过程中，深入挖掘档案库藏，多渠道开发利用，"对症下药、因企施策"，有据有序成功实现涉及历史遗留问题的存量国有资产妥善处置，回收资金逾1.5亿元，既创造了良好的经济效益，又兼顾了社会效益，在深化国企改革、"退而有序"方面作出了有益探索。

二、实施背景

川投集团作为四川省人民政府授权的国有资产经营主体、重点建设项目的融资主体和投资主体之一，业务涉及能源电力、基础设施等产业领域。随着经济体制改革的不断深化，在历史沿革中沉积形成了一些遗留问题和存量低效资产，对企业正常生产经营带来了"拖累"和负担。遗留问题存量资产涵盖股权、债权、实物、无形资产等多种形态，大多与历史性政策相关联，时效缺失、权属不清、控制力差、主体消逝，问题点多面广，传统方式无法有效解决问题，工作难度极大。

党的十九大以来，国家加快推进供给侧结构性改革，先后下发了《中共中央国务院关于深化国有企业改革的指导意见》《国务院关于印发加快剥离国有企业办社会职能和解决历史遗留问题工作方案的通知》等政策性文件，对加快解决历史遗留问题作出了重要部署，旨在促进国有企业轻装上阵，集中资源做强主业。

从整体上看，坚定不移地推进深化国企改革，妥善解决历史遗留问题，实现国有资产保值增值，是一项十分艰巨的系统工作。随着改革步入深水区、攻坚期，遗留问题企业的利益多元化、主体多元化及信息多元化增加了行动的难度，从顶层设计到实施落地，操作中存在诸多具体难题。在探索、分析、实践过程中，川投集团集中优势资源，以解决历史遗留问题为出发点，助力企业深化改革、转型发展。众多资源中，档案资源的重要地位不容忽视，档案作为重要信息载体，记录着相关事件的活动和运行发展轨迹，具有极强的"主线"属性，成为解决历史遗留问题考证查实的依据、把握脉络的基础、制定方案的前提。同时，通过对档案资源中具有资产性和经济性信息的充分挖掘，根据诉求进行加工、整理，形成有效的信息资源并加以利用，为推动问题的解决起到了极大作用。

三、创新做法

妥善解决国有企业历史遗留问题的过程中，川投集团感受最深刻的是：记录工作过程的档案资源是工作参考、研究决策、风险控制、权益维护的重要依据。诸多案例中，川投集团档案工作主动参与，以最大限度协调各方利益为中心，从资产管控的角度对档案资源开发利用进行创新，以此为突破口，在工作中开展、操作、实施、落地，特别是在确权和维权等关键环节上都发挥了至关重要的作用。其中较为典型的创新做法有以下几项。

（一）利用档案资源实现企业资产确认，推进历史遗留问题整体妥善解决

作为四川成立最早的省属政策性投资公司，川投集团政策性投资、存量资产及历史遗留问题大多历史久远、情况复杂。川投集团投资控股的一家制药企业，在资产退出及股权变更过程中，涉事企业的相关方在股权登记、资产权属、债权债务等方面出现争议。经过对历史档案的整理，核查了该制药企业的股权变迁历程，筛选出三方协商纪要、转让协议、双方账务往来凭证等关键资料，证实了股权收购方因未按约定如期付款，从而确定了川投集团持有股权的合法性，与收购方最终合法解除了转让协议。在公开处置未果后，川投集团档案工作再次介入，协助查阅经营、财务、人事等方面的档案，在众多错综复杂的问题中，逐渐梳理出关键，针对问题在股权划转、债务偿还、付款方式、人员安置等方面重新制定

方案，并报请国资监管机构审批同意，实现了对该企业的整体安全退出，回收资金 4375 万元。既优化了集团资产结构，又兼顾了地方政府利益，实现了资源的统筹安排，一举解决了企业自身难以解决的遗留问题，经济效益与社会效益均得以有效实现。

针对 20 世纪 90 年代川投集团遗留的一个政策性临周借款项目，由于时间久远、企业改制等原因，债权债务确认出现争议。经过川投集团相关部门及档案工作者的积极介入，从历史档案中调阅出多年前的贷款合同及审批文件，最终通过档案利用取得价值突破。据此梳理出债权发生前后的关键脉络，依据借款合同、划款凭证、拨款凭证、相关审批文件等，厘清了双方债权债务关系。尤其是对确权难度最大的陈欠利息，利用档案的凭证作用，重新确认并据此签署还款协议，实现确权 1461 万元，较好地维护了川投集团的资产权益。

（二）利用档案资源加快推进企业改革有序退出，实现历史遗留问题的彻底解决

伴随市场经济发展、体制改革深化、行业过度竞争等诸多因素，川投集团投资的个别企业无法维持正常经营，既增加管理成本，又耗费社会资源，并潜在一定的法律风险，实现这些企业的清理退出压力巨大。川投集团对这类企业坚持"一企一策"，通过转让、划转、清算等多种方式有序退出。实施过程中，档案信息服务工作坚持同时同步，较好地推进了企业改制改革任务的完成。

川投集团所属一家全资子公司由于政策发生重大变化，业务停顿后川投集团决定关闭清算该企业，其间川投集团档案工作全程跟进公司清算关闭工作，配合整理出清产核资、财务审计、税务清算、工商注销等各环节所需的档案凭证，最终促成该企业依法依规完成关闭注销，公司清算款项 2339 万元全部划回股东方集团公司，有效实现了国有资产保全和资金归集。川投集团所属资产公司在清理相关子公司往来债权债务过程中，深入排查提供了资金拆借协议和划款凭证等原始档案，最终在法院再审环节确认了诉讼争议中的参股项目 800 万股份，取得法院出具的民事裁定书，确认股权价值 2400 万元，彻底解决了遗留多年的资产权属争议问题。

四、效果及影响

（一）经济效益

在档案资源的开发利用中，川投集团档案工作坚持"一企一策"精准服务，及时查询提供各项原始档案和关键凭证，为企业改制、资产重组、债权追溯、法律确权、关闭清算等提供了至关重要的依据。经过不懈努力，川投集团通过多种方式处置盘活存量资产，回收各类资金逾 1.5 亿元，为集团重点项目建设提供了重要的资金补充，有力维护了企业的合法权益，取得了良好的经济效益和综合收益。

（二）社会效益

一是有效推进了历史遗留问题的解决进程，提供了参考案例。历史遗留问题的形成原因方方面面，问题的解决更涉及内外环境、政策法规、社会经济等诸多因素。通过对历史遗留问题的妥善解决，川投集团在问题处置方式、风险把握、效益管控方面积累了较为丰富的案例经验，使企业在深化国有企业改革方向上迈出了坚实一步，实现"变废为宝"，不仅充分挖掘了资产潜力，优化了产业结构，为企业带来了不可忽视的经济效益，也为其他企业利用档案资源解决历史遗留问题提供了多角度、可参照的有效方法。

二是充分调动了档案管理队伍积极性，为档案资源效用发挥提供了舞台。川投集团档案资源开发所取得的成绩离不开档案工作者队伍的努力。这些档案资源内在的经济价值和社会价值经过了档案人员有意识、有目的地科学开发而得以显现，并在利用中得以实现。档案资源开发利用工作为企业档案工作人员增加了实战经验，提供了各利用环节详细可靠的数据，使档案储备、编研、创新工作水平得以显著提高。同时，档案资源开发利用也在档案工作队伍和企业经营需求之间搭建了交流平台，为档案工作人员发挥专长服务于企业提供了有效途径，提升了企业的档案利用效率，从而更好地创造了经济和社会价值。

三是持续增进档案工作水平，与业务合作实现优势互补。在信息经济时代，信息共享及合作共赢成为档案工作的重要内容之一。川投集团档案工作者与相关各方开展密切合作，一系列综合信息得以反馈，通过对档案信息资源的系统研究、分析，了解各类档案信息的传递效果、利用的状况和起到的作用，以此为依据改进工作，进而更加科学地为档案利用者提供必要、系统、准确的服务，促进了档案管理工作更上新台阶。

其一，更加注重档案信息收集。引入了"档案资产"理念，将档案视为企业资产有机构成部分，加快传统收集方式的改变，加大了对企业各个层面档案资源的收集力度。

其二，更加注重档案信息编研。因档案资源的需求利用具有多样性、差异性的特点，所以档案资源利用存在着潜在性和无限性的特点。通过合作，川投集团档案编研工作更加侧重服务中心工作，针对需求的特点和重心进行研究和预测，不断创新，使编研成果发挥应有的作用。

其三，更加注重档案服务工作。加快了新技术和先进设备的引进，为使用者提供更高质量的查档和阅档服务，使档案资源共享和传播功能得到进一步拓展，提升了企业人员的"大档案"意识。

其四，深入体现档案工作价值，促进企业档案管理与经营管理有机结合。长期以来，档案工作的重点大多放在文件资料的收集、整理和保管上，"重藏轻用"的观念普遍存在，档案资源利用率低，得不到充分开发，其作用难以发挥，价值难以体现。成功实现档案资源利用，充分体现出档案管理工作的内在价值，很大程度上改变了集团档案工作的被动局面，促进档案管理与经营管理逐步深度融合。近年来，在档案行政管理部门的指导下，川投集团积极推进企业数字档案系统建设，通过信息化、电子化、数字化提升传统档案管理，在有效提升企业经营管理效率的同时，也促使档案管理工作向深层次、高层次发展，形成了相互融合相互促进的良好局面。

案例形成单位：四川省投资集团有限责任公司
案例形成人：罗永平、尹洪娟、史文韬、卢艳

地质档案在国土资源部设立的陕西商州—丹凤—商南地区铀矿整装勘查项目中的开发利用

一、案例概述

为了使陕西商州—丹凤—商南地区铀矿整装勘查区的铀矿整装勘查工作达到预期目的，2012—2013年中陕核工业集团二二四大队有限公司（原陕西省核工业地质局二二四大队）联合中国地质大学、东华理工大学对陕西省商州—丹凤—商南地区（以下简称商—丹地区）铀矿档案资料进行二次开发，将已有的铀矿床档案数字化，利用目前最先进的系统软件技术建立三维预测地质模型，指导找矿工作，开展工作部署研究、优化找矿靶区。通过整装勘查，商—丹地区整装勘查找矿工作取得了较大突破，新增铀矿储量可观，光石沟铀矿床、小花岔铀矿床已达大型规模，纸坊沟、石板沟等铀矿点已达到小型矿床规模。

二、实施背景

2010年11月，在河南省郑州市召开的国土资源部全面推进地质找矿新机制座谈会上，国土资源部党组正式提出在全国组织实施构建"公益先行、基金衔接、商业跟进、整装勘查、快速突破"的地质找矿新机制，提出"三年有重大进展，五年有重大突破，八年重塑地质矿产勘查开发格局"的"358"目标，即地质找矿"358"行动。地质找矿"358"行动是国土资源部继地质找矿改革发展大讨论后作出的又一重大战略部署，是贯彻落实"十二五"规划建议、提升国家资源保障能力、缓解工业化和城镇化不断加快对资源刚性需求的重大举措。

为了响应国土资源部地质找矿"358"行动，中陕核工业集团公司成立了以集团公司总工程师为组长的国家级整装勘查区立项领导小组，领导小组根据集团公司自身情况，组织专业技术人员和档案人员对50多年来的铀矿勘查成果及档案资料进行了系统整理与择优，认为商—丹地区位于北秦岭铀成矿带，铀矿床（点）多，属于铀成矿集中区，资源潜力评价找矿前景好。中陕核工业集团二二四大队有限公司档案室及中陕核工业集团档案馆又保存有在该区工作的大量铀矿地质档案，因此拟设立陕西省商—丹地区铀矿整装勘查区，由中陕核工业集团二二四大队有限公司组织实施。在商—丹地区开展地质找矿工作，力争实现找矿重大突破，发展和评价商—丹地区铀矿，使商—丹地区成为具有重大影响的大型或特大型铀矿产地。

三、创新做法

2012 年年底至 2013 年年初，按照中陕核工业集团公司国家级整装勘查立项领导小组的安排部署，二二四大队有限公司科学规划、统一部署，组织专业技术人员和档案人员对馆藏的商—丹地区 50 多年来工作的铀矿地质档案资料进行了系统整理和梳理。

（一）档案室建立商—丹整装勘查区参考档案资料数据库

二二四大队有限公司档案室根据项目的需要对大队室藏档案和集团公司馆藏档案按照地区进行筛选，建立了商—丹整装勘查区参考档案资料数据库。数据库中包括了案卷目录信息（表1）282 条、卷内目录信息（表2）2793 条、内容摘要信息 282 条，对于部分有电子文件的地质资料，上传电子文件于目录数据库，实现全文浏览。这些信息包括了中陕核工业集团二二四大队档案室和中陕核工业集团公司档案馆保存的 1964 年至 2009 年中陕核集团二一一大队、二二四大队、核工业 203 所、北京三所、730 航测队等单位在商－丹地区工作的 282 个项目的所有资料。

表 1　数据库案卷目录字段表

案卷编号	案卷标题	用户分类	编著单位	编著者	编著时间	报告册数	附图	附表	附件
套数	电子载体	工作程度	起始经度	起始纬度	终止经度	终止纬度	行政区	密级	保管期限
电子档号	汇交单位	汇交时间	馆藏机构	备注					

表 2 数据库卷内目录字段表

案卷编号	档案编号	顺序号	图号	卷内标题	责任者	编制时间	水平比例尺	垂直比例尺
报告页数	图件张数	密级	保管期限	文件类型	电子文件	备注		

（二）专业技术人员对档案资料进行专业分类

专业技术人员在圈定的 282 个项目档案资料中认真甄别有用信息，按铀矿地质调查、地面伽马测量、地面伽马能谱测量、矿产调查、水系沉积物测量、钋法、放射性水化学测量、地质草测、活性炭及坑内伽马测量对档案资料进行专业分类。

（三）将纸质图件分类进行电子化数据处理

按基础图件、物化探类图件、找矿要素类图件、找矿预测类图件分类后进行数字化和地质统计学电算化处理，提取各种有用的找矿信息，对陕西省商—丹地区铀矿整装勘查区成矿规律和找矿进行预测研究，编制了陕西省商—丹地区铀矿整装勘查区成矿规律及成矿预测图。

（四）利用 GIS 平台对电子化数据进行综合整理

在整装勘查区，根据找矿模型及其找矿信息变量／预测要素，利用整装勘查区典型矿床（光石沟、小花岔、张湾、陈家庄、高山寺）地学资料及其钻孔数据库，利用 GIS 平台和证据权、分形数学建模，在整装勘查区范围内划分了 3 个级别的找矿有利靶区（Ⅰ、Ⅱ、Ⅲ）。在此基础上，利用三维可视化技术和地质统计学方法建模，在矿床（区）范围内划分了 3 类找矿有利地段（A、B、C）（图 1）。

同时，加强成矿规律研究，利用三级找矿有利靶区将整装勘查区划分为重点工作区、一般工作区和找矿远景区，在矿床范围内利用找矿有利地段指导找矿工程的布设。

（1）陕西省商—丹地区大地构造位置处于秦岭造山系东部，南北横跨北秦岭中—晚元古代活动陆缘弧和商丹早古生代蛇绿混杂带。南临南秦岭刘岭晚古生代

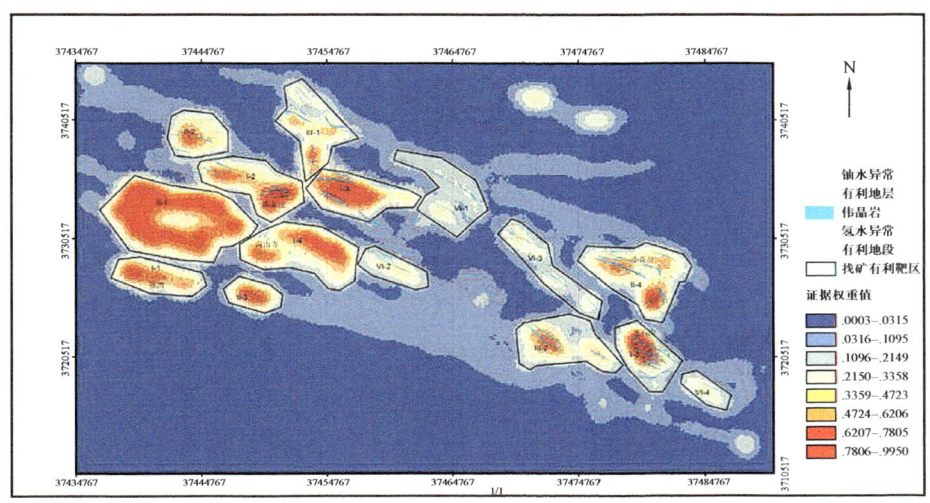

图 1　商—丹地区铀矿整装勘查区找矿预测靶区成果图

前陆盆地，北接二郎坪早古生代弧后盆地。处于秦岭—大别铀成矿省北秦岭铀成矿带东段，铀矿地质界称为丹凤三角地区，铀成矿区位有利。

（2）商—丹地区存在两种铀矿化类型，分水岭断裂—蔡川断裂间的北秦岭活动陆缘弧为伟晶花岗岩型铀矿化，商丹蛇绿混杂带为构造热液型铀矿化，主攻伟晶花岗岩型铀矿化。

（3）伟晶花岗岩型铀矿成矿条件：秦岭群第三岩性段在热变质作用下，对伟晶花岗岩型铀矿的铀源有一定贡献，但铀源主要来源于加里东期强烈的岩浆侵入作用；花岗岩体内外接触带对产铀伟晶花岗岩脉具有控制作用区；黑云母伟晶花岗岩为赋铀主岩。

（4）区内铀矿床（点）多，资源潜力评价认为找矿前景好，勘查资金有保障，通过工作有望重大突破。因此，拟设立商—丹地区国家级整装勘查区。

（5）项目实施后可在陕西省商—丹地区评价 1 个特大型铀矿产地、1 个大型铀矿产地，实现国家战略性矿产资源可持续发展目标。

（6）用 GOCAD 建立找矿地质模型：GOCAD 是国际主流三维地质建模软件，是法国 Nancy 大学开发的主要应用于地质领域的三维可视化建模软件。GOCAD 是以工作流程为核心的新一代地质建模软件，实现了高水平的半智能化建模，具有强大的三维建模、可视化、地质解释和分析的功能。GOCAD 既可以进行表面建模，也可以进行实体建模；既可以设计空间几何对象，也可以表现空间属性分布。本次使用到的工作流程主要是 3DReservoirGridBuilder 和 ReservoirProperties 两个工作流程，用于建立三维网格模型和进行估值模拟，同时也涉及数据输入、输出、变异函数计算等基础操作模块。

具体做法是将以往形成的地质图、勘探线剖面图、物化探异常图、地质水平与纵投影图，以及钻孔资料、坑道资料进行数字化，变成数字地质图、勘探线剖面图、物化探异常图、纵投影图和数字钻孔等。建立地质勘探数据库，地质勘探数据库分为钻孔数据库、测斜数据库、化验数据库和岩性数据库，以及铀元素基础数据库和岩性数据库，通过后期铀品位模拟和岩性模拟，建立矿床的矿体三维模型，依据矿体的展布和地层岩性特征，在光石沟、小花岔矿床范围内预测了 15 个找矿有利地段（图 2）。

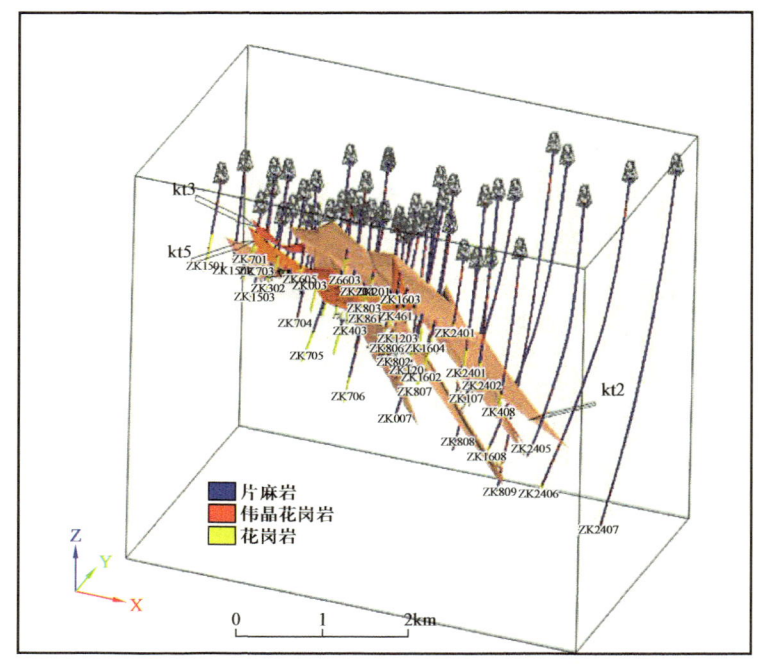

图 2　预测找矿有利地段

对比验证：物探异常验证，模拟结果与伽马射线异常晕、活性炭异常晕这 2 种异常晕得出的结果是一致的。

三维模型验证：铀矿床 U 品位和岩性的估值、模拟结果，与实际地质情况吻合程度较好。

钻探验证：在小花岔铀矿床马家湾地段进行钻探验证，发现1个铀矿体，为铀矿床提级扩量作出了很大贡献。

总结出了伟晶岩型铀矿的成矿模式。商—丹地区加里东期晚（420Ma）的黑云母正长在花岗岩（γ32）的内、外接触带200m范围内，是产铀黑云母花岗伟晶岩脉的密集分布区，是花岗伟晶岩型铀矿找矿有利区。伟晶岩浆在上升过程中大量同化了围岩物质，形成了同化混染区，415Ma伟晶岩浆结晶分异，同化分离结晶作用，使伟晶岩中晶质铀矿的饱和与沉淀，形成了铀矿体（图3）。

通过以上方法对档案信息资源进行开发利用，最终编制了《陕西商州—丹凤—商南地区铀矿整装勘查区设立建议书》，在分析商—丹地区铀成矿地质条件、成矿规律的基础上，对商—丹地区铀矿整装勘查区的设立依据进行了论述，确定伟晶花岗岩型铀矿为主攻类型，兼顾构造热液型铀矿。计划通过5年铀矿地质勘查，落实3万吨以上铀资源量为找矿目标，实现商—丹地区铀矿找矿的重大突破。

四、效果及影响

2013年11月，国土资源部批准设立"陕西商州—丹凤—商南地区铀矿整装勘查区"，为了完成国家级整装勘查任务，中陕核工业集团公司高度重视，成立了整装勘查领导小组，主要负责铀矿整装勘查项目立项审批、成果验收。中陕核工业集团二二四大队有限公司具体组织实施。

2014年以来，中陕核工业集团公司在商—丹整装勘查区共投入资金12906.11万元。由二二四大队有限公司组织完成钻探49553.00m、槽探4743.00m^3、地质测量170.67km^2、地质剖面测量110.41km、物探测量202.24km^2、物探剖面测量159.97km、样品分析1205件。整装勘查取得了较大的找矿突破，光石沟矿床、小花岔矿床已具大型规模；纸坊沟找矿有重大进展；石板沟、陈家庄外围、桃坪、黄柏岔、试马—五里铺、枣园—小南唐等项目有不同程度的新发现。

同时，由于整装勘查工作突出的找矿成果和影响力，吸引了中国地质调查局、陕西省地质勘查基金等大量地质勘查资金投入，据统计：

（1）2014—2015年，中国地质调查局在商—丹地区整装勘查区投资470万元设立了"陕西商州—丹凤—商南地区整装勘查区关键基础地质研究"项目，由

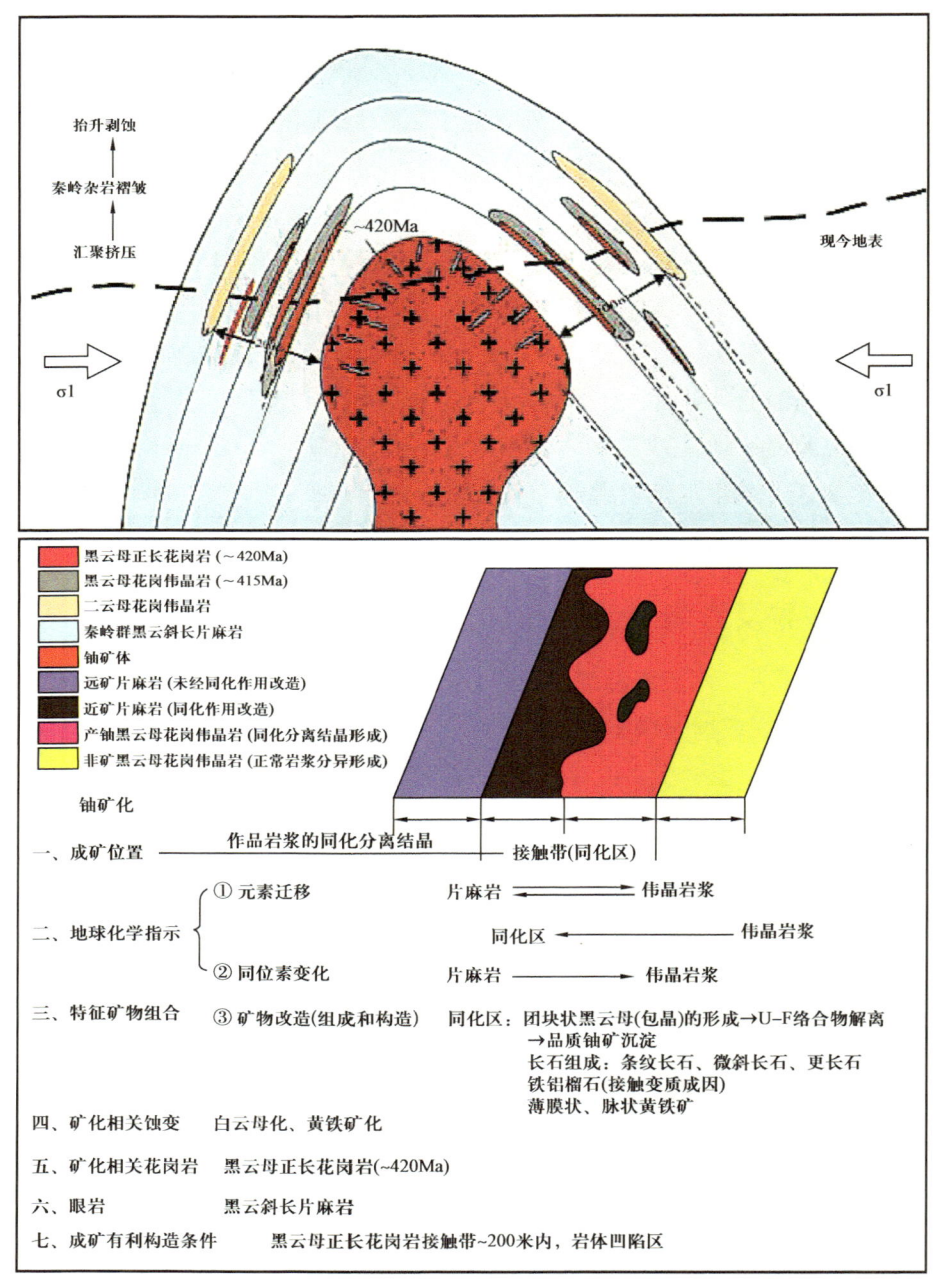

图3 伟晶岩型铀矿成矿模式

中陕核工业集团二二四大队有限公司和中国地质大学（北京）承担。

取得的主要成果：伟晶花岗岩脉接触带同化混染成矿机制的提出，揭示了区内伟晶花岗岩型铀矿的富集规律。

（2）2015年，中陕核工业集团公司在商—丹地区整装勘查区投资200万元设立了"陕西商州—丹凤—商南国家铀矿整装勘查区地球物理方法适用性研究"项目，由东华理工大学承担。

取得的主要成果：试验结果表明，伽马能谱测量方法、电法AMT方法、磁法这3种物探方法在整装勘查区内均是有效的物探找矿方法。

（3）2015—2018年中国地质调查局天津地调中心在商—丹地区整装勘查区投资445万元设立了"陕西省丹凤县双槽地区花岗岩型铀矿地质调查"项目，由中陕核工业集团二二四大队有限公司承担。

取得的主要成果：圈定找矿远景区3处，圈定找矿靶区2处，共圈定了7个矿体，估算3341类别铀资源量。

（4）2016年，中国地质调查局在商—丹地区整装勘查区投资160万元设立了"陕西商州—丹凤—商南地区铀矿整装勘查区矿产调查与找矿预测"项目，由中陕核工业集团二二四大队有限公司承担。

取得的主要成果：

① 确定铀成矿建造为花岗伟晶岩建造＋黑云斜长片岩建造＋粮食沟—西沟脑断裂组合，是铀化的主要成矿建造。

② 确定金成矿建造为斜长角闪片岩建造＋惠家坪—枫香坪断裂带，是Au元素主要成矿建造。

③ 通过本次工作认为鱼咀斜长角闪片岩建造为Ti、V元素富集的主要层位。

④ 在调查区内新发现了一批重要的矿（化）点，主要为铀异常点（带），其次为铜、镍、金、锑等多金属矿化点，为该区资源潜力评价提供了充分的依据。

2014年以来的整装勘查工作，使光石沟铀矿床、小花岔铀矿床由中型矿床提升为大型铀矿床；纸房沟铀矿点、石板沟铀矿化点提升为小型铀矿床；新增铀矿储量可观；发现一批可进一步工作的矿产地。我国目前天然铀产量仅能满足需求量的1/3，从我国核电发展对天然铀的需求预测，2020年我国天然铀的需求将比现在提高6~7倍，未来10年内国内天然铀市场需求旺盛。整装勘查工作成果对缓解我国战略资源紧张局面有一定的帮助。

经静态法概略估算其潜在经济价值约 100 亿元，按 20% 的利润率计算可获纯利润约 20 亿元，经济效益显著；整装勘查过程中解决当地劳动力 2000 余人，给地方经济发展作出了应有贡献，当地政府及老百姓对找矿工作非常支持；未来铀资源开发可解决当地劳动力，转移就业 3000 人，对促进地方经济发展、维护社会稳定具有重大意义。

案例形成单位：中陕核工业集团二二四大队有限公司
案例形成人：王雪、杨安林、焦金荣

5000万元不良贷款
成功清收背后的档案故事

一、案例概述

2018年1月30日，中国银行孝感分行（以下简称孝感分行）全额收回了该行原授信客户——中盐宏博（集团）有限公司（以下简称中盐宏博）5000万元不良贷款，打响了大额不良清收"开门红"的第一枪。对该行资产质量和经营效益的提升，乃至中国银行湖北省分行2018年不良清收工作均作出了较大贡献。本案例中孝感分行通过档案资源开发利用，达到了成功全额清收不良资产的成效，充分发挥了档案基础工作对业务管理工作的支撑作用，是档案管理工作服务全行大局和中心工作的价值体现。

二、实施背景

中盐宏博位于素有"盐海膏都"之称的湖北省云梦县，始建于1987年7月，原是当地县政府组织成立的地方国有企业，拥有可供开采量约1亿吨盐矿资源；2000年10月划归中盐总公司管理，是中盐总公司的控股企业，2004年起拥有全国食盐专营的生产经营资格，曾是中国盐生产行业龙头企业。

中盐宏博一直是当地的优质企业和纳税大户，为各金融机构争相合作的对象。2002年，中盐宏博与孝感分行建立信贷关系，并逐年增加授信额度，该行授信总量最高峰值达3亿元。2015年10月，中盐宏博授信总量达2.86亿元，授信产品为流动资金贷款，其中5600万元总量以企业自有土地、房产及机器设备作抵押，2.3亿元由中盐总公司提供连带责任保证担保。

2016年7月，中盐宏博部分停产，主要原因：一是历史包袱较重。作为成立较早的地方国有企业，遗留历史问题较多，人员负担极重，很大程度上消耗企业经营利润。二是生产结构不合理。企业对工业用盐的生产投入较多资金，食用盐未得到长足发展。因经济下行使化工行业受创，工业盐销售数量大幅下降，销售价格与生产成本出现倒挂，且食用盐经营获利不足以弥补工业盐亏损。三是供应链断裂。受经济下行的影响，工业用盐的主要下游客户出现经营危机而停限产，直接影响企业生产经营。

在中盐宏博环保未达标且生产经营持续出现亏损的情况下，中盐总公司为解决历史遗留包袱，申请将中盐宏博纳入"僵尸企业"管理。国务院以"改组函〔2016〕76号"文件（图1）同意纳入"央企僵尸企业名单"，要求2017年年底前完成破产重整，中盐总公司对其下达停止生产指令。

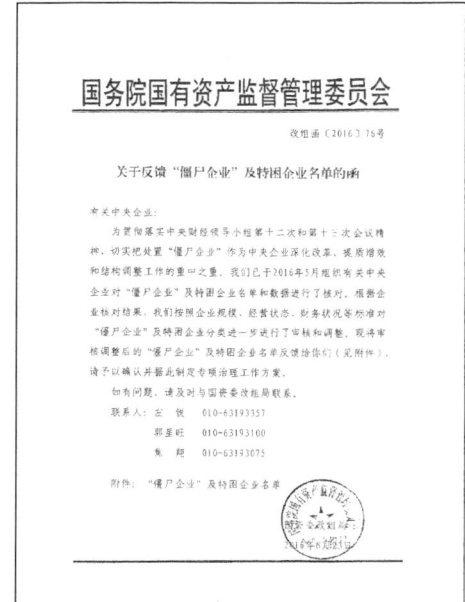 

图1　国务院"改组函〔2016〕76号文件"

中盐宏博全面出现停产时，在孝感分行的贷款余额高达2.8亿元（停产前归还贷款600万元）。停产意味着授信资产第一还款来源缺失，授信资产存在重大安全隐患。

2016年7月中旬，中盐宏博部分生产线出现停产的情况下，孝感分行就及时采取一系列贷后管理措施对企业进行严格监控：

（1）及时将企业纳入严控管理名单，加强对企业资金监控的力度，预防资金抽逃或资产转移。

（2）及时报送重大事项报告。在得知中盐宏博被国务院认定为"僵尸企业"，要求其破产重整后，积极联系当地县委县政府、中盐总公司相关负责人，密切关注中盐宏博破产重整的进展。

（3）及时保持与保证人的互通。通过向中盐总公司发送《履行担保责任通知书》，要求其按时代偿 2.3 亿元的担保贷款。为确保保证人能够按期代偿，组织专人二次赴北京、上海与中盐总公司总会计师见面，并发送公函给中盐总公司董事长，要求中盐总公司代为偿还中盐宏博在该行 5000 万元的抵押贷款。

（4）持续跟进压缩整体授信。自 2016 年 12 月至 2017 年 4 月间，中国银行孝感分行陆续按时收回 2.3 亿元担保贷款本息，贷款余额从 2.8 亿元压降至 5000 万元。

面对即将破产的中盐宏博，如何将剩下的 5000 万元贷款全部收回，一直是压在孝感分行清收人员头上的一块大石头。

三、创新做法

中盐宏博与孝感分行建立信贷关系时间跨度长达近 17 年之久。这期间，信贷人员换了一茬又一茬，有哪些经办人、抵押资料还在不在、授信资料完不完整、能否在债务清偿中占有主动等，对清收人员来说，都是一个未知数。清收人员第一个想到的是通过档案资料去还原历史，找寻更多有力证据，用事实说话，只有这样才能顺藤摸瓜，赢得先机，占领主动。在档案调阅利用案例中，孝感分行有以下做法和体会。

（一）档案集约化管理为成功清收提供了坚实保障

从 2012 年起，孝感分行积极推行档案集约化管理，先后将 5 家县市支行和城区 8 家支行的各类档案全部集中到市分行集中管理，分条线明确了专职、兼职档案人员，进一步强化了管理和职责。档案的集约化管理在一定程度上克服了分散管理上"归档整理标准不一、保存环境参差不齐、集中调阅不够规范、档案资料容易遗失"等弊端，为档案的查询调阅提供了坚实的保障。截至目前，集中上收各类档案 18 万余本（件/册），既减轻了基层保管档案的负担，又集中完善了保管环境，提升了档案保管质效。

2016 年 4 月开始，在 20 个月的时间内，孝感分行清收人员先后从综合档案室调阅资料30余次,分别调阅了中盐宏博从2002年5月至2016年4月的各类授信档案(银承、贷款、押品)资料100余本(份),涉及金额15.29亿元。

(二)档案调阅的高效为成功清收争取了维权时间

一是积极推行档案电子化管理,实现纸质档案与电子档案同步管理。充分发挥电子档案管理高效、利用便捷的优势,使档案的调阅实现了质的飞跃,大大提高了调阅效率。

二是档案人员的责任、担当意识强。2016年以来,中盐宏博还款开始出现异常。孝感分行风险管理部和相关支行就开始着手资产保全工作。为了调阅该企业的相关贷款资料,上述部门和机构人员没有少找档案人员的"麻烦",有时遇到紧急情况急需查找,随时要电话打扰档案人员。档案人员熊新凤是一位50多岁的女同志,业务技能扎实,工作勤勤恳恳,她患有颈椎和腰椎疾病,平时还要照顾90多岁的母亲。但一听说是为了维护中行债权查找资料,对同志们查档有求必应,无论是工作日还是节假日,从不推诿、抱怨,确保了档案资料调阅及时,为债权维护争取了时间和话语权。

(三)档案资料的完整为成功清收赢得了工作主动

针对中盐宏博贷款进入不良的情况,孝感分行及时成立不良清收专班,全程跟踪和了解企业破产重整推进情况,掌握推进的第一手材料,制定专项应对措施,确保抵押债权不受损失。自出现风险事件后,孝感分行不良化解专班人员对抵押物有效性进行核查,从档案室调取完整抵押资料,牢牢把握担保债权优先受偿的主动权。同时,主动加强与当地政府、法院等部门的沟通,实时掌握政府、法院等部门最新工作动态,积极表达诉求,坚决打击逃废债的违法行为。与此同时,积极向省分行汇报具体情况,寻求政策指导,并对化解工作进行动态汇报。

凭借原始、完整的抵押档案资料,孝感分行依法参加中盐宏博第一次、第二次债权人大会,精心组织申报债权材料,积极主张权利维护自身权益,确保担保债权始终位于第一受偿顺序,力争保证贷款不出现损失,为成功清收赢得了主动。

（四）良好的档案文化为成功清收提供了预期可能

多年来，孝感分行历届党委班子十分重视档案管理工作，将档案管理工作作为基础管理的重要内容。特别是近年来，新一届党委明确提出了把档案中心建设成"孝感分行文化传承基地、资料调阅基地"的目标任务，成立了由行领导挂帅的工作领导小组，先后就档案管理工作主持召开专题会12次，就档案库房建设规划召开行长办公会5次，组织召开条线部门档案工作联席会8次，进一步明晰了各部门的职能，不断完善了档案管理各项制度。

围绕档案集约化管理的要求，孝感分行组建了专职、兼职档案人员队伍，实现了档案管理人员在全行各单位的全覆盖。同时，注重加强专职、兼职档案人员的考核和培训，不断提升专业技能，强化档案管理意识和风险意识，通过培训指导，档案人员进一步强化了业务档案的归档工作，保证了原始档案资料的应归尽归，提示档案遗失后的不良后果，等等。

从本案例来看，上述这些基础工作的支撑性作用确实不能小视。如果没有良好的档案管理文化氛围和足够的档案意识，没有各部门档案人员对档案的日常精心管理，没有档案人员的那份敬业和执着，本案例中的核心档案证据资料能否顺利、及时找到，5000万元不良贷款能否顺利收回将是一个大大的问号。正因为平时扎实的档案管理基础工作，才在关键时刻发挥了积极作用。

四、效果及影响

（一）为清收管理工作提供借鉴

该笔5000万元不良贷款的成功清收，在孝感分行甚至中国银行湖北省分行均引起了强烈反响。特别是在当前内外部市场经济环境较为复杂、维权追债压力较大的情况下，能有单笔如此大金额的资产成功收回实属不易，不仅更加鼓舞了孝感分行所有清收人员的士气，也为系统内兄弟行提供了探索和借鉴。

（二）实现资产质量和经营效益提升

成功清收5000万元不良贷款，不仅提升了资产质量，也直接带来5000万元经济收入，增加了利润，为当年孝感分行绩效考核进入系统排名第6名进一步奠定了坚实的基础。

（三）增强对档案管理工作的重视

该笔 5000 万元不良贷款的成功清收，更好地说明了档案管理工作的重要性，更加凸显了档案信息开发利用的价值所在。中国银行湖北省分行办公室专门对孝感分行档案管理利用进行了表扬，这无疑是对该行档案管理工作的鼓励和鞭策，也进一步促进了全员对档案管理工作的高度重视，提升了档案管理工作的地位。

案例形成单位：中国银行股份有限公司湖北省分行
案例形成人：晏玉清、熊新凤

构建档案数字化信息平台
实现资源共享、远程利用和综合服务

一、案例概述

档案提供利用是档案工作的重要一环,也是档案工作的根本目的。本案例介绍了中国铁路太原局集团有限公司(以下简称集团公司)通过开发建设档案数字化信息平台,实现资源共享、远程利用和综合服务,为企业发展、经济建设和服务民生提供信息资源,取得了很好效果。案例根据《全国档案信息化建设实施纲要》《电子公文归档管理暂行办法》《纸质档案数字化技术规范》等,利用办公局域网建立面向集团公司及70个基层单位的信息传输网络和统一平台,实现电子文件的在线收集、鉴别、分类、排列、编目、保管、统计、利用,实现资源共享和本地及远程查档,受到了职工的好评,提升了企业核心价值。

二、实施背景

(一)创新前现状

(1)档案的收集、整理、保管、鉴定、统计、利用全部需要人工完成,需要付出大量时间与精力,没有更多精力从事档案编研工作。

(2)由于没有档案管理信息系统,集团公司机关与70个基层单位(分布在晋、冀、京等省市)之间的档案数据互不联通,无法实现档案信息资源的共享,造成档案信息"孤岛"现象,不符合当今档案管理要求,也难以发挥集团公司对基层单位档案业务的监督和管理。

(3)一些基层单位档案管理与利用流程不够规范,档案利用深度不足,档案安全保管存在风险。

（二）需求动因

（1）集团公司档案信息资源的开发利用，是未来集团公司知识管理系统的核心。通过建立一体化的档案管理信息系统，形成集团公司统一的档案资源池，运用数据挖掘技术等，实现知识化管理，使之成为集团公司发展的核心竞争力。

（2）集团公司在铁路建设、运输、生产、经营、管理过程中形成的档案是重要资产，文件归档是集团公司收集各部门及职工工作成果的重要形式。通过档案管理信息系统建设，建立完善的归档制度和管理系统，使集团公司"信息资产"能够得到及时、准确、有效的保护。

（3）通过档案管理信息系统的数字信息长期保存技术，应用系统升迁特点，监控电子文件的形成过程，接收应归档保存的各类电子文件及其元数据进馆，可实现对任何形式的电子文件原始状态信息的真实保存，从而保护集团公司的历史记忆。

（4）档案部门迫切需要将传统的文件保管部门转换为信息服务部门，彻底改变利用率不高、查询利用不方便、与各业务部门使用习惯不同的现状。档案管理信息系统通过各种信息手段（如综合统计、专题和知识服务），主动为各业务部门提供各类信息服务和决策依据，提升档案利用价值。

三、创新做法

（一）建设目标

本项目建设覆盖太原局集团公司机关及所属70个基层单位的档案综合管理系统，实现档案管理各业务环节的自动化、网络化。应用系统建设集成管理各门类数字档案资源，具备收集、元数据捕获、登记、分类、编目、著录、存储、数字签名、检索、利用、鉴定、统计、处置、格式转换、命名、移交、审计、备份、灾难恢复、用户管理、权限管理等基本功能，为电子档案的真实、完整、可用和安全提供首要保障，并达到灵活扩展、简单易用的基本要求。

具体目标如下：

（1）面向集团公司，支持档案部门与各归档部门的协同工作，消除分散在各部门的信息资源"孤岛"。

（2）实现与各单位档案管理系统的互联互通，实现全集团公司内部档案有效共享，提高档案利用率。

（3）提高集团公司档案收集整理、科学保管、开发利用以及信息服务 4 大业务工作的自动化程度，满足集团公司档案现代化管理的需要。

（4）能适应机构变化对档案的归档范围、流程、权限等方面造成的影响，适应集团公司后续发展和管理的变化。

（二）对比分析

（1）档案采集管理，包含档案信息采集、归档管理、鉴定销毁、备份恢复等，涵盖了档案管理的生命周期，涉及收集、整理、鉴定、销毁和数据导入导出的日常管理工作，主要针对档案管理人员或各部门的兼职档案员。

在实现档案信息化之前，以上工作都需要档案人员手工完成，现在系统自动实现档案的采集和管理工作。

（2）档案利用，包含数据查询、档案借阅、档案推送、查档授权、档案编研、光盘制作等。

在实现档案信息化之前，利用者需到本单位档案室或开具单位介绍信到集团公司档案室查阅。现在通过局域网利用档案管理信息系统，提供给普通职工查阅档案、借阅档案、申请权限等综合利用权限，实现了在线利用。

（3）系统管理，包含档案配置、系统配置和统计日志 3 部分。

在实现档案信息化之前，需要档案人员手工完成统计工作。

现在能更好地完成对档案业务开展情况的掌控，可以针对不同部门的档案管理需求和规范，定制配置档案的业务规则，构建单位和组织、管理人员和角色，进而控制档案权限。同时也提供了报表设置、日志管理，完成档案使用情况、工作情况等统计，针对档案管理员和系统管理员，结合本单位的实际情况设置系统以保证档案的业务流程有序进行。

（三）创新内容

（1）档案管理信息系统在存储管理层使用了虚拟存储技术和分级存储管理技术，解决大容量数据存储问题。具有以下几个特点：

① 拓展存储空间满足数据增长的需求：可以更有效地利用存储空间，最大化消除数据存取瓶颈，缩短寻道距离，因此缩短了访问时间，满足了所有数字资源对存储空间的需求。

② 方便数据的统一管理，提高数据安全性。

③ 使前台应用与后台数据分离得以实现。

④ 便于存储空间的再分配。

（2）为保证电子文件真实性，主要采用以下措施：

① 保证电子文件的原始性。电子文件信息的原始性是确定其真实性的基础。必须从电子文件生成时就开始对其严密监管，建立对各项操作的跟踪记录。具体措施可以是制定文件生成和办理的流程控制程序。

② 建立环环相扣的责任者链接，分别对起草、审改、定稿、签发、接收、承办、归档等过程进行把关和上下交接。

③ 保证原始性的基础上，建立真实性的认定方法和手续，明确判定电子文件真实性的检验要素。必要的检验要素有电子文件生成过程的不同版本、各位责任者的签署手续、操作处理的权限核对、交接程序审核等。这些必要的检验要素，总体上构成了电子文件真实性的充分条件。

④ 建立符合法律要求的电子文件真实性鉴定规则和程序。根据电子文件的运作范围及司法要求，分别制定相应的鉴定规则和程序来规范鉴定工作。

⑤ 明确电子文件真实性鉴定的执行部门和责任者、具体操作鉴定的人或部门，且应有合法的权限。

⑥ 实现真实性保障的主要信息技术措施包括数字摘要技术、数字签名技术、可信时间戳、元数据技术等。

（3）系统通过对接电子公文系统，实现电子公文在线归档、在线移交接收、在线利用，有效保证纸质档案的安全性和完整性，大大节约人力，提高工作效率，实现自动化办公。同时实现了档案部门与其他部门之间的互联互通，逐步实现由政务信息的互通到业务数据的互通再到档案数据的互通。

（四）实施过程

依据行业及企业相关标准及规范，采用合理的技术架构和技术手段，建设中国铁路太原局集团有限公司档案管理信息系统（图1），实现档案工作的高效化操作、档案数据的智能化管理以及档案业务扩展的现代化档案管理信息平台，使集团公司档案管理工作水平得到大幅提升。

图 1 档案管理信息系统平台界面

中国铁路太原局集团有限公司档案管理信息系统的总体体系架构由基础设施层、数据层、一体化平台应用系统、展示层、标准规范体系、安全保障体系和运行维护体系等构成。

档案管理信息系统功能主要分为档案采集管理、档案利用、档案业务和系统管理 4 大部分，使档案工作人员可以轻松掌握系统的应用，对档案采集功能强调简便，对系统设置功能强调强大，对综合利用功能强调易用，档案业务则强调个性化。这样的系统划分，更加符合档案使用者的实际情况，实现了功能强大和简便易用的完美结合。档案采集分为在线著录、数据导入、数据接口归档 3 种方式，所有数据都进入收集整编库中，统一进行整编管理。通过移交流程完成档案信息从档案产生部门到归档部门（档案室）的移交工作。档案利用时提供了普通检索、高级检索、全文检索 3 种不同检索方式，方便快捷。档案业务对档案在产生、管理、存储、利用、鉴定、销毁等生命周期中各环节的业务情况进行汇总和统计分析，为提高档案管理水平、挖掘档案利用价值提供重要的参考信息。档案管理包括案卷和文件调整、打印封皮目录等、出入库操作、保管期限到期鉴定、保密期限到期鉴定、档案销毁、数据备份和恢复管理等。

在中国铁路太原局集团有限公司"统一一个平台"的规划下，充分考虑集团公司档案信息化现状以及未来档案管理的发展趋势，采用集中式应用和存储，即集团公司统一使用一个平台，档案数据实现统一规划存储，并将应用系统集中部署在集团公司机关总服务器上,为全集团公司范围内提供系统应用。

集团公司包含二级单位、三级单位等多级机构。系统提供了集团公司机构和单位的扩展机制,通过系统中的全宗单位管理来扩展及定义新机构和单位的应用。

系统支持从档案类型、整理方式、分类表、代码表、报表等一系列业务定制手段,以适应集团公司对各种不同档案门类的管理。

系统在基础应用平台中专门提供了一套功能强大的、完整的工作流引擎,可以支持中国铁路太原局集团有限公司内部围绕文档的业务流程的自动化,包括流程设计定义、流程执行。通过流程自定义功能,系统支持对用户身份管理及权限设置、档案接收、鉴定、利用等申请流程进行审批控制,审批流程支持多级审批、跨部门会签审批、委托审批等多种审批方式。系统提供了图形化的工作流设计工具,根据用户业务的需要,可以设计业务流程并发布到档案管理信息系统中执行。

四、效果及影响

(一)社会效益

档案管理信息系统的建设,促进了档案管理技术和方法的彻底变革,最大限度地实现了档案信息资源的共享和有效利用,发挥了档案信息的增值作用,彻底改变了档案封闭、半封闭的状况,进一步发挥和提升了档案工作在集团公司的作用和地位。

中国铁路太原局集团有限公司档案管理信息系统的建设,既是对各种档案管理综合应用的实践,又是对某些新技术应用的一次探索。该项目采用多种关键技术,包括J2EE系统架构、XML技术、数字签名技术等,解决了系统功能的开放性和数字档案的真实性、完整性等技术难题,并提供强大、灵活的档案利用手段。

(二)经济效益

从档案管理角度看,系统实现了档案管理业务的自动化,为档案信息化管理提供了先进的技术手段。减少了档案工作人员繁重的工作量,极大地降低了管理成本,并实现了档案规范化管理,提升了集团公司的管理水平。

从企业管理角度看，加强档案管理，对提升集团公司基础管理水平有巨大的促进作用。档案管理信息系统的建设，使集团公司现有的现代化设施、设备能发挥更大作用，只需用少量投入就可以获得巨大的经济效益。

从档案利用角度看，由于档案利用者可通过局域网直接快速、方便地在系统中查找和浏览所需的档案资源，极大地节省了查档时间。特别是完整的工程、设备等档案，为集团公司在铁路线路病害整治、设备维修、发生争议时提出索赔提供依据，能够在减少企业损失方面作出不可估算的贡献。如大秦线大黑山隧道进洞 1400 米处基底出现翻浆冒泥，线路几何尺寸难以保持。茶坞工务段通过在线查阅大黑山隧道竣工资料，发现该隧道进洞 1400 米处基底围岩性能差，裂隙贯通，修建时未设计仰拱，先天承载力不足，水系发育，易造成基底破损。针对以上情况，及时制定整治方案，采用基底补强加固，疏通排水，降低水位的措施，快速对大黑山病害进行了整治，避免了对病害基础资料不了解、制定整治方案粗放的弊端。

从各类应用系统角度看，由于档案管理信息系统将各类应用系统形成的归档文件移至本系统进行专业化的分类、整编，并提供更加有效的查询利用，在方便各专业用户利用的同时，又减轻了各类应用系统的数据负荷，提高了运行效率。

从企业投入成本看，由于采用数据集中的方式统一进行档案管理信息系统建设，避免了基层单位的重复开发和低水平建设，大大降低了硬件投资和维护成本。

（三）外部评价

（1）该系统自实施以来，为职工查找工作中需要的各种档案资料提供了便捷，受到了广大职工的好评，提升了集团公司的企业核心价值。

（2）该系统技术水平保证了先进性，符合当代信息技术的发展趋势和当前信息科学的发展方向。

（3）通过信息化建设，实现了档案管理的现代化，促进了档案信息系统整合和资源共享。

案例形成单位：中国铁路太原局集团有限公司
案例形成人：孟亚彬、柳建波、燕保全、高红燕、孙淑环

创新档案管理，服务保障民生，促进企业发展

一、案例概述

档案信息资源开发是企业档案工作的重中之重，档案作为企业的有形资产和重要的信息资源，为企业的可持续发展和社会服务发挥着越来越重要的作用。中国铁路西安局集团有限公司（以下简称西安局集团公司）坚持规范化、精细化、信息化档案管理，通过创新服务方式和手段，深挖档案信息资源，服务集团公司安全、生产、稳定等重点工作，有效利用档案信息资源，提高了企业工作效率和工作质量，取得了良好的经济效益和社会效益。

西安局集团公司档案部门在档案利用工作中，通过汇编重点病害专题档案、设计制定辅助查阅信息对照表、开发档案数据检索平台等创新手段，深挖档案信息资源，特别是在文书、项目、地亩档案利用中，取得实际效益：为300余名返乡人员查找到返乡证存根、支农人员登记表等原始证明，享受到国家政策待遇；为汶川地震宝成线109隧道抢险提供各类项目档案1465卷；为新弥家河一号隧道衬砌病害抢修、冒天山隧道病害抢修以及新老河湾隧道整治加固等工程，提供档案670卷；在76个市县区不动产登记部门申报铁路授权经营土地换证工作中，提供纸质和电子化铁路用地档案资料10余万件。档案信息资源发挥了良好的经济和社会价值。

二、实施背景

（一）挖掘馆藏资源，服务职工群众

【案例】

（1）概述：2012年4月至2013年年初，在西安局集团公司汉中工务段工作

过的返乡人员董志发、姜尚志等近 400 名返乡人员前来查找与自己相关的文书档案。在 1961—1972 年卷中找到当年返乡证书存根（图 1）、支农人员登记表等相关资料（图 2）。

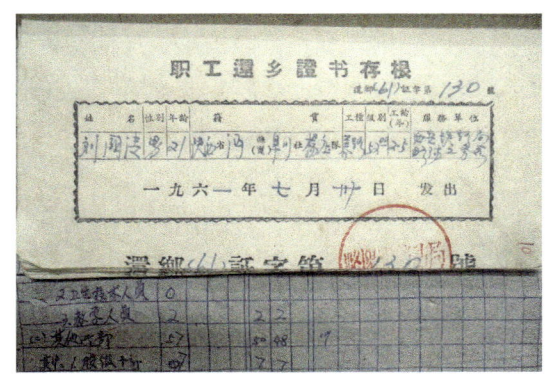
图 1 职工返乡证书存根

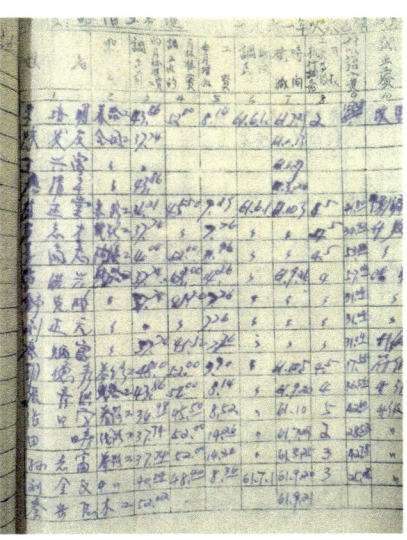
图 2 支农人民登记表

（2）实施背景：2011 年 12 月，陕西省人力资源和社会保障厅和陕西省财政厅联合下发了《陕西省人力资源和社会保障厅、陕西省财政厅关于对按计划招用的曾在我省国有、集体企业工作过的农业户籍人员发放养老补助有关问题的通知》文件，对按计划招用的曾在我省国有、集体企业工作过的农业户籍人员发放养老补助。

（二）创建专题档案，服务安全生产

【案例一】

（1）概述：2008 年 5 月 12 日 14 时 29 分，四川汶川地区发生 8.0 级大地震，宝成铁路遭受严重破坏，入川通道中断。西安局集团公司迅速对受灾线、桥设备、地质隐蔽工程受损情况开展调查。档案人员第一时间配合技术人员利用《设备新旧里程对照表》，快速、准确地为技术人员调阅项目档案 1465 卷，为完成灾后重建、复建等工程施工方案编制提供了重要保障。

（2）实施背景：汶川特大地震导致局管内宝成、阳安铁路崩塌落石、滑坡、设备裂损等灾害频发，特别是宝成线 109 隧道进出口上方及中部山体发生大范围坍塌，造成运行中的货物列车脱线，随即发生列车起火，通往四川地震灾区的"运输生命线"被迫中断，宝成线北段行车中断长达 283 小时。2008 年 5 月 12 日—2011 年 12 月期间，197 项灾后重建工程、85 项震害复旧工程、103 项水害复旧工程、321 项其他受损设备整治加固工程等工程施工任务，均需提供准确的桥梁、隧道、涵渠、路基等设备档案资料作为设计数据支撑。

【案例二】

（1）概述：西安局集团公司延安工务段以防洪期现场抢险需求为导向，以桥隧设备问题库为依据，创建桥隧重点病害应急专题档案，在新弥家河一号隧道衬砌病害抢修、冒天山隧道病害抢修等工程中，提供专题档案 670 卷。

（2）实施背景：西安局集团公司延安工务段所管辖的包西、甘钟铁路线位于陕北黄土高原地区，地质湿陷性、突发性病害多发。每年面临的防洪压力大，防洪期内自然灾害隐患频发。技术部门查阅档案频率高、时间紧，面对紧张忙碌的查阅难题，怎样才能缩短查找档案的时间，让工程技术人员节约时间成本，在突发的应急抢修过程中，如何快速、准确地为施工技术人员提供档案资料，成为档案管理人员必须克服的难题。

（三）研发电子档案，服务企业经营

【案例】

（1）概述：西安局集团公司对既有、新增铁路用地档案资料进行文字件扫描、图纸件矢量化电子存档工作，共完成纸质档案数字备份 335 卷，计 4789 份。其中文字类档案 3229 件、图纸类档案 1560 件，建立了西安局集团公司铁路用地专题档案资料数字化检索库，不仅在查阅利用中提高了效率，也达到了封存原件、保护实体的效果。

（2）实施背景：国务院《关于改革铁路投融资体制加快推进铁路建设的意见》明确指出："加大力度盘活铁路用地资源，鼓励土地综合开发利用，支持铁路车站及线路用地综合开发。中国铁路总公司作为国家授权投资机构，其原铁路生产经营性划拨土地，可采取授权经营方式配置，由中国铁路总公司依法盘活利用。"西安局集团公司按照中国铁路总公司的安排部署，于 2014 年在全集团公司范围内全面开展铁路用地清查活动，土地管理部门前往各省内各地市国土（自然

资源）局、不动产局、档案馆等，收集铁路用地相关资料。在收集过程中，发现原始图、纸质资料检索查询困难，速度缓慢、执行效率低下，且因工作需要多次对本集团公司既有长期保存的纸质土地档案资料进行翻阅，对珍贵资料保存极为不利，存在很大弊端，文件无法实现有效共享，对铁路土地清查工作也造成了很大的困难。

三、创新做法

（一）汇编重点病害专题档案

细致分析历年防洪工作特点，与技术管理部门联系对接，从专业角度梳理出防洪期重点病害预防点。档案室根据技术部门提供的资料，对保管的铁路工程技术档案一一进行对照梳理，提炼重要信息，编制形成新的专题档案目录，确保随时做好档案应急准备。2018年桥路技术科确定的23个桥隧重点病害地点，档案室对照23个重点病害桥隧设备相关档案进行梳理，筛选出有关重要资料的档案案卷号，其中包括首卷、病害部位地质状况卷、施工日志卷、竣工图纸卷等。并将这些档案卷号提出来，重新编制重点病害专题档案，标注出存放档案库房的详细位置，以便应急之需。

（二）建立档案平面定置图

根据档案库房密集柜的布局，为每一组密集柜和每一节的行、列进行编号，使档案的案卷号与密集柜的编号对应，并绘制订做了工程技术档案平面定置图，悬挂于档案库房醒目位置。对设备重点病害档案的位置再进行特殊标注，能够快速准确调卷，为防洪期内的突发状况抢修赢得了宝贵时间。

（三）编制辅助查阅信息对照表

用最初的桥隧设备手册与现行的设备手册和设备台账进行对比、复核，编制《桥隧涵设备新旧里程对照表》，在调阅中发挥了快捷、方便查询的作用。如宝成线k130+415桥梁增设抗震落梁支架工程中，档案案卷中竣工里程为k132+432，新旧里程相差了2017m。通过利用《桥隧涵设备新旧里程对照表》，准确给技术人员提供了设备技术结构及隐蔽工程等资料，为完成灾后工程勘测设计工作节省了时间，提供了数据保障。

（四）开发档案数据检索平台

针对保管的所有铁路工程技术档案，根据管内铁路线别，分桥、隧、涵、路基等设备门类，逐类建立电子案卷条目检索及索引，并在此基础上完善了案卷目录的检索数据，形成全面、高效、快速、准确的档案检索平台，进一步确保了档案信息查阅快捷、准确。

四、效果及影响

（一）文书档案

通过查阅文书档案获得的凭证：一是地方和站段的正式文件，记载务工或劳务输出的政策、批次、名单等；二是记载响应国家支援农村建设返乡人员的名单、返乡补助存根、返乡证存根等资料；三是民工名册、工资发放单等资料；四是其他体现务工人员姓名和务工经历的证明材料等。将提供的原始资料复印并加盖印章，与出具的审批登记表一起完整地提供给陕西省社保局及下属社保机构，作为符合陕人社发〔2011〕178号文件规定条件的证明，300余人能够按照政策享受待遇。利用档案全面服务职工群众，为社会稳定作出了应有的贡献。

（二）项目档案

2008年5月12日至2011年期间，协助专业设计院和工务段技术部门查阅科技档案，对管内灾后重建、水害复旧、设备大修等累计490件工程勘测设计任务起到重要技术依据作用。特别是在2008年5月12日，汶川地震导致宝成线k150+835km徽县至虞关间109隧道山体发生崩塌，需进行改线设计。档案人员在工作中累计共查阅各类项目档案386卷，其中桥27卷、隧道82卷、路基269卷、航测图12张，为宝成线改线新建桥梁、隧道工程设计提供了强有力的技术参考依据。

2017年8月24日，在新弥家河一号隧道上行线k682+000处发现衬砌掉块，危及行车安全。由于档案人员在防洪初期就做好了桥隧病害重点设备应急专题档案，采用此方法几分钟就从库房内调出了所需的档案案卷38卷，送往施工现场。经技术人员查阅该隧道相关档案案卷与现场调查结合，判断病害形成原因。依据档案有关数据，抢修组科学、快速地制定了拱部凿除、锚杆施工、拱部挂网、喷射混凝土、压浆等施工方案，共完成钢拱架安装 7 榀/49 节、安设锚杆 231 根、混凝土凿毛 120 平方米、挂网 220 平方米、喷护 100 平方米、注浆 1 吨、隧道检测 3 座。经 15 天抢修，提前顺利完成此次抢险任务，确保了包西线动车运行安全。

（三）地亩档案

通过对地亩档案纸质文字件、图纸件整理、扫描及归档处理，极大地便利了铁路授权经营土地变更登记工作。在对陕西、甘肃、四川、湖北、山西 5 省合计 76 个市县区不动产登记部门申报铁路授权经营土地换证工作中，共向对方及时提供铁路用地纸质档案资料和数字化副本 10 余万件，为顺利推进西安局集团公司铁路授权经营土地变更登记工作提供了坚实而有力的工作保障。

案例形成单位：中国铁路西安局集团有限公司
案例形成人：居丽春、彭为民、张秀成、杨三灵、侯艳红、吴伟军、谢欣沅、李雨航、韩璐、申沛然、杨志仁、王晶、肖娟、许敏

企业内容管理一体化平台（ECM）的实施推广及深度开发

一、案例概述

中国核能电力股份有限公司（以下简称中国核电）建设运营中不断生成海量数据，这些都是中国核电管理的"核心"，企业内容管理一体化平台（ECM）最初被作为管理这些"核心"的信息化工具，以确保数据管理与利用的合规性、安全性，使工程技术人员能够制定科学的规程，保证核电机组的安全运营。通过优化 ECM 流程，可以有效提高效率，降低风险，削减成本和增长收入。

福建福清核电有限公司（以下简称福清核电）作为 ECM 牵头建设单位，在开发过程中通过运用新技术，实现了从"心"到"云"的转变，形成四大核心价值：首先，通过全面收集、管理和分析非结构化内容，帮助用户关联所有相关内容，并将内容管理转变为价值管理，从而推动业务转型；其次，通过将协作和移动内容管理融入企业业务中，推动企业经营模式的转型；再次，集成了内容搜索、分类和分析能力的内容管理，更快地形成智慧洞察，提升企业决策者的决策制定与交付；最后，通过对有价值的内容进行存档和保护，可有效降低过剩信息造成的管理和存储成本问题。

ECM 有机聚合了各单位管理体系，规范了文档一体化管理机制，为中国核电的文档管理提供了标准化服务模式，并在中国核电及 17 家成员单位成功上线。

二、实施背景

（一）接轨国际发展趋势，完善企业内容管理的需要

根据 ForresterResearch（弗雷斯特研究公司，技术和市场调研公司）的相关调查显示：全球企业的数据量在以平均每年 200% 的速度增长，以萨班斯法案为

代表的法规遵从对企业的信息留存、文档管理都提出了很高的要求。

通过对比国内外同行企业内容管理的水平，中国核电企业内容管理目前尚处于"机会阶段"，与国内先进水平尚有较大差距。以检修记录与报告为例，定期移交文档管理部门后内容应用基本为零，不仅检索代价很大，更难以传承和利用形成共有知识。

（二）优化管理流程，统一企业内部标准化管理的需要

从组织管理层面来讲，中国核电下设成员单位众多，包含各核电公司，各成员单位所处的阶段不同，处于项目前期、建设阶段、运营阶段的单位对于企业内容管理的诉求以及实施管理变革和信息化的能力各不相同。由于各成员单位内部门户、流程管理、文档管理系统异构，数据通过第三方接口传递，稳定性、即时性欠佳。

（三）节省经营成本，保证企业文档信息结构化的需要

从企业内容管理来讲，由于文件和档案是企业信息中最大且增长最快的组成部分，缺乏有效的组织和管理，会使得捕捉和使用中均需要耗费大量资源，而且企业内容管理的管理对象为企业范围内的所有非结构化数据，这就为企业的信息管理造成了诸多困难。如低效的纸张密集型业务处理过程造成打印、存储成本较高，海量数据的存储造成文档的搜索和查找效率低下，部分文件存在多个副本，需逐个甄别文档的正确性和唯一性，为保证文档的"四性"增加了大量工作。

（四）控制文件全生命周期，提升企业文档工作智能化的需要

从文件与档案的管理方式来讲，在企业的信息化平台中，办公自动化系统与文档管理系统是两个相互独立的系统，没有将数据集成在一起，仅仅是将办公自动化系统产生的数据导入到文档管理系统。这样传统的方式，不利于对文件整个生命周期进行有效控制，同时在高效、便捷的现代化办公节奏下，也不利于实现办公信息的传递存储、查阅、利用、收藏的现代化和自动化。

综合以上原因，基于 ECM 平台实施文档信息化管理，实现对不同单位、不同机组、不同类型的文件从产生、捕获、分类、存储、保护、管理、使用到处置的全过程管理十分重要，也意义重大。它能将企业所产生的数据进行集中统一管理，同时为其他业务系统提供内容支持，最终支持企业迈向知识管理。

三、创新做法

参照 IAEA-TECDOC-1335《核电厂配置管理》、IAEA-TECDOC-1510《核工业知识管理》《国家档案局企业档案管理规定》、EJ/T 1225—2008《核电文件档案管理要求》等导则文件,项目组明确了创新工作的基本原则(图1):坚持信息安全第一的基础上,按照统一规划、统一标准、统一设计、统一建设、统筹投资、集中运维的总体要求,确保在信息化、数字化的条件下,文档的"四性"内容得以保障,使文档管理工作涉及范围更全面、信息数据更准确、服务利用更智能,从而达到实现企业内容的全生命周期管理、将企业内容价值最大化、提升企业竞争力的目的。

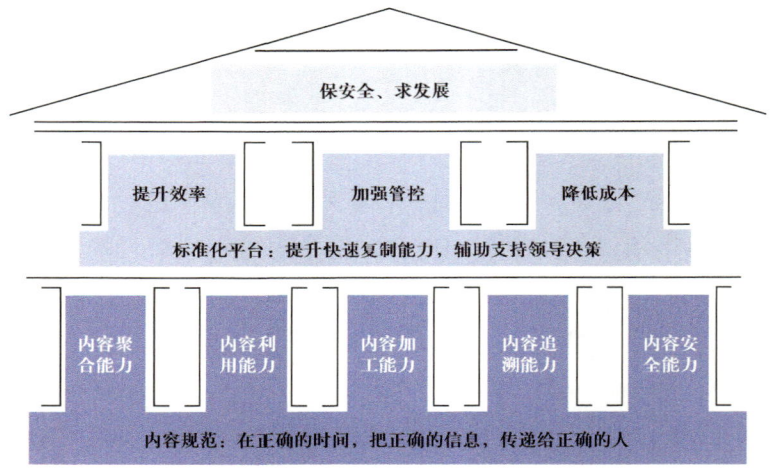

图1 企业内容管理创新总体目标

(一)建立统一的文档基础数据分类体系,规范内容

1. 统一数据分类

根据国家相关管理规范和核电行业的特点,对中国核电各成员单位所产生的各类文档进行统一分类,分为上游文件、管理制度体系文件、技术程序、图纸等共计13个一级分类。所有分类从上至下呈金字塔状排列,通过设立统一的数据分类,建立统一的数据分类体系,对企业内容属性进行规范化管理,也便于成员单位进行数据共通与数据传递。

2. 构建多维度数据模型

根据核电企业的性质与特点,在中国核电层面将数据模型统一划分为文种、业务领域、阶段、组织4个标准内容维度,构建企业多维度数据模型,将企业涉及的全部数据进行涵盖,并确保不同单位对于同一内容认知和理解的一致性。其中:

(1)文种是指根据文件种类进行细分,细化为13个类目,包含企业所产生的全部文档,并可根据实际工作需要进行配置。

(2)根据核电业务领域划分为26个一级类别,包含安全质量、设备管理、运行生产等企业涉及的所有领域。

(3)阶段是指对核电全寿期的所有阶段进行划分,包括规划筹建阶段、土建安装阶段、生产运营阶段、退役阶段等。

(4)组织则是对企业内部组织结构和角色进行细分,如各职能处室及相关管理角色等。

3. 配套管理工具

在规范化文件归档范围的基础上,技术上通过文种分类控制,制定电子文件元数据方案,在各个关键点上对这些规范进行强制约束,包括电子档案文种的类型、必填元数据、可选元数据,元数据的取值范围都进行了约束和定义,比如电子文件归档需检查电子文件的分类、编码、保管期限等元数据,从而保证了在技术底层电子档案信息的完备性和规范性。

4. 清洗历史数据

针对已存在的各种历史档案系统迁移,项目组及各成员单位花费大量的人力和物力进行标准化和迁移的工作。对于已有系统在同一业务领域含义的冲突,统一采用核电有限的标准化定义,并对各个电厂不符合标准化的定义进行逐一更新。

(二)通过文档一体化管理手段,实现文档的聚合和结构化

1. 提供标准化工作流程,实现数据结构化

在ECM中,从文件的生成、归档到利用,各环节都是通过标准化工作流程进行控制的。在文件生成阶段,文件发起人需根据文件类型,选择相应的处理流程,从而产生相关文件,经管理人员对文件进行预归档和归档确认后,文件成为

档案进入档案库，通过系统的分发流程和借阅流程提供内容利用服务，并通过档案鉴定流程和档案移交流程进行内容的处置管理。在 ECM 中，通过对非结构数据的标准化工作流程控制，实现非结构化数据的结构化管理，规范数据管理，同时便于总部与各成员单位、成员单位之间数据信息的相互传递。

2. 控制文件全生命周期，实现文档一体化管理

项目组从文件管理和档案管理的全局出发，对企业内容整个生命周期进行全面系统的分析，从文件创建到编制、审批再到发布，最后到文件归档、利用或者档案销毁，确保实现真正意义上的文档一体化管理。

为了实现对文件全生命周期管理，项目组从源头对文件进行严格把关，即每份文件在系统创建之初就有唯一的编码，通过审核等环节后拥有完整的文件属性，管理人员对文件进行预归档后，补充完善档案属性，成为档案保存在系统的档案库，使文件到档案的过渡无缝衔接。在这整个过程中，存储在 ECM 中的实体文件只有一份，内容状态变化的过程都可以通过 ECM 进行跟踪和控制。

3. 通过联合组织方式，规范承包商数据

通过大文档概念，建立虚拟组织协作模式，把内容管理内外部衔接起来，将内容管理职责延伸到项目主要承包商，明确责任归属和接口关系，承包商文件通过开放的承包商数据库，文件经审核后直接进入 ECM，这样可以减少文档重复著录和手工传递，大大提升文档工作效率。

4. 发布标准数据接口，实现电子文件在线移交

通过发布规范化的企业内容移交接口，整合各业务系统和 ECM 完成电子文件的移交、检查、接收和归档工作，最大化地做到自动化归档。能进行系统对接的都进行自动化对接，做到归档自动化，减少人工干预，并且在归档过程中对电子文件的真实性、完整性、可用性进行鉴定。

5. 规范电子文件归档，实现电子档案管理

项目组开展了电子文件归档和电子档案管理试点项目，制定了电子文件归档范围和保管期限表，确定了电子文件归档范围，明确了电子文件的归档要求，明确了电子文件归档格式。基于公司各业务系统和 ECM 系统完成电子文件及其元数据的移交、检查、接收和归档工作，为实现电子文件统一、全程管理，确保电子文件真实性、完整性、可用性和安全性提供了重要支撑。

6.构建内容交换中心

项目组设计了统一的站点间内容交换打包模式,在数据中心部署内容交换服务器,在每个站点部署内容交换客户端,通过客户端和服务器交互和控制,完成内容在不同站点间的传输,同时建立统一的传输途径,实现各个站点间内容集中交换和管理,确保按内容大小、优先级、避开业务繁忙时段等维度进行的内容交换策略管理。

(三) 关联结构化数据,实现文档高效检索和智能化利用

当企业内容归集的越来越多,如何对企业内容特别是非结构化数据进行分析利用、如何跨成员单位高效检索到所需数据、如何随时随地有效访问所需内容,都是用户必然会提出的利用需求。项目组对非结构化内容进行分析,将内容管理转变为价值管理;同时充分利用全文检索工具,提供不限于爬取、收集、筛选参考信息的内容加工服务,利用语义解析等信息技术手段,对日常产生的各类内容进行分析,实现企业内容移动化应用,确保用户能够随时随地、方便有效地使用企业内容服务。

1.分析非结构化数据

ECM 通过内容生成、内容接收、内容捕获机制和手段实现管理体系文件、管理程序、工程文件、生产记录报告、公文函件的聚合,在聚合过程中寻找共性,实现非结构化数据的结构化管理,提高工作效率。

同时,ECM 提供海量非结构化异构内容的存储,并在系统中对相关内容进行关联,以便用户查找使用。如通过合同文件编码将合同文本、合同过程性文件、支付文件、合同完成后的竣工文件等内容关联在一起,根据其中一项内容,就可向前、向后追溯一系列内容,为掌握整个合同的完成情况提供便利。ECM 通过将电站对象或项目与相关内容建立深度关联,有利于围绕指定对象或项目进行检索、总结、编研、分析等高级利用,使得企业内容价值最大化。如果说内容管理是技术、是受控、是制度,那么价值管理就是内涵、是创新、是文化,是推动隐性知识显性化的过程。

2.提供跨站点全文检索服务

为了方便用户对数据的使用,ECM 提供多种搜索方式,包括快速搜索(全文检索、二次检索)、多维搜索、高级搜索等方式。其中,多维度导航定位方式,

可将文种、管理领域、组织机构、项目阶段等字段进行组合搜索,并将加工内容与对象、内容和项目进行深度关联,便于以项目或对象为视角的使用。从内容中识别出具有知识属性的信息,通过加工成为知识,从内容中识别出可供高层参考的信息,以非定向的方式辅助支持领导决策;在内容管理系统的基础上,建立知识库,建立知识加工和标准模板的生成机制,通过实现知识管理,支持知识的快速复用、管理的快速复制和人员的快速培训。

3. 实现企业内容移动化应用

利用无线网络、4G 等信息化产物以及智能设备快速普及的趋势,在企业内部通过信息化手段,不受时间和空间限制,实现实时的业务处理,将协作和移动内容管理与企业业务相融合,在移动端实现文档审批、文档传阅及批分、文档查询等企业内容综合利用功能。

(四)数据安全防护,保障企业核心价值信息安全

1. 安全存储数据

将企业内容结构化数据和具体非结构化实体数据分开存储,结构化数据受到数据库管理系统的保护,严格控制用户名和密码。非结构化实体数据存储在独立安全控制的单独的文件服务器上,文件的存储采用匿名处理,支持操作系统级别的安全加密,进一步确保文件的安全可靠不外泄。

2. 有效构建授权体系

项目组为 ECM 定制了完善的权限管理和控制功能,管理员可以定义各种角色能够进行的操作,并且操作控制可以在统一的管理界面进行管理和控制。

在文种粒度上提供针对用户、角色和组织机构 3 种不同类型的授权支持,同时支持授权的继承传递,用户可以针对不同的文件密级制定授权控制。

3. 具备事后审计能力

ECM 提供详细的审计记录,包含操作的时间、操作者、操作对象,如修改操作,尽量记录操作前、后的值,确保信息完整可靠。同时针对审计记录的查看,尽量提供快速直接方式,可以全文检索查看,也可以针对单个档案进行查看。

四、效果及影响

ECM 自 2013 年 5 月起在中国核电及成员单位陆续上线应用,并在应用中不断优化,取得了明显的管理效益、经济效益和社会效益。中国核电重视知识产权保护,注册了 6 项软件著作权,完成 2 项成果鉴定,助力中国核电"三大战略"实施。

(一)管理效益

ECM 实现了对不同单位、不同机组、不同类型的文件从产生、捕获、分类、存储、保护、管理、使用到处置的全过程管理,并将企业所产生的内容进行集中统一管理,实现文档一体化,并为其他业务系统提供内容支持,最终支持企业迈向知识管理。同时,为中国核电的管理提供了标准化服务模式,做到了高效、便捷、安全、协作、共享、结构化的使用方式,建立了全电厂标准化、规范化的服务理念,提高了工作效率。

(二)经济效益

目前,ECM 已在中国核电本部及其 17 家成员单位上线,注册用户超过 1.7 万人。按单个电厂实施相同等级移动应用平台不低于 200 万元测算,目前已采取标准化复制推广策略为中国核电共 18 家单位复制推广标准化成果,节约项目实施费用不低于 2000 万元。ECM 投运至今,共减少纸质文件打印 5000 余万份,仅打印费用一项就为中国核电节省费用 5000 余万元。

(三)社会效益

ECM 提供良好的用户界面,为用户提供简单、便捷的系统体验。支持多种搜索方式,并将相关内容进行关联,利于用户对信息的深度使用。ECM 上线至今,通过不断的功能优化和系统升级,使系统更加符合用户的业务场景,支撑中国核电对流程管理的业务需求。同时,将移动办公平台与 ECM 相融合,使用户实现实时的业务处理,能够更加便捷地办公,不受时间和空间限制。

(四)知识产权保护

截至目前,ECM 共申报移动应用、电子案卷管理、基于表单模板的文档工作流、企业级档案排架管理、企业级分布式人员组织机构认证管理、企业级广域跨站点文件交换总线 6 项软件著作权；移动应用平台、核电厂企业内容管理系统已通过中国核电工业集团公司组织的国防科技成果鉴定。

（五）助力三大战略

随着不断推广复制和持续优化改进，其作用越来越明显，ECM 的价值也越来越有所体现。通过 ECM 的不断演进和对新技术的吸纳，帮助中国核电整体信息化水平不断提高，以信息化技术助力整个中核集团标准化、规模化、国际化三大战略的实施。

案例形成单位：福建福清核电有限公司

案例形成人：邱杰峰、程莉红、杨伟伟、李喆、施千里、詹超铭、陈莹

真凭实据，一锤定音

——档案凭证价值屡为组织权益保驾护航

一、案例概述

中国船舶工业系统工程研究院（以下简称研究院）在自身将近 50 年的发展历程中，屡次遭遇新中街房产清查（2017 年）、翠微路 16 号院综合治理（2018 年）等房屋产权纠纷。得益于馆藏丰富档案资源的凭证价值，关键时刻真凭实据的档案信息起到了一锤定音的作用，有效维护了自身的合法权益，为研究院的长远发展保驾护航。

二、实施背景

（一）凭证价值是档案的基本价值之一

档案是历史的真凭实据，它的这种可资可凭的特性构成了档案的基本价值之一——凭证价值，亦称"证据价值"，是其在行政管理、法律纠纷、经济建设、社会教育等活动中提供证据的价值，由档案的形成过程与特点决定。档案的凭证价值是档案不同于其他各种资料的最基本特点，档案是确凿的原始材料和历史纪录，它可以成为查考、研究和处理问题的依凭，认定法律权利、义务与责任的证据以及政治斗争、外交斗争和教育人民的工具。档案具有记载与延续社会记忆的功能，是真实的原始记录。

（二）业务综合治理驱动档案管理变革

新时代业务驱动档案管理工作效应发生明显的变化，业务流程呈现电子化，业务内容全面数字化，业务服务愈益知识化，业务痕迹要求可追溯。新时代业务驱动军工企业档案管理工作应该从收、管、存、用四个方面转变管理思路，积极采取应对措施，变被动为主动，变消极为积极，勇于改革，敢于探索，抓住机遇，加强新时代军工企业档案数据的全流程管理，更好地为军工企业科研、生产、管理服务，同时也以规范的档案管理倒逼前端业务管理愈益规范科学。

三、创新做法

（一）整合"业务＋职能"的档案管理制度标准，构建 ONEBOOK 一体化档案管理体系

1. 以业务流程为主线、职能管理为要素，描述档案管理活动要求

通过对档案管理相关的职能要素进行分析，确定了以业务流程为主线，融合相关职能管理要素，建立"业务＋职能"一体化档案管理体系的思路。即以档案收、管、存、用过程为主线进行档案管理体系建设，对于从事档案管理活动时所需遵循的各职能、业务部门的项目、质量、保密、安全、风险等管理要求纳入档案管理活动要求一并描述，实现了以业务管理为核心的管理要素融合。

2. 梳理职能接口界面，确保上下游顺利衔接

全面梳理档案管理与其他职能的接口界面，确定输入和输出关系，通过档案归档过程来串行上下游工作，确保职能、业务等衔接顺畅。

（1）在档案收集部分，涵盖各类文件材料的归档，以职能管理和业务生产两条线，有序展开管理类、科技、人事、会计等各类档案的收集工作。同时，有效融合各职能管理、项目、人员、财务、资产等多职能管理要素，充分考虑业务驱动和档案管理的联动效应，加强归档质量检查，从源头把控归档文件的质量，避免由于前期业务管理不规范、不科学导致档案管理成本增加而效益不高的风险。

（2）此外，归档环节注重隐性知识的挖掘，将档案管理上升为知识管理，有效拓展传统档案管理的内涵，实现各种载体形式信息的有效归档传承。在档案管理流程中，也充分融入知识管理要素，加强显性知识管理，通过分类、排列、编号、编目、装订、装盒等一系列规范化的整理活动，使得无序的各类文件材料有序化并进行优化组织，有效增加各类文件的利用价值。

（3）在档案存储部分，重视实体档案安全和档案信息安全，通过人防、物防、技防等多种形式确保档案的绝对安全。特别在数字转型时代，双套制档案的安全风险呈翻倍式增长，通过单轨制电子文件管理有效降低实体档案的保密、信息安全等风险。

（4）在档案利用部分，在充分考虑保密红线的前提下，通过系统集成、一站式、一键式检索，档案汇编，档案编研等多种方法途径，将档案利用提升为知识服务，实现档案的高附加值利用服务，极力挖掘档案的价值，服务一线、服务中心、服务大局。

（二）坚持统筹规划，有步骤、有重点地持续推动档案信息化建设

1.与时俱进，持续改进，加强信息系统建设升级换代

研究院在现有档案管理系统的基础上进行系统升级改造，以实现急需的大多数功能，着重突出重点，按照实施难易程度分步实施。同时，系统建设要适应研究院级和研究所级两级管理体制的管理模式，突出分级管理的职责，体现分级管理的功能需求。研究院于2008年上线运行综合档案管理系统，2015年进行升级改造，对重要的数字档案资源实现异地异质备份，确保数据长期安全保存。改造后的系统已顺利通过国家保密局保密检测认证，具备"收集、管理、存储、利用"等能力。利用新版档案管理系统提高档案查询、档案借阅、档案归档等方面的管理，彻底改变传统手工归档与电子归档脱节的问题。实现院级和部门级两级档案管理功能，构建研究院档案安全保管中心、档案利用中心、档案宣传中心、档案知识中心和档案备份中心"五位一体"的一级的企业级数字档案馆，为研究院的长期发展提供档案信息支持。

2.三权分立，统筹管理，细化用户、信息、系统访问控制和授权

研究院严格依据《计算机和信息系统保密管理程序》的保密管理要求，系统设计方案应用和实现要符合应用系统"三员分立"（三员分立又称三权分立，主要包括系统管理员、安全保密管理员、安全审计员3个角色）要求。涉密开发设计严格按照BMB 17—2006《涉及国家秘密的计算机信息系统分级保护技术要求》执行。用户身份鉴别采用吉大正元统一用户管理系统进行集中式管理，吉大正元统一用户管理系统中创建、删除用户，利用接口将用户信息同步到系统中，在系统中为用户分配权限，设定人员密级、资源类型等信息。通过吉大正元的统一用户管理系统进行单点登录，登录时在统一用户管理系统进行数字证书+PIN码的验证，验证通过后才允许登录系统；通过"数据权限+功能权限"的方式进行用户、信息、系统访问控制和授权，权限不同用户看到的系统功能界面及菜单不同。

（三）有效开发利用，加强档案数字化建设，多措并举促进档案资源价值得以充分发挥

1. 内外结合，多快好省，开展传统载体档案数字化

研究院已经完成档案目录数据库建设，并将档案目录优化组织后导入档案管理系统，实现档案目录全开放检索。按照"重要性、常用性、急用性、抢救性、珍贵性"的原则，并结合实际，分步推进传统载体档案数字化工作，将重要的、常用的、急用的、自然损坏老化严重的和珍贵的档案优先数字化。传统载体档案数字化采取自主加工和批量外包相结合的方式进行，以提高数字化工作效率，降低数字化工作成本。研究院存量档案数字化率已达到80%。此外，现有档案归档已采取电子化在线归档模式，加强原生性电子文件的捕获和归档。

2. 知识导向，一站检索，拓展无纸化电子档案利用途径

研究院不断拓展电子档案的利用途径，提升档案利用的用户体验。在研究院综合管理平台中的知识中心模块，可以进行档案、知识、标准、期刊论文、电子公文、制度文档等资源的"一站式"检索，以知识管理为导向，以档案管理为基础，极大提升电子档案的利用效用。此外，对档案管理系统和综合管理平台门户首页进行集成，由业务入口统一登录进入，同时代办信息也会在平台首页进行统一集中显示，实现单点登录，统一代办。在研究院综合管理平台的流程中心，有档案借阅和档案归档管理流程的统一启动入口，可以快速、便捷地实现档案电子化在线归档和利用。通过与人事管理系统进行集成，实现在线刷卡借阅，实体档案借阅不需要再进行传统纸质登记，可以通过电子刷卡确认身份后即可借出，实现档案借阅全流程电子化，真正实现"无纸化"绿色办公。

3. 深度挖掘，集成服务，开展电子档案一体化编研工作

研究院围绕科研生产中心工作，充分发挥档案在领导决策、科研工作中的服务保障作用。编制各种门类和载体档案目录及归档文件目录等基本检索工具，专门组织编写《档案全宗介绍》《大事记》《组织机构沿革》《年鉴》等编研材料，全面反映研究院科研、生产、经营、管理工作史，对研究院科研事业发展具有重要的查考和利用价值。通过在线构建档案编研库，使得零散的档案资源的价值得以最大限度挖掘和开发，也使得数字档案馆的建设效果得以通过集成化、一体化、可视化、成果化的方式体现出来。

【案例】

研究院为维护自身合法权益,明确新中西里 11 号楼房屋权属划分,已同中国舰船研究院(以下简称七院)作为共同原告,诉北京市规划和国土资源管理委员会撤销对该处房屋的房屋产权证及权属登记行为,并将已办理该房屋产权登记的中国核动力研究设计院列为第三人。案件已开庭审理。

新中西里 11 号楼坐落于北京市东城区东四,建于 20 世纪 60 年代,初次分配距今已有半个世纪之久,其中涉及的 3 家单位均已发生巨大变化。当研究院和七院启动证据搜集工作时,已经难以找到任何人证,所以只有依靠搜集档案信息进行查证。

经相关方的不懈努力,最终查明,该房屋于 1966 年建成,为国有产统建住宅办公用,全楼建筑面积 3414 平方米,共 4 个单元,分别由 4 家单位管理和使用至今,一单元为东城区房管所,二单元为七院,三单元为研究院,四单元为中国核动力研究设计院。1984 年,三方签订三方协议,明确新中西里 11 号楼 3 个单元由七院统管改为三方分别管理、使用;1991 年,核动力设计研究院在研究院和七院不知情的情况下,向东城区房管局提供了申请报告及中国核工业总公司办公厅的证明文件并办理了该房屋的登记。

经过充分的证据材料准备,2017 年,研究院和七院作为共同原告提起诉讼,要求撤销北京市规划和国土资源管理委员会给中国核动力研究设计院颁发的房屋产权证及权属登记行为。北京市东城区人民法院受理本案并开庭审理,2019 年 3 月 25 日下达行政判决书[(2017)京 0101 行初 703 号],最终判定原告方胜诉,并撤销了被告方中国核动力研究设计院登记的房屋产权证。这一案件的胜诉共为研究院挽回了上千万元的经济损失。

在新中街房产清查利用案例中,因为是历史档案,没有电子目录和电子原文,利用者在利用过程中需要到档案库房翻阅纸质实体档案以确定是否需要,利用方式不便、利用效率不高。因此,研究院加强历史档案存量数字化工作,建立检索目录,提供全文检索,提高查全率和查准率,针对利用需求提供定制化利用服务,最大限度发挥档案的凭证价值和参考价值。

2018 年,翠微路 16 号院综合治理案件中,翠微路停车楼建设与业主方产生产权纠纷。16 号院业主原本以为拟建停车楼区域属于共有产权部分,坚决不同意停车楼建设。通过查阅翠微路 16 号院原先建设的基建档案,包括《230 项目初步设计》《关于〈竣工验收总结报告〉的报告》《关于船舶系统工程部基本建设竣工验收报告的批复》《国有土地使用证》《房屋所有权证》等，确认拟建停车楼区域土地属性为科研办公，所有权为国家所有，土地使用权属于集团公司（研究院代为行使），归属 16 号院建设的科研区范围，并不属于共有产权生活区。由此，研究院对该区域的权利行使无须经过 16 号院三分之二业主的同意，具有排他使用权。

由于研究院档案中相关证据材料的充分，且具备极强的真实性与关联性，通过将以上论述的证据、法律依据和结论向 16 号院业主进行充分说明，成功颠覆业主方原本以为拟建停车楼区域属于共有部分的认知，推翻其所谓的法理依据，为翠微路停车楼建设纠纷的解决起到了一锤定音的作用。

四、效果及影响

（一）经济效益

档案作为研究院软实力的典型代表，是研究院无形资产的重要组成部分。新中街房产清查、翠微路 16 号院综合治理等房屋产权纠纷案件作为档案资源开发利用的典型案例，充分发挥了档案的凭证价值。

（二）社会效益

翠微路 16 号院综合治理、新中街房产清查等房屋产权纠纷案件中，通过快速、便捷地提供档案证据，据理力争，有效平息了 16 号院业主、七院、核动力研究院等相关方的纠纷，真凭实据，呈现事实，无须辩解。档案凭证价值得以充分发挥，有效维护了研究院的合法权益，为研究院的长远发展保驾护航。

案例形成单位：中国船舶工业系统工程研究院

案例形成人：梁芙蓉、温青玉、张宇潇、解建林、张雅兰、胡磊、韩旭、席曼莹

科学有效利用档案助力产品开拓创新

一、案例概述

上海外高桥造船有限公司船舶产品档案是公司馆藏档案的重要组成部分，它真实地记录了船舶产品各个时期、不同阶段的经营、设计、建造、竣工等活动轨迹，内容丰富，信息量大，具有较高的参考依据价值，且利用率高。本案例介绍了新一代20万吨好望角型散货船研制和建造档案利用工作在产品设计开发、经营竞标报价、生产建造管理和财务成本管控工作中发挥作用的具体实践及取得的成效，同时通过创新档案利用工作，最大限度地发挥档案资源开发价值，为更好地助力产品研制开发提供经验借鉴。

二、实施背景

上海外高桥造船有限公司（以下简称公司）成立于1999年，是中国船舶集团有限公司旗下的上市公司，主要经营范围覆盖民用船舶、海洋工程、船用配套等设计领域，在好望角型散货船、超大型集装箱、大中型原油船、超大型液化气船、半潜/自升式钻井平台等船舶领域的设计建造能力突出。在国内外航运界享有盛誉，每年完工交船载重吨领先国内其他船舶行业，2019年完工交船550万载重吨。

2011—2013年间，由于受世界金融危机的影响，国际航运市场萧条，公司生产经营面临着下行的压力。在中船集团的正确领导下，公司调整战略定位，开拓创新，充分发挥公司在国际航运界好望角型散货船设计建造方面的优势，瞄准国内外船东对散货船业务和发展的需要和期盼，在前三代好望角型散货船的基础上，创新开发新一代20万吨级好望角型散货船。此型船的成功开发，受到了国内外船东的高度认可，短时期内订单接踵而来，使公司一举摆脱了生产经营的窘境，同时巩固了公司在国际散货船市场的主导地位，提高了中国企业与日韩同类型企业竞争中的主动权和话语权，继续增加了中国造船在国际散货船市场的份额。

三、创新利用工作是实现科学有效利用档案的根本遵循

在公司创新开发新一代 20 万吨级好望角型散货船的过程中，公司科技管理部档案室充分发挥档案资源集中管理的优势，针对研发创新任务重、时间要求紧的情况，主动作为，精准对接，无论是在线上查询相关档案信息，还是在线下提供利用原始数据、图纸资料等，都能主动响应，答疑解惑。同时，根据设计、研发、营销人员的特殊需求，及时提供散货船原母型船针对性档案信息，如相关技术参数、技术总结、试航大纲、建造总结、财务预算报告等，为新一代 20 万吨好望角型散货船的创新优化、设计研制、生产建造提供了档案的有力支撑，提高了工作效率。

（一）创新管理方式，是实现档案利用工作发展的重要前提

档案工作管理方式的创新是实现档案管理创新的重要手段，而技术手段和设备条件是提高档案管理工作效率和确保档案利用服务质量的重要条件，也是档案利用工作创新的硬件基础。公司十分重视档案的信息化工作，结合企业档案管理特点，在引进创新的基础上，开发了数字档案管理系统，实现了船舶产品完工后所有施工图纸电子文件在线实时归档，通过一定工作流程，自动触发向数字档案管理系统传输并在系统中生成档案信息的功能，从而建立起档案图纸资源的信息库，确保信息资源的完整准确，内容覆盖了纸质档案资料的所有信息资源。同时，数字档案管理系统开发了档案信息利用查询的功能模块，实现了数字化利用查询的方式，通过网上资源共享，简化了工作流程，通过一定的授权，使利用者足不出户，在网上就能迅速查找到相关档案信息。尤其是为公司管理决策及生产经营活动所需提供快速响应、灵活便捷的档案利用服务支撑，通过利用科技手段，整合档案信息资源，使档案资源更全面、及时、有效、充分地发挥了作用。

（二）创新工作思路，掌握利用规律，是促进档案利用管理提升的基础

近年来，公司档案管理工作围绕管理提升、提质增效的工作基调，创新档案利用工作思维，广开思路，探索出符合利用工作规律、贴近档案利用实际的工作方法，努力把握新时期公司档案利用工作特点。首先，利用档案群体和利用范围的变化。原来利用对象主要以党群行政人员为主，现转变为生产技术、财务经

营管理人员居多；原来主要查询公文往来文件较多，而近年来主要以查询谈判文件、方案初步设计、技术任务书、建造大纲、基建勘察图纸档案为主，范围涵盖产品、科研、基建、会计档案信息方方面面。其次，查询档案时间的效率要求越来越高。近年来，随着生产经营活动的开展，越来越多的经营管理人员成为档案利用工作的主体，他们往往都是为经营任务寻找谈判依据、查询相关档案信息而来，对档案利用工作查找利用效率要求高。针对上述情况，公司积极总结档案利用规律和特点，主动适应新要求，不断提升档案利用工作质量，主要包括：

1. 优化丰富档案信息资源

结合实施国家档案局 10 号令《企业文件材料归档范围和档案保管期限规定》，对产品档案归档范围等内容进行完善补充。根据公司发展特点和趋势，进一步细化和充实，扩大归档范围，尤其对原产品档案的归档范围进行了细化和优化，丰富档案利用的信息资源。

2. 多途径、多形式提高利用效率

首先，进一步推进数字档案化查询，加快利用查询速度，全面提升查询效率。其次，创新查询利用方式，综合运用现场申请、电话预约、电子查询等方式，使利用者有更多选择权。再者，灵活精简查询利用程序，方便查询，本着急事急办的原则，如经营人员为谈判项目查询利用而来，可根据实际情况，先填写档案借阅单，提供档案借阅利用后再补办借阅申请手续。档案利用管理，主动融入企业各项工作，一切从企业实际利用需求出发，进而推进了整体档案管理工作的提升。

（三）创新档案编研工作，是实现档案资源利用价值最大化的关键

档案编研工作是实现档案资源利用效率和利用价值的最有效方法，是发挥档案资源作用的有效途径。公司以企业发展需求为导向，开展行之有效的编研工作，主要包括：

1. 聚焦公司生产经营目标、企业高质量发展方向，开展编研工作

通过每周参加公司生产准备会和每季度生产经营策略发布会，主动掌握公司生产经营动态，了解公司战略发展目标，提前预测分析公司的中心工作和未来发展前景，为贴近中心工作有的放矢，为开展编研工作提供第一手资料和素材。

2. 瞄准中心工作，有针对性地进行档案库藏信息的再加工

在编研工作中，根据生产经营实际，不求大而全，力求短平快的编研工作指导思想，每年将档案库藏中的档案信息，尤其是涉及经济指标、技术参数、试验信息，内容涵盖生产、经营、技术、管理等方面的档案及特定工作时期的档案进行信息再加工，形成编研汇编材料。近年来，形成了《船舶（海工）产品简介》《科研项目简介》《基建工程项目简介》《设备项目简介》等编研成果，这些编研材料深受企业管理人员的欢迎，利用率逐年提高。通过为生产建造、经营谈判和管理决策提供实用便捷、主题明确的编研汇编，实现了档案利用水平和效率的提高。

3. 引入激励机制，推进档案编研工作

把档案编研工作作为提升档案管理工作的重要抓手，并将其作为管理人员年度考核的重要指标，与个人绩效挂钩，责任到位，使工作常态化，鼓励管理人员投入更多时间和精力，开展档案信息加工转化工作，推进编研工作持续有效开展。通过开展编研工作，挖掘整合，盘活档案信息资源，破除档案直接利用的局限性，实现档案价值的增值，促进档案管理提质增效，使档案为企业发展提供有力支撑。

（四）创新档案宣传，是做好档案利用工作的有效方法

通过生动形象的宣传教育活动，加大档案的收集力度，尤其在开展"6·9"国际档案日宣传活动中，采用手机微信答题、网络计算机屏幕滚动播放及挂图巡回宣传等一系列喜闻乐见的创新宣传方式，涵盖面大、知晓度广，进一步增强员工的档案意识，规范员工的归档行为，使档案工作在企业员工中深入人心，并转化为员工自身岗位中推进档案工作的自觉行动。同时，档案管理人员在工作中保持档案收集的专业性、敏感性，通过参加公司的生产准备会、部门工作例会、工程项目和科研项目验收会，主动作为，积极捕捉档案资料的归属和流向，从源头上严把收集档案信息的关卡，从而丰富档案利用资源，最大限度地挖掘档案价值，为公司生产、技术、经营及管理服务。

四、取得的经济效益

档案管理的经济效益是衡量工作成效的最重要指标。通过新一代20万吨级好望角型散货船研制和建造的档案利用工作的实施，相关管理人员充分利用同类

型的母型船的档案资料，为设计图纸的套用复用、科研试验的比对、产品报价的依据、建造运行的借鉴、成本费用的管控起到了有力的助推作用。例如：

（一）船型设计方面

设计人员查阅了原母型船的总布置图和线型图，创新了舱位的个性化布局，优化了线型的设计，由于套用和复用了母型船初步设计、施工设计、完工设计图纸，减少了20%的计划设计时间，提高了工作效率。

（二）经营管理方面

通过查阅原母型船合同谈判资料、营销工作总结，为竞标报价、对接市场提供准确依据，从而为抢占先机抢夺订单奠定了基础。

（三）生产管理方面

通过查询原母型船建造总结、建造大纲等，为制定周密的生产运行方案和可行的生产任务计划提供了支撑，新一代好望角型散货船建造周期缩短了15%以上。

（四）财务管理方面

通过查询原母型船的财务成本分析报告，进一步落实费用分解的使用指标，有效地管控成本费用，使造船成本实现预期的目标。

新一代好望角型散货船的开发建造中，在充分利用开发档案资源的基础上，公司全面掌握了新一代换代升级产品建造技术，强化了新产品的自主品牌，有力地巩固和保持了公司在国际好望角型散货船市场中的竞争力和国际定价权。该船型换代升级后赢得了国际航运界的高度认可，在很短时间内就承接了国内外船东的24艘船，成为世界上同类型船接单最多的公司，为公司创汇创利提供强有力的支撑。在实施新一代好望角型散货船开发建造的系统工程中，公司提供了大量档案信息服务，将档案资源转变为产品开拓创新的原动力，转化为提高公司经济效益的现实生产力和现实财富，档案利用工作功不可没。

20万吨级好望角型散货船研制和建造的档案利用工作实践证明，档案是企业的重要战略资源之一。通过将档案资料有效地利用开发，可以发挥档案资料的增值作用，进而提高效率和效益，降低管理成本，从中挖掘企业新的开发效益增长点。

五、推进档案利用创新工作，再创档案管理服务佳绩

档案管理的最终目的是提供利用，而创新档案利用工作是档案管理的永恒主题。面对档案工作的不断深化，档案管理必须积极适应新形势对档案需求的发展和客观规律，在不断优化传统的档案利用工作的基础上，促进档案利用工作模式的创新，首先要强化对档案利用工作的作用意义的认识，提高工作站位，把档案利用工作作为提高企业效益和效率的一项基础工作来关注和重视。其次，加大开发利用力度，在档案开发利用上，要对重要档案进行系统梳理，明确开发利用方向，针对生产、技术、经营和管理中的关注点，积极主动地开展档案利用工作，真正做到企业工作开展到哪里、档案利用工作就延伸到哪里。只有这样，才能更好地发挥档案利用工作的作用，更好地为企业各项工作服务，从而真正实现档案利用工作的价值。

案例形成单位：上海外高桥造船有限公司

案例形成人：刘冀平、石晓光、倪娜

神秘"151",添彩青海湖

——军工档案助力青海湖景区开发

一、案例概述

2013年,中国船舶重工集团有限公司技术档案馆(以下简称中船重工技术档案馆)专家出差时了解到青海省委、省政府在建设青海湖二郎剑景区(青海湖主景区)时,缺乏大量"151"基地(原二郎剑景区)资料,工作难以开展。随即中船重工技术档案馆积极查找馆藏,通过多种形式提供大量史实档案材料,为青海湖的旅游资源开发发挥了重要作用。尤其是建成的中国首家鱼雷发射基地展览馆,对重温我国海军发展历史、见证中国国防不断发展壮大的光辉历程,具有重要的爱国主义教育意义。此案例也是军工档案服务地方经济发展、实现军民融合、促进军工遗产保护而充分开发利用档案价值的典型案例。

二、实施背景

当来自全国各地的游客在欣赏青海湖美丽风光的时候,都会被湖中一座赤红色的建筑物所吸引,这就是20世纪60年代国务院批准建立在青海湖的中国鱼雷发射试验基地旧址。该基地距西宁市151千米,被称为"151"基地,对外称国营山鹰机械厂。在其服役的20年间,该基地共成功试验发射鱼雷4300枚,为我国海军建设和武器装备改进作出了重要的历史贡献,它和位于海北州的原子城一样,都是我国军工发展史上最珍贵、最神秘的历史遗产。

2007年,青海省委、省政府对青海湖景区实施"统一规划、统一保护、统一管理、统一利用"政策,专门成立青海湖景区保护利用管理局,将原"151"基地更名为青海湖二郎剑景区,归属景区管理。为推进文化产业与旅游产业深度融合,青海湖景区保护利用管理局拟通过文字描述、图片展览、实物展示、情景再现等方式,将其开辟为以海洋军事文化为主题的博物馆或国家级鱼雷博物馆,使之成为与其隔湖相望的中国第一个核武器研制基地相辅相成的红色旅游景点，充分发挥其特有的红色教育和爱国主义教育功能。但是在具体实施过程中，管理局工作人员缺乏"151"基地大量档案信息，开发工作难以开展，二郎剑景区及鱼雷博物馆的建设工作一直停滞不前。二郎剑景区作为青海湖的核心景区，开发工作遇到瓶颈也导致整个青海湖景区的开发受到影响。青海湖景区的旅游业不论是在发展规模还是在发展速度上，和国内资源地位相近的优秀旅游景区相比，与其地位极不相称，该景区更多的旅游资源依然处于原始状态，开发利用率低，亟须大力开发并充分发挥其在青海省旅游发展中的作用和地位，从而带动整个青海省经济的发展。

2013年4月，中船重工技术档案馆专家在山西平阳重工机械有限责任公司（"151"基地原管理单位）进行项目档案验收时，了解到这一情况，于是积极查找馆藏，核实确有"151"基地的大量档案资料。在征得中国船舶重工集团有限公司和山西平阳重工机械有限责任公司原则同意的前提下，技术档案馆人员主动联系青海湖景区保护利用管理局，通过多种形式多次为其提供相关档案资料，青海湖二郎剑景区的开发工作开始快速、高效、持续推进。

三、创新做法

（一）军工档案馆主动服务地方经济发展

我国传统军工档案馆一直以来存在"藏档楼"和"被动服务"的观念，主动作为的服务意识不够，绝大多数军工档案馆工作理念比较陈旧，长期对新形势下的档案信息资源开发利用缺乏应有的认识，思想观念上仍停留在"重管轻用"上，大都习惯了原有的档案利用模式，满足于"你找我，我给你"的现状。再加上军工企业档案的保密性，使得档案部门更加束手束脚，限制了其对外服务的范围。基于此，我国军工档案馆主动服务系统外和地方的案例少之又少。中船重工技术档案馆助力青海湖景区开发的案例属于"档案走出去"的典型案例，也是国内军工档案服务地方经济的创新举措。

（二）实现军民融合，丰富融合形式

全面推进经济、教育、科技、人才等各个领域的军民融合，需要在更广范

围、更高层次、更深程度上把国防和军队现代化建设与经济社会发展相结合，为实现国防和军队现代化提供丰厚的资源和可持续发展的后劲。档案信息资源作为军民融合的一个"冷门"领域，更多档案馆存在思想观念跟不上、顶层统筹体制缺乏、工作执行力度不够等问题。中船重工技术档案馆这一案例敢于坚持问题牵引，以强烈的军工责任担当推动档案利用问题的解决，正确把握和处理经济建设和国防档案开发的关系，使两者有效发展、平衡发展、兼容共存，是实现军民融合、丰富融合形式的很好展示。

（三）通过不同形式提供利用，发挥重大作用

中船重工技术档案馆在获知青海湖景区保护利用管理局的旅游开发计划后，及时安排人员在馆内档案管理信息系统检索查询相关原始资料，证实馆藏确有关于"151"基地的大量档案信息。在确定这些档案资料不涉密的前提下，中船重工技术档案馆工作人员仔细筛选与其景区开发的相关内容，初步划定查询范围，根据存址号、目录号在库房查找到实体，有些年代久远的、实体与存址未准确对应的进行了核对，全力以赴做好查询工作，共查询到档案文件、照片、图纸等1000余份（张）。尤其是《山鹰机械厂厂史》《胡耀邦同志来我厂视察所作的重要指示》等系列文件材料9卷、356页，为二郎剑景区旅游开发的整体布局、中国青海湖鱼雷发射试验基地展览馆和国家级鱼雷博物馆的建设提供了珍贵、翔实的资料，发挥了档案的重要作用。保护利用管理局工作人员以《山鹰机械厂厂史》为主线，建成了中国首家鱼雷发射实验基地展览馆。该展览馆主体展厅位于鱼雷发射台上，占地400多平方米。根据胡耀邦同志视察"151"基地的文件和照片，配上领导人的重要指示制作的大幅展览图，充分体现了国家领导人对国防事业的重视和对军工人的深切关怀。查找到的发射台水工工程设计结构图、靶道水泽图等资料，为研究发射台载重容客能力、验证游艇运输站可行性建设提供大量技术支持。根据《青海湖厂区千分之一地形图》制成的大型3D实景沙盘，再现了"151"基地全貌，成为当年峥嵘岁月最直观、最震撼的景点。为筹建的国家级鱼雷博物馆第一个展区"历史丰碑"，展示山鹰机械厂选址建设的历史背景、地理位置、气候条件及其艰苦奋斗的发展历程，中船重工技术档案馆提供了大量素材，查找到60余张照片；码头水文、地质等资料为第二展区"海战利剑"、第三展区"鱼雷与中国海军"提供了翔实资料，使展区图文并茂，立体实景丰富多

彩。中船重工技术档案馆对这些档案进行了复印，部分扫描后刻成光盘，并把图片进行翻拍和数字化处理后，转换成相应格式刻盘发送给青海湖景区保护利用管理局。在利用工作结束后，还积极了解利用效果情况，根据反馈意见，为其及时补充资料，完善信息。

（四）有效保护文物资源，抢救军工历史遗产，助力地方经济发展，实现档案资源利用最大价值

20世纪五六十年代，青海湖是国务院批准建立的"鱼雷发射试验基地"。后来由于水位下降而不能满足鱼雷潜水深度的要求，青海湖在出色完成了历史使命后才光荣退役。20世纪80年代以前，中国鱼雷都是在这里完成试验后再投产，武装海军部队。因此，"151"基地及当时军工人遗留的各种设备、生活物件都是无法再生和不可替代的珍贵文物资源和军工遗产。试验基地撤离后，只留下一个破旧的三层小楼的发射台，独自竖立在湖面上，有人就建议政府拆除，认为影响青海湖景观整体美感。这时，青海省政协委员司文钰呼吁保留鱼雷发射装置，并建议收集有关历史资料，建设成国家级鱼雷博物馆，使之成为与其紧邻的中国第一个核武器研制基地相辅相成的红色旅游点。于是，才有了后来在建设过程中一度因为缺少资料眼看计划要搁浅的时候，中船重工技术档案馆及时主动提供资料发挥重要作用的故事。成功改造的中国首家鱼雷实验基地展览馆，既保护了文物资源、抢救了军工历史遗产，又助力地方经济发展，实现了档案资源开发的最大价值。可以说，这是我国军工档案馆抢救军工遗产、发挥档案巨大作用的典型创新案例。

四、实施效果

这些档案材料的提供利用，为还原"151"基地历史面貌、重现当年峥嵘岁月发挥了重要作用。依据历史档案改建成的二郎剑景区，已经成为青海湖的核心旅游项目和游人必去景点，以建成后的2015年为例，截至当年8月31日，青海湖二郎剑景区共迎接游客34.1万人次，旅游总收入超过3000万元。根据查询利用的发射台地质水文资料，为勘测游客承载量、发射台维修及游艇码头建设节约成本近100万元；根据《山鹰机械厂厂史》等资料建成的中国首家鱼雷发射台试验基地展览馆和国家级鱼雷博物馆，充分展示了我国军工人创业初期的艰难岁

月,再现了当年艰苦奋斗的军工精神,在爱国主义教育和国防教育中产生了深远的影响,形象地诠释和体现了"青海湖军工精神"。

中船重工技术档案馆主动作为,积极开发军工档案资源,最大限度地发挥档案价值,使"死"档案变成"活"档案,并为国内军工行业档案馆有效服务地方经济树立了典范,具有非常高的借鉴意义。

青海湖景区保护利用管理局领导动情地表示:"这批贵重的档案材料,能够让游客在欣赏青海湖美丽景色的同时,更深切地体验青海湖厚重的人文历史底蕴,重温我国海军发展历史,见证中国国防不断强大的光辉历程,意义重大啊。"

案例形成单位:中国船舶重工集团有限公司技术档案馆
案例形成人:李亚娥、卫新宏、闫岁亚、曹瑞萍

庆祝改革开放 40 周年和兵器工业集团成立 20 周年献礼系列作品：《中国兵器工业遗产图册》《辉煌成就图文集》《兵器工业"不忘初心、牢记使命"主题图片展》

一、案例概述

2018年是我国改革开放40周年，2019年正值中国兵器工业集团公司（以下简称兵器工业集团）成立20周年，中国兵器工业档案馆（以下简称档案馆）以馆藏档案资源为基础，打造了献礼系列作品：《中国兵器工业遗产图册》，是"兵器记忆文化工程"的重要组成部分，通过对兵器工业现存工业遗产进行调研走访，进一步梳理编辑成册，是对红色珍贵档案进行抢救与保护的延续；《辉煌成就图文集》，以图文并茂的形式展现改革开放40周年尤其是兵器工业集团成立20周年以来，在科研产品、经营管理、能力建设、荣誉资质等各方面的巨大变革和辉煌成就；《兵器工业"不忘初心、牢记使命"主题档案图片展》，展现从1927年"八七会议"始，人民兵工秉承"把一切献给党"的人民兵工精神，从修械处艰难起步，伴随中国共产党和共和国共同成长，发展成为兵器工业集团。

二、实施背景

2018年正值我国改革开放40周年，2019年迎来兵器工业集团成立20周年。40年来，特别是兵器工业集团成立20年以来，兵器工业集团按照党中央的要求，"跟党走""听党指挥""把一切献给党"，坚定不移履行强军首责，加快建设"技术先进、自主可控、军民融合、经济高效、充满活力"的中国特色社会主义先进兵器工业体系，取得了辉煌成就。档案馆为庆祝改革开放40周年和兵器工业集团成立20周年，打造了献礼系列作品——《中国兵器工业遗产图册》《辉煌成就图文集》《兵器工业"不忘初心、牢记使命"主题档案图片展》。

"十二五"期间，国家档案局提出了确保国家重点档案抢救与保护工作顺利实施的要求，兵器工业档案馆开展了珍贵档案抢救与保护工作，制定了《中国兵器工业集团有限公司珍贵档案管理办法》，举办"人民兵工红色珍贵档案展"并创新"红色兵工档案"管理模式。工业遗产作为实物档案的重要组成部分，档案馆从兵器工业的实际出发，通过调研走访、资料征集等形式，对各子集团和直管单位工业遗产情况进行梳理，编辑成册，图文并茂地展现了兵器工业现存工业遗产的情况。工业遗产是人类文明和历史发展的见证之一，其所具有的历史文化价值、知识价值、艺术价值已经在世界范围内得到普遍重视。开展工业遗产统计、保护和宣传，将有助于保存和充分利用这些文明印记，特别是人民兵工作为"国防工业的摇篮"，承载着红色基因，传承着"把一切献给党"的人民兵工精神，所以人民兵工工业遗产具有独特代表性和十分突出的历史文化价值。

为充分发挥馆藏档案的作用，传承红色基因，弘扬人民兵工精神，激发人民兵工荣誉感和自豪感，传播经验、启迪智慧，推动兵器事业持续发展，在隆重庆祝改革开放40周年、迎接兵器工业集团成立20周年之际，档案馆组织编辑的《辉煌成就图文集》以丰富的馆藏资源呈现兵器工业59家子集团和直管单位取得的辉煌成就及光辉历程，以此形成较为系统的成果档案，也体现了几十年来档案工作的深刻变化。

红色兵工档案尤其是珍贵照片档案作为人民兵工宝贵资产的一部分，是见证企业发展不可再生和替代的唯一凭证，真实地记录了人民兵工秉持"把一切献给党"的崇高信仰，亦工亦战，冒着生命危险试制生产，保障前线武器供给，又要反轰炸、反扫荡的艰苦卓绝的斗争过程。《兵器工业"不忘初心、牢记使命"主题档案图片展》以大量馆藏照片为基础，打造真实生动的场景，见证着人民兵工与党和人民军队并肩战斗取得最终胜利的光辉历程。

三、创新做法

兵器工业珍贵档案和工业遗产已经成为兵器工业集团的重要资产和珍贵的文化资源。为充分发挥馆藏档案的作用，传承红色基因，弘扬人民兵工精神，激发人民兵工荣誉感和自豪感，传播经验、启迪智慧，推动兵器事业持续发展，在隆重庆祝改革开放40周年、迎接兵器工业集团成立20周年之际，档案馆打造献礼系列作品。

一是成立档案资源开发利用专项组,抽调档案馆技术骨干力量,从组织上、制度上予以支持保障,集中人力、物力高质量完成系列编研作品。档案馆成立由9人组成的编研专项组,其中包括档案馆馆长、档案保护专业人才、档案管理人才、美编人才等。

二是制定详细的工作计划和流程节点。严把选材关,对珍贵档案、照片进行甄别,对兵器工业遗产进行界定,对征集的辉煌成就资料进行筛选。严控时间节点,从2018年下半年持续至2019年上半年,三项编研工作有条不紊推进,从征集、选材、设计、美编、讨论修改到印制,形成系列作品。

三是深度挖掘档案资源,以时间线索、空间线索、专题线索,重新组织鉴别档案资源,对档案史料进行整理分析、修复保护、组稿与利用。以工业遗产构建兵工发展蓝图的"点",形象生动;以主题档案图片展体现人民兵工从艰难起步到再创辉煌的"线",脉络清晰;以辉煌成就展现兵工事业熠熠生辉的"面",全面直观。

共和国兵器工业组织沿革包含兵工阶段(1927—1949年)、兵器阶段(1949—1982年)、兵器工业阶段(1982年至今),人民兵工工业遗产界定为"一五"时期之前建设,至今仍然使用或已进行保护修复的遗址建筑。

共和国成立前,人民兵工的表现形式是红军的修械所、兵工厂。官田兵工厂是我党我军第一家大型综合性兵工厂,标志着我党领导下的兵工厂的诞生,被誉为人民兵工的始祖和国防工业的摇篮。抗日战争时期,各根据地相继成立军工部(局)。各地军工管理机构成立后,把所有地区分散的小型兵工厂和修械所,按专业集中组成一定规模的专业工厂,著名的如黄崖洞兵工厂。解放战争时期,兵工厂形成了一定规模,在生产计划、工艺流程等方面有了更高要求,体制上也从军事系统划归政府系统。

1949年10月,中央人民政府重工业部成立,其内设的兵工办公室于1950年5月成立。1951年1月,中央人民政府人民革命军事委员会兵工委员会成立。1951年4月,重工业部兵工办公室改组为兵工总局,统一规划和协调兵工生产建设工作。1952年8月,第二机械工业部成立,统管国防工业。1982年5月,第五机械工业部改名为兵器工业部。1986年12月,撤销兵器工业部和机械工业部,组建国家机械工业委员会。1988年8月,国家机械委员会与电子工业部合并,成立机械电子工业部和中国北方工业(集团)总公司。1990年,对内称"中国兵器工业总公司"。1999年7月,成立中国兵器工业集团公司。

纵观兵器工业的发展历程,人民兵工工业遗产同珍贵档案一起,真实客观地记录着在土地革命战争、抗日战争、解放战争烽火中伴随中国共产党和共和国共同奋斗、成长的印记,展现人民兵工在党的领导下,始终与人民军队并肩战斗在一起,军队前方作战奋不顾身,兵工人后方修械造枪不计生死的坚定决心和"把一切献给党"的崇高信仰。

《中国兵器工业遗产图册》(图1)全书刊载30余家子集团和直管单位报送的60余处工业遗产图片和信息。其中太原兵工厂时期机加工房、山西机器局办公楼旧址和庆阳化工厂日伪时期工房、火车站等多处工业遗产入选工业和信息化部第二批国家工业遗产名单。泸州北方化学工业公司洞窝水电站、窑洞式工房、景直亭,淮海集团刘伯承工厂旧址,山东机器局火药库、工务堂、老工房,华安文化宫等7项工业遗产入选国资委《中央企业历史文化遗产图册》。档案馆将兵工行业工业遗产以图文并茂的形式汇编成册,全面翔实,以备查考。

图1 《中国兵器工业遗产图册》

改革驱动创新,创新驱动发展。在改革开放40周年的风雨历程中,特别是自1999年组建兵器工业集团以来,作为新中国国防科技工业的基石,兵器工业集团是我军机械化、信息化、智能化装备发展的骨干,是全军毁伤打击的核心支撑,是现代化新型陆军体系作战能力科研制造的主体,是"一带一路"建设和军民融合发展的主力。兵器工业集团始终坚持国家利益高于一切,始终秉承"把一切献给党"的人民兵工精神,以服务国家国防安全和服务国家经济发展为使命,以建设技术先进、自主可控、军民融合、经济高效、充满活力的中国特色先进兵器工业体系,实现有质量、有效益、可持续发展为目标,全面深入实施全价值链体系化精益管理战略,军品、工业民品、战略资源、金融流通四大业务板块协调快速发展,发展质量和效益持续提高,为国防现代化建设和国民经济发展作出了重要贡献。

40余年风雨路,不改的是为国防效力的理想,数十载光辉历程,不变的是使祖国振兴的誓言。《辉煌成就图文集》(图2)将59家子集团和直管单位改革开放40年以来,尤其是兵器工业集团成立20年以来,在科研产品、经营管理、能力建设、荣誉资质、社会责任、先进人物等方面的辉煌成就汇集成册,以图文并茂的形式展现波澜壮阔的40年变化,这辉煌成就凝聚着几代兵工人的智慧和劳动,传承着"自力更生、艰苦奋斗、开拓进取、无私奉献"的人民兵工精神。

图 2 《辉煌成就图文集》

党的十九大报告指出,中国共产党人的初心和使命是为中国人民谋幸福,为中华民族谋复兴。这一初心和使命是激励中国共产党人不断前进的根本动力。在中国共产党的正确领导下,人民兵工在战火硝烟中,克服艰难险阻,以初心和使命为根本动力,创造了一个又一个人间奇迹。档案馆馆藏档案和照片真实地记录了人民兵工"不忘初心、牢记使命"所凝练的"跟党走""听党指挥"的坚定理想信念和"把一切献给党"的人民兵工精神。

此次展览（图3）共分为星火燎原、抗战硝烟、解放战争、共和国长子、改革开放、大国重器、兵工英模7个章节，精选珍贵照片档案180余幅。时间跨度从土地革命战争时期的烽火硝烟，到社会主义革命和建设时期的艰苦创业，再到改革开放新时期的跨越发展，进入到新时代实现中华民族伟大复兴中国梦的历史征程，无论从修械所到小型兵工厂、兵器工业部再到中国兵器工业集团公司各个历史发展时期，人民兵工始终"不忘初心、牢记使命"，研制一代又一代先进武器装备，实现一系列重大突破，增强我国国防实力，在保障国防国家安全中发挥了重要作用，推动陆军装备整体科技水平的提高，极大增强了民族自豪感和凝聚力。

图3　兵器工业"不忘初心、牢记使命"主题档案图片展

四、效果及影响

（一）此次献礼系列作品是发挥档案教育意义的重要途径

兵工历史与工业遗产保护是人民兵工记忆，也是国家记忆，对工业遗产与辉煌历程的梳理就是在深化这些记忆，从而变成全社会的记忆，通过"用"将珍贵档案的价值发挥出来，让更多的人能够看到，认识到这些档案的珍贵与重要性，

认识到档案工作的意义，也能更好地促进"兵工文化记忆工程"的顺利开展，起到教育启示作用。

（二）此次献礼系列作品是档案开发利用与社会环境相结合的有益探索

工业遗产保护是档案馆"十三五"重要课题，是创建"兵器文化记忆工程"的一项重要工作内容。档案馆专项组结合课题要求，走访了兵工系统历史较为悠久的企业，对工业遗产和兵工历史进行调研，就珍贵档案和工业遗产的保护、开发利用与有关企业进行了深入交流，在为展览和图册选取宝贵素材的同时，也为出台工业遗产保护措施和管理办法积累了经验，为兵工事业的发展研究提供了重要参考。

（三）此次献礼系列作品是人民兵工历史、人民兵工精神的极好宣传形式

档案是各企事业单位历史传承的重要文化记忆资源，是见证企业发展不可再生和替代的唯一凭证，还具有史料研究和文物珍藏价值，更是追溯和印证中国军事工业发展历史的重要依据和原始资料。此次系列作品选用的珍贵照片档案很多是首次展出，用它们来反映时代特点、来讲述人民兵工的初心和使命，使展览更形象生动，也更具感染力。工业遗产在行业系统内也是首次汇编成册。很多读者和参观者纷纷表达了自己作为一名兵工人的骄傲和自豪之感。

（四）此次献礼系列作品从筹备到圆满完成，历时一年有余，无论是作品本身，还是筹备过程，都具有非常重要的意义

献礼系列作品用真实的历史纪录和印证着人民兵工在党的领导下，始终与人民军队并肩战斗在一起，在艰苦环境下，充分发挥主观能动性，冒着生命威胁进行高危武器弹药试制，在几十年发展历程中铸就的"自力更生艰苦奋斗开拓进取无私奉献"的人民兵工精神和在烽火硝烟及社会主义现代化建设中奋战的峥嵘岁月以及改革开放40年来取得的辉煌成就。

当代兵工人回顾前辈的英勇与智慧，激励我们继续发扬人民兵工精神，不断开拓进取，为建设更加强大的国防不断努力。作为行业档案工作的带头人，在档

案开发利用方面，中国兵器工业档案馆将继续坚持站位要高，着眼要细的原则，全方位、多元素、主动提供优质服务，以档案工作成就彰显兵工风采。

  案例形成单位：中国兵器工业档案馆
  案例形成人：刘左、付蕾、张凡、郭欣鑫、环红、王彤、李冠颖、彭璨、许婉仪

百年大观——纪念中国航空发动机之父诞辰 100 周年图片展

一、案例概述

2016 年是"中国航空发动机之父""全国优秀共产党员"吴大观诞辰 100 周年。为深切缅怀吴老，宣传吴大观精神，中国航发沈阳发动机研究所充分挖掘档案信息，开发档案资源，策划举办了"百年大观——纪念中国航空发动机之父诞辰 100 周年图片展"（以下简称百年大观图片展）。

本次展览通过挖掘并综合分析文书、科技、实物、声像档案等多载体多门类馆藏资源，精选 61 张图片，撰写近万字展现吴大观的辉煌事迹，形成人物档案记忆，体现其严慎细实的工作态度，培养人才的长者风范，推进航发事业的披肝沥胆、报效祖国的崇高情怀。

二、实施背景

（一）学习吴大观活动的延续需求

作为中国航空发动机事业的奠基人、开拓者之一，吴大观一生致力于航空发动机事业，始终把党和人民的利益放在最高位置。

2009 年 3 月 18 日，吴大观同志于北京逝世，6 月 2 日，胡锦涛同志作出重要指示，要求中组部、国资委、中航工业集团认真总结，宣传吴大观同志"报国有成"的光辉精神；习近平、李长春、刘云山、张德江、李源潮等党和国家领导人也作出指示，要求大力宣传和学习吴大观同志的先进事迹。随后，中航工业集团和沈阳发动机研究所先后发文，组织开展学习吴大观精神活动。百年航空报国志，仰天长啸中国心，吴大观精神值得永远学习。百年大观图片展是对学习吴大观活动的延续。

（二）动力文化的传承需求

2016年，正值国务院组建航空发动机集团的筹备阶段，时代感召，精神呼唤，吴大观严谨求实、敬业奉献、艰苦朴素、爱党爱国的崇高精神始终影响着航发人。将吴大观精神打造为动力文化品牌，有助于增强广大干部职工的战斗力和凝聚力，促进动力事业的持续健康发展。

作为航发人，大家深切明了航空发动机的重要性。作为现代工业皇冠上的明珠，航空发动机的研制意义深远，一代发动机决定了一代飞机，而飞机的研制水平直接影响着我国国防军事力量。航空发动机的研制是一项高难度的技术，目前，我国航空发动机事业正处于叠加突破时期，建立航空发动机的自主创新道路和可持续发展的产业研发体系任务艰巨。中国航发董事长、党组书记曹建国参观了展览，并作出指示，要担负历史使命和政治责任，不负重托，不辱使命，为强国强军梦作出更大的贡献。

（三）所文化建设的深入需求

2016年，正值沈阳发动机研究所成立55周年，吴大观诞辰100周年，策划举办百年大观图片展是为进一步宣传、弘扬、学习吴大观事迹和精神，再掀学习高潮，丰富动力文化，提升职工素养，促进中心工作，同时也是为了寄托哀思、追忆先辈、传承精神，推动发动机事业不断前行。

在这样一个机遇与挑战并存的新时期，对于航发人而言，再一次汲取吴老的精神，获得心灵上的再一次洗礼与升华，是自主研制道路上的一剂强心剂。他激励着航发人砥砺前行，奋勇拼搏，推动我国航空发动机自主研制的全面突破，实现我国航空动力事业的进一步飞跃。

三、创新做法

（一）查阅资料

通过档案资源综合管理系统大量检索、挖掘并综合分析科技档案、文书档案、实物档案、声像档案等多门类多载体馆藏资源（图1），全面了解吴大观同志在工作期间参与的型号研制和工作内容，通过参考出版读物，如《永恒的中国心》《青话吴大观》等，挖掘吴老一生的学习、生活、工作经历等信息。

图 1　查阅的相关档案及图书资料

（二）构建框架

在第一步查阅资料的过程，对吴大观的生平事迹和重要贡献进行详细了解后，主责团队开始商讨用怎样的表现形式来完成吴大观图片展览的设计梳理。最终确定了以时间为轴线，对吴大观同志的一生进行详细展示，让广大科研工作者及党员同志详尽了解这位伟大的科学家的幼年成长时期、青年成才时期、壮年科研时期、晚年工作时期。与此同时，在对吴大观一生的回顾中，将其幼年时期勤俭节约精神，青年时期投身报国的爱国情怀，壮年时期严慎细实的工作态度，晚年时期披肝沥胆、无私奉献的长者风范为精神轴线，以此深切缅怀吴老，学习继承吴大观精神。

（三）收集资料

以梳理出的本次图片展轴线为基础，进行下一步的内容填充。为此，主责团队针对第一轮的资料检索、查阅、分析，开始进行档案资料的分类整理。一方面，利用兰台档案资源管理系统，对档案资料进行收集整理；另一方面，针对馆藏图片档案内容，进行数字化处理。此外，与其他兄弟单位及吴大观家人联系，征集吴大观同志在430厂、科技委工作期间及青年时期的档案资料。

（四）口述历史

在图片资料收集过程中，为了更详细了解吴大观生平事迹，团队人员与吴大观的家人、吴大观的同事及所内相关领导进行交流，采访他们所了解的吴大观事迹，在采访过程中深入挖掘，采集口述历史人与吴大观相关的资料形成图片档案，以此丰富图片展的相关素材。

（五）图片处理

图片处理的过程主要分为三个部分：第一部分利用扫描仪对馆藏图片内容与胶卷资料进行数字化处理，形成电子图片档案；第二部分将吴大观同志的重要手稿或相关物件进行扫描及数码相机拍摄，形成电子图片档案；第三部分对已经形成的图片档案进行后期处理，在保证不破坏图片档案价值基础之上，进行适当的裁剪及微调。

（六）文字编辑

团队成员将此次图片展分成了吴大观的四个时期，分别是1956年以前青年学习时期，1957—1976年动力所工作时期，1977—1982年西航工作时期，1982年后科技委工作及晚年时期。通过前期查阅资料了解到吴大观幼年时期的家道中落，青年时期的留学经历，中华人民共和国成立后加入中国共产党，组建我国第一个航空发动机研究所，研制我国第一台发动机等感人事迹，形成了此次百年大观图片展的文字稿。

（七）排版设计

在档案资料整理完成后，怎样将展览活动变得内容丰富且意义深远，并富有档案价值和厚重的历史感，成为图片展设计的主要讨论问题。值得一提的是，此次展览从资料收集、整理、鉴定、利用，再到图文排版、展架设计，均由档案部门人员全过程参与。在文稿和图片校稿完成后，交由排版人员进行图片展的设计工作，以前期编辑稿的时间轴线为展览的主要浏览方向，完成文字图片匹配，并保证图文相符，张张图片有注解，件件事件有配图。

（八）精心布展

为了更好地宣传吴大观同志的生平事迹，缅怀先辈精神，实现更好的宣传效果，工作人员将展架放在所内科研人员的必经之地——科研办公大楼的一楼大厅进行布展，员工可以随时随地参观展览。在布置展架的同时，工作人员还放置签到台，以便观展员工可以在参观后写下心得感悟，以此抒发感情，缅怀先辈，寄托哀思。此外，在本次展览过程中还配以解说人员，在工作日的上午与下午间休时间进行解说，帮助观者更为详尽地了解吴大观的一生。

（九）系列活动

为丰富展览内容，扩大展览影响，更加深切缅怀吴大观同志，学习吴大观精神，在此次图片展筹备展出的同时，档案部门整理了与吴大观相关的档案资料，形成了以吴大观往来书信、发表刊物为主题的文稿展，吴大观办公室陈列展等系列展览。

（十）扩大宣传

为了让广大员工知晓本次展览，将吴大观精神落到实处，在展览日当天，通过所内局域网发布了展览通知，同时，为了使吴大观爱国敬业、无私奉献的精神产生更广阔的影响，工作人员将此次图片展的电子稿进行了重新排版，登载于公司微信公众号上进行网络宣传，让吴大观精神众所周知，口口相传。此外，本次展览也在相关单位来访、集团领导来访的过程中进行主动展示，将中国航空发动机之父的优秀事迹广泛宣传。

四、效果及影响

（一）吴大观先进事迹的深度宣传

在本次展览活动的两周内，集团领导、沈阳市中省直企业工会领导、各兄弟单位来访领导、周围学校师生及所内全体职工参加本次展览，共计近4000人次走到图片展前，瞻仰吴大观同志孜孜不倦的一生。本次展览多次受到上级领导的好评，表示本次展览意义深远。参观人员反映，通过参观此次展览，了解了吴大观从事航空发动机奋斗的一生，了解了吴老忠于党和国家、忠于人民和事业，为了航空发动机的发展壮大而不懈奋斗的艰辛历程，汲取了吴老留下的宝贵精神。所内职工及党员同志在吴大观同志为国为民、勤俭节约、艰苦奋斗、不求名利、忠实奉献的伟大精神的感召下，还写下心得感悟，刊登在所报所网上，在广大职工中引起强烈共鸣。

（二）吴大观纪念活动的高潮推进

百年大观图片展是吴大观诞辰100周年追忆吴老事迹系列活动之一，本次展览将追忆活动推向了高潮。以此为引，沈阳发动机研究所开展了吴大观诞辰100周年系列活动，包括吴大观经验分享会、吴大观事迹报告会、吴大观手稿展、吴大观办公室陈列展、吴大观志愿服务队奉献主题活动等诸多内容，这让众多参与者在缅怀先辈精神的过程中，汲取精神动力，自觉践行社会主义核心价值观，航空报国，不辱使命，以实际行动为祖国航空动力事业奉献青春、智慧和力量。

（三）航发人物专项档案的明确建立

所内档案部门以此次展览内容为契机，在档案资源管理系统中建立了航发人物专项档案库，主要收集整理研究所内有深远影响的专家、领导等人员档案资料，并分类整理，完善人物档案管理。这为今后梳理人物档案，归档分类起到良好推动作用。

（四）所内档案编研的成功尝试

本次展览是沈阳发动机研究所档案部门发挥自身优势，深度挖掘档案资源，进行宣传展出的重要尝试，是扩大档案影响力的典型开发案例。通过本次展览，所档案部门积累了档案资源开发的经验，增强了开发档案资源的信心。今后档案部门将以此为起点，深度挖掘档案资料，开展更多的档案资源开发利用工作。

案例形成单位：中国航发动力所
案例形成人：闫晓强、郗滢、王运玲

实施油气勘探开发档案资源整合，助力发现世界最大砾岩油田

一、案例概述

中国石油天然气集团有限公司是国家油气勘探开发的主力军，在长期保障国家能源安全的过程中，积累了超过2000万件油气勘探开发原始和成果地质档案、80余万盘电子档案和130余万米的岩心实物档案。2010年开始，集团公司启动油气勘探开发档案整合，并完成80%以上原始和成果地质档案以及岩心等实物档案的数字化工作，同时实现了集团公司档案管理系统的统一管理，逐步建立了涵盖智能检索、自动分类、咨询服务等功能的完善的油气勘探开发档案服务体系，为油气田勘探开发部署提供了可靠有效的数据支撑，无论是发现世界最大砾岩油田玛湖油田、还是东部老油田稳产及西部油气勘探新领域突破，油气勘探开发档案均发挥了决定性作用。

二、实施背景

中国石油工业的发展史，是一部艰苦奋斗的创业史，从新中国成立初期石油几乎完全依赖进口，到大庆油田发现后实现石油自足，再到油气年产2亿多吨，石油工业为支撑国家经济建设和保障人民生活作出了重大贡献。在为国家提供不竭能源的同时，也积累了大量的油气勘探开发档案，仅仅中国石油天然气集团有限公司，就保存了超过2000万件勘探开发原始和成果地质档案、80余万盘电子档案和130余万米的岩心实物档案。这些油气勘探开发档案是国家用大量投入获得的认识地下、实现油气发现和开发效益的宝贵财富，保存了勘探开发全过程中积累的认识、信息、记录和实物等，蕴藏着大量直接和间接反映油气的信息和"暗语"。由于人的知识水平、经验和经历不同，对勘探开发资料信息中有用信息

的提取水平有很大差异，因此必须在反复多次的阅读和使用当中才能把有用价值榨取干净。

2012年以来，由于国际油价大幅度下跌，中石油的油气勘探开发投资也相应下降。充分利用老资料，挖掘有用信息，降本增效，成为东部大庆、辽河等老油田稳产，西部长庆、新疆等油田突破增产的有效措施。

由于油气勘探开发档案形成时间长、数量巨大，成果、原始、实物等档案种类繁多，且部分油气田油气勘探开发档案管理分散，使得地质资料作为档案资源的系统性、完整性、准确性难以得到有效控制。为实现集约化管理，解决人工检索困难、利用效率低等问题，中国石油从2010年就全面开展了油气勘探开发档案数字化工作，信息化建设也同步展开，2010年中国石油档案管理系统全面推广应用，到2016年年底，80%以上的原始和成果地质档案以及岩心等实物档案完成了数字化工作，实现了集团公司档案管理系统的统一管理，建立涵盖智能检索、自动分类、咨询服务等功能的完善的档案服务体系，为高效检索利用勘探开发地质档案打下了坚实基础。

三、创新做法

根据集团公司档案工作"十三五"规划中提出的"积极推进档案管理模式创新，倡导建立大档案资源体系"要求，本着顺应公司改革发展的总体趋势，结合档案工作实际，中国石油档案馆确定了"以档案资源整合重构业务管理模式，以信息化推动管理手段、管理方式、管理机制转型，实现资源管理集约化、业务管理一体化、利用服务高效化"的工作思路，启动实施资源整合工作，以查清资源家底、夯实资源基础、优化资源结构、提升资源品质，为全面实现油气勘探开发类档案管理利用信息化、数字化、网络化奠定坚实的资源基础。

（一）健全组织管理体系

为实现集团公司油气勘探开发档案集约化管理，集团公司成立了以办公厅档案部门、油气勘探开发地质资料中心和各油气田档案部门组成的组织管理体系，改革和调整集团公司油气勘探开发档案资源的归属和流向，变档案资源多头管理、分散管理为集中统一管理，推进集团公司油气勘探开发档案资源向着最合理、最优化的目标发展。

（二）完善规章制度体系

为实现油气勘探开发档案源头管控，中国石油组织制定了《集团公司地质资料管理办法》，完善油气勘探开发档案实体整理及著录规范；组织对钻井、测井、试油、地质录井等技术服务单位进行调研，明确归档地质资料管理工作职责，推进地质资料管理纳入甲乙方合同约定；将归档工作与向自然资源部、勘探开发资料中心汇交、上交工作相结合，对于新增档案，严格实行国家地质资料电子文件归档格式要求，确保归档电子文件率达到100%。

（三）开展数字化及信息化建设

为解决油气勘探开发档案人工检索困难、利用效率低等问题，中国石油从2010年就全面开展了油气勘探开发档案数字化工作，信息化建设也同步展开，2010年中国石油档案管理系统全面推广应用，到2016年年底，80%以上的原始和成果地质档案以及岩心等实物档案完成了数字化工作，实现了集团公司档案管理系统的统一管理，建立涵盖智能检索、自动分类、咨询服务等功能的完善的档案服务体系，为高效检索利用勘探开发地质档案打下了坚实基础。

（四）开展针对性利用

不同的油田发展阶段，所利用的油气勘探开发档案类型有所不同。对于东部的大庆、辽河等老油田，勘探开发历史长，已经处于油田开发的中后期，以稳产为主要任务，要采取二次采油、三次采油等各种稳产手段，必须搞清楚油气主要产层的精细地质结构以及油水分布情况，主要应用的是钻井、测井以及分析化验等油气勘探开发档案；而位于中西部的长庆、西南、塔里木等油气田，勘探程度相对较低，仍然处于油气勘探突破增产阶段，除了稳住已开发区块的产量外，寻找新领域、新层系、新类型油气藏是其主要任务，在利用好已有钻井、测井类油气勘探开发档案基础上，对已有地球物理资料的重新处理解释也显得尤为重要。

根据不同油田勘探开发需求，中国石油设计了不同的油气勘探开发档案利用方案。对东部老油田，以全面系统的老井资料复查为主，首先对早期已经发现而当时暂时放弃的油气显示信息，进行全面分析追踪，摸清其油层厚度、展布范围、储量规模、油藏类型等，利用现有先进开发手段实现有效开发，以弥补主力储层产量下降的损失，达到油气稳产。对于中西部地区长庆、新疆、塔里木等油气田，则采用新理论指导钻井资料重新复查、新技术指导地震老资料重新处理，两者密切结合，实现新领域、新层系、新类型油气藏的发现，达到油气勘探突破上产的目的。

（五）利用实例

新疆油田玛湖地区就是充分结合地震与钻井资料等油气勘探开发档案，实现油气勘探大突破，发现了世界最大砾岩油田，即10亿吨级玛湖油田。

20世纪80年代，面对老区产量递减，新疆油田开始玛湖地区致密油勘探开发，由于油藏埋藏深、储层物性差、直井单井产量低、经济效益差，近30年来一直未能实现有效开发。近几年随着地质认识手段不断丰富、工艺技术不断进步，玛湖凹陷致密油勘探迎来突破的曙光。科研人员在攻克勘探程度极低的玛湖凹陷时，档案信息资源的无障碍、快速提供利用，让分散在各个地区的科研人员通过网络就可以进行穿越性的检索利用，为科研人员先后进行的50轮科研会战提供了全面、快捷、翔实的档案资料。在摸排了40多口老井、解释了2000平方千米三维地震后，科研人员部署了多口探井和评价井，使得玛18井在3500米以下试获高产工业油流。目前，玛湖大油区已形成新的百里油区，实现了规模效益勘探的整体突破。玛湖重大勘探成果荣获2018年度国家科技进步奖一等奖（图1）。

图1 玛湖重大勘探成果获奖证书

四、效果及影响

大规模的、系统的油气勘探开发档案整合及数字化，为中国石油油气增储上产提供有效数据支撑，取得了明显的经济和社会效益，产生了重大的社会影响。

（一）为国家能源安全提供了保障

在国际油价低迷、勘探开发投资增长乏力的情况下，中国石油连续5年实现年均新增探明石油地质储量超过6亿吨，新增探明天然气地质储量超过5000亿立方米，并发现了世界最大砾岩油田玛湖油田，同时实现了多个重大油气勘探开发突破，为支撑中石油石油产量基本稳定、天然气产量逐年大幅度提升，为满足国家能源需求，实现国家能源安全、优化能源消费结构提供了保障。

（二）节约了巨额油气勘探开发投入

油气勘探开发作业是一项需要投入巨资的事业，不论是野外勘查、地震、评价、钻井、测井等工序，每一道工序动辄需要投入数亿元，比如，按目前市场价格，如果全部重新部署20379千米塔里木油田二维地震采集工作，需要花费资金20多亿元。利用油气勘探开发档案和集约化的档案管理平台对地层进行重新认识，可以为中国石油乃至国家节省投资数百亿元甚至上千亿元。

（三）实现了档案集约化、智能化管理

油气勘探开发档案的集约化管理以及数字化、信息化建设，不仅改变了档案业务结构，更重要的是改变了固有的思维模式，推动了档案业务、组织结构向集约化、智能化方向变革，由多管理层级向扁平化方向发展，改变了重复保管、多套保管的局面，真正做到了优化馆库结构，为档案库房减压、为档案工作者减负。

案例形成单位：中国石油档案馆、中国石油勘探开发资料中心、新疆油田公司档案中心

案例形成人：范宁、韩剑锋、王强、高朝阳、王泓、贾进斗、孙瑜、齐小琳、吕玉琴、卜宇

庆祝中国石化成立 35 周年主题展览

一、概述

2018 年是中国石油化工集团有限公司（以下简称中国石化）成立 35 周年，为贯彻落实党的十九大关于在全党深入扎实开展"不忘初心、牢记使命"主题教育的部署和要求，中国石化组织开展了"不忘初心、牢记使命、永远奋斗"主题展览活动。展览从 2018 年 7 月 12 日开始，历时一个半月，用真实的历史纪录，再现了中国石化 35 年不平凡的奋斗历程，展现石化人付出的艰辛和取得的成就，展现石化人的责任和担当，努力揭示中国石化"爱我中华，振兴石化""为美好生活加油"的初心和使命。

二、实施背景

习近平总书记指出中国共产党人的初心和使命，就是为中国人民谋幸福，为中华民族谋复兴。这个初心和使命是激励中国共产党人不断前进的根本动力。

中国石化从 1983 年成立之日（图 1）起，35 年来，始终牢记党和人民的重托，艰苦创业、矢志奋斗，坚持以国家希望为使命、以满足人民需要为宗旨，坚持在国家大局中谋发展，担当起建设石化支柱产业、保障国家能源安全的重任，取得了世人瞩目的辉煌成就，为壮大国有经济、实现国家富强、改善人民生活作出了重要贡献。

图 1　1983 年 7 月 12 日，中国石油化工总公司在人民大会堂成立

在中国石化成立35周年之际，按照集团公司党组的部署和要求，以"不忘初心、牢记使命"主题教育为契机，聚焦"爱我中华、振兴石化""为美好生活加油"的初心和使命，在集团公司总部办公楼一楼大厅布展，以图文并茂的展板形式，展示中国石化在不同时期践行初心和使命的成就及未来发展方向，从中国石化走过的不平凡历程中，感悟艰辛与辉煌，吸取经验与教训，增强干部员工的自豪感和使命感，激励广大干部员工持续奋斗，以党的十九大精神为指引，观大势、谋全局、干实事，朝着建设世界一流企业的宏伟目标，奋力谱写石化发展新篇章。

三、创新做法

（一）提高政治站位，确定展览主题

鉴于此次展览要与"不忘初心、牢记使命"主题教育结合在一起，要始终把讲政治摆在首位，提高政治站位，确保正确的政治方向，为此展览团队成员认真研读党的十九大报告，努力做到学懂、弄通、做实。结合对集团公司年度工作会议精神的学习，精心梳理历史，通过回顾中国石化35年的奋斗历程，努力揭示中国石化"爱我中华，振兴石化""为美好生活加油"的初心和使命的内涵，激发员工新时代新担当新作为，以永不懈怠的精神状态和一往无前的奋斗姿态，朝着建设世界一流企业的目标，谱写中国石化发展新篇章，确定展览主题为"不忘初心、牢记使命、永远奋斗"。

（二）注重取长补短，开展学习调研

为拓宽思路，丰富办展经验，中国石化成立工作组，分别赴中国石油、中粮集团、中国化工集团、中国海油等单位调研和交流，借鉴他们的先进经验和做法，为制定工作方案拓宽了思路。

（三）尊重还原历史，拜访石化老领导

为了更加真实地再现历史，厘清中国石化发展脉络，党组领导亲自带队拜访了盛华仁、李毅中两位老领导并进行了现场采访，根据两位老领导的口述使我们对中国石化的成立背景、发展历程及奋斗目标有了清晰的认识，感受到他们对中国石化的深厚感情及殷切希望，并将采访录音整理成访谈记录，以此教育、激励

中国石化年轻一代沿着老一辈开创的道路，坚定不移地为党、为国家努力奋斗，再立新功。

（四）梳理文献资料，精心起草脚本

负责起草脚本的同志们在充分研讨的基础上精心构思内容，确定内容架构；根据每位同志的不同经历和特点，明确撰稿分工、撰稿要求和时间节点。为此，负责起草脚本的同志们在没有脱离岗位工作的情况下，经常加班加点，查阅大量资料，核准史料数据，先后召开8次集体研讨会，两次征求总部相关部门意见，多次修改，最终将脚本文字精练到2.6万字，涵盖公司历史、炼油化工、油气资源、市场销售、国际化经营、改革、管理、科技、环保、社会责任、党的建设和未来展望等内容，精心完成了脚本起草工作。

（五）扩大收集范围，精选图片资料

综合管理部历时1个月，围绕脚本内容，从库藏档案材料中逐一筛选切合展览主题的图片及文件，并向相关直属单位广泛征集图片和资料，最终在征集的照片等文件材料中，精选出符合展示内容的图片材料约815张。这些珍贵的史料，多方面重现了中国石化在不同时期践行初心使命的成就及未来的发展方向。

（六）确保展览效果，组织设计布展

一是精心进行平面设计，综合管理部、出版社和展览公司共同研究制定平面设计，为保证展览呈现最佳的视觉效果，多次调整展板背景颜色，巧妙设计图片排放位置，编写展览图片的文字说明及时间轴，详细介绍图片反映的主题和以时间为索引展示中国石化奋斗历程。二是采用多媒体的形式丰富展览。配合图片展览，制作了微视频、电子书在展区周围及一楼门口的大屏幕上滚动播出。三是团结协作安排布展施工。由于展览在办公楼一层大厅举办，为了不影响员工办公，展览组织人员克服时间紧、任务重等困难，将布展施工安排在周末进行，多家单位团结协作制定布展施工方案，在安全保卫、设施保障等方面做了大量工作，确保了布展顺利进行，整个展览占地面积375平方米，展线总长140米，平面设计面积285平方米。

（七）做好统筹协调，有序组织参观

统筹组织中国石化总部、在京单位及有关外部单位参观展览，并安排解说员向观展人员详细介绍每件展品的背景及内涵，便于观展人员更加深刻地感受中国石化人锐意进取、践行初心和使命的奋斗历程。展览原计划从 7 月 12 日开始，7 月 27 日结束，后根据展览效果及党组领导要求，展期延长至 8 月底。展览共接待 89 批、3900 余人。

（八）利用多种形式，扩大展览宣传

采取多种多样的形式进一步扩大主题展览宣传效果：一是制作电子展板通过"奋进石化"微信公众号在全系统宣传；二是制作虚拟展览影像，通过内部网络在全系统播放；三是印制宣传画册发放给参观的单位；四是组织参观的同时开展档案征集工作，共征集老照片 60 多张。

四、效果及影响

（一）有效提升了中国石化的社会形象和品牌形象

通过"不忘初心、牢记使命、永远奋斗"的主题展览多角度展示了中国石化对党忠诚的坚定信念、产业报国的远大抱负、为民造福的真挚情怀、改革创新的进取之志、担当作为的实干精神、取得的世人瞩目的成就。中国石化在为国家、为人民创造财富的同时，始终坚持经济责任、政治责任和社会责任相统一，努力满足人民生产生活需要，积极主动参与公益事业，有力促进了民生改善，成为自觉担当社会责任的表率。

（二）进一步提高了企业的凝聚力

此次展览以党的十九大精神为指引，政治站位高、主题鲜明、脉络清晰、内容丰富、重点突出，是一部很好的教科书，增强了干部员工的自豪感、责任感和使命感，更有离退老干部现场留言表达作为老石化人的骄傲与自豪（图 2）。而新一代石化人要学习创业者的精神和智慧，接过历史的接力棒，继续开拓奋进、一往无前，走好我们这一代人的长征路。

（三）提升了员工档案意识

根据此次展览的整体要求，从档案中选取了大量的图片和文件，充分挖掘档案产生的历史背景、反映的事件等信息，用档案独具时代印记讲述中国石化的发展历程，让档案说话，使展览更加生动形象，更富有感染力，进而提升了员工的档案意识，本次展览共征集照片、文件60多件，丰富了馆藏，亦为开发档案资源建设奠定了良好的基础。

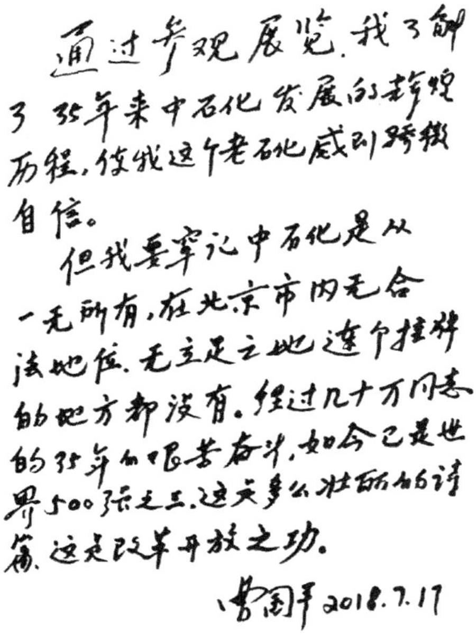
通过参观展览，我了解了35年来中石化发展的辉煌历程，使我这个老石化感到骄傲自信。

但我要牢记中石化是从一无所有，在北京市内无合法地位，无立足之地，连个挂牌的地方都没有。经过几十万同志的35年的艰苦奋斗，如今已是世界500强之三，这是多么壮丽的诗篇，这是改革开放之功。

曹国平 2018.7.17

图2　离退休老干部参观留言

（四）打造一支展室建设团队

成功举办此次展览锻炼和培养了一支队伍，在总结经验和教训的基础上，组建了一支由13人组成的展室建设团队。现已完成展室构架初步设计工作，正有序按计划开展脚本修订、展室选址以及展品征集工作，为下一步展室展品提供奠定了坚实基础，展室建设工作取得初步成果。

中国特色社会主义进入新时代，中国石化也进入决胜全面可持续发展、迈上高质量发展、打造世界一流企业的新阶段。站在新起点，中国石化怀着十分崇敬的心情，回顾石化人践行初心和使命的奋斗足迹，学习创业者的精神和智慧，以习近平新时代中国特色社会主义思想为指引，增强“四个意识”、坚定“四个自信”、做到“两个维护”，不忘初心、牢记使命、永远奋斗，创造无愧于新时代的新业绩，为全面建成小康社会、实现中华民族伟大复兴的中国梦作出新的贡献！

案例形成单位：中国石油化工集团有限公司
案例形成人：方忠于、吕海民、杨振刚、李春艳、张淑红、刘飒

创新岩心实物档案资源的开发利用，助力国有特大型石油企业可持续发展

一、案例概述

岩心是企业在钻探过程中获取的圆柱状地层样本。石油岩心作为实物地质资料档案，是石油企业认识地下、寻找油气藏、上报地质储量、编制油田开发方案、校验解释成果的第一手资料，被形象地誉为石油地质学家的"面包"。本案例介绍了近几年来胜利油田在岩心管理与应用实践中，聚焦价值引领，不断通过管理和技术创新，深挖岩心中的沉积、成岩、构造、成藏地质信息，激发并深化岩心资料的资源价值潜力，使这一宝贵档案资源得到了更加长久、完整、高效和延伸地利用，推动了胜利油田油气资源有效接替和规模效益稳产，为保障国家能源战略安全积极作出央企贡献。希望这些做法能为业界同仁提供参考。

二、实施背景

随着1961年华8井成功取出"华北地区第一块油砂"，新中国发现了国内第二大油田胜利油田。50多年来，胜利油田钻取了大量的岩心实物资料，截至2018年底取心井已近5000口、岩心长度19万余米，地质时间跨度几十亿年，囊括了从太古界到新生界的所有地层。这些实物档案资源不仅记录了济阳坳陷的构造、沉积、储层、成藏的演化地史，也记录了油田探勘开发的奋斗历程，是油田的一笔宝贵财富。

1990年以前，胜利油田岩心分散在各油区暂存地，条件简陋，利用效率较低。1990—2016年，胜利油田对岩心实行了分区管理，拥有了专业管理队伍和机械立体货架系统。2016年以现代化综合数字自动岩心库的投产为标志，胜利油田进入了岩心集中统一管理新阶段。

胜利油田岩心管理历程，与企业的发展历程息息相关。胜利油田发现50多

年来，始终牢记"我为祖国献石油"的责任使命，坚持以国为重，多产原油，坚定不移履行央企的政治、经济和社会责任。2014年，随着国际原油价格持续下跌，国内石油生产企业相继进入经营困难时期。面对企业发展历史上从未有过的复杂严峻的生产经营形势和挑战，胜利油田坚持聚焦价值引领和创新驱动，用价值衡量企业发展、用价值体现央企作为，大打扭亏脱困攻坚战。按照中国石化"两个三年、两个十年"战略部署，提出了到2020年，如期实现效益稳产2300万吨、盈亏平衡点降至50美元/桶，重点地区勘探实现大突破，保持油田规模效益稳产和成本竞争优势，迈上全面可持续发展阶段的工作目标。

针对企业发展面临的有效资源接替问题，广大档案工作者找准角色，精准定位，充分利用岩心集中管理后的有利条件，以图像采集、岩心处理、地质研究等信息化高新技术为依托，积极开展岩心深入开发利用研究，为油田勘探开发决策部署和提质增效提供支撑。

三、创新做法

（一）创新岩心保护措施和工艺，更真实、更长久地发挥岩心实物的作用

岩心作为研究地下的无价之宝，尤其是重点井岩心，在归档管理中，往往因科研生产的需要需频繁对其观察采样，时间一长，不可避免会出现破碎和缩减，有的岩心甚至会被"采空"，不仅今后无法采样、降低岩心应用价值，更重要的是破坏了岩心的连续性，丢失了重点层位的面貌，造成无法挽回的巨大损失。为解决这一问题，胜利油田从管理和技术两方面入手，着力解决岩心保护问题。

一是管理上不断加大力度，完善采样制度及流程，抓住审批关键环节，层层把关，做到已有测试结果的申请一律不批，杜绝重复采样的发生。

二是技术上创新研究"岩心剖切工艺"，将岩心观察和采样两项工作分开，对岩心剖面按功用及岩性的不同，采取不同的措施进行管理和保护。具体做法是将完整的岩心按直径的1/3和2/3纵向剖切，其中1/3为永久归档的连续观察剖面，用于岩心观察和描述，另外2/3则用于采样。观察、采样两个剖面镜像对应，分别保存。方法实施以来得到了用户和业界认可，2015年写入《中国石化实物地质资料管理细则》予以推广。目前按此法采样的数量已达12184块。

三是研发出"疏松油砂采样剖面胶封保鲜""疏松泥岩表面防护附着层""泥页岩密封保存"3套针对典型易破损岩心进行有效保护的处理工艺，其中"疏松油砂采样剖面胶封保鲜"工艺已申请国家实用新型专利。目前，被保护的岩心已达3000多米，解决了岩心时间久后易氧化变色、失水干裂、油气挥发等问题。

以上创新工艺和做法解决了岩心观察与采样的矛盾，在保证观察剖面连续性的同时避免了岩心的缺失和采空，有效保护了岩心。观察岩心剖面地层细节更为清晰，为科研人员提供了翔实的第一手资料，能够更直观、更方便、深层次认识地层规律。投用以来已接待观察人员2092人，在泥页岩岩心、密闭岩心的观察采样以及新区的勘探研究中发挥了重要作用。近几年，在页岩油气的热门研究中，牛页1、樊页1、利页1等重点井的观察剖面，从工程院院士到基层地质工作者，纷纷慕名前来观察采样并从中受益，为非常规油气重大项目的攻关研究提供了有力支持。

（二）创新开展岩心信息化及岩电对比工作，更快捷、更广泛地利用岩心实物资料

为进一步提升岩心应用水平，胜利油田在早期岩心数字化的基础上，于2014年开始岩心白光、荧光图像的一体化采集，并开发了岩心裂缝、孔洞、砾石、层理、荧光等图像分析技术，为定量、半定量描述岩心和含油性提供了有效的技术手段。2018年以岩心图像为核心，开发投用取心井综合信息可视化系统，将测井、岩心和实验数据三种不同尺度的资料进行融合，为科研人员提供更加便捷、广泛、综合的研究平台，岩心利用率由2015年的26%提高到2018年的31%，有效提升了研究效率。

由于取心成本高，石油企业大多数取心井只在目的层段取心，无法满足长井段的地质分析需求。为更好地发挥岩心作用，胜利油田积极开展岩心与测井资料对比研究，对新井岩心进行地面伽马测试，通过曲线比对将岩心资料归到测井曲线相应位置，建立岩电关系，标定测井资料，校验测井解释成果。截至目前，胜利油田已对161口重点井岩心进行了岩电对比分析，提升了测井资料的解释能力和精度，满足了长井段地质分析需求。

这一系列岩心跨领域的综合利用，较好解决了精细地质研究与企业生产成本上升之间的矛盾，创新实现了不同专业地质资料的相互补充、相互佐证，起到了

事半功倍的效果，进一步拓展了岩心应用空间，提升了岩心应用价值。

（三）创新建立岩心实物岩相剖面的标准序列，更专业、更系统地利用实物档案资源

岩心虽直径不大（一般不大于120毫米），但系统的钻井取心可获几百米的地层剖面，能清晰地反映地层接触关系和岩相变化。将最典型的地层从岩心库中"挑出来"，建立岩心实物岩相剖面的标准序列，让地质人员强化细化对地下不同沉积环境中地层结构、岩性和物性等特征的认知，创造性开展了这一工作。

近年来，通过沉积相的研究、岩心的选取、岩心剖面的描述、测试、抛光处理以及岩相与电测曲线响应图版的建立，已搜集整理制作了胜利油田东部探区13种典型岩相的实物剖面标准序列模块152个。这些序列模块纵向上涵盖了济阳坳陷自太古界到古近系不同层位的典型地层，平面上完成了对一个湖盆从陡坡、缓坡到深湖的整体诠释。

这项工作探索了一套有效保护和专业化利用岩心资料的方法和途径，为地质技术人员学习各种岩相细节提供了鲜活的实体教科书，更为了解胜利油田地质特征提供了一套直观的标准参照物，对胜利油田油气资源的深入研究和挖潜开发有着不可估量的价值和影响。

（四）创新岩心基础地质研究，更深入、更精准地挖掘岩心地质信息

岩心在沉积、成岩过程中经历了各种地质作用，一块岩心同时包含了沉积、成岩、构造和油藏等信息。为了将这些信息"提取"出来服务科研生产，从岩心宏观地质现象的分析入手，开展了大量的岩相、沉积模式和储层的基础研究工作。

一是为获取油藏原始的油水饱和度数据，从岩心出筒和岩心处理的源头抓起，建立了一整套岩心从现场到室内的专业化处理工艺，涵盖了现场岩心出筒、冷冻、伽马测试、剖切、描述、选采样等整套流程规范和技术细节，既保证了含油饱和度样品的准确选取，又提供了清晰的油藏剖面。目前该工艺已申请国家专利19项，授权实用新型专利9项，发明专利2项，并形成了《胜利油田取心井地质设计规范》等5项企业内部标准。

二是为了解深湖相重力流砂体的成因和特征，通过对岩心剖面的详细描述和

测试资料，研究建立了砂质碎屑流的沉积模式，总结了重力流沉积物的沉积特征和有利储层的成因，为油田勘探向洼陷领域进军提供了重要的地质依据。

三是为摸清孔店组和沙河街组膏岩层的成因和分布，通过对68口井盐膏地层的精细描述和分析，研究了膏岩层的产状、岩石类型和沉积特征，提出了陆相干盐湖的成盐模式，有效支撑了油田深层油气勘探。

四是以碳酸盐岩、火成岩为主的古潜山油气藏一直是油田勘探开发热点，碳酸盐岩的孔隙连续特征尺度大，孔渗关系复杂，需要用更大尺寸的岩心样品进行描述。为获取准确的潜山储层参数，积极开展数字岩心技术研究，建立了"特殊储集体全岩心的三维表征技术"。该技术解决了非均质储层样品难制取、代表性差的问题，为潜山油藏的勘探开发提供了新的技术手段。

四、效果及影响

岩心实物地质资料的开发利用，是油田勘探开发研究中的一项基础性工作，对作为资源采掘业的油田企业不可或缺。通过详尽的岩心描述和测试数据，准确地认识地层岩性、物性、含油性、水淹状况，可为油田勘探开发部署提供翔实、高效的地质依据。通过精细岩心分析和深入沉积现象研究，科学评价储层，为油田扩大增储上产规模提供第一手资料。通过直观展示方式进行科普教育，增加地质工作者和爱好者的感性认识，树立了企业品牌形象。通过以上创新做法，产生了良好的经济效益和社会效益，例如：

一是在青南油田的发现和储量上报中，累计分析化验区内和邻区岩心地质资料15口井、1.04万块次，通过精细的岩心描述和实验分析，识别出三种沉积相，明确了储层的平面展布和类型，建立了孔隙度解释模型，求取了原始含油饱和度，按照勘探方案实施后发现了胜利油田第75个油（气）田并上报探明石油地质储量239.37万吨、经济可采储量37.68万吨。2015年以来累计产油60万吨。

岩心资料的高效利用，为青南油田发现发挥了至关重要的作用，创造了良好的经济效益。根据《山东省开发利用档案信息资源成果奖评审办法》中经济效益计算方法，岩心实物档案在油气发现和储量上报中起凭证作用，选取作用系数 a 为0.2。2015—2018年原油均价为2314元/吨，根据每年油价和产量计算增加的收入值 B 为13.62亿元人民币。按照2000年行业定额标准，利用取心井15口，岩心进尺464.09米，心长453.14米，利用分析化验资料1.04万块次。

其中岩心描述费用31.8万元，取心费用2320.45万元，分析化验费用约410.6万元，上述三者相加为总成本 C ，约2762.85万元。岩心实物档案所创经济效益 $J=aB-C=0.2\times13.62-0.27629\approx2.45$ 亿元。

二是在孤东油田馆陶组整装油田的挖潜增效中，通过对过去6口井岩心的观察及含油饱和度资料分析，为孤东油田提供了挖潜目标。2016—2017年，共实施206个井组，新增可采储量36.8万吨，累计增油9.6万吨。根据上述档案所创经济效益的计算方法，岩心实物档案在本项目实施中所创效益可计算如下：作用系数 a 为0.2，增油产量 Q 为9.6万吨，年原油均价2059元/吨，操作成本1319元/吨，吨油净收入 D 为740元/吨。利用6口取心井资料，平均钻井取心、处理、化验、描述成本 C 约918万元，所创经济效益 $J=aQD-C=0.2\times96000\times0.074-918=502.8$ 万元。

三是胜利油田加强与大学、科研院所之间的横向交流，创新建设了"岩相""地质"两个展厅，展现油田地下油藏及创业历史，普及地质科学知识，推动岩心实物档案资源的社会化服务。其中，岩相展厅以岩相实物剖面标准序列为基础，为青年技术骨干及石油院校师生提供专业化服务。地质展厅展示各种岩石、矿物、古生物标本及岩心样本，为行业及社会提供地质知识科普服务。仅2018年就先后接待央视"金牌实习生"团队、全国地质资料馆、哈斯基石油（中国）有限公司、山东省国土资源厅、中国石油大学（华东）、台湾中油公司、大庆油田勘探开发研究院等20余家单位、近千人，为建设胜利油田岩心资料品牌、提升胜利油田的影响力和知名度发挥了积极作用。

近几年来，通过管理和技术创新，不断深化岩心实物档案资源的开发利用，为胜利油田"国家重大专项""973项目"以及中国石化科研项目攻关，起到了强力的支撑作用，为油气发现和储量上报提供了翔实的地质依据，为老油田挖潜增产提供了准确的岩心资料，全力助撑企业油气资源有效接替和规模效益稳产，奋力扭转了近几年低油价带来的成本上升、经济可采储量下降、经营亏损的不利局面，2018年企业实现了整体考核盈利。

案例形成单位：中国石油化工集团有限公司胜利油田分公司

案例形成人：宋明水、杨耀忠、吕海民、于宗吉、谭绍泉、孙业恒、杨光、宋来亮、李永忠、宋涛、邓道绩

深耕细作物探科技档案，助力企业扭亏为盈健康发展

一、案例概述

中国石油化工股份有限公司华北油气分公司（以下简称华北油气分公司）通过梳理油田企业物探科技档案信息资源的现状，分析用户对不同时期、不同类型档案利用的需求，提出档案信息资源开发利用的措施，即通过打破"重馆藏，轻利用"的传统观念，以档案信息为载体深化"两化"融合，探索建立在信息化时代大背景下档案资源综合开发利用机制，着力做好企业科技档案信息资源潜在价值的深度挖掘，为企业长期健康可持续发展提供档案信息资源的强有力的支撑。

二、实施背景

近年来，国际油价持续大幅震荡，油气企业生产经营困难重重；国家能源对外依存度越过安全警戒线，石油突破70%、天然气超过40%，能源安全形势面对着严峻的考验。作为央企，肩负着保障国家能源安全和能源供给的历史使命，增储上产，重任在肩。

在鄂尔多斯盆地油气勘探开发的过程中，华北油气分公司从勘探程序和技术手段上优先开展了大规模的三维地震勘探工作，这与在同一区域开展工作的中国石油长庆油田、陕西延长石油集团采取的方法不尽相同。根据企业"天然气快上产，原油可持续"的发展目标，不断加大新区勘探开发和老区综合调整力度，充分挖掘物探、地质等科研档案所蕴含的丰富的信息资源价值就显得尤为重要。

华北油气分公司档案管理中心成立于2002年，主要业务涵盖企业综合档案和科技档案（地质资料）两大部分。以物探科技档案为例，物探科技档案是地球物理勘探工作中产生的地质资料归档后的统称。地球物理勘探是以岩石、矿石（或地层）与围岩的物理性质差（密度、磁化性质、导电性、放射性差异）为基

础，探索地球本体及近地空间的介质结构、物质组成、形成和演化，研究与其相关的各种自然现象及其变化规律。我国地球物理勘探从 20 世纪 60 年代的光点信号，到 20 世纪 70 年代的电子模拟信号，到 20 世纪 80 年代的数字信号历经了数十年发展，一方面，不同历史时期形成的档案信息，其信息类型、信息格式、信息载体等随着科技进步不断更新，导致在当前软硬件条件下不能满足所有数据的便捷读取和利用需求，这是制约了物探档案信息资源二次开发利用，造成了蕴含丰富信息和重要利用价值的物探科技档案被束之高阁，难以发挥应有价值；另一方面，档案部门也仅仅履行了传统工作上的档案保管职责，在信息利用上存在不足。面对新的形势与挑战，档案部门提高站位、主动作为，从企业生存发展的高度谋策，增强责任感和使命感，加强档案与专业业务、信息技术的深度融合，充分挖掘蕴藏丰富信息的档案资源，将信息资源优势转化为企业发展的现实生产力，提高经营效益，增强企业的核心竞争力。

三、创新做法

近两年来（2017—2018 年），华北油气分公司围绕着物探科技档案资源特点，重点从三个方面下功夫：一是打破传统保守观念，创新思维；二是系统地对不同历史时期形成的物探资料进行统一标准下的转储；三是进一步加大对物探资料的二次开发利用力度。取得了一批显著的成果，为生产经营提供了有力的支持。

（一）打破传统保守观念，创新思维

企业档案是企业重要的无形资产，是企业科研、生产、基础建设和经营管理等活动的真实记录，是企业重要的知识源泉，企业档案管理也是企业知识管理的重要组成部分。

物探、地质科技档案信息资源专业性强、种类繁多、信息庞大，目前其归档、存储、保存等管理工作仍以传统的档案管理模式为主，不同企业从自身角度出发制定了资料保密制度和开发利用制度，使用范围多数也只局限于本单位，科技档案的开发利用受到极大的制约和限制。因此，要打破传统固有观念，依据国家《地质资料管理条例》完善档案管理制度，加快档案管理信息化建设，实现档案资源共享，更好地服务于国家、地方的经济建设，有针对性地加强物探科技档

案管理，提升档案管理人员素质和担当精神，创新思维、强化信息资源管理，努力做好档案资源的开发利用，充分发挥出其应有的价值。

（二）强化科技档案的信息化管理

物探科技档案作为石油行业油气勘探档案的重要组成部分，档案管理也从传统的纯纸质管理，发展为现代的突出电子档案的管理模式。石油物探类电子档案资源中占据主要地位的原始地震记录和处理、解释成果资料，其传统原始数据储存介质为磁带、磁盘，存在其数据存取设备已淘汰、存储寿命短、存储容量小、对保管条件要求高等缺点。

随着信息技术的迅猛发展，计算机技术和现代通信技术为代表的工业4.0时代的到来，深刻地改变着现代社会的信息环境，档案工作也随之延伸到网络化、信息化的建设当中，档案管理是从实体管理、信息管理直至知识管理演进的过程，这一演化实质上是档案价值的升华与知识内涵的拓展过程。强化知识化档案管理，就是利用现代信息技术手段对现有的和历史上的物探、地质信息资料进行统一梳理编研、组织分类、专业知识划分，将物探科技档案资源进行数字化、信息化转型，形成更为科学的知识档案管理模式。

具体做法：一是加强档案管理人员业务知识培训，利用现代信息网络技术，学习掌握国内外先进的档案管理知识，培养既懂档案管理又懂专业知识的复合型人才。二是统筹规划，制定档案的年度工作计划及归档要点，根据实际需求对信息资源跟踪整理，确保归档资料的真实性、准确性、完整性。三是与物探、地质专家共同研究、制定、完善物探、地质档案归档标准，形成一套石油企业物探、地质数据的管理规范与技术标准。在物探档案资料转储专项工作中形成了统一的命名规则、统一数据格式、统一资料类型的工作标准。四是成立由档案、技术人员组成源数据资料的检查、修复、转储项目组。完成了建局以来（1975—2018年）物探资料统一规范下的转储工作，完成物探档案信息数据体280TB，采取了磁带、硬盘、盘阵三种不同介质的保存方式，确保了物探科技档案资料的安全，为优质、便捷的服务利用创造了条件与基础。五是通过采集、梳理一切有效可用的信息与知识，以最优的方式加以开发、运用、创新，取得的成果为企业可持续发展发挥了促进作用。

（三）物探科技档案开发利用实践

华北油气分公司是一支历史悠久、战功卓著的从事油气勘探工作的"国家队"，1955年起在鄂尔多斯盆地进行油气普查工作，历经60余载，积累了大量丰富的物探信息资源，为油气田的发现和开发提供了有力的支撑。进入21世纪，在鄂尔多斯盆地率先建成了我国第四大气田——大牛地气田，现年产40亿立方米天然气，为保证大华北地区清洁能源供给、促进生态文明作出了积极的贡献。

1. 物探科技档案利用率得到大幅提升

"十二五"以来，随着勘探开发力度的加大，早期物探信息资料对勘探部署及地质研究具有重要的借鉴意义和参考价值。华北油气分公司档案管理中心现存物探科技档案50余万件，覆盖鄂尔多斯盆地8大油气勘探开发区块，三维地震勘探面积总计达到1.29万平方千米，二维地震8834.55剖面千米，为油气勘探开发提供了第一手的宝贵资料。物探科技档案信息服务利用工作，创新前2017年共有36批次物探资料拷贝出库（磁介质数据量50TB），创新后2018年共有59批次物探资料拷贝出库（磁介质数据量约120TB），同比物探档案资料批次利用率提高63%，物探磁介质数据量出库利用率提高140%。通过计算，2018年物探档案利用工作仅磁带读取拷贝一项，直接节约成本200万元左右。

2. 物探科技档案二次开发利用得到广泛开展

以中国石化"十三五"规划为指导，华北油气分公司进一步加大科技攻关和档案信息资源二次开发力度，系统地开展地震资料保幅精细成像处理技术、地震精细构造解释技术、地震储层及含油气性预测技术、地震地质成果综合评价井位部署技术等技术攻关，运用于物探科技档案信息资源的二次开发利用之中，有效地提高了石油天然气勘探开发及井位部署成功率，2018年气层钻遇率和成功率较2017年同比提高5.6个百分点和2.7个百分点，为企业长远发展目标作出贡献。

华北油气分公司档案管理中心按照档案业务与专业技术深度融合的工作方针，为鄂尔多斯盆地多区块物探资料梳理与二次开发利用提供了技术支持与服务。仅在2018年年底完成的鄂北杭锦旗区块三维地震高精度技术研究、鄂南中生界油藏富集规律与储量评价研究中，调用地震资料累计2349平方千米，占三维地震资料总量的18.25%。进一步盘活了档案资源，发挥出其应有的作用。

3. 物探科技档案二次开发利用技术指标得到明显改善

在鄂尔多斯盆地目标区块,通过对老资料的重新处理,目的层主频较原始资料提高 5~10Hz,频宽提高 10~15Hz(图 1);地震绝对分辨率由原来的 45~50 米,提升至 30~35 米。能够准确刻画不低于 15 米的低幅度构造,为下步构造与富集规律研究提供依据(图 2)。

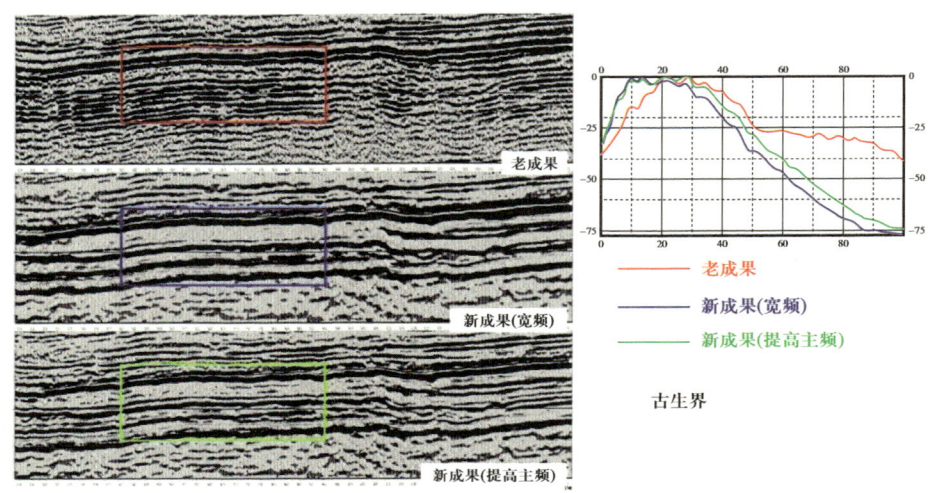

图 1　新老资料剖面、频谱对比图

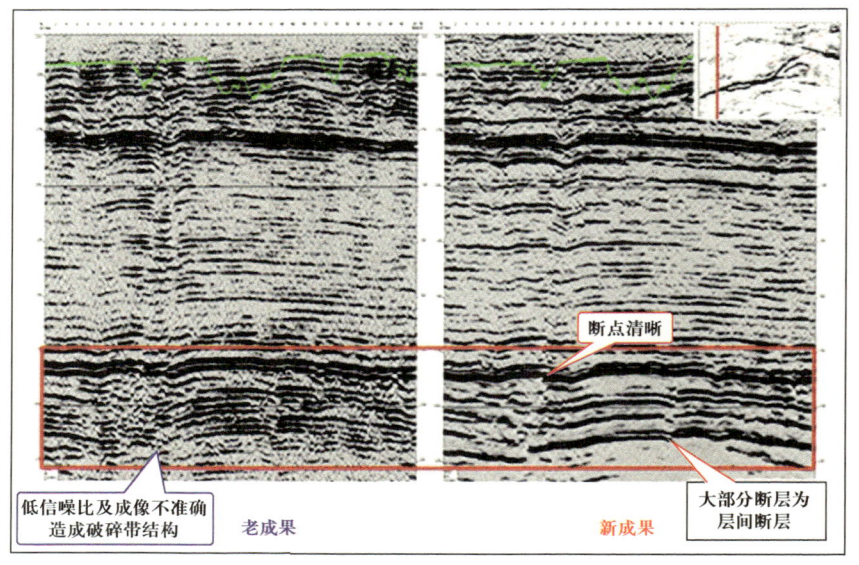

图 2　新老资料分辨率对比图

4. 物探科技档案二次开发利用取得一批显著成果

（1）档案资源的二次开发利用具有历史性和社会性，促进了地方经济的发展。

2017—2018年，华北油气分公司承担了河南省地方政府设立的"河南省中东部与鄂尔多斯盆地非常规天然气成藏条件及赋存规律对比研究"项目，研究区主要位于通许隆起面积3万平方千米范围，通过对20世纪80年代第二轮石油普查实施的1500剖面千米物探资料（含模拟和数字）重新处理解释以及与鄂尔多斯天然气勘探成功实践综合分析研究，把通许地区划分为5个基本构造单元，重新解释断裂17条，落实局部构造12个。研究区类比鄂尔多斯盆地大牛地气田，上古生界初步估算致密砂岩气资源量1.57万亿立方米；研究区具有丰富的页岩气资源，采用体积法初步估算资源量7.5万亿立方米；天然气、页岩气资源勘探潜力巨大。研究区部署的郑东页2井、牟页1井勘探取得突破，促进了地方经济的发展。

（2）档案资源的二次开发利用具有现实性和指导性，促进生产科研进程。

通过老资料重新处理研究，完善了鄂北上古生界大型岩性圈闭选区评价技术及鄂南中生界油藏关键地质要素表征技术，编制构造—沉积、圈闭描述等相关图件280余幅。

新发现镇泾延安组构造圈闭61个，落实10个可靠圈闭，面积59.98平方千米，资源量167.69万吨。

优选了独贵加汗、苏布尔嘎与新召东三个重点增储靶区；2018年部署实施的勘探井锦145井、锦平探1井分别试获日产2.3万立方米和2.9万立方米工业气流。

明确了杭锦旗地区改造－沉积演化对成藏要素及其配置关系的控制作用，建立了石炭—二叠系成藏要素差异配置背景下的三层结构、四个区带的成藏模式，明确了不同成藏区带主控因素与富集规律。

评价了鄂南古生界三个勘探领域的勘探前景，优选出富县东北部、彬长东北部作为下步勘探目标区。

（3）档案资源的二次开发利用具有持续性和反复性，促进气田持续上产。

大牛地气田2005年正式投入开发以来，通过物探工作量的不断投入和老资料不断地重新解释和利用，取得的新认识、新成果，不断深化了对气藏成藏规律的认识，为气田科学开发、井位部署提供档案信息资源支撑，实现气田持续稳产、上产。截至 2018 年年底，气田累计新建产能 74.66 亿立方米，累计生产天然气 348.02 亿立方米。

四、效果及影响

物探科技档案信息资源的二次开发和利用成果，应用于鄂尔多斯盆地的多个区块，盘活了物探科技档案，特别是大牛地气田的开发取得了巨大的经济效益和社会效益，推动了地震资料在华北油气分公司油气勘探中的有效利用。截至 2018 年年底，在鄂尔多斯盆地累积提交天然气探明储量 5892.1 亿立方米，控制储量 7546.63 亿立方米，预测储量 3787.81 亿立方米，合计天然气三级储量 1.72 万亿立方米。提交石油探明储量 23815.06 万吨，控制储量 17712.15 万吨，预测储量 30323.34 万吨，合计石油三级储量 71850.55 万吨，为企业长期健康可持续发展提供了资源保障。2018 年华北油气分公司年产原油 14.5 万吨、天然气 40.6 亿立方米，实现营业收入 65.7 亿元，利润 1.35 亿元，一举扭转了企业连续 5 年亏损的被动局面。

物探科技档案信息资源的二次开发和利用，促进了华北油气分公司鄂尔多斯盆地大牛地气田长期稳产和东胜气田的快速上产工作，也是以实际行动落实党中央、国务院保障国家能源安全战略的重要举措，为保障大华北天然气供给、改善民生、生态文明建设，肩负起中央企业的政治责任、经济责任和社会责任。

案例形成单位：中国石油化工集团有限公司华北油气分公司

案例形成人：何发岐、周志成、梁殿文、孙剑敏、杜春江、姜志超、马超、杨波、贾家磊、谭婧

新媒体＋档案
助庆祝电力改革开放 40 周年出彩

一、案例概述

当下，新媒体发展迅猛，因其作品形式新颖、内容活泼、互动性强，广受公众欢迎。2018 年，国网江苏省电力有限公司（以下简称国网江苏电力）创新运用"新媒体＋档案"模式，制作网络虚拟展厅，举办庆祝改革开放 40 周年档案展览，开展融媒体传播，实现新媒体的"传播好"特质与档案的"硬核"内容完美融合、优势互补，实现档案展览提质、增效、降本。

二、实施背景

2018 年，是改革开放 40 周年，各行各业举办各种形式的庆祝活动，展示 40 年来取得的历史性成就。电力，作为经济社会发展的先行官，为经济腾飞、社会发展、人民生活改善提供着强劲的动力，40 年来蓬勃发展，取得了长足的进步。国网江苏电力是国家电网公司系统规模最大的省级电网公司之一。2017 年，江苏电网最高调度用电负荷更是突破 1 亿千瓦，超过了德国、澳大利亚等国家的最大用电负荷，全社会用电量达 5807.89 亿千瓦时，是 1978 年的 40 倍。40 年间，江苏许多地区经历了从没电到有电，从常限电停电到电基本够用，再到享受"省心电、省钱电、绿色电"的高品质电的伟大变革。

档案，作为历史的真实记录，蕴含着历史脉络，记录着重大事件，饱藏着珍贵记忆，是 40 年取得的辉煌成就的最有力的见证。因此，国网江苏电力决定举办一次高质量的档案展览，展示改革开放 40 年来取得的成绩，为改革开放再出发凝人心、强决心、提信心、聚合力、增活力、添动力。

公司传统的档案展示多为展厅展览、展板展示、发放宣传册等形式，展出期间，组织员工集中参观。由于展出时间有限、观展相对集中、形式不够吸引人等原因，观众往往是走马观花，展览效果不佳，观展人员往往为公司少部分员工，传播面较窄，性价比不高。如果举办传统的档案展览，就达不到高质量档案展览的要求。

当下，新媒体迅猛发展，许多单位运用新媒体进行品牌传播，取得了不错的效果。例如，故宫口红等文创产品相继成为网红爆款、萌萌哒的雍正动图风靡网络、《国家宝藏》节目广受欢迎，究其原因，很大程度是因为其运用了新媒体理念思路，把握了新媒体传播规律，充分发挥了新媒体传播优势，以公众所需、所好为出发点，以公众听得懂、记得住为落脚点，用公众喜闻乐见的形式将文物的内涵与流行元素结合起来，将文物承载的文化用流行语言翻译出来，使文物不再是阳春白雪、曲高和寡，而是接牢了地气、聚集起人气，让国宝活了起来，走近了公众，为公众所接受、喜爱、追捧，更火了起来。

档案与文物，都记载历史、传承文明、服务发展，有着相似之处，是否可以借鉴故宫走红的经验，让档案展览插上新媒体的翅膀，更具传播力、穿透力、影响力，从而打造高质量的庆祝改革开放40周年档案展览呢？国网江苏电力进行了尝试。

三、创新做法

国网江苏电力创新运用"新媒体＋档案"模式，利用新媒体理念、技术、技巧制作网络虚拟展厅。用炫酷的新媒体技术赋予虚拟展厅"高颜值"，富有年代感的照片影像、有情怀的"硬核"档案赋予"高才华"，互动小游戏、线下活动赋予"高吸引力"，融媒体传播赋予"高传播力"，这些，让虚拟展厅自带光环，聚起了"高人气"，迎来了"高光"时刻。

发放问卷，问计问需于观众。利用公司各部门微信群、员工朋友圈等渠道，广泛发放庆祝改革开放40周年档案展览电子问卷，收集员工感兴趣的内容和乐见的展现形式，变"我要展示什么"为"要我展示什么"。统计发现，员工对反映电网变迁、公司大事件的老照片、老物件等比较感兴趣，并希望展览形式新颖、内容丰富、能互动参与、能在闲暇之时参观。

精准对接，全由观众说了算。根据调研结果，决定以员工感兴趣的电网变迁、公司发展、组织沿革、劳模风采、重大工程等维度收集资料，系统梳理电网、公司发展脉络，找出重要时间、关键节点，使档案查找、资料收集更加有的放矢。同时，从顺应当下传播规律、满足员工求新求变的需求出发，决定运用新媒体技术，制作网络虚拟展厅。

广泛收集，力争展品量多类广。公司系统档案人员齐心协力、通力合作，从各级海量的档案资源中广泛收集展品，搜集范围更是延伸至电力行业，各级档案馆、展览馆等处，尽可能多地收集展品，尤其以"有图有真相"为重点，注重实物、照片、影像等收集。同时，利用重阳节活动、职工大会等机会，联合工会、离退休部等部门，向公司员工、离退休职工广泛征集反映电网升级、公司发展的老物件、老照片等，并邀请重要事件参与者、见证者讲述当时的故事，开展口述档案收集、整理。这套组合拳，使收集到的展品数量众多、门类多样、内容丰富，使展品还原的历史更加真实、客观、全面、立体、饱满，成就了"硬核"的展览内容，赋予了虚拟展厅"高才华"。

各有特色，九大版块精彩纷呈。将收集到的老照片、老物件、档案全部数字化，运用 Skin 蒙皮绑定、三维实景建模等炫酷的新媒体技术构建网络虚拟展厅。展厅分为来电之路、电网跨越、改革印记等 9 大版块（图 1），每个版块又分为若干章节，多角度、分层次呈现展品、讲述故事、展示成就、反映发展。各个版块、章节的展示方式各具特色、相得益彰。例如，"党建领航"版块用 Vray 物理天空相机生成 720°全景图展现党建工作成就；"用心用电"版块运用 3D 建模技术，还原从 19 世纪 80 年代到如今的 4 个年代的供电营业厅，让公众模拟体验各

图 1　虚拟展厅导航页面

个时期办电的场景，反映供电服务的不断升级；"光明生活"版块则用漫画长图的形式讲述光明的故事。运用不同的展现方式，使每个版块均能带给观众新鲜感。炫酷的新媒体技术，赋予了虚拟展厅"高颜值"，吸引观众点进来、看下去。

设分展厅，充分融入地方特色。在"来电之路"版块，设立了公司下属的 13 家地市公司和电科院、送变电 2 家直属单位分展厅，展示江苏各座城市供电事业的发展历程。分展厅均融入了各个城市的地方特色、文化基因。例如，无锡公司分展厅，运用水墨画为底图，配以江南特色的背景音乐，突出无锡百年工商名城的文化基因；南通公司分展厅融入了近代著名实业家、南通电力开荒者张謇的元素；徐州公司分展厅则加入了将彭祖、刘邦故里的元素。各个分展厅地方特色浓厚，能勾起观众的家乡情怀，还能让观众感受各个城市的风土人情、文化底蕴。

立足观众，满足不同观展需求。观众可以根据兴趣，点点鼠标即可自由切换展厅、版块、章节、内容，还可转换视角、调节快慢，展厅主要以图片配文字的形式展现，浏览图片、标题，观众即可了解基本情况，仔细阅读相关文字，则可了解更多信息，满足深度参观的需求，哪里想看点哪里，So easy！同时推出手机版，把虚拟展厅装进了观众口袋，实现了何时看、何地看、看什么、怎么看全由观众说了算，观众的主体地位进一步增强。

注重互动，切实增强观众体验。一方面，展厅中开发了一些互动小游戏。例如，在"来电之路"版块，设置了"我为江苏亮灯"小游戏，邀请观众按照各地有电的先后顺序，依次点亮各地的电灯（图 2）；在"用心用电"版块，设置了体验各个年代在营业厅办电的小游戏；在"党建领航"版块，设置了卡通人物试穿各年代公司工装的小游戏。另一方面，同步开展"照片上有我""照片是我拍的"等配套活动，为虚拟展厅引流，寻找更多的历史亲历者、见证者，增强其荣誉感、成就感、自豪感，引导当事人、同事、亲友将虚拟展厅转发朋友圈，让更多人看到。同时，积极向亲历者、见证者收集展品背后的故事、资料，系统整理、鉴定后，及时补充至虚拟展厅，让展品所记载的记忆更真实、更全面、更鲜活、更饱满。

把握规律，多元传播提升效果。充分运用新媒体传播规律。前期的调查问卷、参展资料、口述档案的收集，给虚拟展厅的推出进行了一波预热。在虚拟展厅推出前，利用公司各大宣传平台进行造势。在各行各业纷纷展示改革开放 40 周年成绩之际，适时推出了虚拟展厅，公司主页醒目位置开设专栏，同时推出手

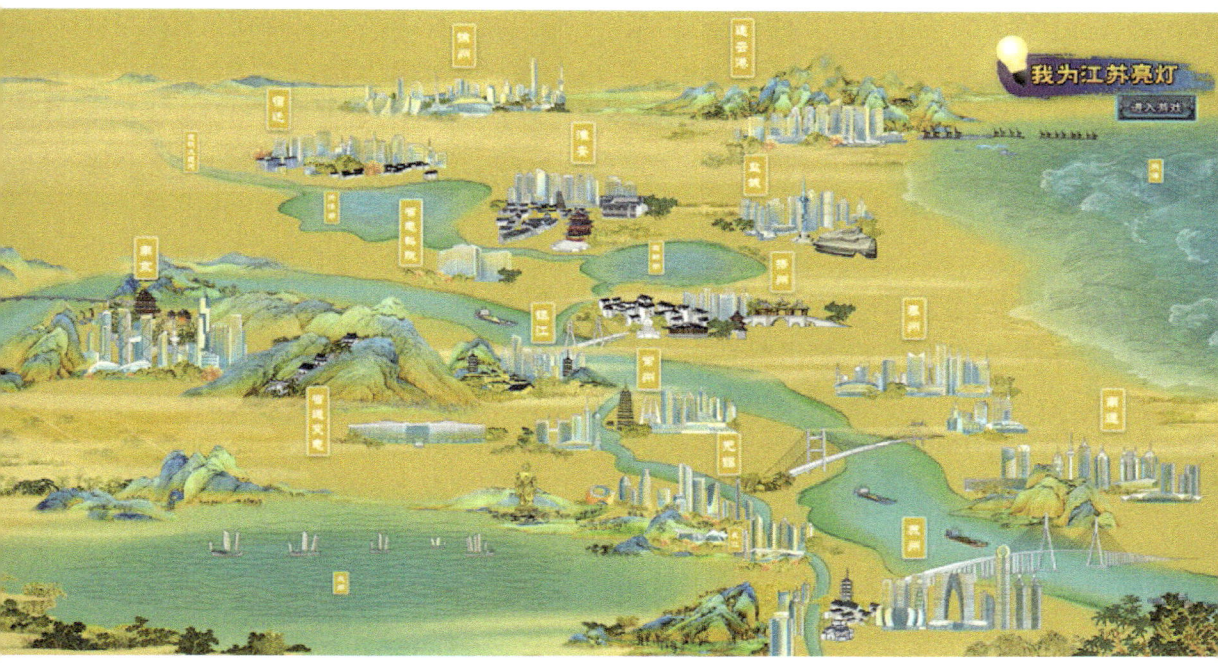

图 2 虚拟展厅"来电之路"版块界面

机版,给公司员工及其亲友一个"炫耀"朋友圈的材料,引导其转发朋友圈,进一步扩大传播范围、提升展览效果。

开发周边,为虚拟展厅造势。在虚拟展厅的基础上,进一步统筹整合、凝练升华虚拟展厅内容,开发周边产品,精选了"拥抱大电网""一只小电表""变电站有了遥控器"等主题,制作了40集"苏电记忆"、9集"苏电芳华"系列短视频,连续在公司各大宣传平台,每天推出1集,形成持续效应,为虚拟展厅扩大声势,为传播热度保温。

四、效果及影响

(一)提升档案展览效果

观众感兴趣。立足于充分调研,以观众需求为导向精心挑选展品,内容观众感兴趣;用新媒体技术、思维、表现手法精心打造的虚拟展厅,创意好、构思巧、技术炫,形式观众喜闻乐见。通过开发小游戏,发放调查问卷、开展"照片上有我""照片是我拍的"等配套活动,增加观众互动参与,再加上富有地域特色的分展厅勾起观众的家乡情怀,多个维度提升了虚拟展厅的吸引力。

展出内容多。常规的实体展厅、展板受容量限制,展品势必精挑细选,不得不有所取舍,造成有些比较有意义的档案无法展示。而虚拟展厅则基本不受容量限制,收集到的有意义的材料均可放入,观众观展后提供的补充资料也能方便地扩充进去。同时,虚拟展厅还能方便地将公司系统内不同层级的展览集成,本次虚拟展厅分为主展厅和分展厅,由公司本部和所辖地市公司、直属单位协同制作,突破了传统档案展览的举办主体的身份局限,例如,全省开始有电的时间点只有1个,而省、市联动后,则有13个(江苏共13个设区市),使得省、市、县不同层面珍贵资料均能展出,大大丰富了展品内容。

观众体验好。当下,多数人喜欢通过屏幕,尤其是手机屏幕,随时随地了解各种信息,已习惯于碎片化阅读,虚拟展厅很好地满足了这一需求。虚拟展厅长期全天候开放,手机版更是让观众随时随地都可以看,既可快速浏览也可深度阅读,既可全部观看也可挑感兴趣的看,既可工作间隙看也可休闲时间看,既可自己看也可分享给亲友看。观众不用再集体组织去实体展厅参观,增强了其主体地位,节约了来回展厅的时间,也解决了因集中参观走马观花的问题。虚拟展厅整合省市层面的档案展览,便于观众突破地域限制,方便地就地参观其他地市公司的分展厅。这些,都提升了观众的观展体验好感。

传播效果佳。运用媒体传播规律,打出了"预热+造势+保温""传统媒体传播+新媒体传播""平台传播+朋友圈传播""主体传播+周边产品传播"的融媒体传播组合拳,提升传播广度、宽度、力度、速度。虚拟展厅从公司内外宣传平台,扩展员工朋友圈,传播范围进一步延伸至公司外。据统计,虚拟展厅参观人数多达30万人次,是一次高质量的档案展览,很好地完成了庆祝改革开放40周年宣传任务,是一次成功的成绩展示、价值输出、品牌传播。

(二)绿色环保节约成本

重复利用。传统实体展厅,每次展览均需根据主题、内容,重新制作展板、布置展厅,而虚拟展厅则可方便地改造成不同主题的展览,且所需费用较少,例如庆祝新中国成立70周年档案展览时,只需在本次展览基础上扩充、修改即可。

更加环保。虚拟展厅不需要制作展板、布置展厅,不需要消耗相应的材料,开放期间,不需要电灯、空调等设施,能节约能源。虽然一个单位省下的材料、能源并不非常多,但如果推广开来,会相当可观。

节省费用。一是由于虚拟展厅可方便地修改成其他主题展览,且费用较低。据统计,国网江苏电力系统档案专业每年用于制作展板、布置展厅、制作宣传视频、宣传 PPT 的费用约为 50 万元,使用虚拟展厅后,即可节省这项开支,如果推广至其他专业、国家电网公司系统,乃至其他行业,那节约的费用会相当可观。二是常规的实体展厅,需要有人值守,需要保洁等日常维护,会产生费用,虚拟展厅则仅需少量的系统维护费用。

(三)利于档案安全保管

规避损坏风险。庆祝改革开放 40 周年档案展览中的展品,许多为珍贵档案资料。这些档案资料,尤其是实物档案,搬运、布展中存在被碰坏的风险,在展出期间,也有被损坏的风险,而虚拟展厅展出的是数字化档案资料,可有效规避这些风险,利于档案安全。

利于档案保管。一般来说,实体展厅的档案保管条件不如库房,搬运过程中的温湿度管控更不如库房,可能会发生加速纸质档案老化等损坏档案的情况。而虚拟展厅,档案实体不用出库房,可避免这些情况发生。

案例形成单位:国家江苏省电力有限公司、国网无锡供电公司

案例形成人:王啸峰、朱进、陈莉、张颖、孙平、余冠霖、黄峻岭、张磊波、王少杰、武瑛、陈小平、方璇、袁侃凯、王辰

强基础、重服务、立品牌，
彰显百年云电辉煌

——云南电网有限责任公司档案信息资源开发利用创新之路

一、案例概述

档案开发利用是档案工作永恒主题，本案例介绍了云南电网有限责任公司（以下简称云南电网公司）档案资源开发利用成效，夯实业务基础，强化资源建设，创新服务方式，提升服务效能，主动为公司电网安全运行、经营管理、改革发展提供服务；突出特色、拓展服务方式、创新宣传举措，深入挖掘档案信息资源，充分发挥公司档案记忆功能，展现云南电力百年历史，弘扬公司企业文化，激励员工精神，彰显百年云电辉煌。

二、实施背景

云南电网公司的前身是1910年创办的商办耀龙电灯公司。1950年7月，国家成立了云南省电力工业局。1993年，为适应改革的需要，成立云南省电力公司，与云南省电力工业局实行两块牌子、一套人马管理的体制。1998年10月，云南省电力公司改制为云南电力集团有限公司。2002年12月，国家进行电力体制改革，将国家电力公司拆分为2家电网公司和5家发电集团，云南电力集团有限公司成为中国南方电网有限责任公司的全资子公司。2004年11月，云南电力集团有限公司更名为云南电网公司。2014年9月，云南电网公司更名为云南电网有限责任公司。走过100多年的风雨岁月，其间经历了电力体制改革、公司重组等重大历程。在漫长的历史进程中，云南电网公司形成的档案门类齐全、载体多样、数量众多、内容丰富。近年来，云南电网公司一直将开发档案信息资源，挖掘档案价值作为档案工作的重点，按态势分析方法（即SWOT分析方法）基于以下几点进行剖析：第一，优势因素（S）。云南电网公司具有悠久的历史，档案实体丰富，公司一直重视档案管理基础工作，已做好了规范化的档案收集、整理等工作，为档案资源的深入开发奠定了良好的基础，档案资源在云南电力经济效益和企业文化、当地经济发展中起着不可替代的作用。第二，劣势因素（W）。云南电网公司很多档案优秀的成果只能"养在深闺无人知"，没有真正意义地使档案信息资源得到有效开发利用。第三，外部机会因素（O）。信息科技、互联网的快速发展，有效改进档案管理模式，即由传统手工管理向信息化、智能化转变，加快档案编研的速度和档案内容传播的力度；国家和地方相关档案机构在行使行政权力时更多地倾向于档案利用价值课题研究并不断制定有力的政策。第四，威胁因素（T）。大数据时代的来临，获取有用信息的渠道更加多元化，各种信息检索平台能快捷提供具有类似利用价值的信息，从而阻碍了公司档案价值的发挥。

三、创新做法

（一）夯实基础业务，提升档案管理水平

云南电网公司档案工作紧紧围绕"一体化、创先进"主线，全面开展公司档案工作，依托档案规范管理认定、档案信息化两个平台，促进档案工作上台阶、上水平，实施"强化制度建设、强化项目档案过程管控和强化档案队伍建设"3项措施，全面提升档案管理水平。截至2013年12月，公司133家应达标单位完成了档案规范管理评估工作。截至2018年12月，云南电网公司本部及所属87家单位通过全省企事业单位档案规范管理认定，档案管理基础扎实，成效显著。先后获得"全国档案工作优秀集体""南网公司档案工作先进集体""全省档案系统先进集体""全省企事业档案工作规范化管理示范单位"等荣誉。

（二）强化资源建设，服务公司健康发展

云南电网公司把档案资源建设作为公司档案管理的基础抓紧抓实，坚持"谁主办、谁形成、谁归档"原则，让业务回归专业部门档案归档机制，既减轻了档案部门工作压力，又指导企业员工参加档案资源建设，有力保证档案资源建设。截至2017年，公司129家单位，室藏档案以卷为保管单位共102.57万卷，以件为保管单位共240.03万件。云南电网公司的档案资源在国家对中央企业监管中

发挥重要作用，通过查阅档案，追溯企业管理，呈现管理全貌，在公司迎接审计、巡视及各类检查中提供有效文件，为公司管理决策者提供参考，推进公司规范管理水平，服务公司健康快速发展。

（三）持续编史修志，动态开发档案信息资源

云南电力工业起步较早，从创办的商办耀龙电灯公司至今走过了109年的悠悠岁月。云南电网公司的档案工作者始终铭记"记录历史、传承文明、服务社会、造福人民"的历史使命，坚持"人民电业为人民"的服务理念，树立为党和国家编研的大局意识。成立编辑委员会，由公司历届领导班子成员担任主任和副主任，公司各单位负责人担任委员，各单位专职、兼职档案人员主动地广泛征集、梳理档案资源、认真地筛选汇集、拾遗补阙、修订完善，保证编研成果质量，先后出版了《中华人民共和国电力工业史·云南卷》《云南省电力工业志》《云南电网公司志》《云南电业》《云南电力年鉴》《云南发展概况》等记载云南电网公司成立、成长、发展、壮大的历史文献，有了可供借鉴的历史经验，有了激励后人不忘初心，砥砺前行，服务边疆少数民族地区供电事业的精神食粮，传承文明，弘扬云南电力精神，记载云南电力的百年发展史，让员工、社会了解云南电力百年发展史。

（四）突出地方特色，挖掘档案价值

突出南网价值观和品牌形象等文化元素，适应电力体制改革需求，针对地方特色和每年宣传主题，开展形式多样专题展览。2018年以改革开放40周年为契机，举办了大型主题展（图1）。从不同角度和侧重点，展示公司在改革开放40年来的发展历程和辉煌成就。针对云南电网建设所取得的成就，总结出了多项"第一、首个"，如：云南第一个110千伏及220千伏输变电工程、云南第一个500千伏输变电工程及第一个500千伏串补站工程、南方电网第一个220千伏对越南送电工程及第一个"一带一路"合作项目、全世界第一个±800千伏特高压输电工程、全国首个20千伏独立电网等工程，在展出形式上，采取球状图片、文字注释的形式，按照年代顺序依次排列展示，吸引了诸多参观者的目光，展示了公司在改革开放40年来为云南电力发展作出的贡献，彰显"人民电业为人民"的宗旨和"万家灯火、南网情深"的企业品牌形象。

图 1　以改革开放 40 年为契机举办展览

（五）创新宣传举措，传播档案文化

云南电网公司坚持"保护为主、抢救第一、合理利用、加强管理"，充分尊重历史特征，深入挖掘电力工业遗产蕴含的文化内涵和时代价值，对建筑原状、结构、式样进行整体保留，在合理保护的前提下进行修缮、改造，为促进优秀传统电力工业文化的传承和发展提供坚实保障。1991年省委宣传部提出将石龙坝水电站建成云南省近代史教育点，云南电网公司积极响应号召，利用大量文献，积极申报，1992年4月石龙坝水电站被命名为云南省"中国近现代史和国情教育基地"。2017年7月，省委书记陈豪到开远提出了挖掘和利用工业遗产建设工业博物馆的指示，为筹建工业博物馆，云南电网公司红河供电局提供了大量原开远发电厂建设工程图纸、文书、科技、照片、奖状、奖杯等原始档案，积极助力开远市工业博物馆筹建工作。在云南电网公司及所属红河供电局共同努力下，2019年2月，云南开远发电厂旧址（图2）列为第八批省级文物保护单位；2019年10月，国务院公布第八批全国重点文物保护单位，开远发电厂列入近现代重要史迹及代表性建筑。开远发电厂是我国国民经济第一个五年计划期间由苏联援建的156项重点工程之一，也是云南省第一座半自动化中温中压燃煤凝汽式火力发电厂，见证云南火电发展辉煌。作为历史建筑，其建筑风格区别于当今城市的其他建筑，追溯了城市记忆，丰富了城市建筑风貌，更能彰显开远发电厂建筑物的历史文化价值和艺术价值。

图 2　开远发电厂

（六）谋划档案信息化，助推服务智能化

快捷、高效、准确提供档案信息数据，对于电网安全运行、公司经营管理、改革发展有着举足轻重作用。从 20 纪 90 年代末期开始，云南电网公司将档案信息化建设列入公司基础工作的重要内容抓实抓好，抓出成效。自主研发了综合档案管理系统和数字档案馆系统，经过几次升级改造，2011 年升级为集中式档案管理系统，覆盖至云南电网公司省、地、县三级，极大地提高了档案整理与利用效率，实现了档案信息资源共享。公司遵循"两办"印发的《关于加强和改进新形势下档案工作的意见》以及南方电网 7S 管理要求，对历史档案数字化，加强对历史档案全息化管理，并且以玉溪供电局变电站为试点开展了图档资料室智能化改造项目，建立了"健全人防、物防、技防三位一体"的图档信息化安全监控体系。依靠智能化设备和变电检修图档精益管理理念，利用先进科技信息化技术，开发了一套智能化图档管理系统，包括图档室指纹门禁系统、智能电动图档柜、图档资料自动模糊查找系统、图档坐标定位系统、图档借阅系统及报警系统，不仅能为图档提供安全、良好的存放环境，为管理人员提供一个舒适、便捷的工作环境，节约了查找档案的时间、提高了工作效率，同时系统自动出入库记录加强了图档资料去向的可追溯性。

四、效果及影响

云南电网公司通过夯实基础业务、抓实档案资源建设，强化档案信息资源挖掘，拓展服务方式和档案利用途径，档案价值在公司主营业务、法律管理、企业文化等方面得以彰显。

（一）档案价值在电网建设、安全运行方面发挥重要作用

云南电网公司档案工作不忘初心，紧紧围绕公司中心工作做好服务，为公司实施"西电东送""云电外送"和培育电力支柱产业的重要企业可靠供电提供准确档案数据，助力电网安全运营。一是档案在云南电网公司大修、技改、运营维护中发挥重要作用，特别是在抢险救援、抗灾保电工作中，为抢险救灾一线提供了大量准确的档案。在2008年抗冰抢险中，云南昭通是云南电网冬季抗冰的主战场，昭通供电局档案部门提供的设备材料清册、杆塔明细表、线路路径图及平断面图，为抢险工作提供了可靠的参考资料，节省了抢险的宝贵时间。2018年"11·3"金沙江干流白格堰塞湖应急处置工作和抢险任务的顺利稳步开展，正是丽江供电局档案人员快速、准确、有效地提供档案信息数据，为技术工作提供了数据保障，有效缩短搭接时间，制定恢复供电方案，将财产损失降至最低。二是电网建设项目档案合理利用，避免了电网建设重复投资。如2014年11月6日，怒江供电局基建部查阅了110kV金岭输变电工程的水土保持方案可研报告，利用了《云南省水利厅关于怒江州110kV金岭输变电工程水土保持方案可行性研究报告书的批复》文件，向怒江州水利局上报了已经开展110kV金岭输变电工程水土保持可研报告，避免了156.64万元重复做可研报告的投资。2017年4月6日，云南立恒电力设计院中标为德宏供电局电网建设项目的可研勘察设计单位，工作任务是做好220kV傣龙变新建工程电气二次部分设计、梁河县110kV电网网架优化工程初步设计。档案人员为设计院提供220kV傣龙变工程、110kV槟榔江升压改造工程、110kV大坪子变电站二期工程、110kV帕底变改造工程的电气一次、二次及线路、土建部分等竣工图资料共24卷，图纸共141张，减少设计人员的劳动强度，提高了设计效率，缩短设计周期，使设计工作顺利完成。

（二）档案价值在公司依法经营方面发挥重要作用

云南电网公司充分利用档案信息资源，为公司回收电费、触电索赔、用工

管理、资产划分、资产处置、工商变更、法律纠纷等方面提供重要档案依据，成功利用法律武器主动为公司维权，为公司挽回巨大经济损失，仅 2018 年全年，云南电网公司所属各单位新发法律案件 273 宗，涉案总金额 29959.87 万元，全年办结法律案件 230 宗，涉案总金额 14563.17 万元，胜诉 208 宗，胜诉率达到 90.43%，挽回经济损失 12230.58 万元，避免国有资源流失。同时在公司巡视、督查、审计工作中，公司档案部门提供大量支撑文件，保证迎审工作正常开展，得到了各方的认可，为公司改革发展作出了积极贡献。

（三）档案价值在文化传播方面的作用

云南电网公司出版的《中华人民共和国电力工业史·云南卷》《云南电网公司志》等深层次编研成果，为传播电力文化发挥重要作用。积极助推文化遗产申遗工作，让优秀传统电力工业文化得以传承和发展，再现发展的轨迹，旨在抚今忆昔，以史为鉴，服务当代，惠及千秋。档案作为云南电网建设发展变化的亲历者、参与者、实践者的直接凭证，除聚焦云南电力工业日新月异的变化外，还有责任、有义务把云南电力 109 年的历史真实记录下来，让关心支持供电行业的有关人士及后人能够查询、了解云南电力工业发展、变化、奋斗的历史，有所启迪鉴戒，发挥志书"存史、资政、教化"的作用，激励、鼓舞云南电网公司全体员工坚定信心，增强责任感，传承文化，弘扬精神，继往开来，再创新的辉煌。

案例形成单位：云南电网有限责任公司

案例形成人：王卫军、田磊、周琼凤、刘路、吴冬梅、雷红桃、杨琨、马西丽、吴嘉燕、杨丽芳、梁中英、宁玲、金艳、刘惠明

提升管理见成效，助力企业破困局

一、案例概述

2009—2018 年，华能山东发电有限公司下属两个单位（A 单位和 B 单位），先后发生 A 单位股权纠纷案，企业营业执照被工商收回；B 单位对外担保产生巨额担保代付款损失，企业面临着严重经济风险和法律风险。档案管理发挥应有作用，档案人员配合法律等相关部门，落实原始相关档案资料，从库存档案中深入挖掘各种有利证据，归纳整理有效档案数十卷，为法律诉讼和法院裁定提供有利证据。历时 8 年，成功解决了 A 单位股权纠纷，确认了 1.3 亿元股权和股东地位；B 单位也从担保的经济纠纷案中圆满脱身，避免和挽回损失约 4.5 亿元。

二、实施背景

档案是企业发展和历史沿革的沉淀和结晶，涉及企业各个领域和发展阶段，真实记录了企业各类活动的全过程。档案管理成为衡量企业管理的重要标尺，档案工作的科学化管理水平体现了一个企业的现代化管理水平。

档案资源是企业生存发展的重要资源，能够为企业经营发展提供翔实的决策依据，为企业参与市场竞争提供有力支持，当企业遭遇各种纠纷和法律风险时，完整翔实的档案证据可为企业胜诉提供强有力的法律依据。

近年来，随着华能山东发电有限公司规模不断壮大，截至 2018 年 12 月底，华能山东发电有限公司管理运营的有火电、风电、光伏、供热、港口和巴基斯坦中巴经济走廊的 2 台 66 万千瓦燃煤机组。企业营业范围遍及山东省 14 个地级市及国外巴基斯坦，占山东省统调机组容量的 34.4%，年供热量超过 6300 万吉焦，供热面积达 2.14 亿平方米，是山东省最大的发电和供热企业。公司不仅有生产经营的主业，还有众多附属企业，在企业生产和发展过程中，法律风险难以避免。

（一）A 单位股权纠纷案

2009—2015 年，华能山东发电有限公司下属 A 单位，其股权变更后，一直存在股权法律纠纷，致使企业工商股权登记无法变更。为了维护 A 单位合法利益，公司档案管理部门积极配合资产股权部、财务预算部、法律事务等部门在档案信息资源中搜集相关证据，梳理汇总相关凭证，以此进行了艰难的法律诉讼，经过长期的不懈努力，法院最终裁定 A 公司胜诉。2015 年 4 月，工商局重新核发了 A 单位的营业执照，成功确认了 A 单位 1.3 亿元股权和股东地位。

（二）B 单位担保纠纷案

2006 年 8 月，B 单位为某公司向银行签署了 5 亿元贷款的担保合同；2006 年 12 月，该公司又向银行贷款 5000 万元，B 单位为该公司又提供了保证担保。2009 年 8 月，因该公司逾期无力偿还银行贷款，B 单位被法院强制执行，划走营业所得 5700 多万元，用于偿还第二笔贷款本金和利息；2013 年 10 月 16 日，法院再次判决 B 单位为该公司承担 2.64 亿元本金及相应利息，共计 3.4 亿余元的保证责任。

华能山东发电有限公司通过法律手段，利用本公司和 B 单位的库存档案，全面搜集上级单位批复文件、政府相关部门证书、执法部门证据、公司财务凭证、账簿、银行贷款合同、股权登记证书、土地证、营业执照等与案件有关的档案材料，为法院诉讼完胜奠定了坚实基础。最终解决了 B 单位 2 笔约 4 亿元的重大对外担保纠纷案件，为企业正常经营及今后健康发展营造了有利环境。

三、创新做法

现代档案管理理念和管理思路在不断更新，档案管理技术和管理手段在不断进步，公司档案管理部门积极转变档案管理思路，不断与时俱进，紧跟公司发展步伐，不断创新档案管理工作模式和方法，提升档案管理工作水平，实现了公司档案管理工作内在价值最大化。

（一）适应企业发展，完善档案管理体制

1. 强化档案管理体系建设

建立由公司领导为组长、专职档案人员、各部门兼职档案人员为成员的档案

管理三级网络机制，实行"集中统一领导、分级管理"。档案管理领导小组定期听取公司档案管理工作汇报，确定每年的档案管理工作目标；各部门主要领导分管本部门档案管理工作，具体落实部门人员的档案管理职责。

2. 完善档案管理标准和制度

制定了《档案管理规定》《档案借阅利用管理办法》《档案统计管理规定》《档案鉴定销毁管理规定》《归档文件整理办法》《实物档案管理办法》《声像档案管理办法》《科技档案管理规定》《基本建设项目档案管理规定》《档案工作突发事件应急处置预案》《档案工作保密规定》和《档案库房管理规定》等近20项档案业务规章制度，为档案工作管理提供了强有力的制度保障。

（二）创新档案管理方法，转变档案管理思路

1. 创新档案管理模式

公司档案管理工作既要有长远的规划目标，又要有高效的管理基础。有效的基础管理保证档案管理工作的高效运转，长远的规划目标确保档案管理工作不断发展的方向。随着电子信息技术迅速发展，信息化管理广泛应用于公司生产管理的各个环节，使档案管理工作发生了重大变化，公司档案的门类、接收和保管方式方法、提供利用的途径和渠道等需要适应新的变化。为此，公司及时上线运行档案管理信息系统，建立完备的档案信息数据库，实现档案模块化管理、流程式运作。同时强化了声像档案的收集管理，更新了档案特殊载体的处理技术手段，进一步优化丰富了库藏档案的结构。

2. 档案工作前移，实施源头控制

档案管理工作从档案形成的前沿抓起，按照"文件材料谁形成、谁负责、谁整理"的原则，全力落实好各部门文件管理的前沿控制。积极调动部门兼职档案人员的工作积极性，让各部门人员"贴近档案，了解档案"，提高部门管理人员对档案工作重要性的认识。实现档案管理横向覆盖到各部门，纵向落实到各项工作任务，逐步形成了上下联动、部门互动、全员参与的档案管理新局面。

华能山东发电有限公司充分利用档案管理信息系统，每一个部门设置一个文件收集归档用户，根据各部门归档文件种类不同，在档案信息管理系统的"文件整理"模块中开放不同的文件分类号段。各部门按照档案管理的标准要求，将形成的文件进行预分类、预整理、装订，然后将归档文件目录信息录入档案管理信

息系统，上传电子文件，文件的收集归档工作在档案管理信息系统上随时完成。实现了文件"即办理即归档"，从源头上确保了归档文件的质量和完整。

（三）提高档案质量，推进档案工作规范化管理

档案质量是档案工作的生命本质，档案质量的好坏直接影响档案的寿命和利用效果。提高档案质量是公司提质增效、增强市场竞争力的重要途径。一是文件收集的齐全、完整性是决定和影响档案价值的重要因素；二是文件的装订、整理、分类、排列、编号、编目、装盒、上架等工作是档案工作规范化的操作性因素；三是文件移交、查询、借阅等手续是否完备，档案统计是否准确，是档案管理规范化的标志。

（四）树立档案保密意识，强化档案安全管理

目前，电子档案比纸质档案利用更方便、快捷，也因它的特性提出了一系列的管理难题。在推进档案信息化建设和开放档案利用服务的过程中，重点做好了以下几方面：

一是从电子档案权限的开放，到网上电子档案的借阅、审批、服务器的日常管理，定期登录方式的修改等，都有相应管理制度和措施；二是针对自然灾害、非法访问、非法操作、病毒侵害等现象，及时采取与系统安全和保密等级要求相适应的防范对策，加强了档案的异质异地备份管理；三是为保证数据安全、操作安全，不断提高身份识别方法和手段，确保档案利用过程中的保密和安全。

（五）强化档案的数字化管理

不断优化档案与办公自动化系统的管理，实现文件和档案一体化管理。一是档案管理信息系统与办公自动化系统无缝对接。公文办理完毕后自动转入档案管理信息系统，实现公文与档案一体化管理；二是将库存永久和长期保管的档案，用扫描的方式进行数字化处理，以电子信息的形式存储到档案管理数据库中，档案管理工作模式由传统手工管理转变为现代化信息资源管理；三是到目前为止，公司本部和下属管理各单位库存永久和长期保管的档案，基本都实现了异质异地备份管理。

（六）提供主动服务，挖掘档案内在价值

在为公司各项工作提供档案服务的过程中，档案人员注重服务对象对档案信息的需求，有针对性地从库藏档案中挖掘有价值的信息，积极进行深层次的开发利用，增加了档案信息资源的附加值。同时注重打造档案文化精品，提炼加工库存档案资源，为公司经济、文化建设提供可靠实用的信息素材。

1. 积极主动参与公司生产、经营管理

把公司各阶段重点工程、改造工作作为档案部门收集工作的重点来抓。了解公司各项工作动态，及时提供和利用与工作相关的档案，使档案在各项生产经营、科学研究中发挥作用，产生经济效益。

2. 实现档案信息资源共存共享

利用档案的数字化管理，建立档案信息资源库，构建较为完备的档案信息化平台，使档案查询利用更加方便、快捷、准确、高效。通过档案信息集中化管理，实现非保密档案有限制性地在网上公开在线利用，最大范围、最高效地满足各种不同服务需求，推动各部门工作人员档案利用观念的转变。同时，实现了档案管理由人工现场查阅向管理系统自动化查询的转变，提高了档案调卷速度和利用效率。

（七）加强档案工作的监督、检查和指导

1. 建立档案监督指导机制

畅通沟通渠道，及时掌握公司本部和管理各单位档案人员、档案实体和档案工作变化情况，实施动态管理。

2. 建立档案工作管理激励机制

每年不定期对各单位档案工作进行监督、检查和指导，发现问题，要求各单位制定切实可行的整改方案，公司总部及时跟踪问题整改闭环情况，确保发现的问题全部整改到位，对工作落实不到位的单位，提出考核意见，纳入公司的年度考核。

3. 实现档案考核评价工作常态化

每年定期进行管理各单位档案考核评价工作，对评价结果及时予以通报，促进各单位档案工作水平不断提升。

四、效果及影响

档案的收集、整理、归档、保管等工作是档案管理工作的基础,从档案信息资源的价值中得到实用效益是档案工作的核心。档案的合理利用对维护公司自身合法权益、丰富公司文化内涵、强化公司法治建设等方面,发挥了重要的作用。

(一)创造了可观的经济效益

1. 为公司股权重组提供依据

2009年,华能集团公司将持有的山东里能煤电有限公司50%股权、山东日照发电有限公司46%股权、白杨河电厂和山东分公司的权益划转给华能山东发电有限公司,为顺利完成公司资产划转事宜的办理,资产股权部调阅了股权批复、资产划拨批复等相关档案,掌握了具体划转金额和划转基准日期,分清了资产划转等各方面的问题,避免了公司经济损失,保障了重组工作的顺利进行。

2. 为公司经营管理提供丰富翔实的参考信息

由于档案内容涉及公司工作的方方面面,内控管理、人事管理、审计、纪检监察、风险管理、生产管理、招投标、技术改造、机组检修等,各个环节都离不开对档案的利用。档案部门为公司经营管理提供了富有参考价值的原始材料,对维护公司各方面合法权益和保障各项工作顺利进行具有不可替代的作用。

3. 为企业解决法律纠纷提供有力依据

公司大事记、组织机构沿革、土地证、营业执照、股权登记证明书、合同、招投标等档案,是公司合法经营的有效证据,也是法律纠纷强有力的凭证。通过展示这些珍贵历史凭证,还原了历史,举证了事件的合法合规性,在最短的时间内向法院提供了第一手原始材料,相继为公司挽回经济损失近4.5亿元,有力维护了企业的合法权益。

4. 为企业的文化建设提供信息支持

声像、实物档案、领导讲话、企业文化报告、职代会文件材料、领导视察照片等档案,记载还原了历史的真实面貌,是公司发展的真实历史写照。这些珍贵历史价值档案材料,充分展现了公司过去和现在的光辉历程,也预示着公司蓬勃发展的明天。

5. 为公司下属单位土地证的顺利过户提供依据

华能山东发电有限公司一个下属单位,因为股东变更的原因,其土地证仍然登记在原股东名下,无法进行土地证更名的手续。档案人员及时提供土地使用权出让手续的批复、国有土地使用权出让合同、国有土地使用证、协议书等相关档案,使得该单位不但顺利获得"不动产证",圆满解决了企业土地证过户问题,据此也确认了5800万元的土地使用权。

6. 降低公司管理各单位改造工程费用

在公司管理各单位低氮燃烧器改造工程的招标工作中,为降低改造费用,华能山东发电有限公司生产部查阅了《低氮燃烧器改造技术合作框架协议》。协议中约定,某家公司"以低于同期同类机组改造的正常价格"与公司管理各单位进行技术合作,通过提供档案材料,公司依据协议,坚持不能突破协议规定费用的协议约束内容,降低了改造成本,创造了经济效益。

(二)提升了企业核心竞争力

通过不断创新档案的管理工作,助推企业精益化管理水平不断提升,华能山东发电有限公司先后荣获了"企业信用AAA级信用企业""山东省一流电力企业""富民兴鲁劳动奖状""档案管理考核先进单位""特级档案室""先进企业""先进集体""国家优质工程奖""国家优质工程金质奖"等荣誉称号。

案例形成单位:华能山东发电有限公司
案例形成人:卢继亮、刘爱玲、宋伶俐、王磊

档案文件开发利用为供热改造提供服务保障，为企业盈利 2763 万元

一、案例概述

为了进一步提高电厂供热的经济性，增加对外供热量，改造现有供热配套设施，大唐陕西发电有限公司渭河热电厂（以下简称大唐渭河热电厂）厂部研究决定分别对西安方向、机场方向两条供热管道进行供热增容改造和热网加热器更换改造。供热改造工程从项目立项、审批、可研、招投标、签订合同、施工、竣工验收、投入运行，档案室提供纸质档案文件 188 卷 768 件，电子档案 568kB，由于档案文件齐全、准备充分、安排妥善，确保了供热工程的顺利开展、竣工验收及正式运行，为企业创造经济效益 2763 万元。

二、实施背景

（一）环境保护和节能减排的需要

随着汾渭平原雾霾天气的持续加重，陕西省政府出台了《陕西省 2017 年铁腕治霾"1+9"行动方案》和《西安市 2017 年"铁腕治霾，保卫蓝天"工作实施方案》，要求大力推进煤改气、煤改电、煤改热工程；西安市、咸阳市城市建成区拆除 20 蒸吨/小时以下的燃煤锅炉，有效解决燃煤污染。大唐渭河热电厂已完成超低排放改造，并采用热电联产机组实施城市集中供热，达到了改善城市环境，降低供热煤耗的目标，具有良好的社会效益、环境效益和经济效益，是国家产业政策重点支持发展的行业。

（二）电厂供热经济性的需求

近年来，伴随着煤价高位运行及电厂生产各项费用的不断攀升，利用小时数

却连年下降，提高对外供热量成为热电厂盈利的重要手段，既可以降低电厂的运营成本，又可以增加相当量的收入。根据近几年电厂实际供热情况分析，目前外供热量达342.12万吉焦，远小于电厂设计情况下的最大供热能力，为了进一步提高电厂供热的经济性，增加对外供热量，改造现有供热配套设施十分必要。

三、创新方法

（一）改变服务观念，超前考虑，编制《大唐渭河热电厂配套热网档案文件汇编》

大唐渭河热电厂档案室积极配合厂部做好供热改造工程，改变以往传统档案文件利用服务方式，从被动变主动，滞后变超前，积极搜集大量档案文件，在供热技改工程立项前期就编制了《大唐渭河热电厂配套热网档案文件汇编》（图1），汇编共有六项内容：

（1）文书档案40件，主要包括配套热网的请示、批复、合同、招投标等文件。为供热技改小组在项目申请、上报、审批、立项中提供了大量的政府和上级单位依据性文件，为工程顺利通过大唐集团公司审批奠定了基础。

（2）电力生产档案3卷53件，主要包括配套热网特种设备的定期检验报告、配套热网技术方案、供热规划等文件。

（3）基本建设档案281卷1657件，主要包括配套热网请示、批复、函件、初可研、可研、施工图、合同、招投标、监理文件、施工文件、竣工图、竣工验收等文件。为技改小组在工程设计、开工、施工、竣工验收过程中提供了大量的技术支持性文件，为工程竣工和投入使用奠定了基础。

（4）设备仪器档案24卷158件，主要包括配套热网的仪表、阀门、补偿器、高低压配电柜等厂家文件。

（5）光盘档案142张，主要包括配套热网设计单位、供货厂家和施工单位提供的电子文件。

（6）科技图书、标准22本，主要包括供热方面的法律、法规、国家标准和行业标准。为技改小组提供科学性、依据性和规范性文件，使技改小组在工程管理中有据可依，有问可查，保证了工程的质量和安全，为工程竣工验收奠定了坚实的基础。

图 1 《大唐渭河热电厂配套热网档案文件汇编》

（二）积极服务生产，为项目建设提供系统、全面的技术文件，确保项目建设有序进行

在初步可研阶段，通过查阅基建档案，了解管网状况，各方向管网的设计面积，机组供热能力等相关数据，来印证西安方向供热管道改造的可实施性。特别是在起草可行性研究报告时，需查阅配套热网建设的文件量大、类目也多，要从配套热网最初的文件源头查找，最难查找的是配套热网最初各级政府部门的审批文件，因为此项技改工程跨西安和咸阳两个城市，需要的支持性文件较多，且厂里最早参加主管网建设的人员也有所变化，新人对之前的工程情况不是很了解，查阅工作开展起来相对困难，新编制的《大唐渭河热电厂配套热网档案文件汇编》内容真实、准确、系统、快捷、有效，及时解决了文件查阅工作难点，使工作顺利开展，通过集团公司审批，保证了项目第一步的顺利实施。

在西安方向供热管道增容改造设计施工阶段，为了保证项目实施的可靠安全，需要了解大唐渭河热电厂之前建设的跨渭河供热管桥工程的档案文件，渭河供热管桥连接渭河北岸至南岸，是向西安城北供热的主力管道，因为此技改项目施工需要通过渭河管桥路段，在设计及施工过程中需要了解管桥的桥梁设计状况、梁行分类、结构、设计方案、桥梁施工方案、承重能力等参数，技改小组在档案室调阅最初《配套热管网跨渭河管桥》工程的设计方案，技术规范，施工竣工文件、竣工图等 32 卷档案文件，解决了设计与施工的技术难题，为西安供热方向增容改造供热管道的管径设计提供了技术支持。

机场热网首站供热系统改造、由于运行中存在的问题成因复杂，针对的改造方案也较为复杂，本身的供热管网的高差、定压值与厂内热网首站又有所不同，其改造方案难以确定，须对原有设备技术参数、设计要求、安装图纸，原供热管道的管径、壁厚、保温层厚度等原始技术数据一一进行查阅核实，查阅工作量大、时间紧、任务重，档案室工作人员加班加点积极配合。有部分文件因为查阅人员对原文件题名不清楚，只是清楚管道的系统、线路、总供货商等信息，在档案管理系统中无法检索，给查找工作带来了困难，档案工作人员根据平时工作中积累的经验，先确定需查找文件档案分类的大类，再依据分类表逐级缩减查找范围，最终在很短的时间内完成了查阅工作。通过查阅档案文件，对原供热管道系统、线路、膨胀节进行了检查，发现膨胀节是影响供气流量的主要原因所在，重新对供汽管道膨胀节进行选型改造后，机场方向的供热得到了有力保障。

四、效果及影响

通过供热技术改造，提高了供热安全性及可靠性，取得了显著的社会效益。保障了机场方向和西安方向供热量的需求，2017—2018年度增加供热量73.67万吉焦，直接经济收益2762.63万元。

大唐渭河热电厂西安方向及机场方向供热改造工程是一项环保效益、社会效益、经济效益俱佳的项目。该项目的实施既能改善西安方向、机场方向的供热现状和环境现状，又能提高大唐渭河热电厂的能源利用率和经济效益，是一项具有重大意义的民生工程，能极大地改善人民群众生活质量和生活水平，为推动城市经济社会和资源环境协调发展作出了重要贡献。

案例形成单位：大唐陕西发电有限公司渭河热电厂
案例形成人：樊亚萍

以"联通记忆"主题为例，对企业档案信息资源开发利用一次创新形式的实现

一、案例概述

"联通记忆"主题是通过三维粒子模型技术、自然语言处理技术、数据挖掘技术等人工智能技术结合中国联通自身企业文化精髓对企业档案信息资源开发利用一次创新形式的实现。中国联通的档案信息资源承载了企业的发展历史，记录着企业在生产、经营、社会活动中的完整过程，是企业记忆储存的主要形式。"联通记忆"植根于档案，档案是"联通记忆"建设的源泉和动力，两者之间相互促进，相互融合。"联通记忆"主题从档案、新闻、影像、图片、经营等多方面，客观展现中国联通成长之路上的每一个脚印。

二、实施背景

中国联通数字档案馆系统通过在线归档方式接入的电子档案包括文书档案、合同档案、会计档案等。自2013年至2019年3月，中国联通数字档案馆数据接入的总体情况：电子档案数量已达3.3亿个、档案条目数据已达1.9亿条、存储已达到137.6TB，电子档案数据呈现大数据趋势。为了强化科技与档案文化事业的融合，加大信息技术对中国联通档案事业发展的支撑作用，采用人工智能、大数据、三维粒子模型技术等高新技术，大力推动档案传统服务升级。

档案是在企业各项活动中直接形成并保存备查的各种文献载体形式的历史纪录，是企业知识资产和信息资源的重要组成部分。中国联通档案包括生产经营活动的文书材料、合同协议、项目产品、财务凭证等，在企业管理、生产经营、产品研发、技术引进和改造、产品销售等方面具有一定的潜在价值，这种潜在价值需要借助人们对档案的利用才能更好地体现出来。对档案中收集的资料和蕴藏的信息进行分析，总结发展过程中遇到的问题、采取的应对措施以及管理中出现的

失误等，能够借鉴学习历史发展经验，避免相同问题的再次发生，为后期工作需要提供必要的历史证明。

企业记忆是企业在长期的科研、生产、管理等活动中形成并能为全体职工普遍接受和共同遵循的理想信念、价值观念和行为规则。档案以具体的物质形态而存在，是对企业记忆零散的表层反映，企业记忆是从客观真实地记载企业各项活动的企业档案中，经过加工、提炼、升华的内在现象，二者相辅相成，互相依托。

档案信息资源不仅真实地记录了中国联通从诞生、成长到发展的全部历程，记录了企业经营管理的知识、技术和经验，并且记载了企业思想的发展过程和企业的精神财富，它蕴含着中国联通深厚的历史文化，聚集着丰富的信息资源，是中国联通可持续发展的重要资源。对各类文件材料进行收集整理、集中科学安全管理的过程，就是企业记忆不断积累、不断发展的过程。它是企业记忆最可靠、最真实的第一手信息资料，可以辅助人们的记忆。作为实事凭证和承载企业社会实践活动中直接形成的有序知识信息，其是为企业记忆提供历史参考的直接依据。利用企业档案开展编研活动，总结发展历史，展示企业形象，将真实记录企业记忆这种无形的资产变为有形化，把平常看不到、摸不着的东西以文字、图片、影音、实物等直观而明显地展现出来。现代企业记忆与自身文化的传递和弘扬离不开企业档案。

三、创新做法

"联通记忆"通过以文字和图片等不同形式存在的原始记录，直观地体现出中国联通在建立之初及发展到不同时期的历程，同时也是中国联通在决策执行、基层布置、合力创新等多个方面的体现。目前档案工作存在着管理落后、利用效率低下、信息化水平不足等问题，并且由于缺乏全面的信息分析和技术能力，管理人员还只是停留在对档案信息进行简单的统计、查询等水平上，不能对有价值的档案信息实现精准归类和深层次的分析，严重阻碍了中国联通档案管理现代化的进程。主题是一组具有共性特征的事物的总称，用以表达研究的具体对象和问题。研究内容通常基于某一事件而进行，包括事件的发生时间、地点、事件内容等，在当前联通数字档案馆的海量的档案数据中，设计联通业务主题建设方案，挖掘和建设以"联通记忆"为主的业务主题模型，基于内容而展开，以传统的时间线索进行建设的同时，重点侧重于研究档案数据所蕴含的深层次内容。

"联通记忆"是在对中国联通数字档案馆的档案数字资源进行全面识别及深入挖掘的基础上，运用高级可视化展示技术，展现中国电信史以及中国联通历史上发生过的大事、要事，让每个联通人都轻松地、系统地了解中国联通的过去、现在和未来。从联通大事记、联通年度事件、联通年度热词等几个主题，从时间、事件（活动）、人物、热门词汇等多个维度挖掘和展示联通记忆的业务内涵。联通记忆主题切合增强企业文化的初衷，运用"AI+BI"的智能可视化技术，以大数据为基础，把每件大事件的内在关联关系，以及总部文件、宣传资料的发放与各地公司的运作都合并到一起，运用数据可视化技术直观地展现。联通记忆不但是对于已有数据的直观展示，并且还是支撑联通内部相关部门进行决策的指向灯塔，根据之前联通各个地区的数据基础，为新决策提供参考。

在"联通记忆"中，引入基于人工智能领域的自然语言处理技术，解决业务（主题）目标发现和挖掘对象选择的问题，有助于解决档案数据信息处理中的语义化问题，同时在传统的数据挖掘算法上引入了深度学习技术，使得系统能快速识别业务需求，可以更高效地选择相应算法，在很大程度上可以提高联通电子档案的数据分析以及挖掘的能力，在应用程序中利用概念之间的关系来提供推理的规则，将语义模型作为相关操作的依据。现有的基于语义模型的检索模式，通过计算概念之间的相关度，来量化概念间的语义距离，以选取最相近的概念；或者在语义模型中预先定义的一些关系上进行推理检索，同时使用基于档案主题内容分类的多维度评分算法和检索结果优化算法，进而实现对联通相关部门的推荐和检索结果的排序。

"联通记忆"主题模块的建设主要借助计算机的巨大处理能力和自然语言处理技术、深度学习算法以及可视化算法，将海量的数据转化为图像或图形呈现在人们面前，并允许通过交互手段控制数据的抽取和画面的显示，将隐含于数据之中不可见的规律具象化，因此将可视化技术与档案信息结合，为人们分析、理解数据、形成概念、找出规律提供了强有力的手段。在"联通记忆"主题建设过程中，基于虚拟现实和三维可视化技术，进一步完善和建设现有中国联通电子档案馆的建设，将虚拟三维可视化技术与档案管理无缝融合，实现电子档案的直观管理和检索，有效地提高电子档案管理和检索的效率和管理的手段，并支持人性化、个性化和视觉化用户体验。

"联通记忆"采用以人为本的根本方针，通过智能服务模式形成具备多个维度、多个层面、多个主题的档案知识服务能力。"联通记忆"主题包含我的收藏、三维粒子模型、词云、图片集和视频集、联通智能搜索、档案新闻搜索、档案内容推荐功能。如图1所示，"词云"是采用自然语言处理技术对档案文本数据进行分词、词向量计算、语义计算等，获得通信业务发展主题下的热门词，并且每个热门词支持快速检索到相应档案文件。

"联通记忆"模块主要包含10个一级主题与36个二级主题，通过1341张照片、31个视频资料、210个热点词云、137TB电子档案、2.24万条官网微博新闻以及2.89万条内网新闻，把常年"沉睡"在档案库房珍贵资源"唤醒"。该主

图1 "联通记忆"子主题网页展示图

题10个一级主题分别为通信业起步、红色通信、新中国通信建设、机构改革、企业文化、通信业务发展、创新业务、特种通信保障、应急通信保障、国际业务。

通过"联通记忆"主题，对内可激发企业员工自豪感，加强企业凝聚力与向心力；对外可宣传企业形象，挖掘企业品牌价值，让更多客户了解到中国联通的发展历程；同时力求为领导决策提供辅助支撑。联通记忆主题分类见表1。

"联通记忆"通过数据挖掘技术对档案数据内容进行分析，组建档案血缘关系网络，建立基于档案内容相似性和企业事务相关性的智能推荐。通过寻找出某份档案的父节点与子节点关系，并且可通过每一层的父子关系寻找出该族的整条血统脉络，同时追寻到整条血脉的原始节点和末端节点。档案血缘关系网通过算法模型智能关联会计凭证档案、合同档案、采购档案、工程档案等多个不同档案类别。如图2所示，左半部分为所查询档案的详细内容，右半部分为该合同档案关联的会计档案及相关新闻等内容。

表1 "联通记忆"主题分类

1级主题	2级主题
通信业起步	开办电报、开办电话、电信业起步
红色通信	战地通信
新中国通信建设	电信局所建立、中华人民共和国成立后通信业技术新发展
机构改革	联通历史变迁、混改、子公司成立、分公司成立
企业文化	荣誉奖章、党建、领导人关怀、领导人题词
通信业务发展	固网、宽带、电话机、电话卡、移动通信
创新业务	卫星通信、合作伙伴签约、大数据与云技术、物联网
特种通信保障	2008奥运通信保障、冬奥通信保障、匠心网络、会议通信保障、其他通信保障
应急通信保障	汶川地震通信保障、抗击SARS通信保障、抗洪应急通信保障、其他应急通信保障
国际业务	一带一路、国际子公司、南极业务、外交通信

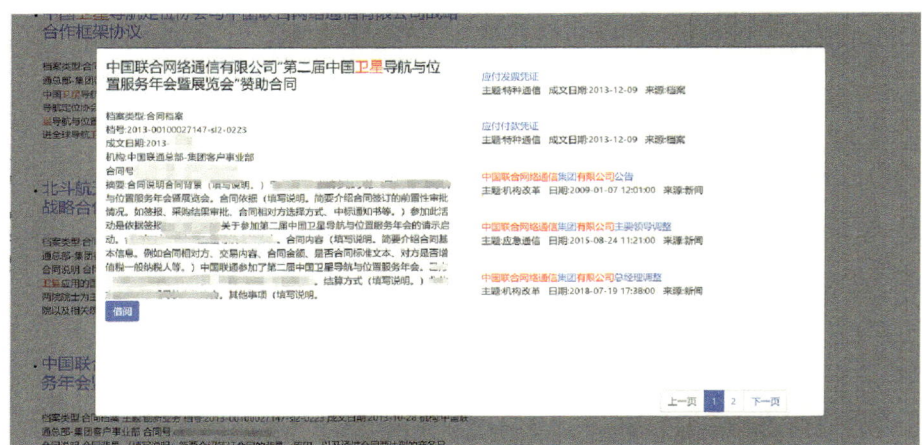

图2 "联通记忆"智能搜索智能推荐网页展示图

四、效果及影响

中国联通数字档案馆系统记录着通信技术的业务发展和中国联通的历史变迁，承载着几代联通人对通信建设的记忆和梦想。联通数字档案信息资源开发与利用紧紧围绕中国联通董事长王晓初所提出的"文化兴企，不忘初心"，时刻牢记国有企业档案对于企业生存和发展的支撑任务，发挥企业档案工作在深化国有企业改革中的重要作用，做好中国联通在混合所有制改革期间的档案工作。

在档案记忆观的视角下，档案不仅具有记忆保存的价值，还具有记忆利用的价值。国家档案局在《全国档案事业发展"十三五"规划纲要》中指出，在协调推进"四个全面"战略布局的新时期，如何适应信息技术发展加强电子档案管理，正日益成为我国档案工作面临的主要挑战。第一，档案可以塑造中国联通自身的品牌记忆。通过对中国联通档案进行整理，发掘出其中与品牌价值有关的资料，建立起行业特色的品牌记忆知识库，对于塑造中国联通的品牌记忆有着非常重要的作用。除了建立品牌记忆库以外，通过可视化技术结合历史宣传册、宣传片，建立品牌记忆展览并通过新媒体传播等方式提高企业品牌的知名度，塑造品牌记忆。第二，档案是检索服务平台构建的基石。随着信息技术的发展，档案已经采用了现代化的设备进行管理。档案是有价值的，其价值要在档案的利用率上得以体现，因此，依托人工智能技术和档案管理技术，在信息化飞速发展的时代，建立起一个自身独有的档案智能检索服务平台，以实现企业档案的高效利用。同时把中国联通自身各系统联动起来，将企业各部门、各项目与档案管理部门联合实现建立资源共享服务平台，方便相关人员进行档案的录入、分类存储、查询、检索和远程传递，实现档案的协作共享。

"联通记忆"业务主题植根于企业档案，而企业档案是企业记忆建设的源泉和动力。坚持"以人为本"的思想，中国联通不断拓宽档案服务方式和服务理念，实现档案价值的最大化，充分发挥主观能动作用，为企业的持续发展服务。

"联通记忆"业务主题项目得到了公司领导和全体员工的关注与好评，利用微信公众号和企业即时通信软件等渠道，依托互联网和局域网向企业员工传播企业文化，展现企业精神风貌，一方面创新了企业文化传播方式，激发了员工对企业的使命感、自豪感和凝聚力。另一方面为企业照片影音类档案提供了新窗口，给使用者更简洁、更易用、更直观的档案检索与借阅途径。大量的档案信息呈现静止状态，档案编研工作可以把档案信息从静态转化为动态，由传统的服务转为提供综合档案信息的高层次服务。通过深入挖掘档案信息，加工、提炼、整合、生化，形成"联通记忆"十大主题篇章的档案编研成果。

中国联通数字档案馆系统，服务于全集团29万员工，员工可以使用企业内网进行线上浏览，了解企业发展历程。"联通记忆"业务主题在结合联通企业电子档案资源以及相关影像资料的同时融入最新热点事件，从时间、空间、重点事件等多角度对电信行业与联通自身企业进行梳理、归纳、挖掘，通过1341张照片、31个视频资料、210个热点词云、137TB电子档案、2.24万条联通官网微博新闻以及2.89万条联通内网新闻，把常年"沉睡"在档案库房的资源"唤醒"，增强了历史档案的趣味性和知识性，并赋能新时代的中国联通企业文化。

案例形成单位：中国联合网络通信集团有限公司

案例形成人：张喜民、谢华、杨茜雅、魏薇、王羽琦、石卉

建设专业化知识管理平台，打造新时代档案管理新模式

一、案例概述

2017年3月，中国建筑西南设计研究院有限公司（以下简称中建西南院）档案室牵头并主导完成公司知识管理体系5个标准图库、10个专业化平台（以下简称知识平台）建设工作。本平台集成档案管理信息系统数据与协同设计业务平台业务数据、标准图库数据，实现公司业务管理电子档案的电子化存储、可视化识别、知识化利用；同步实现前端业务文件电子签名技术应用、后端电子档案单轨制管理，标志着中建西南院档案管理在行业内较先实现电子档案单轨制管理、档案内容知识化应用。

本知识平台知识管理体系包含医疗建筑、体育建筑等10个专业化知识平台、5类专业图库，其结构框架如图1所示，目前日均数据增量超过10GB，数据总

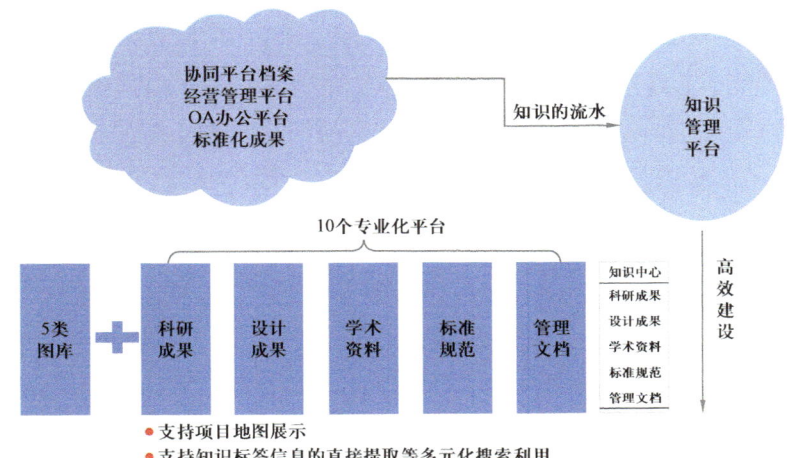

图1 中建西南院知识管理体系结构框架

量超过数 TB；具有支持知识标签信息直接提取、图层数据直接引用，支持项目地图展示、移动端交互体验等特点。经实践证明，本知识平台能有效服务管理决策、市场开拓、人才培养、节约企业成本、提升全员档案意识，促进企业管理标准化、信息化深度融合和企业生产标准提升。目前，日查阅量超过 500 人次，年查阅量超过 20 万人次，是企业员工尤其设计师每日必用在线参考工具，以及公司不可或缺的生产力。

二、实施背景

中建西南院作为中国成立时间最早的大型甲级建筑设计院，在其近 70 年的发展历程中，积累了丰富的设计、科研成果等档案资源，是公司的宝贵资产。

（一）必要性

中建西南院作为典型的知识密集企业和知识型员工密集企业，近年业务扩张迅速、跨区域档案利用需求激增，而传统档案管理模式存在的以下问题使得构建完善的信息化业务平台、专业化知识利用体系变得日益迫切。

1. 查考不便

传统的纸质图纸体积大，翻看、查考不便，难以支撑业务规模不断扩大带来的大量档案利用需求。

2. 无法直接获取所需知识

项目档案没有经过系统提炼，设计人员无法直接获得档案知识，亦无法直接引用价值性设计成果或已有成果，档案知识价值未能得到有效发挥。

3. 无法全面有效展示公司业绩实力

档案部门设计制作的传统编研产品无法形象、全面体现公司业绩实力。

（二）可行性

1. 公司的重视

公司领导高度重视业务管理信息化和档案信息化应用工作，将其作为提升公司核心竞争力的重要途径之一。

作为中建集团及行业内最优秀的设计院之一，中建西南院信息化建设水平一直处于行业领先水平。

2. 国家及行业支持

一是住建部在"十三五"时期建筑业信息化发展纲要中提出"推进新型技术与企业管理深度融合及强化企业知识管理"目标。二是建筑勘察行业施工图数字化审查机制已在各省市相继实施，电子签名在法律上得到认可，且在设计行业得到广泛推广。三是很多甲方要求实施电子化管理、利用，有的单位招投标时明确需提交电子标书。

3. 实现电子档案合规归档

2016年档案部门已协同业务部门完成协同设计平台业务流程设计、图纸校审、PDF归档、蓝图归档及电子签名等功能，符合电子文件元数据和"四性"管理要求；支持数据内容的检索和利用；符合国家行业电子档案单轨制归档、保管要求。目前除特殊图纸及重要文件之外，公司实行单轨制电子档案保管、利用。

4. 已完成大部分存量档案数字化扫描工作

公司档案室已组织历完成156.37万张图纸及重要文件数字化扫描工作，积累了丰富的历史素材。

三、创新做法

（一）广泛调研，明确目标需求

中建西南院档案室深度参与公司知识管理体系建设研究课题研究并负责牵头平台建设工作，全面调研国内外及建筑设计行业知识管理体系建设、论证公司建设知识管理体系的必要性、可行性，明确知识平台的建设目标为通过集成协同平台档案数据、经营管理平台、OA系统业务数据及科研成果等标准化成果，集中建设5个业务类别图库、10个类别专业化知识库（以后根据业务拓展情况实时扩充类别），将员工隐性知识显性化、将显性知识转化为组织智慧，将知识平台打造为培养员工的知识库、业务提效的智慧池、通畅协作的催化剂、支撑业务的宣传地，从源头上解决目前公司知识管理存在的业务知识分散、跨部门知识共享差、价值性工作知识获取效率极低等问题。同时建立知识管理保障制度、激励措施，促进知识有效沉淀、共享和应用，建设知识共享文化，为公司业务发展提供有效支撑。

（二）建立五项保障机制，构建知识分享文化

档案室建立知识管理运作机制、知识管理激励机制、知识管理考核机制、知识管理共享机制及安全管理机制五大管理机制，保障知识平台建设进度、质量，同步构建分享互信的知识分享文化。其中知识管理运作机制明确档案室负责牵头建设知识平台，对知识管理组织架构、职责分工、知识分类规范、知识管理运行规范、知识管理流程等予以明确；知识管理激励机制，包含知识共享积分、评优、表彰规定等内容；知识管理考核机制，包含员工、专家、部门知识贡献情况考核等内容；知识管理共享机制，包括经验分享、专家讲堂、线下沙龙等各类活动设计；安全管理机制，主要包含对平台安全建设要求、数字化知识应用素材安全管理措施等。

（三）平台建设，课题先行

根据职责分工，档案室负责提供各专业平台档案室相关素材，监督指导各专业业务部门完成本业务领域标准库素材梳理、导入、搭建工作，并根据考核机制对其进度、质量等进行综合考核。由于涉及内容多、业务广、不同业务门类具体建设需求、知识标签等均有所不同，为保障标准图库及专业门类建设效果，档案室建立课题研究机制，要求5类专业图库、10类专业化平台所属业务部门均立项专项课题，按课题模板要求完成相关内容研究、梳理后，方启动具体建设工作。

图库建设方面，以"结构构造图库研究课题"为例，业务部门需根据专业特点，按结构形式、构件类型、受力特点、构造做法等不同维度分解构成图库；收集整理各生产单位现有图块，结合各级标准图库，按本院设计习惯，形成方便实用的专业图库。落地实施环节，由公司总工程师牵头，组织20名业务人员完成结构设计专业图库分类、整理、审核及图库导入、推广应用、持续改进与更新。

专业化平台建设方面，以体育建筑专业化平台建设课题为例，自课题研究启动，业务团队历经两年完成建设需求分析、素材清单拟定、标准化体系梳理、试点搭建及培训推广、优化改进等工作。第一期建设包含设计项目、科研成果、学术论文、标准规范等100余项，其中优秀设计项目30余个。其进度计划、工作内容如图2所示。

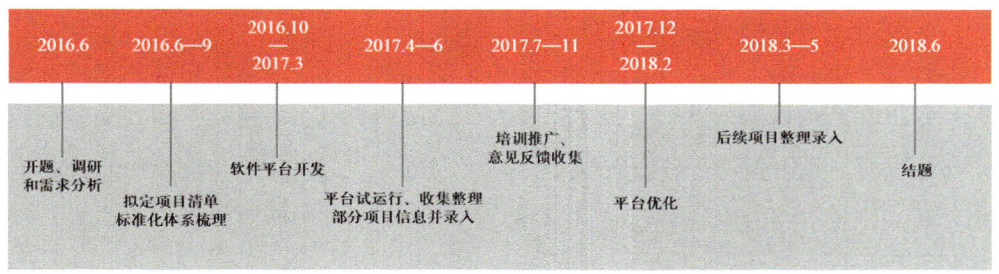

图 2　专业化平台建设进度计划（以体育建筑专业为例）

（四）以管理创新为引擎，突破多项技术难点

由于公司业务经营领域广泛、不同设计专业人员利用需求不同，知识属性亦有所不同甚至差别很大，如何建立满足不同专业人员知识提取需求、体验需求，是本平台搭建规划、论证阶段十分重要且棘手的问题。档案室以管理创新为引擎，解决多项技术难点，其中主要亮点如下。

1. 积极发挥设计人员力量

按专业分别建立工作小组，按专业定期组织召开专题会议，努力做到"因材施教"、持续改进。先后解决不同专业知识标签设置、数据汇总、信息提取、检索内容展示、地图库动态展示等专业难题，兼顾了不同专业"专业性""适宜性"要求。

2. 提前建立集成数据标准

通过提前建立集成数据特点、提取特征数据标准，顺利集成档案管理信息系统数据与协同设计业务平台业务数据。

3. 严谨、规范设计标准，确保平台信息顺利连接

严谨、规范设计图库数据标准、系统框架标准及专业化平台结构标准，使得知识平台与设计协同平台连通后，顺利建立一对一特征信息对应关系，支持知识平台自动获取设计平台数据的项目基本信息及特征属性，根据项目类型自动分类，归入对应的专业化知识库内。

（五）管理与技术有效融合，实现传统档案管理创新3个"1+1"

档案管理与科技手段的有效融合，使信息资源从档案中来，到业务中去，档案不再是"故纸堆"，而是开放共享的珍贵的智慧积淀。

1. 实现档案编研深度"1+1"

档案人员归纳、整合专业化设计成果，深入挖掘优秀项目珍贵的档案信息资源，将以往从项目类别出发，对不同类型项目按照目录进行整编，转变为依据档案内容编研。档案编研不再是档案人员的闭门造车，也不是简单的信息整合或堆积，而是依托使用者的需求，结合信息技术，分别实现编研深度、编研内容质的飞跃。

2. 实现档案利用方式"1+1"

在内容建设上引入开放协同理念，依托档案信息建立多维度设计知识仓库，实现档案内容的直接提取或图层数据的直接引用；在平台建设上引入数据驱动理念，通过数据发掘主动识别价值性档案信息；在使用方式上引入便捷高效理念，通过归纳搜索热点进行同类型项目的主动推送，档案信息资源挖掘利用更加深入、广泛。

3. 实现档案管理方式"1+1"

通过技术与管理创新实现公司业务管理电子档案的电子化存储、可视化识别、知识化利用；同步实现前端业务文件电子签名技术应用、后端电子档案单轨制管理，将传统的纸质档案管理转变为以信息化手段为主流的知识管理。目前，中建西南院纸质档案仅保存具有经济凭证价值的重要会计档案、合同档案，设计图纸、技术方案、标准规范等均以电子版单轨制保存为主。

四、效果及影响

截至 2018 年年底，本知识平台已积累历史项目档案 1000 余项、科研档案 480 项及大量国内外专业期刊、学术论文等，数据总量超过 1000GB。经实践证明，知识平台具有如下经济价值及综合价值。

（一）服务决策，助力市场开拓

1. 有效服务决策

由于知识平台集中公司各类智慧知识，支持决策者通过远程移动端随时查看更新数据及技术前沿，决策者可方便地利用该平台提供的全面信息辅助其进行战略决策；支持决策者利用知识平台详细掌握经营动态、竞争优势，更加高效、准确地进行管理决策、工作部署。

2. 助力市场开拓

通过项目地图库动态展示精品项目情况，集中形象展示中建西南院60余年积累的设计、科研成果，使"高品质的设计"具象化、可感知，吸引大量潜在客户，为企业经营提供强大支撑，并创造了良好的经济效益。以医疗建筑专业化知识平台为例，该平台建成后，不仅支持项目地图展示、内容提取等功能，同时支持移动端利用及数据展示，能更形象地向客户展示设计业绩及成果；部分业主通过知识平台了解中建西南院设计实力后，慕名而来。

（二）促进生产提效，节约时间成本和经济成本

知识平台的推广利用，不仅"激活"尘封在档案中的专业化设计成果，并将之转化为可支撑生产与经营的"知识能量"，为中建西南院建筑设计业务提供强大的智力支持。通过知识平台，设计人员直接获取所需资料，从以往需要10分钟从纸质档案中去寻找数据，到现在几秒钟就可以得到想要的结果，并且可以直接引用图库里的图层数据，不用再重复画图设计一遍，大大提高了工作效率。以2019年5月专业化知识平台2.87万人次总浏览量为例，假设系统查询比传统档案借阅每次节约10分钟计算，可节省约4800小时工作量。而设计师直接引用图层所带来的工作时间的节约量更大，需按天计算。因此知识平台为企业节约大量时间成本、经济成本。

（三）档案管理者与生产经营者深度合作，有效提升全员档案意识

通过课题导向机制，促使设计人员广泛参与档案素材梳理、提炼，档案数据特征值设计、分析等工作中，并广泛征求设计部门意见，用设计视角将原始档案上升至知识管理范畴；档案人员牵头、监督指导知识平台建设过程中，用档案专业手段将丰富信息整合为可利用的知识资源，尤其设计师在实际应用中深切体会、感受到知识平台带给每个员工实际工作效率的切实提升，成为提供全员档案意识的催化剂，尤其是新入职设计人员，获益颇深并高度评价知识平台带给他们的知识含量、能力自信。档案管理者与生产经营者的深度融合、高频互动，有力促进档案人员与设计人员的沟通交流和深入理解，推动了全员档案意识的有效提升，促使档案日常管理工作更加高效、顺畅。

（四）知识深度共享，搭建专业化设计人才培养"直通车"

一方面，知识平台建设有效促进档案专业人才培养与能力提升。平台建设由档案部门牵头负责、具体参与，使得档案人员进一步深入理解业务管理流程、技术要点、用户需求；档案人员参与知识平台框架搭建、系统改进、数据录入的全过程，提升档案人员的专业素质，使其不仅仅作为档案"专业的管理者"，并逐渐成长为企业需要的复合型人才。

另一方面，通过专业化知识的共享和传承，让新员工更好地吸取前辈的优秀经验，汲取科研设计精华，缩短其成长周期，为搭建公司专业化设计人才培养"直通车"提供助力。

（五）"两化"深度融合，推动公司生产标准提升

一方面，知识平台通过深度开发档案信息资源，以信息化推动知识化应用、标准化提升，以标准化促进信息化技术顺畅应用，两化互通，深度融合；另一方面，通过大量数据信息的归纳与提炼，打造高起点专业化设计平台，加快公司工艺、设备等核心环节的标准化进程，引领行业发展的同时，不断向国际先进设计水平发起挑战。

案例形成单位：中国建筑西南设计研究院有限公司
案例形成人：方永华、喻杨、唐卫华、范佳美

发挥档案价值，
助力中国建筑大型国际仲裁案胜诉

一、案例概述

2010年10月，中国建筑集团有限公司（以下简称中建）实施的卡塔尔多哈机场CP61项目被业主非法终止。为维护公司正当权益，消除项目被业主无理终止给公司经营成本带来的巨大损失以及对企业品牌带来的负面效应，同年10月底，经公司集体决策，决定采取ICC（国际商业协会）国际仲裁策略。在此后的3年10个月时间内，项目部档案资料管理人员协同相关业务人员历经艰辛保全档案、挖掘档案形成36卷仲裁文件卷宗、15万页档案证据；通过发起仲裁、及时补充证明材料等过程，最终于2014年9月迎来国际仲裁庭的仲裁结果，并裁定我方胜诉、业主终止合同系非法行为，判决CP61项目业主赔偿我方相关损失累计8100.9万美元，同时驳回业主1亿多美元的反索赔诉求。本次仲裁胜诉不仅为企业挽回巨额经济损失，同时使公司在当地市场的声誉得到恢复，品牌影响力进一步增强。

在工程施工过程中，项目档案人员严格执行公司档案管理办法，实时积累工程资料，及时进行分类组卷，为后期高效筛选、扫描价值性档案奠定坚实基础，为在仲裁期间随时调阅、补充证明材料提供了便利，特别是在本次仲裁事件的整个维权过程中，项目档案作为唯一且最重要的凭证，发挥了举足轻重的作用，直接或间接创造经济效益4041.15万美元。

二、实施背景

卡塔尔多哈机场CP61项目于2009年12月27日开工，工期743天，合同额1.76亿美元，包括机场范围内12个栋号的施工。该项目自开工以来，受制于施工图纸延迟下发、图纸详图与材料批准拖延等各种原因，项目进度对比进度计划出现了延误。

2010年10月19日,业主以合同通用条款GC-63.1认为"承包商没有依据合同进行工作,或者是持续不断地或明显地忽视履行其在合同中的责任"为理由突然终止合同,并扣留我方在机场办公室内的所有文件资料,将我方人员驱逐出场,我方履约保函总额1758万美元被业主兑付。

为保证公司权益不被违法侵害,经公司商议决策,决定采用ICC国际仲裁手段进行申诉,立即成立专项小组,由公司总部、CP61项目部及档案资料综合管理部门组成,并随即进入仲裁准备阶段。

三、创新做法

(一)整理分析档案资料,为发起仲裁提供基本保障

1. 多次交涉,获得数字化项目档案许可

国际仲裁需要用事实说话,档案作为法律仲裁的重要证据,是首要获取的资料,而作为最直接证据的文件资料却被业主全部扣留在项目现场。2010年10月至11月,工作小组与业主进行多次沟通,业主最终同意我方进入现场扫描拷贝相关文件资料,但不允许带走原件。2010年11月至12月,我方3名档案工作人员至现场对所有文件资料进行扫描,并对全部文件进行分类整理,形成合同文件、往来信函、报批文件、技术澄清文件、图纸、质量安全文件、工程照片与影像等19个档案集,重新建立起CP61项目文档中心,电子文档累计60G左右。经过长达1个多月的时间,终于完成现场大部分资料的扫描,形成初始档案证据。

2. 梳理档案内容,形成证据案卷集

2011年1月至2011年5月,基于已数字化的项目档案,专项小组根据业主的无理要求和仲裁诉求,认真梳理工期和质量安全相关证据材料,形成内容完整、逻辑严谨的证据说明卷。基于这些档案资料,索赔团队计算了初步的索赔金额并提交证据资料,于2011年5月2日正式向ICC发起CP61项目仲裁申请。

在工期延误事件证明资料方面,专项小组逐份查找、阅读项目施工过程中发生的事件内容,累计梳理、检索出55个造成CP61项目全局性以及单个栋号工期延长的事件;对关键信息予以标记,按时间发生顺序将工期延误事件整理、形成工期延误证据卷,作为开庭证据。

在质量、安全保障证明资料方面，专项小组逐一对比项目合同、技术方案、施工日志及来往函件、质量安全检查验收文件、混凝土浇筑记录等等内容，全面梳理、整理出关于项目严格按照合同规定、英美标准进行施工的证据材料3000份（4993页）。上述文件材料为赢得国际仲裁提供了有力支撑。

（二）档案整理到位，有效服务律师、专家组证据查找

公司聘请律师、工程专家及进度计划专家等对CP61仲裁案进行相关专业的分析做证，均为小时计费，费用高昂。由于律师、专家为外部人员，不了解项目情况，为避免产生相关争议，专项小组将相关档案资料整理齐全，根据项目工序、仲裁诉求，制作检索索引目录，并对内部问题进行书面分析，使律师、专家在分析每个事件、问题时可以快速拿到相关档案进行比对，减少了律师、专家的工作量、工作时间，进而减少了我方的仲裁花费。

（三）细致挖掘档案内容，有效支撑仲裁现场系列工作

1. 形成正式仲裁文件

2011年5月至2012年3月，专项小组配合律师对各个工期延长事件做了详细分析，最终形成正式仲裁文件。仲裁文件中大量引用项目档案资料，就业主方面对项目部造成的工期延误各个事件进行详尽叙述；并将相关文件拷贝供仲裁庭使用，结合进度计划分析，客观、证明工期延误等主要责任在业主，业主终止项目合同为非法、不合理行为。基于项目档案，引证我方主张，使所有论点有理有据。

2. 利用项目档案引证

2012年3月至2014年9月，在仲裁期间，中建与对方在ICC仲裁庭进行了数轮文件证据提交与辩论，我方在书面文件提交、仲裁庭辩论方面均有充分的证据资料支持，有力驳斥了对方提出的一些错误论点。专项小组耐心细致挖掘的档案内容，很好地支持了索赔团队。

针对对方在仲裁案中提出的质量、安全等职责问题，一方面我方找出对方在其仲裁中索引出的相关文件，并进行分析，依据工作小组整理的档案资料反驳对方提出的安全、质量问题。例如我方根据对方在陈述文件中攻击我方安全问题的文件索引号，找到这些文件，发现对方论述我方安全问题的事实都是一些诸如工

人没戴安全眼镜、现场标识不清楚、垃圾桶满了等小问题，我方随即向仲裁庭答复说明我们承认存在这些小的安全疏忽，并且在项目发现以后立即进行了整改，并向仲裁庭提供整改资料说明我们的安全体系建设是完善的，出现小的安全疏忽问题后我方已及时纠正，使之合规，其间没有出现其他相对严重的安全问题。在我方答辩过程中，上述档案证明资料也作为支撑文件附上供仲裁庭参考，赢得仲裁庭的信任支持。另一方面，分析现场质量、安全记录文件，形成表格。根据工作小组提供的 546 份现场质量验收记录、369 份安全检查记录逐一进行分析，通过数据分析向仲裁庭说明我方的施工无论在安全还是在质量方面均满足机场项目的要求，并不存在机场项目业主所夸大的所谓质量、安全问题。我方雇佣的英国工程专家通过我方提供的全部资料进行分析后，认为我方的质量安全工作完全不存在问题，并且超过了英国的平均水平。第三方面，工作小组通过对档案文件的检索，找到关键证据，有力地证明了对方论点的错误。例如，我方通过档案查询，找到了在项目实施期间，项目业主与其管理公司制作的承包商周安全评分表，在该表格中，清楚地显示我方的安全施工状况符合项目要求，不存在所谓的安全问题。我方用这份业主自己的文件彻底证明了对方在仲裁期间提及的所谓安全问题不成立。

四、国际仲裁胜诉，彰显档案利用巨大价值

（一）经济效益

CP61 仲裁案经过多轮次的文件提交、答辩、听证会等流程，2014 年 9 月 3 日 ICC 仲裁庭就中建与卡塔尔政府（由机场管理委员会 NDIA 代表）之间卡塔尔新机场 CP61 项目非法解约仲裁案作出终审裁决，判定 NDIA 在 2010 年 10 月 19 日与中建解约的行为是"错误的和不合法的"，应当赔偿中建工程款、履约保函、现场扣押材料、撤场费用、向第三方承担责任、汇率损失、索赔费用及利息等，总计 8100.9 万美元。此次仲裁裁决，是中建历史上金额最高的一次国际仲裁案件的胜诉裁决，充分体现了中建海外合同管理、施工管理和争议解决等各环节专业化、职业化的能力，展现了中建参与国际竞争，遵守和利用国际规则的水平，在国际市场上充分展示了中建作为成熟国际承包商的实力和信心。

（二）管理效益

CP61仲裁案自2010年10月19日项目被终止，至2014年9月3日ICC仲裁庭宣布我方胜诉，先后经历约4年的时间。在该段时间内项目索赔工作小组付出了极大的努力，也做了大量的工作，但让这一切成为可能的基本前提是项目建设前期项目部制定项目资料管理机制，在项目建设过程中项目部资料管理员协同所有员工较好地收集、保存各类文件资料，否则所有维权或诉讼将成为"无米之炊"，亦将无从谈起，此为其一。其二，充分挖掘档案内容使其产生真正的证据价值，支撑我方论点，成为档案资源开发成果的典型，是本案获胜的重要基石。本案始末，扎实的基础管理及其管理成果为项目部、中建直接或间接创造的巨大经济效益，也让所有中建员工深刻感受到档案的价值和魅力，实现全员档案意识的有效提升。作为公司、项目部PDCA闭环管理的效果反馈，该案例成果也将进一步从源头上助推中建、项目部及所有员工自上而下做好前端业务文件管理、过程管理、结果归档，达到公司各项业务PDCA闭环管理良性循环的最佳状态。

（三）综合效益

CP61项目仲裁案的胜诉不仅为企业挽回经济损失，而且从本次危机事件中进一步向当地国证明以中国建筑为代表的中国企业经营诚信、质量可靠，提高了中资企业在当地的品牌认可度。

案例形成单位：中国建筑国际工程公司
案例形成人：李树江、仲济厚、郭海舟、徐芊芊、蒋超、唐卫华、范佳美

挖掘利用档案资源，传承弘扬历史文化

——华润档案馆历史文化展

一、案例概述

2018年正值华润（集团）有限公司（以下简称华润集团）成立80周年，华润集团办公室在国家档案局、商务部档案部门以及华润集团下属各单位的大力支持下，充分发挥馆藏历史档案的价值，成功举办华润历史文化展。

展览以"润物耕心"为主题，包括序厅、家国情怀、香江守望、基业长青、春风化雨、扬帆起航6个展厅，全面展现了红色央企华润80年来主动变革探索转型，顺应国家快速发展的大潮，成长为万亿级大型企业集团的历程。通过深挖档案资源，让尘封的历史档案焕发光彩，传承和弘扬了华润积淀了80年的优秀历史文化。

二、实施背景

华润是一家具有80年历史的红色央企，自诞生之日起就肩负着家国使命。80年风雨历程，积累了大量宝贵的历史档案。它们记载了华润在抗日战争、解放战争、抗美援朝战争时期利用地处香港的优势为前线采购和运送重要物资的历史；也记载了华润不忘初心、牢记使命，不断发展各项业务，成长为今天总资产过万亿的多元化企业集团的历史。此前华润没有建设档案馆，这些珍贵的档案长期保存在华润集团档案库，没有进行深度的挖掘和展示利用。为充分发挥历史档案的价值，更好地传承和弘扬华润的红色历史文化，华润集团于2014年华润档案馆立项之初，就将华润历史文化展纳入档案馆的建设规划中。华润历史文化展是华润集团首次举办大型的固定展览，此前没有相关策展经验。在国家档案局经科司的推荐下，华润历史文化展专项工作组先后前往国家博物馆、上海市档案馆、辽宁省档案馆等先进馆调研学习。并参考学习了国家电网公司档案馆、招商局博物馆、木心美术馆的先进经验。通过实地调研学习，不断积累展厅策展和建设经验，也逐渐明确了华润历史文化展的风格和定调。2017年，华润集团办公室将华润历史文化展项目纳入华润80周年系列庆典活动之一，同年8月，华润档案馆主体建筑建设完成，华润历史文化展项目正式启动。

三、创新做法

华润从80年前一间只有3个人的小商号，发展成为拥有五大业务领域、七大战略业务单元，19家一级利润中心、42万在职员工的大型央企集团，其间顺应历史潮流进行了3次重要转型，业务涉及多个领域，且业务之间的跨度较大。如何在不到1年的时间，将80年不平凡的历史在不足700平方米的空间进行展示，这对档案素材的征集研究、档案信息资源的开发利用、档案展示内容策划和展品布展工作都提出了巨大的挑战。展览项目组积极应对，不断创新，采取有效措施，应对重重挑战，高效高质量地完成历史文化展的各项工作，确保历史文化展达到预期效果，为华润80周年献礼。

（一）加强组织领导，凝聚历史档案研究力量，全面收集挖掘历史档案资源

华润历史文化展项目于2017年8月正式启动，由华润集团办公室统筹建设，华润集团旗下华润置地代建，协调亚洲公司负责设计。华润集团办公室高度重视，为此成立了专项工作组，由集团秘书长兼办公室主任担任组长，集结了多位熟悉华润历史文化的专家，负责展览的策划和组织工作。包括组长在内的各位专家都是加入华润多年的"老华润人"，同时都在华润历史文化研究领域颇有影响力。

自项目启动之初，专项工作组成员结合华润现存的历史档案和历史纪录，对华润历史文化进一步研究和探讨，梳理和完善了华润历史发展的脉络，形成了华润历史文化展的大纲。

专项工作组以展览大纲为基础，迅速地启动了历史档案全面征集工作。征集层面包括国家档案局、商务部档案部门，社会媒体、兄弟央企和华润旗下各单位及离退休人员等。通过广泛地征集，收集到大量珍贵的历史档案，其中不乏20世纪40年代的重要电报文件、早期贸易单证、股票，还有退休老员工保管的重

要老物件等。征集和保存的历史档案由专项工作组成员共同研究探讨，以全面深入地发掘档案价值。专项工作组分工协作查阅和研究了数十万件档案，通过深入研究和价值甄别，精选出近2000件档案作为展品。

强化的组织领导和历史文化专家的加入大大增强了历史档案的研究能力，有力地保障了华润历史文化展项目的顺利推进。

（二）尊重历史档案特性，注重历史和现代的结合，以多媒体技术丰富展示形式

华润的历史档案时间跨度达80年之久；涉及的业务领域涵盖大消费、大健康、能源服务、城市建设与运营、科技与金融等多个领域，档案的类型多元；历史档案的载体包括文件、照片、实物、音频视频等多种形态。多种形态的历史档案需要在不足700平方米的展厅面积进行展示。为了在有限的空间展示80年的历史跨度和多元化的业态，展览项目组通过深入研究和探讨，决定在尊重历史档案特性的基础上，设计风格体现历史和现代的结合，全面展示发展历程；在展示形式上，采用多媒体技术扩展展示空间。

设计风格方面，全馆采取相对统一的风格和主元素，但在展示不同时期历史档案的分展厅通过色调、装饰材质和展示形式进行区分。展示历史久远档案的分展厅采用冷色调、厚重的材质和简洁的展示方式；展示近期档案的展区则采用暖色调、轻盈的材质和多样的展示方式。

为展示多种业态和多种形态的历史档案，专项工作组研究采用多媒体技术来丰富展示形式，并拓展展示空间。集团办公室与华润置地及时引进专业的展馆多媒体公司参与策展和实施。展览中充分利用了烘托不同分展厅氛围的灯光效果和配乐效果，丰富展示形式的投影、触控技术，以及提升参观体验的多媒体互动技术等。

基于历史档案特性出发的巧妙设计和多媒体技术的应用，让华润的历史和现在得以完美呈现和生动展示。

（三）深度研究历史档案，挖掘档案深层的文化内涵，精心策划展示内容

华润历史文化展旨在以历史档案为载体展示华润80年不平凡的发展历程。

通过深度研究历史档案，可以了解华润从开展贸易支援前线到运送民主人士北上，从成为贸易总代理到开行三趟快车，从发起广交会到首倡"三来一补"，从积极投身改革开放到不断攀登商业高峰的发展历程。展览专项工作组在深度研究历史档案的基础上，挖掘历史档案深层的文化内涵，并进行提炼和升华，精心策划历史文化展的展示内容。

通过深度研究和探讨，展览专项工作组根据华润的历史特点确定了展览以主题为主线，而不是以时间为主线，并结合展示空间确立了序厅、家国情怀、香江守望、基业长青、春风化雨、扬帆起航6个分展厅的格局，并通过挖掘历史档案深层的文化内涵，策划了6个分展厅的展示文案、展陈形式和展品等展示内容（图1至图6）。

图1　序厅，以"润物耕心"为主题，是全馆展览的引领部分，总览华润的发展历程，并以多媒体互动的形式，呈现了华润80年的发展图景

图2 第一展厅,以"家国情怀"为主题,回溯华润家国情怀的起点,讲述华润在不同历史时期的使命与担当,体现了华润人为国家富强、民族复兴矢志不渝的理想追求

图3 第二展厅,以"香江守望"为主题,追忆华润与香港风雨同舟、共同成长的历程,体现华润为促进香港繁荣稳定所作出的贡献,梳理了华润从香港起步投资发展的足迹

图4 第三展厅,以"基业长青"为主题,回顾华润顺应时代发展潮流,抓住机遇,迎接挑战,在不同历史阶段成功实现战略转型,最终成为多元化企业集团的发展历程,挖掘了历次转型背后的商业决断和发展逻辑

图5 第四展厅,以"春风化雨"为主题,展示华润在精神领域的开拓和耕耘,挖掘华润厚重的企业文化内涵,介绍华润多元化企业的管理之道,以及独具特色的履责实践

图6 尾厅,以"扬帆起航"为主题,展示华润人面向未来坚定信念、不忘初心的执着追求,体现了华润积极服务国家战略、努力践行企业使命的探索和实践,描绘百年华润的美好愿景

四、效果及影响

华润历史文化展于 2018 年 7 月 26 日正式揭幕,至今已接待服务政府机关、外部企业、华润旗下单位等参观团体共计 268 批次,约 1 万人次。作为开设在惠州小径湾的内部展览,这一观展数据实属难得。由于展览内容丰富,表现形式多样,得到了集团内外部参观者的高度认可。通过观展,参观者充分了解到华润 80 年的发展历程,增强了集团内部员工对华润的认同,也增进了外部单位对华润的认识。华润历史文化展览逐渐被打造成华润对外的展示窗口和交流平台,对内的历史文化培训和宣传教育基地。

（一）华润对外的展示窗口和交流平台

华润历史文化展揭幕以来，先后接待服务国家部委机关、地方政府机关、中央企业、地方国有企业团队及香港地区企业及学术团体参观共计 72 批次、1800 人次。外部参观团队中，包括前来华润指导调研、交流工作、商务洽谈和参观学习的单位，他们通过观展，聆听 1 个小时的展览讲解，集中全面地了解华润的发展历史、业务发展版图和未来规划，能够迅速地增进他们对华润的认识。特别是华润旗下公司在跟其他公司洽谈合作时，合作方可以通过参观展览，更加了解华润，信任华润，以促进与华润的合作。

（二）华润历史文化培训和宣传教育基地

作为一家具有悠久历史的红色央企，华润一直以来都很重视红色历史文化的宣传教育和传承，此前开发了经典的历史文化课程。自华润历史文化展揭幕以来，华润内部的历史文化课程可与展览相结合，很多内部培训学员在听取了历史文化课程后前来展厅观看展览，进一步巩固和提升了培训效果。通过观展提升了内部员工的归属感和自豪感，华润历史文化展被逐渐打造成华润红色历史文化的培训基地和爱国爱企的宣传教育基地。

案例形成单位：华润（集团）有限公司

案例形成人：蓝屹、刘俊红、梁柱强、宋贵斌、魏娜、陈菲、潘文涛、欧阳石婉

深度定制档案利用方式，
为核电站生产提供高效服务

一、案例概述

核电站是一个由几百个系统组成的工业系统，涉及几千张流程图，每张流程图上对应有成百上千的设备。档案馆图纸及其载有的设备信息，是电厂运行、维修及技术人员开展工作的重要基础。为了方便、高效地利用图纸档案，大亚湾核电运营管理有限责任公司（以下简称运营公司）着力推进文档管理电子化，创新开发流程图设备位置转换为图纸坐标的工程应用方法，开发出了一套利用高效、定位精准的流程图设备在线查询定位系统（以下简称查询系统）。自查询系统投产以来，累计查询使用量近 200 万人次，为现场工作提供了极大便利。

二、实施背景

核电站的每一项现场工作都离不开图纸，核电站"一切按程序办事"制度要求现场必须使用正确的图纸。但现场工作涉及的图纸文件，由于工程改造等原因，会出现持续的升版更新。因此，能否在短时间内准确、高效地查找到所需要的、当前有效流程图，将直接影响到现场所有工作人员的工作效率和质量。因此，建立一套快速分析、精准查找流程图档案利用模式，成为运营公司广大技术人员的迫切需求。

流程图图纸利用与运营公司档案管理同步发展，主要分为三大阶段：

第一阶段是纸质利用。自 1994 年大亚湾核电站投入商业运行以来，运营公司档案管理严格按照国家相关规定进行管理，形成了较为规范的内部管理制度体系。在这个阶段，受信息技术的限制，档案利用（包括流程图图纸利用）主要是通过纸质利用实现。早期的核电站运行、维修及技术人员经常无奈地慨叹道：寻找一个小阀门，就好像大海捞针。不断地在一个系统几十张流程图纸中翻来覆去寻找，既费时间又耽误工作效率。

第二阶段是电子利用。随着信息技术的发展，运营公司档案管理逐渐开始向电子化过渡。以流程图为例，最初由相关专业处各自建立流程图 Excel 清单，依赖各专业处个别维护，但存在设备信息不全、更新不及时的问题。至 2010 年建成文档数字资源综合利用平台（以下简称 DRU），流程图实现了全面的电子利用，包括电子文件在线查询和获取、工作文件准备、文件升版和审批流程、文件更新提醒与推送、文档使用反馈等。电子化利用与纸质利用相比，查询结果全面性、准确性和查询效率有了较大提高。

第三阶段是定制利用。虽然 DRU 平台提供的电子利用提高了文档管理效率，但由于该平台基于对公司文档整体来考虑文档利用设计，提供的是标准化检索的方法，检索结果往往"大而全"，无法直接检索出用户个性化的需要，如具体设备位置信息等。考虑到流程图图纸利用是核电站工作和作业活动开展的重要基础，运营公司成立了联合技术攻关小组，创新提出将核电站流程图上的设备数据直接定位到图纸横纵区域坐标上，并定制开发了流程图设备在线查询定位系统。用户在查找设备相关的图纸时，不仅能定位图纸文件，还能直接定位到该设备在图纸文件上的具体位置，大大提高了现场的工作效率。

三、创新做法

查询系统的开发和投产使用，主要在以下三个方面进行了创新。

（一）档案管理理念的创新

运营公司档案管理队伍积极落实"贴近反应堆，保障安全生产"的理念，以开放的姿态转变档案管理理念，档案管理和利用服务从"等用户上门"到"主动推送"。档案管理理念的转变，促使档案人员与业务人员紧密合作，通过大数据分析，积极开展图纸信息价值研究，主动加强图纸的利用需求分析，改进流程图使用方式，不断提高服务的针对性和有效性，有效解决了广大用户的实际需求，以最佳的利用方式，最大化地发挥了档案的使用价值。

（二）档案定制服务的创新

传统的纸质利用和文档系统电子化利用的两种方式，前者效率低下，后者无法提供个性化利用方式，都存在不足和弱项。为此，项目组基于电子档案大数据，对流程图使用开展深度定制化研究，紧紧抓住主要矛盾，妥善解决了广大用户的使用需求，实现了高效、准确的档案利用，得到了用户的普遍好评，为电站安全生产作出了积极贡献。

（三）自动化技术实现的创新

通过查询系统的设计与实施，使系统能够自动读取电子化图纸数据，自动对图纸上设备的位置点进行分析，自动整理数据并形成IT系统可识别的横纵坐标数据，自我标示设备所在横纵坐标❶位置，自动跟踪文档版本变化状态并进行自动更新等。其核心点体现在两个方面：一是能够自动读取文档系统图纸数据，包括图纸号、设备及坐标点，提高人工效率和降低错误。二是对每张图纸的设备坐标点进行数据分析，自动识别出图纸横纵坐标并进行标示，赋予了查询系统一定的人工智能。

【案例】

在查询系统上线前，电厂技术人员如需查找设备号，只能通过利用流程图纸质文件和电子文件的信息，通过个人的经验来逐一查找与核实。因此，个人业务能力的差异，决定了查找时间的不等。对于业务不太熟悉的新人而言，所耗费的时间呈显著倍增，个别极端的甚至可能需要用1个多小时来检索、确认设备坐标。特别是在电厂大修时，这个问题尤其突出：计划人员在安排工作计划时，需要对全厂运行、维修等专业共6000~10000张工作票逐一标注各个工作点在流程图的位置，任务极为繁重，通常需要耗费数周甚至1个多月的时间，才能完成标注和复核等工作。

在查询系统上线后，系统直接支持对电子图纸位置数据进行分析和自动标识，极大地减轻了技术人员的查图工作量。特别是计划人员，受益于系统的上线，从繁重的查图、标注、复核等工作中解放出来，以往数周的准备时间被压缩到2天左右。在减轻工作量的同时，更是大大提高了准确性，将人工标注发生差错的可能性降至最低，受到了现场技术人员的普遍好评。

---

❶ "横纵坐标"：电站图纸绘制的内部坐标，通过该坐标可以方便地找到设备所在的大致区域。

四、效果及影响

流程图设备在线查询定位系统应用的效果主要表现：效率提升、用户欢迎、效益可观。

（一）工作效率显著提升

自动化识别和标示功能，使查询系统对流程图设备能够快速进行定位并标示，相比于人工处理，具有速度快、效率高、定位准确等特点。利用标示好的数据，其检索功能解决了核电站工作人员在大量流程图图纸文件中查找和定位设备的困难。据测算，在查询系统上线前后，查询一个流程图的时间从平均5分钟缩减至1分钟内，大大节省了工作等待时间，极大地提高了工作效率。

（二）用户反映普遍良好

目前查询系统在电站运行、维修及技术等领域得到了广泛使用，累计查询量已近200万人次，平均每天查询量600次左右。庞大的查询利用量，充分说明查询系统对现场工作确实提供了极大的方便，得到了用户的普遍认可和信赖。此外，也在一定程度上降低了档案工作人员的劳动负荷，从而能够集中精力做好数据源的准确性维护和深度利用，从而支撑查询系统的结果更加准确、可靠，实现了现场业务与档案服务的双赢。

（三）创造了可观的经济收益

按照传统方式查询一个流程图设备，平均用时约5分钟，而采用查询系统后，基本可以在1分钟内实现，节约时间估计约4分钟。按平均每天查询量约600次计算，每天可减少等待时间约40人·时，平均每年可节约人力成本约73万元。自查询系统投产以来，累计节约人力成本约600万元，经济效益十分可观。

案例形成单位：大亚湾核电运营管理有限责任公司
案例形成人：袁小林、刘文可、沈洪伟、陈宗杰、黄洁萍

2020

特别案例

精准施策，科学做好"两山"医院应急档案工作

一、案例概述

2020年1月23日，武汉因突如其来的新冠肺炎疫情而封城。在党中央的坚强领导和统一部署下，一场同时间赛跑、与疫魔较量的武汉保卫战全面打响。为提高病人收治能力，中建三局集团有限公司（以下简称中建三局）临危受命，10余天建成火神山、雷神山两所临时传染病医院（以下简称"两山"医院），创造了新时代的"中国速度"。

疫情期间，全局投入30余名专兼职档案员在"两山"医院现场参与档案的收集、整理工作，通过组织保障、责任机制、过程监督、宣传利用等举措，在"两山"医院竣工交付后1个月、企业复工复产后10天，归档完成"两山"医院档案84卷、4530件，实物档案160余件，电子档案183GB。

二、实施背景

受疫情和春节假期的影响，人员、材料供应不足、设计方案变更频繁，"两山"医院应急档案资料收集、管理工作存在以下六大难点。

（一）人员组织难度大

"两山"医院建设期间，员工返乡、武汉封城，物资采购、设施设备调配困难，项目建设所需要的资料收集、整理人员严重不足。

（二）资料编制难度大

"两山"医院总建筑面积11.38万平方米，共设置床位2600余张，按常规至少需要2年才能建成，工期压缩至10天后，时间紧、任务重，且设计方案变更

频繁，雷神山医院 3 次扩容，面积从 5 万平方米增加到 7.99 万平方米，火神山医院前后经历 5 次方案变更。另外，武汉涉疫区主干道封锁、交通全线暂停、工厂停产、人员管制，工程相关资料传递、现场检测等无法进行，对资料编制的完整性、准确性造成极大困难。

（三）归档移交难度大

"两山"医院应急工程由于自身的特殊性和紧迫性，现场资料的形成、管理不同于一般的工程项目，不能以偏概全、以普遍代替特殊，明确防疫档案资料收集归档范围、移交管理制度既是重点又是难点。

（四）协调动员难度大

由于"两山"医院建设的特殊性，由此衍生了各类极具保存价值的奖章奖牌、工作笔记、宣传报道、录音录像等实物档案和声像档案，但大多数散存于参建人员手中，人员覆盖面广、协调动员难度大，档案的保存价值和文化价值难以实现。

（五）档案利用难度大

"两山"医院建设标准高，均按照传染病医院进行设计，专业系统复杂，功能区划分多，环保要求高，且所有病房均为负压病房，需单独设置新风系统。应急医院建设可供借鉴的经验较少，需借助 2003 年"非典"时期中建一局建设的北京小汤山医院图纸档案提供有效的信息参考，但中建一局远在北京，如何高效快捷地获取档案信息成为燃眉之急。

（六）安全防疫难度大

"两山"医院施工高峰期，25000 名建设者 24 小时两班倒不停歇施工，存在着大规模人员聚集、大范围广场作业、长时间疲劳作业等疫情防控风险，确保人员和档案资料安全是重中之重。

三、创新做法

（一）科学组织，形成团队作战合力

一是调动一切可以调动的力量。中建三局在长期实践中形成了由局党委统

一领导，局、公司、分公司（经理部）和项目分级管理的档案工作网络格局。为做好"两山"医院档案工作，局党委迅速启动档案应急管理预案，在汉地区资料员、档案员迅速响应，主动请缨奔赴现场参与资料的收集、整理工作，局属一公司档案室主任连续15天扎根雷神山现场，指导项目工程资料的形成、收集和整理工作。局属三公司一位分管资料工作的技术部经理亲自参与"两山"医院档案资料的收集整理和检查验收等工作。据统计，全局共有30余名专兼职档案人员逆行出征，奋战在"两山"医院建设一线。

二是成立临时组织及责任人工作机制。为适应现场将每一步施工计划精确到小时乃至分钟的"小时制"作战地图，抽调经验丰富的档案员成立专门的应急项目档案组，选派业务骨干担任组长，采用"短、平、快"工作方法，"短"即工作时间紧张、工作安排紧凑；"平"即档案组成员现场查看施工进度、核对施工图纸、明确资料填写要求、及时收集整理原始材料，确保档案管理与施工现场同步进行；"快"即利用电话、微信、QQ等网络工具，高效开展档案工作指导和咨询服务。

（二）过程管控，确保核心档案完整准确

一是科学制定防疫项目文件材料归档要求。中建三局档案部门联合建设项目指挥部根据《建设工程文件归档规范》、武汉城建档案馆归档范围表及《中建三局档案分类管理办法》，尊重工程建设过程管理，及时编制"两山"医院应急项目竣工资料归档范围表及编制要求，确保施工管理文件、技术文件、物资文件、记录文件及试验检验文件、质量验收文件（十二个系统）、竣工验收文件、竣工图等核心档案原件归档，并规定档案资料编制不少于五套，同时移交建设单位、军方、档案馆、监理单位及本单位档案室。

二是灵活高效做好档案资料的编制工作。首先，面对"两山"医院档案工作在现场遭遇的诸如材料不能复检、材料没有出厂合格证、验收文件无法按常规项目完成等难题，现场档案人员整理出所有进场材料的台账，根据厂家提供的联系电话逐一核实，要求厂家优先提供出厂合格证电子版原件，无法提供电子版原件的待武汉解封后邮寄纸质版原件。其次，为做好档案的验收和移交进馆工作，"两山"医院档案工作者与武汉市城建档案馆沟通后，决定用十个系统验收要点检查表代替十大分部质量验收记录表，并对缺项资料进行情况说明，此举得到武

汉城建档案馆的理解和认可，"两山"医院竣工档案分别于 2020 年 4 月 8 日、4 月 10 日顺利移交武汉市城建档案馆。

三是提前介入、事先交底，明确归档职责。"两山"医院建设初期，中建三局档案部门与建设项目指挥部密切协作，对现场档案人员进行事先交底，要求按照"收集时机宜前不宜后、收集类别宜多不宜少、收集范围宜宽不宜窄"的原则，做好各类文字、图片、音频、视频及实物档案的收集工作，确保真实、完整记录防疫工程项目建设全过程。

四是提升防疫档案精细化管理水平。中建三局组织召开档案收集整理推进会、档案鉴定会，组织专班进行立卷归档工作，在保证"两山"医院各类防疫档案应归尽归、应管尽管的基础上，进一步丰富防疫档案资源的内容、载体和形式。

（三）广泛动员，提高全员参与的档案意识

一是提高参建人员的档案意识。为丰富完善疫情防控档案资源，中建三局不仅通过办公平台、工作联系群发布征集相关档案素材的通知，而且实地走访、主动对接 500 余名相关参建人员，号召大家做档案工作的有心人，自觉做好突发事件档案的归档工作，共收集到有保存价值的 160 余件实物档案和 150GB 声像档案。

二是充分发挥档案的文化宣教功能。中建三局档案部门配合企业文化部开展火神山、雷神山医院建设纪实展，展出 165 张图片、9 份视频资料及 40 余件"两山"医院实物档案，主要包括手绘图纸、防护服、冲锋衣、对讲机、队旗等，累计接待各类参观活动 3 万余人次。实物档案直观、生动地向社会大众讲述抗疫故事，同时也强化了全员参与的档案意识，为将来自觉做好突发事件档案的归档工作奠定了基础。

（四）主动服务，充分发挥档案查考利用价值

一是利用中国建筑数字档案馆系统，及时提供在线档案查借阅服务。为及时获取应急医院建设经验，中建三局借助全集团统一部署的中建数字档案馆系统紧急调阅中建一局 2003 年北京小汤山医院建设施工图纸档案 18 份，借助档案材料分析共性和特性，完成了火神山医院设计施工一体化工作，为 10 天建成火神山

医院发挥了重要作用。数字档案馆系统的成功应用打破了时间、地域限制，成为疫情之下提供档案查借阅服务的重要途径。

二是利用办公自动化平台与中国建筑数字档案馆系统无缝对接，高效完成疫情期间公文线上流转及在线归档 7761 件，其中相关防疫工作通知、决策、部署等文件归档 2136 件。并及时完成"两山"医院 84 卷、1456 件防疫工程档案目录与原文信息的录入及挂接工作，确保工程档案立卷合理、组卷科学，为常态化疫情防控工作储备宝贵的档案信息资源。

三是建立"两山"医院档案专题数据库。中建三局利用中建数字档案馆系统，将管理类、工程类、科研类、声像类、实物类、电子类等"两山"医院档案资源进行整合，形成 6 大类、84 卷、4530 件档案专题数据库，为后期共建共享档案应急管理信息资源奠定基础。

（五）以人为本，全力做好防疫安全保障

一是要求档案员在收集、整理档案过程中全程做好个人防护，穿戴防护服、口罩、护目镜、手套等。通过这些必要防护措施，切实保障人身安全，实现了档案人员零感染。

二是重点加强对项目资料室、资料柜、资料盒等装具的日常消毒清洁工作，统一封装保管防疫工程档案，优先借阅档案原件电子版，降低纸质档案借阅中产生的感染风险，确保档案实体安全。

（六）监督检查，认真总结防疫档案管理经验

一是实地检查"两山"医院档案管理情况。中建三局实地检查局属单位"两山"医院档案保管情况、应急部署情况，听取防疫档案工作特点及难点，对不足之处及时提出改进意见，确保各类防疫档案资源完整准确，各专业档案不丢不漏。

二是开展"两山"医院档案工作自查自纠。中建三局认真总结"两山"医院档案工作的有效做法，查摆突出问题，并提出下一步推进完善的具体举措，为档案应急管理工作积累经验。相关情况在国家档案局调研中建集团重特大事件应急处置档案管理时曾进行专题汇报。

四、效果及影响

（一）记录抗疫历史，弘扬抗疫精神

习近平总书记在全国抗击新冠肺炎疫情表彰大会上专门提到"用10多天时间先后建成火神山医院和雷神山医院"，并向为这次抗疫斗争作出重大贡献的广大工程建设者致以崇高敬意。"两山"医院建设中所展现的精神力量正是伟大的抗疫精神的生动体现。"两山"医院各类档案资源忠实地记录了防疫工程项目建设的全过程，是武汉乃至全国人民抗疫斗争史的重要组成部分，是体现抗疫精神的重要载体。

（二）为防疫工程建设提供有效的信息参考

传染病医院作为国家应对突发公共卫生事件特别是重大疫情的重要平台，宁可千日不用，不可一日不备。火神山医院院长张思兵曾表示，中国建筑在边设计边施工的困难情况下，带领全体建设人员在短时间内高质量建成了一座功能齐全、系统复杂的传染病医院，达到了国内传染病医院的领先标准，是目前武汉最好的传染病医院。由中建三局牵头中信建筑设计研究院、中南建筑设计研究院武汉建工集团、科贝医疗等共同完成的《"新冠"肺炎应急医院快速建造关键技术》经评价达国际领先水平，在中建三局、中信院及多家单位的合作下，该集成技术已形成标准规范10余项，书籍2本，画册1部，获得专利100余项，软件著作权40余项，核心期刊发表论文60余篇，省部级以上工法20余项。通过"两山"医院专题数据库的建设，整合了包括管理类、工程类、科研类、声像类、实物类、电子类等各类档案信息资源，为日后高标准、高效率地建造防疫工程积聚信息资源优势，持续发挥档案围绕中心、服务大局的能力。

（三）进一步彰显档案的文化宣教功能

"两山"医院建设纪实展亮相国内首家以建筑科技为主题的展馆——中国建筑科技馆，建筑面积1.9万平方米，展馆展陈面积约6000平方米，按国家一级博物馆、5A级景区标准建设，免费向社会提供参观展览服务。首先，"两山"医院建设纪实展以"平凡英雄创造中国速度"为主题，利用文字、图片、声像、实物档案，全景回顾了"两山"医院极速建成的全过程，直观再现抗疫故事，开展

以来受到社会各界的高度认可,借助微博、微信、网站等新媒体宣传工具,迅速成为"网红"打卡地,短短一个月内累计接待省市领导、企事业单位、社会公众等各类参观活动3万余人次,档案的文化价值得到充分发挥。其次,观展活动与主题党日、形势任务教育、联建共建等活动紧密结合,营造了爱国爱党爱企的浓厚氛围,进一步打造了档案的宣传教育阵地。最后,通过科技馆展览平台,举办130余次社教活动、亲子互动活动,共计11700余人参加,寓教于乐,向社会宣传档案知识,让更多人走进档案、了解档案、关注档案,强化了社会公众的档案意识,为将来自觉做好突发事件档案的归档工作奠定了基础。

(四)为突发事件档案应急管理工作积累经验

目前档案应急处置预案重点针对突发事件危及档案安全时对档案的抢救转移和安全保护,缺少针对突发事件应对活动相关档案的收集、管理机制,在"两山"医院档案工作的实践中,中建三局在防疫档案的收集、管理、利用等方面形成了较为完善的管理经验,弥补了该领域的空白。

案例形成单位:中建三局集团有限公司

案例形成人:张小红、杨兵、黄书书、陈虹、陈柳伊

为生命护航，专题档案助力战"疫"奇迹

一、案例概述

一场突如其来的新冠肺炎疫情席卷全国，武汉成为全民战"疫"的风暴之眼。国网武汉供电公司坚决贯彻习近平总书记"生命重于泰山、疫情就是命令、防控就是责任"的指示精神，认真落实国家电网有限公司"一个提高、六个强化"要求，舍生忘死、英勇保电，档案部门闻令而动、周密部署、逆行出征，积极开展疫情防控期间档案利用服务和抗疫专题档案建设，为打赢疫情防控阻击战提供了坚强的电力保障和有力的档案支撑，为突发事件下的档案工作积累了宝贵经验，在大战大考中充分展现了国网档案人的责任担当。

二、实施背景

新冠肺炎疫情是百年来全球发生的最严重的传染病大流行，是中华人民共和国成立以来我国遭遇的传播速度最快、感染范围最广、防控难度最大的重大突发公共卫生事件。身处疫情防控主战场，国网武汉供电公司沉着应对防控难度高、保电点多面广、作战时间长等前所未有的挑战，先后在防疫保电"遭遇战""阻击战""歼灭战""持久战"四个阶段采取有效措施，助力疫情防控阻击战取得决定性胜利，在非常时期以非常担当履行了非常之责。

在疫情防控阻击战中形成的大量文件资料，既是党和政府领导人民抗击疫情的真实记录，也是做好疫情防控和复工复产"两手抓、两促进"工作的典型案例，抗疫专题档案的建设对当前和今后防疫工作查考研究、经验借鉴具有重要意义。但由于"新冠"疫情暴发突然、形势严峻，在抗疫初期，档案收集与利用工作存在较大困难，这决定了疫情期间的档案工作必须形成适应应急状态和防疫需要的管理方式。

一是档案收集难度大。由于疫情发展迅猛，既要与时间赛跑，又要保证档案工作人员自身安全，在应急工作状态下，部分重要档案资料很容易被忽视遗漏而

导致未被及时收集，而且抗疫保电工作内容多、涉及领域广，形成的档案数量较大、类别繁多、载体多样，仅凭少数档案员一己之力难以圆满完成，需要全体抗疫员工的支持协助。

二是归档时限要求高。因疫情防控档案的时效性和特殊性，为确保珍贵档案不遗失，不宜采取通常事后统一收集归档的形式，必须将档案工作与疫情防控同部署、同落实，使档案收集整理工作贯穿于疫情防控的全过程，实现重要档案"时产时收、应归尽归"。

三是档案利用形式受限。在公司防疫情、保供电工作中，为及时掌握相关信息、提高工作效率，保电团队需大量查阅历史档案资料。但武汉封城长达76天，保电人员及档案部门面对疫情暴发和防疫配套电力工程建设需求井喷的巨大压力，必须克服交通运输难、人员物资调配难、恶劣天气抢修难、疫区人身安全管控难等重重困难，以远程调档、线上办公、进驻前线等方式提供档案利用服务。

三、创新做法

越是艰险越向前，国网武汉供电公司档案部门统筹协调、担当作为，充分借鉴2019年军运会专题档案建设经验，结合疫情防控不同阶段重点工作任务，围绕"四个聚力"，在武汉封城之初即部署开展疫情防控专题档案建设，全力做好档案利用服务，在武汉保卫战、湖北保卫战取得决定性成果后，深度挖掘档案资源，切实发挥档案工作在"防疫情、保供电、促发展"中的重要价值。

（一）聚力档案服务，建强战"疫"组织

疫情发生后，公司第一时间组建档案工作领导小组，周密部署疫情防控档案工作，确保档案工作"三纳入"，即将防疫档案工作及专题档案建设纳入防疫保电总体部署，纳入"防疫指挥部管总、战区主战"保电管理体系，纳入全市10个防疫战区组织机构。

1. 构建战时体系

为确保全方位收集各类档案资料，指挥部、各战区、临时党支部众志成城，全面提速常规档案收集流程，做到"资料清单日汇总、电子资料周汇总、纸质实物档案月移交"。通过对战时状态下档案管理体系再造，指挥部和战区、前线和

后方、各战区之间协同有力,凝聚起档案工作合力。

2. 集聚下沉力量

为确保档案资源有效支撑防疫工作,及时收集归档,档案部门坚持主动对接、靠前服务,与市防疫指挥部、各保电战区、重点部门建立联系机制,明确战区指挥所档案管理职责,公司共计20余名档案专兼职人员下沉一线、深入现场,主动为保电团队、防疫用品生产厂家等重要客户开展供电档案业务指导,提供档案利用服务。

3. 紧盯防控重点

除加强防疫保电各类文件材料、声像档案收集外,公司档案部门全程跟踪指导火神山、雷神山等86家重要医疗点的配套电网工程资料收集整理,安排机关专职档案员进驻重点现场,直接参与档案查阅及整理归档,及时掌握施工进度,落实资料收集归档要求,细致做好施工档案审核报验,确保档案管理与现场施工同步进行。

(二)聚力档案利用,完善应急管理

国网武汉供电公司档案工作领导小组一手抓档案安全管控,一手抓档案价值发挥,积极利用智慧档案管库平台等信息化手段和军运会等专题档案建设成果,加快档案归档速度,为抗疫前线提供高效便捷的档案信息化利用服务。

1. 确保档案、人员、保密"三安全"

利用智能库房、视频监控、环境控制、智能消防等系统,定期对机关档案库房进行远程监控、紫外线消毒,有效保障档案安全保管;利用数字档案馆系统和移动办公平台为保电团队提供档案在线服务,降低交叉感染风险,确保人员安全。防疫期间远程办公、移动办公带来的网络安全风险突出,针对防疫保电特点,档案人员均签订了《涉密人员保证书》,严格执行疫情期间保密注意事项,严守涉密档案保密防线。

2. 提速线上线下"双归档"

按照国家电网有限公司、国网湖北省电力有限公司疫情防控期间文件材料归档工作部署,档案部门制定防疫专题档案归档范围、保管期限表,推广国网疫情防控专项档案采集微信小程序等在线归档方式,实现疫情防控专题档案信息化收

集。针对疫情期间现场工作条件受限问题，创新档案"离线归档"模式，参建单位在表格填写工程档案归档信息，转由档案人员在系统中完成上传归档，进一步提升了档案归集效率。疫情发生后1个月内，档案部门就收集到照片档案300余张、文件材料200余件、工程档案近100卷。

3. 抢通档案服务"生命电"

24小时响应一线建设查档需求，助力"五天五夜""三天三夜"接通火神山、雷神山医院电力"生命线"。在雷神山医院建设前期，得知其选址位于第七届世界军人运动会运动员村旁，档案部门立即提供军运会专题档案中相关供电路径图等档案资料，协助参建单位1天内完成雷神山医院供电方案设计和供电图纸绘制，创造了雷神山医院3天内送电的国网版"中国速度"。在火神山医院拟定电力应急抢建方案期间，提供蔡甸区10千伏配电网新建及改造工程30余卷档案资料。对洪山体育馆、武汉体育中心等被确定为方舱医院的重点场所，通过传递"一户一案"电子档案，协助37小时为最大方舱医院通电，以世所罕见的速度建成86个防疫用户专用配套电力工程，其间通过数字档案馆系统借阅电子档案达到235卷次，为挽救更多生命赢得了宝贵时间。

（三）聚力开放共享，展现档案价值

按照"边建档、边服务，以服务促建档"原则，加强档案资源整合，建立疫情防控专题档案，深化应用公司数字档案馆系统，探索开发重大活动专题档案模块，实现专题档案信息资源集中共享。

1. 建立疫情防控专题档案

按照《国家电网有限公司重大活动档案管理办法》等制度要求，将疫情防控档案资料按照"遭遇战""阻击战""歼灭战""持久战"四个阶段，分类整理形成"新冠肺炎疫情防控专题档案"，并在公司数字档案馆系统中完成归档。截至目前，共收集照片档案400余张、文件材料300余件、工程档案100余卷。

2. 全面全员征集展示档案

以"6·9"国际档案日为契机，开展"战'疫'有我"抗疫主题档案资料征集活动，将战"疫"一线人员请战书、回忆录、笔记、日记、防疫主题诗歌、歌曲等近100件作品及时收集归档，积极宣传抗疫先进人物事迹，奏响了抗疫保电的最强音。

3. 定向开发档案信息资源

结合公司《关于抗击疫情背景下持续优化电力营商环境，推动武汉经济社会平稳健康发展的调研》《关于重大活动、突发应急事件后勤保障工作的调研》等防疫相关调研主题，加强档案资源开发利用，如编制疫情防控重要文件汇编、助力复工复产用电优惠政策汇编、疫情防控大事记、重要医疗点一户一案汇编等（图1），为今后防范突发事件、提高应急管理提供参考依据。

图1　抗疫保电资料汇编

（四）聚力疫后重振，发挥资政作用

在疫情防控取得决定性成果后，进一步发挥档案数字化成果作用，服务"六稳""六保"，保障武汉市复工复产顺利进行、疫后重振提速扩面。

1. 服务政府科学决策

疫情期间，通过提供居民用电数据，协助社区查询"四类人员"和居家情况。对全市2.62万户高压企业用电情况进行实时监测，向政府部门定期提供全市各产业及重点企业历史用电情况档案，形成电力经济指数、复工复产电力指数等大数据产品，累计为政府提供监测数据174万条、用电情况分析报告54期，为打赢武汉保卫战、经济发展战提供电力数据支撑。

2. 助力企业复工复产

主动公告并严格执行国家电网有限公司防疫保电、助力复工复产、降低企业用电成本等各项举措，2020年2—8月，配合专业部门调阅相关档案426卷，为全市一般工商业、大工业非高耗能企业节约电费约5.36亿元，齐心协力帮助企业渡过难关。

3. 加速电网工程建设

利用输变电工程环评、水保措施、施工方案等历史档案，借助线上平台，在疫情期间提前完成开工手续办理，有效支撑了电网建设方案、手册编制。陕北—

湖北±800千伏特高压直流工程是国家"十三五"规划重点项目，总投资185亿元，计划于2021年建成投运，涉及大量属地化协调工作，档案部门结合疫情防控工作，利用档案协助化解属地协调中的征地、塔基赔偿等困难矛盾，助推该工程在湖北重大能源项目中率先复工。

四、效果及影响

在疫情防控阻击战中，国网武汉供电公司充分利用档案资源助力武汉市疫情防控工作取得决定性成果，实现了习近平总书记"武汉胜则湖北胜、湖北胜则全国胜"的战略部署，产生了极大的经济与社会效益。

（一）以最快速度挽救了更多生命

在国网武汉供电公司以往专题档案等档案资源的有效支撑下，完成了火神山、雷神山医院"五天五夜""三天三夜"的送电奇迹，助力"两神山"医院迅速投运，两家医院累计收治5070名重症患者，治愈出院4925名。同时，在参考重要客户历史供用电资料的基础上，改造建设16个方舱医院配套电力工程，全力保障了包括定点医疗机构、方舱医院、隔离点、防护物资生产企业、医疗队入住酒店等661家重点单位用电安全可靠。自疫情发生以来，武汉累计治愈出院逾3万人，保障了人民群众生命安全。武汉供电公司防疫保电工作得到李克强、丁薛祥、孙春兰等党和国家领导人，国务院国资委党委书记郝鹏，国网公司董事长毛伟明等领导批示肯定。

（二）最大限度降低了企业用电成本

通过深入分析重要用户档案资料，主动延伸服务界面，为"两神山"、方舱医院等86个重要保电客户实施专用电力工程，新增变压器90台，铺设电缆70千米，累计投资1.17亿元。2020年2—8月，免收防疫用户高可靠性费用437万元；落实阶段性降价政策和5%电费优惠政策，累计减少企业电费支出5.36亿元。

（三）有效应对了常态化疫情防控

结合防疫形势变化，因地、因时完善应急预案和档案工作方案，最大限度防止了疫情反弹。将疫情期间公司员工信息纳入档案库，开展企业内部流调，采取有效防疫措施，在全省率先编制实施进入核心疫区电力运维抢修工作标准，实现保电人员、档案工作人员"零感染"。

（四）传播弘扬了伟大抗疫精神

通过扎实的防疫专题档案建设，为武汉市档案馆等机构筹备防疫专题展览提供照片档案 200 余张，录音录像档案 18 件、实物档案 12 件。开展"光明战'疫'档案图片展"等活动，以百余张照片档案和疫情防控"大事记"，全景式再现电网企业众志成城，全力抗击疫情的感人瞬间，向社会弘扬了"生命至上、举国同心、舍生忘死、尊重科学、命运与共"的伟大抗疫精神，充分彰显了国家电网"大国重器"和"顶梁柱"的良好形象。武汉市委、市政府等系统内外三十余家单位、近千人次前来参观，受到湖北省委书记应勇等各级领导的充分肯定和广泛好评。

（五）形成了可复制可推广的典型经验

本次抗疫保电中形成的档案资料是前所未有、极其珍贵的历史见证，国网武汉供电公司在作战过程中旗帜鲜明的导向、健全完善的体系、翔实有效的策略、因势而动的方案、严密细致的防护，为这次抗疫形成了一套可复制、可借鉴的典型经验，为今后防范突发事件、提升应急管理提供了重要参考依据。

案例形成单位：国网湖北省电力有限公司武汉供电公司
案例形成人：王睿、郭方、刘雪梅

兰台见证"两山"起，助力防疫阻击战

——市城建档案馆"两山"医院建设档案收集工作案例

一、案例概述

火神山医院和雷神山医院建设的档案收集工作是贯彻落实习近平总书记关于做好新时代档案工作的重要指示和党中央决策部署的集中体现。2020年1月23日，武汉市城建档案馆闻令而动，立即赶赴火神山医院、雷神山医院（以下简称"两山"医院）施工现场开展医院建设、运行过程档案资料收集工作，直至4月25日撤离现场，历时三个月时间，完成"两山"医院全部档案资料收集归档工作。这些档案是每位武汉人刻骨铭心的记忆。"两山"医院的建设档案将为今后全球传染病医院的设计和建设提供技术支持、贡献力量。

二、实施背景

新冠肺炎疫情是百年来全球发生的最严重的传染病大流行，是中华人民共和国成立以来我国乃至全球传播速度最快、感染范围最广、防控难度最大的一次重大突发公共卫生事件。作为"九省通衢"的湖北武汉，是这场新冠肺炎疫情阻击战的主战场。

"要把人民群众生命安全和身体健康放在第一位！"习近平总书记向全国发出了抗击疫情的战斗命令，英雄的武汉人民在以习近平同志为核心的党中央坚强领导下，在全球同胞的鼎力支持下，全面打响疫情防控阻击战。

1月23日（阴历腊月二十九）晚，武汉市城建局、中建三局等数支城建铁军，火速调集上万名建设者奔赴知音湖畔，展开了举世瞩目的火神山医院建设大会战。25日下午3点（大年初一），市政府决定在江夏再建一所1500张床位的传染病医院（雷神山医院）。连续作战10余个昼夜，建成了占地总面积328亩、总建筑面积7.99万平方米，拥有32个病区、1500张病床的大型传染病医院——武汉雷神山医院，再次用"中国速度"，创造了"中国奇迹"，为战胜疫情开辟出新的战场,增添了新的利器。

为保留"两山"医院建设的珍贵历史档案,市城建档案馆工作人员接到命令后,立即组织精干力量,2小时内赶赴火神山医院建设现场,开始了火神山医院和雷神山医院从谋划建设,到建设铁军开进,到白衣战士登场,再到患者清零、医院休舱,直至医院移交的全过程档案记录工作。他们顶风冒雪,日夜坚守勇挑重担,主动作为,与疫情对垒不退半步。经过三个多月的坚守,直到4月25日火神山医院和雷神山医院完成历史使命,移交给相关接收单位后,城建档案人圆满完成了自己的工作,全过程记录了"两山"医院建设的每一次会议、每一次巡查、每一次作业、每一道工序、每一寸土地、每一块砖头。他们记录了无数人的前赴后继、辛劳付出和默默奉献。拍摄了大量的声像档案,并收集了抗疫一线的设计图纸、医院牌匾、公示牌、通行证、工作证等一批实物档案,配合央视架设云直播平台,让全世界网民纷纷关注,同时在线观看人数达6000万人,向全世界展现了中国力量、中国速度,用"两山"精神浇注下武汉这座英雄城市共同的战"疫"记忆。

三、创新做法

(一)建设过程云直播,实现档案亲历感

城建档案人与央视网率先搭建平台,开启24小时直播,让全世界网友能够随时观看医院建设进展情况。直播之初,市城建档案馆负责选取直播机位,协调网络铺设、设备调试等工作。没想到武汉火神山医院的施工直播火得"突如其来",随后增设机位达十几个之多,直播在人民日报客户端、人民视频、新华网、今日头条等20余家网络平台同步播出,同时在线观看人数最多达6000万人,且衍生了无数话题,创单一工程同时在线观看人数世界纪录。火神山医院、雷神山医院的施工过程24小时直播,从直播内容和档案记录本质来说并不具备趣味性和观赏性。之所以能够在短短两日内收获大量忠实观看者,和直播本身的内容正契和当下当时广大网友关注热点息息相关。短短几天,建成一家医院,放眼全世界来看,这都是一项"奇迹",这些鲜活的档案资料,让全世界的网友亲身体验和感受到医院建设的参与感,与其说这是"监工",不如说这更是一种见证。我们共同见证了"中国速度"。

（二）全方位跟踪收集，直接形成现场档案

在决定建设火神山医院的时候，无勘察资料、无标高地形图、无施工图纸、无施工设备、无施工人员，只有一个命令，像北京小汤山一样，七天时间抢建一个 500 张病床的传染病医院。施工现场（图 1）荒草丛生，沟壑纵横，局部场地高差 5 米，场地中间有高压线走廊，无施工照明条件，天气是阴雨连绵，施工条件十分恶劣。

图 1　火神山医院建设现场原貌

在战"疫"前线，城建档案人从不缺位。城建档案馆工作人员在"两山"医院的建设中，勇挑重担，积极发挥党员先锋作用，进入施工现场后，城建档案人忘我拼搏，分秒必争，夙夜鏖战在施工现场，穿行在轰鸣的机械和如织的人流中，用脚步丈量这两片火热的土地。

三个多月来，城建档案人作为奋勇的参建者和忠实的记录者，用手中的镜头记录下举世无双的"中国速度"，以档案人的初心和担当收集整理了大量的档案资料，完整地记录了火神山医院和雷神山医院的建设过程、运维工作、休舱移交工作，见证了这项世界奇迹的诞生（图 2、图 3）。通过现场拍照、录音、录像等方式直接形成档案。

在声像档案的拍摄中，除了日常的全景、施工画面的拍摄，还选取固定的机位，进行多天多次拍摄，经过对比以便于直观地呈现施工现场的变化，体现医院建设的速度。

图 2　建设完工后的火神山医院

图 3　建设完工后的雷神山医院

　　火神山工地原本是一片沼泽和坡地，连日的阴雨天气使地面泥泞不堪，最高峰时，工地上有 7500 多名工人，800 多台挖掘机、推土机等设备同时作业。雷神山医院施工高峰期 100 多道工序、70 多家专业分包单位、上百台机械设备、4000 多名施工管理人员、12000 多名工人在施工现场同时作业，为了保证各单位施工节奏一致，各单位党员、干部 24 小时轮班工地指挥调度。在深冬的寒夜里，城建档案人背着摄影器材深一脚浅一脚地穿行在高密度的机械和人群中，不时地停下来拍摄照片和视频，一圈走下来却早已是汗流浃背，鞋袜早已湿透。

（三）实现档案收集全覆盖

　　"两山"医院作为特殊的传染病医院，建设面积大，涉及专业多，施工工序复杂，交叉作业多，所产生的图纸档案比同等体量工程成倍增加。刚到施工现场,城建档案馆工作人员就主动联络对接建设、总包、施工、监理单位,向他们提出要做好档案资料收集整理工作。因为工期紧,有时候相关单位来不及整理资料,市城建档案馆工作人员将档案工作前置,把工作做在前头。主动帮忙,力争将每一张图纸都能归集入档。一共专项收集火神山医院、雷神山医院规划、设计、建设、监理、运行和管理中产生的各类材料、图纸、文件600余卷;积极探索电子档案收集工作,将火神山医院、雷神山医院电子设计图及时收藏,确保相关档案应收尽收,应归尽归,不遗漏,不散失。

在此期间,城建档案人共拍摄了火神山医院、雷神山医院建设、维保、移交过程照片近1万张,视频近100G。24小时内完成火神山医院建设纪实新闻短片,在习近平总书记视察时播放。

向市防疫指挥部上报信息专报54期,建设工地卫生防疫检查日报50期;整理各类请示、批复、函、报告、交办督办材料撰写各类会议纪要93份。

除了专业的工程建设档案资料的收集与拍摄之外,市城建档案馆工作人员还把资料收集范围扩大到了人文档案、实物档案等方面的收集上来。拍摄了医院内部走廊的涂鸦文化墙,医务人员日常的工作生活场景,维保人员维修保养医院的设备,吃穿住行方方面面皆涵盖在内。实物档案诸如火神山医院和雷神山医院的牌匾、作战指挥图、建设者的安全帽、红袖章、对讲机、标语、车辆通行证、患者的感谢信、纪念章、奖状、奖牌等,相当一部分实物被国家博物馆、武汉档案馆和武汉革命博物馆收藏。

(四)全员参与,人人都是档案工作者

城建档案人不仅仅只是单纯的档案工作者,更是作为建设者直接参与了火神山医院和雷神山医院的建设、维保、移交工作。在建设工作当中主动发挥档案工作者的专业素养,记录了传染病医院特有的施工技术。在日常的建设工作中,注意档案的收集整理。同时还发动身边的建设者,增强对档案重要性及作用的认识,随时随地帮忙拍摄记录一些关键施工节点,较好解决档案数据散存于各个工作节点中难以收集的难题,以及参建过程中产生的档案投递无门,不知道该往哪里交,不知道交给谁,不知道该怎么交等难题。你想到的,总会有人及时提供;你想不到的,也会有人提供。协助城建档案人在建设和维保期间收集和整理大量实物及声像档案。

四、效果及影响

用档案讲好抗疫故事。市城建档案馆在"两山"医院的建设、运行期间拍摄了大量的图片和视频素材,第一现场见证了中国力量和中国速度,用手中的镜头诠释了中国制度的优越性。历时三个月的工作成果,取得了较好的社会效益和影响。中央电视台、凤凰卫视、湖北卫视、武汉广播电视台纷纷向武汉市城市建设档案馆拷贝素材,用于制作电视纪录片和新闻报道。武汉市一些大型展览、宣传活动均采用了本馆收集的档案资料。

2020年3月10日上午,习近平总书记视察火神山医院,看望慰问医护人员和患者。市政府于3月8日下午通知要求制作一部2分钟的短片在会场循环播放,武汉市城市建设档案馆及时提供素材,并在武汉广播电视台与编辑记者一道完成了专题片的制作,取得良好的效果。

2020年5月,凤凰卫视《皇牌大放送》栏目准备制作一部60分钟的纪录片《火神山十天》,市政府将主要的采访和配合工作任务交给武汉市城乡建设局。武汉市城市建设档案馆积极与局机关对接,安排专人配合凤凰卫视的采访拍摄工作,并将拍摄的火神山医院素材全部提供。纪录片大量采用了市城建档案馆拍摄的图片和视频,节目播出后,引起社会各界强烈反响。11月,凤凰卫视《凤凰大视野》栏目来汉采访,继续挖掘雷神山医院建设历程中的故事,本馆向凤凰卫视提供了所有相关照片、视频以及文字材料。

2020年10月,武汉市城乡建设局启动七集纪录片《我的火神山雷神山(暂定名)》拍摄制作,该片将最大限度地全景纪录火神山医院、雷神山医院建设的决策和建设过程。同时启动书籍《"两山"英雄谱—武汉火神山雷神山医院建设口述实录(暂定名)》,这本书将客观真实呈现"两山"建设如何战胜不可能,展现武汉城建人、中国城建人的精神风貌和英雄情怀。武汉市城市建设档案馆提供了收集的"两山"医院所有照片、视频、文字材料等,为纪录片的拍摄和书籍编撰工作打下了坚实基础,并指派专人全程参与该项目,目前纪录片已进入后期编辑阶段,书籍已完成前期采访工作。

2020年11月1日,主题为"疫后重振老城新生"的武汉设计日活动开幕,该活动为联合国教科文组织创意网络城市活动之一。该活动将武汉的方舱医院设计建设过程拍成视频,并公布设计师的联系方式,向有需要的国家和城市提供资料,为全球抗疫贡献武汉力量。开幕式上,"两山"医院设计展通过大量图纸、照片、实物、视频等,真实记录了在面临突发公共事件时,武汉设计建设企业仅用短短10多天时间,建成现代化应急传染病医院的历程。武汉市城市建设档案馆向本次展览提供了"两山"医院建设期间的大量照片、实物等档案资料。

在人类文化的传承、演绎过程中,档案在存史、资政、育人等方面发挥了不可替代的重要作用。党的十九大报告明确指出,要坚持中国特色社会主义文化发展道路,激发全民族文化创新创造活力,建设社会主义文化强国。档案部门要以高度的文化自觉和文化自信态度,强化文化担当。武汉市城市建设档案馆通过"两山"医院建设的档案资料收集整理和利用工作,积极地向外界展示了我们的文化自信,更加坚定了我们的制度自信。

案例形成单位:武汉市城市建设档案馆

案例形成人:刘元海、张凯

规范建档强支撑，助力民企快发展

——九州通医药集团档案管理的生动实践

一、案例概述

九州通医药集团股份有限公司（以下简称九州通）成立20年来，坚持把档案管理作为企业经营和管理的一项重要工作，紧紧围绕服务和提高企业经营效益，狠抓档案标准化、规范化，突出制度化和信息化建设，使企业档案管理工作提升到一个新的水平。通过丰富档案收集与馆藏内容、规范企业档案建档、发挥专题档案价值、创新档案方法与思路等举措，九州通档案工作极大助推了业务的高速发展。

二、实施背景

新冠肺炎疫情发生后，作为湖北省医药储备企业，九州通临危受命，积极与省、市两级指挥部对接，并派专人入驻指挥部物资采购专班，全天值守、24小时待命，实现了政府指挥与企业采购的全联动。疫情期间，公司员工出行、车辆通行、业务正常开展受到影响，为此，公司档案室积极行动，启动九州通疫情防控专题档案梳理及建档工作，助力公司复工复产及防疫物资出口业务资质申报。主要面临的问题有：

一是急需解决防疫医药企业员工出行、办公及业务配送难题。因武汉"封城"，九州通作为医药企业，组织上千名员工第一时间投入抗疫工作，担负武汉市各定点医院、隔离点、方舱医院、火神山、雷神山医院等医疗物资配送任务，但同时员工出行、车辆通行、防疫物资采购、配送等受到一定限制。

二是出口业务资质审批问题。随着国外疫情蔓延，3月下旬九州通出口口罩等业务逐渐展开，由于之前业务都在国内，如何进行国外布局成为难题，防疫物资出口业务各类手续办理急需快速推进。

三、创新做法

集团公司名誉董事长、创始人刘宝林长期高度注重企业档案管理工作，他经常说："档案的最大价值在于利用，我们要把九州通的档案工作做好、做扎实。"九州通2019年实现营业收入994.97亿元，荣登2020《财富》中国500强第100名，是湖北最大的民营企业。为助力企业快速、有序发展，克服新冠肺炎疫情的客观影响，公司档案管理的主要做法如下。

（一）积极抗击新冠疫情，建立疫情防控专项档案，拍摄抗疫视频档案

2020年1月24日，公司收到武汉市防控指挥部《关于委托九州通医药集团股份有限公司承担武汉新冠肺炎防控指挥部应急医疗物资采购配送任务的函》，该文件作为九州通的一份核心文书档案，成为疫情防控期间公司正常经营、车辆通行、员工出行的重要依据。1月29日收到市指挥部《关于委托开展仓库管理的函》，九州通迅速成立专班紧急支援省、市慈善总会和红十字会，协助国博仓库捐赠物资的物流运营管理。同时，九州通担负武汉市各定点医院、隔离点、方舱医院、火神山医院、雷神山医院等医疗物资配送任务，累计配送1.89亿盒（瓶）防疫药品和9.62亿件（只、套）防护物资。旗下九信中药集团受防疫指挥部委派，熬制了300多万袋中药预防汤剂和30多万袋治疗汤剂供患者服用；好药师大药房门店每天坚持营业，保障老百姓用药需求；集团公司先后捐赠现金1000万元和价值近2000万元防疫物资、600万元食品。

疫情期间，公司安排专人拍摄、跟进相关档案记录工作。完成《九州通抗疫视频》。2020年2月公司全面复工复产后，档案室即开展防疫档案专题收集及整理工作。大量的珍贵照片、政府来函、内部防控文件、防控工作记录等极大丰富和巩固了公司疫情防控的工作成果。4月27日九州通收到了国家卫生健康委发来的感谢信，高度认可公司的工作成果。在发信之前，湖北省及国家部委联系九州通，由公司提供疫情防控相关的工作档案、社会各界的评价等资料。为此，九州通档案室快速将公司专题核心档案筛选上报，其中就包括当时已收到的湖北省防疫指挥部、武汉市委市政府、区防控指挥部、援鄂医疗队、医院、企业等发来的感谢信、九州通捐款1000万元记录、配送采购药品记录、公司成立防疫项目

组等档案,真实反映了九州通抗疫成绩和社会贡献(图1)。而这一疫情专题档案的整理,为公司后期争取项目扶持、参与行业会议、洽谈业务合作、申报荣誉、出版刊物等工作都发挥了重要作用。

图1　九州通疫情专题档案资料

(二)企业档案助力出口业务发展

随着国外疫情蔓延,3月九州通出口口罩等业务逐渐展开,由于之前业务都在国内,如何进行国外布局成为难题。在出口业务申请、资质手续办理、包装设计、合同洽谈等方面,九州通档案室发挥了积极作用,齐全、专业的证照、合同、商标等档案,使得九州通出口口罩等防疫物资迅速拓展到了德国、美国、澳大利亚等国家。其中由于公司2018年12月就取得"❾""JOINTOWN"美国注册商标证书,该档案资料极大地推动了九州通与亚马逊合作,线上销售业务火爆。而通过提供档案资料、相关证照,公司顺利完成《出入境检验检疫报检企业备案表》《对外贸易经营者备案登记表》《海关报关单位注册登记证书》,认真学习了国家药监局、海关总署等相关要求,完成境外(例如从广州至美国)航空货运包机协议等签订。据统计,截至2020年7月,九州通国外防疫物资销售额达15亿元。

(三)企业档案记录公司20年发展历程

2020年是九州通创业35周年、成立20周年,5月28日公司举行了隆重的云庆祝活动。活动中展示了九州通20年来变化和成长，其中大量的图片及资料档案，都是来自公司档案室（图2）。而且还开展档案老物件展，包括公司办公地址及大门变迁、证书奖牌、员工工牌、企业刊物（2001—2020年）、杂志媒体报道、公司成立初期的营业执照复印件、公文、与厂家签订的合同、公司高管出访记录等。尤其是一张记录刘宝林先生1991年南下创业乘飞机时的珍贵照片，已成为公司宣传片展示的一个精彩瞬间，每每看到，都会引起公司员工及名誉董事长个人的强烈共鸣。

图2　九州通综合档案室

（四）夯实档案基础管理，突出专题档案价值

公司紧紧围绕建立适合民营企业自身发展的管理体系，在组织领导和软、硬件上下功夫、见成效。在档案管理体系搭建上，突出"专"，即专门档案室、专门组织机构、专业管理人员；在档案信息来源收集上，突出"全"，采取"部门

主动交、每月定期送、每年定期清"的方式,确保公司档案库藏齐全、完整、准确、丰富;在档案资料管理上,突出"严",即严格的借阅审批流程、严谨的档案整理方法、严密的档案防控体系。公司在做精做实基础档案管理工作的同时,结合企业实际工作需要,分专题将核心档案进行集中、系统整理归档(如公司大事记专题、疫情防治专题、九州通健康城筹建专题等),对业务发展帮助较大。

四、效果及影响

20年来,九州通从销售几万元的小公司成长为即将跨越1000亿元销售大关的大企业集团,从创业初期的几个人、几十个人到如今的2.5万余名员工,公司在发展壮大,而记录九州通成长的正是公司的档案。

2008年,档案规范建档确保九州通顺利通过证监会的审核,成功在上交所上市。2015年公司档案室一次性通过湖北省AA级认证。2016年,时任国家档案局副局长胡旺林等领导到公司进行档案行政执法检查,对九州通档案及企业的规范管理给予高度评价。2018年4月,集团行政副总陈松柏在湖北省档案工作会议上作典型发言,介绍九州通档案管理经验。2020年,疫情专题档案的规范建档,为公司复工复产、员工出行、防疫物资出口都发挥了巨大作用,截至9月30日,公司实现营业收入803.20亿元、净利润21.41亿元,分别较上年同期增长9.46%、110.23%。

实践证明,九州通档案工作推动着公司的发展,助力业务增长、企业维权、品牌建立,记录了政府部门、合作客户、社会公众一路的帮扶与支持,今后将持之以恒地有序推进,积极发挥应有的作用,进一步彰显档案的价值。

案例形成单位:九州通医药集团股份有限公司
案例形成人:王豫

"千村档案"助力美丽乡村建设

一、案例概述

2016年6月,浙江省档案局联合浙江省农业和农村工作办公室、浙江省财政厅,在全省部署开展"千村档案"建设工作。该项工作以数据建库的形式对全省1306个历史文化村落的历史文化档案资源进行抢救和保护,设计了统一的村落建档指导方案,配套专用档案数据管理系统,并被纳入浙江省美丽乡村示范县考核指标体系。至2019年年底,"千村档案"建设工作已全面完成,建成包含1410个历史文化村落档案数据的资源库,数据量达到5TB,在全省美丽乡村建设中留存了村落风貌,延续了村落文脉,为传承中华优秀传统文化,弘扬社会主义核心价值观发挥了重要作用。

二、实施背景

村落历史文化档案资源反映了农村社会历史变迁、经济生产、民俗风情等内容,是劳动人民宝贵的精神财富,也是不可多得的研究乡村历史和现状的素材,更是人们乡土归属感、认同感的重要精神载体。随着城镇化建设的快速推进,大量村落的历史风貌逐渐消失,附着于村落物质文化遗产和非物质文化遗产的各类村落历史文化档案资源也正趋于湮灭和散失,抢救和保护村落历史文化档案资源已刻不容缓。

2012年以来,浙江省委、省政府全面开展历史文化村落保护利用、农村文化礼堂建设以及美丽乡村建设等重大工作,其中的一个重要方面就是对根植于农村社会的村落历史文化进行抢救和保护。根据省委、省政府的工作部署,浙江省档案局自2012年来陆续以"乡村记忆示范基地"创建、农村文化礼堂建档等工作为载体抓手,积极推动档案文化建设向农村社会延伸,并着重对村落历史文化档案资源进行抢救和保护。然而,2012年至2015年间,我省各地档案部门开展的村落历史文化档案资源的抢救和保护有一定的局限性：一是覆盖面不全，工作开展大部分集中在部分基础条件较好的地区，多以"盆景"的形式对个别村落进行抢救和保护，工作的覆盖面有限；二是系统性不足，缺少统一的实施方案指导各地开展抢救和保护工作，各地工作的广度和深度不尽相同，难以形成有影响力的工作成果；三是难以整合利用，各地抢救和保护工作中形成的数据的格式、结构多样，不方便整体管理和利用，村落历史文化档案资源呈现割裂的状态。因此，在省级层面上统一部署开展"千村档案"建设工作，有利于全面、系统、整体地对本省历史文化村落的档案资源进行抢救和保护。

三、创新做法

（一）全面覆盖全省所有的历史文化村落

浙江省是全国历史文化村落保有量较多的省份之一，这些村落分布广、体量大、种类多、价值高，是村落历史文化保护利用的重点对象。2016年，省档案局与省农办、省财政厅联合发文，明确以列入省农办全省历史文化村落名单的1306个村为工作对象，通过3年的时间全面完成数据建库工作。该项任务涉及浙江省81个县（市、区），其覆盖面之广、工作量之大为前所未有。在省级三部门的合力部署推进下，至2019年年底，各地均已完成计划内村落的数据建库工作，有的地方还超额完成任务。通过村落建档存史，全面地盘清了本省历史文化村落的家底，记录了村落多样性原生态信息，充分发挥档案记录历史、服务现实的作用，使村落的历史文化遗产得到了更好的传承和利用，彰显浙江省美丽乡村建设的地域特色和人文特点。

（二）规范建构统一的村落档案数据库

省档案局走访调研了多个历史文化村落，通过分析村落历史文化档案资源的种类、构成和留存情况，编写了《村落历史文化信息资源建档框架》（图1），确定了基本信息、村落环境、村落建筑等8个类别的建档框架，较为完整地涵盖了村落各种历史文化档案资源类型。编写了《村落历史文化信息资源建档基本要求》《"千村档案"资料收集工作提示》等文档，用于指导各地规范档案资源采集、整理和入库等工作。与此同时，省档案局还设计开发了简单易用的"千村档案数据管理系统"专用软件（图1），统一发放给基层使用。将行政区划、资源类别等设定内置于程序，限定条目著录和文件挂接格式，最大限度使各地形成的数据保持规范一致。

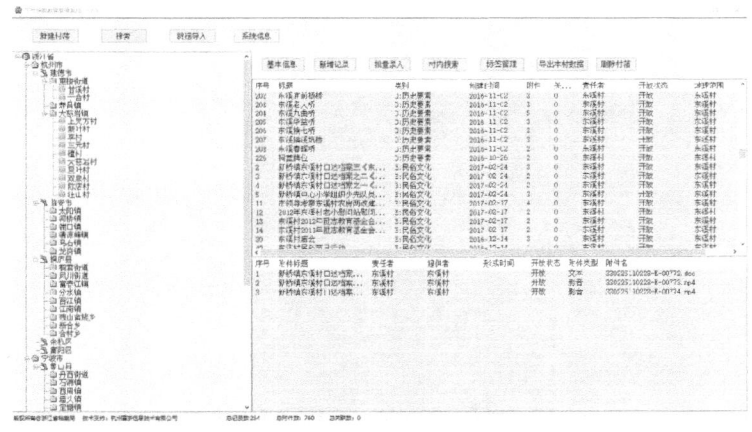

图1 村落历史文化信息资源建档框架（部分）和千村档案软件界面

（三）有效整合各类村落历史文化档案资源

全面收集、整合档案馆、政府部门、乡镇、村、社会组织及有关个人等各方面形成的反映村落历史文化的原始基础材料。如档案馆馆藏的有关该村落的档案、资料；农办部门在历史文化村落保护利用项目、"千村故事"等工作中形成的材料；住建部门在历史文化名村、传统村落申报工作中形成的材料等；文化部门的非物质文化遗产登记资料、文物普查登记资料等；社会组织及有关个人保存的有关该村落的文字、图片和声像等材料。通过县、镇、村的三级协同合作，散落各方、孤立割裂的村落历史文化档案资源得以聚合，能够完整地呈现一个村落在不同时间、不同角度、不同载体上的整体风貌。

（四）充分挖掘村落历史文化档案资源

各地在梳理现有村落历史文化资源的基础上，积极开展补充建档工作（图2）。一是对村落中缺乏图文记载的自然、人文要素进行必要的补充拍摄和文字记录；二是通过访谈、拍摄等手段为村落典型人物和重要事件建立规范的口述历史档案；三是对收集、整合形成的各种纸质档案、照片及文献资料等原始基础材料进行数字化加工，形成数字档案。如海盐县对所有的村进行了视频航拍；象山县积极动员村里能说会道又亲身经历过村庄建设的老人，形成了一批口述历史档案等。

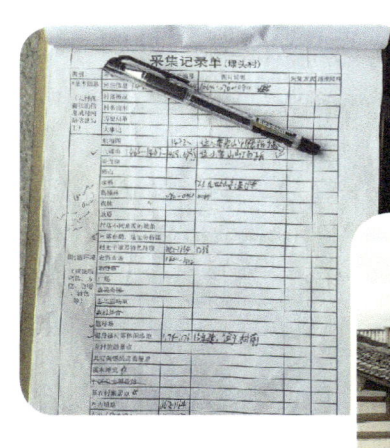

图2　永嘉县聘请专业机构拍摄村庄历史要素，并对档案文献进行数字化加工

（五）广泛利用"千村档案"建库成果

通过数据报送，全省"千村档案"建库成果现已导入省档案馆数字档案馆

系统，作为馆内开放内容提供给利用者，极大地丰富了馆藏档案资源。各地还将建成的"千村档案"数据库，连软件带数据全部返还给各村使用，方便村民随时查阅调用。不少地区如德清县、诸暨市、洞头区等，举办了"千村档案"成果展，将"千村档案"建设工作成果以图文形式展出，并将数字资源编研成册；安吉成立了"地方史料中心"，将"千村档案"建设工作中收集到的家谱及有关特色文献与其他地方史料一起，提供给相关部门和广大群众利用；象山县、奉化区等地将"千村档案"作为展览内容，为农村文化礼堂等基层阵地建设提供了丰富的素材；常山县将部分村落的数据制成了 VR 全景展示片等，为当地旅游做宣传推介。

四、效果及影响

"千村档案"建设工作创新性地开辟和填补了农村社会档案文化这个当下独特而备受瞩目的空白领域，实现了浙江省历史文化村落档案资源的高效整合和利用，对于浙江省各项农村文化建设工作起到巩固和推动的作用，为优化档案文化服务，增强档案文化竞争力，提升档案部门文化形象，发挥了其独特作用。

（一）推动档案工作充分融入美丽乡村建设

"千村档案"建设工作纳入《浙江省深化美丽乡村建设行动计划（2016—2020 年）》，并列为"美丽乡村示范县"考核指标。各地基本建立了由农办部门牵头协调，档案部门具体组织实施，财政部门保障经费落实的工作机制，为"千村档案"建设工作的开展提供了有力支持。自 2016 年以来，全省已有 34 个县（市、区）通过了美丽乡村示范县创建，各地档案部门均能及时完成"千村档案"数据建库任务，为当地创建活动圆满完成贡献了档案力量。从现有 1410 个村的建库数据来看，平均每个村收集保存的文字、声像等数字档案达到了 3.58GB，内容丰富、形式多样，具有较高的工作水准。

（二）提升了档案工作在农村文化建设中的影响力

"千村档案"建设实实在在地为村落收集、挖掘和保存了好看、好找、好用的多种村落历史文化档案资源数据，不少农村基层干部群众对此给予了高度评价，并对档案工作的作用和价值有了新的认识："村里老资料多，但如何有效保存，真是一个难题，是档案部门帮我们理顺了关系，文化礼堂也变得更有看头。""真没想到，鄣吴村还有这么多老资料，只有这样，村史村情才能得到传承。""因为开展这项工作，村里历任书记、主任信息得到整理，这对老干部也是一个交代。"部分村还利用此次"千村档案"数据建库的契机，趁热打铁，已着手编制村志。

（三）探索出了一条农村档案文化建设的新路子

通过"千村档案"建设实践，浙江省各地涌现了许多有特色的村落历史文化档案资源抢救和保护的工作做法。如德清县采取"一周一村""五步工作法"的措施，由档案部门成立工作组，入村指导分类、采集拍摄补充，馆内后期著录、整合补充，很好地锻炼提升了档案干部参与农村文化建设的能力；安吉县档案部门的同志在递铺镇双一村连续驻村1周，发动镇村干部、村老支书、老党员、老教师多方查找档案资料，仅1个村就形成17.9GB的数据内容，探索了一条吸收乡贤参与档案文化建设的路子；还有不少地区聘请了专业机构、专业人员，以服务外包的形式开展"千村档案"数据建库工作，也取得了良好成效，并对推动档案文化服务外包在农村基层的实施起到了积极作用。

案例形成单位：浙江省档案局

案例形成人：刘芸、许春芝、夏振华

建设项目档案管理"十步工作法"

一、案例概述

2018年10月—2020年1月,山东省档案馆联合国网山东省电力公司将"潍坊官亭500千伏输变电工程"列为全省项目档案示范工程,探索实施项目档案管理"十步工作法"。"十步工作法"总结了建设项目档案规范管理的一般规律性方法,旨在为各行业落实DA/T 28—2018《建设项目档案管理规范》提供经验借鉴。

二、实施背景

建设项目档案记录了建设项目从立项到竣工的全过程,它既是展示中华人民共和国成立以来经济建设伟大成就的重要载体,也是决胜全面建成小康社会、全面建成社会主义现代化强国的信息保障。2018年是全国上下深入贯彻落实党的十九大精神的开局之年,社会各界"撸起袖子加油干",全面开启了高质量发展的新篇章。新时代呼唤档案工作新作为,山东省档案馆立足于三个方面的机遇需求,开展"十步工作法"研究,探索实施建设项目档案全过程管理。国家层面,国家档案局本着"适应变化,全面修改,加强管理,便于操作"的思路,将DA/T 28—2002《国家重大建设项目文件归档要求与档案整理规范》修订为DA/T 28—2018《建设项目档案管理规范》。新标准由原来侧重技术性,发展为管理性与技术性并重,并区分了项目文件和项目档案的概念,强调了项目档案的源头控制和全程管理,指出了项目档案工作要融入项目建设,明确了项目电子文件归档和电子档案管理的要求,适应新时代发展需求,具有极强的指导意义。山东层面,2018年,山东省委、省政府全面部署了新旧动能转换重大工程,吹响了山东向高质量发展的进军号。传统改造产业和新兴产业的高质量发展建设离不开档案的高效率支撑和高标准管理,特别是对于建设项目档案工作来讲,更要主动全面融入各类项目建设全过程,变"末端收"为"全程控",变"被动收"为"动态控",争取在服务经济社会发展中走在前列、迭代升级。档案业务层面,山东省档案馆选择以电网建设项目为样板开展建设项目档案管理"十步工作法"研究，一方面是考虑"外电入鲁"、现代一流配电网、"智能电网"等电网建设项目是新旧动能转换重大工程的重要保障，加强电网建设项目档案管理是山东档案工作"走在前列"的具体体现。此外，电网建设项目管理流程相对规范精简、建设周期通常不超两年，对于开展示范管理工作具有一定优势。另一方面是考虑国网山东省电力公司档案工作综合实力在省内处于领先位置，同时国网山东省电力公司2018年推行"深化基建队伍改革、强化施工安全管理"政策，电网建设项目档案管理主体责任进一步厘清，为"十步工作法"的探索研究奠定了基础。

三、创新做法

建设项目档案管理"十步工作法"依据档案管理和建设管理有关规定，主要包括"科学构建工作机制、加强档案前端管控、超前开展培训交底、强化文件源头控制、文件形成及时收集、融入工程同时检查、关键环节飞行检查、转序竣工同步验收、合规归档电子文件、严格把关档案验收"十个环节工作，可作为落实DA/T 28—2018《建设项目档案管理规范》的一般性方法。

第一步，科学构建工作机制。建设单位根据项目建设特点和管理模式，构建项目档案管理组织机制和联动机制，形成档案管理与建设管理融合互动的运作模式。主要包括三个方面：一是明确档案管理机构项目档案归口管理责任以及工程管理相关部门项目档案主体管理责任；二是建立部门岗位绩效考核、合同履约评价、工程奖惩相互联动的项目档案考核机制；三是建立档案管理机构、工程管理相关部门、参建单位相互联动的项目档案管理信息共享和定期协调机制。

第二步，加强档案前端管控。主要包括项目档案规范制度建设、合同管理和预算管理三个方面。制度规范建设既要符合有关规章要求，也要结合项目实际情况，确保各项工作有章可依。合同管理是在合同条款里要明确项目档案工作责任和违约责任，在合同履约评价时对项目档案工作履约情况进行考核，与合同款支付直接挂钩。项目档案预算管理是在编制项目预算时单独列支档案管理费用或明确档案预算标准，确保档案设备材料的采购以及相关工作的开展有充足资金支持。

第三步，超前开展培训交底。档案培训和交底不到位，是造成参建单位归档意识薄弱的原因之一。开工前，建设单位应对参建单位及时组织培训或交底，培训主要内容包括对项目档案管理机制、方法以及档案操作流程、整理标准等，让参建单位明确项目档案工作是什么、为什么、怎么做；交底主要侧重档案工作流程和标准，交底内容规范明确，不能模棱两可，规章制度中没有具体要求的在交底中提出具体要求，参与交底的参建单位签字确认各项档案要求，作为后续考核和检查的依据。

第四步，强化文件源头控制。以节点管控思路从项目文件形成开始跟踪项目文件的流转，流转结束后及时收集。工程管理相关部门、参建单位应根据归档范围和实际工作内容，梳理应归档项目文件清单、文件来源和文件计划收集节点，做到项目文件清单式收集。项目文件来源较为复杂，工程管理相关部门、参建单位安排专人负责项目文件收集，并将收集过程中遇到的问题纳入工程协调机制予以解决，建设单位根据项目文件来源确定文件归档责任，并建立项目文件收集方面的考核问责机制。

第五步，文件形成及时收集。在项目建设过程中，建立项目文件随时形成、及时归档的"预立卷"制度，具体是指工程管理相关部门和参建单位在项目文件收集后，立即对项目文件进行收集并进行预分类、预排列、预编号、预编目但可以不装订的过程。预立卷质量标准参照正式案卷标准，预立卷进度基本与项目建设进度同步，最多不落后项目建设进度两个施工节点。项目建设过程中，建设单位以"预立卷"为对象和抓手，对工程管理相关部门和参建单位项目档案管理工作进行监督、检查和指导。

第六步，融入工程同时检查。档案与工程都是建设项目的重要组成部分，两者相辅相成，不能分割对待。建设单位将档案和工程同时检查要求写入项目管理制度规范，在项目检查活动中检查项目文件"预立卷"的完整、准确、系统、规范和安全等指标，并做好检查结果的监督考核。工程管理相关部门和参建单位在开展项目检查或专项检查时，同步检查项目文件材料收集和"预立卷"情况，并留存相关检查记录。监理单位档案人员参加设备开箱检查，并检查开箱资料完整性。

第七步，关键环节飞行检查。借鉴安全管理"四不两直"和"专项督导"两种检查模式，由建设单位档案管理机构或档案行政主管部门、上级主管单位为主体组织档案飞行检查，作为落实档案业务指导职责的手段之一。检查以发现问题并解决问题为目的，举一反三提出整改措施，切实提高现场项目档案管理水平，但对于档案管理不规范、项目文件收集进度严重滞后工程建设进度，案卷质量低下、内容错漏突出、给运行和利用埋下隐患的，坚持追究相关单位责任。

第八步，转序竣工同步验收。开展各类型项目验收等活动的同时对项目文件预立卷的完整性、系统性、准确性、规范性、安全性等指标进行同步验收。在项目阶段性专项验收中，检查本阶段项目文件预立卷质量，档案不合格不同意工程转序施工；在单位工程竣工验收中，检查单位工程项目文件预立卷质量，档案不合格不予以支付单位工程进度款；在整体竣工验收中，检查项目文件整体归档情况，档案不合格不允许工程整体投运。档案管理机构根据需要参加项目竣工验收。

第九步，合规归档电子文件。示范工程项目电子文件主要有项目信息化形成的原生电子文件和纸质档案扫描形成的数字化副本两种。原生电子文件及其元数据的归档管理包括项目管理信息系统电子文件管理功能搭建、电子档案管理系统搭建、电子文件的收集、整理、检验、归档以及电子档案的储存、保管、转存和检测等环节。现阶段的电子文件归档和管理对象以纸质档案的数字化副本居多，可主要采用在线归档的方式，将数字化副本分类、整理并录入挂接到档案管理信息系统。

第十步，严格把关档案验收。在项目档案归档后、向运行或档案保管机构移交前，按照《重大建设项目档案验收办法》（档发〔2006〕2号）对档案完整性、准确性、系统性、规范性以及组卷质量和档案管理情况进行全面验收，确保项目档案质量满足档案保管和利用的要求。验收组织主体一般为项目主管部门、档案行政主管部门或项目建设单位。档案验收结果作为支付参建单位进度款或考核有关部门、单位或岗位的必要参考依据，档案验收通过后档案接收单位和移交单位要办理相应交接手续。

四、效果及影响

（一）带动电网建设项目档案管理水平持续提升

国网山东省电力公司在"十步工作法"的研究、实践和推广过程中，转变了过去工程竣工后被动收集文件材料的老习惯，树立了"抓好两头、管控中间"的电网建设项目档案管理新思路。前端控制方面，全面组织项目档案业务培训加强有关规章制度的宣贯教育,将档案归档和质量要求列入工程招标文件和合同条款,将档案费用列入工程和公司预算。中间控制方面,全面压实建设管理单位项目文件管理主体管理责任,适时开展档案业务现场指导和检查。末端控制方面,高标准、全覆盖、常态化组织超高压建设项目档案验收,积极组织中、高压建设项目档案试点验收,将档案验收结果纳入有关单位业绩考核和参建单位履约评价,将档案归档质量与工程尾款结算支付相挂钩。在电网建设项目档案管理基础不断筑牢、管理水平不断提升的基础上,根据"十步工作法"逐步完成了配电网工程、信息化项目、充换电设施等建设项目档案管理制度的研究发布,进一步健全了完善公司档案管理机制,为保障电网和企业高质量发展提供了坚强保障。

(二)推动《建设项目档案管理规范》更好落地

为了更好落实 DA/T 28—2018《建设项目档案管理规范》,全面推广"十步工作法"经验成果,2019年山东省档案馆编写出版了《建设项目档案规范化管理操作手册》(图1),2020年配套制作发布了《建设项目档案规范化管理教学微视频》。"操作手册"和"教学微视频"主要分为"项目档案管理概况""十步

图1 《建设项目档案规范化管理操作手册》

工作法""档案整理组卷指南"三个方面的内容,其中"项目档案管理概况"主要对《建设项目档案管理规范》条款进行解析,解决了《建设项目档案管理规范》"是什么""为什么"的问题,"十步工作法"和"档案整理组卷指南"主要解决了《建设项目档案管理规范》"怎么做"的问题。近两年,山东省档案馆通过"学习强国"山东学习平台、档案培训、"山东省档案馆""兰台之家"微信公众号、国家电网公司"网络大学"等平台大力推广"操作手册"和"教学视频",在收获广泛关注的同时,一方面让广大项目档案工作者对《建设项目档案管理规范》有了更全面的认识,另一方面为大家开展项目档案工作带来了一定借鉴和启发,进一步提高了项目档案制度执行能力和水平。

(三)构建项目档案行业管理的良好开端

山东省档案馆和国网山东省电力公司联合开展建设项目档案管理"十步工作法"研究推广,受到了社会各界和国家电网公司系统广泛关注,《中国档案报》头版刊登《山东为电网项目建立"十步工作法"》报道。在此次合作中,双方共享信息资源,重大问题共同协商解决,重要任务协同安排部署,共同开展项目档案指导检查以及研究成果的梳理、总结和推广工作,积累了合作经验,双方在业务创新、人才培养等方面取得了共赢。此次是山东省实施新旧动能转换重大工程中建设项目档案行业管理的一次良好开端,下一步,将引领山东"十强"产业单位以及各级电网企业与档案部门的深度合作,不断提高全省项目档案管理水平,为山东建设现代化强省和夺取新旧动能重大工程胜利体现档案价值、贡献档案力量。

案例形成单位:山东省档案馆
案例形成人:吴海亭、李剑、臧成刚、王瑞、李文杰、吴长静

擦亮国家名片，
中国桥梁建设档案焕发新生

一、案例概述

为充分发挥桥梁档案的社会价值，展示中国桥梁建设水平，提高"中国桥梁"国家名片的知名度，中铁大桥局集团有限公司（以下简称中铁大桥局）深入挖掘馆藏中国桥梁建设发展历程的档案资源，打造了一个集桥梁档案保存保护、桥梁科技教育教学、桥梁文化展览展示、桥梁精神传承传播于一体的"桥梁博物馆"，为开发利用企业和行业档案信息资源、创造底蕴深厚内容丰富的精神文化产品、服务人民日益增长的美好生活需要提供了有益借鉴。

二、实施背景

中国是世界上桥梁建造历史最悠久的国家之一。数千年来，中国劳动人民因地制宜，就地取材，建造了数不胜数、类型众多、构造别致的桥梁。中国古代桥梁凝聚了古代桥梁工程营造者的智慧和汗水。中华人民共和国成立后特别是改革开放以后，随着我国交通事业的迅速发展，桥梁建设经历了从崛起到腾飞的阶段。在新世纪新时代，中国桥梁建造水平跨入世界先进行列，成为国家交通发展水平和综合国力的体现，促进了中外经济、科技、文化的交融。

"建桥国家队"中铁大桥局自1953年成立，因桥而生、因水而兴，从建设武汉长江大桥开始，至今在全世界修建了3000余座桥梁，引领了"中国桥梁"国家名片走出国门、服务全球的步伐。2004年，中铁大桥局建立了有上下两层、占地1000多平方米的"桥文化"展示厅，通过大桥局档案馆馆藏的大量图片、实物、资料、模型，反映中铁大桥局的发展史及新中国的桥梁建设史，并介绍了中外古今的若干桥梁。展示厅开放后，吸引了来自中外的不少参观者，并被评为湖北省爱国主义教育基地。然而，随着高速铁路桥梁、跨海长桥建造技术发展,"中国桥梁"成为国家名片享誉中外,单纯的大桥建设史图片展、技术展和荣誉展已不能满足人民群众的欣赏和学习需求,桥梁档案资源的进一步开发迫在眉睫;中国从"桥梁大国"走向"桥梁强国"征程中所创造的丰富成果和档案,需要更高层次、更丰富、更全面的展示;武汉这座美丽的桥城急需一座桥梁博物馆,帮助其提升城市地位和形象,打造新的、靓丽的城市名片。在多方因素的碰撞之下,中铁大桥局的管理者们萌生了在武汉建立桥梁博物馆或世界桥梁公园的构想。

2018年,中铁大桥局成立桥梁博物馆筹备组,以建设"中国桥梁博物馆"、国家一级博物馆、全国爱国主义教育基地为目标,正式启动桥梁博物馆实物(文物)征集、制定布展大纲及场馆设计施工工作。2019年,桥梁博物馆(图1)正式开馆。

图1 桥梁博物馆标志物

三、创新做法

桥梁博物馆位于武汉市汉阳四新片区中铁大桥局桥梁科技大厦内,以"天堑变通途—古今中外话桥梁"为主题,集收藏、研究、展示、宣教、科普于一体。室内展馆建筑面积近3000平方米,由序厅、中国古代桥梁、中国近现代桥梁、世界桥梁博览、桥梁科技、桥梁文化、建桥国家队的光辉历程、桥梁互动体验、文创产品等展区组成，馆外还设有20000多平方米的桥梁主题公园。

馆内藏有珍贵文物、档案1000余件，展品数量多，种类丰富，既有极具学术研究价值的古籍，也有著名桥梁专家的手札文稿；既有饱受岁月风吹雨打、见证历史的桥梁钢结构，也有造型精致、摩登现代的雕塑模型，档案资源丰富珍贵、浑然一体，构成一部鲜活的中国桥梁建设发展史，体现出我国经济建设的发展和综合国力的提升。

（一）依托实景，让实体档案传达"沉浸化"

1. 广泛征集珍贵实体档案

展览主题决定了桥梁博物馆的社会性。为了将桥梁放在历史的、现实的、中国的、世界的大环境中去展示和呈现，中铁大桥局多次召开桥梁博物馆文博专家咨询会和桥梁专家咨询会，形成了系统完善、亮点突出、信息丰富的展陈方案。为系统、充分地收集以及妥善保管中国桥梁建设历程中的重要档案，中铁大桥局在充分利用自身档案室资源的基础上，主动向社会媒体、武汉市档案馆、相关施工设计和业主单位、相关收藏机构、老专家老桥工等社会各界征集实物，整合多方力量，共同完成中国桥梁建设的档案开发和利用。同时，博物馆的展陈还通过仿制文物、邀请专家创作艺术品等形式，最大限度地满足展陈需要。

2. 创新打造大气实景

桥梁博物馆以各类实物档案为载体，创造出体验感十足的物理沉浸空间。如把精美雕花的木质拱桥"镶嵌"在馆顶，为桥梁博物馆增添了神秘感和空间感；将武汉长江大桥钢梁架设场景"搬"至馆内，以霸气厚重的钢梁构建参观走廊，让观众真正"身临其境"；将武汉长江大桥管柱纪念桩按比例缩放、复刻，其造型象征着建设中首创的管柱钻孔法，碑身上是毛主席的题词，碑座上是中铁大桥局首任局长彭敏撰写的碑文，丰碑巍然屹立，雄浑正气扑面而来；将武汉长江大桥沉井施工潜水服（图2）立于馆内，重达160斤的潜水服让人深刻感受到当时桥梁建设者的付出与不易；将南京长江大桥维修时换下的玉兰花灯柱立于馆内，既有历史韵味，又有艺术气息；将港珠澳长江大桥"风帆"造型的桥塔模型和实景大图用"透视"的方式结合展示，桥梁之壮美现于眼前；在馆内竖立了当年带领大桥局建设武汉长江大桥的时任铁道部部长滕代远、时任武汉市委书记兼大桥局党委书记王任重、时任大桥局局长彭敏、时任大桥局总工程师汪菊潜的真人雕像，更具视觉冲击力。

图 2　潜水服实物图

（二）借助科技，让数字档案传达"感官化"

1. 用数字化实现技术档案资源共享

为充分发挥中铁大桥局作为"建桥国家队"所拥有的丰富的桥梁数据档案库作用，全面总结、展示、宣传桥梁科技成果，营造良好的桥梁科普文化氛围，桥梁博物馆内专门设有桥梁科技的板块，接入桥梁结构与安全国家重点实验室研究开发的"智慧桥梁"系统、中铁大桥局视频监控集中控制平台等终端，实现了桥梁设计理论、桥梁结构体系、桥梁基础、桥梁材料、桥梁管理与养护、桥梁科学研究、桥梁科技交流等的系统介绍和展示。桥梁科技展区设有一座沙盘和一面移动滑轨屏，通过屏幕上的动画以及沙盘上与动画相对应的系列模型，可以形象地了解到一座桥梁从前期设计施工到后期管养检测的全过程。桥梁博物馆还及时了解掌握最新的桥梁科技发展、重大桥梁工程进展、桥梁科技交流等资讯，及时更新世界长大桥排名表、国际桥梁获奖情况等数字档案，让馆内桥梁信息最新、最全成为特色。

2. 用数字化实现观展体验丰富多彩

桥梁博物馆将现代科技与桥梁文化完美结合，用数字化模拟、演示、互动及服务，打造身临其境的数字化沉浸空间。如将宋代风俗画长卷《清明上河图》截取"虹桥"场景，并将画中的车水马龙变为动态影像，既展现了宋代木制拱桥的风采，也让繁华的都市景象如在眼前；在VR与5D影院体验区，可以身临其境，驾车奔驰，跨越伶仃洋，极速通过港珠澳大桥，营造视、听、触多感官的立体体验。以线上直播为主要手段，桥梁博物馆多次组织"云游博物馆"活动，累计观看人数超过100万人次。为高效利用馆藏数字档案、声像档案提供更好的展览服务，桥梁博物馆官方微信号还推出了"语音导览"讲解服务，线上观展渠道更为畅通。

（三）文化赋能，让档案价值传达"故事化"

1. 挖掘档案的历史文化

桥梁博物馆陈列了富有中国时代特色和桥梁行业特色的档案文献，追溯了中国悠久的桥梁历史和璀璨的桥梁文化，再现了中国现代化桥梁从建成学会到发奋图强、融入市场、追赶世界、领先世界的壮阔历程。例如，序厅立有两根刻有98种不同国家和地区的"桥"字立柱，两幅汇聚100余位中外桥梁名人像的油画，仿佛在向世人诉说着世界桥梁发展的光辉璀璨故事；中国拱桥、吊桥、浮桥等各类古代桥梁的图片、动态影像和模型展示，生动地再现了千百年来，在幅员辽阔的中国大地上，中国人民不断追求连通、跨越天堑的渴望，展现了中国古代人民的智慧和汗水；在展示武汉长江大桥实景装置及当年的铆钉、铆钉风枪等实物时，配以当时为保证建桥质量，对已经完成铆合的1万多个铆钉全部拆除更换的故事，把大桥记忆实体化，赋予实物档案更加深厚的质量文化；在展陈中国第一座钢桥广州海珠桥在2013年维修期间更换下的铆钉时，讲述了中铁大桥局为了"修旧如旧"，重拾早已"失传"的热铆技术（图3）的故事，赋予实物档案"不忘初心"的特殊寓意。

2. 挖掘档案的城市文化

武汉不仅是一座江城，也是一座"桥城"，被誉为"中国建桥之都"。长江与汉水上的座座桥梁，构筑起了桥梁交通的主体骨架，再加上湖泊、河流上的桥梁以及随着市政建设的加强而兴建的城区的立交桥、人行天桥，武汉本身就是一个天然的桥梁博物馆和天然的桥梁公园,是一座桥梁档案的富矿。为充分激发这些桥梁档案的文化价值,中铁大桥局将文化和旅游结合起来,把桥梁科技大厦周边广场建设为桥梁主题公园,成为桥梁博物馆展示内容的延伸,使之与室内展示内容相得益彰。同时通过将室内参观与室外游览结合起来,尤其是将武汉长江大桥、鹦鹉洲长江大桥桥头公园纳入旅游路线,充分展示日新月异的武汉桥梁文化与城市文化,为不同年龄阶段、不同层次的参观者提供丰富多元的观看体验和服务。

图 3　热铆技术图

四、效果及影响

(一)打造了桥梁文化的展示阵地

从经历抗日硝烟的桥梁,到中国现代桥梁,从武汉长江大桥到南京长江大桥、九江长江大桥、芜湖长江大桥,直至今天矗立在国内外的一座座现代化桥梁,中国的现代桥梁建造从建成学会到发奋图强、融入市场、追赶世界、领先世界,一代代建桥人始终不忘初心,以建桥报国、自主创新、引领中国建桥发展为己任,走过了一条跨越天堑、超越自我的光辉历程。中国桥梁文化是奋斗的文化、是爱国的文化、是自强不息的文化。桥梁博物馆用建设者自强不息、实干兴邦的民族精神和敢闯敢试、改革创新的时代精神触动心灵、激发共鸣,有助于弘扬中国桥梁文化、传承中国建桥精神，有助于擦亮"中国桥梁"国家名片、构筑高度的文化自信，有助于发挥档案工作在社会主义精神文明建设中的作用。

（二）打造了桥梁科技的科普阵地

当前，科普工作处于一个新的历史高峰，面临着更高的要求和新的机遇。桥梁博物馆就是一座桥梁知识的殿堂。开馆以来，桥梁博物馆围绕科普教育与实践开展了大量工作，定期举办"桥梁大师讲堂"、桥梁科普进校园、桥梁科学知识研学和社会实践等活动，搭建普通人走进桥梁科学、接触桥梁档案的平台，搭建院士、大师、专家与观众面对面交流的平台，推动形成了讲科学、爱科学、学科学、用科学的良好氛围，真正发挥了档案尤其是科技档案培育社会主义新人的时代价值。2020年，桥梁博物馆被评为全国铁路科普教育基地。

（三）打造了桥梁品牌的传播阵地

作为国内首家综合性桥梁博物馆，桥梁博物馆接待了大量的政府领导、行业专家、业内同行、外国友人、大学学子等，充分展示了中国现代化桥梁的建设成就和科技成果，为传播"中国桥梁"国家名片发挥了重要作用。以馆内丰富的图片、实物和史料档案为基础，中铁大桥局编辑出版《中国桥梁·国家名片》《中国桥》等书籍，反映桥梁事业作为中国复兴事业、圆梦理想的一部分，其发展的艰辛而恢宏的过程，为进一步擦亮中国桥梁品牌贡献了力量。

案例形成单位：中铁大桥局集团有限公司
案例形成人：赵志刚、秦伟朋、周慧、袁飞绪、成莉玲、熊辩

创新档案治理机制，赋能工程高质量发展

——深圳市建筑工务署体系化工程档案治理机制结硕果

一、案例概述

为彻底解决工程档案真实性、完整性难保证，监管困难等固有顽疾，深圳市建筑工务署（以下简称工务署）立足业务实际，以工程档案高质量发展为落脚点，聚焦工程档案治理体系和治理能力现代化，在建立工程档案信息监管平台的基础上，不断完善治理机制，形成了规则先行、合约强控、第三方数据审查、在线督导、常态化培训、定期考评、周期性赛事等全流程、体系化治理机制，实现建设工程档案全程同步、完整记载、工程档案反哺工程建设高质量发展的目标。

二、实施背景

工程档案是工程项目建设各阶段形成的重要记录，不仅是工程验收、质量评定、使用管理、维修、改扩建的重要依据和凭证，也是城市规划、建设、管理、应急、社会治理、城市记忆不可或缺的重要资源。按照国家相关法律法规要求，工程文件档案管理是建设与管理工作的重要组成部分，应纳入建设全过程管理并与工程建设同步。

然而，由于工程项目管理普遍"重外轻内"，项目管理人员主要精力在实体建设上，忽视甚至无视资料管理，有些项目甚至根本没有专职资料员，集中"造资料""写回忆录"的现象屡见不鲜。工务署作为深圳市政府投资项目建设管理单位，项目多且数量始终动态增加，同时各项目涉及参建单位多、地域分散、时间跨度长，加上资料员水平参差不齐、人员流动大，工务署监管有心无力，这就造成大量档案资料脱离实际业务，档案真实性与完整性无法保障。

为解决上述顽疾，2014年年底，工务署探索建成了基于互联网的工程档案

信息监管平台，将所有项目的参建各方统一纳入平台，实现对工程档案信息进行集中全过程管控。平台的建成为工程档案监管提供了一条有效途径，逐步获得单位领导、项目参建单位的支持和行业领导、专家的认可。

作为深圳市政府工程专业化集中管理单位，工务署除了按要求完成工程建设任务外，还承载着更多创新使命。2019年，工务署率先制定了建设工程高质量发展行动纲要和建设项目管理全流程先行先试发展目标，作为建设工程管理"最后一公里"的工程档案管理，仅依靠单一信息化手段却没有配套的管控措施，亦是无法与工务署高质量发展以及全生命周期先行示范目标相匹配，无法达到工程档案高质量治理的预期。工程档案信息平台的建设虽然成功迈出了全过程管控的第一步，但离预期目标仍有距离。其中，除了使用初期模式转换的过程不适应外，更有许多的机制问题需要解决，例如，如何把握档案管控介入时机、如何掌控动态变化的项目参建单位和人员、如何面对"行如流水"的资料员新手、如何解决工程文件采集的及时性、如何解决工程文件采集的规范性与质量等。为解决这些问题，工务署不断摸索创新，一套基于工程档案信息监管平台的全流程、体系化工程档案治理机制日渐成熟。

三、创新做法

（一）以《方案》+《规则》的方式统一管控要求

为做好全署工程档案管理顶层设计，工务署先后制定了《深圳市建筑工务署档案管理工作制度》和《合同与招投标文件归档指引》《项目变更文件归档指引》《隐蔽工程验收记录文件归档指引》《项目前期文件归档指引》等多个档案管控文件，并基于档案平台实施工程档案清单化管理，即先根据工务署项目特点制定通用档案收集规则并将规则植入平台，再根据每个参建单位的承包范围，结合监理规划、施工组织设计中的检验批划分，形成该单位个性化档案收集规则，资料员只需要将文件按规则对号入座，就可以实现工程文档体系化收集和后期的智能化归档组卷，极大方便了资料员的日常收集工作，同时也方便了监管，查漏补缺一目了然（图1）。

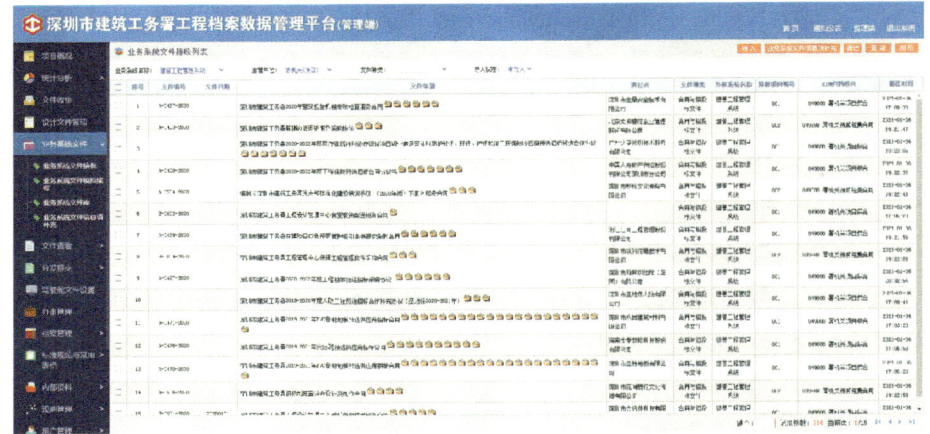

图 1　工程档案信息平台文件接收界面截图

（二）以合同管控为主线构建工程档案治理体系全流程抓手

工务署作为建设单位，与各参建方的关系为合约关系，因此，对工程文件形成与归档的管控必须在合约的基础上进行。工务署工程档案管理就是以合同管控为主线，首先，将档案管理要求明确写入各类招投标文件和合同范本中，以及工务署合同管理制度中，明确合同办结的最后环节为归档，并将此规定落实到业务管理系统流程设计中。其次，在项目实施合同签订后，合同即同步移交到档案平台，档案室即依据合同同步启动全流程档案监管工作，形成"参建单位信息收集—参建单位归档类别定义—资料员实名账户开户—资料员岗前培训—参建单位归档规则设定—资料员日常文件录入—第三方实时监管—第三方监管月报—第三方定期考核—竣工前验收—档案整理归档—履约评价—结算支付"的全流程管控体系，层层推进、环环相扣，让原本难以开展的档案监管工作全流程有了抓手。

（三）以流程闭环理念实现档案与业务的有机融合

为确保业务成果及时归档，工务署提出"业务流程归档闭环"机制和"出口流向"理念，强调业务闭环的前提是归档、业务数据的流向是档案，由此，各业务系统的流程终结点必设为归档环节，并同时与档案信息平台搭接，做到档案工作与业务工作的有机融合、同频共振，从而实现档案与数据信息的"能归尽归"。

（四）以常态化培训 + 坐席服务方式解决新用户上手问题

对政府工程建设单位而言，需要监管的项目和参建单位始终处于动态变化之中，为确保动态变化的资料员新手能快速上手，工务署建立了"常态化培训 + 坐席服务"机制，通过"统一教程—统一讲义—每隔周一期—线上报名—线下培训—现场考核—合格发证"的培训方式，一方面传导城建档案管理制度、工务署工程档案管理要求、归档标准以及管控措施，另一方面开展档案的实操培训，确保各资料员"应学应会"、过关上岗，同时，再通过随时响应的坐席服务，为资料员提供持续性业务辅导。

（五）以第三方监理 + 在线督导方式解决同步监管问题

工程档案与工程建设的"同步管理"，是业界多年高呼而不能落实的口号，为破解该问题，工务署借鉴工程监理思路，首创第三方在线监理，密切跟踪各项目文件同步形成、及时归档，所有档案线上审核确保质量，并通过远程督导方式，指导参建单位工作，确保档案收集规范、完整，从而真正解决档案"同步管理"问题。

（六）以月报 + 定期考评方式促进内外部协同推进问题

档案资料管理离不开项目管理人员的深度配合，工务署在主抓参建单位档案工作的同时，也不断强化内部推进。一方面，每月通过 OA、微信群等公布档案月报，公告各项目当前档案采集情况，包括参建单位文件采集、审查进度以及进度偏差，项目管理人员则根据月报情况抓落实。另一方面，实现工程档案定期考评机制，每半年对在建项目组织一次集中考核，考核结果纳入参建单位履约评价和建设单位项目管理人员绩效考核，这样以建设单位自身管理者和参建单位内外部协同推进的方式，助力工程档案工作逐步成为项目管理的核心工作之一。

（七）以提前介入 + 专项验收方式确保全流程闭环

实施体系化的管控，流程的闭环至关重要。工务署的工程档案管控始终牢记这一点并贯彻到管控实际中。对一个具体项目而言，工务署从项目立项接收就开始介入并建立项目档案账号，从参建单位合同签订起就对参建单位实施管控，并对项目按工务署全流程管控方案进行规划后植入项目建设过程中。在工程竣工验收前和档案实体归档前,按照"项目组自检—档案室预查—项目组整改—档案室复查"的流程,组织开展工程档案信息平台应用情况专项验收,验收合格方能进行后续实体档案的归档移交,以及后续的验收结算支付等工作。

(八)搭知识平台促档案人才队伍建设

作为工程建设全流程"最后一公里"的实现者,档案员、资料员的整体素质是工程档案治理水平再上台阶的制约因素。为此,在常规培训的基础上,工务署又进一步探索更能促进人才队伍建设的活动方式,创新举办了鹏城工务杯工程档案业务竞赛(图2)。竞赛活动特点纷呈,一是环节多、形式多样,竞赛活动设置了公众参与环节、题库学习环节、场外海选环节、项目现场考评环节、比赛现场争夺环节等;二是参与度广,参赛对象既包括档案员,也包括参建单位资料员,还包括项目组与资料形成有关联的监管人员及社会公众;三是试题内容丰富,内容涵盖新修订的《中华人民共和国档案法》、档案规章制度、档案业务知识、工程资料工作应知应会、工程档案信息化应用实操等多个方面。由此,这一活动形式,为因行业档案资料员岗位不被重视、专业技能不被理解、缺乏交流学习机会等而倍感职业归属感和成就感不强,从而造成行业人才队伍匮乏的困境找到了有效解决途径。

图2 工程档案业务竞赛报道

四、效果及影响

工务署创新的工程档案治理体系，经过不断探索和实践，已逐步在工程档案质量治理、服务本单位业务工作、城建档案行业发展等多方面显现价值。

（一）治理机制解难题，工程档案管理起成效

工务署工程档案治理机制，立足工程档案质量，从强化责任落实、明确工作措施、细化工作任务到基层人员培养培训，为工务署工程档案蹚出了一条行之有效的监管之路。治理机制启用以来，工程档案归档管理完整性、准确率、归档率不断提升，不仅实现了能归尽归的初始目标，而且实现了文件形成真实、归档完整、数据规范的高质量目标，达到了工程档案与工程建设同步高质量发展的目标。

（二）创新模式成为行业示范，多家单位复制运用

工务署工程档案管控模式为深圳市城建档案监管机制创新提供了启发。深圳市档案局开展新型城建档案创新体系研究合作时，以工务署档案创新机制为模板，将工务署列为唯一的推广合作方纳入战略合作协议，全程参与深圳城建档案监管模式研究。同时，工务署的管控成效吸引了北京、内蒙古、江苏、武汉及广东省内等40多批兄弟单位前来考察。目前深圳市内过半数区工务署、部分地产企业、南水北调档案馆、武汉北湖、广东东莞等单位和地方已成功引入。此外，工务署模式还入选《广东省档案管理与服务创新优秀案例》，并多次受邀在同行单位、全市档案工作培训、全市工程大数据峰会上介绍。

（三）档案成果赋能业务工作，实现业务档案双提升

目前工务署工程档案数据量达7TB，随着档案数据的不断丰富，档案成果对业务工作的服务能力也不断增强。如工务署材料样板基地建设中，档案室提供库藏档案及数据，配合完成了项目信息、项目图片、展厅荣誉实物的展示；署指挥中心驾驶舱建设中，为各类项目数据统计、全部项目的信息展示、地图定位、荣誉等提供了数据支撑；工程档案在合同结算、各类审计活动等重要业务中的利用更是难以计数，不断发挥重要作用，此外，在全市项目改扩建、地铁建设等方面，都提供了大量有价值信息。

（四）管理责任显现化，更换交接风险小

工务署已经多次利用档案成果，顺利化解项目管理风险难题，如深圳市孙逸仙心血管医院迁址新建工程总包单位无法履约需要更换处置事件，深圳市第八高级中学工程的施工单位资料员因工资被拖欠而挟持档案事件，源于周全的档案治理和管控机制，这些项目工程资料全程同步采集到档案平台，因此顺利完成了事件处置，高效化解了项目管理风险。

（五）文件可控归档快捷，为参建单位带来实效

工务署工程档案治理机制为参建单位也带来实效，一是为参建单位省成本，参建单位资料员在常规培训、第三方监理、在线督导、坐席服务等管控下能快速上岗，文件日常收集整理基本做到规范化，节省了资料员培训和竣工移交阶段档案返工成本。二是在集中监管下整个项目文件归档更方便、快捷，基本做到项目竣工半年到一年即能完成归档，如北京大学深圳医院外科住院楼项目，在结算前就完成了归档。三是结算工作显著加快，项目结算工作离不开档案资料的完整收集，在档案信息监管平台及配套管控机制的作用下，档案资料越发完整，为项目结算工作提供了有力的支撑。

（六）竞赛展兰台人风采，激发档案人员工作热情

工务署创新开展的档案业务竞赛活动，吸引了300多名选手和3万多人次公众的积极参与，有效促进了业务技能提升和档案知识普及。活动结束后，中国档案报、深圳晶报、深圳新闻、凤凰新闻、新浪新闻等十多家主流媒体相继报道，并得到国家档案局官网转发；多位项目档案资料负责人主动索取活动材料，利用活动热度继续开展学习宣贯；多位参赛获奖选手发来喜讯，被所属项目单位和公司领导表扬，并给予加工资奖励；众多参赛者反馈要求保持公众号试题开放和题库更新以为其提供专业知识学习平台，并期待下一届活动早日到来。

案例形成单位：深圳市建筑工务署

案例形成人：廖玉玲、蔡春玫、孙娟、曾中原、王莉莉、冯春龙

全域统建统管统用档案资源的市镇村一体化新机制

一、案例概述

全域统建统管统用档案资源的市镇村一体化新机制，是中山市档案部门以中山市文件与档案管理服务平台（以下简称中山文档平台）为重要抓手，实现全域统一镇区档案馆建设模式、多形式统一管理农业农村档案、多领域统一应用档案管理系统的创新档案工作机制，是中山市在坚持探索"市馆分馆""村档镇管"等档案管理新模式的过程中逐步形成的档案工作新路子，有力保障了全市农业农村档案工作现代化规范化可持续发展。

二、实施背景

作为目前全国4个不设区的地级市之一，中山市下辖24个镇区（含国家级火炬高技术产业开发区和翠亨新区），各镇区所辖村（社区）共计277个。各镇区未设立档案馆时，虽在党政办设有综合档案室，配有兼职档案人员，但档案室只是一个库房，不是职能机构，档案员大都身兼多职，单是本机关的档案收集、整理、利用工作都难以应付，根本无力对镇区机关及各村（社区）的档案工作进行监督指导。在此情况下，市档案局的业务指导人员不得不"一竿子插到底"，直接到镇区机关或村（社区）进行业务指导，尽管全力以赴，但难免顾此失彼。镇区方面，随着经济发展和管理服务功能的提升，各镇区及村（社区）形成的档案逐年增多，尤其是2012年我市启动简政强镇事权改革后，镇区机构设置发生了重大变化，镇区部门承接的职能更多，各类档案尤其是业务档案的数量急剧增加，但各镇区原来的综合档案室库房面积普遍只有20～30平方米，档案保管场地严重不足，根本无法实现各类档案的集中统一管理。村（社区）方面，普遍存在档案材料收集不齐全、归档不及时、整理不规范、管理不到位等问题，甚至有部分村（社区）档案保管条件比较差、连必要的设施设备配备都不齐全，档案安全难以保证。如何加强档案工作的监督指导，确保镇区机关、村（社区）档案安全，建立镇村档案规范管理的长效机制，成为我市档案管理部门其时当务之急。

随着"四个全面"战略布局、国家大数据发展战略和"互联网+"行动计划的推进，加快档案资源整合与共享、加快档案管理部门服务转型升级、加快构筑档案安全防线，已成为档案事业发展的外在动力和内在需求。近年来，中山市档案局坚持"大数据"思维，将档案信息化纳入全市信息发展规划，启动了原中山市电子档案馆管理系统的改造升级工程，2015年12月建成以市电子政务云平台为依托的中山文档平台，中山市档案在线管理网络由市、镇（区）两级覆盖升级为市、镇（区）、村（社区）三级全覆盖，并开始在全市其他领域全面推广应用，为实现全域统建统管统用档案资源的市镇村一体化新机制创造了更有利的技术环境。

三、创新做法

（一）由点及面，抓好档案资源"统建"

成立镇区档案馆，是镇区档案工作自身发展的内在需求，也是推动镇区档案事业发展的客观需要。市档案局积极行动，加强与市政府分管领导及市编委的沟通，结合实际，积极探索，逐步形成一套有中山特色的镇区档案馆建设模式。一是机构设置方面，镇区档案馆统一由市政府批准设立，市编委在镇区机关"三定方案"中明确镇区档案馆为镇区事业单位，将档案馆列入镇区机构编制序列，同时明确档案馆人员编制；市财政给每个镇区档案馆10万元的启动经费；镇区档案馆统一加挂"中山市档案馆分馆"牌子，实行"市馆分馆"档案管理模式。二是基础业务建设方面，各镇区档案馆根据简政强镇事权改革后镇区机构设置变化情况和镇区档案事业发展需要，将原来的镇区机关单全宗设置改为按镇区机关内设机构设置分全宗，统一配置镇区档案全宗与档案分类，制定镇区档案馆目标管理等级认定办法等。

在这个统一的建设模式下，至2019年5月，横栏镇档案馆被批准成立，中山市24个镇区已全部成立档案馆并加挂"中山市档案馆分馆"牌子。

（二）因地制宜，实行档案资源"统管"

各镇区成立档案馆后，档案专责人员增加了，档案库房面积扩大了，档案保管保护条件也得到相应改善，为探索"村档镇管"档案管理模式、多形式统一管理农业农村档案创造了条件。阜沙镇档案馆、南区档案馆率先开始"村档镇管"档案管理模式的探索实践。其中，阜沙镇档案馆为解决村（社区）档案保管条件差、人员力量不足等问题，每年定期将各村（社区）整理好的文书、土地管理、户籍管理、计划生育、社保等类档案接收进馆集中保管；南区档案馆则开始对社区形成的档案，采取统一时间、统一整理、统一保管、统一利用即"四统一"措施进行管理。2016年，沙溪镇档案馆又将"村档镇管"的实践经验参考运用到学校等其他领域的档案工作中，先后接管了镇属3所小学及1个行政村的全部档案实体，以解决学校及行政村的档案保管场地短缺问题。2017年，我市全部村（社区）应用中山文档平台后，大多数镇区档案馆便通过中山文档平台系统管理员的身份，实时查看所辖村（社区）各类档案的归档情况。在这个意义上，目前我市全部镇区已通过镇区档案馆代管村（社区）全部档案实体、镇区档案馆代管村（社区）主要类别档案实体、镇区档案馆对村（社区）归档情况实行网上监管三种形式，实现了对所辖村（社区）档案工作的统一监管，从而达到"村档镇管"的最终目的。

在推动"村档镇管"模式过程中，中山市档案局始终坚持因地制宜、因势利导的原则，做好规范和引导。2015年6月，中山市档案局印发《中山市村民委员会档案管理办法》，明确提出推进和完善"村档镇管"的方式方法，从制度层面上对中山市推行"村档镇管"机制进行了规范和完善。

（三）循序渐进，加强档案资源"统用"

全域统一应用中山文档平台（图1），是中山市建成全域统建统管统用档案资源的市镇村一体化新机制的关键。该系统在原中山市电子档案馆管理系统的基础上改造升级而成，项目总投资500万元，分别在市政务内网和政务外网部署，2015年12月通过终验。中山文档平台以中山市电子政务云平台为依托，是面向全市党政机关、学校、村居、医院、企事业单位等各类机构提供文件归档和档案管理服务的统一平台，也是市档案局对全市各立档单位档案工作实行在线监督指导的主要手段。

图 1　中山文档平台系统

图 2　中山市小榄镇档案局

一是统一推广应用。中山文档平台建成后，首先以小榄镇档案馆（图2）为试点，边试运行边完善功能，应用范围逐步从市直机关、事业单位、镇区扩大至企业、村（社区）、学校、医院等。市档案局加大推广力度，在《中山市村民委员会档案管理办法》明确了全市各村（社区）要统一应用中山文档平台进行归档操作，中山文档平台注册用户迅猛增长。截至2020年9月，我市已有1753个单位开通使用中山文档平台，其中党政机关850个（含撤并单位，下同）、学校320所、医院26家、企业131个、村（社区）312个、档案馆26家、其他机构150个。

二是统一数据质量。为保障归档数据质量，2016年5月中山市档案局先后印发《中山市文件与档案管理服务平台归档文件采集规范》《中山市文件与档案管理服务平台著录规则》，对文件、档案、资料的著录工作和电子文件、数字副本的采集工作提出统一规范要求，确保归档文件的真实性、完整性和有效性。同时，注重加强中山文档平台操作应用和档案人员业务培训，把好中山文档平台数据入口质量关。截至 2020 年 9 月，中山文档平台归档数据内容涵盖了文书、业务、照片、音视频、实物等 380 类档案、1600 多万件，存储 70TB，且仍以每日约 1 万件的速度递增。

三是统一存储备份。中山文档平台依托于中山市电子政务云平台，档案数据实行"统一储存、统一备份"，为档案数据安全提供了基础安全设施保障。目前，中山市档案局根据自身条件，完善人防、物防、技防"三位一体"的档案安全防范体系，建立"近线备份+异地备份+离线备份"的"三备"机制，以确保系统数据安全。

中山文档平台的统一应用，真正将中山市行政区域内市镇村三级的档案产生者、管理者、利用者关联起来，逐步实现全市档案信息资源大集中管理，从而实现档案信息资源的共建共治共享。借助中山文档平台，2016 年中山市档案局成功创建地方首家"全国示范数字档案室"，并被评为 2017 年度广东省电子政务建设优秀案例，2018 年中山市档案馆作为"全国示范数字档案馆"通过了专家评审，2020 年正式批准成为"全国示范数字档案馆"。

四、效果及影响

全域统建统管统用档案资源的市镇村一体化新机制是中山市档案部门适应档案工作发展、创新档案管理方式的一种自发性的创新探索与有效实践。通过市镇村三级档案部门分工协作、形成合力，有效破解了镇村因受人员、场地、资金缺乏及其他人为因素危及档案安全的难题，大大提升了我市农业农村档案工作现代化、规范化水平。

（一）基层档案工作基础条件明显改善

各镇党委、政府进一步提高了对档案工作重要性的认识，加强了对档案工作的领导，纷纷把档案工作列入村（社区）委领导班子年度绩效考核范畴，加大了人力、物力、财力的投入，镇区档案保管基础条件改善明显。而镇区档案馆工作队伍得到充实，加强了对所辖村（社区）的档案业务指导，又进一步带动了村（社区）档案工作基础条件的改善和业务水平的提升。据统计，全市 24 个镇区档案馆投入建设资金累计 2884 万元，各档案馆平均配备专职人员 3 人，是成立档案馆前的 3 倍；库房面积平均 494 平方米，是成立档案馆前的 16 倍，面积最大的小榄镇档案馆达到 2000 平方米。

（二）农业农村档案管理现代化水平大幅提升

各镇区及村（社区）统一使用中山文档平台，结束了使用档案管理应用软件不统一的历史，使档案管理更加科学，现代化水平显著提高。过去，各镇区及村（社区）使用品牌和版本不一的单机版档案管理应用软件，系统功能各异、自动化水平低、升级改造困难。中山文档平台通过在线归档，可以将各单位 OA 系统、业务系统的电子文件实时归档，实现文档一体化管理，降低了散失风险，做到"增量电子化"，同时也为大规模开展馆（室）藏档案数字化加工，实现"存量数字化"提供了便利条件。目前，中山市 277 个村（社区）均已应用中山文档平台，其中东区起湾社区实现电子文件从形成到归档、利用全程线上操作的文档一体化管理，于 2016 年 8 月建成了全市第一个村级数字档案室。

（三）农业农村档案工作规范化水平显著提高

由于统一使用中山文档平台，使各镇区及村（社区）在归档著录界面、著录项目和著录要求等统一规范的环境中进行归档操作，实现了文件存储格式自动转换、目录及封面标签自动打印、档号自动生成及档号标签自动打印等。同时，市镇两级档案管理部门加强线上档案业务指导，系统技术部门针对一些村（社区）提出的归档个性化需求，对其档案类别及类别名称、表单等逐一审核配置，避免了过去在类别设置、档号及目录编制等方面错误频出的现象，大大降低了各村（社区）档案人员归档整理误操作的概率，提高了档案工作规范化、标准化水平。

（四）农业农村档案信息利用共享服务更加便捷

各镇区扩大了档案收集范围，改善了馆藏结构，丰富了馆藏内容，特别是加强了对各部门各类专业档案的接收。目前，各镇区档案馆馆藏档案平均 4 万卷、10.2 万件，小榄镇档案馆馆藏达到 28.8 万卷、13.8 万件。应用中山文档平台的档案馆、室之间，可通过授权使用任何全宗的档案，消除了各档案馆、室的"档案信息孤岛"现象，档案查全率和查准率明显提高，档案信息共享服务更加便捷，进一步提升农业农村档案管理和服务水平，也大大提高了基层群众利用档案的便利感、获得感。

案例形成单位：中山市档案局
案例形成人：林东、陈岚、陈绪波、刘志信、巫晓云、吴佩容

中国科学院战略性先导科技专项档案管理的探索与实践

一、案例概述

中国科学院战略性先导科技专项（以下简称先导专项），是经国务院批准，中国科学院（以下简称中科院）发挥建制化优势，组织院内外优势力量共同实施的跨学科、跨领域、跨机构（以下简称"三跨"）的重大科技任务，具有周期长、投资大、参与机构多、地域分散、学科和领域广、复杂程度高等特点。近年来，中科院档案馆对先导专项档案管理和验收工作进行了有益探索和实践，逐步形成了一套较为科学完整、可推广可复制的重大科技项目档案管理模式。

二、实施背景

全国科技创新大会吹响向世界科技强国进军的号角，《国家创新驱动发展战略纲要》和国家"十三五"规划正式发布以来，深化科技体制改革和"放管服"改革等一系列重大举措稳步实施，开启了建成创新型国家和建设世界科技强国的新征程。面对新形势新要求，中科院始终牢记国家战略科技力量的使命，按照习近平总书记提出的"面向世界科技前沿、面向经济主战场、面向国家重大需求、面向人民生命健康""率先实现科学技术跨越发展，率先建成国家创新人才高地，率先建成国家高水平科技智库，率先建设国际一流科研机构"（简称"四个率先"）要求，全面深化改革，部署实施"率先行动"计划，基本实现了"四个率先"发展目标。在"率先行动"计划的统领下，中科院先导专项为重要抓手，着力构建集中力量办大事的科技创新活动组织模式，取得了一系列有重大影响的突出成果，充分发挥了骨干引领和示范带动作用。

先导专项档案记录了中科院一系列"重大产出"和"协同创新"，反映着中科院实现"四个率先"发挥目标的重要历程，能够为科学决策、维权举证、检查验收与后评估等提供真实依据，是中科院和国家的重要科技资源。先导专项采用了跨学科、跨领域、跨机构的科研组织形式，使其档案具有收集难、保管难、资源共享与利用难等特点，收齐、管好先导专项档案难度更大、挑战更高。中科院档案馆从2011年开始对同样以"三跨"形式部署的中科院知识创新三期重大科技项目档案管理情况进行调研，发现在档案归属、档案质量、特殊载体归档等方面存在以下问题：一是项目档案保管分散，归属不清，资源整合困难；二是项目档案完整性较差，主要表现在能够复原科研过程的核心文件材料缺失；三是档案工作受到信息技术的冲击，特殊载体文件材料流失严重。

为此，中科院档案馆通过办公厅报送了《关于加强战略性先导科技专项档案管理的建议》领导参阅材料，分析了重大科技项目档案管理中的问题，提出了加强先导专项档案管理的建议。中科院党组对此高度重视，要求采取有效措施解决先导专项的档案问题，加强先导专项档案管理。中科院档案馆根据中科院党组指示在办公厅指导下积极研究，采取了一系列有效举措规范和加强先导专项档案管理工作，确保先导专项档案"收得齐、管得住、用得好"，推动先导专项档案工作取得了良好成效，并通过对先导专项档案管理的有益探索，建立起一整套切实可行的重大科技项目档案管理模式，有效提升了项目档案质量和管理规范化水平。

三、创新做法

先导专项"三跨"的科研组织模式和特点决定了做好先导专项档案管理是一项复杂而系统的管理工程。在国家没有针对"三跨"项目档案管理规章制度的情况下，中科院档案馆主要通过以下举措加强先导专项档案管理。

（一）建立全面覆盖的先导专项档案管理体系

重大科技项目的全过程组织管理体系是项目顺利实施的重要保障。根据中科院院所两级的档案工作管理体系和先导专项管理实际情况，先导专项档案管理实行统一领导、分级管理相结合的原则，建立了院先导专项主管部门、先导专项依托单位、各任务承担单位及其参与单位分级负责、统分结合的档案管理体系。通过矩阵式管理框架的设计（图1），有效保障了院机关档案管理工作的总体指导、专项依托单位档案工作的全面负责、各任务承担单位的各司其职和分工落实，提升了档案管理成效和管理灵活性。

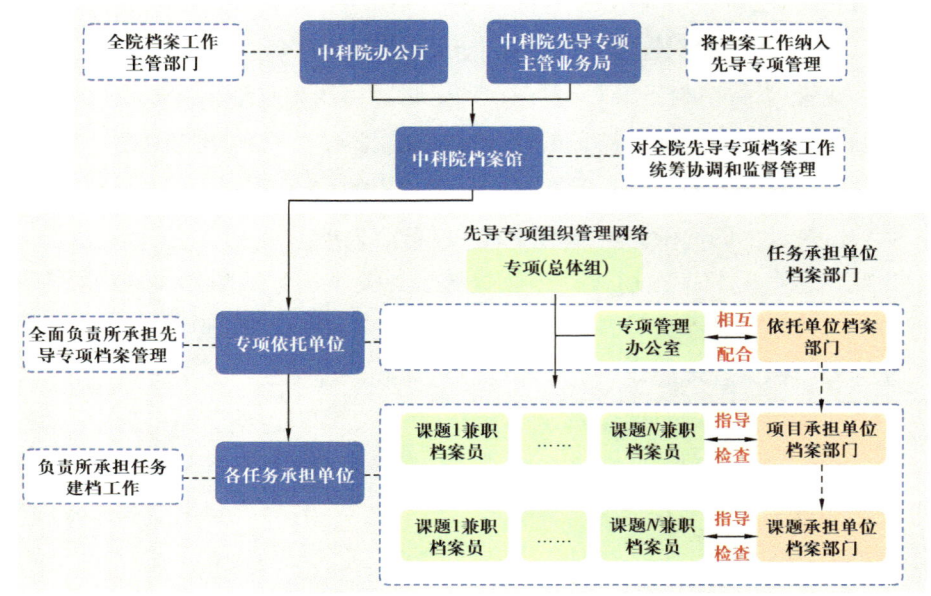

图 1　中科院先导专项档案管理组织框架

（二）制定突出科研特色的先导专项档案管理制度和业务规范

依据《中华人民共和国档案法》《科学技术档案工作条例》及有关档案工作制度规范，并结合先导专项"三跨"的组织模式和管理特点，中科院制发了《中国科学院战略性先导科技专项档案管理实施细则》和《中国科学院战略性先导科技专项文件归档要求和整理规范》。先导专项档案规章制度的制发，保障了专项档案工作规范有序开展，并在实践中有效解决了以下先导专项档案业务难点：一是根据科研布局和档案的形成规律，明确了先导专项各任务承担单位文件归档职责、归档流程和归档要求；二是对先导专项档案资源进行了系统合理分类，既便于先导专项档案的整理、保管和利用，又能够满足科研任务动态调整的实际情况；三是准确把握科研活动的属性及特点，制定了合理的科研文件材料归档范围，确保了应归档文件材料，尤其是核心科研过程文件材料的齐全完整，同时在实践过程中按照不同学科领域动态调整和细化科研过程文件归档范围，为档案知识展示和服务奠定基础。

（三）强化先导专项档案协同管理和监督检查

1. 建立先导专项档案协同管理机制

基于先导专项归档责任主体众多的特点，为推进先导专项档案管理的有序实施，按照国家科技档案工作"同部署、同实施、同检查、同验收"管理要求，建立了先导专项档案协同管理机制。一方面与先导专项主管业务局配合，推动先导专项档案管理纳入院先导专项管理办法和相关管理实施细则、纳入院先导专项会议和中期检查等专项过程管理、纳入院先导专项结题验收。另一方面指导各先导专项及时建立专项档案工作网络和规章制度，明确专项依托单位和各任务承担单位档案部门、科研工作人员等归档工作职责，并将档案工作纳入所承担先导专项的管理制度、工作流程，协同配合推动先导专项档案管理与专项管理同步开展。

2. 建立先导专项档案督导机制

通过建立先导专项档案督导机制，规范和加强先导专项档案过程管理，做好专项档案工作服务支撑，保障专项档案质量和顺利验收。每个先导专项档案工作督导组由中科院档案馆人员、院属单位档案业务骨干和依托单位档案人员、先导专项办管理人员组成，主要负责为先导专项档案管理提供全方面、全过程督导。档案督导员实行动态调整，定期考评不符合要求的不再纳入督导团队。

（四）引入量化评价，严格先导专项档案验收

1. 量化项目档案工作评价，提升验收成效

根据先导专项档案验收内容，制定了量化的专项档案工作评价表，评价指标体系包括五大方面，13个二级指标29个三级指标，从先导专项档案工作的组织管理、档案工作规章制度制定与执行、档案信息化、档案质量、档案归属与处置等方面综合评价先导专项档案管理和验收情况，便于档案管理与档案质量的量化与横向对比，有效解决了项目档案验收"定性"评价受个人主观意愿影响较大的问题，为先导专项档案验收提供参考，提升档案验收成效。

2. 规范验收流程，保证先导专项档案质量

根据先导专项管理要求和任务设置情况，按照"统一标准、分级验收"的思路开展先导专项档案验收，重点抓先导专项档案自查，由依托单位对各级任务归档情况进行自查；抓先导专项档案验收申请材料审核和闭环整改，重点对归档

文件材料的完整性、系统性进行审核,并及时督促整改,形成闭环管理,保证归档质量;抓先导专项档案验收后的跟踪检查,在先导专项验收完成后,对档案归属与流向、数字档案资源移交情况等持续跟踪检查。通过不断规范和优化验收流程,保证先导专项档案质量。

(五)同步推进先导专项档案数字资源建设

1. 积极开展先导专项数字档案资源汇交

根据先导专项档案数字资源类型,研究形成分布式电子文件收集归档机制,积极开展先导专项数字档案资源汇交:通用电子文件,要求脱机存储;专用设备生成的电子文件,要求转换成通用格式脱机存储,或与专用软件、技术资料等一并脱机存储;对于在业务系统中生成、办理、传输的电子文件和脱离生成设备无法读取的电子文件和科研数据,要求存储在相应的业务系统和生成设备中,但档案部门需对这部分电子文件和科研数据进行登记并加以控制,如文件内容、存储地点、访问方式等,并由文件形成部门负责该文件的长期存取。

2. 建设先导专项档案数字资源库

院层面,通过明确先导专项数字档案资源建设和移交要求,向院属单位配发数字档案资源离线管理系统(图2)并进行培训,加强先导专项档案目录资源整合以及声像、电子文件归档,推进中科院先导专项档案数字资源建设。专项层面,针对不同先导专项研究内容和学科领域,指导先导专项建设本专项特色档案数字资源管理平台。如"变革性纳米产业制造技术"先导专项建立了专项档案信

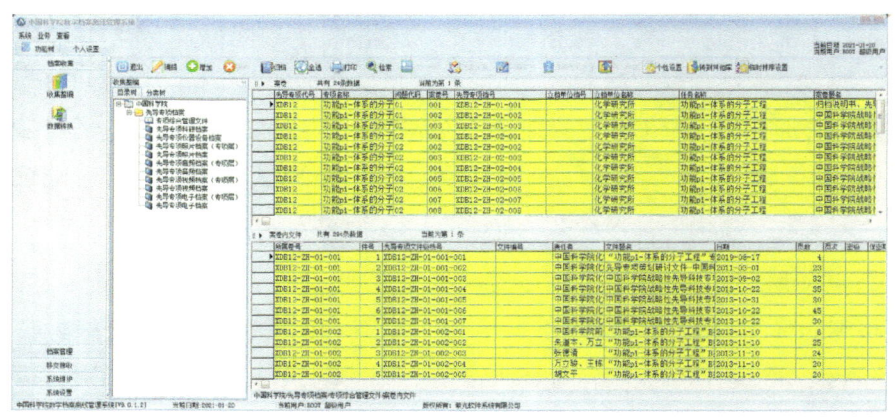

图2 中科院数字档案离线管理系统界面

息数据库及查询平台,"热带西太平洋海洋系统物质能量交换及其影响"先导专项建立了数据管理平台,实现各级课题数据提交、浏览、成果汇交等工作的"无纸化"在线运行,大大提高了管理服务水平和数据利用效率。

3. 探索先导专项档案数字资源融合与知识服务

通过设立多源异构科技档案数字资源融合路径研究、多方共治的科学数据管理机制研究等课题,梳理先导专项档案数字资源特点并分析总结相关知识服务需求,为档案馆在支撑科技战略决策、服务科技创新等方面提出有针对性的方向;探索多源异构的科技档案数字资源库建设路径,为实现先导专项档案数字资源整合,满足知识服务需求奠定基础。

四、效果及影响

(一)完整保存先导专项重大成果档案,为科研工作的继承与发展奠定档案基础

先导专项档案资源建设成果显著,先导专项实施以来取得的一大批重大原创成果,在档案中得到完整保存。一是先导专项文件材料归档率普遍提高。得益于先导专项档案管理,先导专项取得的一大批重大原创成果,在档案中得到完整保存,并重点加强了研究过程中产生的设计文件、实验数据、测试记录、技术配方、工艺参数等核心过程性文件材料、照片、音频、视频、电子文件等特殊载体档案的归档,有效保证了先导专项档案的完整性。二是档案数字资源建设初见成效。截至目前,中科院档案馆分批部署了58个单位、55个先导专项档案数字资源建设任务,共完成24个先导专项档案分项验收,12个先导专项约20TB档案数字资源向中科院档案馆汇交,并通过建立专项档案资源库,积极探索开展先导专项档案资源的整合与共享。

(二)推动中科院科研档案工作和科研管理水平不断提升

一方面,先导专项档案管理的经验为其他重大专项档案管理提供示范。因为先导专项的实施,凝聚和培养了一批科技创新人才,在争取和承担国家重点研发计划、国家重大科技专项等国家重大科技任务时,先导专项档案管理经验得到充分发挥,提升了中科院科研档案管理规范化水平。另一方面,先导专项档案管理

有效促进了科研管理规范化水平的提升。如先导专项对科研活动原始记录的管理要求，明确了科研原始记录应及时、准确、完整，保存得当，做到可查询、可追溯，助推了科研诚信建设；通过加强科研仪器设备文件材料归档，进一步提升了设备采购流程的规范化。

（三）逐步培养了一批科技档案业务骨干

为解决先导专项"三跨"特点带来的档案工作体制、机制上的新问题，同时培养适应现代科学研究，既懂档案又了解科研的档案业务骨干是先导专项档案管理的重要目标之一。先导专项档案管理过程中非常注重人才培养工作，通过开展院先导专项档案业务培训和点对点专项档案培训，提升专项管理和科研人员、专兼职档案人员的大档案意识和专项档案业务能力；通过设立先导专项档案管理研究课题，解决专项管理问题，提升档案人员的学术研究能力；通过分院间档案工作互查、档案工作协作组等搭建交流与研讨平台，促进业务和学术的交流和融合。中科院半数以上的档案人员参与到先导专项档案具体业务工作，为其他项目档案管理积累了宝贵经验。

（四）逐步形成了可复制、可推广的重大项目档案管理模式

"十三五"期间，中国科学院先导专项档案工作取得了一定的成效，获得了国家档案局的高度认可。国家电网、全国地质资料馆、中国人民大学、中国原子能科学研究院等单位来中科院调研先导专项等重大科技项目档案管理情况，交流研讨工作经验。经实践证明，中科院以先导专项为突破口，探索实践跨机构、跨学科、跨领域协同攻关科技项目档案管理模式创新，为国家重大科技项目档案管理提供了借鉴和示范。

案例形成单位：中国科学院档案馆
案例形成人：潘亚男、叶甜

交通银行大力推行档案工作数字化转型

一、案例概述

近年来,随着银行业务电子化的快速发展,交通银行股份有限公司(以下简称交通银行)无纸化办公、无纸化业务办理快速推进,电子文件、电子数据、电子档案大量产生,对交通银行档案工作产生极其深刻的影响。为贯彻落实国务院及相关部委关于大力发展电子商务的政策要求,根据国家档案局的安排部署,交通银行加快推进档案工作转型升级和创新发展步伐,为业务数字化发展提供有力支持。

二、实施背景

(一)贯彻落实《中华人民共和国档案法》关于加强档案信息化建设的重要举措

2020年6月20日发布的新修订《中华人民共和国档案法》,专门增设了"档案信息化建设"章节。国家从立法的高度对档案信息化、数字化建设提出具体要求,并将提升档案信息化水平作为新时代档案工作的重心予以倡导和规范,充分说明国家对档案信息化建设的高度重视。因此,推行档案数字化转型,不仅是交通银行档案工作发展的现实需要,更是交通银行贯彻落实《中华人民共和国档案法》的需要。

(二)推进交通银行改革发展转型的需要

在数字化迅猛发展的时代,交通银行要获得大的发展,就必须抢占数字化这个先机,通过数字化实现最大限度的降本增效,将数字化转化为实实在在的综合竞争力。2020年暴发的新冠肺炎疫情,居家办公、线上购物、网上银行等以互联网、数字化主导的新兴产业均获得意想不到的发展。当前银行业务要高质量发展，就必须依靠数字化转型，实现业务办理线上线下齐头并进，激发科技赋能活力。前台业务数字化的迅猛发展，作为业务运营与管理链条的最后一环，档案管理也必须与之"同频共振"，从而形成银行业务数字化的完整闭环。

（三）加强档案安全管理和提升管理质效的关键所在

档案安全是档案工作的底线。档案数字化转型可以促进和带动档案安全工作转型升级。如通过档案数字化转型，实现业务系统电子数据向档案系统跨平台迁移的电子数据"换手管理"，使电子数据安全更有保障。

三、创新做法

（一）在业务系统与数字档案馆系统之间建立数据接口

在业务系统与数字档案馆系统之间建立数据接口，是档案数字化转型的重要内容。2017年以来，交通银行陆续开通数字档案馆系统与营运、预算财务、对公授信（图1）、对私授信、电子邮件、集团办公等业务系统的数据接口。

图1 交通银行数字档案馆系统对公授信档案管理界面

（二）对业务系统电子数据或电子文件提供"真实性、可靠性、完整性、可用性"保障措施

2017年12月、2019年12月交通银行通过参加国家档案局电子文件归档

与电子档案管理、数字档案馆建设 2 个试点，基本解决了电子档案管理的关键问题——业务数据"真实性、长期性、安全性、可用性"的"四性"检测验证问题。

（三）对增量文件材料的处置

从 2020 年开始交通银行进一步提升营运会计、授信审批、个贷审批、集团办公、电子邮件等业务系统电子文件单套归档率。争取至 2024 年年底，完成全行重要核心业务系统的数字化转型工作。在推行电子文件单套归档过程中，交通银行各条线能充分考虑监管部门、政法系统的要求，以及本行自身维权、客户需求等各方因素，在满足监管部门需要和业务发展的前提下，推进电子文件单套归档工作。

（四）对保管期满存量档案的处置

交通银行将保管期满档案的鉴定销毁作为存量档案处置的突破口。根据《交通银行保管期满档案销毁规定》《交通银行会计档案管理办法》要求，档案鉴定前，交通银行各单位均成立由档案产生部门、档案部门、审计部门等派员组成的鉴定小组，对保管到期档案进行价值鉴定。为解决档案鉴定销毁工作缺乏操作指导问题，交通银行于 2020 年 9 月召开了全行范围的经验交流会，安排相关单位介绍了成功的做法和经验，确保全行档案鉴定销毁工作的有序开展。

（五）压减物理档案库房

用电子数据库代替物理档案库房，是档案存储升级换代的趋势。基于交通银行纸质文件大量减少、实体档案库容压力逐步减轻的实际，2020 年 3 月，交通银行调整了档案库房建设思路，暂停在省分行建设档案中心的计划，将原来用于建设库房的基建投资拿出部分用于购置电子数据存储设备。初步设想，拟将已建成的 12 个规模较大的档案中心转变成跨省市的区域档案中心，每个区域档案中心保管 2~3 个省直分行档案。后续再根据区域档案中心库容闲置情况，采用合并方式逐步减少区域档案中心数量。

（六）金融科技助力转型

在推进档案工作数字化转型过程中，交通银行引入了多项新兴金融科技，为实现银行业务数字化管理奠定了坚实基础。例如，在数字档案馆中引入了基于流计算的规则引擎技术，通过专家规则和自学习机制，实现了对数据的复杂规则匹配和审查，在电子邮件等领域的规则化归档更是行业内的首次尝试。为应对银行业务海量电子档案管理与检索的需要，引入了分布式文件管理技术与分布式数据库技术，在统一化管理海量数据的基础上，实现了高并发大文件的存储和海量数据索引的建立，实现高效稳定的文件和数据吞吐，有力支撑全行业务的稳健发展。基于档案语料规则的全文检索技术和关联推荐技术的引入，有效提升了档案的使用质效，相较传统纸质档案的调阅和多字段拼接查询具有更好的使用体验和更高的使用效率，有效降低了档案管理成本和使用门槛。

四、效果及影响

（一）从手工管档向智能管档转变，推进档案管理手段的转型升级

一是档案接收自动化。档案管理系统自动定期接收其他业务系统导入的电子文件或电子数据，无须人工干预。二是档案数据统计与档案监督检查自动化。集团档案数据的大集中，使交通银行可通过档案管理系统统计全系统档案事业基础数据，并通过基础数据查看、分析各分支机构年度档案工作开展情况，既快捷又精准。三是办理保管到期档案鉴定、销毁手续自动化。档案管理系统自动将保管到期档案清单推送至办公室档案管理员，由办公室牵头组织业务部门通过档案管理系统办理到期档案鉴定、销毁手续。

（二）从实体管理向数字管理转变，加快档案管理质效的转型升级

一是用电子材料代替纸质材料，降低管理成本。以上海市分行为例，"531"工程上线前，该行营运会计档案数量高峰年2011年排架长为2687米，"531"工程上线后，该行营运会计档案数量逐年下降，2019年该行营运会计档案排架长仅为806米，数量减少了70%，成效非常明显。二是用电子流代替纸质流，提高营运效率。以授信条线推行的授信流程无纸化申报系统为例，2019年7月全行推广该系统后，授信申报流程平均用时降幅达40%。三是用数据库代替档案库房，加快档案存储的升级换代。用电子文件逐步取代纸质文件后，档案物理库房需求量将逐步减少，而电子数据存储需求则逐步增加。这种变化就是档案管理从

传统向现代的转变，是信息化时代档案工作发展的必然趋势。

（三）从简单利用向知识管理转变，推进档案信息开发的转型升级

近年来，交通银行充分利用数字档案带来的"红利"，运用知识管理、大数据等理念和技术，创新档案利用方式和方法，对档案信息进行深层次加工和知识化组织，以档案利用需求为导向，有针对性地主动为银行提供全方位、多层次的档案信息服务。如，交通银行利用库存档案，举办了交行支持抗战图片展、交通银行创立110周年历史成就展（图2）、新中国成立70年来交通银行支持国家经济建设史料展，编纂并公开出版了《交通银行史》《交通银行志》《交通银行史料续编》3套书籍，完成编纂《香港分行史料释读》等内部书籍。

图2　交通银行举办的交通银行创立110周年历史成就展

（四）从现场利用向联网共享转变，推进档案利用的转型升级

交通银行利用内部网，向全行员工开放档案查询权限。为确保员工随时随地查档，交通银行为员工提供了多种终端查档方式。员工除了在办公室个人终端查档外，还可在笔记本电脑查档，解决了员工在家庭、外地出差等多种场景中的查档需求。下一步交通银行拟在手机App"交银e点通"上开辟档案查询功能，为员工拓展更多的档案查询渠道。

案例形成单位：交通银行股份有限公司
案例形成人：帅师、杨国柱、周骅、沈智炜、张相、周大伟

档案专业思维下的拓展式管理
助力航天智慧总体部知识工程建设

一、案例概述

北京电子工程总体研究所作为典型知识密集型企业，将档案收集、整理、利用的专业优势与企业管理的体系化优势、信息化技术优势等深度融合，从资源体系、利用体系、支撑平台、考核激励等方面开展智慧企业知识工程建设，形成一套"能指导、重实用、可激励"的、具有航天企业特色的知识管理体系，使多年在型号实践与专业建设中形成的大量宝贵的知识资源在企业中有效流转，推动企业型号研发设计能力的稳步提升。

二、实施背景

知识是通过学习、实践或探索所获得的认识、判断或技能。管理大师彼得德鲁克认为："企业所拥有的，且唯一独特的资源就是知识。能产生企业独特性和作为企业独特资源的是它运用各种知识的能力。"

2013年国家档案局印发《企业文件材料归档范围与保管期限管理规定》（国家档案局令第10号），扩大了档案资源管理范畴，对企业文件材料的归档范围和保管期限作出明确规定，为企业知识工程建设几乎全覆盖地收集了所有显性知识，为知识资源奠定坚实基础。2017年中央军委装备发展部颁布的GJB 9001C—2017《质量管理体系要求》明确："组织应确定必要的知识，这些知识应予以保持，并能在所需的范围内得到；确定如何获取或接触更多必要的知识和知识更新。"因此，为实现组织对知识的共享和使用，组织应以档案专业管理思维识别、确定、获取、保护、保持、更新、管理和有效利用所需知识，推进知识工程建设。

中国航天科工集团有限公司在转型升级发展战略指导下，于2015年1月开始全面启动智慧企业及其运行平台建设，北京电子工程总体研究所同步开展智慧企业建设，知识工程建设作为重要分支随即展开。作为国防科技工业的中坚力量，信息资源不仅涉及企业生产经营管理的诸多信息，更涉及国防安全领域的国家秘密事项，专业面宽、知识密集、机要性强等特点对知识管理提出特定复杂需求。

智慧企业及其运行平台建设存在问题如下。

（一）知识定义不清，本地化特色不明显

早期受限于认识和手段不足，缺乏对知识的统一认识和管理，知识的定义和分类不清晰，缺乏与企业特色的融合，没有形成系统化、体系化、多维度的知识管理体系，同时思想重视程度不够。

（二）知识难以累积，流失严重

设计过程中的很多设计意图、设计依据、分析过程和设计决策等知识，没有收集和存储的渠道，缺乏对知识积累的相关意识，导致宝贵经验流失。

（三）知识较为分散，查找困难

各专业的设计报告范例、专业建设成果分散在个人手中，并且受限于系统平台互不兼容，部分系统权限控制严格，即使部分知识从个人转移到系统，依然存在存储分散、数据冗杂、难以共享等问题。

（四）业务结合松弛，难以重用

知识管理活动与实际业务过程脱节，知识不与业务流程的特定任务相结合，设计师一般很难有共享知识的动力，从而影响整体研发效率。

在此背景下，北京电子工程总体研究所积极推动"10号令"《企业管理类档案保管期限表》及各顶层知识管理国家标准落地实施，旨在做好知识工程"本地化"，最终形成一套符合单位战略发展需要的"个性化"知识管理体系。

三、创新做法

知识包含档案资源及档案范畴之外活跃于专业建设及管理过程中的显性、隐

性信息资源。知识管理要以档案"收、管、存、用"的理念去解决知识"管什么、从哪收、存到哪、怎么用"的问题。

(一)科学设计——制定知识管理体系顶层架构

从管理层面、信息技术层面着手,构建知识管理模式,即建立单位知识制度体系作为顶层指导依据,应用先进技术进行支撑平台建设,通过数字档案平台收集档案、资料等知识资源,通过云雀平台对知识进行加工处理,以满足多种知识利用需求,形成一套完整的知识管理解决方案(图1)。

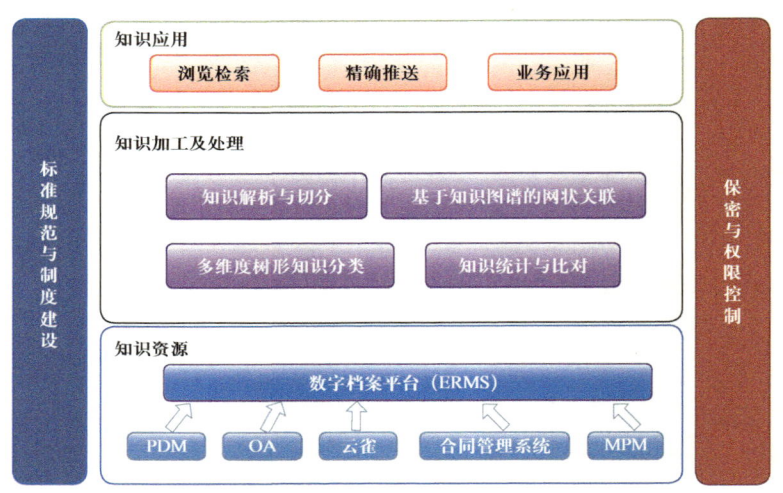

图 1　知识管理体系架构

(二)制度先行——制定"本地化"指导性文件及激励性文件

一是依据"10号令",结合单位实际,形成顶层指导性文件《文件材料归档范围及保管期限表》,对20余个部门上千类文件的归档作出明确指导和要求。

二是发布《知识工程建设激励方案》,通过上传、利用平台信息资源获得积分,最终将积分兑现为奖金,激发全员参与热情,提高知识共享及利用意识。

(三)技术支撑——将分布式、云存储、数据挖掘等先进技术融入档案及知识管理

为应对海量信息资源、繁多数据类型在接收、存储、检索、挖掘等方面的一

系列全新挑战，将云存储、分布式计算、大数据分析等主流技术融入平台建设，先后打造完成"数字档案平台"及"云雀知识智慧应用平台"。

1. 关键技术

平台建设使用了如分布式文件系统支持服务器无限热扩展，实现 PB 级海量电子文件的存储及高并发处理；分布式检索系统实现海量数据秒级响应检索；以及分布式转换系统、非结构化库、语义分析、行为分析、知识图谱、分类聚类等技术。

2. 平台建设

数字档案平台为档案、资料等知识资源提供统一收集入口，可从容应对未来数字信息资源体量急剧增长形势下的存储和处理，定位为单位最大的知识仓库和知识资源体系的主体支撑，充分实现个人知识组织化、组织知识规范化。

云雀知识智慧应用平台作为知识的智慧开发应用平台，集聚类分析、语义识别、行为分析、知识图谱、相似度匹配等智能技术于一体，支持对知识的统一检索、多维度分类展示、相似知识推送等，以智慧手段强力发挥知识效能，促进组织知识绩效化。平台架构如图 2 所示。

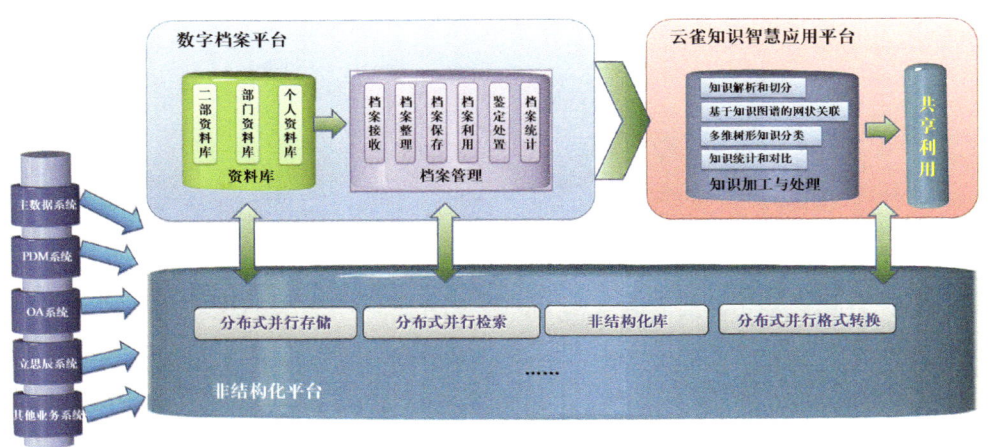

图 2　数字档案平台及云雀知识智慧应用平台架构

（四）资源至上——结合"10 号令"做好知识分类梳理、全面收集，建立知识获取长效机制，构建知识资源体系

依据"10 号令"及相关标准，结合企业特点对知识进行梳理、分类，并以此指导知识获取。

1. 知识梳理及分类

根据知识标准 GB/T 23703.7—2014《知识管理 第 7 部分：知识分类通用要求》，结合航天企业特点，将知识分为技术类知识和管理类知识。

（1）技术类知识。参照系统工程工作包概念，将技术类知识分成四类（表 1）。

表 1 技术类知识分类

序号	一级分类	二级分类
1	约束性知识	国家标准
		行业标准
		……
2	辅助性知识	科技报告
		编研成果
		学术论文
		……
3	操作性知识	工程报告模板
		建模过程、设计流程等
4	结果性知识	设计结果
		试验方案
		……

（2）管理类知识。将管理类知识划分为 4 大领域、10 大类、30 余个子方向（表 2）。

表 2 管理类知识分类

一级序号	一级节点名称（领域类型）	二级序号	二级节点名称（知识类型）	三级序号	三级节点名称
1	企业战略	1.1	规划类	1.1.1	战略规划
				1.1.2	中长期考核
				……	……
2	企业治理	2.1	党建类	2.1.1	"两学一做"

续表

一级序号	一级节点名称（领域类型）	二级序号	二级节点名称（知识类型）	三级序号	三级节点名称
2	企业治理	2.2	制度类	2.2.1	上级制度
				2.2.2	单位制度
				2.2.3	职责
		2.3	体系类	2.3.1	质量体系
				2.3.2	保密体系
				……	……
		2.4	计划类	2.4.1	策划
				2.4.2	计划考核
				2.4.3	项目管理
3	企业资源	3.1	成果类	3.1.1	培训
				3.1.2	撰写成果
				……	……
		3.2	信息类	3.2.1	政务信息
				3.2.2	市场信息
		3.3	台账类	3.3.1	设备仪器
				3.3.2	行政综合
				……	……
4	企业文化	4.1	综合文化类	4.1.1	企业文化
				4.1.2	宣传
		4.2	专项活动类	4.2.1	会议
				4.2.2	活动
				4.2.3	调研

2. 知识获取

（1）获取途径。

各门类档案归档：包含 PDM、OA、ERP 等业务系统电子文件在线归档及部分实体文件归档。

隐性知识显性化收集：结合激励制度进行前端控制，激发全员在协同设计过程中注重经验类知识总结、工具类知识固化，促进隐性知识的显性化收集。

（2）长效管理机制。

档案收集：依据《文件材料归档范围及保管期限表》制订年度归档计划，严格按归档计划组织归档，并实施考核监督。

文件资料（档案范畴外）收集：依据《知识工程建设激励方案》，激励完成对历史文件资料的一次性统一收集，每月定期开展版本更新及新产生文件资料的收集。档案室对相关情况实施监督和公示。

（五）智慧利用——善用知识加工，展现知识生命力，打造完备知识利用体系

基于数字档案平台对海量知识的收集和存储，云雀平台进一步对知识进行智慧开发利用，支持跨系统检索知识，支持知识的智能化应用、对知识和行为的评价、分析。

1. 知识加工

实施前端控制，将知识加工融入业务过程，在形成文件的过程中，同时赋予其多维度的属性标注，也是将编研工作前置化、全员化、普及化。

收集到知识后，在知识中台对知识进行解析、切分等处理，重点是按专业学科、产品组成、部门和类型等多个维度进行树状划分，并建立基于网状的知识图谱，构建重点知识项之间的关联关系（图3）。

2. 知识利用

知识只有与具体的业务流程深度嵌套，在典型的业务场景中有效的使用和流转，才能体现知识的生命力和价值，由此，设计了精确推送、业务应用等应用场景。

（1）精确推送。

实现设计过程中知识的精准推送，目的是实现由"人找知识"向"知识找人"转变，提高设计效率。

将过程类知识、结果类知识、航天词条、标准规范等与设计师设计活动建立联系，将设计师最关注的知识点结构化出来，精细化推送给设计师。针对长篇文

档，系统提取文档的章节信息，将文档结构呈现给用户，使得用户可以快速定位到所需章节，并且推送时只定位到指定章节。

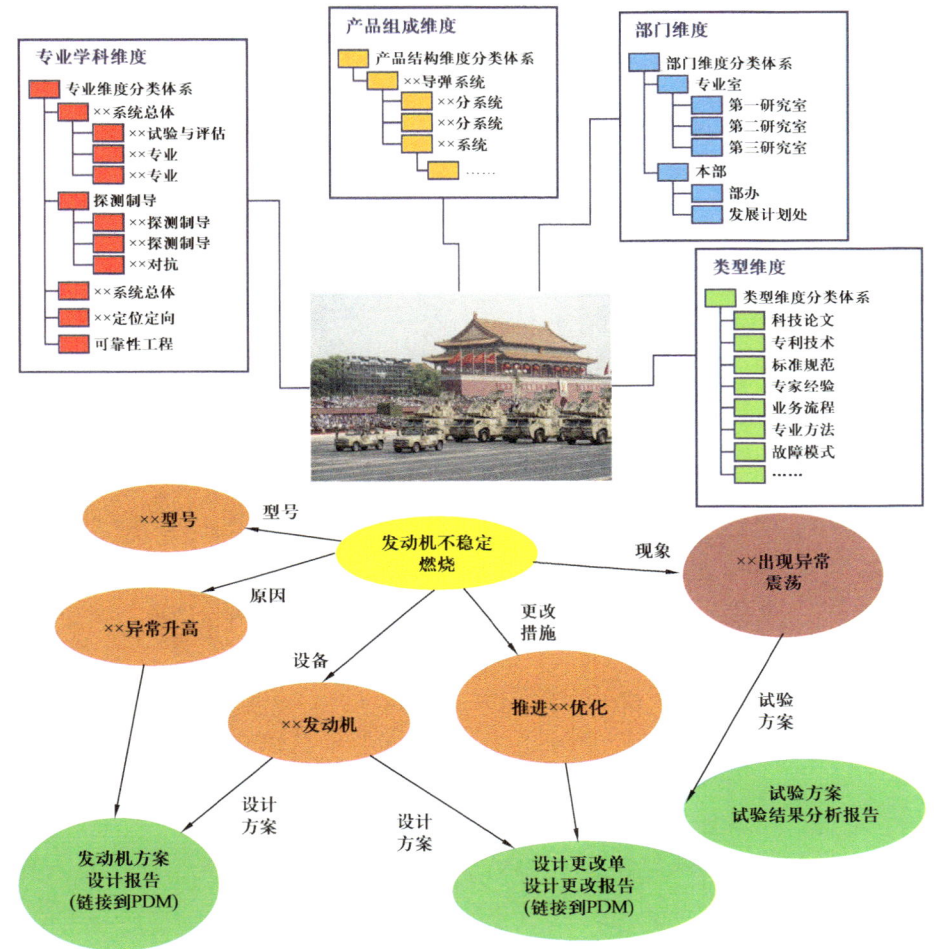

图 3　知识分类树及知识图谱

（2）业务应用。

从质量案例库建设、软课题外协成果共享、工具及软件库建设、人—知—岗培训体系等多个维度实现知识在业务中的应用。以质量案例库建设为例，构建包括质量案例关键要素的案例模板，将近年来的质量案例从型号、故障部位、故障原因等角度进行结构化展示，并从案例中抽取共性内容作为标签或特征，供知识图谱构建和分析。同时将质量案例及其对应在业务系统中的方案报告、改进设计报告、归零报告、故障分析报告、故障数据等建立关联，展示完整的故障知识。

四、效果及影响

（一）数字化、网络化、智能化环境下的知识检索和利用效率大大提升，为航天企业科研生产赋予新动能

数字知识收集效率大幅提升：分布式、分片技术支撑条件下，文件上传速度提升30倍以上、时间成本降低90%以上。数字知识收集交接相比传统面对面交接，时间成本减少99%以上。

数字知识检索及定位的效率提升："百度"式一键统一检索，辅以全文检索、二次检索、智能排序等功能，知识检索定位效率大大提升。

知识云端获取和利用效率大幅提升：基于云端的数字知识获取相比传统纸质知识资源获取，单次消耗的时间成本由1人·时降低到0.1人·时，按年度统计数据每年上万次知识获取需求计算，每年合计节省至少9000人·时。

（二）知识资源智能支撑协同设计，提升设计效率

云雀知识智慧应用平台通过智能识别研发过程，实施面向协同研发过程的知识资源、专业工具的实时智能推送，高效支撑导弹总体、气动、结构等专业指标、参数设计，提升型号设计效率，设计方案迭代时间平均减少30%。

（三）档案中的核心技术知识利用高效助力技术瓶颈突破，大大缩短研制周期

档案中的核心技术知识在项目研发的过程中隐形的经济效益是可观的。珍贵的试验参考数据和分析结论，高效助力解决困扰项目团队的关键技术问题，曾使部分项目工作得到飞速推进，按照以往项目经验测算，预计缩短攻关周期约三个月，进而节约了数百万元的研制经费成本。

（四）知识成体系，为下级单位专业建设及管理流程正常运转提供有力支撑

单位建立了一套知识管理模式，从知识的资源体系、利用体系以及平台建设方面形成了可推广、可复制的管理模式，对下属四级单位专业建设、质量体系建设、安全生产体系建设等均具有很强的指导意义。

案例形成单位：北京电子工程总体研究所

案例形成人：张维刚、韩志平、王蒙一、张迪、陈洪磊、王玫

中国石油档案工作
数字化转型助力企业价值创造

一、案例概述

在数字技术驱动、企业提质增效、档案工作高质量发展的背景下，数字化转型是企业档案工作在数字时代生存发展和创新管理的必由之路。"十三五"期间，中国石油主动把握数字化发展趋势，积极开展档案工作数字化转型管理创新，构建了以档案资源数字化、业务流程数字化、管控模式数字化、服务产品数字化、管理能力数字化为主要内容的策略体系，有力促进了档案业务的创新发展和转型升级，为企业提质增效和价值创造作出显著贡献。

二、实施背景

中国石油开展档案工作数字化转型管理创新，既有外力推动又有内力驱使，主要表现在三个方面：

第一个创新驱动力来自数字技术推动。当前以 5G、工业互联网、人工智能、区块链、云计算、大数据（通常称为"5i ABCD"）为代表的数字技术，成为全球经济发展的重要驱动力和经济高质量发展的重要引擎，广泛应用于中国石油企业生产、经营和管理的各个方面，中国石油信息化正从应用集成阶段迈向共享服务与数据分析应用的新阶段，数据驱动业务决策的工作机制基本形成，深刻影响着企业档案工作的理念、对象、方法与技术，传统纸质档案管理理念和分段式、后端式管理模式已不适应数字技术发展的新要求，迫切需要变革传统的管理理念、管理模式和管理方法，以适应和引领数字技术环境下的档案管理。

第二个创新驱动力来自企业高质量发展。企业是追求效益的营利组织，要求各项业务都要追求效益、创造价值。面对疫情防控常态化和国际油价震荡频繁化的压力，石油石化行业正处在调结构、促转型和智能制造技术应用的关键交汇期，提质增效已经成为中国石油当前最为紧迫的任务。企业提质增效要求在经营上精打细算、生产上精耕细作、管理上精雕细刻、技术上精益求精。对于档案工作而言，数字化转型能够充分发挥数字技术在档案资源配置中的优化、集成作用，转变档案管理方式、服务方式和管控模式，从而形成新的专业优势和内生动力，提高管理效率和效益，是企业提质增效的内在要求和主动选择。

第三个创新驱动力来自档案工作自身需要。国家治理现代化和企业治理现代化对企业档案管理提出更高的要求，新修订的《中华人民共和国档案法》明确了电子档案的法律效力，尤其是前端业务活动的云化、线上化运转，电子档案已逐渐成为档案管理的主要对象。这就要求档案工作必须数字化转型，运用数字技术改变管理方法，建立新的管理体系，以更好地发挥档案工作在服务企业发展中的价值。

三、创新做法

中国石油将档案工作数字化转型纳入企业数字化转型战略，努力构建以档案资源数字化、业务流程数字化、管控模式数字化、服务产品数字化、管理能力数字化为主要内容的策略体系。

（一）推进业务系统数据归档

随着大批业务系统的深化应用，业务系统数据已日益成为电子档案的主要来源。一方面，积极配合业务部门深入推进业务活动全流程电子化运转，实现业务数据化，确保归档数据的真实性和完整性。另一方面，在业务系统数据分类归档理念指导下，按照条件成熟和分批集成原则，稳步开展综合管理类系统和经营管理类系统的数据归档。目前已完成电子公文系统（OA）、财务 ERP 和财务管理系统（FMIS）、合同管理系统与档案管理系统的集成，部分数据仅电子化归档。电子采购系统、工程项目管理系统、勘探与生产技术管理系统、工程三维设计数据归档工作正在试点并取得阶段性成果。

（二）开展历史档案数据化应用

中国石油现有的馆藏达 4000 万卷，存在大量未被有效开发利用的历史档案。以往通过扫描加著录方式对历史档案进行了数字化，但利用率低，主要原因是没有发挥档案内容的数据价值。"十三五"期间,中国石油重新调整数字化策略,改变原来扫描加著录的方式,而是基于业务场景的实际需要,对历史档案的内容开展数据化工作,激活档案数据资产价值。如中国石油长庆油田实施数字化油藏研究与决策支持项目,对历史地震勘探和 11 万余口井约 500 万件档案,根据地震、钻井、地质、测井等业务需求场景需要进行数据化,以提供大数据分析预测,全面支撑 5000 万吨大油气田持续稳产。

(三)深化全业务流程数字化运行

将业务流程的数字化作为提高运营效率的重要保证,积极应用数字技术提高档案业务流程的自动化、智能化水平。一是将归档要求融入业务流程。通过管理制度以及微服务快速部署技术,将归档范围、元数据方案、归档格式、归档整理、"四性"检测要求等前置在业务系统的文件形成阶段。比如电子公文、电子合同在创建文件之时便根据归档范围赋予归档标识,相应归档元数据、归档格式等要求一并作为前置条件;文件办结后,自动将文件和办理过程信息、背景信息组卷,形成一个完整的 XML 信息包,从而保障电子文件归档的完整性和准确性。二是推动系统自动集成归档。制定中国石油企业标准《系统集成管理规范》,规定了档案管理系统与业务系统集成总体要求、接口功能、接口协议、网络服务接口技术规范和预定义元数据,并建立系统自动归档管理平台,对业务系统归档进行全程监督、数据校验、证书核查、权限认证等后台管理,实现归档过程的安全、可控、高效运行。三是推动档案业务流程的数字化。通过档案管理系统实现了传统和数字档案收集、整理、保存、利用等业务的流程优化和在线管理,极大提高了档案管理效率。以会计档案为例,"小铁人"机器人(人工智能技术)代替人工执行重复性任务和流程,记账凭证制证校验自动化率达 99.2%,另外传统纸质会计档案需要人工打印、整理、装盒、审核等工作,而电子会计档案管理由系统自动完成且做到及时归档,流程得到进一步优化和简化,既节约了成本又提高了工作效率。集团总部开展公文电子化归档后,基本达到"一键归档"和"无感归档"的效果。

(四)建设数字档案管理系统

中国石油横向业务领域众多,涵盖勘探开发、炼油化工、管道储运、工程建设等十大专业板块；纵向管理层级众多，所属单位150余家，每家单位管理层级一级到四级不等，这对于集团企业档案管控来说具有很大的难度。通过数字档案管理系统，实现数字化管控是提高管理效率和水平的有力举措。2018年开始，中国石油在原全集团集中统一的档案管理系统集成上进行提升完善，积极应用云计算、人工智能、开源全文检索、文档多人协同与版本管理、微服务等新技术，于2020年建成以数字档案为基础、长久保存为保障、网络利用为目标的数字档案管理系统（图1），系统共9大模块100项二级功能，从功能架构、应用架构、数据架构、软件架构、硬件及部署架构、集成架构、灾备架构、安全架构8个方面进行了全面的提升，使得系统整体数据架构科学合理，系统统一调配基础算力和数据存储资源能力进一步加强，通过开源产品及自定义开发方式建设档案业务管理服务和信息资源应用服务，在系统文件存储、数据缓存、执行队列、协同处理、数据分析及文档管理方面全面使用分布式技术，不仅确保了系统整体处理效率，满足了档案工作数字化转型的基本业务发展需要，也从根本上避免性能瓶颈。系统参考国际通用的开放档案信息系统（OAIS）参考模型设计档案长久保存功能，可保证电子文件在归档、办结和长期保存三大阶段中的"完整性""可用性""安全性""真实性"，通过动态配置电子文件四性检测策略，系统可实现定期自动化的电子文件校验，确保电子文件的长期保存和利用。在强化数字档案

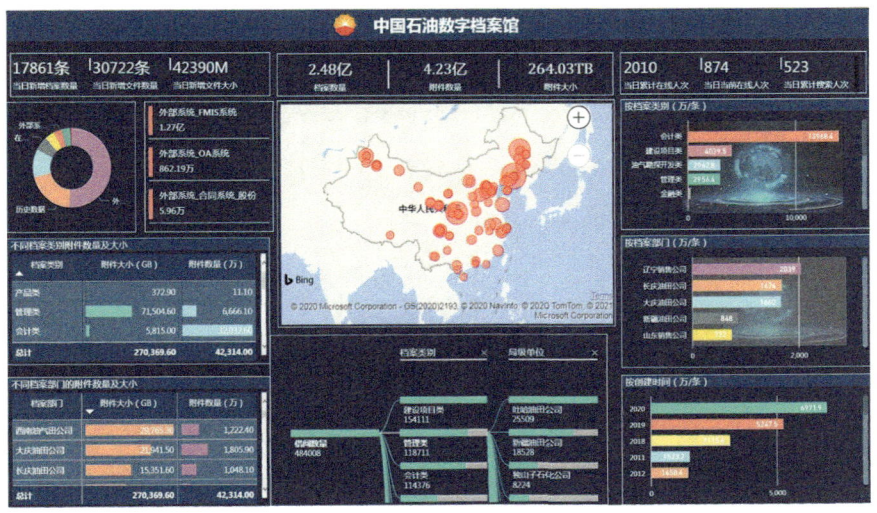

图1 中国石油数字档案馆档案数据资源多维度展示页面

资源共享利用方面，积极利用数字档案管理系统中的档案信息资源平台，从普通档案利用者角度出发，补充了专题库、档案发布等功能，实现全集团数字档案资源的集中统一管理和"一站式"利用服务，系统日均检索利用达766人次，方便用户利用同时也为档案工作的集约化管理和大数据分析利用奠定良好基础。

（五）开发数字化档案服务产品

坚持以用户为中心、向数据要价值，不断探索数字化利用服务模式，努力实现档案价值从凭证备查向数据资产转变。一是提供"一站式"利用服务。在数字档案管理系统基础上建设"档案数据资源平台"，整合全系统档案资源，建立"一站式"检索窗口，不仅可实现档案数据的分类检索、高级检索和全文检索，而且可以启动联动查找，以全资源满足每一个用户需求，提高服务精准度和用户满意度。利用BI分析工具对档案数据内容和用户行为数据分析，通过系统推送等方式提供更加精细的服务。二是建立不同类别专题档案库。基于人工智能技术，根据业务需求，开展面向档案知识服务的数据治理，通过分析档案著录项和电子文件内容实现自动聚类，建立各类专题档案库，如人事任免、组织机构、管道资产移交、合同、突发事件、重要会议、"三重一大"决策等专题等，提供集成化的数字档案服务。专题档案库有效突破传统实体分类的局限，将面向用户的主题分类应用到档案工作实践。三是开发数字化档案产品。积极运用新技术创新档案开发利用模式，实现组织史、年鉴、大事记等通用性编研和专项编研的线上管理和成果的数字化。如中国石油档案管理系统组织史编纂模块不仅能够实现全集团组织史的资料共享、协同编纂、一键归档、在线利用等功能，而且实现档案资源与编纂利用的交互，极大提高了编纂效率和传播效果。

四、效果及影响

（一）构建企业档案工作数字化转型理论框架

通过管理创新实践总结，在《档案学通讯》发表《业务系统与档案管理系统归档集成框架：构建与内涵解析》《组织机构视角下的业务系统电子文件归档：问题、理念与策略框架》学术论文，对业务系统数据归档的内涵、价值、现状、问题与对策进行系统研究，首次提出数据归档是将各类业务系统中产生的具有保存价值的数据进行内容和技术鉴定、确定保存内容和方式、实施分类整理、建立语义关联，使之固化、可理解并收集保管的过程。根据业务系统数据形成特点，将集团统建业务系统划分为综合管理型系统、经营管理型系统、生产运行型系统、连续监测型系统、专业软件五大类，对每类系统的数据归档范围、归档方式及长久保存模式制定不同方案，为其他企业业务系统数据归档提供了指引。在《浙江档案》发表《业务系统数据归档研究——以中国石油业务系统数据归档实践为例》《企业档案工作数字化转型：实践探索与理论框架》学术论文，首次提出企业档案工作数字化转型框架模型，主要包括转型内涵、转型目标、转型方向、转型路径、转型方法五大基本要素，提出档案资源数字化、业务流程数字化、管控模式数字化、利用服务数字化、管理能力数字化的转型方向和路径，以及构建愿景、规划蓝图、敏捷实施与持续优化的转型方法，为其他机构档案数字化转型提供了理论指导。

（二）创新企业电子档案管理模式

通过开展电子公文系统（OA）、财务 ERP 和财务管理系统（FMIS）、合同管理系统等业务系统的数据归档，初步构建了包括理念、技术、制度、能力在内的电子档案管理体系。数字档案管理系统不仅建设了符合国家数字档案管理要求的信息平台，实现了数字档案收集、整理、保存、利用等业务的流程优化和在线管理，极大提高了档案管理效率，而且建成了数字档案资源、业务、管控和共享的一体化平台，通过数字档案管理系统开展档案业务监督指导、跟踪检查、考核评价、培训交流等，实现公司总部、专业公司到所属全部企事业单位档案工作的一体化管控，日均归档量达 65GB。取得了包括"中国石油档案资源平台"在内共 13 项软件著作权。

（三）有力促进企业提质增效和价值创造

以电子会计档案为例，按照电子化比例 70% 测算，电子会计全过程管理实现后，中国石油每年减少纸质会计档案输出 3 亿张，可节约纸张耗材、档案馆运行维护和人工成本 7500 万元，取得明显的经济效益。通过大力推进业务全流程数字化以及业务系统数据归档管理，数据的真实性、完整性、可靠性和安全性大为提高，在规范业务流程和提高数据质量方面成效明显。通过建设集中统一的数字档案管理系统,归档数据的资产价值正在显现,基于电子会计档案的采购行为、销售行为、用户行为分析等场景已成为财务共享业务新的增长点。

案例形成单位：中国石油档案馆

案例形成人：王强、高强、高朝阳、张晓健、郭晖、马雪利

"云在线"模式
在工程档案过程检查和验收中的创新应用

一、案例概述

本管理创新案例于2018年1月开始策划研究，2020年4月份投入应用。该案例主要在国家电网有限公司（以下简称国网公司）原有档案工作数字转型的基础上，提前对特高压工程档案进行及时的数字化和电子化，基于2020年疫情防控常态化、电网工程建设全面加速的新形势，档案工作准确识变、科学应变，创新思路举措，迅速完善升级"工程项目档案验收辅助系统"，综合采用微信、网上视频会议等方式创新开展工程项目档案"云"在线检查验收，并于2020年6月陆续在渝鄂直流背靠背联网工程（简称渝鄂工程）档案验收和苏通GIL综合管廊工程档案预验收和正式验收中成功实施，确保档案工作始终与中心工作同频共振、同步合拍。

二、实施背景

随着我国电力的快速发展和持续转型升级，大电网不断延伸，电压等级不断提高，大容量高参数发电机组不断增多，新能源发电大规模集中并网，电力系统形态及运行特性日趋复杂，工程项目档案验收要求日趋严格。作为关系国民经济命脉和国家能源安全的特大型国有重点骨干企业，国网公司高度重视工程项目档案专项验收工作，制定了《国家电网有限公司电网建设项目档案验收办法》，明确了工程档案专项验收的组织、内容、方法等，推动和规范了工程档案专项验收。

为推进项目档案验收的规范化和信息化进程，提升验收工作的效率和质量，国网办公室于2018年年底委托国网交流公司组织开展项目档案验收辅助系统的研发工作。2019年3月起，陆续在特高压交、直流工程项目档案过程检查和验收工作中试用，不断改进、完善，其间积极收集并充分吸收了众多验收专家、迎检单位、组织单位等多方面的意见与建议。该系统各项功能已基本完善，案卷调阅、问题记录与整理、问题汇总与分类、问题闭环整改等各项工作更加便捷有序，大幅提升了验收工作的组织效率，同时积累形成了珍贵的电网工程建设项目档案案例数据库。

特高压项目工程档案作为项目建设的真实记录、电网发展的珍贵记忆和生产运维的重要凭证，具有档案数量大、参建单位多、验收专家多、验收时间长等特点，尤其在2020年疫情防控常态化背景下，电网项目档案在验收管理中面临以下难题：

一是新冠疫情防控下档案验收工作面临巨大挑战。新冠疫情发生以来，各地采取了严格的封控管理措施，严禁高密度聚集，给项目档案的过程检查和验收带来了挑战。

二是传统的过程检查和验收模式难以适应管理需要。由于项目投资规模大、参建单位多、工程周期长，在工程项目档案过程检查和验收时，建设主管单位、验收专家、建管单位、监理单位、施工单位等多个部门的人员，采用问题笔纸记录、手机拍照留痕、案卷调阅口头传递、问题人工整理汇总的方式，容易出现问题漏记、问题记录不全等情况。在技术水平不断提高的情况下，传统过程检查和验收模式已经难以满足管理需要。

三是工程项目档案相关整改问题难以追溯。针对过程检查和验收发现的问题的整改单位完成情况、验收组织单位确认情况等，缺乏相应电子记录，导致目前无法追溯相应整改效果，不利于电网建设项目档案的规范管理及档案资源的深入挖掘利用。

基于此，国网办公室加强顶层设计，结合疫情防控和工程管理现状，综合运用移动互联网、数据挖掘等技术，开展"云在线"模式在工程项目档案过程检查和验收过程中的创新研究，通过完善工程项目档案验收辅助系统功能，实现工程档案过程检查与验收过程中的案卷目录、专家信息、案卷调阅登记、专家意见反馈、问题汇总、验收意见、闭环整改等功能在线完成，提高工程项目档案验收工作效率。

三、创新做法

(一)创新内容

1. 管理机制新

注重顶层设计,构建三级档案管理体系。国网办公室建立了以档案管理机构为核心,工程管理相关部门和参建单位参与的项目档案管理工作网络,成立了工程档案管理领导小组、档案工作组、现场档案工作组三级管理体系。管理体系的有效运转,为工程建设全过程档案工作的沟通协调、有序推进提供了保障。

强化前端控制,制定工作方案。国网办公室组织编制了《渝鄂直流背靠背联网工程档案管理工作方案》,从项目档案管理目标、档案管理组织机构及职责、工程档案管理、档案移交及验收、档案信息化管理等方面进行明确规定。

建立同步跟踪机制,全程控制验收过程。将项目档案"云在线"验收工作纳入周例会、月度协调会常规议事议题,根据项目进展及时布置、检查和推进档案工作。"云在线"会议筹备、开展、总结过程中实行节点控制,保证验收全程受控。

超前实现数字化,全面覆盖实体档案。基于国网公司档案工作数字转型要求,对特高压工程要求按照工程进度,实现"随收集、随数字化",并在验收前,实现封面、卷内目录等报表目录的数字化,为线上验收提供全面实体档案的信息。

2. 管理手段新

基于新冠疫情防控的态势,为顺利开展项目档案验收工作,国网办公室超前谋划、周密部署,确定"云在线"验收方式。针对疫情期间无法组织现场验收的情况,国网办公室明确了此次档案验收采用"云在线"验收方式,验收启动会、总结会采用"主会场+分会场"方式,在京专家在国网直流公司档案室阅档调卷,查验实体保管设施条件;京外专家在各自单位通过"腾讯视频会议系统+工程项目档案验收辅助系统"进行阅档查验;迎检单位在各自驻地,接受专家视频质询、回答问题。

综合运用在线办公手段。分别建立了直流公司与迎检单位、验收专家组等微信工作群,并按照分项工程(南通道、北通道、信通工程、场平工程)建立工作群，便于验收时及时沟通；提前设立启动会、验收会、总结会三个网上视频会议ID，确保会议在线召开；为每位专家专门设立腾讯视频会议ID，专门组织迎检单位、系统支撑厂商进行多次实战演练，对外网网络、网上视频会议、工程项目档案验收辅助系统等可能出现异常的点提供应急方案。

全面推行过程数字化。创新提出档案过程数字化管理（文件收集整理与数字化工作同步开展、实体归档与数字化副本同步移交）的工作思路，从组织体系、职责分工、技术指导、流程建立、硬件配置、软件应用等多方面入手，全方位管控，推行过程数字化。编制"一项规范（《工程档案过程数字化管理工作规范》）、两个方案（《工程项目文件过程管控方案》《工程档案过程数字化方案》）、一本手册（《工程档案过程数字化操作手册》）、两项清单（监理档案过程数字化文件清单、施工档案过程数字化文件清单）"，促进过程数字化措施落地，真正实现了工程项目文件一次成优目标，成为第一个在档案专项验收之前完成全部数字化工作的直流工程。

3. 管理技术新

利用信息化技术支撑项目工程档案过程管控。

搭建先进的技术框架。使用符合Java EE规范的多层分布应用模式，结合组件化、动态化的软件技术，利用一致的、可共享的数据模型，按照数据资源层、业务逻辑层、业务服务层和展现层，实现多层技术体系设计，以满足全公司范围内各种应用需求，以及纵向贯通、横向集成的信息交互要求。

采用多种措施，确保存储及传输安全。综合采用包括文件加密存储、加密传输、服务器多重密码保护等方式，确保待验收的电子文件在服务器端的存储安全和过程传输安全。

系统主要架构如图1所示。

4. 系统功能新

为确保本次"云在线"验收顺利成功，国网办公室组织专业机构对工程项目档案验收辅助系统进行了功能完善。

增加归档范围核查功能，实现智能提醒。系统依据工程档案验收的要求，增加了工程归档范围核查填报功能，用户可以依据线上验收时电子文件上传情况，设置是否存在的相关归档项，方便后期工程档案负责人员确认哪些归档项未形成未归档等，同时能及时提醒工程参建人员补充和上交相关材料，系统采用浏览器插件的方式，实现系统内在线实时截图，截图完成后系统自动上传，减少了专家工作量，提升了系统易用性，保证了系统内电子文件的安全，防止电子文件外泄。

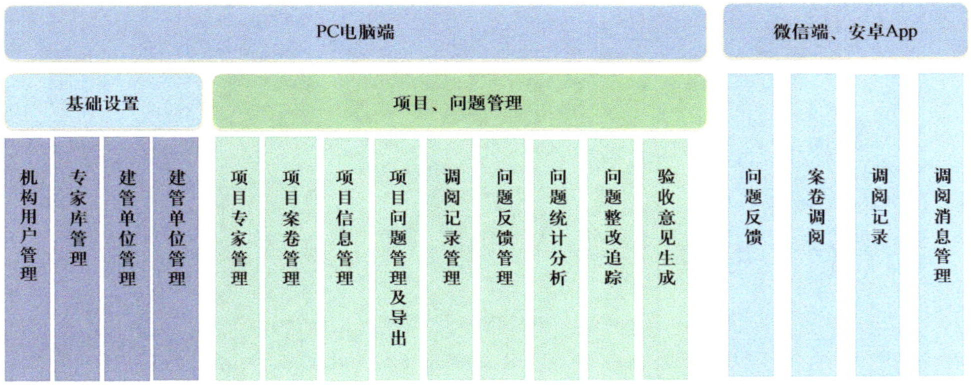

图 1 工程档案验收辅助系统功能设置图

综合应用多种模式，确保验收问题闭环整改。专家可通过移动终端、PC 终端等实现目录查看和案卷调阅，多种途径收集、登记问题。为检查验收提供实时的问题处理工具，一键导出 Word、Excel、PPT 等多种版式的反馈意见。同时建管单位可以在线填报整改情况，实现问题整改的闭环管理。在每类问题中设有"对照排查上报"模块，能够反映针对检查、验收后举一反三的落实情况，确保检查验收意见有效落地。

聚类分析，形成典型案例库。通过本次两个工程项目的"云在线"验收，累计发现了 318 个典型问题，结合系统近几年已经验收的几千条案例信息，通过大数据汇总分析，提取鉴别形成了工程档案验收典型问题案例库（图 2）。对于后续工程验收，专家问题比对，提供了一套具有代表性的问题参考依据，有效地提高了档案验收的工作效率。

（二）对比分析

"云在线"档案过程检查与验收管理模式在工程项目档案的创新应用，打造了项目档案管理的新模式，与以往相比具有明显优势。

一是简便快捷，检查验收更高效。相对传统现场手工检查验收的管理形式，以工程项目档案验收辅助系统为抓手，开展的"云在线"验收，能够通过移动终端、PC 端能够实现档案检查、验收实时收集、汇总分析，包括问题描述、照片上传、属性分类、责任单位等。较以往人工抽调、纸质翻阅、记录、问题汇总更加便捷，也减少了出差和会议经费，传统一周的工作内容在两天内完成，极大地提高了验收效率。

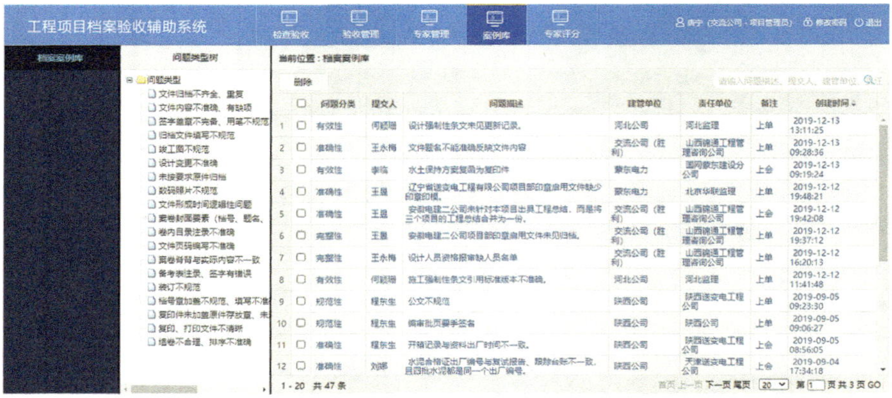

图 2　工程档案验收辅助系统案例库问题描述

二是痕迹管理，问题责任易追溯。虽然档案管理部门在工程建设过程参与了多环节的工作，但一直没有很好的记录和追溯措施，工作不能在归档资料中完整反映。此项目的应用，将工程各环节的档案管理纳入在线管控、云端记录，实现了工程项目档案的痕迹化管理。

三是闭环管理，档案质量再提高。传统的管理形式下，整改问题常常无法追溯，不利于后期档案的利用和开发。通过此次研究，开发的工程项目档案验收辅助系统，能够持续跟踪问题整改进度，确保各单位均已按照专家意见整改并上报提交系统，实现了工程档案调档、专家检查、意见反馈和问题整改等全部流程在线完成和全过程闭环管理，进一步保证了档案质量。

（三）实施过程

本项目实施过程按照"周密部署、试点先行、逐步推广"的原则进行，具体实施过程如下：

一是超前谋划、周密部署。依据疫情防控相关要求，国网办公室明确苏通 GIL 管廊工程与渝鄂工程项目档案验收采用"云在线"验收方式，验收启动会、总结会采用"主会场+分会场"方式进行；为了确保本次"云在线"验收成功，明确要求，各参建单位提前完成了该项目档案的数字化，并完成工程项目档案验收辅助系统专家远程在线查档改造功能开发；专门组织迎检单位、系统支撑厂商进行多次实战演练，对外网网络、网上视频会议、工程项目档案验收辅助系统等可能出现异常的点提供应急方案。

二是选择典型单位、典型工程进行实践。国网办公室会同国网交流公司与直流公司，利用工程项目档案验收辅助系统、网上视频会议、微信工作组等多种方式组织开展工程项目档案"云在线"验收。2020年4月27—29日苏通GIL综合管廊工程档案预验收、6月17—18日渝鄂工程档案验收和8月26—27日苏通GIL综合管廊工程档案验收等，均采用了"工程项目档案验收辅助系统+网上视频会议"的方式，顺利完成了"云在线"端档案验收，取得了较好效果。

三是总结经验，全面推广深化应用。现阶段，工程项目档案验收辅助系统已经日益成型，国网办公室将进一步认真总结渝鄂工程和苏通GIL管廊工程"云在线"验收的做法和经验，组织国网交流公司、国网新源公司（抽水蓄能电站）等电网建设专业单位进行深化使用；同步迅速启动线上验收流程、标准的研究，在特高压工程档案工作上做更多探索实践，为国内疫情防控常态化下的企业档案工作提供经验借鉴。

通过工程档案线上验收的模式，专家通过线上查看验收的档案案卷和文件信息，在线截图并标识问题页面，实现线上问题提报，线上问题反馈，初步探索出了一条工程档案线上验收模式，全面提高了档案验收的工作效率，有效地提升了建设单位的档案质量。为档案验收提供信息化手段的支撑，大幅度提高了档案验收的工作效率，节省了大量人力成本，也方便了参与验收的专家与建设单位。

四、效果及影响

"云在线"验收模式在工程项目档案验收过程中的创新实践是国网公司在工程档案管理领域独创的一项全新举措，具有很强的创新性和代表性，通过应用开启了一种全新的验收模式，取得了良好的经济效益和社会效益。

（一）经济效益

一是优化问题处置方式，降低了验收成本。面对新冠疫情防控的困局，国网办公室开展工程项目档案"云在线"验收管理模式,有效地解决了专家无法现场查验的难题,保证了档案验收工作有序、高效完成;同时,采用线上"云在线"验收的方式,单个工程项目可节省会议组织、餐饮、住宿、专家差旅等费用约15万元,极大地降低了工程项目档案验收成本。

二是变革项目档案验收方式,提高工作效率。通过将电子化档案上传到工程项目档案验收辅助系统中,档案验收专家实时在线查看问题,截图说明问题出处,改变了传统手工调阅的方式,减少了专家查阅实体档案的工作量,实现了工程档案验收过程中的案卷快速调阅、专家意见及时反馈、验收问题快速汇总等功能智能化管理。"云在线"验收模式,每次可减少人员投入约30人·天,问题汇总反馈时间减少10小时,问题整改闭环管理时间提高2天以上,提高工程项目档案验收工作效率。

三是实现项目文件质量过程监控,有效促进项目档案规范验收。在此次"云在线"验收过程中,工程项目档案验收辅助系统作为工程档案管理的重要抓手,持续跟踪问题整改进度,确保各单位均已按照专家意见整改并上报提交系统,实现了问题整改文件的有效监督,闭环式管理模式有效保证了验收整改质量,能够促进项目档案规范验收。

四是积累经验服务价值再造。通过系统的应用,将各项工程、历次检查验收、不同专家问题反馈、各参建单位的问题整改等资料,汇总形成大数据,从而形成公司特高压工程档案管理的知识库。对公司后续各类电网工程建设、大修技改工程档案管理,提供了极富价值的数据参考,有助于提高公司工程档案管理整体水平,其产生的经济价值无法估算。

(二)社会效益

一是率先开展"云在线"检查验收,为其他单位提供参考和借鉴。在疫情防控逐渐常态化的背景下,国网办公室利用"云在线"验收方式成功地组织了工程项目档案验收工作,实现了环节不减、标准不降、应查必查、应检尽检。其优秀做法和经验可为其他单位开展项目档案过程检查与验收工作提供参考和借鉴。除此之外,工程项目档案验收辅助系统具有拍照记录功能,还适用于多种工作场景,可以有效地辅助各类档案检查取证、统计、反馈和闭环整改等工作,可进一步推广应用。

二是变革了工程档案过程检查验收方式，彰显了档案工作影响力。在疫情防控新形势、数字革命新趋势下，国网办公室围绕电网建设工作大局，以互联网思维主动创新档案管理，是推动档案工作数字转型的一次积极尝试，是探索项目档案验收方式变革的一次重要探索。并在《中国档案》、国网微信公众号、数字档案管理公众号上得到广泛宣传，进一步提升了国网公司档案工作影响力。

自采用"云在线"方式进行档案过程检查与验收以来，通过对三个典型工程的应用实践，累计检查参建单位112个，验收案卷5266卷，各类文件47910件，累计发现各类档案问题318个，有效解决了因疫情防控导致的现场验收难题，不但提高了工作效率，而且节省了现场验收费用，具有极高的经济效益。此做法得到了国家档案局领导、系统内外专家的高度评价：远程线上验收是一项非常好的创新工作方式，具有高效、方便、易用的特点，可以大量节省出差时间和工作成本，尤其在疫情期间意义重大。建议今后多采用此方式开展验收工作。

案例形成单位：国家电网有限公司办公室、国网交流建设分公司
案例形成人：何欣、周峰、姬广鹏、王聪、侯镭、唐宁

追寻历史，回望初心，传承使命

——"浙电记忆"口述历史档案采集项目

一、案例概述

"浙电记忆"口述历史档案采集项目自2019年1月启动，走访奔赴12个城市，采访浙江电力史上重大事件、重要活动的亲历者55名，采集音视频资料196小时39分钟，整理受访者口述实录文字稿300万字，出版稿70万字，征集实物档案100余件，建立起口述历史专项档案库，形成了口述历史档案采集行业标准、系列图书、纪录片等成果，弥补了国网浙江省电力有限公司（以下简称浙江公司）档案资料的缺失，优化了公司档案馆藏结构，具有较高的历史价值、文化价值和社会价值。

二、实施背景

习近平总书记指出："历史是最好的教科书。"党的十九大以来，全党全国上下响应习近平总书记号召，高度重视对历史的研究学习与历史思维的培养。"不忘初心、牢记使命"，不断继承和发扬中国人民自力更生、艰苦奋斗的优良传统。

浙江有电的历史可以追溯到1896年，在这一百余年的有电历史中，一代代浙江电力人如弄潮儿劈波斩浪、勇立潮头，在我国乃至世界电力史上书写了璀璨夺目的篇章。尤其自中华人民共和国成立以来，浙江电力建设从最初的"孤立薄弱"到如今的"坚强智能"，离不开浙江电力建设者们的自力更生、艰苦奋斗，这是"红船精神"的生动诠释。因此，追述、铭记、继承和弘扬电力前辈的创业创新精神具有极为重要的时代意义。

然而，浙江公司馆藏档案与浙江电力的百年历史并不匹配，由于各种客观原因，有关浙江电力发展的档案与实物资料相当缺乏。馆藏最早的是1977年的文书档案，共计72卷，之前的档案近乎空白。所幸有很多参与浙江电力创业征程的老人尚健在，他们已年至耄耋、鲐背，是企业的"活档案"。这是一场和时间的赛跑，浙江公司必须抓紧抢救性征集口述档案，为企业负责、为历史负责。

概括起来，实施"浙电记忆"口述历史档案采集项目的动因有以下三个方面。

（一）弥补馆藏缺失、完善企业记忆的历史责任

档案资料的匮乏，使得浙江电力历史面临着"失忆"的风险，一旦浙江电力创业先辈筚路蓝缕的奋斗史迹湮没在历史长河中，浙江电力精神将成为无源之水、无本之木。因此，全面收集包括口述档案在内的历史资料，再现浙江电力早期发展的壮阔图景，已成为浙江电力人责无旁贷的历史重任。

（二）全面建设档案工作的现实需要

在当代，企业档案的重要价值日益凸显，它能真实地反映公司的经营内容和成效，是研究与处理问题的重要依据。开展口述档案采集活动，是新时代企业档案管理的重要创新举措。口述档案是对浙江公司现有档案的必要补充，使公司档案馆藏更加完整丰富，同时也有助于增强全公司档案意识，提高档案工作的水平，发挥档案工作在电力发展全局中的基础性、支撑性作用。

（三）全方位打造企业文化的创新体现

文化是企业持续发展的源泉和动力，是建设"百年企业"的基石。采集企业口述历史档案有助于保存企业历史、传承企业文化、彰显企业风采、增强企业认同，已成为企业文化建设的新途径。纵观国内现状，相关工作实践仍然有待提升。浙江公司作为国内企业口述历史的开拓者，通过"浙电记忆"口述历史档案采集活动，能够树立品牌，提升形象，实现企业文化战略目标。

三、创新做法

（一）创新内容

1. 采集内容新，文献资料与口述资料并重

"浙电记忆"口述历史档案采集活动根据抢救性、广泛性和代表性原则，确

定55位受访对象（图1），带他们重温奋斗岁月，从他们口中了解不为人知的历史记忆，了解电网最新的发展情况。同时，项目除采集整理口述历史档案外，还重视对文献资料的搜集与互证，对受访者手中的实体资料收集鉴定，作为馆藏的有益补充。

图1　55位80岁以上受访者

2. 访谈过程新，从细节体现人文性与规范性

"浙电记忆"口述历史档案采集项目以人文关怀为理念，重视与受访者的沟通交流，尊重老人意愿，在访谈开始前主动与受访者建立良好的互信关系（图2）：通过邀请老人重回旧时工作地帮助他们重温奋斗岁月，唤醒内心深刻的情感记忆；同时在访谈过程中严格遵循口述历史采集规范，从采访提纲设计到访谈文稿整理按照档案工作的标准进行。

3. 项目成果新，制定口述历史档案采集行业标准

目前，围绕口述历史档案采集与管理问题并未形成一套可供推广与适用的实务手册与行业标准，企业口述历史目前在国内也没有可以借鉴的实践案例。项目在总结提炼实施经验的基础上，制定了适合中国国情的企业口述历史档案采集与管理的基本规范与标准，极具现实意义、可操作性和推广应用价值。

4. 宣传方式新，"传统媒体＋新媒体"全方位推广成果

"浙电记忆"口述历史档案采集项目不仅获得了多家媒体的重要报道与推介，

浙江公司也积极利用网站、微博、微信等新媒体的传播优势发布了系列报道，扩大"浙电记忆"项目的影响力。此外，浙江公司各单位还通过"浙电记忆"档案展、主题宣传月等活动，实现线上线下联动全方位宣传，提升"浙电记忆"项目的传播效果与品牌效应。

图 2　口述历史采集前的准备与沟通

（二）实施过程

1. 厉兵秣马，培训先行

为推进"浙电记忆"口述历史档案采集活动，浙江公司精心筹划，组织开展了"浙电记忆"口述历史档案采集专项培训，通过系列课程学习，对公司系统全体档案人员树立主人翁意识，有效提升业务素质素养和技能技巧，起到了很强的指导参考作用。

2. 科学规划，合理安排

为有条不紊地进行历史档案采集，浙江公司成立"浙电记忆"领导小组并落实责任，严密组织、团结协作、强化宣传、营造氛围，在统筹领导下确立 55 位具有代表性的受访者，重视前期沟通，让文献搜集与口述采集并行、文献资料与口述资料并重,并确立了尊重史实、科学严谨、探求事实、紧扣主题、挖掘情感记忆、补充补录文献的采集规划,合理安排系列工作。

3. 有序整理,细致校对

"浙电记忆"项目采集的原始文稿,不以个人主观意愿决定内容取舍,并且尽量保留受访者自身的语言特色。文字稿按照最终的去向,创新性地分为"转录稿"与"出版稿"。在后期的整理过程中,从录音资料的全内容转录(转录稿)、文稿语言规范性修改(修改错别字及语病)、受访人核对、定稿四个阶段分层管理,保留了口述历史档案原始性的同时,又兼具真实性、可读性、生动性。

4. 多元传播,增强互动

利用各类媒体对项目进行广泛报道与宣传,拓宽档案传播新途径;举办"浙电记忆"档案展,开展主题宣传月活动,集中展示电力发展成果;通过线上线下全方位宣传,扩大"浙电记忆"档案品牌的社会知名度和文化影响力。对收集的档案成果进行多元开发与利用,通过出版系列图书、拍摄纪录片等多种形式向社会生动展示企业百年传承的优秀文化,让人们充分感受到浙电前辈振奋人心的精神力量。

5. 总结经验,制定规范

在总结与反思"浙电记忆"项目全流程工作的基础上,对采集模式、管理方法进行总结提炼,制定了具有指导性与可操作性的《企业口述历史资料采集与管理规范》,填补了企业层面口述历史档案采集与管理行业标准的空白,为全国企业开展标准化、专业化的口述档案采集工作提供参考。

(三)对比分析

相较同获"第五届口述历史国际周年度十大口述历史项目"的优秀项目(如中国艺术研究院报送的"八寸戏偶,十指乾坤"非遗项目、南京大学当代中国研究院报送的"工人为什么有力量"高校科技项目等)而言,"浙电记忆"项目的独特性在于其企业属性,独树一帜,对于填补企业历史空白、回顾行业发展历史、彰显家国情怀具有重大意义。同时,浙江公司在活动总结的基础上,制定企业口述历史工作流程与规范,以期为其他企业开展相关活动提供参考,产生示范效应,体现了企业高度的专业严谨性和社会责任感。

放眼国际，福特公司、可口可乐公司、乐购与世界银行等国外大型企业就特别重视口述历史对于记录企业历史、传承企业文化、塑造企业精神与提供决策参考的重要价值，如福特公司自20世纪80年代建立欧洲企业历史事务所进行企业口述档案的收集整理，以弥补企业前期档案的缺口。但国内利用口述历史方式建设企业文化的企业屈指可数，浙江电力以口述历史方式采集"活档案"，成为全国第一家开展口述历史档案采集活动的央企。

从企业档案发展的纵向来看，以往企业档案工作大都只有档案员参与，受众面和影响力偏小，浙江公司借此次"浙电记忆"口述历史档案采集活动打开档案工作的新思路，有利于打造"浙电记忆"档案品牌，创新企业档案工作。

四、效果及影响

（一）企业效益

1. 弥补历史档案空缺，丰富馆藏资源

"浙电记忆"口述历史档案采集活动的成功落实、"浙电记忆"口述历史专项档案库的成功建设，丰富了浙江公司的档案馆藏资源，使公司馆藏档案史料从1977年前溯至1946年，浙江电力的历史文脉得以完整延续，为今后的电力事业发展提供了重要的参考资料。

2. 传承企业文化，增强企业凝聚力与认同感

开展"浙电记忆"口述历史档案采集活动，追述、铭记、继承和弘扬电力前辈的创业创新精神，进而将企业宗旨和企业精神贯穿到公司系统各单位、各班组，使得公司上下形成共同的思想认识和一致的价值取向，从而培育出具有丰厚文化底蕴、较强凝聚力和活力、较好团队协作意识和创新意识、较强抗风险能力和竞争能力的企业文化，更好地促进企业发展。

3. 提高档案人员对电力档案工作的认识，提升其业务素质素养和技能技巧

"浙电记忆"口述历史档案采集活动在实践过程中将多学科的理论知识交叉运用，拓宽了以往档案工作的视野，改变了以往档案工作者较为封闭的工作环境，使档案工作能够走出来，直接接触历史的亲历者，锻炼了档案工作者与人沟

通及搜集处理各类档案的能力，促进他们更加熟悉业务、更新观念、开阔视野，更好地发挥专业作用。

（二）社会效益

1. 提升企业文化形象与品牌形象，更好地发挥模范带头作用

"浙电记忆"是第一个由央企开展的口述历史档案采集活动，它通过建立专项档案资源库、出版专著、制作纪录片等形式留存活动成果、展现活动效果，在受到相关领导关注、媒体报道的同时，也为同行业的兄弟单位提供了一条塑造企业文化、促进企业发展的道路，不仅提升了自身的企业文化与品牌形象，同时也更好地发挥了公司的模范带头作用。

2. 提高全行业对口述档案采集工作的重视程度，促进口述档案采集事业的发展

"浙电记忆"口述历史档案采集活动成功地将口述档案采集的工作视野拓展至我国的电力事业发展过程之中，能够提高全行业对口述档案采集工作的重视程度；同时项目以制定口述历史档案采集行业标准为项目的重要成果，探索解决了口述历史档案采集模式、管理方法等重要问题，对于口述档案采集工作的标准化、规范化发展具有重要意义。

3. 发挥档案的情感价值，提升全社会的档案意识

"浙电记忆"口述历史档案采集活动在实践过程中不仅注重探究缺失的历史，也重视挖掘受访者内心世界的情感记忆。所采集的口述历史档案是浙电百年发展历史跨越时空的生动再现，也是受访者对峥嵘岁月深情回忆的温暖表达，能够充分发挥档案的情感价值，在触发公众对浙电历史、浙电人情感共鸣的同时，也进一步加深对国家发展、民族富强的认同与自豪，从而促进全社会档案意识的提升。

（三）相关评价

2019年5月28日，在国家档案局、省委办公厅的带领下，全国非公企业档案工作协作组参观"浙电记忆"口述历史档案采集活动，参观人员包括华为、海航、阿里巴巴、娃哈哈等知名企业。国家档案局经科司领导说："浙电记忆"口

述历史档案采集活动走在了全国前列,值得全国各大企业学习借鉴。

2019年6月12日,国家电网有限公司总经理辛保安参观"浙电记忆"档案展并给予高度肯定。他说,"浙电记忆"口述历史档案采集活动很有意义,这个档案展很好,他前几天在《国家电网报》看到"浙电记忆"报道了,印象深刻。

媒体关注:凤凰网、电网头条、浙商网、《钱江晚报》《国家电网报》《中国电力报》等多家媒体也关注了"浙电记忆"口述历史档案采集活动。

获评奖项:"浙电记忆"荣膺第五届口述历史国际周年度十大口述历史项目。以80岁的退休职工沈大法的口述历史档案资料为蓝本制作的微视频纪录片《大法爷爷的"浙电记忆"》获得国家发改委、国家档案局主办的全国建设项目档案微视频一等奖。

案例形成单位:国网浙江省电力有限公司
案例形成人:姬广鹏、王聪、刘艳珂、丁静、苏佳宁

建立新能源基建项目"1+2+N"合规性文件体系,助力企业转型升级高质量发展

一、案例概述

高标准设计、高质量建设、高水准投运新能源项目是中国华能集团有限公司(以下简称华能集团)加快能源结构调整进度、实现绿色低碳和高质量发展的重要举措。基建工程中,坚守生态保护红线标准,坚定绿色施工理念,坚持合规建设运营更是华能集团不变的原则。

为切实落实高质量发展理念,有效解决新能源建设项目工期短、任务重、合规性文件获取不及时、归档不齐全、分类组卷不合理等问题,华能集团创新建立风电、光伏新能源基建项目"1+2+N"("1"是指1个法律法规、政策文件夹;"2"是指2个合规性文件表单;"N"是指N个具体的合规文件示例)合规性文件体系,为新能源项目建设过程合规性管理提供精准助力。

华能系统基建项目建设单位根据"1+2+N"合规性文件体系,有依据、有计划、有步骤地开展项目合规性文件的收集归档,并责成已投产但合规性文件获取不齐全的相关单位开展梳理和整改,促进基建项目依法合规,有效防控风险,取得了显著的社会效益,避免产生经济纠纷和损失,获得良好的外部评价,助力企业转型升级高质量发展。

二、实施背景

为推动中央企业全面加强合规管理,加快提升依法合规经营管理水平,着力打造法治央企,保障企业持续健康发展,2018年11月2日,国务院国有资产监督管理委员会印发了《关于印发〈中央企业合规管理指引(试行)〉的通知》

（国资发法规〔2018〕106号），要求中央企业遵照执行《中央企业合规管理指引（试行）》。

为深化法治华能建设，全面加强合规管理，进一步提高依法合规经营管理水平，华能集团根据国务院国资委《中央企业合规管理指引（试行）》，结合公司系统的实际情况，印发了《关于印发中国华能集团有限公司合规管理体系建设工作方案的通知》（华能法务〔2019〕274号），确保合规管理工作的有序开展。

然而，由于风电、光伏新能源建设项目工期短、任务重，建设单位以抢抓工期为主，档案意识薄弱，"重项目建设、轻文件档案管理"，加上档案管理人员合规性管理知识薄弱，合规性文件收集归档不齐全等，造成在建设项目合规性审查、过程审计、质量监督检查及项目档案专项验收等过程中，仍然发现合规管理及合规性文件归档管理方面存在一定的问题，对项目的建设、投产运营造成不同程度的影响，无法充分发挥合规性文件在项目建设、管理、监督、运行和维护等活动在证据、责任和信息等方面的作用。

（一）合规性文件获取不及时，使建设项目存在违规风险

项目开工前，合规手续不全，如未取得用地、用海预审意见，或未取得环评批复等合规文件，建设单位即开工；项目建设过程中，开工审批、施工许可、水保、环保"三同时"等文件材料未及时获取，项目投产后，水保、环保、消防等专项验收工作迟迟不能完成，造成工程竣工验收无法顺利开展，基建项目存在违规建设的风险，使企业的经济和声誉受到影响。有的在建项目因合规性文件未及时取得，被列入违规建设，建成后无法正常投运；已经投产的项目顶着违规运营或面临被迫停产的风险；随着时间的推移，政府相关职能部门管理权限的调整，合规性文件未及时取得成为基建项目的历史遗留问题而无法彻底解决。

（二）合规性文件获取不及时，极易产生舆情事件

项目建设每一个合法环节都不能出现问题，每一项正当程序都不能缺失，合规性文件获取不及时，势必使项目建设存在合规风险，容易引发媒体关注并成为社会热议的焦点。如果不能及时、正确应对这些突发事件，势必会产生更大的矛盾，极易引发舆情事件，给企业带来严重的负面影响，导致企业形象受损。

（三）合规管理知识欠缺，造成合规性文件收集不齐全、整理组卷不合理

1. 合规性文件收集困难

由于新能源项目工期短，建设单位人员职数有限，档案人员往往是兼职，因此对项目档案的管理知识缺乏，对项目建设的合规性文件概念模糊不清，对本项目到底应该获取哪些合规性文件不清楚，稀里糊涂管理着项目档案，更是无法提醒、督促相关职能部门开展合规性文件的获取工作。

2. 合规性文件归档不齐全、不及时

合规性文件经办人没有及时向档案人员移交相关文件，造成有些已取得的合规性文件遗失；加上档案人员对合规性文件归档范围不明确，出现合规文件经办人给什么，就归档什么，档案员不深究前因后果，不掌握本项目合规性文件应归档的范围，无法做到合规性文件"应收尽收""应归尽归"。

3. 合规性文件整理组卷不合理

合规性文件办理人移交相关文件，而不参与文件的分类组卷，档案人员也不深究来龙去脉，造成在一项合规性管理上产生的文件被分裂开来，组到不同的文件形成阶段、不同的案卷中，不能充分反映合规性文件获取的程序和文件之间的可追溯性。

面对存在的问题，华能集团决定以国家法律法规、相关政策性文件为依据，以合规性管理规范的风电、光伏建设项目为参考，创新建立风电、光伏项目"1+2+N"合规性文件管理体系，进一步细化并规范风电、光伏项目合规性文件的收集、整理工作，从源头上解决合规性文件"归什么""谁来归""怎么归""归哪里""及时归"的问题。

三、创新做法

经过多种渠道，收集风电、光伏新能源基建相关法律法规、政策性文件（图1）71个，在综合考虑了主体工程、配套工程，风电涵盖了陆上风电、海上风电，以及各种条件下全面管理的合规内容后，汇总风电项目核心合规性管理内容52项、光伏项目核心合规性管理内容47项，并分别选取有代表性的风电、光伏项目合规性文件190个和140个做成示例，创新建立新能源基建项目"1+2+N"合规性文件体系。

图 1 风电、光伏基建项目涉及的法律法规政策文件

"1"是指 1 个法律法规、政策文件管理的文件夹，包括《新能源电力建设合规性管理法律法规政策文件清单》及相应的法律法规政策文件全文。

"2"是指 2 个合规性文件表单（包括风力发电建设项目合规性文件一览表和光伏发电建设项目合规性文件一览表），表单设置内容包括合规性管理内容、合规文件来源、依据文件、相关条款、应归档的相关文件及责任者、合规性文件示例、备注等。

"N"是指 N 个具体的合规文件示例，直观呈现文件的具体形式、内容。

为建立"1+2+N"合规性文件管理体系，主要采取了以下做法。

（一）深入阅研，梳理清单

深入阅读、研究 NB/T 31021—2012《风力发电企业科技文件归档与整理规范》的附录 A"风力发电企业科技文件归档范围与档案分类及保管期限划分表"、NB/T 32037—2017《光伏发电建设项目文件归档与档案整理规范》的附录 B"光伏发电项目档案分类、归档范围及保管期限划分表"，根据项目建设全过程，找出项目前期阶段、建设阶段、竣工阶段的合规性文件，包括前期咨询论证、投资决策、设计、采购、建设、验收等工作环节，尤其前期和竣工阶段的合规性文件，梳理工程建设全过程的合规性文件清单。

（二）收集依据，做好标识

按照梳理的合规性文件清单，采取多渠道、多种方法查找相关的法律法规和政策性文件，建立 1 个法律法规政策文件管理的文件夹。

（1）通过查阅 2018 版《电力企业常用法律法规汇编》，找到相关的法律法规名称，并通过网络确认是否为最新修订版本。

（2）登录国家能源局、国家发展和改革委员会官网，查找相关政策文件。

（3）根据华能集团相关制度中引用的法律法规名称，在百度百科中查找完整的法律法规内容。

（4）通过土地法、环境保护法等关键词上网搜索查询相关法律法规。

（5）向法务部门、规划部门等办理合规性文件的经办人咨询，了解获取合规性文件的途径、流程，获取相关法律法规名称，同时加深对合规性文件的理解。

（6）向质监专家咨询，根据项目建设实际情况和已获取的合规性文件，分析不同情况下产生的合规性文件的差异及相关法律法规、政策文件的支撑条款。

对收集到的法律法规和相关政策文件进行认真的研读，找出应取得合规性文件的相关条款，做好标识。

（三）建立表单，互相关联

建立 2 个合规性文件表单（风电、光伏建设项目合规性文件一览表，图 2），

号	合规性管理内容	合规文件来源	依据文件	相关条款	应归档的相关文件及责任者	合规性文件示例	备注
	项目核准或备案	核准或备案机关	《企业投资项目核准和备案管理条例》 《企业投资项目核准和备案管理办法》 《国家能源局关于2020年风电、光伏发电项目建设有关事项的通知》（国能发新能〔2020〕17号） 《国家能源局关于推进光伏发电“领跑者”计划实施和2017年领跑基地建设有关要求的通知》 《关于开展智能光伏试点示范的通知》 《光伏扶贫电站管理办法》等	1.《企业投资项目核准和备案管理条例》 第三条　对关系国家安全、涉及全国重大生产力布局、战略性资源开发和重大公共利益等项目，实行核准管理。 第四条　除涉及国家秘密的项目外，项目核准、备案通过国家建立的项目在线监管平台（以下简称在线平台）办理。 第十三条 实行备案管理的项目，企业应当在开工建设前通过在线平台将下列信息告知备案机关：....企业需要备案证明的，可以要求备案机关出具或者通过在线平台自行打印。 第十四条　已备案项目信息发生较大变更的，企业应当及时告知备案机关。 2.《企业投资项目核准和备案管理办法》 第十七条　企业办理项目核准手续，应当按照国家有关要求编制项目申请报告，取得第二十二条规定依法应当附具的有关文件后，按照本办法第二十三条规定报送。 第四十二条 第二款 项目单位需要备案证明的，可以通过在线平台自行打印或者要求备案机关出具。 3.《国家能源局关于2020年风电、光伏发电项目建设有关事项的通知》　四、各派出机构要加强对辖区内风电、光伏发电规划落实、消纳能力论证、项目竞争配置、电网送出工程建设、项目并网消纳等事项的监管，及时向国家能源局报送有关情况。 4.《国家能源局关于推进光伏发电“领跑者” 计划实施和2017年领跑基地建设有关要求的通知》四、领跑基地优选方式 领跑基地由地方自愿申报，通过竞争方式优选产生。各省发展改革委（能源局）统一组织区域内的基地申报工作，对各基地进行初选后向国家能源局提交申报材料....国家能源局委托技术管理机构组织专家按照以下条件，对申报的基地分别进行评价，按本期拟建设规模，依据评分排名分别确定应用领跑基地和技术领跑基地名单。 5.《关于开展智能光伏试点示范的通知》三、组织实施 (一)申报单位填写智能光伏试点示范申报书，向所在省级工业和信息化主管部门提交申报材料。国家新型工业化产业示范基地、光伏“领跑者”基地所在地的企业和项目、光伏储能应用项目、建筑光伏一体化应用项目(BIPV)优先支持。(三)工业和信息化部会同住房城乡建设部、交通运输部、农业农村部、国家能源局、国务院扶贫办对申报的企业、项目进行评选。评选结果在有关部门官方网站及相关媒体上对社会公	项目核准批复或备案证明（核准或备案机关） 项目申请报告或备案请示或备案登记表（建设单位） △应用领跑基地和技术领跑基地确定名单（能源局或发改委） △领跑项目优选申报材料（建设单位） △竞争性项目获批文件（能源主管部门或发改委） △竞争性项目申报材料（建设单位） △示范项目获批文件（工业和信息化部） △示范项目申报书（建设单位） △光伏扶贫项目：列入国家光伏扶贫项目的目录、国家下达的扶贫项目计划（国家能源局、国务院扶贫办）	附件1.1～1.9	1.项目类别：光伏扶贫项目、户用光伏、普通光伏电站、工商业分布式光伏发电项目、国家组织实施的专项工程或示范项目等。项目类别不同，归档文件不同。 2.建有配套设施的，应归档配套设施的备案文件。 3.项目备案后，项目法人发生变化，项目建设地点、规模、内容发生重大变更，或者放弃项目建设的，项目单位应当通过在线平台及时告知项目备案机关，并修改相关信息。

图 2　风力、光伏发电建设项目合规性文件一览表

明确合规性管理内容、法律法规政策等依据性文件名称、应归档的合规性文件，并将相关法律法规条款嵌入表格，与应归档合规性文件相呼应。

（四）选取典型，分析差异

1. 区分不同性质、不同建设场址的风电、光伏建设项目

依据相关政策文件，光伏建设项目有领跑项目、示范项目、扶贫项目、竞争性项目；根据项目建设场址不同，分为灰场光伏、农光互补、渔光互补光伏、屋顶光伏。风电建设项目有陆上风电、海上风电。针对不同建设性质、建设场址的项目，分析相应合规性文件名称、来源等方面的差异。

2. 收集不同建设性质、建设场址的风电、光伏项目档案目录

根据项目建设性质和项目建设的实际情况，开展调研，收集陆上风电项目、海上风电项目的案卷目录和文件目录，兼顾建设项目的性质，收集灰场光伏、农光互补、渔光互补光伏、屋顶光伏的案卷目录和文件目录。

根据目录，查找到相应合规性文件名称及其全文，对文件内容的敏感信息进行处理，形成"N"个具体的合规文件示例，直观呈现出合规文件的形式和管理内容。

（五）建立"1+2+N"合规性文件体系

根据建设项目合规性管理内容，依据法律法规的相关条款，结合项目建设的实际情况，确认合规性文件取得的必要性，同时针对不同性质、不同实际情况产生的合规性文件的差异，在备注中加以说明。按照有代表性建设项目的案卷目录和文件目录，将对应的合规性文件原文找到，经适当处理文件敏感内容后编上对应序号，制成示例，从而建立起完整的"1+2+N"新能源建设项目合规性文件体系（图3）。

（六）咨询律师，完善体系

合规性文件体系初稿形成后，为确保依据的法律法规、政策文件是现行有效的版本，保证合规性文件体系的完整、准确及可操作性，档案人员联系华能系统的外聘律师，审核法律法规及相关政策文件的现行有效性。根据律师的审核意见，进一步修正、完善合规性文件体系。

图3 风力发电建设项目合规性文件示例

（七）付诸实施，取得实效

组织相关项目建设单位学习、掌握"1+2+N"合规性文件体系的内容，促进多个风电、光伏项目合规性文件获取和收集工作的顺利开展，在各类审计、专项检查、质量监督检查、档案专项验收及项目竣工验收中，获得好评，促进了华能集团新能源发展工作更好地适应新时代、新形势和新要求，提升了公司新能源基本建设项目开发建设全过程的管理水平，树立了良好的品牌形象。

（八）动态管理，持续有效

持续关注法律法规的修订及相关政策的变化，及时更新合规性文件的依据条款，动态地调整合规性文件体系的相关内容，确保"1+2+N"合规性文件管理体系持续有效，助力项目合规性文件获取和收集归档工作的有序开展。

四、效果及影响

（一）助力华能集团全面推进法治央企建设

全面依法治国是习近平新时代中国特色社会主义思想的重要内容，合规管理是央企法治建设的一项重要任务，唯有合法合规，才能行稳致远。华能集团"1+2+N"新能源项目合规性文件体系落实了全面依法治国基本方略，提升了华能集团依法合规建设的管理水平，形成全员合规的良性机制，提升合规管理能力，促进了法治央企建设。

（二）助力华能集团高质量、可持续发展

做好各项工作离不开法治，随着华能集团结构调整、"处僵治困"越来越深入，"一带一路"走深走实，国际经贸合作政策多变，国内外市场监管要求日益严格，改革发展中的合法合规要求越来越凸显。高质量推进法治建设，"1+2+N"新能源合规性文件管理体系的建立，促进各项合规性文件依法合规及时获取，促进风险防控，确保项目依法合规开工建设，防止舆情、法律纠纷事件发生，必将推动华能集团高质量发展不断取得新进展。

（三）避免舆情和法律纠纷案件，树立良好的社会形象

合规性文件体系促进合规性文件的依法获取，获得良好外部评价和社会效益，同时避免因项目合规性文件未取得产生的经济纠纷，避免了额外的经济费用，确保华能系统建设项目依法合规建设与平稳投运，及时发现并排除各类风险隐患，维护华能集团形象安全。

（四）促进管理人员增强合规意识，提高管理能力和素质

促进管理人员切实提高合规意识，明确行为的红线、底线，照章办事、按章操作，认真履行承担的合规管理职责，依法依规开展基建、生产、经营管理活动，主动开展合规风险识别和隐患排查，妥善应对合规风险事件，最大限度化解法律风险、降低社会形象安全风险，降低产生经济损失的风险。

（五）成为培训教材，促进档案管理人员业务技能提升

通过编印、宣贯合规性文件体系及相应的法律法规、国家政策，对基建项目档案管理人员开展合规性文件收集、整理业务技能培训，提升了档案管理队伍的技能和管理水平。

案例形成单位：中国华能集团有限公司
案例形成人：张萍、蒋术

创新海外档案管理，助力建设世界一流企业

一、案例概述

中国建筑第八工程局有限公司（以下简称中建八局）1984年开拓海外业务至今，经营国别达38个，在建和竣工项目超过130个，档案数据总量超过10000卷（件）、电子版数据超过8TB。2016年后，中建八局进一步梳理原《海外档案管理办法》存在的改进空间，提出"5步"调研法（系统梳理、实地调研、重点访谈、解决问题、合规检索），切实摸清海外机构档案管理情况、存在的问题，并从实质上予以推动解决。同时按"一国一策"要求策划完成中建马来西亚、韩国等主要驻外机构档案管理办法制定或修订工作。制度印发后，主导推行工程资料管理与项目建设进度"三同步"管理机制，强化绩效考核、培训交底、档案宣传等措施，提升海外档案属地化、信息化水平及整体管理水平，推动中国档案管理标准"走出去"。

二、实施背景

（一）海外档案管理实际与品牌地位不匹配

中建集团连续5年位列ENR全球承包商首位，作为集团骨干子企业的中建八局，2019年海外新签合同额达到488亿元人民币，相当于中国对外承包工程业务双百强合同额排名第11名、营业额第13名。相对于企业海外规模的快速发展，档案管理"短板"问题比较突出，与国际化企业形象尚不匹配，主要表现为顶层设计引领力不强、国际化管理水平不高、制度体系不健全、人员配置不完善、硬件建设不到位、管理手段较陈旧等方面。

（二）建设国际一流档案机构及其属地化发展的迫切需要

创建世界一流示范企业是中建集团推进国际化发展的目标，属地化是中建集团多年稳居全球最大投资建设集团的成功实践和经验总结。按照"企业发展到哪，档案工作就做到哪"的定位，中建八局海外档案工作也必须推进属地化、国际化管理。由于中建八局海外业务涉及国别较多，不同国家对档案（文件）管理要求不同，因此，综合权衡不同国家法律要求、当地保管、异地备份等多重管理风险和成本，针对不同国家制定一套操作性强的标准化档案管理机制，是中建八局迫在眉睫的现实需要。

三、创新做法

（一）落实"5步"调研法，解决实际问题

根据上述方针，中建八局档案部门历经近一年完成具体目标。第一步，系统梳理各国公司法、工商管理局网站、相关行业网站（税务局网、住房和城乡建设部网站等）档案保管要求及国内外档案文献，初步掌握所在国家归档期限、归档范围以及当地政府法律部门其他要求等。第二步，委派专人或专业机构调研各驻外机构所在国家文件（档案）管理要求，认真学习韩国、马来西亚、新西兰等国外先进管理标准，先后组织开展600余人（次）国际法规宣贯培训，集中学习驻外机构所驻国（电子）文件和法律文件管理标准。形成全面的调研报告，确保档案工作实际与国际法规、专业理论无缝连接。第三步，重点调研访谈中建系统内外有国外项目建设经验的公司8家，初步拟定一套档案管理方案。第四步，摸底排查中建八局下属单位海外档案管理情况，召开涵盖二级单位、海外项目人员档案管理研讨会近10次，研究解决海外档案管理人员编制、经费、硬件设施配置和归档范围需统一等实际困难，协调解决马来西亚、印度尼西亚、新西兰等大部分地区档案异地存放及运输回国实际难题。第五步，邀请中建系统内外档案管理专家，研讨调研报告、档案管理解决方案和管理办法，确保顶层设计合法合规、制度执行有效高效、档案管理利用顺畅。

（二）坚持"一国一策"，确保顶层设计科学、管理制度有效

"磨刀不误砍柴工"，科学的制度为后来的管理创新打下了基础、指明了方

向。充分调研掌握当地法律文件及档案管理等要求,按照"孰高就孰"基本原则,以需求为导向、问题为抓手、创新为指引,紧扣项目建设全过程,针对马来西亚、印度尼西亚、韩国、新西兰四个国家,试点制定符合所驻国要求、适合企业实际情况,又满足国内母公司底线管理要求的档案管理标准(表1、图1);同时根据属地化员工语种建立多语种档案管理制度。此外,中建八局还组织建立了海外档案管理专家协调工作小组,聘请所驻国档案管理专家、业务专家、国内档案管理专家召开专题交流会,逐一论证各个子分公司档案管理制度、工作流程,确保不因档案管理不规范导致档案文件在法庭"做证"时不可用或失效;避免档案管理制度"水土不服"执行不力、成为摆设,真正达到将档案作为法律凭证维护中资企业国际权益的主要目的。

表1 中建八局驻外分支机构当地档案管理特点举例

序号	单位名称	所驻国法律(档案)文件/来源	当地部分档案管理要求
1	中建马来西亚有限公司	马来西亚《公司法》、工商管理局网站、税务局网站等	工程资料、公司注册资料、董事会决议、财务和审计资料需在当地至少保管7年
2	中建新西兰有限公司	新西兰公司管理局文件、税务局等网站	公司注册资料、董事会决议、相关证书、财务审计等资料需在当地至少保管7年
3	中建韩国分公司	韩国《商业法》等	公司账簿、清算时相关资料需要在清算总结后在当地保存10年
4	上海中建海外发展有限公司印度尼西亚有限公司	印度尼西亚《公司法》等	财务、税务、工程资料在当地保管10年

在日常管理上,根据海外项目管理习惯,要求使用Newforma、Projectweb、Portal、Aconex系统或公共邮箱与业主、监理进行日常沟通,增加了档案资料的保密性,为后续利用提供保障。

(三)实施岗位双配制,提升属地化档案管理水平

目前,中建八局在马来西亚、印度尼西亚、新西兰、韩国等国属地化程度超过30%。中建八局采取"一内一外"双岗政策,即坚持凡是所承建项目,必须聘请一名外国资料员和中国资料员,确保海外项目文件和档案管理"双符合"原则。例如,在马来西亚各项目,实行属地和中方资料员双配制,对中外籍资料员

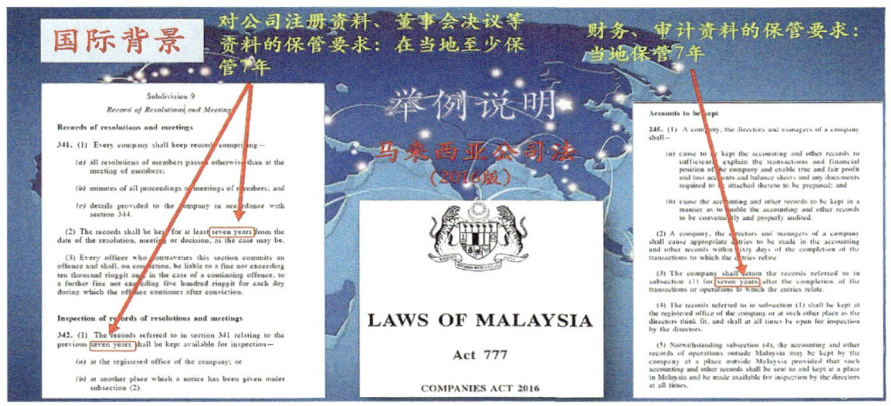

图 1 马来西亚法律文件管理规范示例

进行明确分工、协同合作，建立有效沟通。截至目前，中建八局海外已经有 150 余名专兼职档案管理人员，其中属地员工 20 余名，占比高达 13%。通过配置属地资料员、档案管理员，有效节省了项目验收的时间和人力成本，先后获得属地项目招标信息 30 余条，间接创收超过 300 万元。

（四）推行工程资料管理与项目建设进度"三同步"管理，提升海外档案信息化水平

积极推广中建版档案管理系统在驻外机构上线应用，加强对海外档案工作的业务指导和监督，实现施工资料生产、收集、上传"三同步"管理。目前，资料收集整理齐全率、完整度高达 95%，海外核心档案归档率高达 98%，真正做到海外档案"零"丢失、"零"遗失，不仅大大提升了管理效率，同时避免了突发事件导致档案遗失或档案无法运输回国等问题的发生。如中建八局土木分公司将"三同步"原则利用于国内外所有项目，"统一原则、统一定位、同步考核"，对海外项目严格把关，层级考核，完美实现资料归档与项目竣工同步的目标。

（五）落实绩效考核，压实管理责任

建立档案"分级管理"制度，明确海外分公司、分支机构和项目部总工程师为归档工作的牵头人，并把海外档案归档情况纳入二级单位、驻外机构、项目经理的年度目标考核，与年底兑现挂钩，层层压实责任，实现梯级管控。近三年来，海外项目核心档案归档率达 100%。

（六）重视培训交底，提高业务能力

一是重视档案培训工作，要求每年公司层面开展海外档案业务专场培训不少于 2 次、二级单位开展视频连线培训不少于 2 次。二是编制培训教材，录制档案业务培训视频，并纳入海外新员工上岗必培内容；组织编制全套培训教材（含归档范围、操作指引、图纸折叠方法演示、各类情况解析等），解决海外点多面广，人员流动性强、难以集中的实际难题。三是积极开展"送培训到项目"，派专职人员深入各海外分支机构、项目部，"手把手、面对面、零距离"进行培训交底。截至目前，已举办海外专题培训 6 次，涉及 21 家海外分支机构和 70 个海外在施项目，专兼职档案员超过 500 人，海外档案业务培训实现在建项目 100% 全覆盖。

（七）加强宣传力度，提高全员档案意识

一是年度工作会"讲"档案。根据海外档案管理实际情况，每年定期召开档案专业会、档案专家会，不定期召开海外档案管理专题会，研判全年海外档案管理重点工作、交流海外档案管理经验、评选海外表彰先进等。截至目前，共举办海外档案管理经验交流会 12 次，解决海外档案管理难题 50 余项。二是过程督导"查"档案。以线上和线下相结合的形式，每年定期对各二级单位办公室或海外部的海外分支机构和项目档案工作开展检查。截至目前，共实地检查 20 余次，线上检查 100 余次，完成整改事项 160 余项。三是国际档案日"宣"档案。除日常的档案宣传外，在每年"6·9"国际档案日，以专题讲座、参观学习、悬挂标语、主题展板及主题征文等为载体，组织海外分公司、项目部开展档案宣传活动，提高全员档案意识，2020 年共 8 家驻外机构开展了档案专题宣传活动、参与人数超过 2000 人。

四、效果及影响

（一）经济价值显著

间接创收方面，2015 年以来，中建八局海外业务累计实现合同额 1290 亿元，营业额 388 亿元，实现利润总额 10 亿元。在此过程中，海外档案部门每年为各基层机构提供平均逾 800 件档案资料，为市场开拓、项目施工、利润获取，

档案管理均提供了强有力的支撑。以为企业挽回9000万元经济损失的马来西亚ASTAKA70层高层公寓项目反索赔案例为典型代表，近五年，中建八局海外档案服务法律诉讼3起、工程索赔近1000项（条），涉及经济损失约3.8亿元。档案在赢得市场口碑、法律诉讼、规避合同风险等方面发挥了巨大作用。

直接创收方面，2015年至2019年，通过低成本引进属地资料员、档案管理员，开展线上业务培训，利用档案系统实现工程资料与档案工作"三同步"管理，大幅度节约项目验收时间和人力成本，预计每年为企业节约成本100万元，合计超过400万元。

（二）支撑中建八局赢得系列国际荣誉

中建八局通过引进属地化档案管理人员，推动国际档案管理法规与中国档案管理标准融合，基于规范的档案（资料）管理，中建八局近五年在海外创建鲁班奖6项、英联邦奖项18项等各类荣誉近250项（含专利、工法等），其中海外国家级奖项超过40项。例如，毛里求斯新国际机场获国际项目管理协会（IPMA）卓越大奖，马来西亚吉隆坡标志塔、韩国梦想大厦等项目获英国安全协会国际安全奖，马来西亚新山ASTAKA双塔、湖畔公寓等项目获马来西亚国家级安全铂金奖，埃塞非盟会议中心、老挝国际会议中心等荣获境外鲁班奖。在创奖过程中档案部门提供近2TB重要文书档案资料，近10个微视频、20GB工程技术资料、20GB工程图片等，为国际创奖作出了突出贡献。

（三）传播文化，助力属地化市场营销

传播文化方面，在海外业务发展、管理团队建设过程中，档案部门每年为各单位提供平均逾800件历史档案，涉及企业文化、大事记、历史故事、市场调研报告、宣传册、《八局海外》杂志、《职工文化文艺刊》等，助力各级驻外机构快速了解当地风俗、融入当地文化。

助力属地化市场营销方面，中建集团及中建八局在海外签约的数百个项目均为当地国的标志性建筑或公共设施，具有广泛的国际影响力。例如，中建八局承建的中资企业海外建设第一高楼——马来西亚吉隆坡标志塔项目，以"三天建设一层"的中国速度"惊艳"全球，项目部为100余家国内外媒体提供2TB非涉密性电子资料作为宣传素材。与此同时，共200多家中外分供商参与该项目建

设,带动了当地经济发展,先后40余家潜在业主以参观该项目为契机,洽谈商业合作,中建八局以此为契机续签吉隆坡公园二号、马来西亚布城8MD3项目、马来西亚帝国套房项目等多个项目和5个战略合作意向书。

(四)推动中国档案管理标准"走出去"

目前,很多国家对档案管理无特别的具体要求或要求比较粗略,中建八局通过对国家档案局及各级档案机构管理所辖地区档案文件研究,形成了一套既全面又系统的档案管理体系、工作标准、流程。中建集团属地化程度较高的大部分驻外机构已在当地颇有品牌,以中建八局为试点和引领,有效地将中建八局海外档案管理经验、标准推广至全集团海外子企业,进而发扬至中建近100个海外市场(区域),传播中国档案管理标准,提升中国在国际工程管理及其国际法律中的"话语权"。

2020年由中建八局发起成立上海工程建设标准国际化促进联盟会,中建八局当选联盟理事长单位,公司党委书记、董事长当选联盟第一届理事长,搭建成立中国工程建设标准国际化的合作平台,将进一步推动中国工程建设标准国际化水平和国际竞争力的提升,助力海外传统纸质档案向电子档案载体形式合规转变,在国际法律前合法应用。

案例形成单位:中国建筑第八工程局有限公司
案例形成人:周路、房爱霞、樊晓蓉、胡佳明、唐卫华

"小桔灯"档案点亮全国照明"大数据"

一、案例概述

常州市城市照明管理处（以下简称常州照明）成立50多年来，在立足本职，持续做好设施建设、管理、运维的基础上，坚持科技创新，在产品研发、规范标准、课题研究等方面拥有8个"全国第一"。自1980年起负责全国城市照明管理机构的统计工作，并负责主编全国照明行业唯一专业杂志《城市照明》；2002年起负责每两年一次的《中国城市照明专业委员会年鉴》工作。在此过程中，常州照明形成了全国唯一拥有"地方项目建设、设施设备、科研创新、维护管理等实操经济科技档案资源"和"全国照明统计、信息、情报等档案财富"独特优势，建成了富有常州照明特色的"小桔灯档案"。

同时，常州照明还充分运用科技档案资源优势，赋能管理提升、推动科技创新、助力行业发展。特别是在2017年完成住房和城乡建设部（以下简称住建部）"城市照明统计制度和数据中心建设研究"课题基础上，成功建成"全国城市照明信息管理系统"。通过多年来积累的城市照明专业档案资源和档案管理"升星"工作经验，确定了"聚""通""用"数据的建设内容和切实可行的建设方案。2019年住建部城建司发函确定，由常州照明负责"全国城市照明信息管理系统"运维、管理和运用。

二、实施背景

住建部于2016年启动了"城市照明统计制度与数据中心建设研究"课题，经充分调研论证，最终确定由常州照明承担该项目。

（一）行业管理转型发展的新要求

随着我国经济发展进入新时代，城市建设发展和管理工作迈入了"从高速向高质量转型发展"的关键时期。特别是2018年中央经济工作会议对"新基建"

给出明确定义以来，以5G、工业互联网、物联网等为代表的新型基础设施建设已经按下"加速键"。

在此过程中，因为数量大、分布均、能源便捷且拥有现成杆件等独特优势，城市照明在5G等"新基建"项目推进中已经越来越受瞩目，逐步从传统的市政基础设施转变成为"新基建"的有机组成部分。新基建的核心就是在人流、物流中加入数字流，从而产生产业流和资金流，形成价值流。如何抓住"数字流"这一核心，助力"新基建"、融入"新基建"，成为新时代对城市照明提出的全新课题。同时，LED、NB-IOT通信、物联网等新技术在行业内的广泛深入运用，以及不断提升的城市精细化管理要求，也对包括主管部门、管理机构、照明企业在内的整个城市照明行业提出了运用"大数据"生成"信息化""智慧化"档案，加快推进管理思维、管理模式、管理手段转型发展的迫切要求。

（二）常州照明突破发展的新方向

常州照明是住建部道路与桥梁标准化技术委员会和中国工程建设标准化协会建筑环境与节能专业委员会的委员单位，已经完成主（参）编国家标准5项、省部级标准规范21项；主持完成部级课题13项；获取各类专利14项，"常州标准"多次成为"国家标准"（图1）。

在坚持科技创新、推动行业发展的过程中，常州照明也一直在积极探索，如何打破传统手段的束缚，把握新时代发展方向，运用"大数据""互联网+"手段，推动自身发展上新台阶。开展全国照明数据中心的课题研究和建设（图2），正是发挥"小桔灯档案"优势，凝聚团队力量，瞄准新目标、形成新突破的良好契机。

（三）档案管理创新发展的新途径

在深入调研，多方比选后，住建部领导对常州照明长期以来在行业管理和科技创新方面取得的丰硕成果给予高度认可，同时指出"档案就是有价值的数据、数据能够形成有价值的档案"。要用好"小桔灯档案"经验成果，高质量完成课题项目。

项目的推进过程，既是对新时代新技术探索运用的过程，也是常州照明激活开发档案资源，开辟运用档案为经济科技服务，为单位持续发展服务新途径的探索。

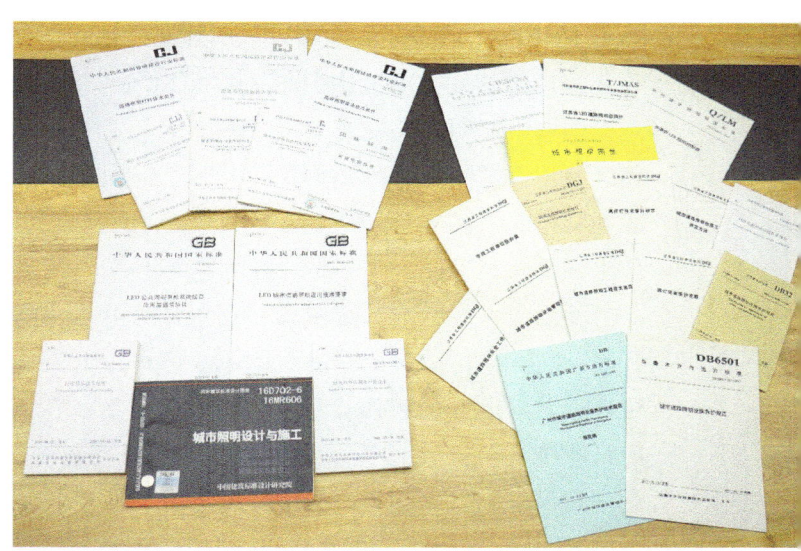

图 1 常州标准成为国家标准

图 2 常州照明数据中心

三、创新做法

（一）激活档案潜能，建立大数据指标体系

开展城市照明统计制度研究，关键在于建立科学合理的指标体系。20 世纪

80年代较成体系的行业性城市照明档案，还停留在"路灯盏数""装灯里程数"等非常局限的元数据范围内。2000年以后，指标数逐步增加，但还不能全面展现我国城市照明建设发展现状，更谈不上"用档案支持决策"。同时，由于我国各区域建设发展阶段和水平不一等原因，各地对于城市照明统计形成的数据和档案各不相同，甚至有些地方还不知道如何通过档案对当地城市照明建设发展情况作出评价，对于行业整体数据的收集和进一步研究运用形成了巨大阻碍。

经商研，课题组一致认为，首先要向40年积累下来的行业统计档案"借路径"。课题组将自1980年开始形成的15000余份《行业年度调查表》进行了全面梳理，并对既有的指标体系和发展过程进行了深入的研究分析，建立"城市照明行业统计历史数据库"，并在此基础上开展新的指标体系研究和制定工作，结合现实需求和发展趋势，最终形成了由"符合全国平均水平的4类18项必填指标""能够反映先进管理水平的22项选填指标"及"调研问卷"组成的《城市照明档案元数据清单》，奠定了指标体系建立的基础。其中"规划投资、照明设施、照明管理、照明能耗"等"4类18项必填指标"覆盖了城市照明建设、运维、管理工作中的全部经济技术元数据要求，能够较为准确地为城市照明建设发展现状"画像"；"22项选填指标"对经济技术元数据进一步细化，能够较好地反映出城市照明精细化管理水平差异；"调查问卷"能够灵活地针对"路灯+5G""多功能灯杆""单灯控制运用"等当前和下一阶段重点、焦点问题开展调研，方便助力城市照明发展趋势研判。整个元数据清单充分体现了"符合全国需求，又具有一定前瞻性"。

同时，按照相关国家标准、结合统计需要实际，逐项对所有指标的名称、定义、算法等进行了统一、明确。如针对行业内一直存在争议的"节电率"指标，一是进行了功能照明、景观照明划分；二是建立标准计算公式，并对其中涉及的标准用电量、实际用电量、LPD（功率密度值）、道路面积、亮灯时间等关键要素的取值方式进行了明确，做到了分类明确、算法统一、结果科学。通过同样的方式，课题组编制了一整套完善的《指标说明》，为指标体系的真正运用提供了有效保障。

课题组通过深度挖掘档案资料潜能，顺利完成了由"一个清单＋一份说明"组成的《城市照明数据统计指标体系》，该体系经专家论证达到"符合实际、精准高效、水平优秀"；在意见征求中，全国同行单位一致认为该体系"可用、实用、想用"。

（二）运用创星经验，丰富大数据统计手段

常州照明在40年全国照明统计和50年设施建设、运维、管理中积累了巨大的经济科技档案财富，近年来成功创建照明行业唯一的省级"档案工作五星级单位"。

首先是完善统计架构。课题组对常州照明档案管理工作经验进行仔细研究，借鉴其"层级化、脉络化"管理思维，建立起"纵向覆盖管理条线、横向覆盖管理区域、多向覆盖管理职责"的城市照明统计管理"一张网"，将省、市、县级主体全部纳入网络，分层明确职责、划定统计边界，为统计手段的有效运用奠定了基础。

其次是搭建统计平台。课题组提出信息化平台建设计划，并于2017年成功完成"全国城市照明信息管理系统"开发工作。该系统一是可以实现高效的任务发布，不但可以实现面向所有统计单元"同时、及时"下达统计任务，还可以通过通知公告发布功能，实现各类任务下达。二是可以实现高效的层级式上报，底层统计单元将职责范围内数据上报后，经审核向上传递后自动汇总成为上级统计数据。三是呈现实时数据，各级可以随时查阅、调用数据档案资源，进一步丰富了数据统计手段，推动了全国照明统计数据档案作用深入发挥。

最后是拓展统计模式。常州照明研发的"信息化档案管理系统"已经能够做到与照明项目管理、仓储管理等业务系统互联互通，业务办理资料能够通过系统自动归档管理。这种先进的成档、归档、管档模式运用在"全国城市照明信息管理系统"开发中。该系统预留了与"三遥"、GIS、单灯、巡检等各类子系统互通接口。各地诸如开灯时间、修灯数量、电费支出等设施和运维数据在具备条件情况下，可借由数据互通直接形成上报统计，既可以极大减轻数据统计工作强度、难度，又能够确保"一手数据"准确、及时纳入管理。

（三）挖掘专业价值，拓展大数据运用场景

2018年，根据住建部安排，"全国城市照明信息管理系统"在江苏省城市照明数据统计工作中全面试点运用。试点统计范围由"原13个地级市+少部分县级市"扩展到303个统计单元，细化到乡镇及街道，促进大量"原视线外"范围开始建立城市照明经济技术档案；统计量从原有全省不足300万盏增加到功能照明359万盏、景观照明551万盏，纳入档案管理的设施总量增加了200%；一大

批规划编制情况、建设投资情况、能耗支出、维修工作量、维护支出等对于支持决策具有重要意义的全新数据,对全省经济技术档案的丰富提供了有力支持。试点成果获得住建部、江苏省住建厅领导及省行业各单位高度肯定。2019年6月,住建部城建司正式发函,明确"全国城市照明信息管理系统"的运维、管理、运用工作落户常州。

课题组借鉴常州照明长年开展行业数据分析、档案研究、情报运用工作的经验成果,对试点获取数据开展了进一步的价值挖掘研究。一是通过数据纠正理解误区。如经统计分析,类似江苏照明发展较为先进的地区,景观照明电费平均支出也仅占总电费的一成左右,并不像一般理解中的"景观照明是能耗大户",为各地城市景观照明科学合理发展提供了数字依据。二是深入开展照明评价。如在传统的"节电率""完好率"指标基础上,可以通过"单灯功率""单杆盏数"等评价照明设计水平;可以通过"日坏灯量"评价照明材料质量;可以通过"LED占比"评价新产品新技术运用水平等,保证整体评价结果更立体、更客观。

四、效果及影响

(一)优化政府决策的有力支撑

"全国城市照明信息管理系统"的建设运用,能够有效推动城市照明"大数据"汇集,为"大数据"资政、决策提供有力的支撑,提高政府决策的精准性、高效性、预见性。一是数据的全面准确支持科学决策。完整、准确且充分考虑了"同异性需求"的数据能够保证多维度、多角度、多深度地展现城市照明发展现状和趋势,如常州照明依托丰富的行业、企业档案资源,打造了"龙城小桔灯"史料陈列馆(图3),对常州照明"用心点亮每一盏灯"的核心理念、"用心、创新、温馨"的小桔灯精神进行了生动诠释。二是统计的及时便捷支持高效决策。在充分运用"互联网+"数据汇集方式的基础上,常州照明预设了城市照明建设发展情况报告模板、分类设施量统计、功能和景观分类能耗统计、LED占比等重点、焦点、常用口径,能够实现"一键统计、秒出结果",极大地提升了统计工作效能。三是数据的创新前瞻支持提前规划。实践表明,通过数据的发展规律的总结,能够形成对今后数据发展的预测。通过汇集"大数据"、分析"大数据",可以对城市照明行业的发展作出更加准确的预测,能够为提前决策提供更有力的基础数据和原始档案保障。

图3 "小桔灯"史料陈列馆

(二)打造行业管理的信息中心

一是各级、各地方可以充分运用数据成果,精准把握城市照明建设和管理需求,科学编制城市照明专项规划,谋划城市绿色照明发展计划,走出特色之路,促进城市照明持续高质量发展。二是可以在统一、科学的标准下,有效开展城市照明建设发展工作各项评估评价,为具体开展城市照明管理工作提供有效的数据支撑。三是通过汇集形成行业"大数据",逐步融入城市建设发展"大数据",进一步与地方国民经济"大数据"深度交流互动,是城市照明行业与城市建设发展相匹配,不断提升行业地位和影响力的重要途径。

(三)优化营商环境的积极助力

一是各地方在运用"大数据"不断提升城市照明建设、管理能效,创造优质精品城市夜景,提升城市品位,有效实现"筑巢引凤"的同时,也可以充分运用档案资料成果,积极构筑宣传、教育、展示阵地。二是在各地大力推进全面优化营商环境,各企业努力寻求发展的大背景下,掌握"大数据"、运用"大数据"

成为关键。"全国城市照明信息管理系统"运用形成的城市照明"大数据",经由政府部门发布后,可以成为企业了解行业、掌握动态,及时准确进行市场开拓,助力企业发展的有效工具。

完成单位：常州市城市照明管理处

案例形成者：刘锁龙、丁喆、凌伟、李瑞吉、史庭佳、姚湘

聚力农村改革，厚植乡村记忆，打造乡村振兴档案工作新格局

一、案例概述

实施乡村振兴战略，是党的十九大作出的重大决策部署。乡村振兴不仅是一个单纯的经济议题，更涵盖了社会生态、文化等多个领域。农业农村档案对于推动农村改革、保障农民合法权益、强化农村社会管理等具有重要意义。近年来，江苏省张家港市大胆破解乡村档案工作中的各种难题，积极探索乡村档案从收集、整理、保护、开发到成果展示与应用的全周期管理模式，全市乡村基层档案工作基础不断夯实，档案工作法治化、规范化和信息化水平显著提升，档案工作在有效服务乡村振兴战略实施中发挥了重要作用。

二、实施背景

张家港市作为城乡融合发展的先导区和示范区，档案工作在大力服务城乡发展一体化工作上成效显著，初步建成以综合档案馆（图1）为核心，涵盖开发区、区镇、村、家庭档案馆的馆网体系，形成"1+10+N"的基层档案管理格局，法治化、规范化和现代化水平显著提升。然而随着乡村振兴战略的实施，面对新的时代形势，农村档案工作的提升空间和服务乡村振兴的潜力还很大，因而乡村振兴档案这一课题成为档案事业发展的新方向。

（一）在乡村振兴战略的视角下，档案管理呈现多元化的发展趋势

乡村档案资源不再局限于乡村行政管理与组织建设，更涉及乡村经济发展、农民生活等内容，档案管理的主体、形成路径也更加多元化。一方面强调共建，重视多元主体在建构乡村档案资源中的协同作用；另一方面则突出本地特色，充分发掘各乡村的个性和特色，更好服务乡村振兴战略。

图1 张家港市档案馆

（二）在乡村振兴战略的视角下，档案服务呈现出多样性的发展规律

一方面，以乡村"大档案"的全新视角来规划档案工作，进一步推动规范化管理，丰富档案资源建设；另一方面，搭建服务型、智慧化的乡村档案利用新平台，既符合档案存在形式多样性、利用需求无限性的发展规律，也是彰显乡村振兴成效的必然要求。

三、创新做法

发展乡村档案工作是新时期农村建设的迫切要求。乡村档案工作的开展，有利于记录和反映实施乡村振兴战略的过程与成效。具体而言，做好乡村档案工作，具有如下几方面的意义：一是记录历史，见证发展。档案记录着乡村发展的方方面面，展示了农民生产生活的点点滴滴，见证农业农村在现代化社会中的迅速发展。二是调解纠纷，维护权益。作为真实的历史纪录，为纠纷的解决提供证据性支持，有利于推进村民与政府之间的和谐相处。三是强村富民，增收致富。农村档案记录着劳动力、农民文化水平、农业发展等情况，对促进乡村发展，打造合理空间格局、产业结构，发展创意农业、田园综合体、共享农庄等具有很强的参考性作用。四是文化共识，凝聚乡情。从档案中追溯乡村文化，实现以文强村，提升乡村品质，让独有的乡村文化将村民凝聚在一起，推动乡村发展。

（一）突出多元参与，推进形成政府主导、社会协同、群众参与的乡村档案治理体系

1. 构建"大档案"管理网络

一是科学规划，提升服务效能。目前全市 10 个区镇、121 个社区、147 个行政村、134 个基层涉农单位档案工作达省星级标准，其中乡镇档案馆 6 家，村级档案馆 1 家，涉农档案总数 13 万余卷、30 多万件；杨舍档案馆为全省首家区镇合一档案馆，永联档案馆为全省首家村级档案馆。二是强化考核，实现层层联动。将乡村档案工作纳入区镇年度绩效考评体系，引导各区镇围绕乡村档案资源建设和管理机制，先行先试，同时各区镇也建立对村（社区）档案绩效考核体系，形成了层层联动的考核网络体系（图 2）。

图 2　建成乡村"大档案"管理网络，形成"1+10+N"的基层档案管理格局

2. 构建"多方协同"治理格局

一是档案管理向社会化、多元性延伸。依托网格化管理模式，将基层组织、村（社区）志愿者、居民群众纳入档案资源建设的主体范畴，参与基层档案治理实践，推动档案建设向基层下移。引导社会力量、民间组织主动参与，近年来共完成 88 万字"百村万户"口述历史档案建设；25 万余张乡村记忆影像拍记；建成 681 分钟的方言乡音数据库；1.5 万余户家庭建档。二是档案监管向法治化、

规范化延伸。运用法治思维和法治方式，不断完善档案监管体系建设。围绕档案管理体制、档案安全、撤并档案处置、村镇建设等，开展"双随机、一公开"行政执法检查，确保基层档案规范管理。

3. 探索"村档镇管"管理模式

引导具备条件的镇（区）、村探索区域内档案资源整合新模式，建立镇（区）、村档案馆（中心），集约化管理区域内档案资源。个别档案保管条件较差的行政村，在档案所有权不变的前提下，实现由镇代为保管，即"村档镇管"，切实解决档案安全问题。

（二）突出覆盖全面，打造涵盖地域特色、内容丰富、共享开放的乡村档案资源体系

1. 推动农村改革建档无空白

围绕乡村振兴，把反映镇村组织建设、农村土地制度改革、农村集体产权制度改革和特色田园乡村建设、现代农业新业态等纳入档案资源体系。目前依法完成99787卷确权档案的移交进馆；率先开展"一河一档"试点工作，为河流建档立卡；加强镇村建设、拆迁安置等档案收集，五年累计完成180余家乡村市级重点工程建设项目的登记备案；鼓励引导新型农业经营主体（专业大户、家庭农场、农民专业合作社、农业企业）开展建档工作，并给予资金奖励。

2. 推动民间领域建档无盲区

一是引导民企建档，服务乡村产业转型升级。率先在全省范围内开展民企档案教学视频制作、教材编印，培育富瑞特装等10家为民企建档示范点。目前全市200多家民营企业完成建档。二是全面推进家庭建档，助力乡村民间文化。借助"全国文明城市"品牌优势，将家庭建档有效融入精神文明建设，扎实开展乡贤名人、道德模范、红色老兵、非遗传承人等家庭建档，打造了集建档和展示于一体的线上"家庭档案馆"，让档案走进千家万户。三是有序推动地域文化建档，凸显乡村独有魅力。在全省率先建成"图片中心""音视频档案管理库"，存储各类图片40万余张，音视频1.7万余条；有效建成张家港籍乡贤名人档案库，共收录39位乡贤名人档案13329件；打造"张家港市地情资料库"，收集整合承载乡愁记忆的地情资料2500余册。

3. 推动民生档案资源无死角

围绕基层群众全生命周期，建立出生医学证明、学籍、工龄认定、婚姻、离退休、殡葬等各门类档案，为解决居民身边的小、急、难事提供保证。围绕基层群众最关心、最直接、最现实的利益问题，抓好农村社保、合作医疗、农村教育、劳动就业等民生社会领域建档。目前全市基层单位建有民生档案 50 多类，已接收进馆 30 多类、22.9 万件，占馆藏档案总数的 45% 左右。

（三）突出智慧引领，健全体现时代要求、多位一体、感知全面的乡村档案服务体系

1. 建成联动共享的基层档案资源管理平台

主动服务农村基层政府数字化转型，持续推进农村基层数字档案馆（室）建设，初步完成 600 余家基层馆（室）藏档案的目录数据库和重要档案的全文数据库建设，为构建基层档案利用体系夯实基础。

2. 建成普惠便民的民生档案共享服务平台

将村级档案利用纳入便民服务事项清单，加快推进覆盖市、镇、村的"民生档案共享服务平台"建设，平台整合 200 多万条民生档案信息，与全市 10 个区镇、96 个村进行互联互通，将档案服务延伸到村级（社区）便民服务终端，实现"查档随时随地、阅档一键打印"；全力融入长三角地区档案查档服务，打破区域壁垒，实现档案利用服务跨地域、跨馆际共享。

3. 建成共享开放的基层档案文化展示平台

依托基层新时代文明实践中心，整合盘活档案资源，不断加大基层档案文化产品供给力度，打通宣传、教育、服务群众的"最后一公里"。出版"乡村影像记忆系列丛书"、张家港方言文库等档案文化产品，展示农村发展变迁；打造联兴村、农联村、长江村等乡村记忆试点工程，让档案成为乡村记忆的有效载体。

4. 探索单套制归档的电子档案管理平台

助推"放管服"改革，建立"不见面审批的电子档案平台"，为农村"不见面审批事项"产生的电子业务数据实现在线电子归档；对接"互联网+监管"系统、"公共资源交易"系统、"农村集体资产交易平台"等，探索实现电子文件单套制管理，为基层减负增效。

四、效果及影响

（一）价值分析

实施乡村振兴战略为档案工作服务提供了广阔舞台，面对新的发展趋势，张家港市档案部门实现从传统档案管理向现代档案治理转变。

1.从管理理念的角度出发，基层档案实现了从"依法管理"到"依法治理"的转变

随着时代发展，让档案工作的理念、技术、方法和模式发生了深刻的变化，档案工作领域更广泛、内容更丰富、需求更多元。档案管理不再局限档案行政管理部门的传统事务管理，更扩展到政府其他机关、企事业单位、社会组织和个人的档案管理。同时参与主体更丰富，档案行政管理部门与各类档案馆、民间人士的合作促进了档案部门"放权"给其他主体。档案管理逐渐走向档案治理，档案在政府治理、公共服务、乡村发展的作用更加凸显。

2.从群众需求的角度出发，利用服务实现了从"被动服务"向"主动服务"的转变

一是服务的人群由"高层"转向"大众"。乡村振兴战略的实施，让档案利用服务向基层倾斜，涉及矛盾纠纷、农村改革、农村土地等方面的档案信息成为乡村档案利用的主要内容。二是服务的方式由"被动"转向"主动"。注重乡村地域档案的展示和传承，逐渐从"村民要求查阅"转向"主动展示档案"，将"乡村记忆档案""乡贤名人档案""口述历史档案"等，通过"档案＋乡村"系列工程，让档案成为展示乡村内涵的重要窗口。

3.从技术发展的角度出发，管理手段实现了从"传统封闭"向"智慧联动"的转变

一是管理方式上，在政府数字化转型的大形势下，实现集农村基层档案的收集、保存、管理、利用、监管、服务于一体的智慧档案管理体系。二是在利用技术上，打造"平台联动、一站服务"的利用体系，将利用服务延伸至村级便民服务终端，实现线上线下、异地同步的智慧化查档阅档。

（二）各方反响

张家港市乡村振兴档案工作日益凸显，在全省乃至全国档案系统引发了强烈反响。

1. 档案服务乡村振兴经验在全国、全省会议上推广

一是多次在全国会议上交流。2019年6月，代表江苏省在全国村级档案工作服务乡村振兴经验交流会上进行交流发言。2019年9月4日，作为唯一县级市代表在长三角地区三省一市档案工作座谈会上进行经验交流。2019年、2020年先后两次在全国档案服务农村基层社会治理工作推进会上交流发言，并获得国家档案局副局长付华高度评价。二是多次获全省表扬推广。2018年8月，全省乡村振兴档案工作推进会在张家港市召开，省档案局局长陈向阳在会上强调："张家港市乡村档案工作很全面、很细致、很规范、很有特色、很有水平、很有成效，很有价值，给全省乡村振兴档案工作提供了可复制可推广的实践经验。"2020年年底，张家港市档案服务乡村治理经验被《江苏档案资政参考》引用。省档案馆馆长陈向阳批示：张家港市在服务乡村振兴战略、优化农村基层治理等方面，积极探索、实践，业绩突出，成效显著，在"争第一、创唯一、树品牌"活动中走在前列，应予充分肯定、表扬。试点工作经验值得全省学习、借鉴、推广。

2. 档案服务乡村振兴经验被多家媒体宣传推广

2018年10月1日，《中国档案报》头版头条刊登《用档案把握乡村振兴跳动的脉搏——江苏省张家港市档案助力乡村振兴经验一瞥》；2020年4月20日，刊登《善治善为助推档案升级、共建共享服务乡村治理——张家港市档案服务农村基层社会治理走出创新发展新路子》。2019年6月，《中国档案》杂志以《发挥档案优势、构建"乡村大档案"体系》为题报道了张家港市"乡村大档案"治理体系建设的做法和经验。

3. 家庭建档助力乡风文明做法得到各级领导赞誉

2017年4月6日，在张家港市召开的"全国创建文明工作经验交流会"上，时任中央宣传部部长刘奇葆、省委书记李强一行参观了张祖功的家庭档案，对张家港市通过家庭建档来传播乡村文明给予了肯定。2018年11月30日，中宣部副部长孙志军调研张家港市新时代文明实践中心建设工作时，参观了南丰镇农村家庭档案,以家庭档案诠释乡村文明的做法获得了极大关注。

4. 档案工作服务乡村振兴科研成果明显

围绕乡村振兴战略实施和乡村档案工作实际需要,承接国家、省级档案科研项目,解决事关乡村档案事业发展中的关键技术研究。"档案服务乡村振兴战略试点建设项目——以张家港市乐余村为例"和"新时代乡村档案治理体系和治理能力的探索研究"被列为2019年、2020年国家档案局课题;"聚力农村改革,厚植乡村记忆,打造乡村振兴档案工作新格局"获得经济科技档案工作二类创新案例。"新时代乡村档案治理体系和治理效能提升的探索研究"列入2020年度江苏省社科应用研究精品工程课题立项项目。

案例形成单位:张家港市档案馆

案例形成者:赵深、谢微、施建彬、孙静、孙晓霞、蒋建峰

信息化检测技术背景下
引江济淮工程档案监控管理的研究探讨

一、案例概述

随着社会发展和科技进步,信息化技术已经渗透到各个行业和领域,档案管理信息化建设受到了普遍关注和重视。2020年6月20日,十三届全国人大常委会第十九次会议审议通过了修订后的《中华人民共和国档案法》(以下简称《档案法》),自2021年1月1日起施行。新《档案法》强调推动档案开放与利用,要求进一步加强档案信息化建设。档案信息化建设是指运用信息技术提高档案工作现代化水平,重新思考档案管理的新情况、新原则与新理论,设计网络环境中档案管理与档案服务的框架与方法,提高档案工作水平,开展档案信息服务。在此背景下,安徽省引江济淮集团公司(简称集团公司)和紫光软件系统有限公司顺应时代发展潮流,逐步开展并加强档案管理信息化建设,取得了一定成果。

二、实施背景

引江济淮工程是国务院172项重大节水供水工程之一,以城乡供水和发展江淮航运为主,结合农业灌溉补水和改善巢湖及淮河水生态环境、防洪排涝等综合利用,是跨流域、跨省的重大战略性水资源配置工程,也是安徽省基础设施建设"一号工程"。输水线路总长723千米,总面积7.06万平方千米,其中安徽省供水范围为13个市46个县(市、区),总面积5.85万平方千米。引江济淮工程安徽段自南向北分为引江济巢、江淮沟通、江水北送三大段,主要建设内容包括引江济巢、江淮沟通段输水航运河渠和江水北送段的西淝河输水河渠工程,总长度587.4千米。

由于引江济淮工程项目体量大,档案管理存在档案形成周期长、数量多、难度大、范围广等特点，仅依靠档案管理人员对各参建单位形成的文件材料进行现场检查、指导、监督和考核，工作效率低、技术难度大。利用信息化技术在档案管理系统中设置监控管理和考核模块，对各参建单位进行全过程管控和预立卷在线管理，做到工程档案与工程建设同步管理，可以有效减少人为出错率，提高档案管理工作效率。

引江济淮工程安徽段总投资875.37亿元，总工期为72个月，2022年年底主体工程基本建成。集团公司作为项目法人，下设6个建管处，主要承担工程建设和运行管理职责。截至2020年9月底，工程已开工项目共计72个，未开工项目9个。引江济淮工程线长点多，同时涉及水利、交通、市政等众多领域，工程项目档案管理工作呈现任务繁重、建设周期长、专业性强等特点，具体表现如下：

一是工程档案形成周期长。工程总工期72个月，工程项目文件材料形成、收集、整理、归档、移交至少需7年时间。

二是工程档案体量大。引江济淮工程是一项跨流域的大型水利工程，根据项目投资估算，单套纸质载体档案约6万卷，如按照一正一副两套收集，需接收纸质档案约12万卷，照片、声像、实物、电子档案数量另行估算。

三是工程档案管控难度大。已开工建设项目达到70多个，且分布在不同区域，档案监督和检查难度大；参建单位多达上百家，各单位档案管理水平参差不齐，人员培训难度大。

四是工程档案涉及行业多。引江济淮工程除涉及水利、水运等领域，还与电力、机械、建筑、桥梁、道路、水文、气象等专业密切联系，工程档案形成的内容广泛、形式多样。

三、创新做法

为了解决项目档案管理中的问题，从宏观架构和制度层面上来说，集团公司在档案工作中采取了纳入管理与同步管理措施，将档案工作与各项制度要求和信息系统进行融合，从源头上解决可能出现的问题。在纳入管理上，将档案工作纳入项目管理程序，纳入项目建设考核体系，纳入合同管理和岗位责任制等；在同步管理上，把项目档案管理的要求同步到项目招投标、设计、施工、监理、试运行和竣工的各个环节之中，落实到项目实施的全过程。

具体来说，集团公司于 2019 年通过公开招标建设档案管理信息系统，中标单位为紫光软件系统有限公司，通过信息化管理提高集团公司档案工作规范化、标准化水平。目前，档案管理系统（图 1）已实现与办公 OA 系统、建设管理信息系统、征迁安置信息系统、BIM 系统等业务系统的数据连通，各业务系统中符合归档条件的文件可实时在线归档。档案管理系统同时可获取工程建设进度信息，对文件材料形成做到同步管理；各参建单位通过系统进行在线文件材料收集、整理、归档、移交和接收等工作，实时监控文件材料形成质量与项目预立卷工作，实现与工程建设同步管理。通过对现场实体档案的检查调研，档案管理系统实现对各单位档案管理工作的考核及对各参建单位目录数据和电子文件的准确性、完整性、系统性的自动检测要求，加强档案全过程管控力度，进一步提升集团公司档案管理水平。

图 1　安徽省引江济淮集团档案系统登录界面

集团公司档案管理部门通过对各建管处、各参建单位档案管理需求和现状的了解，对标电力、水利、交通等行业档案管理标杆的先进经验，经与紫光软件系统有限公司系统实施团队共同研讨，可在档案管理信息系统中增加部署档案工作检查和考核模块，主要解决集团公司对各子公司、各建管处以及各参建单位档案工作的考核和对参建单位档案数据的在线检查两个问题，具体创新做法如下。

（一）在线检查、考核各单位档案管理工作

将对各子公司、各建管处、各参建单位档案工作考核的标准设置在档案管理信息系统中，设置考核截止日期，并通过系统发布考核通知。各单位通过档案管理信息系统接收考核通知，在系统考核模块中开展自评工作，上传相关证明文件，系统自动计算自评成绩，汇总形成自评报告。各单位自评结束后，由集团公司档案管理人员通过考核模块查看自评情况，并对自评结果进行复核，在系统中发布考评结果。

档案管理部门可根据实际管理情况调整二级单位和各建管处档案管理工作考核标准，各单位考核模块如图2所示。

图2　档案考评管理工作流程图

（二）在线检查各单位目录数据库和电子文件收集、整理情况

在线检查和考核可以有效减少人工现场检查频次，提高检查效率和质量。主要功能介绍如下：

（1）在线自动检测和检查各单位文件形成、收集是否与工程建设同步实施。工程文件材料形成、收集是否与工程建设同步是决定工程档案质量的重要因素。档案管理系统通过与公司建设管理系统、征迁安置系统、BIM系统做接口，实现工程建设进度信息的在线归档。档案管理系统根据工程建设进度信息，检测各标段是否完成对应文件材料收集，并向档案管理人员和各标段档案员发送提醒信息。

（2）在线检测和检查各单位形成的目录数据录入和电子文件质量。在系统中设置检测和检查标准，对目录数据和电子文件收集、整理的完整性、准确性、规范性等进行在线检查，形成检查报告反馈给各单位，各单位根据反馈结果进行整改，并再次提交，进行二次检测和检查。此功能可用于各单位对各部门形成的档案开展自检工作，确保档案的完整性和准确性（图3）。检测和检查内容包括以下内容：

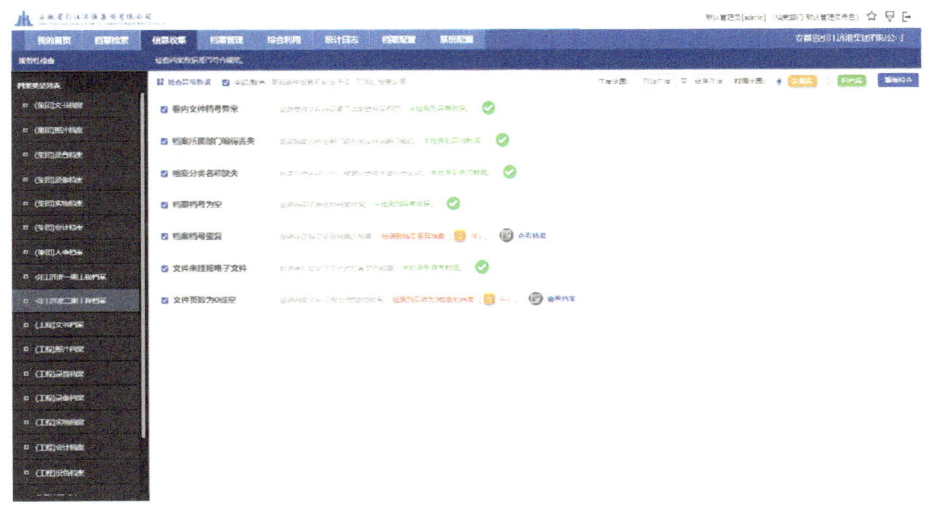

图3　部分检测结果

① 档号编制是否符合要求；
② 案卷题名、文件题名是否规范，是否包含不合规字符；
③ 案卷页数、件数与卷内文件页数、件数是否匹配；
④ 电子文件是否存在缺页、漏页和多页等情况；
⑤ 案卷、卷内文件日期格式是否规范，案卷起止日期与卷内文件是否一致；
⑥ 检测文件编号、档号、题名等是否重复。

（3）检测各单位文件材料收集是否完整。按照水利、交通、市政等行业档案管理要求，编制各行业参建单位归档范围和整理规则，将归档范围内置于档案管理信息系统中，系统自动将各参建单位在系统中形成的目录数据与归档范围进行比对，判断是否有缺项情况，并形成检测报告。

（4）自动区分各合同标段档案并分别检查。档案管理信息系统通过系统内组织机构设置情况，区分合同标段，检查参建单位系统内形成的目录数据和上传的电子文件。

（5）在线开展工程档案"三方四审"流程。参建单位"三方四审"流程主要针对施工单位文件材料的检查，施工单位在档案管理信息系统中在线收集的目录数据和电子文件经整理后由项目部技术负责人员确认无误后，提交给监理单位审核，如发现存在问题，反馈给施工单位进行整改，二次确认无误后提交给各建管处进行复核，审核无误后，提交给集团公司档案管理部门再复核。"三方四审"完毕后，施工单位通过档案管理信息系统打印应归档文件审签单。在施工单位形成的所有案卷审核通过后，形成档案移交清单，并将本项目形成的文件进行在线归档移交，纸质文件同步开展线下移交工作。

四、效果及影响

（一）提高档案全过程监控管理

以引江济淮工程为例，现已开工建设项目达到70多个，且分布在安徽省多个区域，开展现场检查至少需要三个月时间，全覆盖、高频次地开展档案专项检查工作存在一定难度，检查过程中只能抽查部分案卷，无法做到全面检查，会出现发现的问题进行整改、未发现的问题被掩盖的现象。通过档案管理信息系统开展目录数据和电子文件的检查工作，覆盖率能达到100%，而且大大缩短了检查时间。根据实际工作量计算，一般人工检查100卷目录数据的时间大概需要4个小时，而通过系统检查十几分钟即可完成。开展检查和考核工作是促进各单位提高档案管理工作水平和确保建设过程资料的完整性和准确性的重要手段。利用信息化通过档案管理信息系统开展在线检查和考核工作是必要的。

（二）提高各参建单位档案管理水平

各参建单位均配备了档案管理人员，大部分都是大专以上学历，通过对各单位档案管理工作进行考核，制定实施细则，可以促进档案管理水平的提高。对各单位档案管理制度及组织机构、库房建设、设施设备等进行检查考核，是保障工程档案安全、完整的前提条件。通过档案管理信息系统检查和考核模块进行在线考核，形成考核记录和结果，既提高了考核工作的效率，也便于被考核单位进行整改。同时系统地对各参建单位考评结果进行汇总和分析，便于建设单位全面了解工程档案管理现状，更好地立典型、抓重点、补短板、强监管，统筹规划工程档案管理工作。

（三）档案管理创新模式具有推广性

档案管理工作在线检查和考核功能不仅适用于工程档案管理工作，也适用于其他行业档案管控工作，具有普适性、可推广性。档案管理按照"统一领导、分级管理"的原则，集团公司每年定期对各子公司进行检查，普遍以现场抽查为主，很难对各子公司进行全面检查，通过此功能开展档案工作检查，可提高档案检查效率，加强档案工作在线监管。通过档案管理信息系统在线检查参建单位档案收集和整理情况，一方面可以促进各参建单位及时开展档案预立卷整理，有效缩短工程完工验收后档案移交时间；另一方面集团公司档案管理人员可通过系统开展档案在线检查和监督，对各参建单位要求限期整改落实，确保满足工程档案专项验收要求。初步推算，通过在线检查各参建单位档案，工作效率可提高80%以上，档案检查覆盖率达到100%，适用于各类工程建设项目档案全过程监控管理。

案例形成单位：安徽省引江济淮集团有限公司

案例形成人：俞蕾、王娜、谷永生、马忠瑞、任贺琳、刘慧

三明市"村档乡管"模式服务乡村振兴战略

一、案例概述

2016年以来,为解决农村档案工作比较薄弱的现实问题,三明市在全市范围开展了以"村档乡管"为抓手的农村档案工作模式探索,建立了"一个机制、一套制度、一批节点、一张网络"的工作模式,实践了"乡管村用、换届托管、十年进县"的管理理念,加强和规范了乡、村两级农村档案管理,为档案工作服务乡村振兴战略进行了有效探索。

二、实施背景

(一)创新前现状

三明市地处福建省中部,辖12个县(市、区),全市共有142个乡(镇、街道)、1923个行政村(社区),总面积2.29万平方千米,总人口287万人。随着农村经济的繁荣,农村中土地承包、经济合同等村级内部管理事务逐年增多,作为反映农村经济社会生活重要凭证的村级档案如果无法妥善保存,国家、集体与村民利益都可能受到直接损害,影响村级组织规范管理甚至社会稳定。然而村级组织却普遍存在档案管理基础条件差、档案意识淡薄、"两委"任期短人员不稳定的问题,村级档案工作发展相对滞后,一旦发生人事变动或者自然灾害,往往会造成档案丢失和损毁,存在"村档没人管、建档不见档"的现象。

(二)创新需求和动因

为了解决农村档案工作比较薄弱的现实问题,2011年建宁县率先开展了"村档乡管"工作模式的探索,将全县99个村级建档单位1950—2005年度共1.6万卷档案全部委托9个乡（镇）综合档案室代为保管，农村档案管理工作取得了明显成效，2015年6月受到在三明市调研的时任国家档案局局长杨冬权的高度评价，这为三明市开展"村档乡管"工作指明了方向，坚定了信心。从2016年起，三明市档案局在借鉴建宁县工作经验的基础上，进一步深入创新"村档乡管"工作模式，并以此为抓手在全市范围开展了农村档案规范化管理探索，为落实《关于加强和改进乡村治理的指导意见》中"健全村务档案管理制度"的要求进行了有力尝试（图1）。

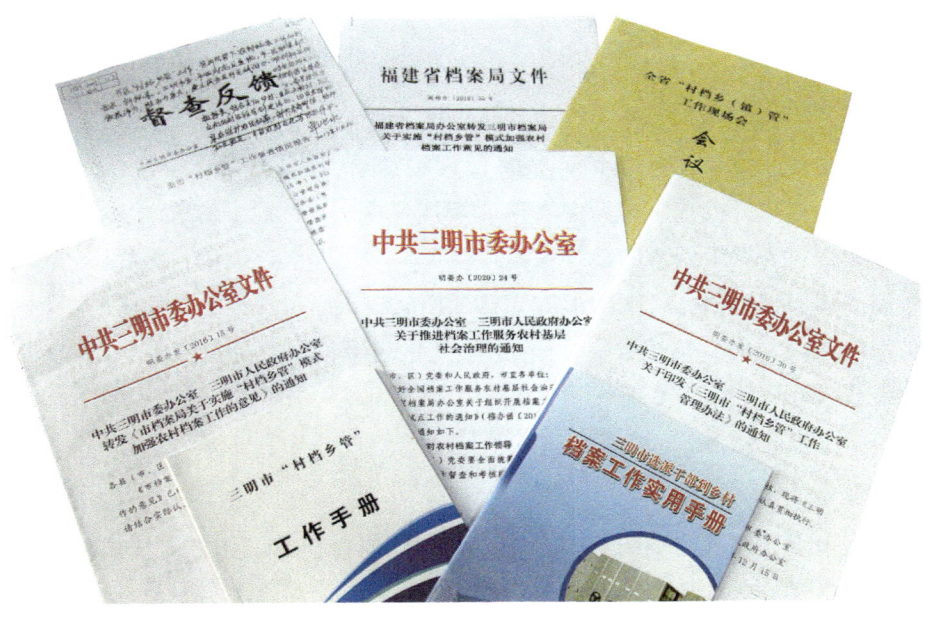

图1　三明市对"村档乡管"工作进行了一系列制度创新

三、创新做法

（一）创新内容

1. 创新工作模式

三明市委、市政府提出了"建立一个县、乡、村三级联动的工作机制，建立一套围绕农业农村工作和农民切身利益的村级档案管理制度，建立一批承担连接县、乡、村档案工作节点任务的示范乡镇档案室，建立一张整合农业农村档案信息资源的信息查阅网络""四个一"的"村档乡管"工作模式,将"村档乡管"作为党管农村的一个重要抓手,上升为党委、政府的一项重要工作,纳入全面提升乡村治理能力的组成部分,明确了县(市、区)党委、政府"管"的职能,充分发挥党政领导作用;强化了档案部门"跑"的职能,深入基层一线推动"村档乡管"各项管理制度的落实;落实了乡镇(街道)"做"的职能,承上启下连接县、乡、村三级档案工作运转;加强了涉农部门"推"的职能,有效整合涉农信息资源。

2. 创新管理理念

三明市档案局经过探索,提出了"乡管村用、换届托管、十年进县"的管理理念,明确了村级档案委托代管过程中档案产权不变,村民可无偿利用、各行政村(社区)于换届前委托乡镇档案室代为保管本届任期内的档案、保管期满10年后转由县级综合档案馆代为保管这三条管理意见,打消了村级组织将档案委托代管的顾虑,为村级档案的最终流向提供了一个出路。在明确村级档案产权不变的前提下,以"村档乡管"的形式为村级档案提供出口,有效缓解了村级组织的档案保管压力。而乡镇档案室保管满10年的村级档案,经过鉴定有价值的部分可转由县级综合档案馆委托代管,避免了无限制地增加乡镇基层的负担,为村级档案提供了永久归宿。

3. 创新政策保障

三明市委、市政府要求各县(市、区)将农村档案工作列入乡镇年度考核,将"村档乡管"工作经费列入财政预算,明确各行政村文书为本村档案员,并视同"农村六大员"安排补助。各县(市、区)按照市委、市政府的要求,制定各具特色的保障措施推动政策落地,除了将"村档乡管"工作列入县级对乡镇年度绩效考核内容,有的县还将农业农村档案工作纳入对县直部门考核范畴;除了对各行政村(社区)档案员安排每人每月100元补助,有的县还安排每行政村(社区)每年200元的农村档案业务经费、每年按卷均保管经费2元给乡(镇、街道)安排"村档乡管"工作专项经费,有力地支持了农村档案工作的开展。

4. 创新规范制度

三明市在开展"村档乡管"工作时尚无相关的管理规范可供借鉴,市档案局在省档案局指导下编制了《三明市"村档乡管"工作手册》和《乡镇档案室评估办法》，率先规范了乡、村两级档案工作"收、管、用"全流程管理制度和乡镇档案室规范化建设标准；与市委组织部联合编印了《选派干部到乡村档案工作实用手册》，辑录档案工作基本知识、整理建档要求、档案利用实例以及基层党建、精准扶贫、土地确权等农村档案规范，成为广大农村干部特别是选派驻乡村干部开展工作的"好助手"；市、县档案部门在各乡（镇、街道）建立了集中整理制度，让各行政村（社区）每年3月份到所在乡（镇）政府（街道办事处）集中整理上年度本村（社区）档案资料，确保村级文件材料规范整理归档。

（二）实施过程

1. 突出党政领导稳步实施

2016年，三明市委、市政府以"两办"名义出台《关于实施"村档乡管"模式加强农村档案工作的意见》和《三明市"村档乡管"工作管理办法》，明确工作目标要求，并在建宁县召开现场会全面动员部署，提出了"一年试点、两年铺开、三年规范"的工作安排。2017年工作全面铺开后，市、县两级党委政府召开推进会督促工作落实，安排督查部门开展工作督查，通报工作进展情况，及时发现解决问题、改进薄弱环节，真正形成了有效联动的工作落实机制。2018年，三明市档案局对全市"村档乡管"工作规范化建设情况进行验收，采用分期、分批、分组的方式对全市所有142个乡（镇、街道）逐一评估，在整体上推动了全市乡镇档案室规范化建设，全市142个乡（镇、街道）100%通过验收，62.7%达优秀等次。

2. 突出全面覆盖精心指导

市、县档案局按照市委、市政府"不让一个贫困乡掉队，不让一个困难村遗漏"的工作要求，在加大对经济薄弱乡、村的支持和倾斜力度的基础上，"齐步走"推进指导村级组织建档。结合"档案服务下基层"活动，抓好村级立档单位到乡（镇、街道）集中立卷工作，现场进行实际操作和业务示范，规范指导各类农村档案的文件收集整理和保管利用。安排业务骨干到县、乡、村开展巡回培训，2016—2020年举办县级培训26期，送培训到乡、村150场，乡（镇、街道）档案分管领导、乡村两级档案员等共计2700多人参加培训，有效地提高了基层档案员的业务水平。

3. 突出主责落实保障长效

三明市各乡（镇、街道）以党政办为依托，配齐配强乡镇档案室业务人员，负责本区域内档案工作的全面推进和长效落实。同时各乡（镇、街道）确保每年投入稳定经费用于档案业务，按照相关规范设立库房和档案查阅场所，配备符合"八防"要求的保管设施设备，确保库房面积能满足10年以上档案量的存放要求，并实现库房、查阅、办公"三分开"。通过落实乡（镇、街道）档案室配套场所、设施要求，全市所有乡（镇、街道）均增加了档案查阅室，80%的乡（镇、街道）调整扩大了档案库房，一半以上档案室更新了档案装具和空调设备，有效保障了村级档案安全。

四、效果及影响

（一）强化了档案服务"三农"作用

三明市开展"村档乡管"工作，为县乡党委开展乡村治理提供了抓手，利用档案帮助县乡及时了解掌握村级组织工作动态，成为服务"三农"的有效举措和新农村建设的重要组成部分。

《中国档案报》先后以《福建省三明市"村档乡管"加强农村档案管理》《探索"村档乡管"模式服务乡村振兴战略》为题专题推介三明经验，还在2020年4月6日头版头条刊发了三明市"村档乡管"工作纪实通讯；福建省档案局局长卓兆水批示指出"村档乡管"工作是新形势下农村档案工作的新要求、新探索，是三明市先行先试的创新品牌，对全省档案工作很有借鉴意义，并于2018年11月在三明市建宁县召开福建省"村档乡管"工作现场会，向全省推广三明经验；2019年三明市作为整体试点单位入选国家档案局、民政部档案工作服务农村基层社会治理试点项目，还获得第二届"推进机制活、建设新福建"全省机关体制机制创新优秀案例三等奖。

（二）强化了乡村综合治理能力

"村档乡管"为解决历史遗留问题提供了真实、准确、丰富、完整的凭证，增强了政府裁决和行政行为的公信力。清流县余朋乡村民陈某因农补资金不足发生上访，后经查找其所在村的农补档案，发现确因征地变动造成其名下耕地面积计算错误，遂依规对农补金额进行了调整，彻底解决了上访问题。2016—2020年，三明全市范围利用"村档乡管"托管的村级档案解决山林、土地、合同、选举资格等纠纷138起，为精准扶贫、核实干部入党时间、落实民办教师工龄等政策出具凭证413份，较好地化解了各类矛盾，确保了社会安定稳定，取得了良好的经济和社会效益。

（三）强化了农村档案开发利用

村级档案由乡（镇、街道）统一代管，改变了部分档案史料沉积在村级组织中变为"信息孤岛"的情况。永安市曹远镇利用霞鹤村托管的村级档案资源，编纂了《牢记嘱托、留住乡愁》专题纪录片，还形成了"三馆两室一长廊"的档案文化特色。建宁县滩溪村、尤溪县东上村、泰宁县梅口村等一批村级档案室收集整理了跨度70年的完整档案移交乡镇档案室，为反映中华人民共和国成立以来农业农村工作发展和新农村建设成就提供了宝贵的史料依据。

（四）强化了村级档案管理保障

三明市开展"村档乡管"工作，健全了乡、村两级档案管理的长效机制，使农村档案管理有章可循，乡、村两级档案的软硬件条件和管理人员配备得到不断加强，在保障档案安全的同时方便了群众查阅利用档案，基层档案业务开展逐步走上日常化、制度化、科学化、正规化的轨道。在2018年的村级组织换届工作中，三明市由于实施了"村档乡管"，提前将村级组织档案收归乡镇，全市1920个村级建档单位未发生档案损毁或丢失，充分体现了"村档乡管"的安全保障作用。

案例形成单位：三明市档案局、三明市档案馆
案例形成者：李永松、池明娥、李军、傅道炜

深中通道项目 BIM+ 电子档案协同管理创新

一、案例概述

深中通道是集"桥、岛、隧、水下互通"于一体的世界级超大型集群工程,也是国家"十三五"重大工程和粤港澳大湾区核心交通枢纽工程。2018 年 6 月,深中通道被国家档案局选为建设项目电子文件归档和电子档案管理试点单位。管理中心搭建协同管理平台,集项目管理、OA、计量支付、质量、安全、电子档案、施工监测、拌和站等协同管理系统,在我国交通行业首次实现不同角色、用户同一平台、统一办公,为项目提供有效的监管手段。

二、实施背景

(一)跨海集群工程项目规模宏大,传统档案管理力不从心

深中通道项目建设规模宏大、工程技术复杂、建设周期长、参建单位多且分散在全国各地。项目全面推行智能建造和智慧工地,其中万吨沉管钢壳将全面采用智能浇筑、智能涂装等施工工艺。打造智慧隧道钢壳制造厂、智慧钢箱梁场、智慧预应力混凝土梁场、智慧混凝土浇筑等智慧工地。传统项目档案管理模式,在规范性、齐全完整性、及时性、同步管理等方面难以实现有效监管。文件形成无法及时有效监控,监管滞后,追溯难度大。档案的真实性、准确性、原始性难保证,将极大制约档案价值的发挥。

为确保项目各项档案管理工作与项目建设管理高标准、高要求相匹配,积极参与国家档案局开展的项目电子档案试点工作,项目领导高度重视,大力支持提升项目档案管理水平,要求项目积极参与和创新,将如何在满足国家和行业要求、标准下,对各业务系统产生的数据进行签认、收集和归档,如何对智能设备产生数据的有效性进行签认,如何优化档案管理模式等作为深中通道电子档案试点工作重点。

（二）文件材料形成审批严谨性差

常规档案材料的形成和审批采用手工签名的方式确认，部分文件各责任人未能在事前进行全面系统的审批，也未随工程推进因实际情况不符而进行修改完善，文件材料的真实性、严谨性差。如何改变现阶段各管理人员对文件材料形成真实性、管理规范性、审批严谨性认识，全面系统地进行审批，规范工程建设管理程序和责任需重点关注。

（三）把握新方位，乘势再出发

随着国家信息化战略的深入推进，"中国制造2025""互联网+"行动等发展加速，面对项目档案管理的新问题，上级行业主管部门为新时代档案工作发展提供了方向。2017年2月，广东省档案局和广东省发展和改革委员会联合转发了国家档案局《关于建设项目电子文件归档和电子档案管理暂行办法》，2017年9月，广东省交通运输厅结合国家档案局文件要求，印发了《关于建设项目电子文件归档和电子档案管理办法的通知》，明确了建设项目电子档案的实施要求和标准。深中通道项目紧紧抓住这个机遇，结合跨海集群工程项目的行业影响，为交通行业电子档案发展探索出一条新路。

三、创新做法

（一）智慧建造为抓手，创新档案管理新模式

为贯彻落实《国家电子文件管理"十三五"规划》，深中通道管理中心（以下简称管理中心）以全方位全过程推行项目智能建造为契机，以实现工程档案质量与智慧建造相匹配、保证档案工作与工程建设真正同步为目标，利用BIM、移动互联网、云计算等，在广东省交通工程项目电子档案系统研究成果的基础上，利用深中通道BIM信息化管理平台，引入电子签名和电子公章，实现档案与工程进度、质量、安全、造价等业务的同管理，以BIM三维模型为载体，把项目智能建造、智慧工地和协同管理各模块统一集成，形成三维可视化工程建设大数据平台，实现项目电子档案管理（图1）。

图 1 深中通道 BIM 协同管理平台架构界面

（二）引入 CA 认证，彻底解决电子数据签认问题

电子文件归档和电子档案管理的首要问题就是解决电子签名问题，管理中心要求所有参建单位管理人员办理个人数字证书和单位电子公章，并严格按照广东省交通运输厅档案信息中心《关于规范应用"双套制"档案管理模式交通建设项目数字证书申领流程的通知》要求提交申请材料，签署数字证书使用责任承诺，由本人亲自领取并拍照存档，确保数字证书领用手续完整、规范。针对目前项目已经在使用业务进行数字签名流程改造，对质量、安全管理系统、OA 系统、计量管理系统和 BIM 系统分别引入 CA 认证，实现电子签名和电子公章。结合项目智能制造的特点，将非人工采集的数据导入质量管理系统，在质量管理系统中进行电子签名，形成原始记录。所有文件均符合电子档案长期保存要求，引入数字签名系统形成的电子文件已与电子档案系统对接，可直接推送到档案系统归档，档案系统经过鉴定归档文件，即可对单件或整卷文件进行电子签名，实现了线上组卷，线下纸质异质备份。

（三）通过线上申报，实现异地审批

深中通道项目各参建单位比较分散，管理中心驻地在中山，施工单位分布在深圳、广州、珠海、上海、武汉等地，如果按照传统纸质方式发起文件审批工作，一份需要 3 方签认审批的文件，需要多天才能签完，文件的审批情况将直接影响项目建设进度。深中通道通过 BIM 平台，首先明确各类申报管理用表格式统一，提前将文件审核流程、权限设置清晰，然后通过系统进行线上申报，实现线上审批后，发起单位可随时跟进文件的审批进度及根据审批意见进行修改完善，审批单位也可以通过电子签名签署意见并加盖电子公章，审核流程全部完成后，即可将电子文件推送电子档案系统归档。电子文件的签认时间和修改痕迹可以查询，各方责任清晰，且大大节约了参建单位的时间和人力成本，提高工作效率。

（四）建立协同管理平台，实现档案资源共享

深中通道协同管理平台将业主、设计、施工、监理等参建单位紧密联系在一起，实现档案与进度、质量、安全、造价等业务高度协同，文件数据采集和归档全流程在平台上实现，是交通行业功能领先的工程管理平台。该平台以移动为优先，随时随地现场发起管理，电子化归档；数据同源，交互共享，落地实现"进度—质量—安全—计量—档案"协同管理。管理决策人员在现场随时可查询利用，快速为项目管理决策提供依据。

通过BIM协同平台，建立档案三维模型管理和操作平台，实现档案网络化管理，实时反映分项工程的工序开工、完工时间节点，实现工程进度、质量签认、档案完成情况的可视化；将构件信息与3D模型相关联，实现多种方式便捷查询。借助BIM平台，深中通道项目开创了项目档案全周期管理的新模式，解决了档案管理孤岛问题，实现全过程、全员参与档案管理。

四、效果及影响

（一）电子档案管理为工程标准化管理提供重要条件

深中通道电子档案管理工作有效融合到工程建设业务中，建立分项工程编号与BIM构件编码的映射，制定BIM协同管理平台底层数据架构，使得与项目中多方参建单位的信息化系统深度融合，数据互联互通，消除数据孤岛。为项目标准化管理提供了重要条件。具体包括以下三个方面。

1. 电子档案与工程进度管控协同

施工、监理文件资料以分项工程为单元，项目通过BIM模型构建，统一单位分部分项工程编码，施工单位可在手机端发起工序报验、监理验收、上传云

端、反馈实际进度。实现 BIM 构件下关联施工、监理资料，当构件完工时，系统可对需要归档的文件资料形成、收集、归档情况进行预警，业主、监理、施工单位的管理人员可参与到档案管理工作中，根据预警督促及时归档，确保及时性、准确性和真实性。同时，在系统中可根据现场施工完成情况查询档案资料形成情况，实现电子档案与工程进度协同管理（图2）。

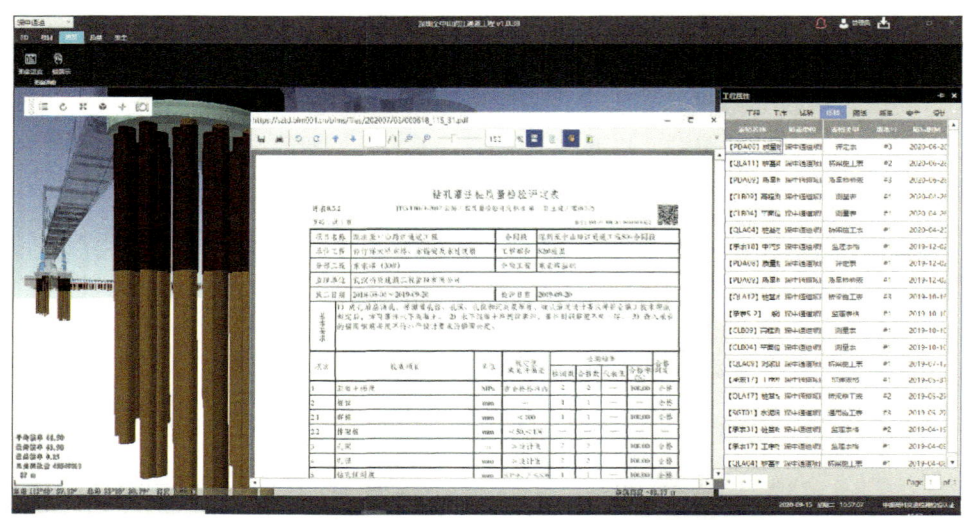

图2　深中通道 BIM 协同管理平台实时反映和查询界面

2. 电子档案与工程质量管理协同

通过在质量文件管理流程中引入电子数字签名，可直接将质量系统的文件推送电子档案系统，实现电子档案与工程质量的协同管理和审批责任的划分。

3. 电子档案与计量支付协同

在计量系统中引入 CA 证书后，在线上可查看申报计量文件审批进度和计量工程部位的佐证材料，完成每期中期计量支付的申报和审批流程，且完成的中期计量支付文件可以直接推送给电子档案系统，实现了电子档案与计量支付的协同管理。

（二）电子档案管理新模式为企业带来效益

1. 提高经济效益

基于 BIM 的项目协同管理平台，国内首次实现项目管理全业务流程线上无纸化审批流转。仅从无纸化审批带来的直接效益方面分析，文档涉及"工程管理""施工文件""监理文件""竣工文件"等八大类文件，按照项目建设周期7年计算，预计产生文件50余万件。每份文件平均涉及3个单位盖章（至少6个个人审批节点），暂不考虑会签、驳回重新发起等情况。工程管理文件在广州、中山、深圳、珠海、成都、武汉、扬州、上海等流转，每份文件按照节约成本（打印、耗材、邮递、交通油耗等）至少60元，50余万件纸质文件直接节省成本将近3000万元。从间接效益方面分析，审批时间大幅缩短，每份文件审批时间由原先平均15天降低为3.5天，减少因送文件而引发的交通行为，减少纸张用量，不仅产生巨大的环保效益，也提升经济效益。

2. 节约时间、人力资源成本

纸质档案平均每页有4个手工签名，每100千米的签名数达到1000万个（250万页×4），应用电子签名后，上千万次的手工签名被电子签名所代替，降低了项目相关管理人员的工作量，节省了人工成本，且保证了签名的真实性。

（三）电子档案的信息资源开发为档案利用提供了方便

深中通道项目运用电子档案管理平台，为项目建设过程审计、查询利用提供便利。工作人员可在系统上办理查阅手续后直接在线查询。部分纸质档案经过数字化处理后上传系统，并提供有限制性或非保密电子文件查询、利用服务，实现电子档案信息资源共享，管理人员可随时随地进行档案信息利用和查询，为管理层快速决策提供依据，提高工作效率。

（四）外部评价

2018年11月22日，在国家档案局经济科技档案业务指导司的牵头下，建设项目电子文件归档和电子档案管理试点单位到深中通道项目进行现场交流，各单位高度评价项目电子档案工作。国家档案局、交通运输部档案馆、广东省交通运输厅等领导对相关工作也作重要指示，鼓励深中通道项目继续大胆创新，及时总结有关经验，为今后形成地方和行业相关电子档案标准落地提供参考。

案例形成单位：深中通道管理中心
案例形成人：翁泽涛、刘晓芬、宋神友、陈焕勇、曾永志

以"信息化"为抓手，引领泸州老窖进入档案管理智能化时期

一、案例概述

为解决电子文件归档难、实体档案盘库难、档案查阅溯源难、档案资源挖掘难等问题，泸州老窖股份有限公司（以下简称泸州老窖）利用物联网、互联网、大数据等新技术，构建了档案收集、管理、保存、利用于一体的管理体系，将泸州老窖档案馆建成具有档案信息来源多元化、档案实体管理物联化、电子文件归档和接收网络化、档案数据存储集约化、档案信息开发智能化等特点的档案馆（图1），实现了档案资源的智能化管理和开发利用，建立了人防、技防、物防"三位一体"的档案安全防范体系，极大地提高了档案工作效率及公司档案利用频率，取得了显著的经济、社会效益。

图1　泸州老窖档案馆软硬件一体化管理中心

二、实施背景

泸州老窖档案工作信息化水平滞后于公司整体信息化水平，尤其在泸州老窖实现无纸化办公后，电子文件归档与电子档案管理成为公司档案工作急需解决的难题。同时，随着公司快速发展，档案数量激增，管理难度增大，迫切需要通过新技术手段提升工作效率。

（一）无纸化办公要求实现电子文件归档和电子档案管理

2016 年以来，泸州老窖陆续搭建了 21 个核心业务系统，覆盖营销、供应链、生产、后勤、财务、信息安全、创新研发、信息化共享服务、数据治理与利用等公司生产经营各个环节，成功实现了渠道数字化、供应链信息化、生产智能化、财务信息化、消费者数字化、人资体系数字化和办公无纸化，形成了 Word、Excel、JPG、PSD、DWG、PDF 等多种格式的 10 万余份电子文件。但各业务系统间存在信息壁垒，迫切需要实现电子文件归档与电子档案管理，而原档案管理系统无法满足此需求。

（二）公司业务快速发展要求提供多样化的档案信息利用服务

自 2015 年起，泸州老窖业务快速发展，2015—2019 年期间，公司营收从 69 亿元增至 158.17 亿元，净利润从 14.73 亿元增至 46.42 亿元，营收及净利润均创历史新高。其间，公司在北京、郑州等全国 7 大城市成立服务中心，在全国开展七星盛宴、中华美食榜等品牌活动，异地查档需求与日俱增。同时公司各类项目建设落地实施，仅 2016 年动工的酿酒工程技改项目投资金额就达到 118 亿元。公司营收及建设项目增加的背后是查档需求的剧增，和传统的查阅档案原件需求不同，近年来各业务部门偏向于利用精准的碎片化信息和整合后的系统性信息。原档案系统因审批流程未打通，未对公司员工开放，查档案以专职档案员代查为主，每日能提供的查阅服务有限。在短期内无法解决人员配置问题情况下，公司决定研究建立智能化的档案管理模式，提升档案工作效率。

（三）传统档案实体管理模式存在安全风险

2019 年以前，泸州老窖的档案工作流程如下：档案管理员收集文件进馆，整理归档形成机读目录，根据查阅流程检索机读目录提供利用。档案收集是否齐全、整理是否规范、归还是否及时,取决于档案员的工作责任心,档案安全得不到保障。同时,档案馆建立前泸州老窖的档案库房分布在三个地点,管理成本较高,存在安全风险。

三、创新做法

与其他企业相比,泸州老窖档案管理的创新做法主要有以下几个方面。

(一)多措并举,提升泸州老窖人的档案意识

一方面加大宣传力度,使档案工作从幕后走到台前。泸州老窖档案部门通过举行线下专题培训,在公司培训系统上线培训课程,邀请主管部门、高校专家到公司开展专题讲座,举办主题展览、竞赛等方式,多渠道宣传档案工作。三年来,泸州老窖举办档案专题培训6次,参加主管部门举行的培训9次,邀请四川大学专家到公司开展讲座1次,举办主题展览2次,知识竞赛1次,在公司官网发表文章5篇,使泸州老窖档案工作由幕后走到台前,一定程度提升了公司员工的档案意识。另一方面提升服务意识,让档案工作成为公司员工的好帮手。档案管理部门改变工作思路,由过去的被动接收查档申请,转变为主动根据公司战略决策会议纪要,提前整合相关信息,主动为公司生产经营服务。三年来,档案工作在公司品牌宣传、企业文化建设、项目建设中,发挥出了不可或缺的作用。以公司"智能化生产"项目建设为例,档案部门提供的20世纪80年代"窖泥老熟"科研档案解决了项目建设的技术难题,将项目建成时间提前1~3年;档案部门负责编辑公司内刊《生产经营工作简讯》,主动收集公司生产经营信息,整理编辑后为公司领导提供决策支撑。

在档案部门的不断努力下,2017年,修建泸州老窖档案馆的议案顺利通过公司党委会和经理办公会审议。

(二)推陈出新,建设泸州老窖智慧档案馆

通过档案盒、密集架、库房关联映射,多系统对接推送数据,用户习惯分析挖掘数据,运用物联网、互联网、大数据等技术,打造档案实体管理物联化、档案信息来源多元化、电子文件归档接收网络化、档案数据存储集约化、档案信息开发利用智能化的软硬件管理平台,打破以往账实不符、数据分散、知识遗漏

的局面，打通了生产、销售、管理等体系信息边界，有效解决了企业信息孤岛问题。

1. 档架关联，物联网实现档案库房智能管理

（1）基于无线 AP 和 RFID 技术的档案关联。通过密集架内置无线 AP，档案盒粘贴 RFID 标签，使用物联网技术将每盒档案、每个架体、每个库房互相关联，相互映射。将档案管理系统档案借阅查阅流程与库房管理系统对接，档案上下架必须经过档案系统授权，确保档案出入库数据实时反馈至档案系统，档案系统借阅任务及时下发至库房。同时在档案系统内建立库房 3D 模型，与库房实时同步，实时掌握库房容量，进行远程开架、上架等可视化操作。截至 2020 年 9 月，泸州老窖已完成文书档案、科技档案、证照档案等利用频次较高档案的 RFID 芯片嵌入，实现了出入库自动记录、自动盘库等功能。

（2）基于 485 协议的设备集成化管理。泸州老窖档案馆通过配备库房管理设备、档案整理设备、电子档案管理设备、实体档案管理设备、档案存储设备，从库房安全、环境安全、电子档案安全、实体档案安全、存储设备安全等方面对档案馆进行全方位、一体化的集中统一管理。档案馆通过智慧一体化支撑保障平台集成了 5 大系统、12 个子系统，能够实现库房管理、安防管理、楼宇管理，也可扩展接入机房管理；可实时呈现档案馆各系统数据，包含馆藏数据、库房温湿度统计数据和所有系统工作状态的监控数据等，同时配备了电子地图，管理员可以从电子地图上查看馆内各个位置的实时状况。如某一点位发生报警时，电子地图会自动切换至报警区域，报警点会呈现红色闪烁，向管理员发送报警短信，并自动弹出该点位的视频图像，可以清晰直观地看到报警点位的现场状况，从而直观高效地实现档案馆的综合管理。如非上班时段发生安全事件，系统将向管理员发送提醒短信。档案馆切实建立起了人防、技防、物防"三位一体"的档案安全防范体系，实现防盗、防火、防虫、防鼠、防潮、防尘、防高温、防光、防霉、防有害气体"十防"档案保管要求。

2. 定制开发，信息化简化档案管理流程

（1）系统对接，实现电子文件收集自动化。

通过将档案归档要求列入公司信息化顶层设计，近年来公司主要业务系统逐步实现与档案系统对接，截至目前，档案系统与 OA 系统、项目管理系统、合同

管理系统、人资系统等 6 个业务系统完成对接，实现管理类档案、项目档案、合同档案、网页档案自动采集。未来，档案系统还将与财务管理系统对接，实现会计档案自动采集。

（2）前置管理，实现电子文件元数据自动抓取。

从其他业务系统线上归档到档案系统的数据，由业务系统直接封装元数据信息归档到档案系统；由用户自己上传到档案系统的电子文件，由系统自动抓取文件属性形成元数据信息，不完整的部分由用户通过著录信息补充完善。同时，在给每位员工配发办公电脑时，由信息部门提前规范文件属性的采集内容，确保每台电脑形成的文件的属性信息完整真实。

（3）语义分析，实现保管期限自动鉴定。

通过将泸州老窖归档范围及保管期限表内置到档案系统，不断梳理公司关键词补充完善，通过语义分析技术，实现保管期限自动鉴定功能。目前保管期限自动鉴定准确率达 99%，基本实现保管期限自动鉴定，成功减少档案鉴定环节。

（4）一键上传，实现档案著录自动化。

开发文件夹上传功能，系统可自动识别文件夹内的所有文件，并完成著录及保管期限鉴定，解决线下电子文件收集困难问题。

（5）OCR 识别，实现基于图片的全文检索。

档案系统除了能够实现基于双层 PDF 及文本的全文检索外，还通过 OCR 识别技术，对前期形成的单层 PDF 文件进行识别，实现基于图片的全文检索。

（6）在线编研，实现基于关键词的档案信息整合。

通过在线编研功能，将基于同一关键词的不同门类、不同格式的档案信息进行整合、排版，并具有成品推送功能。

（7）电子签章，保障电子文件法律效力。

与法大大（电子签名平台）合作，通过电子签章保障电子文件真实性。

3. 全力以赴，实施存量档案数字化项目

为丰富档案管理系统全文数据，泸州老窖在 2015 年 3 月启动了档案数字化项目。全面对公司现有馆藏档案、资产、设备、设施摸底清查，并规范化整理、保护、扫描。目前正在实施项目第五期，截至 2020 年 9 月，已基本完成重要档案数字化工作，共实现档案著录 32.61 万条，共扫描纸质档案 118.61 万页，为泸州老窖档案管理系统实现档案信息共享奠定基础。

四、效果及影响

（一）经济效益

1. 取得了显著经济效益

得益于公司档案系统丰富的数据资源及强大的全文检索功能，公司争取到了省、市科研经费2068万元，赢得了公司10余场经济纠纷诉讼案件胜利；以档案信息资源为素材，档案部门配合宣传部门撰写200余篇宣传稿件，为公司打开市场提供了充足的弹药；以档案信息资源为佐证，助力公司获得全国百佳质量诚信标杆示范企业等20余项国家、省、市级荣誉；减少了电子文件打印归档和数字化环节，每年可节约档案数字化成本30余万元。

2. 提高了工作效率

采用物联网技术将档案实体的出入库和档案管理软件相结合，对档案的出入库进行自动记录，减少了人工登记环节；采用库房一体化系统对库房温湿度实时控制，实时记录，减少了库房巡查和温湿度登记的工作量；电子文件自动对接归档，减少了专兼职档案管理员收集和拷贝电子文件的工作量；根据语义分析初步实现信息整合，减少了利用者和档案员信息查询的工作量；通过RFID技术实现库存实时盘点功能，减少了人工盘库工作量；通过保管期限到期报警功能，减少了到期档案清理工作量。泸州老窖档案管理系统有效做到了解放人力，将档案人员从烦琐的日常工作中解放出来，投入到档案信息深度挖掘中，为泸州老窖实现档案信息资源共享奠定基础。

3. 提高了档案管理的安全可控性

公司的档案管理系统与库房管理系统、楼宇一体化管理系统等进行对接，将档案管理、安防管理、环境管理等紧密集成，使档案安全管理"人防"变为人防、技防、物防，减少安全风险。

4. 提高了档案整体管理水平

通过物联网、云计算和大数据等先进技术应用，泸州老窖实现了对档案资料收、管、存、用全业务流程的管理，实现了对档案实体资源和数字资源的集中建设和管理，实现了对档案资料和档案工作者安全与健康的保护，切实提高了档案管理智能化水平，让档案得以更好地服务公司生产经营活动。

（二）社会效益

1. 得到主管部门认可

自启动档案馆建设后，泸州老窖围绕其开展了室存档案数字化、档案收集前置化、安防工作一体化、档案利用知识化等一系列工作，有力提升档案管理水平，2020年5月，公司成功通过四川省一级档案工作规范化管理认定（图2）。此后，四川省档案馆、重庆市档案馆、绵阳市档案馆等多家单位到泸州老窖档案馆考察和调研。

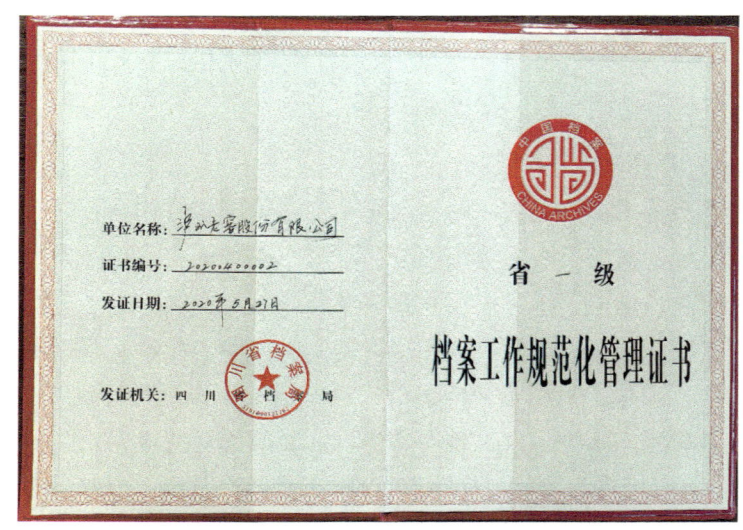

图2　省一级档案工作规范化管理证书

2. 深化了校企合作

自2017年泸州老窖决定建设新档案系统以来，与四川大学档案学系开展了系列合作，就软硬件一体化系统建设方法与四川大学专家进行了深入探讨，并邀请四川大学档案学系专家到泸州老窖对软硬件参数进行了评审。得益于双方良好的合作经历，泸州老窖与四川大学签署了战略合作协议，泸州老窖成为四川大学档案学系教学实习基地，并与四川大学联合开展"泸州老窖股份有限公司智慧档案馆建设研究"课题。

3. 加强了企协交流

基于泸州老窖档案馆建设案例，公司档案部门员工撰写《基于集成管理视角的企业数字化档案馆建设项目共性影响因素研究》论文被中国档案学会评为"2019年全国青年档案工作者学术论坛论文一等奖"（图3），并受邀在2019年全国青年档案工作者学术论坛进行交流分享。2020年公司正式成为中国档案学会理事单位，进一步加强与中国档案学会联系。

图3 2019年全国青年档案工作者学术论坛论文一等奖证书

案例形成单位：泸州老窖股份有限公司
案例形成人：曾凤鸣、袁霞、郭嘉林、蔡莹、丁小兰

镇海区聚焦农村档案资源共建共享跑出档案服务"加速度"

一、案例概述

"十三五"以来,浙江省宁波市镇海区档案部门着眼提高农业农村档案治理能力现代化,以为乡村振兴战略实施提供高质量档案服务为目标,以"建立覆盖人民群众的档案资源体系和方便人民群众的档案利用体系"为核心,整合馆内、馆外涉农档案数据资源,着力构建全区档案三级共享平台,使老百姓足不出村,就能查阅涉农档案信息,绘就了一幅以区档案馆为圆心,以各镇、街道为半径,辐射至全区90个村社的立体查档服务"最多跑一次""最多跑一地"图景。截至2020年6月,三级共享服务平台已有30余万条涉农档案数据,已开展服务利用5000余人次,为提升农村基层社会治理能力提供有效的档案保障和服务。

二、实施背景

镇海区域面积246平方千米,管辖2个镇、4个街道、41个行政村、49个社区。截至2019年,户籍人口25.9万人,常住人口58.2万人。地区生产总值1021.6亿元,财政总收入130.8亿元。"十三五"期间,镇海区先后荣获"全国文明城区""国家卫生城市""国家园林城市"等40多项国家级荣誉称号。

"十三五"期间,针对全区农业农村档案保管分散、管理不规范、利用不便等问题,区档案部门按照"四个体系"的建设要求,根据"最多跑一次"改革和政府数字化转型的需要,在全域范围内推进涉农档案三级共享平台建设,以平台建设推进基层档案管理现代化建设,实现全区档案工作一体化管理。

三、创新做法

（一）以一体化管理为目标，着力推进共享平台建设

"十三五"期间，区档案局致力于提高全区农村档案现代化管理水平，在行政村（社区）省级规范化档案室创建全面完成的基础上，启动行政村（社区）规范化数字档案室建设，并争取到财政专项资金支持，从制度规范、硬件配置、室藏数字化等开展基层档案管理现代化工作。立足全区档案工作一体化发展的目标，将村社区与区级机关档案信息化工作统一规划、统一平台管理，使全区各行政村、社区档案室全部接入集中式档案室系统和档案信息资源共享平台，有力促进基层档案管理现代化。在数字档案平台，各村社在实现档案现代化管理的同时，还可以共享利用区档案馆、区级机关、各镇街道等单位的涉农档案信息资源。

（二）以利用需求为导向，着力推进共享数据库建设

镇海区在馆藏档案数字化过程中，坚持利用优先，对群众利用率较高的全宗和专题档案优先开展数字化，并根据省、市民生档案专题库建设的标准，规范建立各类专题数据库。积极与民政、农业、建设、教育、卫生等部门联系沟通，不断加大民生档案信息资源规范和整合力度，构建尽可能覆盖民生档案的信息资源库，为全区档案信息共享奠定坚实基础。编制《镇海区行政村（社区）名称识别代码表》，既让馆藏涉农资源全部整合到相关专题数据库，又确保相关档案信息资源有针对性地向相关村社共享。目前，馆藏档案信息系统共有民生档案专题数据库31个，文件级目录323万条，通过筛选，共有村民建房、独生子女、户籍迁移、山林定权、土地承包5大类涉农共享专题档案信息库，共计条目30余万条、全文约40万页，供各镇街道和村社区共享。

（三）以规范管理为抓手，着力推进共享机制建设

加强数字化成果共享利用管理，严格区分共享类和非共享类数据，并制定共享类数据仅在政务外网环境中共享利用，非开放条目和全文严禁上传到公众网络环境中，确保数据共享利用安全。设置共享利用权限管理，凡在政务外网集中式档案室共享平台中共享的数据仅档案员有浏览权限，并设置单人登录限制，同一时间同一客户端仅有一个客户能登录，拒绝多人用同一账户同时登录的情况出

现。设置分级权限，针对民生类档案资源信息共享设置了区档案馆—镇、街道档案室—村、社区档案室三级权限共享机制。区档案馆有权限查看全区共享数据，镇、街道仅能查看本辖区内的数据，村、社区档案室只能查看本村、社区的数据，通过三级权限共享机制设置，最大限度保障数据安全和隐私保护问题。

（四）以"互联网+服务"为宗旨，着力推进共享平台应用

区档案部门将共享平台的推广应用作为人民档案为人民所用的重要载体，编印《镇海区行政村、社区档案工作手册》《镇海区集中式档案室管理系统操作手册—共享篇》和《镇海区农村档案信息资源共享系统操作手册》等教材，将共享平台使用纳入初任档案员业务知识培训、行政村（社区）档案业务培训班必修课，不定期举办档案信息资源共享利用工作专题培训班，不断提升平台的知晓率和应用率。截至目前，累计举办各类培训50多次。一年两次定期开展共享平台查阅利用竞赛，在6个镇街道巡回开展送档进村社活动，使共建共享的理念深入基层。截至目前，全区90个村社数字档案室系统使用率达到100%。

四、效果及影响

镇海区档案信息三级共享平台本着共建共享理念，自推出以来，逐步改变了全区档案信息管理和档案服务的模式。一是推进全区农业农村档案管理不断规范。村社通过使用档案管理软件，逐步开展档案数字化工作，提升档案意识，使各门类档案管理更加规范。二是全区农业农村档案资源体系不断健全。通过建立农村档案信息资源跟踪服务机制，了解广大群众的实际需求，以需求为导向，将老百姓最有需要的档案留存下来。三是档案服务不断提速。档案三级共享平台的建设和推广，充分发挥了信息共享工程的核心作用，老百姓足不出村便能查阅到涉农档案信息，变"群众跑腿"为"信息跑路"，档案为民服务不断提速，推进了档案公共服务能力不断提升。近年来，由于全域一体化发展的推进，在农村土地征用、撤村改居、村级集体经济股份制改革、农村土地承包经营权确权等重点工作期间，便捷的档案利用模式受到基层组织和群众的一致好评。

案例形成单位：镇海区档案局、镇海区档案馆

案例形成人：镇海区档案局、镇海区档案馆

空间科学先导专项档案管理创新实践

一、案例概述

档案管理工作是空间科技项目管理的重要组成部分。中国科学院（以下简称中科院）空间科学战略性先导科技专项（以下简称专项）创新档案组织管理机制，以"档案业务＋档案管理"双轮驱动档案组织管理为抓手，以有效规章制度为依据，以档案与专项同步管理为重点，以严控档案验收、注重档案质量为目标开展专项档案工作，确保了专项档案完整、准确、系统，在专项管理中发挥了重要支撑作用，促进了空间科学事业的发展。

二、实施背景

2010年3月，国务院第105次常务会议审议通过了中科院"创新2020"规划，决策安排中科院组织实施战略性先导科技专项。空间科学由于其前沿性、带动性、拓展性和发展的紧迫性，对我国实施创新驱动发展战略具有十分重大的意义。2011年1月，专项作为中科院首批启动的战略性先导科技专项之一正式立项实施，使得我国的空间科学第一次有了系统性的支持计划。专项是在最具优势和最具重大科学发现潜力的科学热点领域，通过自主和国际合作科学卫星计划，实现科学上的重大创新突破，带动相关高技术的跨越式发展，发挥空间科学在国家发展中重要战略作用的先导专项。专项依托单位为中国科学院国家空间科学中心，"十二五"时期专项主要任务承研单位包括中科院微小卫星创新研究院、紫金山天文台、力学研究所、中国科学技术大学、高能物理研究所等37个中科院院属单位，航天科技集团第八研究院、第五研究院等9个院外单位。专项下设7个项目、99个课题、147个子课题、25个子子课题，总计280个任务。

专项是一种"跨学科、跨领域、跨机构"的全新科研组织形式，参与承担任务的单位多、任务多、人员多，专项经费体量大。专项的"三跨"特点为做好档案工作提出了新课题，是一项巨大的新挑战。专项实施初期，档案管理所面临的情况主要体现在以下几个方面：一是专项档案管理网络体系有待建立，亟须创新档案管理机制，构建横向到任务承担单位，纵向到具体任务，实现推动有力、全面覆盖、不留死角的档案工作网络；同时明确网络中各级人员权责，各司其职，建立组织推进档案工作畅通无阻的职责体系。二是缺乏成熟有效的专项档案管理规章，需要根据专项实施内容制定档案分类方案，根据专项承担卫星工程类项目和研究类项目特点，制定分门别类、标准统一的专项文件归档范围以及档案归属与利用要求等。三是档案人员队伍业务水平薄弱，有些任务承担单位未配备专职档案管理人员，由科研管理部门课题管理人员兼任；同时院内单位与院外单位档案业务管理标准不同，亟须加强档案培训与交流。四是档案工作与专项同步管理有待紧密结合，加强科研过程文件材料收集、整理，档案工作与专项管理工作、科研活动需同规划、同部署、同检查、同验收。

自 2011 年专项启动实施以来，专项依托单位对专项的档案管理工作进行了创新性的实践。

三、创新做法

（一）建立"档案业务 + 档案管理"双轮驱动的档案组织管理创新模式

根据专项任务特点，积极开展体制机制创新，建立了行之有效的专项档案管理机制，纳入专项档案管理全过程，有效保障了专项档案工作顺利实施。

体制上，专项档案工作实行统一领导、分级管理。坚持中科院机关专项管理部门、专项依托单位、各级任务承担单位及其参与单位分级负责、统分结合的管理体制。

机制上，构建以专项依托单位的专项总体与档案部门为核心，各级任务兼职档案员、各任务承担单位档案管理人员和档案协调负责人共同参与的三级人员档案工作网络体系（图 1）。

专项总体、各级任务兼职档案员、各任务承担单位档案协调负责人重点从"档案业务"方面推进档案工作组织实施、文件材料收集、预立卷等工作。专项依托单位档案部门、任务承担单位档案管理人员重点从"档案管理"方面进行档案规章制度制定、档案培训与指导、档案质量审核、档案立卷归档等工作。以

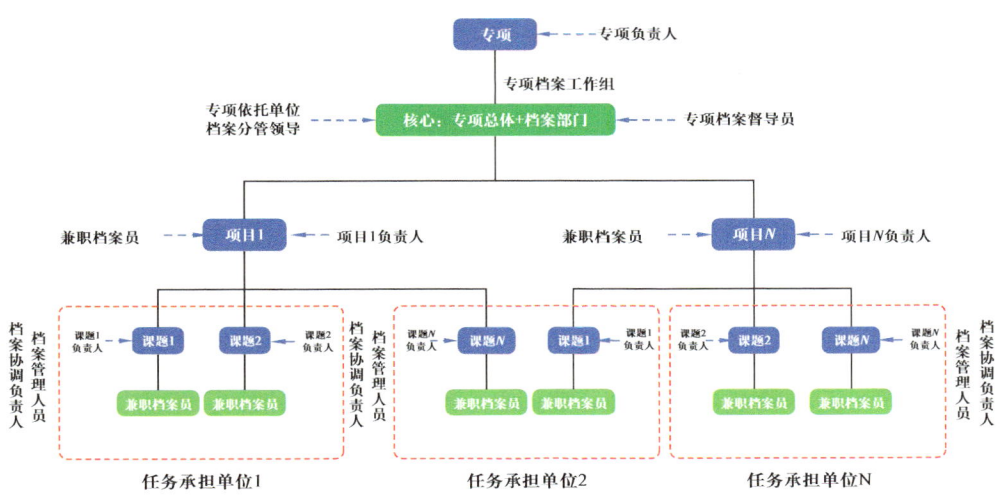

图 1 空间科学先导专项档案工作网络

"档案业务＋档案管理"双轮驱动档案组织管理为抓手，两者相互配合、相互促进，运用于制定专项档案规范、档案培训与交流、档案与专项同步管理、档案验收全过程管理，为专项档案工作提供有力的管理及支撑保障。

（二）加强档案培训与交流，提升档案人员的业务技能

专项档案业务培训首先以启动培训、专题培训、内部培训等现场培训为主，接受培训的人员主要为各任务承担单位领导、档案管理人员、兼职档案员、档案协调负责人，重点培训人员为兼职档案员。

通过培训，46家单位累计300余人熟知档案业务。其次，专项以微信群、电话和邮件等多种交流形式为辅，方便日常档案工作问题沟通、交流。最后，针对重点任务单位、重点任务档案难题，采取"请进来，走出去"的实地指导，邀请航天科技集团第五研究院、中科院紫金山天文台等单位代表来专项依托单位交流，专项依托单位人员到上海、南京等地任务承担单位进行现场观摩、实地交流。

（三）制定档案管理制度，使专项档案工作有据可依

专项档案管理制度是专项档案管理工作有序开展的基础，是专项档案工作有章可循、有据可依的保障。专项档案管理制度的制定重点围绕"建组织、梳流程、定规范"三方面开展。加强组织管理，明确专项依托单位与各任务承担单位

档案工作体制，建立有力的档案工作网络机制，明确各级人员档案工作职责；梳理专项业务流程，档案工作与专项任务同步管理，明确档案中期检查和档案验收要求；制定档案规范，根据专项业务特点，重点制定专项档案分类方案、专项档案归档范围、档案归属与利用要求等。

（四）档案工作与专项任务同步管理，确保档案真实完整

专项档案工作与专项任务管理同步开展：专项实施初期，根据专项特点，研究、讨论专项档案工作；将档案工作纳入专项管理规章制度；明确专项档案工作组织协调机制，确定专项文件归档范围，加强过程文件材料收集；专项中期检查，重点开展专项文件材料齐全完整性检查；专项结题验收，同步部署档案验收，确保专项档案完整、准确、系统。

（五）注重档案质量，严控档案验收

专项档案（图2）验收分为由专项依托单位组织的自验收和由院办公厅组织的档案分项验收。为确保档案质量，通过档案分项验收，专项依托单位精心组织实施档案自验收。档案自验收历时6个月，分为三个阶段：策划动员阶段、归档自查与审核整改阶段、档案分项验收申请与审核整改阶段。

图2　空间科学先导专项档案

（1）策划动员阶段，专项成立档案自验收工作小组，由专项依托单位档案分管领导担任组长，以专项依托单位专项总体与档案部门为核心，策划、部署、指导各级任务承担单位，圆满完成专项档案自验收工作；制定《空间科学先导专项档案验收工作方案》，重点明确验收标准与依据、验收内容、验收程序、验收组织与要求；组织召开专项档案验收启动培训班，部署档案验收工作，并进行专项档案业务培训。

（2）归档自查与审核整改阶段，是档案自验收的重中之重。该阶段分为归档自查、审核整改、现场验收三个阶段。

一是归档自查：专项46个承担单位，针对专项280个任务（项目、课题、子课题、子子课题），组织完成了档案归档与自查（比例为100%）。归档自查，一方面注重"一鼓作气"的组织实效，通过"档案业务"这条线组织推进实施，各级任务兼职档案员、任务承担单位档案协调负责人、专项总体人员相互配合、相互理解、实时沟通、耐心解答，督促完成归档与自查。同时，针对未能按期完成的归档自查，采取及时下发督办通知、提交归档与延期说明等各种措施。另一方面注重"齐全保质"的归档实效，从"档案管理"这条线开展档案质量审查，任务承担单位档案管理人员针对全部任务的档案进行全面自查，重点审查档案是否齐全完整、真实有效、组卷规范等。

二是审核整改：专项依托单位对专项各任务承担单位提交的归档自查材料进行逐一审核、逐一反馈、逐一整改复核。

三是现场验收：为确保档案验收比例与验收质量符合要求，既注重专项全部任务档案验收的广度，专项7个项目的全部任务验收比例均达50%以上，又注重重点任务承担单位全部任务验收的深度，同时针对未通过验收和验收存在问题的任务承担单位，进行整改复验与整改复核。最终，档案现场验收11个任务承担单位，进行了17次现场验收，验收任务比例达67%（验收标准为抽验任务30%），保质保量完成档案自验收。

（3）档案分项验收申请与审核整改阶段，按照中科院办公厅档案验收要求，提交档案分项验收申请材料。根据反馈结果，组织任务承担单位完成了档案材料审核问题整改。

四、效果及影响

专项于 2017 年 10 月 27 日顺利通过了由中科院办公厅组织的档案验收,档案验收专家组由国家档案局、中科院档案馆与院属有关单位档案专家组成,组长由国家档案局经济科技档案业务指导司副司长担任。专项档案获得了专家组组长的高度评价:"空间科学先导专项档案自验收工作在已完成档案验收的各专项中做得最好;档案组卷、著录方面,空间科学先导专项在已完成档案验收的各专项中质量最高。"专项档案验收评价主要意见:

一是专项依托单位高度重视档案工作,档案工作管理体系完善、职责明确。综合档案室与专项总体密切配合,采取有效措施强化了各任务承担单位的档案工作组织管理,积极开展专项档案工作的业务指导和监督检查,专项档案自验收工作扎实有效。

二是专项依托单位严格执行中科院专项档案工作的制度规范,结合专项实际情况,制定了空间科学先导专项预先研究与背景型号项目文件材料归档范围、卫星工程项目研制单机与软件科研文件归档范围,文件材料归档流程和要求明确,保证了专项文件材料齐全完整、真实有效。

三是专项已形成档案 3439 卷、3742 件(其中综合管理档案 239 卷、科研档案 3071 卷、仪器设备档案 129 卷、声像档案 1711 件、电子档案 2031 件)。档案归档率、完整率、案卷合格率符合国家和中科院档案工作相关规范要求,反映了专项管理和实施过程。

四是专项依托单位实现了专项档案目录信息集中统一管理,专项档案的归属流向、共享利用、安全保管的要求明确,为专项档案的便捷利用和资源开发提供了基本保障。

专项档案验收是专项验收的重要组成部分,专项于 2017 年 11 月 14 日顺利通过了结题总体验收。专项在具有重大科学意义的热点领域,包括暗物质粒子空间探测、空间大尺度量子力学实验、黑洞和天文观测、微重力和生命科学等方面,通过组织实施系列科学卫星任务,取得了重大科学发现和技术创新突破,带动了相关高技术的跨越式发展。

专项产出了一系列具有国际影响力的重要成果,实现了多项国际领先或先进的空间技术突破,使中国逐渐成为国际空间科学领域一支重要的新兴力量,极大地提升了我国空间科学的国际影响力，发挥了空间科学在国家发展中的重要战略作用。暗物质卫星任务成果入选了 2018 年度中国科学十大进展。量子卫星任务成果入选了 2017 年度中国科学十大进展和 2019 年度中国科学十大进展，入选了 2018 年度国际物理学十大进展。专项成果得到中央和国内外科学界高度关注，作为重大创新成果列入党的十九大报告，并于 2016 年、2017 年、2018 年连续 3 年列入习近平主席新年贺词。

专项依托单位通过档案管理创新实践，强化了专项的档案管理，实现了专项档案管理的科学化、规范化和标准化，进一步提高了档案质量，最大限度地提供服务，为专项管理工作发挥了重要的支撑作用，促进了空间科学事业的发展。

案例形成单位：中国科学院国家空间科学中心
案例形成人：韩正伟、李超、肖赛冠、张金茹、张蔚、孔祥颖

讲好时代楷模故事，弘扬创新为民初心，营造档案文化氛围

——上海药物所"不忘初心、牢记使命"时代楷模主题档案展

一、案例概述

2019年6月9—24日，上海药物所以6月9日国际档案日为契机，举办了为期两周的"时代楷模王逸平的新药记忆"主题档案展及国际档案日宣传系列活动。档案展紧密结合"不忘初心、牢记使命"主题教育要求，以传承发扬"时代楷模"精神为出发点，以中国科学院"新药梦想·创新奋进"党员主题教育基地为载体，与党员教育、文化建设、科普活动相结合，开展了立意深刻、内容丰富、形式多样、特色鲜明的档案宣传活动。

二、实施背景

上海药物所档案工作以习近平新时代中国特色社会主义思想和党的十九大精神为指导，坚持档案工作的正确方向，围绕中心的服务取向，深入挖掘档案资源，弘扬创新为民初心，营造档案文化氛围。

自"不忘初心、牢记使命"主题教育开展以来，上海药物所党委把主题教育和药物所改革创新发展、推进新药研究的使命和责任相结合，围绕中科院档案馆发布的第四届国际档案宣传日"新中国科技事业发展记忆"的要求，确定档案展的主题为"不忘初心、牢记使命——时代楷模王逸平的新药记忆"（图1）。

"时代楷模"王逸平同志是现代中药丹参多酚酸盐主要发明人之一，他是我国本土培养的优秀科学家，是中国共产党的优秀干部。2018年4月11日，王逸平因病在他挚爱的科研岗位上溘然逝世，享年55岁。他以对党的无限忠诚、对

人民的无比热爱、对事业的无私奉献,为国家和人民奋斗到了生命的最后一刻,留下了宝贵的精神财富。2018年11月16日,中共中央宣传部向全社会公开发布王逸平的先进事迹,追授他"时代楷模"的称号。"时代楷模"王逸平是改革开放以来党和国家培养的新一代科学家典范。他的感人事迹,鲜明体现了舍身忘我、服务人民的坚定信念,追求真理、严谨治学的科学精神,淡泊名利、奖掖后学的杰出品格。他是科技工作者的优秀代表,是广大科技工作者学习的榜样。

图1 上海药物所第四届国际档案日档案展主题

上海药物所"不忘初心、牢记使命"时代楷模主题档案展旨在通过档案实物、现场展览讲好"时代楷模"故事,传承并发扬"时代楷模"精神,弘扬爱国奉献、勇攀高峰的科学精神。

三、创新做法

(一)创新选题、深度挖掘,档案视角讲述先进事迹

为更好地从档案视角"讲述"王逸平同志的先进事迹和其背后鲜为人知的"故事",上海药物所深入挖掘档案价值,深度编研档案内容。在前期准备过程中,编辑形成6000余字的事迹资料,并配上翔实的档案图片,档案展以"胸怀

大爱，研发新药""锐意创新、研究药学""坚韧执着、以身报国"三个部分为主线进行展示，并在生动的展板基础上，辅之以翔实的档案。

筹备期间，整理了一批珍贵的实验记录、工作日志、信函手稿、科研仪器、奖励证书、人物纪录片等档案，最终展出档案280卷（件），声像档案106件。其中，有王逸平1988年硕士毕业论文答辩讲义的手稿及毕业论文；他在1990年前后承担一类新药盐酸关附甲素临床前一般药理研究的原始实验记录；1994—2018年间他的工作日志；1998年他与中科院昆明植物所孙汉董院士关于灯盏花素衍生物活性筛选的往来信函；2001年他赴国家药审中心学习新药审批工作的结业证书及工作笔记；2009年年初，他开始对自己的克罗恩病史进行长达近10年的手写病程记录本；以及2010年他和夫人方洁女士写给女儿的信件等一批珍贵档案。

（二）精心布展、统筹组织，营造沉静式的观展氛围

在展厅设计方面，上海药物所专门将一间教室布置为展厅，用大幅肖像和事迹展板营造庄重肃穆的氛围；以雅致灯光聚焦展品，别具匠心地在中央区域投射"国际档案日"标识，让观众静心凝思，听档案娓娓讲述王逸平甘于寂寞、坚守初心、研制新药的一生。在展厅布置方面，每条主线都由大幅文字及图片展板为牵引，辅之以精心挑选的档案实物，与展板内容彼此呼应、相得益彰，为观展人员更好地理解和感悟先进人物的事迹和精神提供了多角度的诠释。在观展现场组织方面，档案员同时作为展览的讲解员，为观展人员生动系统地讲解展览内容，介绍档案背后的小故事。在组织档案捐赠方面，上海药物所与方洁女士（王逸平夫人）一起将王逸平生前重要档案资料及科研装置等6件实物档案捐赠给国家博物馆，旨在通过国家博物馆的收藏、研究和展示，向社会公众更好地宣传发扬"时代楷模"精神。

（三）政治引领、凝练提升，激活档案资政育人价值

在上海药物所党委的指导下，所档案人员紧扣"时代楷模"王逸平的"不忘创新为民初心，牢记创制新药使命"的崇高精神，准确地把握档案工作的政治方向，深度整合、精心遴选，用档案生动诠释了"时代楷模"的初心和使命。在"不忘初心、牢记使命"主题教育中，档案展以较高的立意、丰富的内容、精致

的布展、创新的形式，发挥宣教育人的功能，激励学习科技楷模、弘扬创新精神和社会主义核心价值观。

档案展开幕后，上海药物所党委组织全所党员学习参观，党员同志们在观展后久久不愿离开，通过观展，大家不仅再次深刻感悟王逸平矢志不渝追求"做全球临床医生首选的新药"的坚定初心，同时也深受激励，立志不断学习与弘扬"时代楷模"王逸平追求卓越、严谨治学、淡泊名利的科研精神与崇高品质，在"出新药"的征程中作出新的贡献。

上海科创办机关党委、中科院上海高研院、生物医药产业促进中心、中国科学院战略咨询研究院、上海市发改委、中国作家协会采访团、上海市科协党委、中科院上海有机所党委、华东理工大学药学院等20多家所外单位党支部及来访团组也纷纷前来学习交流。针对上海药物所外党支部，工作人员及时更新并公布观展场次与时间、做好预约登记，提前安排工作人员与现场讲解人员，为"不忘初心、牢记使命"主题教育顺利开展搭建平台。

（四）统筹组织、广泛宣传，进一步弘扬科学家精神

上海药物所通过《解放日报》《新民晚报》《文汇报》《中国科学报》等多家媒体宣传报道，让普通大众透过王逸平生前的档案，深入了解这位坚守初心、矢志创新的科学家，让社会各界对党员教育基地所传播的"勇立改革潮头、大胆改革创新、主动担当国家使命"的精神形成有了更直观的体悟。上海药物所外单位、党支部在获悉档案展后纷纷预约前来。"上海干部在线学习城"也在档案展现场录制关于"时代楷模"王逸平老师先进事迹的网课课件，供处级以上干部在线学习。

"时代楷模"作为一个鲜活教材，凸显了杰出科技工作者勇攀高峰、刻苦钻研、敢为人先、创新自信的奋斗精神。上海药物所通过统筹组织、广泛宣传，进一步弘扬"时代楷模"淡泊名利、坚守初心、矢志创新的科学家精神，体现档案时代特征，让档案焕发新光彩。同时，激励着广大党员干部、科技工作者以昂扬奋进的精神状态，积极投身科研工作，为建设世界科技强国作出贡献。

（五）营造氛围、传承文化，在档案工作中激发创新

此次国际档案日宣传活动的成功举办，进一步给基层单位档案部门如何开

展档案编研与宣传工作提供了工作启示:一是档案工作要服务中心工作,乘势而为、创新形式,体现档案时代特征;二是档案工作要提高编研质量,求真务实、钻研业务,让档案焕发新光彩;三是档案工作要善于借助多种平台,主动而为、扩大影响,开拓档案工作新局面。

"时代楷模"档案展延续传统,档案工作人员以高度的政治责任感和强烈的历史使命感,围绕中心、立足档案、挖掘档案,以展览宣传、主题活动等创新形式,在所内外营造关注档案、重视档案的良好氛围。其间,中科院上海分院综合办专程组织上海地区档案业务骨干赴本所学习参观档案展,借鉴开拓档案宣传平台和利用档案资源的新做法。本次国际档案日系列活动还结合档案文化面向所外观展单位与人员举办了药学讲座,不仅全方位展示了档案工作的重要意义,也在潜移默化中树立起公众的档案意识。

四、效果及影响

(一)成为宣传"时代楷模"先进事迹的特色载体

通过档案展学习"时代楷模"先进事迹,增强了广大科研一线工作者的荣誉感、使命感,激起了大家对上海药物所科学精神的认同。大家不仅再次深刻感悟王逸平面向人民健康,矢志不渝追求"做全球临床医生首选的新药"的坚定初心,同时也深受激励,在"出新药"的征程中作出新的贡献。

(二)成为开展"不忘初心、牢记使命"主题教育的重要典范

上海科创办机关党委、中科院上海高研院、生物医药产业促进中心、中国科学院战略咨询研究院、上海市发改委、中国作家协会采访团、上海市科协党委、中科院上海有机所党委、华东理工大学药学院等20多家所外单位党支部及来访团组前来参观学习本次档案展。

上海市科创办机关党委书记王凯荣表示,档案展的形式独具特色,具有典型教育意义,为深入学习楷模精神、开展"不忘初心、牢记使命"主题教育搭建了较好的平台。作协主席团委员叶梅观展后深受感动,在留言簿上写下了"心血化良药,魂魄系苍生"的感言(图2),作家们纷纷表示将以各自不同的方式开展创作,让更多的人了解新药研发的艰辛和此中的感人故事。上海市科协副主席李

虹鸣用"短暂与永恒、失败与成功、伟大与平凡"三组词来概括观展感受,希望党员同志能加强学习做到学有收获、学有体会并学以致用。

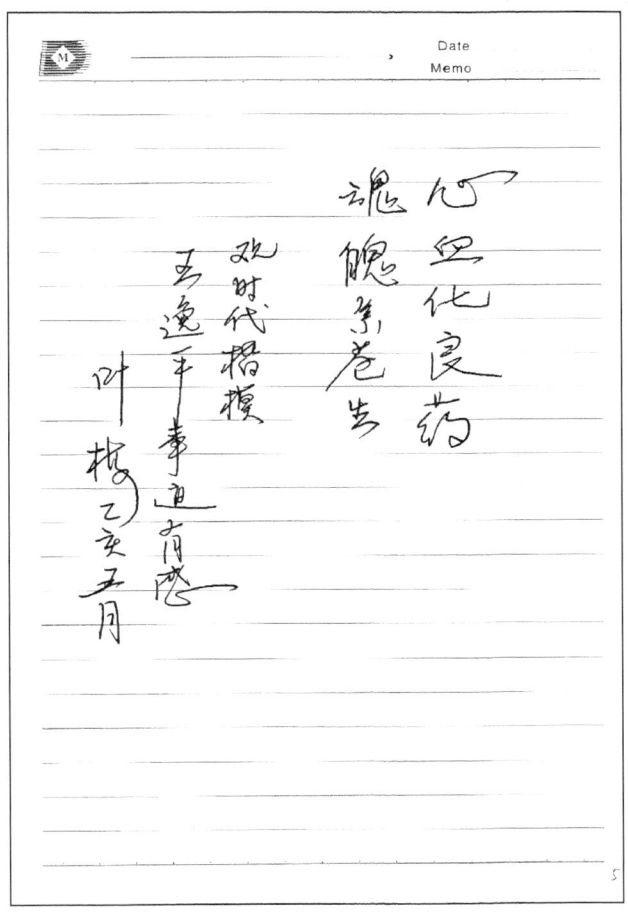

图2　2019年6月14日,中国作家协会主席团委员叶梅在观展后留下的感言

(三)为中国科学院开展"党员教育"提供良好的学习平台

"时代楷模"精神也是中国科学院"新药梦想·创新奋进"党员主题教育基地专题内容的核心组成部分,"时代楷模"档案展以独具特色的资源、生动新颖的呈现,为全院党员和干部职工开展主题教育提供新平台,为科学院开展"讲爱国奉献、当时代先锋"党员教育活动提供了良好的学习平台。

（四）成为推进档案工作和科研工作的有力抓手

上海药物所结合本所学科特色和公众关注点进一步挖掘档案的重大价值和服务中心工作，在所内外营造了关注档案、走近档案、重视档案的良好氛围，也同时增强档案工作人员求真务实、深入挖掘、潜心钻研的意识和业务水平，推动研究所档案工作和科研工作不断迈上新台阶。

案例形成单位：中国科学院上海药物研究所

案例形成人：徐晓萍、李莉、刘德超、杨怀东、宋文珂、蔡辉

构建一体两翼档案管理模式，服务银行业务快速稳健发展

一、案例概述

"十三五"时期，中国民生银行聚焦核心金融业务，倾力构建一体两翼档案管理模式，以规范管理为前提，以用活档案为目的，通过档案信息化和档案基础业务标准化两个抓手，充分发挥档案对业务发展、管理提升、内外部检查审计、法律诉讼等工作的信息支撑作用，服务银行业务快速稳健发展。

二、实施背景

档案是银行经营管理、业务办理及服务活动中形成并具有保存价值的各种载体形式的记录，它在防控金融风险、内外部业务检查与审计、维护权益等方面发挥着十分重要的作用。但是，随着银行业务不断创新与发展，在实际工作中存在一些制约档案工作发展的现实问题。

（一）业务创新发展与传统档案管理模式之间的矛盾

随着互联网金融快速发展，无纸化金融业务、纯线上贷款产品层出不穷，档案形态正在从纸质向数据转变。例如，中国民生银行针对小微企业客户的纯线上贷款产品"云快贷"，客户通过扫码申请，3分钟即出额度，线上签约，全程无纸质档案产生。传统纸质档案管理模式已经不能适应新的需要，如何管理好业务数据成为迫切需要解决的新课题。

（二）档案利用需求持续增加与档案信息孤岛之间的矛盾

在金融强监管大背景下，档案调阅数量大幅增加。以北京分行为例，每年仅零售信贷档案调阅量就超过5000笔。目前，各类业务数据分别保存在不同的业

务管理系统中，信息孤岛普遍存在，文档数据缺少整合与共享机制，不利于档案的有效利用，不能很好地发挥档案对经营管理工作的信息支撑价值。

（三）档案数量急剧增加与人员库房不足之间的矛盾

随着业务快速发展，银行档案数量急剧增加。以中国民生银行信贷档案数据（含线上贷款）为例，2019年比2018年增加近2倍。近几年，银行经营压力持续加大，档案人员不足、库房短缺的瓶颈普遍存在。档案专职人员少、专业性不足，自有档案库房少、库房饱和度高，在档案整理等基础业务工作量高度饱和的情况下，推动档案利用工作面临较大挑战。

综上所述，为有效解决上述矛盾，推动档案工作发展，在前期工作基础之上，中国民生银行逐步明确了"一体两翼"档案管理模式（图1），以档案管理和利用为核心，以档案信息化和基础业务标准化为手段，规范管理，用活档案，发挥档案价值。首先，通过信息化建设，实现全行档案信息的集中化管理和在线利用，为基础业务标准化提供技术支持，为档案实体外包创造前提条件。其次，通过档案基础业务标准化，加强档案实体、库房标准化管理，对外包供应商实行白名单式管理，夯实档案基础业务，并通过检查与考核机制，督促该模式落地见效。

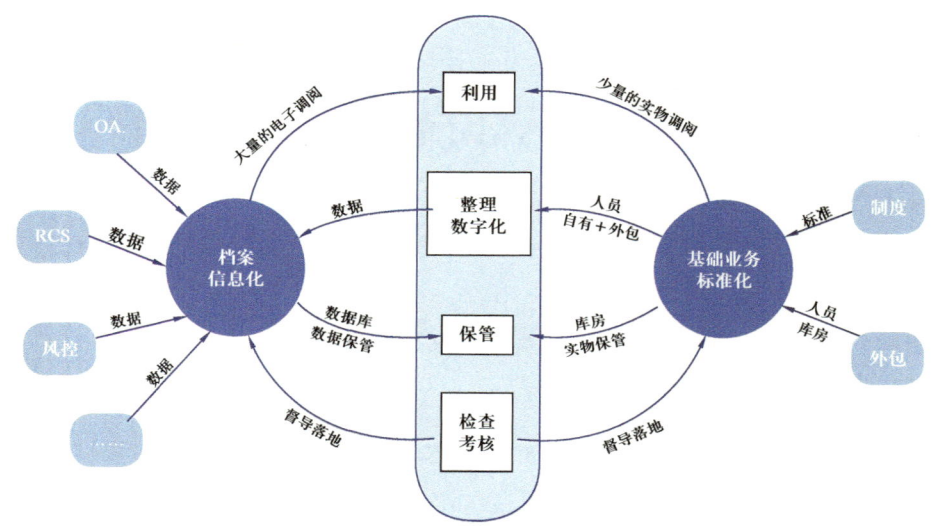

图1 中国民生银行"一体两翼"档案管理模式

三、创新做法

（一）大力推动档案信息化建设，提升管理和服务效率

1. 建立全行集中统一的档案信息大数据平台

基于不同用户群体需求，该平台细分为档案信息管理平台（面向档案管理员）、文档信息利用平台（面向普通员工）。

一是通过管理平台实现全行档案信息集中统一管理。整合档案系统和业务系统，按照"前端控制"的原则，将相关档案管理要求前置到业务系统中，建立标准化数据归档接口，实现业务数据从形成到归档再到利用的全生命周期管理，目前已实现文书档案、对公信贷档案、零售信贷档案、资产托管档案、资产管理档案、声像档案、实物档案等银行主要档案门类信息的集中统一管理。

二是通过利用平台提供一站式档案查询利用服务（图2）。平台采用"百度式"检索页面，操作简单，功能强大，用户可以选择档案门类、全宗，进行标题检索、条件检索、全文检索。权限范围内档案，直接在线查看。权限范围之外档案，支持"淘宝购物式"在线借阅，审批完成后系统自动通过邮件和短信提醒。系统提供"我的收藏""我的足迹""我的关注""消息中心"等个性化功能。此外，系统自动记录用户搜索关键词和查阅档案历史，为后续进行档案信息自动推送积累数据基础。

图2　中国民生银行档案在线利用平台

2. 试点信贷业务系统数据和电子文件在线归档

面对档案形态从纸质向数据的转变，进一步强化各类业务系统数据和电子文

件归档理念。在档案信息化建设过程中,积极融入核心业务工作,主动拓展档案外延,从关注纸质档案到关注数据和电子文件,加强业务系统端的前端控制,以小微无纸化信贷业务为试点,成功实现业务系统数据和电子文件在线归档,有力支持了前端业务系统的数字化转型。实施过程中,分两步完成。

第一步:实现信贷数据归档。整合零售业务风险管理系统(RCS)、数据仓库系统、影像平台系统与档案系统,实现数据互联互通,放款后的信贷数据,自动归档至档案系统。目前已归档零售信贷业务数据5000多万条。

第二步:实现电子文件归档。在信贷数据归档基础之上,进一步完善系统间数据互联互通方式,将客户贷款申请基础资料等电子文件归档,实现信贷数据和电子文件的完整归档。

此项工作的顺利完成,为其他纯线上业务数据和电子文件的归档提供了可复制、可借鉴的经验。目前,已经实现对公授信自动放款数据和电子文件的在线归档。

3. 拥抱互联网+,丰富移动端档案应用

为进一步提升档案服务能力,将档案管理功能嵌入移动办公App(全行综合办公和业务管理统一平台)。一是开发档案利用服务模块,提供移动端档案查询和在线借阅审批服务,支持7×24小时随时随地应用,大大拓展了档案信息服务的空间,增强了档案查询便捷性,提高了档案借阅审批效率。二是开发移动端档案管理模块,辅助档案实体管理。例如,将手机与二维码技术应用到库房管理中,为档案、档案盒、档案装具配备唯一的二维码,通过手机扫描,快速记录和管理档案库位,大大提升了实体档案定位、查找效率。

4. 建立档案信息安全保密技术体系

在推动档案利用的同时,注重档案信息,尤其是客户信息的安全保密(信贷数据涉及大量客户信息)。通过签署保密承诺书、授权管控等方式,依托电子文档加密、屏幕水印、阅读水印、打印纸质文件矢量水印、终端文档拷贝管控、外发邮件审计等技术,强化档案信息保密管理,确保外发档案信息源头可追溯、电子文档脱离行内网络环境无法打开查看,筑牢档案信息安全保密防线,切实防范泄密风险。

（二）全面推动基础业务标准化管理，夯实档案基础业务

1. 健全档案管理制度体系

前期工作中，已经制定档案工作办法、档案基础业务管理规范、各类档案管理细则共10项制度，建立较为完善的档案制度体系，基本涵盖了档案工作的各个方面。近期，结合档案重点工作内容，制定《档案库房建设与管理办法》《档案外包管理办法》《档案工作突发事件应急处置管理办法》，为实施档案实体、档案库房等基础业务标准化管理提供制度依据，进一步健全档案管理制度体系。

2. 实行外包供应商白名单式管理

鉴于全行普遍存在档案人员、库房短缺的问题，通过规范化外包方式缓解管理压力，确保档案基础业务标准化落地见效。

首先，明确允许外包档案范围、外包工作的内容和形式。各单位可根据实际需要开展档案整理、数字化、寄存外包。

其次，明确供应商准入标准与流程。制定供应商通用资格条件10项，专门资格条件18项。设计"档案整理服务供应商评分标准表"共20项指标、"档案数字化服务供应商评分标准表"共21项指标、"档案寄存服务供应商评分标准表"共22项指标。

最后，明确外包项目立项、签约、检查、续签、结项等全流程管理要求。设计"档案外包实施过程风险评估表"共9项指标、"档案寄存服务质量季度检查表"共30项指标，要求外包单位按季度进行风险评估和检查，防范外包过程中的风险。

特别明确对供应商实行白名单式管理，总行统一制定白名单后，加入集采平台，供全行各单位选择使用，有效为相关单位减轻招标负担、降低外包成本、增加采购效率。

3. 加强档案人才队伍建设

根据"核心工作专业化+基础工作外包化"理念，有针对性地加强档案人员队伍建设。一是提升行内档案人员的专业性。总行办公室配备1名档案学博士、1名档案学硕士。对于分行档案工作人员，在行内培训基础之上，分批组织参加国家档案局岗位资格培训，进一步提升专业工作能力，目前已实现一级分行

全覆盖，初步建成一支专业化的档案人才队伍。二是推动档案基础工作外包。对于档案整理、数字化等基础业务工作量大，人员存在短缺的分行，通过人员外包方式缓解管理压力。加强对外包人员的业务培训，确保其工作成果符合管理要求。

4. 建立健全检查与考核机制

检查与考核是确保管理模式落地见效的重要抓手。一是建立档案条线检查机制，制定检查方案，设置检查指标，用3～5年时间实现分行全覆盖。目前，检查完成率约为40%。二是借助档案系统开展远程线上检查，定期检查分行归档完成率、电子档案上传质量等情况。三是建立分行档案工作年度考核机制，将档案工作纳入分行年度平衡计分卡考核指标，与年度绩效挂钩。

四、效果及影响

（一）整合档案资源，为业务发展提供有力档案信息支撑

通过档案信息集中化管理，统一档案查询入口，推动档案在线利用，"让数据多跑路，让员工少跑腿"，全行年档案在线利用量从2015年的7万次提升至2020年的60万次，大幅提高档案利用效率和便捷性，充分发挥了档案对业务发展、管理提升、内外部审计、法律诉讼等工作的信息支撑作用，更好地为全行各项业务发展服务。

特别是，新冠肺炎疫情发生后，实体经济受到冲击，银行资产质量承压，借助档案系统线上远程非接触的优势，总行相关部门通过在线调阅档案资料，及时开展业务检查、审计与资产质量风险评估工作，为摸清全行业务风险情况，及时调整业务策略提供了重要信息支撑。

（二）提升管理效率，助力全行降本增效

1. 通过信息化，提升管理效率

大幅提升档案利用审批效率。在手工管理阶段，每笔纸质档案借阅最快也要30分钟，而线上借阅最快只要5分钟，每笔可节约25分钟。以北京分行零售信贷档案为例，全年调阅档案复制件5000笔，可为业务部门节约2083小时。

2.通过在线调档,节省差旅成本

档案系统对接审计系统后,有效支持了审计部审计工作,也使得非现场审计成为可能。通过在线调阅档案,一方面现场审计的频率降低,出差次数相应减少;另一方面现场审计调档效率显著提高,现场审计时间缩短,经测算,每年可节省差旅成本100万元。后续,在全行业务检查、内控合规检查等工作中推广在线调档后,将节省更多差旅成本。

3.通过基础业务标准化管理,实现降本增效

按照标准化管理要求,加强对分行档案工作检查,及时发现档案基础业务中存在的问题,支持档案人员、库房短缺的分行通过规范化外包方式缓解管理压力,保障归档及时性、保管安全性。目前已有20余家分行开展了档案外包工作,外包档案20余万箱,在规范档案基础业务的同时,节约了人工费用和库房建设成本。以郑州分行为例,分行租赁场地自建档案库房未来10年共需要投入1170万元,通过档案寄存外包仅需270万元,平均每年可以节省库房管理成本90万元。

(三)主要影响

在实施"一体两翼"档案管理模式的过程中,中国民生银行档案信息化和档案利用等工作取得一定的成绩,受到国家档案局、有关高校、金融同业等机构的肯定和认可。

2017年,中国民生银行档案在线利用平台获得国家档案局全国企业档案信息资源开发利用优秀案例二等奖。受国家档案局邀请,参加2017年企业数字档案馆(室)培训班,并作专题经验分享。受中国人民大学邀请,先后参加2017年中国知识管理论坛、2019年档案知识管理与创新高峰论坛,并作专题经验分享。《中国档案报》和国家档案局官方微信公众号对中国民生银行档案工作情况进行了相应报道。近年来,先后有十几家金融同业和中央企业赴中国民生银行调研交流档案信息化工作经验。

案例形成单位:中国民生银行办公室
案例形成人:李健、曹大伟、马翀、华超杰、宋旭腾

基于互联互通的核电智能档案管理创新应用

一、案例概述

为践行绿色发展理念,降低成本,提升效率,规避人因失误,江苏核电有限公司(简称江苏核电)引入互联互通理念,2017—2019年基于互联网+及大数据管理技术,拓展电子文件自动归档应用、实现电子档案管理系统与中国核电工程有限公司(简称工程公司)施工管理系统自动对接、案卷智能移动上下架等项目,实现了产业链上下游组织之间、业务系统与档案管理系统之间、信息系统载体与纸质载体之间的数据联通,大幅度减少了原生电子文件人工著录及下载、纸质文件移交归档、案卷人工上下架等繁重的重复性工作。江苏核电基于互联互通理念,从文档数据传输、归档及上下架等工作链关键节点上,用现代信息技术与理念对档案管理工作进行创新与实践,实现了公司文档管理跨组织、跨系统、跨载体的数据联通。

二、实施背景

江苏核电为了满足群堆管理需要,每月接收技术文件1万余份、案卷1000余卷,上下游组织间的数据不联通、文件复杂繁多、归档手段落后、传统的档案案卷上下架手动定位等问题,影响档案工作效率。

(一)上下游组织之间的文档管理系统不联通,造成数据孤岛

工程公司作为5号、6号机组总承包商,与江苏核电之间存在大量文件传递,每月传递技术文件1万余份。数十万份设备、建安等交工文件需要向公司移交,涉及文件数量巨大,种类繁杂。由于公司间文档管理系统未实现数据互联互通,双方文档人员需要人工下载文件、重新著录、上传文件,不仅耗时耗力,且

手工操作也带来出错高风险。因此，利用信息化手段实现文档管理系统互联互通，实现跨组织间文档自动交换和实时共享，成为工程文档资源共享和移交的迫切需要。

（二）业务系统与电子档案管理系统不联通，导致电子文件归档手段落后

江苏核电建立了覆盖企业人、财、物等核心业务的信息系统等70余个，但业务系统数据利用功能具有局限性，脱离了业务系统无法使用其中的业务数据；同时不同业务系统之间未建立关联和数据交互，无法实现数据共享和利用。此外，业务系统与电子档案管理系统未建立接口，各业务系统产生电子文件的归档仍采用传统方式，即手动输出纸质文件进行归档，或手动下载电子文件再登录上传到电子档案管理系统进行电子归档，不仅耗时耗力，且存在部分数据、信息无法输出，导致无法归档的问题。因此，建立业务系统与电子档案管理系统的互联互通势在必行。

（三）传统手工上下架模式，案卷不能精准定位、联动更新

江苏核电使用排架号管理库存案卷，以库房+档案类别+流水号的格式，人工通过Excel表获取排架号，并将排架信息手动填写到电子档案管理系统档案元数据中，此业务模式耗费了大量人力，手工取号存在耗时、不能随意移动、不能快速定位等缺点。取消传统排架号，引入自动取号、联动更新、快速定位的实体架位号模式成为发展趋势。

三、创新做法

（一）研发文档管理系统自动传输，实现跨组织间文档数据的自动交换

为了按期完成与承包商之间工程文件传递和交工文件验收工作，江苏核电文档人员积极探索文档信息化新技术，基于SOA信息化手段，开发实现了工程公司施工管理系统和公司电子档案管理系统的互联互通，实现了跨组织间文件和档案的自动交换和实时共享，极大提升了文档工作效率，也为基于信息资源共享体

系的核电工程文档移交奠定了基础。

1. 明确分步实施的工作目标

根据工程建设的实际情况和工程文档的总量分布，决定在工程建设初期开展工程信函、会议纪要、管理程序、工程设计文件、变更文件、澄清文件的实时传递，以确保工程基准文件的即时收发，满足工程建设需要；在工程建设中后期开展设备交工文件、建安交工资料、竣工图等交竣工文件的在线移交，以确保工程交竣工验收的即时移交，满足生产运行需要。通过分步实施，探索打造一个基于信息资源共享体系的全流程核电工程文档移交平台。

2. 建立高质量的文件移交标准

为确保移交标准规范统一，满足上级档案法规要求，文档人员需理清双方业务系统中需交换元数据的类型、长度、是否为空、是否存在逻辑检查等具体要求。面对核电文件在线审批自动化水平高、新旧更替频繁、关联文件众多等复杂情况，为确保如实、准确、全面地反映文件的真实历史过程，由文档人员提出业务要求、信息人员提供技术方案，在系统对接前建立了高质量的文件移交标准，包括文件自动交换时必须完整准确地将数字签名信息、版次变化信息、新旧版文件的更替信息、设计文件及其变更澄清文件的关联信息传递过来，确保文件及其元数据信息的完整真实准确，满足文件的可信度和使用便捷性要求。

3. 创建跨组织间文档自动交换接口

根据各方确认的文件移交标准，基于 SOA 信息化技术建立了江苏核电电子档案管理系统和工程公司施工管理系统电子文件双向自动交换接口，实现了跨组织间文件的自动交换集成和共享（图1）。文件交换接口范围包括电子文件捕获、文件元数据的捕获和保存格式转换，其中元数据包括文件对应目录数据、属性、主数据以及与相关联文件之间的关联关系等。通过文件交换接口，发送方的文件在创建后自动推送到接收方平台，经人工检查无误后，自动在接收方系统中创建相应的文件，并且自动实现系统内相同文件不同版次之间、变更澄清与设计文件之间、信函与技术文件之间等标准中预先设定的关联关系。文件交换接口省却了双方文档人员对各类文件的人工著录工作，极大提高了文档移交工作效率。同时文件接口采用异步通信，提供回调机制，所有传递过程在接收侧均有日志记录，确保了对传递过程的在线审计与回溯功能。

（二）扩展电子文件自动归档功能，实现跨系统间文档数据的互联互通

为建立江苏核电业务系统与电子档案管理系统的自动对接，实现业务系统原生电子文件的自动归档，江苏核电在现有信息化平台基础上，实现供应链管理系统、会计核算系统、大修日报系统、运行值班系统等核心业务系统与电子档案管理系统互联互通，减少人工干预，实现电子文件自动归档新模式（图2）。同时，通过软件自包含设计、自动检测为主，手动检测为辅，将国家对电子文件"四性"检测相关要求真正落地。

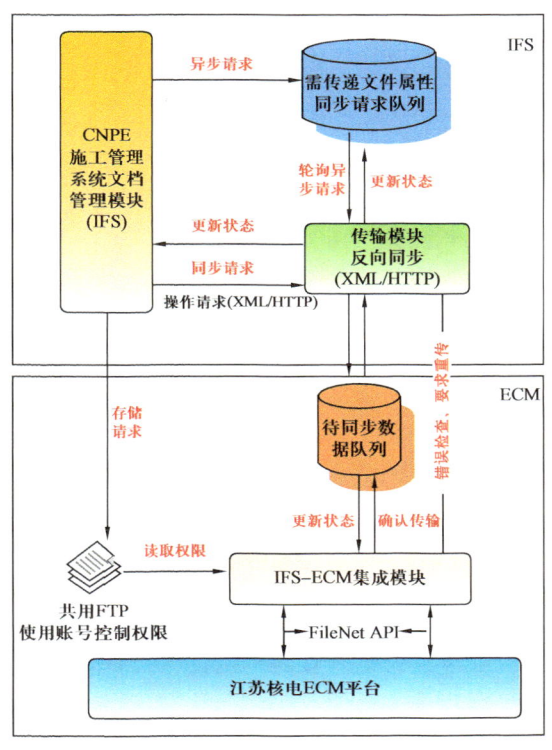

图 1 施工管理系统向电子档案管理系统跨组织数据自动交换

1. 实现业务系统与电子档案管理系统电子文件的互联共享

通过技术手段，建立业务系统与电子档案管理系统的自动集成接口，当业务系统相关流程结束后，自动产生电子文件及其相关元数据，自动同步到电子档案管理系统中，按照事先规定的元数据取值规则和元数据规范，直接在电子档案管理系统内创建相应文件及其元数据信息，并存储在指定文件分类下，实现了业务系统数据与档案系统数据的互联和共享。

此外，通过系统接口还实现了业务系统内的数据关联与互见。以会计电子档案为例，以记账凭证号为关键字段，实现了业务系统内的报表、账簿、记账凭证、内部原始凭证之间的相互关联，将全流程进行打通；商务合同文件，通过合同编号将采购计划单、招标方案审批表、最终供方确定审批表等所有文件进行自动关联，实现全流程的贯通，方便检索利用。

2. 实现业务系统与电子档案管理系统自动归档衔接

业务流程产生的电子文件同步到电子档案管理系统的同时，通过系统同步的

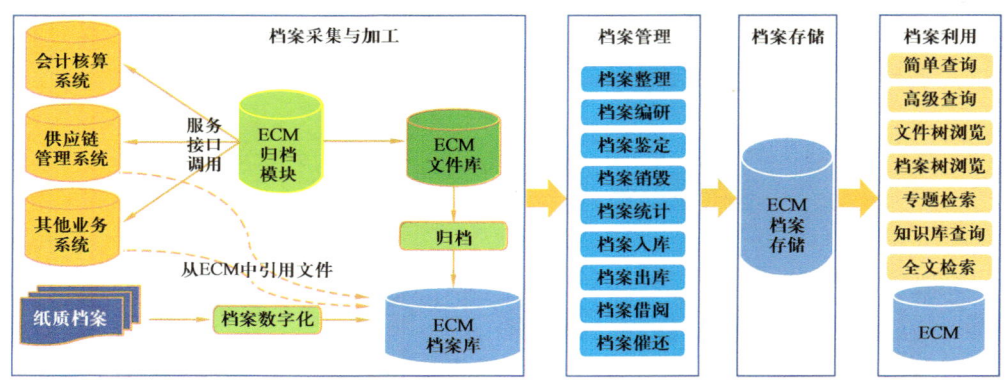

图 2　电子文件自动归档实现跨系统文档数据互联互通

业务系统电子文件，同步将按照设定的规则，在指定的案卷目录下创建类目，自动创建类目分类结构树和案卷信息，生成相关的案卷元数据，形成电子案卷。整个归档过程直接通过系统同步传输，不需要人工干预，实现会计凭证自动完成组卷工作；商务合同类文件按照文件当日生成后，每日自动同步到电子档案管理系统，自动建立案卷级条目及其卷内文件。

3. 实现卷内文件信息的实时同步和动态更新

自动创建的案卷，按照规则建立卷内文件后，并对卷内文件进行持续动态更新。合同商务文件会签后，系统自动创建案卷类目和案卷信息，立项单、合同文本、合同会签单等文件流程结束时，将自动同步到按照合同编码创建的案卷文件夹中，后续产生的合同支付文件等将自动更新到指定类目中，当最后一类文件合同执行情况说明同步到案卷中，该案卷才能最终关闭。整个归档流程都是通过系统自动实时更新，保证案卷归档的完整性、及时性。

（三）基于移动物联网技术实现智能上下架，实现跨载体间数据实时联动

为提高案卷出入库管理工作效率，减少人工重复工作及人因失误的风险，江苏核电基于主流的移动物联网技术，在电子档案管理系统和移动平台基础上，自主开发了案卷智能扫码和联动功能，通过二维码和条形码技术，保证实体架位号和电子档案管理系统跨载体的数据实时联动，实现了档案案卷的快速上下架及精准定位，也为建立智能档案库房奠定了基础（图3）。其实施要点如下。

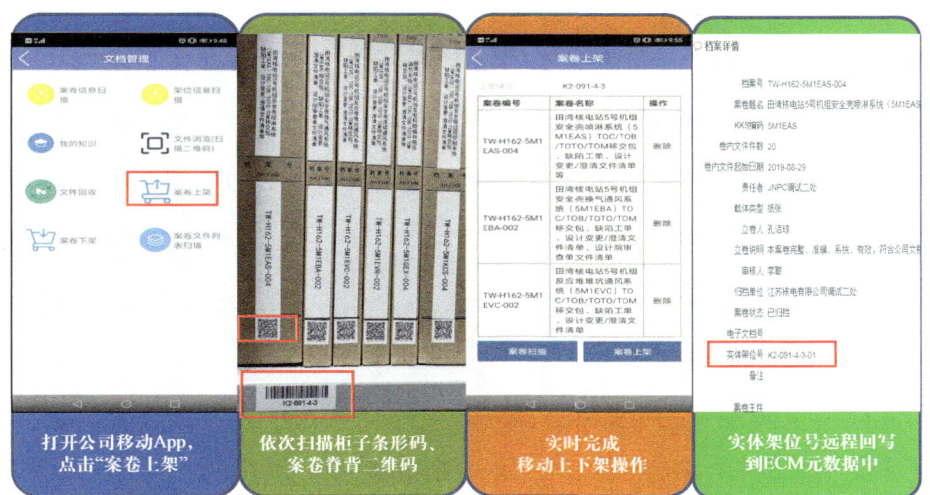

图 3　案卷移动上下架助推 3D 档案智能库房建设

1. 取消排架号，引入实体架位号

原排架号根据案卷归档入库顺序产生，与档案柜无关联，故在上下架时无法实现案卷本体与档案柜实体位置的联动。参照物流仓储取消传统排架号，替代以档案柜实体架位号，将案卷采用库房代码—列号—柜号—层号—序号标识出该档案案卷在库房中的绝对位置。因其稳定性和唯一性，是实现案卷精准上下架的前提条件。

2. 引入案卷二维码和架柜条形码技术

案卷二维码和架柜条形码是当前实现实物与系统间互联互通的核心技术，更是保证实体架位号和档案系统进行实时信息联动的基础。案卷二维码标识选用 QR 格式二维码，通过电子档案管理系统生成，信息可包括档案号和案卷具体信息，张贴于每个案卷盒体上。实体架位号采用条形码标识，可通过电子档案管理系统批量生成打印，打印后粘贴在档案柜体上，信息包括库房代码—列号—柜号—层号。

3. 开发二维码和条形码扫码和绑定功能

基于电子档案管理系统，补充开发案卷二维码和档案柜条形码扫码和绑定功能，借助公司移动平台，可以利用手机等移动终端的扫码功能，灵活实现案卷实体与档案柜位置号间的绑定和解除绑定，从而灵活实现归档案卷库房就地上下架操作。由于案卷二维码和档案柜条形码信息由系统自动产生，从而避免了跳号和重号的可能。

4. 实现电子档案管理系统实体架位号信息自动反写

案卷上架后，通过手机移动终端扫码实现的案卷实体与档案柜实体关联关系同步反写到电子档案管理系统档案元数据中，实现实体架位号和电子档案管理系统的远程联动更新，代替人工手动维护实体架位号的方式。案卷下架或位置变化时，点击下架操作，系统也会将电子档案管理系统中相应案卷的实体架位号信息做自动调整。

5. 查看案卷信息和实体架位下的案卷清单

基于电子档案管理系统补充开发的案卷二维码扫码功能，同时具备系统数据读取功能，可支持随时随地通过手机扫描案卷二维码，快速显示案卷的档案号、档案名称、实体架位号等，查看浏览案卷信息。通过扫描案卷二维码，还可查看该案卷的卷内文件列表，显示文件题名、文件编码等卷内文件信息。通过扫描粘贴在档案柜每层的条形码，显示该层对应的已上架的案卷清单，包括档案号、案卷题名、实体架位号、案卷状态等信息。

四、效果及影响

（一）互联网＋及信息化技术应用，有力提升了档案工作效率和管理水平

以江苏核电电子档案管理系统与工程公司施工管理系统接口为例，实现了产业链上下游组织之间的数据传递，打破了不同组织间的数据孤岛，大幅优化了公司间的文件传递流程，大量减少了下载整理、人工传递、上传著录等重复性工作，大幅降低了手工整理、传递、著录的出错风险，提高了文件传递的及时性和准确性。案卷智能上下架使得馆藏档案管理更加智能化、精准化，为建立3D智能可视档案库房奠定了坚实基础。

（二）在核电行业内开创先例，起到了行业示范作用

以案卷智能上下架为例，该项目利用主流的移动物联网技术，在江苏核电已经建立的移动平台基础上，自主研发了案卷智能上下架系统，通过二维码和条形码技术，实现档案案卷的快速上下架和精准定位，开发了实用的移动文件查询利用功能，保证实体架位号和文档管理系统的实时信息联动，优化了案卷上下架流程，原本 5 分钟 / 卷的效率提升到 20 秒 / 卷，大幅减少了人力投入，将互联网 + 及信息化技术应用到传统的档案管理领域，有力提升了档案工作效率和管理水平，具有显著的经济效益。

（三）率先变革传统档案管理模式，推动新兴技术的深化应用

江苏核电基于互联互通理念的档案管理创新是互联网 + 档案管理的一次成功尝试，它利用当前互联网 +、人工智能等先进理念和技术较大提升了用户的工作效率，具有功能先进、档案法规遵从度高、堆型依赖性低等优点，通过率先变革传统档案管理模式，推进档案工作转型升级，推动了新兴技术在行业的深化应用。

案例形成单位：江苏核电有限公司

案例形成人：周梅、查凤华、李奕奕、杨建荣、赵利刚、王雨迪

"拍立存"声像档案管理系统的建设与创新

——以"华龙一号"示范工程为例

一、案例概述

福建福清核电有限公司(以下简称福清核电)5号、6号机组是国家"华龙一号"示范工程。"华龙一号"项目建设过程中产生了大量的数码照片、录像、录音等声像档案。为了收集好、保护好、利用好声像档案,福清核电创新建设了"拍立存"声像档案管理系统,可以"随拍随存",实现对声像档案从采集、整理、存储、管理、利用到最后的处置进行全过程管理,将声像档案信息与业务系统流程动态关联,实现声像档案的科学化、规范化、网络化和移动端管理。

二、实施背景

(一)贯彻声像档案国家规范、行业标准的需要

DA/T 28—2018《建设项目档案管理规范》、DA/T 42—2009《企业档案工作规范》都对声像档案的管理提出了原则性的要求。GB/T 11821—2002《照片档案管理规范》、DA/T 50—2014《数码照片归档与管理规范》则对声像档案管理提出了具体的要求。福清核电"华龙一号"示范工程作为国家重大建设项目,其声像档案管理必须严格按照国家规范、行业标准的要求来实施。

声像档案管理系统的建设,以满足声像档案国家规范、行业标准为前提。福清核电建设声像档案管理系统,以信息化促规范化,使声像档案的国家规范、行业标准在福清核电具体落地。

(二)提升项目档案管理水平的需要

档案集中管理、规范管理是保证档案完整、准确、系统和安全的前提。在声像档案管理系统建设之前,福清核电项目声像档案没有统一收集,普遍地散落在

党群宣传部门的拍摄者和其他业务人员个人手里，并且没有经过规范化的整理，给声像档案的查询利用带来了极大的困扰。

"华龙一号"示范工程声像档案管理系统的建设，有力推动了声像档案的集中管理。集中管理是声像档案管理系统建设和利用的内在要求，只有集中管理，声像档案管理系统才能成为有源之水、有米之炊。同时，通过声像档案管理系统的建设，明确了声像档案采集、整理、存储、管理、利用和处置的全过程管理和具体要求，使得声像档案的管理走上规范化、标准化、信息化道路，有力推动了项目整体档案管理水平的提升。

（三）迎接项目档案验收的需要

国家档案局对声像档案越来越重视，对秦山核电二期扩建、宁德核电、方家山核电项目档案验收时，多次提到要加强声像档案的收集、整理、保管和提供利用。在 2015 年 11 月对福清核电 1 号机组及公共子项项目档案进行阶段验收时，国家档案局就提出，要强化"华龙一号"项目声像档案的收集和利用，建设与"华龙一号"项目相适应的高起点、高标准的声像档案管理系统。

由于项目声像档案在工程建设、生产运行和公司运营方面发挥的独特作用，在可以预见的将来，人们会越来越认识到声像档案的重要性，对声像档案的利用需求也会越来越高。"华龙一号"声像档案管理系统的建设，有力提升了声像档案的管理水平。

三、创新做法

（一）主要做法

声像档案管理系统建设采用 B/S 架构设计，坚持向"大数据"管理和利用开发方向发展，建立"1 个平台、2 个中心、3 级门户"新型管理平台（1 个声像数据管理平台，实体存储和数字存储 2 个中心，个人 / 参建单位、部门 / 总包单位、公司 3 级门户）维护服务器中心资源库，保障系统安全稳定运行（图 1）。

结合福清核电现场管理情况，充分利用计算机技术、网络技术、多媒体技术等将声像档案科学分类、精细管理、集中分级建库、网络化利用，具体包括档案门户、数据采集、档案管理、档案利用、电子地图、系统管理六大子系统。

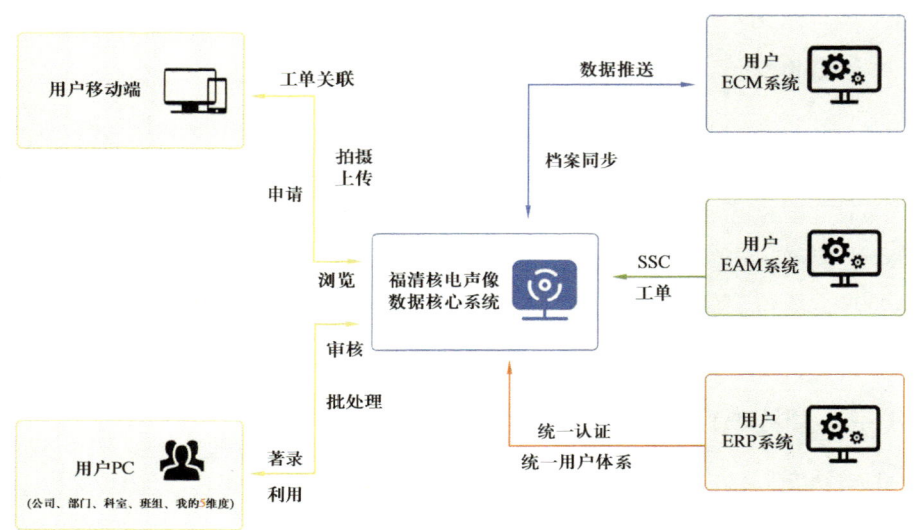

图 1　福清核电声像档案管理系统流程示意图

1. 档案门户

采用信息门户配置平台，完成个人/参建单位级、部门/总包单位级、公司级三级内网门户定义，建立符合三级个性化管理，规划和设计各层级普通数据和专有数据共享、推送模式，让各级数据按需共享。内网门户包含"我的文件""我的申请"，对于个人用户，还提供"我的关注""我的收藏""我的点赞""我的获赞"等个人信息管理模块。其中，"我的申请"可实现查阅自己申请的声像资料权限审批情况，申请时间、状态、结果等；"我的收藏"可提供个人对查阅的声像资料从部门级、公司级数据库转收入个人收藏夹，极大方便日后资料阅览。

2. 数据采集

数据采集主要对历史的、现在的以及将来产生的各类声像档案数据进行有规则、有目的、有秩序地收集和整理，建立个人库/参建单位、部门库/总包单位、公司档案库的三级审批流程。系统提供包括数据著录、批量数据导入导出、数据审核、档案预归档等功能。

3. 档案管理

档案管理，集照片、录音、录像，流媒体电子文件和实体信息于一体集中归档管理，建立电子文件和载体关联关系，建立授权管理体系和查阅体系，采用"数字水印"建立数据安全体系，严格控制数据权限。具体功能包括照片管理、媒体管理、借阅管理、虚拟组卷、销毁管理、回收管理等。

系统按照三级模式管理，员工个人/参建单位可以向部门/总包单位提出归档申请，部门/总包单位可以向公司提出归档申请。部门/总包单位提交的声像文件提交到公司预归档库，公司文档人员在预归档库对文件的各个属性进行审核，补充著录相关档案属性后自动存入档案库。如果发现数据错误可以从档案库中退回到预归档库修改，然后再提交档案库。

在预归档库对文件属性进行检查，对归档信息进行添加、修改、删除、查询等。实现了元数据单个归档和批量归档。按照多种方式进行查询，并根据权限对档案进行不同类型的操作。

4. 档案利用

档案管理最终目的是发挥利用的价值最大化。系统提供三级门户的查询和在线浏览，观看照片和流媒体影片，通过分类目录树方便各级用户轻松获知某卷（组）照片和视频，以及相关照片和视频的档案资源；可以在线提出权限申请，经流程化审批将结果以邮件方式通知公司文档管理员和申请者，超期发出提醒；系统提供浏览、播放、收藏、申请、审批、借阅、评价、推送、预警等操作，发挥知识传播作用。

同时，公司级管理员可以实时了解借阅情况和库房保管记录，可准确地按时间、部门、人员、主题等检索和统计、输出报表。

5. 电子地图

为便于直观了解公司厂区主体结构，建立了厂区二维图可视化管理和在线浏览功能。用户自行按需定义厂区结构，并自动展示各时间点所形成的声像档案和有关属性，让用户按时间轴的方式观看对应的声像档案。

6. 系统管理

人员组织信息自动同步于TDS（中国核电用户统一认证体系），管理员无须再添加人员组织信息，只配置人员、组织相关权限。

实现了批量导入、导出人员数据信息；对部门、人员、岗位进行不同的权限设置，满足权限分级管理；对流程进行跟踪、修改；自定义流程及表单，满足流程开发的可配置性；对表单数据进行修改，自定义表单格式及属性。

（二）主要创新

福清核电积极探索，勇于创新，在声像档案采集、查询利用、自动编研方面，形成了自己的特色，走出了一条新路子。

1. 移动端应用开发

基于福清核电移动平台开发声像移动 App（图2），结合手机定位、拍照、摄像、录音、多点触控功能对移动设备采集的声像数据进行快速便捷的采集，便于声像资料的多渠道收集，保证声像资料的完整性和系统性。同时用户可在 App 端实现对声像档案的随时随地查询利用，帮助用户真正体验"随手拍、随手传、随手查、随手看"。

图2　福清核电声像档案管理系统移动应用端使用界面

2. 建立人脸识别库

利用人脸识别技术，通过计算机视觉技术对静态照片图像进行人脸检测，进而对检测到的人脸进行脸部的技术处理，对海量声像数据的查询对比，完成人脸建库和识别校验，在此基础上实现以"图"搜"图"的人脸搜索，实现声像档案元数据智能化处理和个性化的应用，提升声像档案管理的质量和水平。

3. "三个库"建设

"华龙一号"示范工程声像档案管理系统在核电领域率先提出个人/参建单位、部门/总包单位、公司三级管理制度，充分满足了不同层级声像档案管理的需要。个人库的建设，使员工个人拍摄的大量工作相关照片进入了系统，纳入了管理，增强了声像档案管理系统的生命力。同时，声像档案管理系统覆盖了所有参建单位，将管理的触角伸向了工程的各个领域，使声像档案实现了一体化、集约化、信息化管理。

4. 可视化地图模式

按照数字化电厂的整体规划，对核电厂区分布、主体构筑物子项进行建模和可视化展示，用户可根据需要轻松点击地图相应的标识，选择合适的时间坐标，即可对声像多媒体资料进行播放、观看和编研。如用户点击1号机组核岛，就会出现1号机组核岛从土建、安装、调试及运行各个阶段的声像档案的直观展示。

5. 多维度的专题相册

为实现多维度编研的需要，声像档案管理系统建立了大事记、重要人物、重要活动、重要物项等多个专题相册，对已归档的声像多媒体材料内容，按照重大里程碑、主要人物、建构筑物、系统、设备等属性，以时间先后顺序将有关所有的照片、录像图文并茂地形象展现。

6. 与数字档案馆平台的深度集成

本次开发的声像档案管理系统与数字档案馆平台完成了单点登录、照片搜索，发布的照片和影像文件可以自动发布到数字档案馆门户网站进行展示，声像档案管理系统制作的专题相册也能够自动发布到数字档案馆门户网站，使用户在数字档案馆门户网站能够便捷地获取声像档案管理系统媒体信息，大大提高了用户体验。

四、效果及影响

伴随着"眼球经济"的兴起,"互联网+"时代快速发展使生产、生活都产生了巨大的改变,照片和音视频(含短视频)是新时代信息传递的主要媒介,是构成声像档案的重要组成部分,让人们以最少的阅读时间获取其最大的数据资源,已经成为社会和企业信息传递和获取知识的主要方式之一。

声像档案管理系统以服务用户"上手快、查询快、浏览快、共享快"的特点,利用领先的信息技术为手段,实现声像数据接收、整理、鉴定、管理、传输、保管、发布、移交、利用和销毁全过程管控的声像管理新模式,最大限度实现了声像档案信息资源的有效利用和共享,发挥了声像档案信息的增值作用,进一步发挥和提升了声像档案在公司工程建设、生产运行和公司经营中的作用和地位,实现信息数字化、管理现代化、利用网络化、服务流程化管理,助力"华龙一号"项目全生命周期数字档案的管理。

从声像档案管理角度看,声像档案管理系统的建设充实了声像档案管理的标准,丰富了公司声像档案管理的内容,改进了档案管理的工具,同时还提高了文档人员的工作效率,提高档案管理部门的服务水平。从声像档案利用角度看,声像档案管理系统为档案利用人员带来了更加高效便捷的利用体验。以前,为了查一些声像档案需要与一些设备连接才可以查看,有了该系统,可以直接进行网上查找和浏览。同时,声像档案管理系统可以实现资源共享,用户只需一次交互操作就可以找到自己所需要的信息。另外,声像档案管理系统也可以为深化数字文档"内容"挖掘、全面推进公司知识管理提供有力的数据支持。

福清核电声像档案管理和声像档案管理系统建设取得了良好的成果,受到了上级单位和同行专家的一致好评。在福清核电项目档案验收总结会上,国家档案局指出,福清核电声像档案的拍摄、收集和整理,在同行中有所突破和创新。同时,福清核电"拍立存"声像档案管理系统也为其他核电项目声像档案管理系统的建设树立了标杆,后续辽宁核电、海南核电、漳州核电、霞浦核电等都以"华龙一号"示范工程声像档案管理系统为样板进行了开发和建设。

案例形成单位:福建福清核电有限公司

案例形成人:施千里、李喆、陈莹、邱杰峰、刘忠秀、袁雯

建院六十周年系列丛书之
《辉煌六十年群英谱》

一、案例概述

档案利用是档案工作整个过程中的最终环节，科技档案以其与科技、生产活动的伴生关系和所载信息的原始性、真实性等特点，而占有更加显著的地位。如何最大限度地利用和开发现有馆藏资源，使其为科研生产服务，一直是航天科技集团公司第一研究院（以下简称一院）档案人不断探索的课题。

2017年，在一院建院六十周年之际，院档案馆携手人力资源部门，共同编撰出版了《辉煌六十年群英谱》（图1），该书以画册的形式，图文并茂地展示了中国运载火箭技术研究院建院六十年来在院工作的科技大家、工程大师、大国工

图1　建院六十周年系列丛书《辉煌六十年群英谱》封面

匠等优秀代表人物的风采，同时展示了一批奋战在航天一线的优秀员工和团队风貌。该书不仅是一院档案人对建院六十周年的献礼，也是对科技档案利用的一次有益尝试。

二、实施背景

按照党中央、国务院、中央军委的决策，1957年11月16日，一院的前身——国防部第五研究院一分院成立。建院六十年来，一院人始终不忘初心、勇于担当、砥砺前行、自力更生，为维护国家战略安全和实现中国航天三个里程碑的跨越作出了突出的贡献，使中国迈入世界航天大国行列。

航天事业的飞速发展和系统思维对航天档案部门的发展提出了新的挑战，如何在变革中求得生存和发展，如何利用和开发现有的馆藏资源为决策部门服务，成为一院档案馆不断探索的课题，而这一课题则面临以下几个矛盾。

（一）被动接收归档与主动建设之间的矛盾

以往的文档信息资源建设，一院档案馆都是通过"接收归档"这一渠道实现的，而信息时代向数字时代的转变，这种文档信息资源建设的思路也越来越落后。同时档案部门要主动为决策部门提供服务，就要积极搜集更多的信息资源，并对信息资源进行整合和加工，形成及时、综合性强与政策性较强的信息，才能实现对科技档案信息的合理利用。

（二）服务对象专一性与档案信息资源开发之间的矛盾

航天档案馆的档案信息利用者一直仅限于一院工作人员，而事实上，科技档案信息必须经过扩散与传输，才能实现其开发利用的目的。于是，寻找新的服务对象和受众群体也是一院档案馆面临的问题，加之航天档案信息的"保密"属性，如何突破传统的"藩篱"，主动将调整和整合后的信息提供给公众利用，成为解决这一问题的关键所在。

（三）档案信息的专业性和传播的趣味性之间的矛盾

科技信息档案的扩散和传输，必须凭借一定的载体才能得以完成，而档案史料的严肃性和专业性，使得这一载体历来就很"平面化"。近年来，一院档案馆投入了更多的人力、财力和物力，开展了更多形式的信息加工和开发工作，力求让科技档案信息载体变得更加生动活泼。

2017年，恰逢一院建院六十周年，六十年的风雨兼程承载着几代航天人的辛勤汗水，他们在航天这片土地上默默耕耘，在平凡的岗位上作出不平凡的业绩，其间涌现出一批又一批的杰出人物，值得人们去学习、去歌颂。然而，对绝大多数人来说，航天是一个神秘又陌生领域，在这片领域里工作的航天人更是默默无闻。

在这一背景下，一院档案馆由被动变为主动，携手一院人力资源部，编撰出版了《辉煌六十年群英谱》画册。画册记载了六十年来一院涌现出的杰出人物，收录了各个型号的领军人物，系统展示了六十年来在一院工作过的科技大家、工程大师、大国工匠等突出代表人物风采。其目的是通过对这些杰出人才的收录及其档案资料整理，将档案卷宗的内容以更加温情、更加直观和生动的形式展现给受众，正面弘扬和歌颂这些杰出人物对我国航天事业的贡献，以榜样的力量，激励新一代航天人奋勇前进。

三、创新做法

（一）工作方法创新——变被动为主动

2017年2月，正逢一院建院六十周年前夕，一院发布《一院"十三五"人力资源规划》，提出了"控制增量、优化结构、驱动创新、提升效能"的基本原则，规划了"十三五"人才发展核心目标，明确了核心业务领域的人力资源发展策略，细化了推进"一个转型、五项人才工程、四项体系建设"的具体措施。一院人力资源工作被提到重要日程上来。一院人力资源部也于2017年系统推进了领军人才及后备人才培养计划，制定了"四支力量"建设总体方案和"青年拔尖人才支持计划"实施方案，实施后备人才专项培养计划。

同时，院人力资源部以建院六十周年为契机，开展"爱我一院科技强国"系列活动。这一活动主要任务是人人参与，重温院史，营造氛围，凝聚人心，以期达到增强全院干部员工知院、爱院、建院、护院的主人翁意识，激发全院干部员工工作热情的目的。同时，扩大对外宣传，以达到提升一院社会影响力和美誉度的作用，为院招揽更多的高精尖人才作出努力。

针对一院人力资源工作，一院档案馆把握契机，由被动变主动，进行了一系列策划。一院档案馆认为科技档案提供服务必须多角度、多层次地满足利用者的信息需求，有针对性地提供不同的服务方式。院档案馆决定对馆内现有人物档案进行编辑整理，在建院六十周年之际对航天人物进行一次系统宣传，编撰一部及时性、综合性强的深加工信息产品。于是，《辉煌六十年群英谱》孕育而生，该产品正迎合了"爱我一院科技强国"系列活动的主旨。在画册编撰过程中，一院档案馆与人力资源部门积极展开合作，一方面主动搜集大量的信息，另一方面整合馆内原有的信息，包括"建院五十周年名人录"等部分成果。项目从策划到实施到结束，仅用了三个月的时间。画册的出版，不仅是对航天一院建院六十周年的献礼，也是对一院人力资源工作的有力支持。

（二）服务对象上的创新——公开发行

一直以来，航天档案馆的档案服务对象仅限于一院工作人员，画册策划之初，档案馆就确定了画册的发行范围即公开发行。然而航天档案自身具有极高的保密属性。如何在这些档案中提取出可公开的信息，成为这一项目的难题，同时画册也因涉及太多个人信息而使编辑工作变得困难重重。在画册文稿编写过程中，编写组多次与画册人物或其家属直接交流，对个人信息进行反复编写修改，对搜集的照片进行反复筛选，同时，一院档案馆请相关部门和技术人员进行了严格的审查，文稿经过几轮修改，最终得以问世。

（三）内容创新方面——对人物档案进行深加工

一院档案馆深知，科技档案的利用，是由利用者需求决定的。而从事科技管理的决策人员对科技档案信息的利用需求，多为反映及时、综合性强与政策性较强的信息，尤其欢迎深度加工的信息产品。针对这一需求，档案馆编写组在编写过程中，在符合保密规定的情况下，力求做到内容最新最全、表现手法层次丰富、视觉上清新美观。

1. 画册内容时间线做到最新，人物收录最全

在整个编写过程中，一院档案馆与一院人力资源部积极展开合作，在收录数据上做到最新、最全，全书册共涉及一院建院六十周年航天科技大家、工程大师、大国工匠等各类突出代表人物632人次，各类获国家级奖励的团队91个。

画册内所有的获奖时间、任职时间更新到2017年出版当天，称之时时更新不为过。

2. 在人物档案处理上，将人物档案与其在科研领域贡献、获得相关奖励相结合，全面展示人物风采

与以往个人简介不同，画册对人物信息进行了详细的整理，除了个人基本情况、工作履历、获奖情况，还增加了杰出人物在航天科研领域的重要研究成果和突出贡献，这些内容的加入，使画册内容区别于其他文献资料，极大地突出了档案部门的专业优势，使画册内容更有深度，更具实用性。

在宣传人物的选取上，画册选取了曾在一院工作过的及现在一院工作的两院院士、国际宇航科学院院士，曾在一院工作的部级、大区、军级及中央领导，历任院长和党委书记，型号总指挥和总设计师，国家"万人计划"专家等。在这些人物中又选取一部分如两院院士、历届院领导等进行重点宣传，这一部分增加了人物照片（图2），在照片的选用过程中，编写组征得当事人或家属的同意，选取了一些人物的生活照。这些照片不仅反映了国家领导人对航天专家的重视，重现了一部分当年的历史情境，也使画册内人物形象更加生动饱满，更加贴近生活。

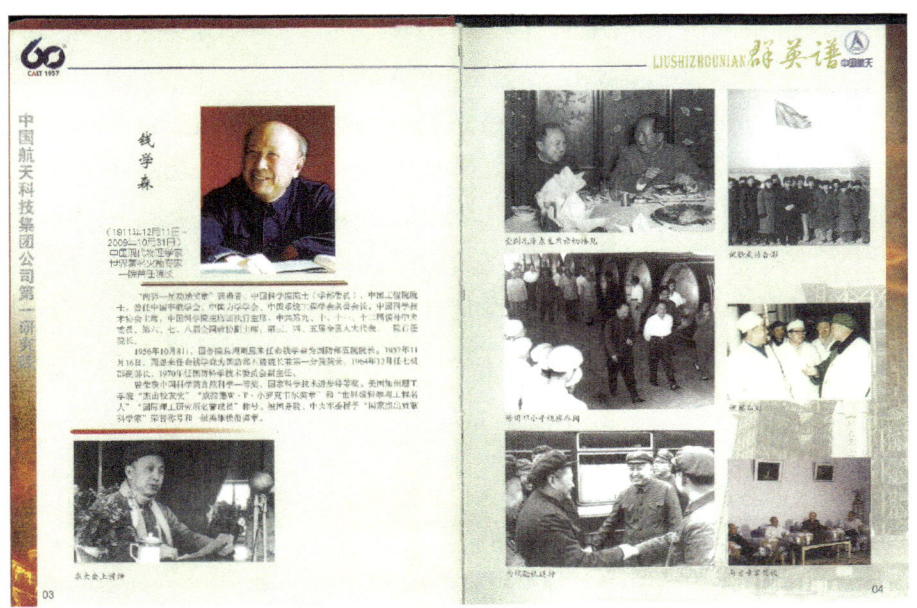

图2 《辉煌六十年群英谱》内页——钱学森

3. 对奖项及荣誉进行单独整理

在画册的编撰过程中，院档案馆与院人力资源部门展开通力合作，对建院以来所有个人、集体所获国家级、省部级奖项进行了收录和整理。包括国家"万人计划"专家、国家百千万人才工程人选、中华技能大奖和全国技术能手获得者、省部级以上劳动模范等八大类。以画册的方式全面地呈现这些奖项，在一院还是第一次，这些内容的收录，使画册更具有历史参考价值，增强了画册的宣传性和可读性。

4. 在排版上合理运用表格

在排版上，为了使人物及奖项清晰明了，编写组运用了部分表格，并将表格进行了分类，为避免表格带来的阅读枯燥，编写组将表格栏目穿插在人物介绍栏目之间。如"曾在一院工作的部级、大区、军级及中央领导"一栏是以表格的方式呈现，在它前面是"国际宇航科学院院士"图片介绍，后面则是"历任院长、政委、党委书记"图片介绍，这样，使画册内容的呈现效果更有层次感和美感。

四、效果及影响

该画册的出版，是档案编研成果服务于建院六十周年系列宣传的典型案例，也是档案部门对院人力资源工作支撑的一个重要体现。

一幅幅鲜活的画面，记录着一个个人物、也镌刻着一段段历史。好的作品能够打动人，正能量的作品能够鼓舞人。画册内，一个个航天人物活跃于眼前，那些略显陌生的专家、技师进入了人们的视野。画册不仅是对个人、对集体的宣传，也是对建院六十年来高层次人才培养取得成就的直观、系统总结。航天事业是一个永无止境、永攀高峰的过程，航天人才的引进和培养永远是一个需要不断探讨的课题。画册的出版，一方面让建院六十周年人才培养成果以全新的形式进入人们的视野，引发受众的关注和思考，达到对航天事业、航天领域人才培养工作宣传的效果，为今后一院人才培养工作提供了有力参考；另一方面，画册的出版也让档案不再蒙尘，在一院开启市场化转型的新时期发挥其应有的价值。

习近平总书记指出："探索浩瀚宇宙，发展航天事业，建设航天强国，是我们不懈追求的航天梦。"画册的出版，为一院积累珍贵史料，对继承和弘扬航天传统精神与"两弹一星"精神、以榜样的力量激励新一代航天人奋勇前进，都具有重要的现实意义和深远的历史意义。

展望未来，一院将全面完成市场化转型，实施产业化经营、国际化发展，努力建成国际一流宇航公司。一院人将认真贯彻落实党的十九大精神，高举中国特色社会主义伟大旗帜，坚持科学发展观，"以识才的慧眼、爱才的诚意、用才的胆识、容才的雅量、聚才的良方，广开进贤之路"，永葆航天事业青春。

案例形成单位：航天科技一院档案馆
案例形成人：曹志杰、董媛媛、吴佳玉、杨俊杰、武小琪、李二镠

利用试点项目实现船舶产品设计电子档案全生命周期管理

一、案例概述

为实现聚焦主营业务，服务生产设计的管理目标，中国船舶大连船舶重工集团有限公司（以下简称大船集团），积极探索利用数字技术手段实现档案管理手段的创新方法。2017年，大船集团依托于所承担的国家档案局"企业电子文件归档和电子档案管理试点项目"，开启了船舶产品设计电子档案全生命周期管理的深入探索之路。该项目于2017年10月启动，2018年10月系统上线，2020年1月通过国家档案局验收。项目实现了产品电子档案的全过程管理，在归档范围、"四性"检测、元数据管理等方面取得成效，具有"离线光盘存储脱离原系统进行结构、借阅关系查询"两个创新点，项目在大船集团民品产品设计领域进行全面实船应用，为电子档案的安全管理及在线服务科研生产提供了重要支撑作用。

二、实施背景

进入信息化、数字化时代，国家层面十分重视企业制造系统电子档案归档工作，国家档案局通过课题立项与试点工作，在具有代表性的行业、企业中进行相关课题与试点工作研究。具有"海军舰艇摇篮"之称的特大型船舶总装企业，大船集团具有得天独厚的档案资源优势及项目研发能力，承担项目研究及实施工作，为国家档案局提供研究支撑、为相关行业及其他制造业电子档案归档工作探索成功经验是大船集团作为国内船舶行业引领者的义务和职责。

作为具有自主设计研发生产能力的船舶总装厂，大船集团十分重视设计研发工作的信息化，船舶设计业务系统的应用产生了海量的产品设计电子档案，具有良好的电子档案资源储备。此部分资源是国家及大船集团重要的档案财富，但因其数量大、种类繁多，管理难度高，传统的档案管理模式存在弊端，与大船集团整体发展已不相适应。

（一）业务系统大量电子数据产生，亟待实现电子归档

随着大船集团自主设计能力的提升及信息化工作开展的逐步深入，各业务系统产生的海量电子数据资源的及时归档、安全保管及有效提供利用工作被提上日程，原有的档案管理系统无法实现海量数据的归档及提供利用功能，开发与实际工作相适应的管理系统势在必行。

（二）档案利用模式制约了服务效率的提高

随着船舶行业信息化工作的深入开展，管理上对设计周期、设计质量要求不断提升，需要设计人员具有快速反应能力及较高的工作效率。传统的档案提供利用方式耗时、费力，已无法满足设计人员的需求，利用需求与服务效率的矛盾凸显。优化档案的利用模式，适应时代发展的需求意义重大。

（三）归档质量人工把控不利于精细化管理工作

传统归档模式中，对于归档范围及归档质量的把控完全依靠档案管理人员，目录录入、版本更新、修改通知单的及时补充等工作耗费了档案管理人员大量的时间，不利于企业高质量发展目标的实现。

2016年12月，根据国家档案局办公室、国家发改委办公厅《关于确定企业电子文件归档和电子档案管理第一批试点单位的通知》文件，大船集团成为"企业电子文件归档和电子档案管理"第一批试点单位并启动组织实施工作，船舶产品设计电子档案全生命周期管理工作就此展开。

三、创新做法

（一）加强组织领导，各部门协同开展工作

为确保项目实施，大船集团成立了产品电子文件归档和电子档案管理工作组织机构，为项目实施提供领导保障及人才保障；通过自立科研项目等集经费为本项目实施提供经费保障。高效的组织领导机制，使各部门密切配合，大力协同，

高质量完成了产品电子档案全生命周期管理工作任务。

（二）统筹策划，计划牵引，高效率开展工作实施

以"实现产品电子文件归档和电子档案的全过程管理"为目标，制订了详细的实施计划，并通过管理、考核手段进行全过程控制，确保工作进度和计划按节点实施。在调研国内外电子文件归档与管理研究情况的基础上，从大船集团电子文件管理现状和需求出发，围绕集成管理、前端控制、全程管理、电子文件"四性"保障等原则，设计产品电子文件归档与档案管理模型、业务流程及接口实现方案，并提出建立覆盖电子文件归档与管理全过程的标准规范体系。

（三）建立产品电子档案全生命周期理念的管理机制

大船集团构建了产品电子档案管理系统，搭建了电子档案基础管理平台，完成了图文档系统与产品电子档案管理系统集成，在符合归档条件的前提下，归档移交到"产品电子档案管理系统"中，建立符合国家档案局相关标准要求的电子档案管理体系，对转移过程全程监控，确保产品图纸数据的完整一致（图1）。

大船集团产品设计档案全生命周期管理系统的档案数据收集从源头开始，覆

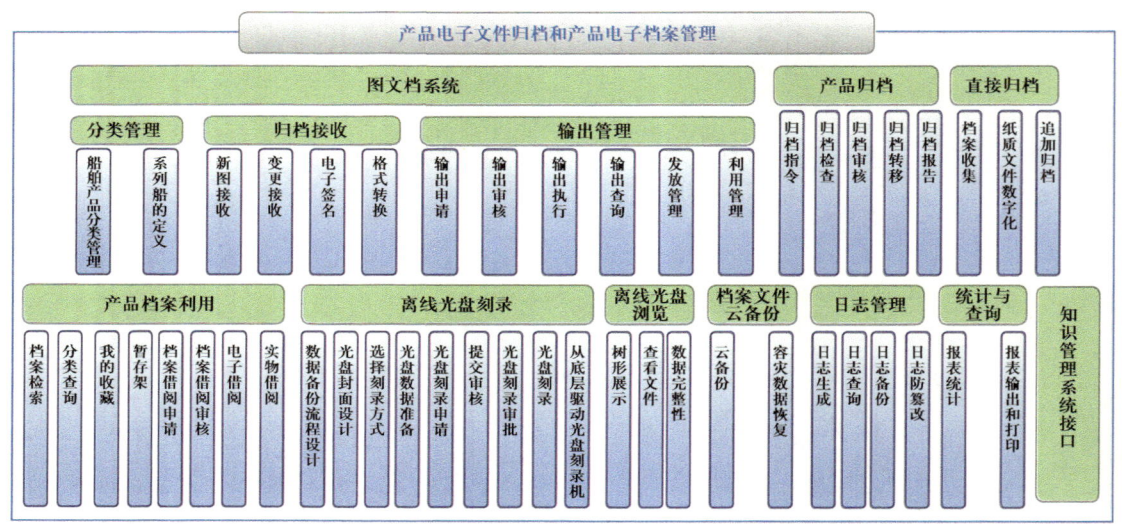

图1 大船集团产品电子档案归档及电子档案管理功能架构图

盖文件资料的产生、审签流转、归档、利用和销毁全过程，彻底改变了以往事后收集、只管最终版本的传统做法。系统收集档案文件及其相关过程的人员、时间、状态等信息，保存文件的各个版本，全面反映档案文件及其全生命周期过程，形成全链条可追溯的档案信息管控体系。完善的元数据捕获方案，齐全完整的"四性检测"方案，优化的收集、整理、利用、保管流程以及全面系统的安全保护措施，实现了产品电子档案全生命周期管理。

（四）制度保障，制定产品电子档案管理系统电子管理规范

根据国家、中国船舶集团有限公司相关标准，结合大船集团实际工作需求，制定了船舶产品电子档案管理相关制度，进一步细化了对元数据和电子文件的检验要求、强化了"四性"检测管理，完成了《电子文件"四性"保障规定》《电子文件归档存档格式规定》《电子文件归档和电子档案管理过程规定》《产品电子文件元数据管理规范》《归档范围和保管期限规定》等制度的编制，确保相关工作有据可依，有章可循。

（五）关键技术

应用OFD格式规范实现管理过程元数据封装。OFD格式文件是国家档案局推荐的档案长期保存的标准文件格式。在预归档库的数据转移到产品电子档案库时，系统在后台定时自动地将PDF文件批量转换成OFD格式，突破了自主可控的OFD格式图纸文件加密传输和安全显示技术、突破了OFD图纸文档打印出图自动控制技术、提出了船舶产品图纸OFD文件自组织技术等关键点，实现了我国自主OFD标准在复杂产品图纸管理中的应用，打破国外版式文件垄断，确保了产品电子档案的长期、安全、系统、可靠保存。归档电子文件的离线查询及数据的长期利用。已归档电子文件可以通过光盘刻录审批流程，数据以光盘形式导出，该光盘可以在任意一台电脑的浏览器上进行查询。同时，离线的数据完整保留了原档案系统中的项目信息、图纸、资料的版本信息，图纸与修改通知单的关联信息，图纸与图纸之间的关联信息，修改通知单与修改图纸之间的关联信息等。数据的读取不依赖于原档案管理系统，可以在任何一个浏览器上进行浏览，且浏览的数据展现形式与原档案系统中的数据展现形式一致，结构清晰、完整、全面，是电子档案长期保存和利用的完美方式。OFD文件、TIFF文件和PDF文

件同时存在于系统中，便于提供多重格式的利用。

（六）集成多种档案安全控制策略

大船集团产品设计档案全生命周期管理系统通过多种安全策略和措施，如三员管理、日志管理、权限管理、加密管理等，保证档案数据安全。

（七）提供实时利用服务

基于本档案系统全过程收集档案数据和文件的机制，系统提供实时的档案利用服务。由于档案数据信息详细全面、准确可靠，能够为大船集团产品设计研发、生产制造、维修维护和经营管理等各项业务活动提供支持。目前，大船集团生产活动各个环节所用图纸均以档案系统输出为准，档案系统真正成为企业的技术资料中心，也为企业知识财富可持续积累提供了平台工具。

四、效果及影响

（一）提升了精细化管理能力，产生管理时效

打破了传统方式，建立数字化背景下的电子文件归档新模式。该项目以全过程"四性"保障为前提，通过与业务系统集成实现产品电子档案在线归档、管理、利用及存储。这种档案管理新模式的应用顺应了数字化生产及产品全生命周期管理的模式，使前端业务工作与企业档案管理工作有机融合，真正实现了文档一体化全生命周期管理。

脱离人为因素，归档质量显著提高。该项目实施后，将以往需要由档案管理人员手工归档的模式变更为在线自动提交归档，系统将已判定为具备归档条件的电子档案推送至档案管理系统预归档库，从技术层面确保了归档档案的完整性、准确性等，多版本变更及通知单即时更新的系统处理，将档案人员从烦琐的工作中解放出来，大大提高了归档材料的质量及工作效率。

服务知识管理，档案知识化转换能力大幅提升。试点项目与知识管理系统进行对接，为大船集团知识管理工作推送产品设计相关知识，提高档案转换为知识的利用率。

提高档案利用效率，客户服务满意度提升。以往设计人员在进行档案利用

时，需要线下履行借阅手续后前往档案室查档，档案人员手工调卷、登记提供利用，耗时费力。采用该系统后，设计人员在线提交借阅手续后，档案管理人员即时提供借阅服务，改变了传统的管理和利用方式，提升了客户服务满意度，践行了档案服务于科研生产的宗旨。

（二）实际应用效果凸显，经济效益有所提高

系统应用前，大船集团产品设计档案电子化采用外委数字化加工方式进行，按年归档3万张图纸计算，系统应用年节约数字化加工费用约为25万元。

系统的应用极大地缓解了大船集团档案库房增容压力。每年3万张的递增速度，库房使用建设费用约40万元，设备设施、人员耗材等约35万元。

提高利用效率，节约人员成本。该系统应用前，归档每份文件在检查、签字、移交等环节耗时约10分钟，年归档3万页耗时约为5000小时，按人均工时120元的价值核算，相当于节约了60万元人工成本；年均借阅档案2000份，平均每份耗时约1.5小时，在线提供利用后平均减少审批签字、现场阅档等时间消耗1小时，节约人工成本24万元。

综上，产品电子档案管理系统应用后，年均节省人力、物力、成本184万元，经济效益显著提高。

（三）扩大成果应用，社会效益有所体现

示范效应明显。随着PDM系统在各类型院所、总装厂等的广泛应用，业务系统内大量的电子数据产生为电子档案归档提供了良好的资源基础。作为国内具有自主研发、生产能力的特大型船舶总装厂，大船集团具有产品档案全生命周期管理的独特优势，有非常全面的各类型船舶设计数据，作为试点项目的成果具有极大的示范效应。

元数据成果具有行业参考价值。本项目从前端业务系统及产品电子档案管理系统两个渠道将电子档案元数据进行捕获，通过以上两种方式，保证了元数据的完整性和一致性。较为完整的元数据捕获及描述可以为同类型行业提供参考及借鉴作用。

类PDM（图文档系统）的数据在线归档利用及离线光盘存储有利于企业降本增效，提高管理质量。目前，船舶市场持续低迷的情况下，如何降低企业成

本，提高管理效率是船舶行业面临的共性问题。类PDM系统在目前国内船舶行业大量应用，产生了巨大的经济效益，如何安全有效地将系统内产生的大量电子文件归档并长期存储是各相关单位急需解决的问题。试点项目的成功，可以为相关行业提供管理模式、利用方式及安全存储方面的宝贵经验，助力相关企业降本增效、提高管理效率。

在线提供利用的高效模式，体现了国家档案局推行的"电子文件归档与电子文件管理"试点工作的实际应用价值。项目运行以来，提供利用优势在企业内部效果凸显。尤其是新冠疫情期间，大船集团加大线上归档提供利用力度，减少了设计人员与档案管理人员接触频率，提高了归档、利用效率，助力重点产品科研生产。

案例形成单位：中国船舶大连船舶重工集团有限公司
案例形成人：牛淑鸿、王学孟、成佳秀、崔峻、陈映、陈宝玺

中国石油创新境外档案管理模式有力保障境外油气业务优质发展

一、案例概述

境外档案管理是中国石油国际化、现代化的重要内容。在国际化战略背景下，境外档案工作面临着管理模式的复杂性、管理方式的差异性、档案人员的稀缺性、业务管理的风险性等挑战。"十三五"以来，中国石油天然气集团有限公司（以下简称中国石油）牢固树立"管理是生产力"的思想，不断创新方式方法，通过明确境外档案工作发展思路、建立匹配的境外档案管理架构、健全境外档案工作制度体系、采取灵活的境外档案管理策略、抓住境外档案管理的关键环节、推动境外档案工作的数字化转型等措施，建立适应的境外档案管理体系，有效支撑境外油气业务的高质量发展。

二、实施背景

中国石油是国有重要骨干企业和国内最大的油气生产供应企业，2019年被国资委列为创建世界一流示范企业，规划到2035年建成世界一流综合性国际能源公司。20世纪90年代初，中国石油实施"走出去"战略，开启了国际化经营之路。多年来，特别是"十三五"以来，中国石油大力实施资源、市场、国际化和创新战略，国际化经营水平持续提升，在全球建成中亚—俄罗斯、中东、非洲、美洲和亚太五大油气合作区，业务规模不断壮大。目前在33个国家运作着90个油气合作项目，为国家"走出去"战略和"一带一路"倡议进行了有益的探索和实践，正朝着建设世界一流综合性国际能源公司的目标迈进。

在国际能源合作与竞争中，中国石油面临着动荡的政治环境、复杂的法律环境、多元的文化环境等多方面的风险与挑战，境外档案工作面临以下突出问题：

一是境外项目档案管理模式的复杂性。境外项目不仅必须遵循所在国法律政策，需要遵循国际通行规则，还需满足我国境外投资监管的要求，且不同国家的社会环境、法律环境、行业规范和管理文化不同，境外项目的合同模式、经营管理方式也存在很大差异，加之地域条件限制，为境外档案管控带来较大难度。

二是境外项目档案管理方式的差异性。境外项目经营管理方式多样，有作业者及控股、等权管理、非作业者及小股东等多种合作和管控模式。除独资经营外，一般都是采取在当地注册设立合资公司方式进行联合经营，或以组建联合体的形式进行联合作业。无论是合资公司还是作为联合体的一方，都必须严格遵循当地的法律法规，按照现代公司治理方式运作。合作伙伴及利益相关者包括国际石油公司、国家石油公司、中小独立石油公司、国家主权基金、其他所在国本土财团及各类服务公司等，无法以国内的法律法规和行政管理要求对境外项目加以行政约束。

三是境外项目档案人员的稀缺性。境外项目由于受所在国劳务配比限制，且综合考虑境外安全风险、岗位轮换及经营成本控制等多种因素，人员配备精干，一人多岗且流动性普遍较大。除大的作业者项目外，像国内一样设置专门档案机构并配备专职档案人员并不现实。

四是境外项目档案管理的风险性。由于跨地域跨文化管理，境外项目的运行面临着地缘政治不确定性的风险、法律法规不稳定、投资环境多变以及社会安全风险。特别是安全方面，中国石油约65%的海外油气合作项目分布于社会安全风险较高甚至极高的国家和地区，运行项目的终止或退出也比较频繁，给档案的安全保管带来很大挑战。

三、创新做法

中国石油牢固树立"管理是生产力"的思想，对标世界一流国际能源公司，将境外档案管理作为公司国际化现代化的重要内容，不断创新方式方法，有效助力境外油气业务的优质高效发展。

（一）对标一流，明确境外档案工作发展思路

集团总部和中国石油国际勘探开发有限公司（以下简称中油国际公司）开

展境外档案管理课题研究，深入境外项目一线调研，剖析境外档案管理的现状与主要问题，对标档案管理领域中领先的合作伙伴，如英国石油公司、埃克森美孚和斯伦贝谢等公司的最佳实践，分析世界一流能源公司档案管理的科学方法和先进经验。根据对标分析结果，结合知识管理成熟度评价体系，明确中国石油境外档案管理提升思路。第一阶段，利用3～5年时间，通过加强档案管理基础工作、建设数字档案室、在工程建设等领域探索推行文档一体化管理等措施，实现由实体管理阶段向信息管理阶段转变。第二阶段，即长期提升方案，通过推进文档管理与业务管理融合、档案数据治理、建设企业知识管理平台等措施，实现由信息管理阶段向知识管理阶段转变。

（二）发挥合力，建立匹配的境外档案管理架构

围绕企业治理体系和治理能力现代化目标，运用系统思维，注重顶层设计，不断完善与公司发展战略、管控体系、业务管理相适应的境外档案管理体系。中国石油实行"集团总部—中油国际（专业公司）—境外项目"三级组织管理模式，与之相适应，境外档案工作也建立了纵向三个层级的组织管理架构。集团总部立足战略管理定位，主要从战略规划、顶层设计方面为境外项目档案工作等开展提供政策、业务和技术支持。中油国际公司按照专业管理定位，以绩效最大化为目标，负责境外项目档案工作的统一管理、制度制定、监督检查和业务考核。境外项目按照运营单位的定位，发挥属地优势，采取差异化的档案管理模式，实施面向本地运营的灵活档案管理策略。针对境外项目档案人员少且流动性大的特点，中油国际公司按照共享服务理念，于2018年组建境外档案共享中心，联合中国石油档案馆为分布在全球的境外项目提供专业、标准、高效的档案业务指导和档案整理、利用、编研等服务。

（三）协同治理，健全境外档案工作制度体系

协同治理是治理现代化的主要特征和重要内容。中国石油建立档案、投资、资产、法律、信息化、风险等业务主管部门协同工作机制，共同加强境外档案管理。一方面，将境外档案管理要求融入相关业务制度和管理流程，例如在《中国石油境外投资项目管理办法》《中国石油境外财务管理办法》中，均设置专门条款对境外项目档案管理提出要求。另一方面，不断完善境外档案工作制度体系。

集团总部于 2014 年印发《中国石油境外档案管理办法》，从资产监管角度对境外档案管理的管理体制和基本要求进行了规定，是境外档案工作的纲领性文件；中油国际公司从专业公司层面，制定《境外档案管理实施细则》《境外油气田开发资料管理办法》《境外工程建设项目文档管理办法》《项目退出管理办法》等，规定了各专业领域档案管理要求；各境外项目根据项目具体实际制定管理办法，初步建立了涵盖境外业务主要领域、关键环节的境外档案制度体系，有力保障了境外档案工作的开展。

（四）分类施策，采取灵活的境外档案管理策略

境外项目合作模式多样，需要结合境外项目法律环境、股东权益及档案工作条件，针对不同国家、不同类型项目实施差异化管理策略。一是对于控股的作业者项目，运用中国石油成熟的档案管理体系，如中缅油气管道项目公司建立档案两级管理体系，明确档案工作分管领导，配备专职档案人员，项目档案管理规范有序，档案管理与管道建设施工同步推进，为境外工程建设项目档案管理树立了样板。土库曼斯坦阿姆河天然气项目公司成立档案管理部，将中国石油档案管理要求与土库曼斯坦档案管理要求相结合，通过合同控制加强档案收集过程管理，将档案审查与生产建设进度审查并行开展，保证了项目档案工作的顺利开展。二是对于等权的参股项目，充分尊重所在国家的档案管理要求。如中油国际管道公司推动所属中乌、中哈合资公司与国家档案机构建立合作，通过本地化解决档案管理力量不足的问题。三是对于小股东项目，通过在合同或作业协议中明确股东的信息获取范围，以股东行权方式获取档案资料，使股东的知情权、参与权得到保障。

（五）突出重点，抓住境外档案管理的关键环节

根据境外项目的复杂性和特殊性，抓住不同类型项目、不同项目阶段档案管理的主要矛盾，有针对性地开展业务指导。一是抓住重要档案这一根本。中国石油专门制定了境外重要档案范围，提出涉及企业资产与产权、商业秘密、商务合同、债权债务等内容的档案应当列为重要档案，并分别制定境外投资类企业、境外工程技术类企业、境外工程建设类企业、国际贸易类企业重要档案归档范围清单。如中油国际公司以公司年度工作计划预算及重点工作为依据确定境外单位归

档范围，境外项目以归档范围为基本依据，确定当年归档事项清单，保证了重要档案的齐全完整。二是抓住项目前期这一时机。配合项目投资、项目管理等部门，在项目前期策划阶段及时将档案管理要求纳入项目管理，建立项目档案管理体系，明确业务部门归档职责和归档要求。如中乌天然气管道项目在合资公司章程中规定："股东有权获得关于合资公司业务信息，可在任何适当时候查阅、调取、复印或摘录相关文件，合资公司对文件信息真实可靠性负责。"三是抓住考核评价这一利器。集团总部将境外档案工作开展情况纳入评价内容，中油国际公司根据年度档案工作要点设计考核指标，纳入机关职能部门、境外项目公司绩效考核体系，并赋予一定权重，通过考核评价和对标管理，促进境外档案管理水平的提升。

（六）技术引领，推动境外档案工作的数字化转型

充分运用信息化平台和数字技术手段实现境外项目档案工作的数字化转型是必然发展趋势。中国石油建立了集中统一的档案管理系统，并于2014年起在境外推广使用单机版，有力提升档案管理的信息化水平。2019年年底，针对境外机构定制的境外局域网版（中文版、英文版）档案管理系统在乍得项目公司上线运行，进一步提升协作共享能力。与此同时，中油国际公司根据企业数据资产治理理念与文档一体化管理思路，于2019年年底上线企业内容管理系统（ECM），实现文档从生成到获取、分类、管理、保存、归档、利用、销毁的全生命周期管理。2020年4月建立企业级文件目录，管理部门级文档达30万份，下一步将部署数字资产管理模块，通过与各业务系统集成，实现跨部门、跨专业领域档案数据利用和知识共享。

四、效果及影响

（一）丰富了治理现代化背景下企业境外档案管理理论

在管理创新实践中，通过与英国石油公司、埃克森美孚和斯伦贝谢等国际石油公司深入对标，将对标管理理论运用到境外档案管理创新实践，创造性地建立了企业境外档案成熟度模型；将战略管理理论运用到境外档案管理实践，运用成熟度模型建立了中国石油境外档案管理长期提升和短期提升框架模型，提升了境

外档案工作的前瞻性和预见性,也为其他企业境外档案工作提供了有益借鉴。受国家档案局委托,牵头起草国家档案局《企业境外档案管理办法》(档发〔2018〕13号),并在国家档案局组织的"企业境外档案管理办法宣贯会"上做典型经验交流。

(二)构建了相对完善的企业境外档案管理体系

坚持问题导向,通过明确境外档案工作发展思路、建立匹配的境外档案管理架构、健全境外档案工作制度体系、采取灵活的境外档案管理策略、抓住境外档案管理的关键环节、推动境外档案工作的数字化转型等有力措施,构建了相对完善的境外档案管理体系,特别是建立了与企业管理架构相匹配的"集团总部后台支撑—专业公司中台管控—境外项目前台管理"的境外档案管控体系、制度体系、管理体系和技术体系,有效保障了境外档案工作的开展,实现与公司国际化发展战略的协同。

(三)为境外油气业务的优质发展提供了档案信息支撑

中国石油境外档案不仅是国际业务发展壮大艰辛历程的见证,更是国际能源合作与竞争中进行资产交易、组织生产经营、规避商务风险、维护合法权益的重要凭证,是企业的核心资源和宝贵资产。

在经济效益方面,境外档案工作直接或间接为保障国家能源安全和践行"一带一路"倡议作出重要贡献。2011年,中国石油海外油气权益产量当量首次突破5000万吨,此后一直保持年均10%左右增速,2015年突破7000万吨,2019年达到1.04亿吨,实现历史性突破,占国家当年净进口总量的17.1%,提升了我国能源安全保障能力,也为全球能源供应及油气贸易作出了积极贡献。中国石油认真践行国家"一带一路"倡议,目前在"一带一路"沿线19个国家执行51个油气合作项目,2019年沿线油气权益产量当量占海外权益总产量的83%。境外项目实现了较好的盈利能力,为国有资产保值增值作出了突出贡献。

在社会效益方面,中国石油先后帮助苏丹、乍得、尼日尔等国建立起上中下游一体化的石油工业体系,实现了从油气自给,到成为所在国家的经济支柱,并极大改善了当地居民的生活。在项目发展的同时,建立了相适应的档案管理体系,将中国石油的档案管理与当地要求相融合,将较为先进的管理技术与管理手段带到了当地,培训了一批本土化档案管理技术人才,间接促进了所在国档案业务的发展。

案例形成单位:中国石油档案馆、中国石油国际勘探开发有限公司
案例形成人:王强、冯辉、杨帆、宋菁、唐振华、高朝阳

创新档案管理体制与共享服务模式，谱写集团型企业档案管理新篇章

一、案例概述

为贯彻落实国家档案局《关于在深化国有企业改革中加强档案工作的意见》，深入推进世界一流示范企业创建工作，理顺集团档案管理体制机制并推动档案工作更好地服务公司改革发展，进一步提高档案工作治理能力，中国长江三峡集团有限公司（以下简称三峡集团）于2020年启动公司档案管理体制改革，在集团总部设立直属档案机构——档案中心，负责统筹规划、监督指导全集团档案工作；在业务相对集中地区设立档案中心分中心，为区域成员单位提供档案保管、利用等共享服务；依托专业化子公司设立档案中心传媒分中心，负责集中保管集团公司声像档案资源；按照"统一规划、统一标准、统一建设、统一投资、统一平台、统一管理、统一运维"的原则建设集团型数字档案馆系统，为共享服务提供信息支撑平台。

经过改革创新，三峡集团构建起全新的档案管理体制和共享化的档案服务模式，档案机构层级得到较大提高，人员编制得到显著扩充，档案工作者职业职级发展通道更加清晰，有效提高了档案工作和档案机构的地位，有助于档案管理职能与服务作用的进一步发挥，并大大降低了企业管理成本，为业务范围广、成员单位多的集团型企业提供了可供参考的经验做法。

二、实施背景

一是贯彻落实国家档案局要求、创建世界一流示范企业，迫切需要理顺优化并三峡集团档案管理体制机制。2019年，国家档案局印发《关于在深化国有企业改革中加强档案工作的意见》（以下简称《意见》），提出"优化国有企业档案机构建设。档案机构设置应与企业档案工作发展相适应""国有企业要进一步提

高档案资源集中管理能力，实现更高层次的档案集中统一管理"相关要求，需要将《意见》全面落实到集团公司改革发展之中。

2019年，三峡集团被国务院国资委明确为十家创建世界一流示范企业之一。按照国资委"三个领军""三个领先""三个典范"的建设标准，搭建包含档案机构在内的系统完备、科学规范、运行高效的机构职能体系是创建世界一流示范企业的题中之义。由于历史原因，三峡集团内部档案机构权责交叉重叠，与引领国企改革和管理创新的发展目标要求不相符合，相较于示范企业建设目标有一定差距，迫切需要进一步理顺并优化建立与世界一流示范企业相适应的档案管理体制。

二是三峡集团主营业务发展提速，迫切需要更好地发挥档案机构职能作用。历经二十余年快速发展，三峡集团业务遍布国内31个省、自治区和直辖市，全球40多个国家和地区，已经实现从三峡走向长江、从中国走向世界的跨越式发展，形成了工程建设与咨询、电力生产与运营、流域梯级调度与综合管理、国际能源投资与承包、生态环保投资与运营、新能源开发与运营管理、资本运营与金融业务、资产管理与基地服务八大业务板块，正在奋力实施清洁能源和长江生态环保"两翼齐飞"。

随着三峡集团各业务板块的快速发展，以及各项改革工作的不断深化，集团档案类型及规模日渐增加，对档案工作提出了新的更高的要求：一是向家坝、溪洛渡、乌东德、白鹤滩等金沙江下游4座水电站建设项目档案工作直接关系项目竣工验收，对于三峡集团业务发展极端重要，亟须加强指导、支持；二是三峡集团新能源业务、国际业务快速发展，新的一"翼"长江生态环保业务正逐步展开，亟须加强档案工作管控和业务指导。受机构定位影响，改革前三峡集团总部档案人员编制有限，统筹管理能力受到了一定制约，迫切需要三峡集团健全档案管理机构体系设置，有效落实责任主体，提高管理效能和工作效率。

三是数字档案建设面临新课题与新挑战，迫切需要转变档案资源管理模式。随着管理信息化不断拓展，电子文件已成为新的档案形态，档案收集、整理、保管工作将逐步由纸质环境向电子环境转变，数字化转型是档案工作的必由之路。2018年，三峡集团启动数字档案馆建设并于2020年6月顺利通过国家试点验收，实现了首批业务系统电子文件"单套制"归档。但档案数字化转型仅完成了第一步，后续数字档案馆将逐步与三峡集团各业务系统对接，实现全面电子化归档；传统纸质档案数字化范围也将进一步扩展到全集团各个单位，实现全面覆盖。同时，按照国家关于数据管理的最新要求，对数据资产的管理与利用将是企业信息化的重点，需要将档案数字化与数据管理紧密结合，实现信息资源的统筹管理与共享利用。这些都督促三峡集团加快转变档案资源的管理模式。

四是专业人才队伍发展通道受到一定限制，迫切需要进一步畅通。受制于档案机构层级，档案专业人才成长空间有限，三峡集团档案工作岗位员工育、留问题仍比较突出，三峡集团从事档案工作专职人员数量与集团规模并不相适应，具有档案专业学历的人员数量更是有限。在三峡集团各板块业务快速发展、建设项目不断增加、新机构不断建立的发展形势下，各单位档案工作负荷逐步加大，能力短板日渐凸显，这些都需要三峡集团通过组建档案中心，集聚、培养人才队伍，进一步加强对各单位档案工作的管理和指导。

三、创新做法

（一）广泛调研，借鉴参考兄弟单位有益经验

工作伊始，三峡集团通过实地走访、查阅资料等方式充分调研了解中国宝武集团、中国石油集团等兄弟单位档案机构设置、人员配备、职业层级规划、机构运转模式等情况，详细比较各单位不同做法的优缺点。在参考兄弟单位经验的基础上，结合三峡集团业务实际、管理实际，起草了档案体制改革方案初稿。

（二）充分沟通，与人力资源部门共同修改完善

初步方案拟定之后，三峡集团综合管理部与人力资源部进行了充分沟通，双方各自发挥专业优势，共同优化完善体制改革方案。综合管理部主要从职能作用发挥、档案实体保管布局、当前面临的工作重点、各二级单位档案机构设置现状等角度进行优化完善；人力资源部发挥组织规划、人员管理等专业优势，主要从内设部门、人员编制、岗位层级等方面进行优化，共同打造既满足业务开展需要，又机构精简、人员精干的改革方案。

（三）推进实施，确保体制改革逐步落地

2020年7月，三峡集团正式发文成立档案中心，成立初期内设企业档案部、

项目档案部、电子档案部，宜昌、成都、昆明3个区域分中心，以及专门从事声像档案管理与服务的专业分中心——传媒分中心（图1）。

与原档案机构相比，档案中心具有以下特点：

1. 集团直属，机构层级高

档案中心（图2）是三峡集团的直属机构，负责人职级等同职能部门负责人，层级地位显著提高。在档案中心内设机构上，对口国家档案局业务监督指导处室设立企业档案部、项目档案部，分别负责企业档案工作规划、监督指导和项目档案管理与验收。此外，根据管理信息化不断推进的趋势以及电子文件日益增多、电子档案管理成为档案管理

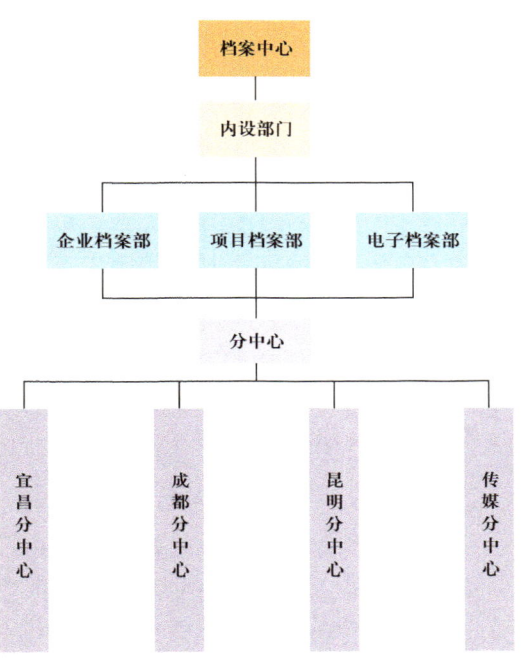

图1　档案中心组织机构图

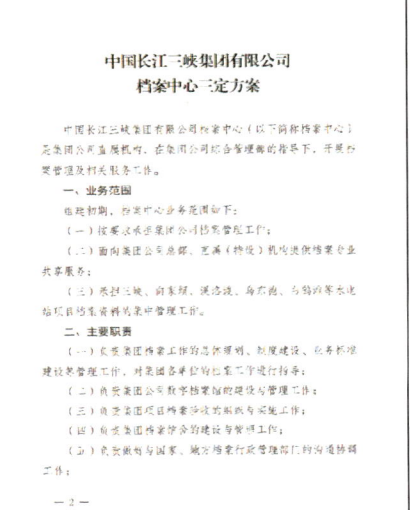

图2　三峡集团成立档案中心的发文

新常态的现实,创新设立电子档案部,负责数字档案馆系统建设、存量档案数字化等档案信息化工作。

2. 共享协同,运转效率高

在三峡集团主营业务相对集中的宜昌、成都、昆明等地区设立的档案中心区域分中心,根据子企业的委托,负责为区域内各单位提供档案保管、利用、编研等共享服务,业务上接受档案中心领导,行政后勤属地化管理。但改革后,各子企业仍承担本单位的档案管理主体责任,在三峡集团档案中心的统筹管理和专业指导下,负责本单位档案管理工作。其中:

档案中心本部在负责三峡集团档案工作职能管理的同时,承担集团北京区域各单位档案集中保管、鉴定、统计、利用等共享服务业务;档案中心宜昌分中心(三峡工程档案馆)负责三峡工程建设与枢纽运行档案管理,三峡工程档案馆舍的管理,根据馆藏条件为宜昌区域相关单位提供档案共享服务;挂靠三峡集团四川分公司设立的成都分中心,主要负责成都三峡大厦档案馆舍的管理,为成都区域各单位提供档案共享服务;挂靠三峡集团云南分公司设立的昆明分中心,主要负责昆明调控中心大楼档案馆舍的管理,为昆明区域各单位提供档案共享服务。

区域分中心的建立,实现了档案馆舍等硬件设施资源的集约化应用,避免了各单位重复建设档案库房,助力三峡集团开源节流、降本增效。各分中心在档案中心统一管理、调度下开展业务活动,可同步规划、开展区域内各单位档案收集、整理、保管等工作,标准化程度高、协同效应显著。

3. 专业依托,标准化程度高

三峡出版传媒公司是三峡集团新闻宣传、文化传媒产业的运营主体,为三峡集团和所属成员企业提供新闻宣传、会展公关、影视创作等全方位文化传媒服务。依托三峡出版传媒公司设立的档案中心传媒分中心,能够充分发挥三峡出版传媒公司硬件、软件和专业技术等各方面优势,提高照片、视频、录音等声像档案的保管条件以及声像档案著录、检索、提供利用的专业化程度,为三峡集团提供专业化的声像档案管理力量。

4. 立足当前,着眼长远

此外,三峡集团还明确,未来随着集团业务发展,档案中心可根据三峡集团的统筹安排,设立新的区域分中心,面向区域内各单位提供档案共享服务。档案机构的设置既满足了当前阶段三峡集团业务开展的需要,也为将来留有了拓展空间。

四、效果及影响

(一)管理效益

1. 档案机构体系运行顺畅,职能作用得到进一步发挥

档案中心的组建,理顺优化了集团档案工作机构权责边界和管理关系,妥善解决了历史原因造成的档案机构并行运转的问题,构建了权责统一、管控有力、运转顺畅、协同高效的档案工作体系。总部档案工作人员数量的扩充,大大提高了总部档案机构的统筹管理能力,能够更好地监督指导三峡集团各个业务板块档案工作,确保档案机构的管理职能与服务作用充分发挥,进一步提高全集团档案工作标准化水平。

2. 档案机构地位得到显著提升,有效激发了全体档案工作人员干事创业的激情

档案中心的组建,提供了一批与总部职能部门、所属单位职能部门职级相同的干部岗位,大大提高了档案机构的地位,解决了长期以来档案人员职业职级发展通道不明、人才育留难的问题,激发了全体档案工作者以作为求地位的干事创业热情。同时,档案专业机构的设置,对于高素质档案人才引进起到了巨大的推动作用。三峡集团2021年应届毕业生校招时,档案中心可以以独立主体身份进行招聘。招聘公告一经发出,得到社会广泛关注,不断涌入的新鲜血液大大促进了档案队伍建设的良性循环。

(二)经济效益

档案中心的组建,大大降低了三峡集团各单位重复设置档案机构、配备档案馆舍等人力成本、硬件成本。以成都分中心为例,据统计,目前三峡集团在成都区域的所属单位共7家,档案共计5438盒。以上述各单位每家配备2名专职档案人员计算,每年节约人工成本约180万元;以每家建设100平方米的档案馆舍计算,节省硬件投资约5000万元,经济效益显著。

此外,三峡集团搭建的全集团统一应用、数据集中存储的数字档案馆系统,

由各单位按照安全、保密原则独立管理本单位的档案数据,在遵循集团统一框架的基础上可灵活配置以适应本单位业务特色。这种建设模式较各单位分散自建节约建设成本约 1200 万元,每年节约运维费用约 200 万元,集约化效益显著。

(三)社会效益

在深化国有企业改革的新阶段,三峡集团创新档案管理体制共享服务模式的做法,展现了三峡集团落实国有企业改革的决心,也体现了档案机构积极进取的良好风貌,档案工作者在新时代担当作为的智慧和能力,为社会各界档案同仁提升管理水平应对未来挑战起到了示范作用。

国家档案局一直关心、支持三峡集团档案工作,高度关注三峡集团档案机构设置问题。2020 年 8 月 13 日,国家档案局在官网发布"中国三峡集团成立集团直属的档案中心"专题报道,介绍了三峡集团档案中心的内设机构组成和中心组建的成效意义。报道一经发出,在中央企业内获得了极大关注、引起了巨大反响,推动各中央企业争相效仿。三峡集团的做法,为国有企业档案部门落实国家档案局《关于在深化国有企业改革中加强档案工作的意见》,以作为求地位开展了有益的实践探索,为其他集团型企业提供了经验借鉴和范本参考。

案例形成单位:中国长江三峡集团有限公司综合管理部、档案中心、人力资源部

案例形成人:徐俊新、齐腾云、关柳玉、花梅、胡祥科、关献忠

"五位一体"实施10号令新方法

一、案例概述

中国电力建设集团有限公司(以下简称中国电建)在10号令要求高、难度大与自身档案业务基础薄弱的突出矛盾下,积极创新10号令实施的机制、方法和路径。通过建立"全员参与"实施10号令的新机制,施行"正向激励"的新举措,应用"示范引领"的新方法,采用"三审制"的新手段,探索"智能鉴定"的新路径,在全集团范围内高目标、高质量、高标准推进10号令实施工作,即"五位一体"实施10号令,取得显著成效。

二、实施背景

(一)10号令要求高、难度大与档案业务基础薄弱的突出矛盾

2012年12月,国家档案局发布《企业文件材料归档范围和档案保管期限规定》(国家档案局令第10号,简称10号令),按照其中第十五条规定,档案行政管理部门、国有企业要建立审查机制,对本区域、本企业所属成员企业的文件材料归档范围和档案保管期限表(以下简称档案保管期限表)进行审查。

国家档案局以令的形式规范企业档案保管期限表的制定工作,并要求对文件材料的表述进行具体量化,同时要求跨层级审查,这在我国企业档案工作历史上尚属首次,没有现成的经验可供参考借鉴。许多企业为此迟迟无法开展此项工作,中国电建同样存在上述困难和问题。

(二)中国电建的特性加大了10号令的实施难度

中国电建是一家以电力建设为主业的中央企业,业务涉及水电、火电、风电、太阳能等电力建设项目的投融资、规划设计、施工承包、装备制造、管理运营等多个方面,所属成员企业众多,业务类型迥异。因此,形成于中国电建的档

案种类繁多、内容丰富多样。但中国电建所属成员企业档案工作发展不平衡，管理水平参差不齐。

为解决上述问题，扎实推进10号令实施，中国电建积极创新10号令实施机制、方法和路径，创新性地建立了"五位一体"的10号令实施工作推进新方法。"五位"即"全员参与、正向激励、示范引领、三审制、智能鉴定"五项措施，"一体"即五项措施围绕实施10号令这一主体。

三、创新做法

（一）"全员参与"新机制，奠定10号令实施强基础

一是建立全员参与的归档范围确定新机制。档案保管期限表的编制通过档案部门与各业务部门联合，由档案部门牵头、各业务部门全员参与完成。档案部门设计文件材料摸底调查表并以本部门为例填制样表后发送至业务部门。各部门依照样表搭建本部门文件材料摸底调查表框架，将本部门职责一一替换样表职责后列入表中，由每一项职责的业务人员梳理各自形成的文件材料，再按照编制方法，将10号令附表内容分别对应到职责中，并找出职责中有但10号令附表中未体现或不够细化的地方。各部门相应职责负责人按照履行职责的闭环工作流程，梳理每个环节产生的各类文件材料，将职责中有但10号令附表中缺少的内容补充进去，并对表中已列的10号令附表内容进行细化，形成本部门全部文件材料摸底调查表，为确定文件材料归档范围奠定基础。

二是建立基于全岗位工作流程的文件材料归档范围梳理新方法。编制各类档案保管期限表均可借鉴管理类档案保管期限表的大部分编制方法，即通过从部门到职能再到具体工作流程的梳理得到文件材料。尤其是针对科技类文件材料的整体性、系统性和相互关联性较强等特点，编制其档案保管期限表时，按照业务阶段、环节、内容、流程等一级一级向下梳理，到最低一级具体工作流程时，再按照流程的每个环节都产生什么文件材料来得到文件材料的归档范围。

三是采用覆盖全员的10号令实施技能培训新体系。即采取现场全集中、相对集中、网络视频、个别指导相结合的方式对成员企业进行10号令实施工作的业务指导。首先，组织集团级培训，各子企业档案部门负责人和专兼职档案人员

参加，使各子企业档案人员能够掌握编制工作的基本要领。其次，组织业务类型或地理位置相近的企业全员进行集中联合培训，有关企业职能部门、业务部门、项目部等人员参加。再次，对于业务类型较为独特或地理位置较为分散的企业，由总部委派指导人员深入企业进行现场指导或培训。最后，通过网络视频培训或采用现场与网络相结合的方式对受空间地理条件限制不能参加现场培训的各级各类人员进行培训。在此过程中，制作了《中国电建贯彻实施〈企业文件材料归档范围和档案保管期限规定〉工作指南》课程，并随着编制工作的不断深入、常见问题的不断梳理和案例的不断更新，课程也不断完善。经过反复打磨，课程最终成为集团组织成员企业贯彻实施10号令工作的经典教材，使企业可通过自学和业务咨询的方式掌握编制工作要求。

（二）"正向激励"新举措，激发企业档案工作新活力

建立10号令实施先进单位和先进个人评选机制和及时公布进展情况的通报机制，用于激励积极性较高的单位和人员，并通过通报鞭策后进企业和个人。

总部在掌握该企业编制和报审工作情况的基础上，结合该企业报送的总结材料，评选出若干数量的企业和个人作为先进单位和先进个人进行表彰和奖励。表彰名单的确定采用定量与定性相结合的方式。其中"定量"是由总部统计几项数据指标，如"要求报送初稿日期""实际报送初稿日期"和"报送正式文件日期"三项数据辅助评选先进单位；"修改稿数"辅助评选先进个人。这种表彰机制有效激励了企业投入这项工作的积极性。

在设立10号令实施先进个人和先进单位评选机制的同时，逐年通过红头文件通报各单位实施10号令进展情况。在实施期间印发的两次通报，有效激励了先进、鞭策了后进。

（三）"示范引领"新方法，驱动企业实施10号令高效率

一是创新示范引领。总部先行开展10号令实施工作，按照10号令要求组织编制总部管理类档案保管期限表。由此获得大量实践经验，不断总结并用于指导成员企业开展此项工作。在组织成员企业开展10号令实施工作时，将获得国家档案局批准的总部管理类档案保管期限表作为范本，为成员企业编制管理类档案提供参考借鉴，以帮助成员企业少走弯路。

二是按业务板块分级分批开展。10号令实施工作在总部统一规划、统一部署的基础上,组织成员企业按照业务板块分级分批实施。"分级"即总部将直属总部管理的成员企业首先纳入总部业务指导和审查范围,其他成员企业根据资产与产权关系由上一级企业组织开展编制工作并负责业务指导和审查。"分批"即因子企业众多,总部按照一定时间间隔将其划分为"提前批""第一批""第二批""第三批"等多个批次,先后开展编制和报审工作。"提前批"即"第零批",是采用"试点先行"的做法,让一些企业先做尝试,探索便捷可行的实施路径,不断总结各种经验,为后批企业提供参考借鉴。划分批次时,还根据企业所属业务板块,划清报审时间节点,尽量将同一板块不同子企业的报送时间平均分布于各个节点上,按照子企业数量估算时长,计划一定时间内全部完成子企业档案保管期限表的编制和审查工作。

(四)"三审制"新手段,确保档案保管期限表高质量

对档案保管期限表的审查采用"三审制",即初审、主审、终审三个环节。其中,"初审"采用多轮审查的方式,重点审查档案保管期限表的完整性。"主审"采用多轮审查的方式,对初审意见进行复核并确认,重点审查档案保管期限表的规范性和准确性,对档案保管期限表在整体框架、逻辑结构、条目设置、语句描述、期限界定等方面进行全面把关和审查。"终审"采用单轮审查方式,对主审意见进行复核和确认,对主审意见有异议的重新进行主审,无异议的即结束对档案保管期限表的审查。具体流程如图1所示。

(五)"智能鉴定"新路径,开启档案保管期限表应用新模式

一是以智能鉴定为手段实施档案保管期限表。在满足10号令各项原则和要求的基础上,综合运用计算机系统运行原理和技术,提出一种基于黑白名单的档案鉴定方法。

二是监督检查确保档案保管期限表动态执行。档案保管期限表编制工作结束后,为了防止部分企业仅为响应集团号召而完成编制任务,其后并未按照批复后的档案保管期限表进行文件材料的收集、鉴定和归档,集团总部在组织完成子企业档案保管期限表编制工作后,进一步监督和检查子企业对该表的应用和执行情况,子企业对其所属企业也如此。通过监督检查档案保管期限表的落实,确保档

案保管期限表在该企业发挥应有的作用，防止编制和执行"两张皮"，同时倒逼该企业档案保管期限表的修订。

四、效果及影响

（一）形成了向全国推广的典型经验

中国电建开展成员企业文件材料归档范围和档案保管期限表编制工作为全国中央企业实施 10 号令树立了榜样，典型做法多次在企业档案工作会议上作经验交流和分享。2019 年 10 月，国家档案局要求中国电建将贯彻落实 10 号令工作情况及经验体会撰写成案例，拟作为典型示范向全国推广。2020年 7 月，由国家档案局组织编写、载有中国电建实施 10 号令工作案例的《档案专业人员培训多媒体教材》系列之《〈企业文件材料归档范围和档案保管期限规定〉讲解》出版发行，并向全国推广。

（二）出版和发表了一批学术成果

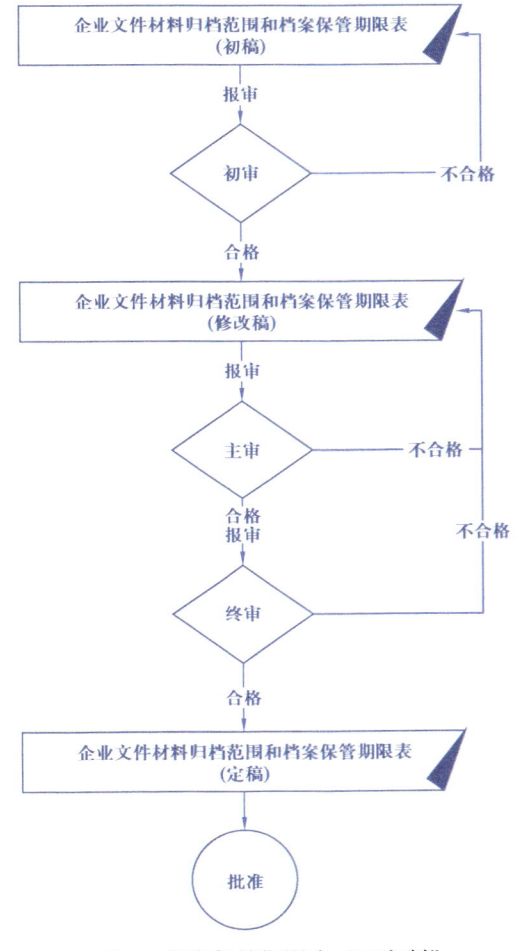

图 1　档案保管期限表"三审制"

在上述案例基础上，中国电建以自身实践为原型，放眼所有集团型企业，进一步深化细化各类科技档案和会计、人事等非管理类档案保管期限表的编制方法，并结合计算机专业理论，提出电子文件归档范围和电子档案保管期限的界定以及基于黑白名单的档案智能鉴定方法，形成《〈企业文件材料归档范围和档案保管期限规定〉在企业集团的实施与应用》一书并出版发行。

发表论文《企业文件材料归档范围和档案保管期限表审查研究》，刊载于《中国档案》2019 年第 1 期；论文《〈企业文件材料归档范围和档案保管期限规定〉实施问题的探讨与思考》，刊载于《北京档案》2020 年第 2 期。

(三)全面完成子企业档案保管期限表的审查工作并得到国家档案局通报表扬

中国电建创新 10 号令实施的审查机制和方法,截至 2019 年 12 月,已完成全部 69 家子企业档案保管期限表的编制指导与审查工作,审查完成率达 100%。2019 年 5 月,国家档案局印发《关于中央企业管理类文件材料归档范围和档案保管期限表审核情况的通报》,对中国电建审核工作开展情况进行了通报表扬。

(四)总部及成员企业档案保管期限表的质量大幅提升

通过本轮编制和审查,总部及成员企业档案保管期限表较以前相比,内容平均增加达 60% 以上,表的缺陷基本消除,内容更加准确,表述更加规范,保管期限界定科学合理,可执行性进一步增强,实现了应归尽归的有"法"可依。

(五)培养了一支专业队伍

在档案保管期限表的编制与审核过程中,经过多轮培训、指导,不断对档案保管期限表进行修改和完善,使一大批档案人员掌握了梳理文件材料、形成归档范围和界定保管期限的技巧与方法,理解了档案工作的精髓,培养成了各企业档案工作的业务骨干。按每家子企业培养了 2 名档案人员计算,中国电建形成了一支由 140 多人组成的档案工作骨干队伍,这支队伍将成为中国电建推进后续档案工作的中坚力量。

(六)调动了成员企业档案工作积极性

为树立榜样、鼓励先进,促进各成员企业进一步做好落实 10 号令的后续工作,中国电建印发了《关于表彰股份公司实施国家档案局 10 号令先进单位和先进个人的决定》(中电建股办〔2020〕24 号),对在 10 号令实施过程中精心组织、认真编制、较好完成工作任务的 22 家企业和 41 名个人进行了表彰与奖励,分别授予了"中国电建集团(股份)公司实施国家档案局 10 号令先进单位"和"中国电建集团(股份)公司实施国家档案局 10 号令先进个人"荣誉称号,极大地调动了成员企业档案工作的积极性,为推动档案其他方面的工作营造了良好环境。

（七）提高了全员档案意识

由于在本次实施 10 号令工作中，采用了由业务人员填制表格梳理文件材料的新方法，实现了全员参与到档案保管期限表编制工作中，使业务人员真正体会到了档案工作的重要性及专业性，进一步提高了全员的档案意识。

案例形成单位：中国电力建设集团有限公司
案例形成人：王洋、孙吉海、洪燕

桥梁档案大数据
为"桥梁+"发展战略注入新动能

一、案例概述

随着世界桥梁建设数量及服役年限的不断增长,桥梁运营期健康监测、维修保养工作日益突出,并逐步发展成桥梁综合管养及维修加固产业链。为适应桥梁建造行业发展趋势,中铁大桥局集团有限公司(以下简称中铁大桥局)积极布局并实践"桥梁+"发展战略,充分挖掘利用现有馆藏的海量桥梁档案,对馆藏档案进行数字化扫描、统计分析及数据挖掘,搭建桥梁档案大数据平台,为桥梁管理者提供管养重点及病害趋势预测,实现桥梁病害的快速问症施诊,成功应用于全国数百座桥梁及数家桥梁管养单位进行智能管养服务,创造直接经济效益3000余万元。

二、实施背景

(一)桥梁产业发展的客观要求

随着20世纪所建造的桥梁逐步进入待维护状态,据不完全统计,我国有10万座以上的桥梁需要智能化管养及维护。利用现有"互联网+桥梁"技术成果,依托桥梁档案信息数据,实现桥梁智能化巡检、桥梁维护实时技术交互、病害快速识别及维修加固、大数据预测分析,协助业主判断桥梁维养决策,减少因为结构物损毁产生的重大交通安全事故,夯实桥梁安全运营基础,既有了实现可能,也是桥梁建造产业的发展趋势和客观需要。

(二)企业高质量发展的现实需要

大数据在带来巨大技术挑战的同时,也带来巨大的技术创新与商业机遇,能够进一步提升行业企业的经济效益和社会效益。在大数据新时代背景下，对数据的占有、控制和运用，成为企业核心竞争力的重要组成部分，谁掌握了数据，谁就掌握了主动权。作为国内第一的建桥品牌，抓住大数据发展的时代机遇，挖掘企业半个多世纪的馆藏积淀，为管理者决策分析提供可靠依据，实现各种高附加值的增值服务，是中铁大桥局保持市场竞争优势、实现高质量发展的现实需要。

三、创新做法

2017年1月以来，中铁大桥局全面收集公司承建的桥梁勘察、设计、施工、养护的全寿命周期各类桥梁档案信息，将单一孤立桥梁单元纳入实时交互网络大型综合数据平台进行统一管理，筛选管理养护所需关键结构信息，制定并优化统一信息标准格式及提取模式。重点解决了早期承建桥梁纸质技术资料数字化、桥梁信息档案化信息分类等问题，实现了426座桥梁、2059盒档案、133813页图纸数字化扫描、统计分析及数据挖掘。

（一）推动纸质档案数字化

为将纸质档案（包括任务书、初步设计、全桥总图、设计图纸等）转化为更加便于管理的结构化数据，采取以下步骤处理纸质档案：

一是制定科学合理的年度桥梁档案数据采集计划，每月分类、分批次录入所需桥梁档案数据。

二是筛选桥梁档案内容，去除对于桥梁无用的文件，按标签对档案分级分类，提高桥梁档案数字化的利用效率。

三是将筛选后的档案扫描为电子文件，方便传输储存。

四是对桥梁电子文档按内容进行拆分归类并命名，最终存储在桥梁档案大数据平台服务器中。

五是安排专职专责人员完成电子化扫描工作，加速开展桥梁数据的系统录入工作。

在纸质档案数字化过程中，沿用档案数字化的标准格式，实现档案大数据的标准化采集，方便人工智能识别、读取和分析上述档案大数据，避免出现档案数据采集遗漏现象，保证大数据资源完整性；运用双轨制档案采集，将纸质档案和电子档案进行整合采集，充分利用纸质档案对电子档案数据进行追溯、核准、备份、监督和纠偏，确保系统数据的真实性和可靠性远高于其他大数据系统。

（二）搭建档案云平台

面对海量桥梁档案大数据，采用集群部署的形式组建高可用、分区化的分布式存储，同时提供简单、易用、可靠的模块化信息开放性存储方式，提高信息交互效率，实现各种所需功能，并保证数据的一致性、完整性，避免数据冲突，减少数据冗余，直观反映桥梁健康状况的结构参数历史演变规律。

基于桥梁档案的快速收集、海量存储，构建桥梁智能化综合管养云端体系，分类、分级对桥梁档案进行数据采集、存储、分析与挖掘运用，实现桥梁管理养护的数字化、云端化和智能化，系统可满足数万座桥梁档案集中存储管理的需要。云平台搭建，超越时空限制的档案数据信息交互，使档案管理架构由传统状态下的分割、封闭转变为协同、开放和互动的服务平台，从根本上提升档案数据信息的使用效率。

（三）深度挖掘数据价值

一是开展基础统计分析。通过对收集到的桥梁基本信息进行统计分析，并生成桥梁地区、功能类型、跨径、桥长、建成时间等基本信息统计图。整理桥梁基本结构档案信息及历史维修记录，建立桥梁名片，提供桥梁信息模糊搜索功能，通过查询比对同类桥梁结构信息、病害维修方案、管养措施，掌握国内不同地区桥梁维管技术发展趋势及技术水平。

二是预测桥梁病害趋势。充分发挥档案大数据平台样本数量优势，预测桥梁病害发展趋势，利用 BP 神经网络、支持向量机 SVM、机器学习、人工智能等方法，归集桥梁结构常见病害种类及发生周期，对桥梁病害趋势建立数学模型，为用户提供管养重点及病害趋势预测实现桥梁预防性养护。

三是智能推送维修方案。根据历史病害桥梁维修数据库，分析统计各种类型桥梁各部件的病害维修方式；利用模糊搜索功能，快速查找桥梁历史维修档案数据，分析统计各种类型桥梁各部件的病害维修方式，结合桥梁种类、病害类型、严重程度等，提供现有技术比选和最优维修加固技术方案。

四是挖掘推送优质桥梁。通过桥梁获得的专利、工法、科技荣誉奖项、维修次数、使用寿命等因素挖掘优质桥梁，辅助新建桥梁设计决策。

四、效果及影响

中铁大桥局依托档案数据,研发桥梁档案大数据平台(图1),构建桥梁智能化综合管养云端体系,分类、分级对桥梁档案进行数据采集、存储、分析与挖掘运用,为公司增添"数字资产",实现桥梁管理养护的数字化、云端化和智能化。同时,深挖桥梁档案价值,以数字化桥梁"健康档案",实现桥梁病害的快速问症施诊,助力企业开拓桥梁维修管养后端市场,为公司"桥梁+"发展战略注入了新动能,保障了桥梁作为国民经济交通命脉关键节点的安全畅通。

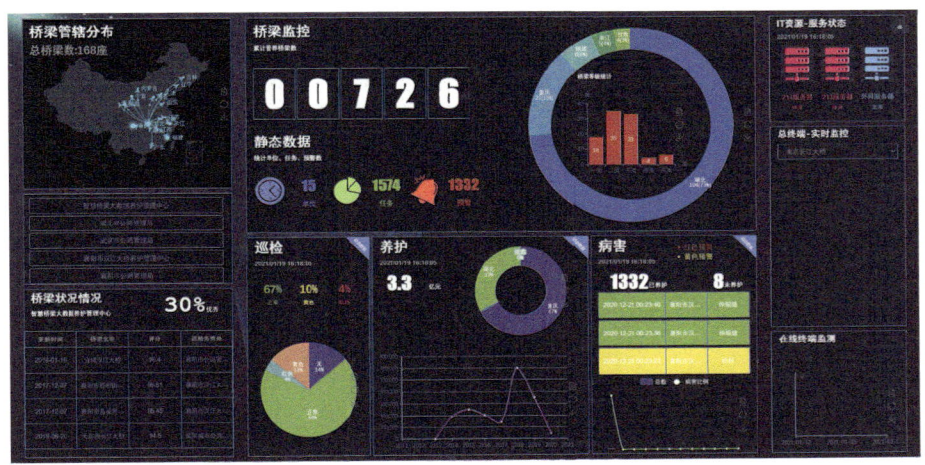

图1 桥梁管理养护档案大数据平台系统

(一)助力桥梁维养施工

在桥梁施工领域,国内外鲜有档案大数据利用方向的成熟案例,大多均为交通工程领域大数据概述及初探性论述的工程档案管理系统,仅将工程档案资料进行电子化管理、归档以及查询,未能对桥梁档案大数据进行挖掘,提取有效信息,挖掘数据价值。而桥梁档案大数据平台在将纸质档案数字化的基础上,提取出有价值的桥梁数据,制定统一的标准格式,建立桥梁信息表格,再通过大数据挖掘、统计分析、趋势预测方法,从海量桥梁档案旧数据中找寻有用的信息,指导了旧桥加固维修施工。

以南京长江大桥维修改造工程为例,南京长江大桥在铁路运营状态下维修改造公路桥的过程中,通过在大数据系统中即时查阅南京长江大桥140件电子成果资料，为各阶段施工提供了强有力的技术保障。如铁路防护棚架搭设是正桥维修改造的前提基础，对既有钢桁梁结构的未知盲区制约着棚架结构的设计与施工，通过系统推送桥梁病害的维修技术，最终确立了采用吊挂结构设置主桁外侧平台，拖拉法施工主桁内侧平台的施工方案。正桥既有桥面板拆除更换成正交异性钢桥面板，是工程的重要施工过程，拆除过程前，项目部通过系统查阅到正桥桥面板图纸，清楚地了解到桥面系的结构布置，对原桥面板横断面切割分块方式进行变更，优化吊装拆除组织模式，保证了桥面系拆除过程中施工的可行性、安全性。

九江长江大桥在更换大托架时亦是即时通过查阅桥梁设计点资料，创新研究出了公铁两用钢桁梁桥在铁路运营状态下公路桥与主桁共栓的大托架整体更换施工工法，工程质量优良，为后续工序施工节约了工期。

在重庆牛角沱大桥更换桥面板时，通过大数据平台即时查阅桥梁的相关档案，帮助项目技术人员研发设计出公路钢桁梁桥桥面板快速更换施工工法，节省施工工期，创造经济效益。

（二）显著提升桥梁维管养水平

桥梁档案大数据平台的建设，以数字化桥梁"健康档案"实现桥梁病害的快速问症施诊，减少了因信息孤岛造成桥梁的非必要维护成本，满足了我国交通建设的不断发展、公铁路的进一步提速对桥梁安全性提出更高需求，确保了桥梁结构安全。同时，从桥梁的全寿命周期出发，进行综合管理养护，节约桥梁的维修费用，避免频繁大修关闭交通所引起的重大经济损失，实现了桥梁全寿命周期经济合理的维修保养。

桥梁的管理者利用这些海量档案数据，为桥梁日常运维决策提供依据，既节省人力成本，又大幅提高了工作效率及精确度。除了日常运维，系统还可以对桥梁进行风险及病害预测，有助于消灭可能出现的安全隐患，使用户能提前掌握桥梁将要发生的病害，并针对这些病害提早进行相应的预防及养护，延长桥梁的使用寿命，降低桥梁的维修成本，广受好评。

目前，平台已成功应用于南京长江大桥、九江长江大桥、牛角沱长江大桥等全国数百座桥梁，并为武汉、重庆、襄阳等数家桥梁管养单位进行服务，创造直接经济效益3000余万元，管理养护效率和水平有效提升。同时，通过桥梁档案大数据平台的大数据挖掘、统计分析、趋势预测等方法，助力企业对桥梁实现规模化、集中化的智能管养，形成经济区域化发展，开拓桥梁维修管养后端市场。

（三）推动了桥梁建造技术进步

桥梁档案深化应用，推动桥梁建造及管养产业向绿色环保和资源节约型方向发展，顺应了"十三五"期间节约资源、减少排放、保护环境等多方面发展战略。同时，依托桥梁档案大数据平台课题，发表科技论文8篇，发布企业标准2项，相关科技成果授权国家专利1项，国家软件著作权5项，被工信部授权鉴定为国家领先水平，荣获2019年度中国中铁优秀工程勘察设计优秀工程计算机软件奖一等奖、湖北省"创青春"创新创业大赛金奖（第一名）及2019年度中铁大桥局科学技术进步奖一等奖，并被中国施工企业管理协会评为2020年工程建设行业互联网发展最佳实践案例，为国内100余座重大桥梁的维修改造提供档案支撑和技术支持。

（四）社会影响不断扩大

在役桥梁档案大数据平台也获得了各方媒体的关注，曾接受央视"超级工程"等多家媒体深入采访。平台在国际桥梁产业博览会上向全世界宣传，吸引了国内外桥梁专家的深度参与，促进了国内外建桥企业双边及多边的贸易合作，有效填补了国内建桥行业题材展会的空白，为推动世界桥梁科技的发展发挥了重要作用。

案例形成单位：中铁大桥局集团有限公司
案例形成人：袁飞绪、周慧、吴运宏、向阳、杨婷、方子为

三类案例

电厂关停转型期间档案的精准服务

一、案例概述

为顺应北京市能源发展战略总体要求,2015年,北京京能电力股份有限公司石景山热电厂(以下简称石景山热电厂)实施4台燃煤机组全面关停和转型,员工的就业和生活发生改变。构建全新发展格局和"妥善安置好每一名员工"成了电厂稳定关停的根本需要。由于电厂员工个人信息及相关政策所涉及的档案资料年代跨度大,因此,大量的政策查证、员工入职档案梳理及机组关停前相关员工的在岗信息确认便成了这一阶段电厂工作的重中之重。档案管理人员打破门类局限、统筹谋划、提前资源盘点,多层面、多角度提供档案服务,保障了员工利益,为机组稳定关停提供了有力保证。

二、实施背景

石景山热电厂始建于1919年,有着近百年的历史。至2015年关停前,建有4台220MW燃煤供热发电机组,总装机容量880MW,承担着北京市五分之一的供电任务、四分之一的供热任务,是北京最早的公用发电厂。石景山热电厂为我国的现代化建设和首都电力事业的发展立下了不朽的功勋,被誉为"电力工业战线上的一面旗帜"。为了全面落实北京市能源发展战略的总体工作部署,按照北京市发展和改革委员会《关于京能石景山热电厂和国华北京热电厂燃煤机组关停有关事项的函》的要求,石景山热电厂在机组整体效益上升阶段,实施了机组全面关停转型。

石景山热电厂燃煤机组的退出,不仅是生态文明建设新形势下的发展使然,更是一家国有能源企业责任与担当的体现。关停前,石景山热电厂在职员工1286名,平均年龄45岁,很多老员工从小就生活在电厂周边,是老电厂人的第二代、第三代,他们对工作了几十年的老企业的情感难以割舍,思想包袱重;另外,电厂内部工种多、分工细,隔行如隔山,员工"专业技能单一",迈出厂门再就业的竞争力差强人意；再加上夫妻双方都在电厂工作的双职工比例占员工总数的15%，可以说"异地建厂、重新创业"会对每个家庭带来较大的冲击，并直接关乎着每个家庭的生活乃至生存问题。因此，"让每一位员工满意，妥善安置好每一名员工"就成为百年电厂稳定关停后践行"以人为本"核心价值观的根本需要。在员工的岗位调整及安置工作中，任何一个环节发生问题，都将导致员工产生较大的思想波动，都会成为企业稳定乃至首都稳定的重大隐患。所以，做好员工岗位调整及安置工作，是企业的政治责任，也是维护安全稳定局面的政治需要。

在"妥善安置好每一名员工"的新课题下，石景山热电厂积极践行，设计了"四个方向、十种方式"的员工安置方案，保证"全员有岗位、离岗有政策"。为了使方案能够深入落实，既保证企业发展和员工利益统一，又保证员工队伍稳定，就需要对每一名员工自入厂以来的典型时间、工作轨迹、工种变动、学历变化、工资调整以及特长取证、评优获奖等相关信息进行全面的档案查证、梳理。由于档案室专职管理人员仅有2人，而查证工作涉及的员工众多，很多档案资料年代久远，不规范、不完善，还需要多份资料相互佐证。在这样复杂的情况下，档案管理人员积极转变思维，树立新时代的档案服务观，积极融入大局，提前谋划、主动跟进，深入查询力求"横向到边、纵向到底"，保障了每一名员工的应有利益，为首都的安全稳定大局起到了至关重要的作用。

三、创新做法

2015年春节过后，石景山热电厂档案室接到了领导交办的重点工作任务：配合机组稳定关停，平稳过渡，查询提供、核实历年来有关政策性文件及员工个人自入厂以来的各典型时间节点、合同性质、工作轨迹、工种变动、学历变化、工资调整以及特长取证、评优获奖等相关信息（图1），充分利用档案资源，协助石景山热电厂关停员工安置小组和人力资源部门，以员工的"知识能力、岗位技术业务能力、岗位工作成绩"为主要维度，以每人的年龄、工龄、家庭结构等个体特因作为辅助维度，对全体员工进行科学、系统的"人员大盘点"。

本着对历史负责、替未来着想、为现实服务的责任担当，站在老厂一个新的历史起点上，面对严峻而复杂的工作任务，档案管理人员认识到：企业之所需，就是档案工作之所需；员工之所需，就是档案工作之所需。而这次意义重大的查证梳理任务，正是充分发挥档案工作重要性的实际体现。由于石景山热电厂是近百年的老厂，年代久远，档案资料数量大、门类多，再加上1990年之前的案卷目录都是手工抄写，存在着失误和省略之处，且档案尚未数字化，所以，此次数量庞大的手工检索、逐页查询无异于是一个极大的挑战。档案室在人员少、工作重的现实情况下，树立了"创新档案服务形式、提高服务效能"的工作理念，确定了"积极融入大局，打破档案门类局限，提前谋划、主动跟进"的档案工作方法。

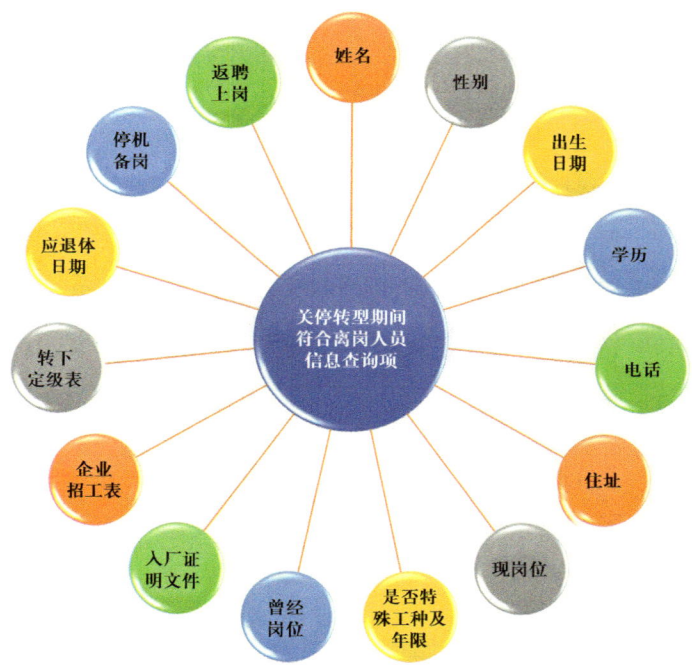

图1 关停转型期间符合离岗人员信息查询项

（一）提前谋划，编制不同类型员工档案库，为个性化查询奠定基础

石景山热电厂关停前，在职员工共计1286人，平均年龄45岁；与公司签订有固定期限劳动合同员工122人，无固定期限劳动合同员工1164人；女员工：20～40岁77人，41～50岁239人，51～55岁20人；男员工：20～40岁194人，41～50岁459人，51～60岁297人。近80%的员工已在电厂工作超过10年，部分员工工龄已经近40年。根据公司制定的员工岗位调整及离岗安置的相关办

法，综合考虑不同员工的需求和平衡点，为了确保每一名员工调整后有满意的岗位或获得应有的安置利益，需要针对每个人确定不同的查询方向。面对着这项复杂的综合脑力劳动，档案管理人员提前入手，积极主动联系人力资源部门，高频次配合协作，编制了关停转型期档案临时人员库，通过不同年龄、不同性别和相近专业，分别建立多个子库，例如，符合离岗政策员工库、特殊工种员工库（包含符合离岗政策库和不符合离岗政策库）、个人信息中已有入厂证明员工库、入厂证明为集体入厂通知单员工库、需在转正定级表中确认入厂时间员工库、需查询历年工资单确认个人信息员工库等，查询、获取信息后及时输入、汇总，为下一步的人员个性化查询奠定了基础。

俗话说，"巧妇难为无米之炊"，档案就是进行查证利用的原料。档案材料需要认真鉴别选择，查证过程中，对于不易进行真伪鉴定或价值鉴定的档案资料，档案人员都会提前谋划、主动介入，利用各方面信息，开展旁证和佐证资料的查询。关停前夕，档案人员提前与相关部门协调，获取了全面考虑员工的职业素养、岗位优势、就业需求以及工资收入等情况全方位摸排分析资料，不等不靠，抓紧推进落实，抓紧制定方案。

（二）档案查询坚持"横向到边、纵向到底"，各门类档案互相印证

档案管理人员深入挖掘档案资源，努力提高对档案材料的认识和利用水平，认真发现档案资源的价值和意义，加大查询力度，坚持"横向到边、纵向到底"，不以单次查到的一份文件上的信息为准，本着多次查询、对比确认、查证通透的原则，梳理分化、化整为零。机组关停转型期间，档案人员通过对各级政府和电力监管机构的相关批复文件、企业招工表、农转工名单、员工报到证、人事通知单、历年来工资表、定级转正表、特殊工种审批表以及上访材料等6000多次的查询，为公司的决策起到了重要的参考作用。例如，有一位老员工，个人档案中留存信息不清晰，可确认当年是农转工入厂，但是当年同一批次的农转工名单上没有他的名字，档案人员通过建厂前土地占用文件、区政府的招工表以及他个人的工资表的查询，确认他因为家庭原因，晚入厂两个多月的具体工龄和入厂身份。

在关停转型期间，由于所查询的相关政策性文件和个人的相关信息跨度时间久远，造成有的员工记忆不够清晰，填报内容与档案记载有出入。档案人员积

极转变思维,及时做好汇报、沟通、协调,以时不我待的精神,同心协力,主动作为,通过相关信息进行预判,精准定位,进行了多角度有力的查证。例如,根据相关文件规定,在生产班组,有些专业属于特殊工种,而有些则不属于。有一位老师傅,多年来岗位调整较多,自己记的特殊工种时间与档案记载不符,档案人员通过细致查询,调出了他1979年最早一次取得特殊工种工资的工资单以及转正定级表进行了一一核实,又通过同批次入厂人员的入厂时间、转正定级时间及工资单对比,最终使老师傅消除了心里的芥蒂,心服口服,公平获得了应有的利益。

这次大规模、高难度的档案查询任务结束的时候,档案人员都觉得对全厂的工作和员工有了深刻的了解,不论是谈起农转工批次时间、厂中专脱产届数,还是说到班组中特殊工种划分、个人入厂报到证与集体人事通知单的区别,都如数家珍,记忆深刻。

(三)多角度开展旁证和佐证,与档案信息形成互补

为确保每名员工得到公平的安置,档案人员不仅在档案中寻找信息,也会在不同层面主动获取信息,例如请教老师傅关于老厂一期、二期工程竣工开机等重大节点的年代,咨询原老厂教育中心的老师们开办中专班的届数及年代,与需确认个人信息员工同专业、年龄相近的师傅佐证个人脱产进修的时间信息等,获取的资料与档案室藏信息进行研究、分析、加工和比对,形成各种有参考和借鉴价值的统计数据表或参考材料,为下一步员工转岗安置提供精准的历史纪录,提供发现问题、解决问题的可靠依据,最终用好用活档案信息资源,为企业的政策落实发挥重要的参谋助手作用。

四、效果及影响

(一)档案工作为电厂稳定关停提供有力保障

秉持"团结、创业、求实、争先"的石景山热电厂精神,履行"为党管档、为国守史、为民服务"的职责使命,通过近一年来的不懈努力,档案人员多层面、多角度地利用档案资源,围绕石景山热电厂中心任务,服务大局,不断创新服务理念,拓展服务渠道,改进服务模式,完善服务手段,积极探索档案服务的

新思路、新途径。通过大量的查证工作，取得了喜人的成效，完成了石景山热电厂在机组关停转型阶段的6000多次查证任务。2015年10月31日，石景山热电厂实现了"稳定关停、平稳过渡"的既定目标，完成了1286名在职员工的岗位调整和安置工作，员工转型安置画上了圆满的句号。最终实现定编定岗815人，妥善办理离岗员工438人，安置工作达到了员工满意，创建了和谐的劳动关系。其中，档案人员不辱使命，档案工作为电厂稳定关停提供了有力保障。

（二）获奖及荣誉

石景山热电厂稳定关停、平稳过渡、人员安置后，降低了平均年龄，继续随老厂异地建设的上岗员工们珍惜现有的岗位，有力提升了企业的创新能力和劳动生产率。公司领导班子、"石景山热电厂关停争取替代电量"工作小组，荣获"2015年度集团突出贡献奖励先进集体"一等奖，"石景山热电厂关停员工安置领导小组"，荣获"2015年度集团突出贡献先进集体"称号，而档案人员正是在安置领导小组领导下的实施队伍中的一支光荣的主力军。石景山热电厂档案工作也获得了上级领导和员工的肯定。档案人员先后荣获了公司党委优秀共产党员、五一劳动奖章、先进个人、三八红旗手的光荣称号，得到了领导和员工的一致好评，为下一步工作的探索和前进提供了有益的借鉴与参考。

案例形成单位：河北涿州京源热电有限责任公司
案例形成人：马玉萍、韩学民

智能档案大数据技术助力唐山城市规划建筑设计行业转型升级

一、案例概述

自 2013 年成立档案数字化团队开始，唐山市规划建筑设计研究院就进行了纸质历史档案数据的数字化工作，并为此特别自主开发了基于动态建模技术的档案管理信息系统。随着档案管理信息系统在实际生产中被不断完善，自 2018 起，对于每个承接的省级以上重点规划和建设项目，在项目开展之前都要对电子档案数据进行关联分析，为承接的重大项目提供数据支撑和知识服务，并将档案数据挖掘技术应用于项目设计方案和施工图纸的审查，实现了档案数据直接服务于建筑设计行业的提质升级，真正将大数据技术应用于规划建筑设计企业实际生产工作之中。

二、实施背景

档案管理主要包括文书档案管理、科技档案管理与专门档案管理。这三类档案记录着企业的创立、发展、生产以及各项业务的状况，它是对企业各项数据的最原始记录，同时还能反映不同时期的决策情况。

（一）建筑设计与规划行业档案数据涉及面广，档案数据的构成复杂，分类也多样

由于建筑设计与规划行业档案数据涉及面广，档案数据的构成相对复杂，分类也十分多样，对于建筑设计行业来说，档案的来源与分类具有相当高的灵活性，而这种灵活性带来的却是档案工作的高复杂性。为了应对档案数据管理的灵活性，只有把档案数据采集模块和业务管理模块的功能定义交给档案管理人员，让他们自己定义档案数据采集项目和使用流程，才能使得档案管理的效率达到理想效果。

（二）建筑设计行业电子档案数据的利用效果欠佳

在这个数据爆炸的时代，全球企业已经将大数据应用到了各个领域，大数据不仅给企业，同时也给人类的工作生活方式与观念带来了极大影响。大数据时代的到来，不仅意味着数据的剧增，同时也意味着有更多数据能够被挖掘出可利用的价值，对企业各类数据进行有效的管理与利用，有助于企业决策的成功，能够极大提高企业的经济效益和社会效益。在大数据时代，数据是一项可持续发展的重要资产，谁拥有了更多数据，谁就拥有了掌握市场的主动权，企业的决策等都将以数据资产为依据。从企业的发展战略出发，通过对企业数据资产的分析与深度挖掘，形成的高度可利用价值能为企业的市场竞争带来多方面优势，在早些年，这些海量数据是无法被及时看见的，而现在，企业不仅能看见，还拥有了对这些无形资产进行管理与开发的先进技术，这就导致了企业所拥有数据量的区别将直接影响后续的竞争格局。而这个追求的过程，也必将全方面影响企业的原始记录数据的管理，即企业档案管理。

近些年，随着城市化进程的加快，城市规划和建筑设计的业务飞速发展，各个城市规划和建筑设计企业开始利用大数据技术、人工智能等新技术挖掘档案数据助力企业发展。对于城市规划和建筑设计企业来说，可着手利用大数据分析的关联分析技术辅助建筑施工项目施工图纸的审核，并为设计方案提供参考依据。同时，提供的回归分析算法，对数据挖掘出的同类勘查项目的工程量、资金量和项目工期进度等数据进行了回归分析，对基础设施建设项目勘察工程的工期进度、工程量和资金投入量作了预测和估算，为项目的前期调研和顺利实施提供了智力支持。

三、创新做法

面对日益增长且信息庞杂的规划建筑设计企业的档案工作，档案管理工作经历了数字化、大数据平台建设和档案智能分析三大创新工作。

（一）自主研发档案数字化信息采集平台

在档案数字化阶段，通过自主开发的信息管理系统，对院内档案和唐山市内的建筑设计、城市规划、施工勘察设计兄弟单位的档案进行全面且系统的数据采集。将扫描仪扫描的历史纸质档案数据和以 AutoCAD、Photoshop、3DMAX 等为代表的各类建筑设计软件存储的图纸和项目管理数据，通过团队自主开发的数据采集接口，以统一的数据格式存储到网络存储服务器（图1）中，实现了唐山市主要建筑设计和规划设计单位档案数据的数字化。这些海量档案数据（20000卷历史档案、70GB 合同文本和 20TB 图纸档案）电子化后，为之后的大数据平台开发打下了坚实的数据基础，也为之后的唐山市多项省级、市级重大规划建筑设计项目的快速推进和项目风险管控提供了巨大帮助。

图 1　新型档案数据存储服务器

通过基于动态建模技术的档案管理信息系统以及开发的排序功能模块，对档案记录数据进行了有序整理，并对不同单位的档案管理人员访问本单位和外单位的数据，设置不同的查询权限和文件加密，并利用基于企业自身特点改进的 MD5 加密算法对档案数据文件进行加密，保障了档案数据和文件的信息安全。根据档案数据管理规范化的管理工作需要，将档案数据进行分层级存储和处理，并界定查询者对信息数据的搜索权限，合理规避了信息安全问题，保证了档案的归集更为合理。档案管理人员会按照既定的规范流程，对现有数据进行归纳整理、编辑成档，为今后的查阅、管理做好基础工作（图2）。针对档案管理流程变动问题，档案数字化团队开发了动态化档案管理业务流程引擎，实现了档案管理人员根据国家、省、市一级档案管理部门的要求，结合本单位的所属类型，自行设计档案管理流程；实现了档案管理系统的一次开发动态升级，大大降低了档案管理信息系统的维护费用。

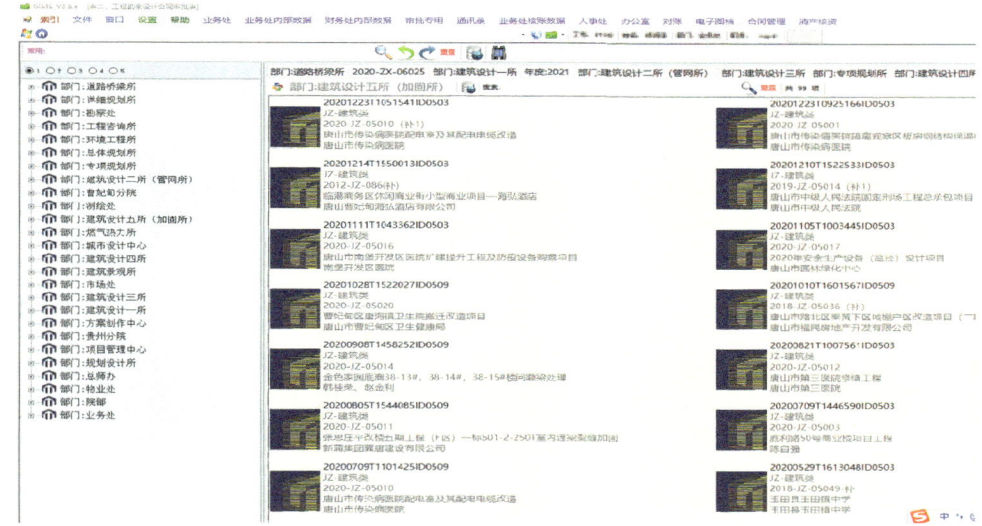

图2 大数据平台档案数据分类图

（二）构建符合建筑设计行业的档案大数据管理平台

在档案管理的大数据平台建设阶段，为了提高大规模数量的建筑规划设计档案的有序管理，提供更高水平的管理流程及配套服务，项目团队牵头全市的建筑设计行业的档案管理人员，进行了大数据知识和技能的理论学习以及操作技术的培训。档案管理人员按照大数据背景下档案管理的新理念，掌握更先进的大数据应用与处理技巧，熟练使用档案管理的数字化系统进行各类数据的录入与查询等工作。此外，在规划建筑设计企业进行项目管理的全过程，档案管理人员全程参与建设规划项目的信息化管理。档案管理人员需要熟悉掌握建筑设计行业的业务流程、隶属关系等，确定真实准确后再完成信息与数据的整理录入，实现大数据的整合。同时，还需从管理过程、环节等方面切实提升档案管理的效率，使该项工作真正与数据时代接轨。另一方面，在大数据平台建筑设计企业的业务部门，业务人员确定大数据平台规划和建设项目业务数据清洗规则，由档案室业务人员将档案学知识与项目实际特征相结合，确定数据标准化方案、数据转换的规则，对导出的项目档案数据进行数据清洗、数据转换和数据标准化。

（三）开展建筑设计企业特色的档案数据分析工作，支持企业转型升级实现跨越式发展

在完成了档案大数据平台的建设任务后，又紧锣密鼓地开始了档案智能分析的研发。档案智能分析主要应用聚类分析，通过优化排序等方法对原始数据进行数据清洗、数据转换和数据标准化。

对于新承接的重大规划和建筑项目，在开展伊始，均通过聚类分析和回归曲线将新老项目进行关联，为承接的新建项目提供数据支撑和知识服务。利用对档案数据的挖掘分析，对新项目的工程量、资金量、工期进行预测，并将档案数据挖掘技术应用于项目设计方案和施工图纸的审查。通过对历史上产生过较大风险的项目进行数据挖掘，为今后项目的风险控制和风险预警提供了数据支持。

以2019年唐山市东湖片区生态修复基础设施建设勘察工程项目为例：第一步，由档案室、方案所和勘查所的业务人员组成项目攻关小组。第二步，对新项目进行信息收集，将所收集到的数据原子化，为下一步的数据查询打下基础。第三步，将收集到的原始数据通过系统内在算法和系统内现有项目进行匹配，从而在海量数据中筛选出可供一线人员参考的项目记录。第四步，档案管理人员利用回归分析算法，对数据挖掘出的同类勘查项目的工程量、资金量和项目工期进度等数据进行回归分析，对唐山市东湖片区生态修复基础设施建设项目勘察工程的工期进度、工程量和资金投入量作了预测和估算，为项目的前期调研和顺利实施提供了巨大的智力支持，得到了上级主管部门的认可，在多个强大竞争对手中脱颖而出，为唐山市规划建筑设计研究院最终获得该方案中标立下了汗马功劳。

四、效果及影响

档案管理员不仅仅负责日常的档案管理工作，还借助数据挖掘技术对档案数据进行数据分析，直接参与承接的多项省级、市级重大项目的前期论证和项目中期的风险管控。

（一）直接效益分析

利用智能档案大数据平台，对冀东地区的建筑设计行业电子档案进行数字化管理，可以有效带来经济效益。

目前，档案管理系统的二次开发和升级费用大约占系统总成本的66%。以冀东地区某规划与建筑设计企业为例，在本课题开展前曾经购置过档案管理系统用于系统二次开发和升级，3年内共耗资150万元，本课题成果使用后，不需要升级和二次开发这一项可节约150万元×0.66=100万元。本课题推广到全国100家企事业单位，共创效益100万元×100=1亿元。本项目成本包括软件开发成本40万元，硬件升级和网络改造费用300万元。

开展电子档案数据挖掘技术至今，已为唐山市建筑设计企业提供服务累计完成经济效益达8亿元，以档案系数0.2计算，共获得收益8亿元×0.2=1.6亿元。

（二）间接效益分析

经济效益来自利用大数据技术为唐山地区其他建筑设计企业提供项目服务和预测项目风险带来的巨大经济效益。通过档案数字化，将多年来存储的海量档案数据（包括合同文书70GB、设计和施工图纸20TB）数字化后存储到档案存储服务器中，这些宝贵的数据资源为唐山市2019年多项省级、市级的重大规划建筑设计项目的快速推进和项目风险管控提供了巨大帮助。自2018年以来，对每个承接的重大规划和建筑项目，在项目开展之前都要对电子档案数据进行关联分析和聚类，找出历史上的同类项目，通过对历史上同类项目数据的均化和整理，为承接的新建项目提供数据支撑和知识服务。利用对档案数据的数据挖掘分析，对新项目的工程量、资金量、工期进行预测，并将档案数据挖掘技术应用于项目设计方案和施工图纸的审查，通过对历史上产生过较大风险项目进行数据挖掘，为今后项目的风险控制和风险预警提供了数据支持。

（三）社会效益分析

以2018年团队承担的一项西北地区某大型商业中心设计项目为例，电子档案数据挖掘技术团队提早给项目承接的二级单位、负责项目合同管理的业务处及财务部门发出了预警信息，项目承接二级单位联合业务处和财务处积极响应加大催款力度，提高了规划建筑事业的工作效率。利用智能档案大数据平台成果，结合动态建模技术，实现了档案大数据检索的优化，提升了档案数据的检索效率，满足了不同企事业单位档案管理业务的动态变化。

案例形成单位：唐山市规划建筑设计研究院

案例形成人：王建华、徐灏、孙杰夫、王海静、柳玉婷、周树功

构建"模块式+立体化"档案管理格局为项目建设发展提供服务

一、案例概述

辽宁省观音阁水库输水工程(以下简称输水工程),是本溪市建设的第一个长距离引调水的大(2)型Ⅱ等工程,也是全国172项重大水利工程之一。该工程输水线路总长91.3千米,其中隧洞长41.5千米,管道长49.8千米,工程预算总投资16.79亿元,计划建设工期50个月。

工程初建伊始,本溪泓源供水有限责任公司即对项目全过程档案工作实施"模块式+立体化"管理。模块式是指根据档案管理的规律特点,结合本项目工作实际量身定做定制的"制度规范模块、质量控制模块、运维保障模块、效果评鉴模块";立体化是指根据项目档案管理的需要,建立涵盖项目总部、项目标段以及施工、监理和现场等各个环节,形成平面到立体、媒体平台沟通等自上而下的塔形管理体系。

经过几年来的实践积累,本溪泓源供水有限责任公司档案管理已逐步搭建系统完备、科学规范、运行有效的档案管理体系。目前,公司档案管理部保管科技、声像、文书、财会等各种门类和载体档案资料2542卷册,其中项目档案1957卷册,并配备了档案管理软件、密集架、防磁柜、除(加)湿器、刻录机、光盘打印机等设施设备。

二、实施背景

工程建设初期,档案建设基础薄弱,档案管理体系陈旧、不健全,档案管理人员配备不充分等问题,严重制约了工程建设和企业发展。主要问题:

一是档案管理机制不完善、职责不明确,设备设施配备不足。档案人员不稳定、业务不熟悉。输水工程建设施工周期长,具有点多、线长、分散的特点,施工单位专业技术人员变更频繁，没有设置专人负责文件材料的收集工作。

二是各项制度不健全，档案资料和信息资源流失存在漏洞和风险。一些施工单位平时不注意档案资料的收集，工程技术人员更换频繁，工程需要结算时才突击整理，不仅造成工程档案不能及时归档，而且很难保证项目档案的完整、齐全、准确。

三是档案管理质量把控不严格，文件材料归档分类、组卷编目，尤其是文件材料耐久性要求、签章手续真实完整、工程竣工图修改、工程现场声像材料归档等环节不符合国家规范要求。

四是档案管理绩效不高，建设单位、施工单位和监理单位各自为政，档案在项目建设中的基础支撑作用未有显现。

基于上述背景，经过充分调研论证和学习先进地区的项目档案管理经验，本溪泓源供水有限责任公司于2016年成立课题组，开始了"模块式＋立体化"管理体系的探索并收到了较好的效益。

三、创新做法

围绕"模块式＋立体化"模式，以实现档案管理规范化、标准化和制度化为目标，进一步构建制度规范、质量管控、运维保障、绩效评鉴4个模块，使档案管理工作逐渐跨入一个新高度，具体做法如下。

（一）健全档案管理体制机制，多层次、全覆盖完善制度规范架构

首先，将宏观管理和微观管理相结合，在"集中统一管理，分级负责"的原则下统筹规划档案事业发展。本溪泓源供水有限责任公司成立了档案管理部，配备3名工作人员。形成了由分管经理、部门负责人、施工项目负责人、监理项目负责人、标段档案信息员的全覆盖档案管理网络。制订了档案工作阶段性发展目标，形成了规划（计划）制定实行情况评估、项目档案工作定期总结报告和档案管理考核评价机制。

其次，根据输水工程在建设运行过程中的特点和实际情况，依据国家、省、市档案管理的有关法律、条例、规范及办法，几年来，先后制定了《观音阁水库输水工程科技档案管理体系》《观音阁水库输水工程科技档案分类细则》《观音阁水库输水工程科技档案整编操作规程》《观音阁水库输水工程声像档案管理办法》

《观音阁水库输水工程电子档案管理实施细则》《观音阁水库输水工程实物档案管理办法》及《观音阁水库输水工程项目档案审查与移交制度》《观音阁水库输水工程文书档案整编规程》《观音阁水库输水工程移民档案管理办法》《观音阁水库输水工程档案保密、鉴定、销毁、利用借阅、人员岗位职责制度》等。

最后,明确规定了各参建单位的档案工作职责与任务,并与个人经济利益挂钩,对违反档案管理制度的单位或部门,提出责任追究及处罚措施。工程建设期间,实行"一票否决制"(指在进行工程质量评优时,实行"档案质量"一票否决)、"二项协调制"(指档案管理部门对监理单位和施工单位主动协调)、"三参加""四同步制"等多项制度。

(二)实施精细化精准化指导,立体化、全过程强化业务质量管控

第一,横向到边、纵向到底,档案业务指导网格化。档案管理与工程建设进程同步,是做好项目档案工作的基础。输水工程建立了以建设单位为中心的档案工作管理网络,明确了各参建单位之间资料传递、档案部门设置、档案人员配备等方面的沟通协调机制和业务衔接渠道。在施工、设计、监理单位签订合同时,对各单位应提交文件资料的归档内容、质量、份数等做了明确规定。在此基础上,公司档案管理部按时参加工地生产协调会,结合工程建设进度深入施工和监理现场进行指导,对原始资料的收集、整理情况进行检查。使广大工程技术人员充分认识到,施工、实验、检测、交工验收记录等原始资料是保证档案工作正常开展的重要基础,要求各参建单位只有资料经过监理审查,质量达到验收条件方能进行验收。在日常工作中,指导人员对40个标段进行分片包干,并将各个标段验收合格的分部工程档案资料的收集、整理和验收情况及时统计汇总编入计算机中,动态指导和管理工程项目档案。几年来,公司档案人员先后深入40个标段60余人次,项目档案资料的齐全完整率达到95%以上。

第二,线上线下、二维码技术,档案业务指导多元化。一是在抓好现场业务指导的同时,由公司档案管理部组建包括全标段有关项目经理、技术人员、档案信息员在内的档案业务指导群,全天候发布档案业务信息、全时段跟踪上报工作进展,及时在线解答档案业务问题。二是公司档案管理部探索运用二维码技术管理项目档案。为此,组织专业技术力量研发相关软件,通过系统培训,档案员能够利用软件熟练编码和解码,制作二维码。三是实时影像记录档案动态。工程

档案管理人员经常利用"三参加"的机会，对开工前原貌及工程建设中的各施工阶段，特别是隐蔽工程等，即工程建设的前期、中期和后期等各环节进行拍摄记录，将声像档案归档要求和相应的控制措施贯穿始终，实现全影像、真实记录输水工程建设发展的各个方面和不同历史时期的历程。

第三，现场培训、检查内验，档案业务指导程序化。一是举办项目档案业务培训。公司档案管理部门定期召集施工单位、监理单位项目负责人和档案人员，参加档案专题培训。二是分阶段、分进度组织各标段巡回互检。输水工程由于参建单位较多，各参建单位的性质和专业、资质等各不同，为协调各方，建立了以公司档案管理部为纽带，多层次、多方位、立体式的管理网络，明确了各参建单位各自应承担的责任与义务，采取以建设单位为主体、监理单位积极配合的手段，建立了档案联合检查小组，对施工单位的档案质量严格把关，全方位监督。目前，联合检查小组对40个标段进行了100余次巡回互检，有19个标段通过了公司内部验收。

第四，"双轨制"、多载体，档案信息资源呈现多样化。科学化、标准化、规范化是指档案管理的收集、整理、保管等各个环节，都要按照档案部门制定的原则、方法、质量等科学的、统一的规范程序进行，而电子计算机的高效率是档案管理业务标准化的基础。目前，纸质档案（图1）仍然是输水工程档案管理的主

图1 输水工程档案管理库房

要载体。其主要原因一方面是行业要求，另一方面是因为在工程建设实施中，业主与施工单位往来、监理单位与施工单位往来，以及监理按照业主的意见用监理工程语言与施工单位往来，主要是以文件形式签字盖章发送。与此同时，随着大量电子项目文件的产生，电子档案归档存储也提上了日程。在日常工作中，输水工程采用纸质文件与电子文件互补共存的"双轨制"管理方法。选用适用于输水工程的档案管理系统软件，通过扫描等形式，将工程档案信息由各种物理载体、以数字记录方式存储到光盘等计算机各类存储器中，充分利用现代化手段、设施及计算机网络技术，对本单位收到各建设时期的往来文件和已归档的纸质档案，进行影像处理、检查、建库，通过网络化的录入系统，形成相应的电子文件。输水工程从开工建设至今，电子档案同纸质、声像、实物等传统载体档案相伴相生，极大丰富了地区档案资源。

（三）把握项目档案管理需求，高效率、全时段做好运行维护保障

第一，在档案基础设施建设方面给予保障。落实保障了输水工程档案工作所需经费，将档案管理工作所需经费列入工程总概算，建立了符合项目档案安全保管条件的专用档案库房，保障档案工作的正常开展。办公与库房的设施及装具均能满足工作需要，并确保档案设施、设备正常运行，加强管理与维护，定期检查，发现异常及时进行修理，及时向安全部门报告。公司档案管理部现有馆房262平方米、密集架28节。几年来，先后投入资金40余万元用于档案基础设施建设。

第二，在档案资源安全防护方面给予保障。输水工程是国家重点建设项目之一，关乎国计民生。项目档案资料一旦发生丢失，会对国家、地方、行业及本工程的社会历史记忆的完整性造成严重损害。为此，按照国家、省市有关要求，输水工程档案实行多套留存备份制，并采取了异地备份保管。

第三，在档案管理应急响应方面给予保障。初步建立了公司档案突发事件应急响应预案。在建立健全档案库房保管、保密利用、安全岗位责任制的同时，强化日常检查巡查。每年定期组织档案突发事件、火灾、水灾等安全防范演习。此外，对施工、监理单位以及各项目标段进行档案安全培训，加强督促检查，做到防患于未然。

（四）优化管理考核监督程序，重实效、全方位加强档案绩效评价

建立完善"全方位、全覆盖、全过程"的档案绩效考核体系，从公司档案中心抓起，一层抓一层，以上率下、逐一明确落实到具体责任人，形成以建设单位为枢纽，以施工单位、监理单位为切入重点，以项目标段为考核基点，使各参建单位有机融合，一荣俱荣、一损俱损，有效激励各单位齐心协力做好档案工作。同时，制定档案考核办法，建立健全、细化优化考核制度，使考核责任目标真抓实落、从上到下全线贯通，实现了考核全覆盖。定期组织各参建单位围绕档案管理指标完成情况，及时沟通、交流、通报情况，指标完成较好的分享经验做法，未完成指标的责任单位及时提醒。考核评比，有奖有罚，充分激发各参建单位的积极性、主动性，为工程档案管理营造了良性的发展环境。

四、效果及影响

输水工程档案管理经过不断完善，已逐步走上科学化管理轨道，其中渗透了广大工程技术人员和各相关部门管理人员劳动的汗水与无穷的智慧。实施"模块式＋立体化"管理，贯穿于工程全过程各类资料的产生、传输、管理和利用，将其与工程建设有机结合，强化了项目档案在工程建设管理中的地位，也促进了公司档案管理向规范化、标准化和信息化方向迈进，公司档案工作在项目建设和企业经营发展过程中发挥了较大作用。据统计，4年来，公司共接待查档利用485人次、1352卷次。工程管理部通过查阅启闭机图纸及泄洪闸埋件图纸查阅水封尺寸、启闭机及卷扬机参数，为在汛期前做好闸门检修提供了可靠依据，保证了汛期安全度汛。综合办公室借阅录像带3盘，为水库制作生态篇和工程篇画册提供资料，通过这一窗口，提高了水库的知名度。

案例形成单位：本溪泓源供水有限责任公司
案例形成人：徐君、马路、肇志、王晓琪、孙琪

商业银行基于集中采购业务的合规内控电子档案数据整合

商业银行信息化和经营业务的迅猛发展，催生了海量电子文件。为推进上海农村商业银行股份有限公司（以下简称上海农商银行）业务电子档案信息化建设，建立经营管理过程中合规内控电子档案全流程管理机制，上海农商银行基于集中采购业务，研究并开展了合规内控电子档案数据整合项目。

一、案例概述

商业银行合规内控相关业务电子文件数量大、价值高，是银行业务档案的重要信息资源。本项目以建立合规内控电子档案数据整合管理机制为目标，以有利于银行合规风险管控为应用目的，为辐射银行其他业务电子档案数据整合奠定理论和实践基础。

本项目构建由集中采购系统发起，合规内控系统业务审核，OA协同办公系统流程审批组成的信息流，整合集中采购业务电子档案、合规内控业务电子档案、OA协同审批业务流程电子档案数据资源，实现集中采购业务电子档案全流程"单套制"的管理模式。

二、实施背景

2019年，上海农商银行通过国家档案局"电子文件归档与电子档案管理"第二批试点项目验收，为积极探索企业核心业务系统电子文件的归档和电子档案管理模式提供了经验。

上海农商银行以信息共享、业务融合、防范风险为目标，以保障各业务系统电子文件归档数据真实性、完整性、安全性、可用性为重点，打破各相关业务系统信息孤岛。聚焦行内集中采购、OA审批、合规内控业务形成电子文件至电子档案全生命周期管理，实现以业务为驱动的电子档案"单套制"管理模式，对电子档案数据进行有效整合管理、开发利用，实现一站式检索和有逻辑性、完整性的电子档案数据展示应用。

三、创新做法

（一）观念创新

本项目在档案资源建设上实现五个维度的延伸：一是管理对象从管理类档案向业务档案延伸，目前已将合规内控档案、集中采购类档案和与之相关 OA 审批类档案纳入电子档案管理系统。二是管理载体从纸质档案向电子档案延伸，重点收集在业务系统中形成的增量原始电子档案。三是档案管理媒体从图像信息（纸质档案数字化扫描文件）向原始电子文件延伸，实现以原始电子档案为主，纸质档案为辅的"混合单套制"管理模式，同时逐步向纯电子档案"单套制"管理模式过渡。四是管理信息从单纯管理电子档案内容信息向管理包括结构、背景信息在内的元数据延伸，以确保原始和扫描电子档案的内容真实、证据可靠、安全有效。五是管控过程从后端档案管理向前端文件管理延伸，建立文档一体化管理体系，对电子文件的形成、办理、运转、保存、利用、销毁等工作环节，按照档案管理要求实行全过程监管，确保其始终处于受控状态。

（二）资源整合创新

建立集中采购、合规内控、OA 系统审批档案信息的内在逻辑联系。实现资源的集成化、集约化管理，是现代档案管理的必然趋势，也是银行信息化建设的客观需要。上海农商银行通过建立统一的电子档案管理系统和银行合规内控（集中采购）业务档案资源总库，实现了银行信息资源的管理平台集成、业务流程集成、数据资源集成、存储方式和存储格式集成。这种大集成格局的形成，不仅提高了档案集约化管理水平，同时有效整合了银行业务信息资源，打破了过去业务部门之间数据共享的隔阂，使行内任何被授权员工在任何时候、任何网络节点，皆可方便快捷地实现跨平台检索、利用业务档案信息资源，较好地解决了银行业务信息资源整合的难题。

（三）服务创新

统一建设了银行合规内控、集中采购业务档案资源总库和电子档案管理系统，向全行业务部门提供"一门式"检索功能；经过扩展和规范的合规内控（集中采购类）电子档案信息资源总库，提供了内容丰富、档案齐全的内容信息和结构化信息，显著增强了数据的可检索能力。通过数据的源头采集和文档管理数据的对接，提高了档案结构化和非结构化数据的内容质量，满足各类用户对合规内控（集中采购类）业务信息的多途径、深层次、多渠道、高速度检索的需要，显著提高业务类电子档案检索的查全率、查准率和检索的响应速度，取得了档案工作提质增效的效果。

（四）技术创新

1. 基于"四性"保障，开展电子档案"单套制"管理

目前档案界多采用电子档案双套制管理，存在操作烦琐、管理成本高的弊端。解决电子档案"四性"保障的难题是摆脱双套制的前提。上海农商银行攻坚克难，在电子档案全程管理和前端控制的原则指引下，电子档案管理系统通过与集采系统、OA系统、合规内控（CIS）系统的无缝对接，实时捕获经"四性"检测通过的相关归档电子文件和元数据，采用XML封装格式和MD5加密方式等技术措施，有效保证了归档电子文件的"四性"，为业务档案"单套制"管理提供了可靠的技术保障（图1）。

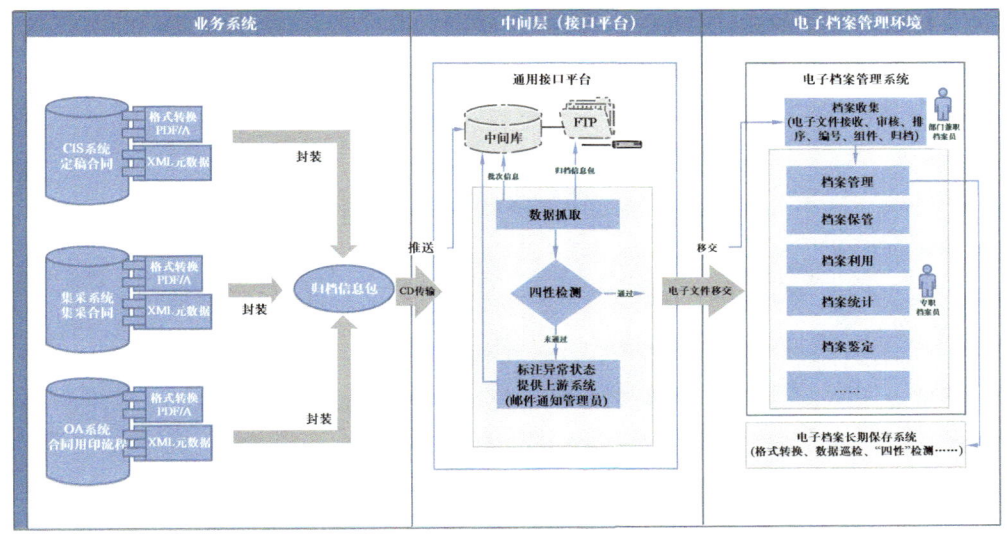

图1 业务电子文件归档流程

2. 打破信息孤岛，实现了银行业务档案信息资源的集成

上海农商银行合规、集采和 OA 办公系统内的信息具有广泛的业务逻辑联系，而目前它们分属 CIS 系统、集采系统和 OA 协同办公系统三个独立的业务管理系统，难以实现跨平台的数据传输和共享，在一定程度上影响业务管理的效率和效益。通过建立统一的技术平台、档案信息资源总库，采取统一的档案分类，建立跨平台业务文件的关联关系，对三个系统的数据结构、业务流程、归档格式进行整合，并采用一门式检索等技术手段，有效打破了原来业务系统间的信息壁垒，实现了上海农商银行业务类电子档案跨平台、跨门类的共享利用，有效保障了业务档案的内在逻辑联系，使用户的档案利用有了新的体验。

（五）方法创新

1. 复杂问题简单化

归档范围和保管期限表是控制业务电子档案收集范围、优化档案资源配置的重要工具。传统的归档范围和保管期限表主要控制归档文件的内容和保管期限，鉴于合规内控档案管理的需要，在保留原来"文件归档范围和保管期限"的规范格式的基础上，专门设计了"合规类电子档案资源配置一览表""集采类电子档案资源配置一览表"，对每项电子文件详细定义了载体类型、分类号、密级、形成系统、归档责任部门和责任人等，使该表能全面控制银行合规内控（集中采购）业务档案的内容、保管期限、密级、载体、来源等信息。将该表纳入电子档案管理系统中，操作人只要选择文件名称，系统便可自动产生该文件的保管期限、载体类型、分类号、密级及来源信息等，由此可减轻操作人员的负担，便于电子档案管理系统对业务类电子档案的收集、整理、保护、统计等进行自动化、精准化管理。

2. 简单问题规范化

对电子档案管理系统的功能结构、性能结构和数据库结构设计，都建立了相应的业务制度、规范、标准，为系统的运行和维护提供了完整、齐全的管理制度规范保障。制定的《集采类电子档案管理元数据标准》《合规类电子档案管理元数据标准》"集采类文件归档范围和档案保管期限表""合规类文件归档范围和档案保管期限表"在上海农商银行具有重要的实用价值，对其他业务档案管理和其

他银行业务档案管理也有重大影响，具有推广价值。

四、效果及影响

（一）明确归档范围，提升档案价值控制力

控制档案价值的关键是文件归档范围和保管期限表。通过研究国家级、省市级及本行业关于银行合规业务管理的法律法规、规范标准，参考相关金融行业业务档案管理标准规范，深入业务部门反复调研，编制了"合规类文件归档范围和档案保管期限表""集采类文件归档范围和档案保管期限表"，该表经有关业务部门认可后正式执行，并纳入电子档案管理系统的业务流程，由此从制度和技术上双管齐下，确保了业务类电子文件归档的完整、齐全、准确。

（二）构建技术标准，确保电子档案安全性

由于电子文件内容、载体、格式和运行软件的不稳定性，其长期安全保存面临巨大挑战。研制的电子档案管理系统通过建立规范的归档接口方式，实现与集采系统、CIS系统、OA系统的全程无缝对接，获取电子文件的处理过程信息；应用了"四性"检测、元数据管理、XML封装和MD5码加密等安全技术；以符合规范的PDF格式长期保存电子档案，以及采用档案安全存储、备份等手段，较好地解决了电子档案长期安全保护中遇到的一系列难题，确保了电子档案的真实性、完整性、可用性和安全性（图2）。

（三）建立数据关联逻辑，打造信息资源整合能力

保持业务档案信息的内在逻辑联系，实现资源的集成化、集约化管理，是现代档案管理的必然趋势，也是银行信息化建设的客观需要。通过建立统一的电子档案管理系统和银行合规内控（集中采购）业务档案资源总库，实现合规内控、集中采购、OA审批数据信息的关联逻辑，完成了信息资源的集成与整合。

（四）强化信息资源服务体系，提高档案服务能力

统一建设的银行合规内控（集中采购）业务档案资源总库和电子档案管理系统，提供了"一门式"、多层次、高速度检索功能；经过扩展和规范的档案信息

资源总库，提供了丰富、适用的著录项和元数据项，增强了数据的可检索能力，提高了数据的内容质量和技术质量，满足用户对银行合规内控（集中采购）业务信息检索的需要，显著提高了档案信息资源对合规业务部门的服务能力。

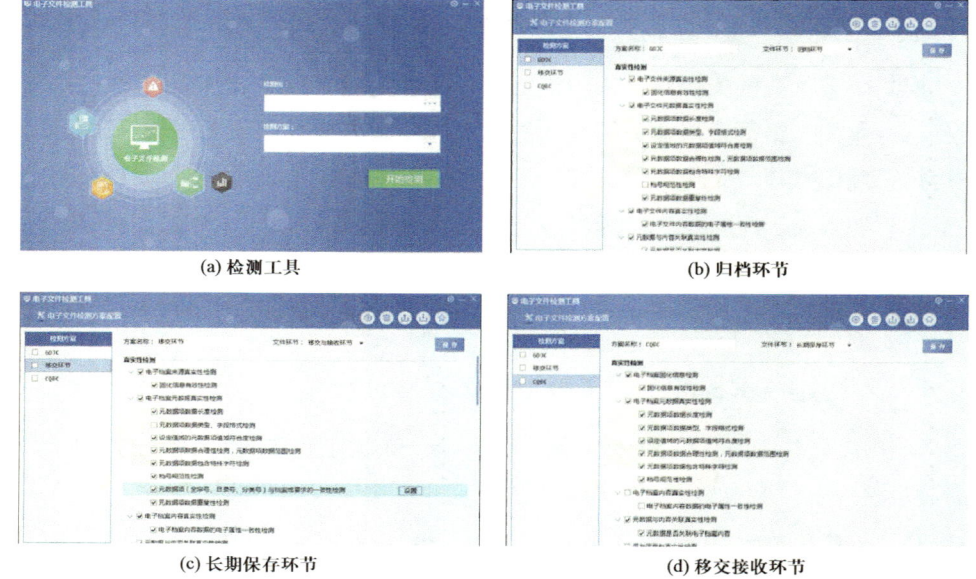

图 2　确保电子档案安全性的措施

（五）完善合规风险管控，提升风险抵御力

银行工作风控为本。银行业务的扩大、信息平台的开放、社会环境的复杂化，使银行风险控制面临巨大压力。项目实施可从以下方面增强经营管理中风险的防范能力：

一是加固了信息资源的安全保护体系。业务信息资源是上海农商银行生存发展的基础，一旦受损，损失难以挽回。将合规内控（集中采购）业务信息纳入档案管理体系，使该信息从档案业务和技术的角度受到长期安全保护，为合规风控增加了一道防护墙。

二是增强了风险控制的基础工作。合规业务管理是银行风险控制的关键部门，是风险的监管控制部门，为部门建立统一的档案信息管理利用平台，将为领导决策、内控管理提供集成的风控信息，可增强风险的预警度和可控度，并将增强银行安全管理的软实力。

三是增强了银行合规风险的抵御能力。从合规内控管理角度对集中采购全流程管控，确保了银行经营管理的安全合规、可追溯，同时可举一反三应用于其他业务，从而保障银行风险管理的长治久安。

案例形成单位：上海农村商业银行股份有限公司
案例形成人：顾建忠、陈雪松、严群、姚慧、袁枫、何斌

构建"1+14+N"涉农档案管理体系，助推档案工作服务农村基层社会治理

一、案例概述

为加强和推进上海市闵行区涉农档案规范管理，更好地发挥档案在建设社会主义新农村、推动城乡一体化发展中的作用，切实为发展农业生产、增加农民收入、维护农民权益、维护农村社会稳定、繁荣农村文化服务，自2014年至今，闵行区通过建章立制、试点先行、整体推进等方式，构建出一个将相关区级机关、街镇（工业区）、村居全部囊括在内，横向到边、纵向到底的"1+14+N"涉农档案管理体系。

二、实施背景

闵行区由原上海县和原闵行区于1992年合并而成，位于上海市地域腹部；虹桥国际机场位于区境边沿，吴淞江流经北境，黄浦江纵贯南北，区域面积近372.56平方千米，现有9个镇、4个街道，1个市级工业区，共118个村民委员会和449个居民委员会。闵行是上海近现代工业发展的摇篮和上海连通长三角乃至全球的门户枢纽，城乡特点兼具，且城市化进程持续加快。区委、区政府一直高度重视统筹城乡发展工作。近年来，在市委、市政府的统一领导下，闵行区认真贯彻统筹城乡建设、加快农村和城郊结合地区发展的一系列战略举措，以工促农、以城带乡，有力推动了城乡一体化发展进程。

在此过程中，全区各相关部门、各街镇（工业区）、各村居均产生了大量与农民生产、生活、教育、医疗、社保等密切相关的、具有保存价值的文件、图表、声像、图片、数据等各种形式和载体的涉农档案。这些档案是基层社会治理的参考依据，可为解决矛盾纠纷、法律诉讼、权属确认等提供有效凭据，为研究和传承民俗文化、历史文脉、人文精神、乡土文化等提供可靠素材。特别是农村

档案资源，在推进村务公开、维护农民群众和基层干部合法权益、构建农村和谐社会体系等方面具有重要意义，是新形势下推进基层治理和服务创新的重要载体，在推动基层社会治理体系逐步完善、提升基层社会治理能力方面起着基础性作用。

闵行区历来高度重视农业农村相关档案工作。1996年，区档案局即着手开展村级建档试点，制定"四有一发挥"基本标准；1997年，闵行区村级建档工作全面展开、逐年推进；至2003年年底，全区共161个行政村全部建档；2012年，围绕档案资源体系、利用体系、安全体系等"三个体系"建设，在全区所有村居中全面开展"闵行区村（居委）档案规范化建设两年行动计划"，两年时间里，全区137个行政村、379个居委会全部通过规范化建设，建立起村居档案管理的长效机制，提高了村居档案管理水平。

三、创新做法

为更好地发挥档案作为推进基层治理和服务创新重要载体的重要作用，为农业、农村、农民服务，闵行区自2014年开始不断探索，已经形成"1+14+N"涉农档案管理体系，将相关区级机关、街镇（工业区）、村居全部囊括在内。

闵行区的"1+14+N"涉农档案管理体系由以下三个层级组成。

（一）第一层级

第一层级即"1"，指区级层面的涉农档案管理。

2014年，区委办、区政府办联合转发了由区档案局、区农委制定的《关于进一步加强闵行区涉农档案规范管理的实施意见》。明确指出要以档案馆（室）藏涉农档案为主体，以涉及农民切身利益的民生问题为主要内容，以加强各级涉农档案管理部门尤其是基层单位涉农档案建设为重点，全面整合涉农档案资源，调整涉农档案服务方向，为闵行区"全面调结构、深度城市化"作出新贡献。

闵行区将涉农档案定义为本区在开展城乡统筹，推进城乡一体化发展，做好"三农"工作过程中形成的与农民生产、生活、教育、医疗、社保等密切相关的、具有保存价值的文件、图表、声像、图片、数据等各种形式和载体的原始记录，包括城乡规划类、集体资产管理类、城乡产业发展类、基础设施建设和农村环境改造类、公共服务和社会保障类、农村基层组织建设类六大类内容。

区级层面涉农档案规范管理的工作措施如下。

1. 应收尽收，注重价值

涉农单位制定涉农档案收集范围，在日常工作中重视材料收集，把具有保存价值的文件材料和上级相关政策性、指导性、业务性文件，本单位、本部门需要贯彻执行和今后工作具有查找利用价值的文件材料，如土地承包、土地流转、农村集体资产改革、农民长效增收项目、合作医疗等涉及民生的档案材料收集齐全。

2. 规范整理，确保安全

涉农单位强化本单位、本系统涉农档案的规范管理，完善档案的收集、整理、保管和利用工作，确保库房满足档案安全保管"八防"条件，使涉农档案收集有制度、整理有规范、保管有条件。区档案馆探索对馆藏涉农档案资源分区分库管理，逐步建设涉农档案专用库房，采用先进技术设备开展档案保护，加强档案信息安全保障体系建设，确保涉农档案实体安全和信息安全。

3. 严格标准，定期接收

区档案馆按照《中华人民共和国档案法》及各类专业档案管理规范的要求，定期将保存在全区各部门的涉农档案接收进馆。在接收涉农档案时，应严把档案质量关，严格按照"双套制"标准进行接收；要积极整合、开发馆藏涉农档案资源，逐步构建涉农档案专题数据库。

4. 信息共享，服务便民

相关涉农部门规范整理涉农档案材料，建立涉农档案专题目录，完善档案借阅利用制度。区档案馆加大数字档案馆建设力度，探索将馆藏涉农档案信息资源与基层社区事务受理中心等平台进行共享。

（二）第二层级

第二层级即"14"，指全区14个街镇（工业区）层面的涉农档案管理。

街镇（工业区）档案部门是农业农村档案工作的主要阵地。为规范这一层级的涉农档案管理，闵行区主要采取了以下措施。

1. 通过对街镇（工业区）归档范围和保管期限表的监管，扩大涉农档案的来源和管理范围

2019年，结合"大调研"工作，闵行区档案局通过专题调研等形式，对各

街镇（工业区）及所属内设机构和事业单位、部分区级专业部门进行调研。先后到区内华漕镇、梅陇、七宝、莘庄、吴泾、古美等9镇4街道，以及区水务局、司法局、城管局、民政局、医保局、规划局、房管局、人保局、安监局9部门召开现场征求意见会，摸清街镇（工业区）涉农档案管理现状及各部门涉农档案在街镇（工业区）相关职能部门的管理权责、归属流向等。根据调研情况，对9个镇的"文件材料归档范围和保管期限表"进行了修订，将所属单位如站、所、办等应归档的各类涉农档案纳入其中，并监督实施。

2.要求街镇（工业区）档案部门行使好对所属单位档案工作的指导监督职责

在街镇档案中，除各部门产生的档案涉及农民切身利益外，还有相当数量的档案产生自街镇（工业区）所属的事业单位。以闵行区浦江镇为例，镇属事业单位有7个，分别为农村综合管理事务中心、文化体育事业发展中心、社会保障事务中心、社区事务管理服务中心、财政经济管理事务中心、城市综合管理服务中心、人力资源服务中心（党员服务中心）。这些中心有的是政府职能转变后成立的，有的由镇政府的一个内设部门转变而成，有的本就是镇的一个直属基层单位。这些单位有的在其日常管理中形成有大量直接关系民生的档案，有的是直接反映基层社会治理中形成的档案，有的是在社会事业发展中形成的很多特色档案，这些部门的档案也是涉农档案的重要组成部分。

为从源头抓好规范，使这些中心的档案工作与整个区域档案管理同步发展，区档案局主要要求各街镇（工业区）从以下三方面加强对事业单位和村居的监管：

首先，建立和完善档案室建设。每个中心应当建设一个适应本中心档案工作需要的档案室，做到有库房和必要的设施、有专门人员负责、有整理规范的档案。其职责是在一定时期内（如5年）保存本中心形成的业务档案，在便于工作的同时，积极、有效地为人民群众提供利用服务。

其次，建立一套完整的管理制度。将档案管理制度纳入中心各项管理制度体系之中；将档案工作作为中心各项工作的最后一个环节，归档工作没有做好，业务工作就不算真正完成；将对档案工作的考核列入对本中心人员的考核内容之中。

最后，纳入街镇（工业区）档案事业体系。接受街镇（工业区）档案室的监督指导,每年在立卷归档工作完成后,将全部档案的目录及电子信息向街镇(工业区)机关档案室报备。根据街镇(工业区)要求,在规定时限内向街镇(工业区)档案室移交实体档案。

3. 探索街镇(工业区)档案中心建设

针对街镇(工业区)档案管理中存在的存放分散、档案库房、保管设备不齐全、安全保管有隐患等问题,闵行区积极探索建设"街镇(工业区)档案中心"。从机构设置、基础设施配备、档案管理等五方面,为街镇(工业区)区域档案实现集约化、同质化、安全性管理提出可操作性的解决方案。2019年,在区档案局的指导下,古美、浦锦2个街道正式挂牌成立街道档案中心(图1、图2)。新建设的档案中心库房面积较大,配备了数量充足的密集架,安装了温湿度自动监控等设备,保证了档案的安全保管。同时,明确专人负责档案中心的工作,逐步尝试将村居档案、下属事业单位档案等街道重要档案统一接收进档案室,集中进行数字化并集中提供利用。

图1　闵行区浦锦街道档案管理中心库房

图 2　闵行区古美路街道档案管理中心展厅

(三)第三层级

第三层级即"N",指全区村级层面的涉农档案管理。2020 年,为深入实施中央关于加强和完善农村基层社会治理的有关要求,落实国家档案局、上海市档案局关于"档案工作服务农村基层社会治理"的工作要求,进一步规范全区街镇(工业区)村居档案管理工作,在前两轮村居档案规范化建设的基础上,闵行区开始了新一轮村居档案规范化管理工作。主要工作要求如下。

1. 健全村、居档案管理体制

各村、居要将档案工作作为村、居工作的重要事项,建立相应的工作制度,明确领导、健全机制、保障经费,指定具有良好政治素质、具备相应档案管理知识并经过档案业务培训的人员负责档案工作,档案人员工作变动时应进行工作交接并履行交接手续。村级组织换届选举后 10 日内,应当履行档案交接手续,村以及村民小组在设立、撤销、范围调整时,应做好档案移交工作。撤村后成立集体经济组织的,档案由集体经济组织继续保管;未成立集体经济组织的,应将档案规范整理后,移交至街镇(工业区)档案部门。

2. 明确村、居档案收集范围

依据国家档案局相关文件,结合闵行区实际,区档案局分别制定了"闵行区村级文件材料归档范围和档案保管期限表""闵行区城市社区文件材料归档范围和档案保管期限表""闵行区村级集体经济组织文件材料归档范围和档案保管期限表",各村、居和村级集体经济组织应参照上述材料,修订完善本单位档案分类方案及保管期限表等业务规范,做好平时文件材料的积累、收集、整理工作,确保档案材料收集齐全、准确、系统、及时。

3. 规范村、居档案整理工作

每年上半年,各街镇(工业区)要监督指导下辖村、居,将上一年度应归档文件材料和材料移交清单全部归集至村、居档案部门,档案工作负责人应对照材料移交清单,对移交材料逐一清点核实并经双方确认签字。村、居档案部门应依据保管期限表,于6月底前对收集的档案进行系统分类、组合、排序、编号和编目,便于档案的管理和利用。

4. 加强村、居档案安全保管

各村、居要按照有档案管理人员、有档案管理制度、有符合要求的档案保管场地、有专用的档案柜组的"四有"要求设立档案室,对本单位各类档案实行集中统一管理。各行政村应设立独立的档案室,做到库房与办公两分开;居民区应设专室或专柜保管档案。档案室应配置数量充足的档案装具,配备相应的防火、防盗、防潮、防光、防蛀等安全防范设施和电脑、打印机等现代化办公设备,确保档案的保管安全、管理高效。因故不具备保管条件的村、居委,档案可由街镇(工业区)档案部门代管。

四、效果及影响

基本建立与农村改革发展和城乡一体化发展体制机制需要相适应的涉农档案安全保管体系。全区涉农单位档案保管条件100%符合标准,除接收进馆外,区档案馆为各单位涉农档案提供进驻、寄存等服务,确保全区涉农档案绝对安全。

基本建立覆盖"三农"工作各方面的涉农档案资源体系。涉农档案材料应归尽归,涉农档案管理体制应建则建,涉农档案资源建设更加完善。涉农专项工作中产生的数量庞大、内容繁多、紧贴民生的档案,如农村集体资产改革档案、农村土地承包经营权确权登记档案等实现100%同步接收进馆。

基本建立方便农民查阅的涉农档案利用体系,做到馆藏涉农档案100%以数字化形式提供利用,并与街镇(工业区)社区事务受理中心查档窗口实现数据共享,满足农民群众便捷利用档案信息的愿望。

　　案例形成单位:上海市闵行区档案局
　　案例形成人:管燕、何艳芳、杜惠芳、李音

基于 TextCNN 人工智能算法的档案保管期限鉴定

一、案例概述

当前，人工智能技术的快速发展及应用给社会各个领域带来了巨大影响，其在档案管理中也具有较大的应用空间。在档案管理中探索构建基于人工智能技术的智能管理模式，将在很大程度上提高档案管理的科学性和规范性，节省人力物力资源，提升管理效率和服务质量。本项目以档案的保管期限鉴定为切入口，探索引入人工智能技术，借助信息化手段来实现档案保管期限的智能化、自动化鉴定，在提高效率的同时，也大大降低了档案员能力差异导致的鉴定标准不统一、不准确等风险。

二、实施背景

一直以来，中国移动通信集团江苏有限公司（以下简称江苏移动）高度重视档案的信息化系统建设工作。2002 年已建立全省统一档案管理系统，强化数据关联，实现了档案资产的一站式管理和服务，打通了与企业内部 OA、合同、工程、采购等管理系统流程，并借助电子签章技术，实现了文书、工程等档案的单轨制管理，公司被江苏省档案局评为五星级档案室和全省首家 AAAAA 级数字档案室，连续多年被评为档案工作先进集体，《基于生命周期的企业文档管理方案研究》获国家档案局优秀科技成果奖。高水平的档案信息化系统建设，让公司积累了大量的数字档案信息资产，为探索大数据和人工智能技术在档案管理中的应用奠定了坚实基础。

鉴于当前公司转型发展的实际情况，产生的各类档案资料比过去更多、更复杂，在人力受限的情况下，若仍依赖人工鉴定档案的保管期限，已无法适应企业高质量的转型发展需要，如何准确、高效鉴定档案的保管期限成为档案整理中一个迫切需要解决的问题。

传统的档案保管期限判定流程如图 1 所示。

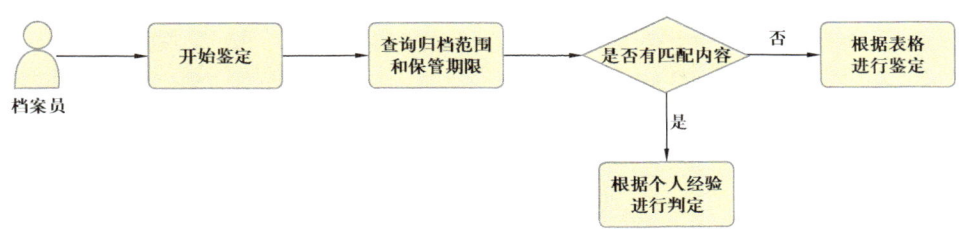

图 1 传统档案保管期限判定流程

当前工作方式存在的弊端：

第一，过度依赖档案员个人的专业能力。当前，档案保管期限由档案员对照执行标准进行鉴定。专业能力强、工作熟练的档案员可凭借经验快速完成判定工作，但对于新手档案员来说，上岗门槛较高，需提前熟悉上百条保管期限判定表，工作初期一般都需逐一比对、核实，耗时较长，效率较低，人力成本较高。

第二，人工鉴定的准确性不高。鉴于每个档案员的理解差异、认知差异和执行差异，以人工方式一次性准确确定保管期限的难度高、工作量也大，不同的档案员对同一份文件进行鉴定，可能会输出不同的结果，存在一定的误判风险，且复核难度大。

第三，重复鉴定的工作量较大。根据档案管理要求，对于保管期限已满的档案需进行再次鉴定，有价值的档案将重新划定保管期限继续保存，无价值的将进行销毁。中国移动通信集团江苏有限公司已成立 20 年，大量的保管期限为 10 年的档案均需再次进行鉴定，工作量巨大。部分分公司为避免麻烦，甚至对所有档案资料均予以"永久"保存，不仅增加了运营成本，也挤压了库房的保管空间。

三、创新做法

为妥善解决上述问题，项目团队细致研究人工智能技术在档案保管期限判定中的应用思路和实施对策，希望通过综合分析档案文件的内容、来源、产生时间、成分、文件名称等诸多数据要素，构建算法、形成模型，利用机器学习，准确、高效地判断、鉴定档案保管期限，使档案的保管更加智能化和科学化。主要创新做法有以下三点。

（一）智慧分析，带来高准确性

人工智能档案保管期限判定基于室存电子档案的大数据分析，本项目中分析得到表1中结果。

表1　档案保管期限智慧分析结果

1. 保管期限	特征类别数：3	空值数据：0
2. 文件标题	特征类别数：40010	空值数据：0
3. 文号	特征类别数：30846	空值数据：5537
4. 密级	特征类别数：12	空值数据：74
5. 文件类型	特征类别数：28	空值数据：8078
6. 来文单位	特征类别数：103	空值数据：17050
7. 归档部门	特征类别数：48	空值数据：0

项目将江苏移动的879GB电子档案作为数据源，从分析结果来看，文件标题和密级两个标签特征类别数完备，对保管期限影响较大。为此，项目主要聚焦这两个标签，实施自然语言预处理，将文本字符转换为数值向量，变成算法模型可识别处理的内容，利用one-hot编码，建立了与密级间的三维向量，实现了保管期限的自动鉴定。在实际应用中，该算法推荐准确率达到97%，极大地提高了档案员的工作效率，同时也降低了档案保管鉴定失误造成的国有资产流失风险。

（二）标准统一，带来高推广性

本项目以《企业文件材料归档范围和档案保管期限规定》（国家档案局第10号令）为基础，通过对室存的档案数据源进行分析，形成人工智能模型。鉴于同一行业尤其是大型集团下属各分公司的收发文、决策事项、会议类型、工程项目等文件相似度较高，因此数据分析后形成的模型基本一致。本项目在江苏移动落地后，已向分公司进行推广，从实际验证来看，保管期限推荐准确率依然可达96%，说明该成果在行业内部具有可推广性。

在与现行档案系统对接方面，该模型对底层的算法进行了数据封装，提供标准的接口，各类档案系统仅需进行少量开发即可实现与人工智能模型的数据交互，档案系统所使用的开发语言、数据库类型均不受限制，开发简单、成本低廉，非常便于其他行业借鉴应用。

（三）自动学习，带来高灵活性

判断档案保管期限是档案整理中最为复杂的工作之一，具有因时而异、因事而异、因地而异的特征。因在不同的时代、不同的情况、不同的地域会具有不同的价值，保管期限的判定标准、要求也会随之发生变化。为此，本项目采取"机器判定＋人工判定"相结合的方式，通过人工的复核判定、机器的自我学习，来实现模型的动态更新和完善。具体来说，对于人工智能推荐的保管期限与档案员判断不一致的情况，由档案员综合多方要素，进行人为修正。Text CNN 算法会对修改后的判定结果重新学习、训练，自动完成模型的稽核与校正，以满足实际的管理需要（图 2）。

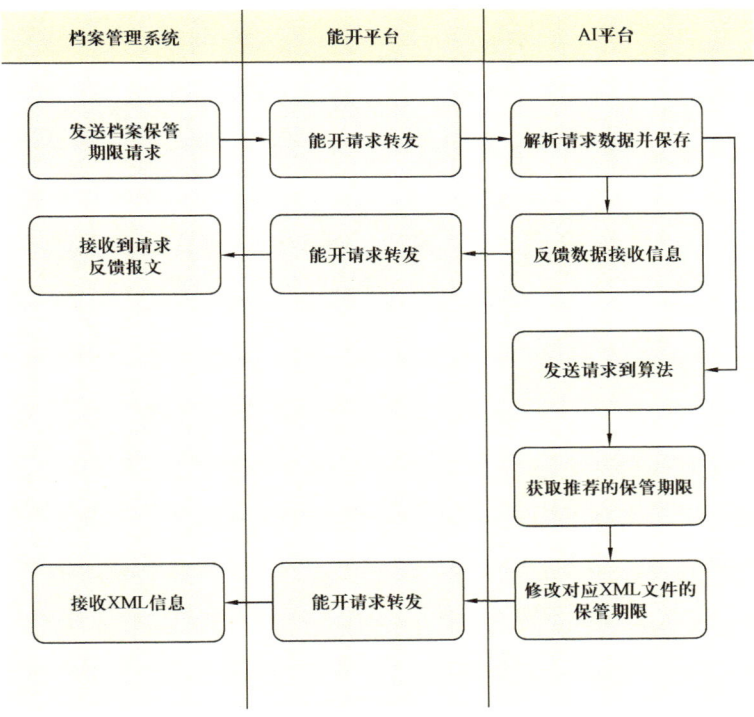

图 2　档案保管期限鉴定流程

四、效果及影响

（一）为企业降本增效

本项目上线以来，已完成了 2 万余次的档案保管期限自动鉴定，准确率达 97%，大幅提高了档案员的整理效率，降低了档案员的专业技术门槛，每年为企业节省人工成本 84 万元。

（二）保护企业档案资产

采用集中式数字档案室建设，实现全公司内部保管期限的统一标准，提升档案规范化管理水平，提高档案鉴定质量，科学鉴定每一份档案。

（三）构建了企业大数据平台

将大数据分析作为具体项目落实到档案管理当中，建立全省文书档案保管期限智能分析模型，完成了全省文书档案的智能保管期限推荐，为其他门类档案的智能保管期限鉴定工作打下坚实基础。

（四）开创了人工智能档案管理新模式

实现了档案自然语义的智能分析，将传统的档案整理、检索利用转变为人工智能鉴定、关联语义的著录推荐，后期将进一步探索人工智能在自动汇编、智能利用推荐等一系列工作中的应用。

江苏移动智能保管期限推荐系统的建设，突破了传统封闭的档案管理模式，提升了档案工作的科技含量，为企业生产、经营提供安全、优质、高效的信息服务，在实践中充分实现了档案的经济价值和社会价值，为下一步知识化服务实践做好基础准备工作。

案例形成单位：中国移动通信集团江苏有限公司
案例形成人：谢兴峰、朱剑虹、晁泉泉、丛浩

用电子化手段实现工程项目档案生命周期化管理

一、案例概述

随着信息化建设的快速发展，档案管理工作也要结合现有实际情况不断创新。为进一步加强工程项目档案的管理，自2015年以来，浙江中控技术股份有限公司在信息化流程中增设"工程项目情况表及竣工资料移交"模块，规范工程项目档案过程管理，保证项目工程实施结束后，工程项目档案能够完整、及时、规范地移交至公司档案室，用电子化手段实现了工程项目档案生命周期化管理。

二、实施背景

随着当前信息技术的飞速发展和广泛应用，信息化在社会进步过程中起到了无法替代的作用，许多传统领域越来越多地与信息化进行融合，信息化推动并改变着传统的工作和管理方案。档案管理的模式也随着信息化的发展不断完善和优化，电子化手段的档案管理模式日益成为信息记录、传输、利用及共享的主流方式。

浙江中控技术股份有限公司致力于化工、石化、电力、制药、冶金、建材、造纸等流程工业领域。流程工业是国民经济支柱产业，在我国工业体系中占有重要地位，具有生产规模大、能耗物耗高、危险系数大、工艺复杂等特点，对管理控制的协调性、实时性、可靠性要求较高。作为这样一家高科技自动化公司，工程项目档案是公司档案室最重要的库藏，截至2020年年底，已达6万余卷。工程项目档案作为工程质量管理、进度监控的重要材料，不仅是公司业绩的体现，也是公司对用户承诺的体现。若要实现企业档案自身规范化管理，首当其冲要做好公司工程项目档案的管理，尤其要确保它的完整性和及时性，对用户负责、对自己负责。

由于企业工程项目量巨大，且施工现场分散，遍布国内外各地，项目施工过程中所形成的工程项目档案收集完整较困难，管理方法落后，利用费时费力，且部分重大工程项目自施工至竣工周期较长，用户的后续需求（如系统的升级、培训、现场服务等）也需要前期工程项目档案作参考、作支撑，因此，做好工程项目档案的规范化管理至关重要且非常迫切。

由此也引发了企业对工程项目档案管理的新思考，即将工程项目档案引入信息化技术和方法进行档案管理。自 2015 年以来，公司深入贯彻前端控制及全程管理原则，将工程项目档案管理纳入信息化系统，根据项目的生命周期进行工程项目单据的制定和流转，并设置工程监理部对工程项目档案的电子流程和纸质档案进行审核，确保工程项目档案能够完整、及时、规范地移交至公司档案室，打通从业务流程到电子信息化管理、再到电子与纸质档案长期保存的信息通路，实现了工程项目档案全生命周期管理。

三、创新做法

（一）工程资料形成部门通过信息化流程做好工程项目档案的前端控制

一个项目能否顺利实施并验收合格，取决于全生命周期中的很多直接因素或间接因素，有技术因素、管理因素、资金因素和人力因素等，其中一个很重要的因素就是档案管理。

如果不在资料形成之初就对其进行控制与管理，一些有价值的电子资料可能会由于工作人员疏忽或对文件价值的不理解而被遗漏，这将造成有价值的电子资料流失而无档可归。而电子化手段的融入将纸质文件归档管理系统中的后控制手段提到了最前端。所谓"前端控制"，是指在文件、档案设计形成之前，对相关内容的管理。按照"前端控制"思想的精髓，把工程项目资料各个阶段的管理放在概念阶段予以考虑。在概念阶段，要及时采集必要的"背景信息"和"原始数据"，以证实项目档案形成过程的真实可靠。事先确定归档范围，判定保存价值，确定采集时间和采集方式，以保证归档文件的完整性、准确性。

浙江中控技术股份有限公司的工程项目档案包括在项目执行过程中产生的各类电子、纸面资料，包含（但不限于）各类记录、技术资料、图纸、设计输入输出文件、各类会议纪要、项目往来文档（电子邮件、传真、电话记录、信件等）等。为了便于项目资料存档、管理、归类与查找，整个项目过程中产生的资料会上传到对应环节的信息化流程，具体举例如下：设计联络会上传往来资料、纪要等，设计评审上传设计输入、输出资料，现场服务中修改的组态、图纸等信息，用户提交的书面变更、安装照片拍摄及其他实时采集的现场信息，均会电子化处理并按照分类匹配到相应的节点中。

项目组成员在项目验收后一个月内整理完成工程项目情况表和项目竣工资料，并由项目负责部门提交工程监理部审核，同时，联系项目协助部门一同竣工，相关资料内容通过信息系统提交竣工。如协助部门资料不一起移交的，以及资料中存在缺失或其他偏差的，项目负责部门提交竣工时应在信息化流程中的"项目情况表"中明文反馈相关安排。

工程资料存档部门项目资料管理人员收到项目组提交的纸面项目验收报告，且收到该项目在信息化流程中的"工程项目情况表及竣工资料"单据后，在3个工作日内将项目的全部纸面档案整理成册，并在封面上注明项目合同编号、项目名称、用户名称等信息后移交工程监理部。采用竣工电子档审核的工程部门，应在项目竣工后一个月内将所有纸面记录移交至工程监理部。同时应联系协助部门完成资料的移交工作，做好前端控制。

（二）落实工程项目纸质档案与信息化流程中工程项目电子档案及其流转信息符合性的同步审查

公司指定工程监理部对提交的竣工资料依据监理标准进行竣工监理（图1）——审查工程项目纸质档案与信息化流程中工程项目电子档案及其流转信息符合性、对客户开展电话回访。如信息化流程中的竣工资料单据被驳回，项目组应在驳回后一个月内完成整改，并再次提交审查。在用户电话回访中存在工程原因导致的遗留问题和投诉的，驳回项目组处理。通过工程监理部检查的项目提交工程中心总经理审核，审核通过的竣工资料经主管工程高层领导批准后，项目竣工生效。领导在信息化流程中驳回的项目，由工程监理部驳回至项目经理处给予组织处理，待问题妥善处理后再次提交竣工申请项目资料管理人员。对在信息化流程中已通过审核的竣工资料，依照项目组提出的竣工资料移交的相关要求进行打印、刻录、装订、邮寄等工作，邮寄情况建立必要的记录。邮寄用户的竣工资料中会同时放入"客户满意度调查表"等资料。

在整理纸质档案的过程中,一旦文件收集不全或出现漏交档案的情况,就难以保证项目档案的完整性。而当前通过电子化手段对工程项目档案管理进行干预,能够随时查缺补漏,省时省力,保证工程项目档案在整个生命周期获得严密的控制。

工程项目纸质档案与信息化流程中电子档案及其流转信息同步审查是档案管理在监控工程实施进度以及工程实施情况中起到的重要作用,把庞大的工程项目,结合管理节点,利用档案资料进行再一层的审核,通过档案管理为工程项目监控与进度管理提供多一重保障。

(三)工程项目档案与信息化流程中的"工程项目情况表及竣工资料"须同步移交至档案室,项目竣工单方可生效

项目组依据项目进度,提交已经产生的各类资料,确保资料的完整性,并经工程监理部审查无误后,方可按项目竣工流程将项目资料的纸质档案及信息化流程中的工程项目信息流转单(附工程项目电子档案)移交至公司档案室存档,待档案室审核确认提交后,此项目竣工单方可生效(图1)。

档案管理是项目建设、实施、管理过程形成的具有重要价值的各种形式的有效记录,关系着项目的立项、实施、监理和验收等全生命周期中的关键环节。电子化手段与综合性档案管理模块连成线,从审批事项的发起、审批、形成成果文件、发布到最后归档,工程项目档案全面实现信息化流程管理,同时强化了工程项目建设情况的整体管控,归档后员工可以按照权限取用,也从公司层面全面实现了企业专有核心资料的管控。

四、效果及影响

(一)促进工作效率提高,推进档案管理服务质量,保障项目稳定运行,提升可持续竞争的优势

经过精心设计的工程项目档案信息化流程,可以实现数据的一次录入、多次输出,利用信息技术实现"数据、技术、业务流程"的互动创新,从而多角度、多元化地对工程项目进行整体管控。信息化条件下的档案查询及利用效率更高,

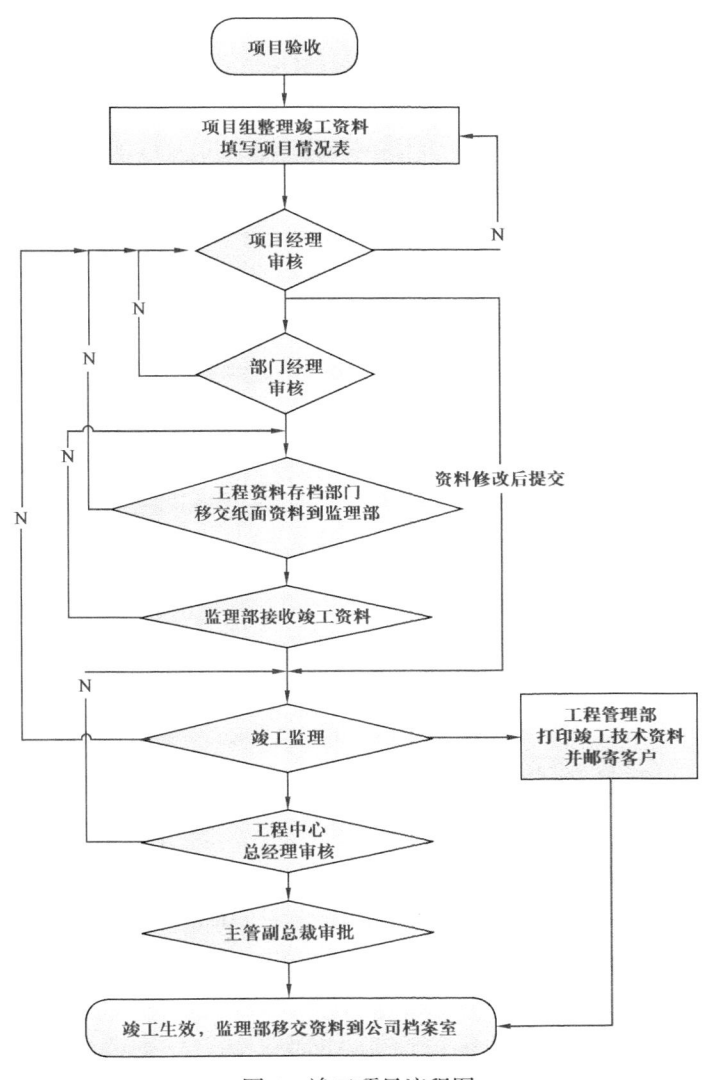

图 1 竣工项目流程图

尤其是大规模、综合性的查找，优势尤为突出。在公司工程项目档案的信息化流程中，每个项目通过"合同号+项目名称"来保证在信息系统中的唯一性，即设计联络会资料、设计输出资料审查、现场服务等节点流程，制定或检索只需录入唯一的"合同号"，即可进入项目相应的节点文档界面，全面细化的文件资料，清晰明确的项目流程，一体化的管理模式，更是保障工程项目稳定运行的基础（图 2）。

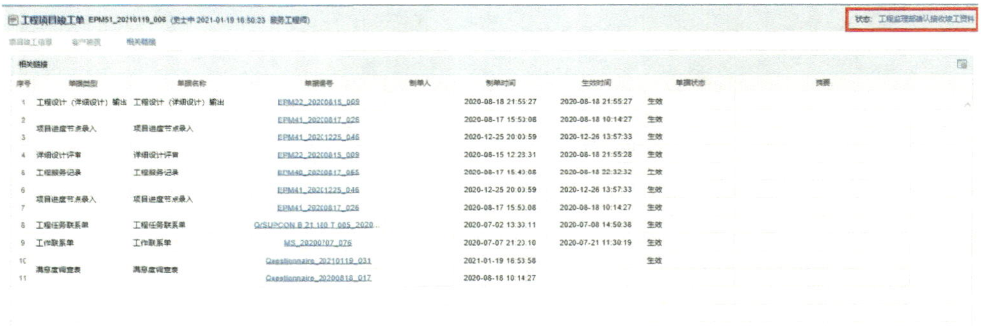

工程项目竣工单 EPM51_20210119_006 (史士中 2021-01-19 16:50:23 服务工程师)　状态：工程监理部确认接收竣工资料

相关链接

序号	单据类型	单据名称	单据编号	制单人	制单时间	生效时间	单据状态	摘要
1	工程设计（详细设计）输出	工程设计（详细设计）输出	EPM22_20200815_009		2020-08-18 21:55:27	2020-08-18 21:55:27	生效	
2	项目进度节点录入	项目进度节点录入	EPM41_20200817_026		2020-08-17 15:53:08	2020-08-18 10:14:27	生效	
3			EPM41_20201225_046		2020-12-25 20:03:59	2020-12-26 13:57:33	生效	
4	详细设计评审	详细设计评审	EPM22_20200815_009		2020-08-15 12:23:31	2020-08-18 21:55:28	生效	
5	工程服务记录	工程服务记录	EPM40_20200817_065		2020-08-17 15:43:08	2020-08-18 22:32:32	生效	
6	项目进度节点录入	项目进度节点录入	EPM41_20201225_046		2020-12-25 20:03:59	2020-12-26 13:57:33	生效	
7			EPM41_20200817_026		2020-08-17 15:53:08	2020-08-18 10:14:27	生效	
8	工程任务联系单	工程任务联系单	Q/SUPCON B 21 180 T 005_2020...		2020-07-02 13:33:11	2020-07-08 14:50:38	生效	
9	工作联系单	工作联系单	MS_20200707_076		2020-07-07 21:23:10	2020-07-21 11:30:19	生效	
10	满意度调查表	满意度调查表	Qsestionnaire_20210119_031		2021-01-19 16:53:58		生效	
11			Qsestionnaire_20200818_017		2020-08-18 10:14:27			

图 2　节点详善的工程项目竣工单

（二）有效确保工程项目档案的真实性、完整性，对用户负责，令用户放心

工程项目档案的质量，决定着日后利用工作的效果和水平。只有完整和准确的工程项目档案，才能真实地记载和再现项目情况，为日后生产使用、维护和改（扩）建提供系统全面、准确可靠的档案信息和第一手历史资料。信息化流程的介入，确保了公司工程项目档案在整个生命周期过程中的真实性、完整性，同时通过信息化流程中的“工程项目情况表及竣工资料”的信息流转单，可追溯项目在各个阶段的实际情况，为用户工程项目的后期现场服务工作提供强有力的支持。

（三）通过前端有效控制，线上线下同步进行档案移交，为公司各类工程项目的中标、回款及有效实施提供强有力的保障

通过工程项目资料形成部门的前端控制，并将工程项目资料的形成情况录入信息系统中，通过信息化流程进行流转，确保项目一经竣工后，纸质档案及时、完整地移交至公司档案室。在公司后期投标工作中，可以及时、有效地利用前期移交的工程项目竣工验收报告作为业绩材料，为投标工作提供支持，提高中标率；在公司回款工作中，工程项目资料中的装箱、投运、验收材料为有效证据，此类材料为公司的回款工作提供了强有力的保障。

工程项目档案管理的信息化，有效确保了工程项目的统筹管理，能够准确实时提供所需的数字信息，对企业的发展有着积极推进作用，同时也为企业经济利

益最大化提供了更优质的服务。应用先进的管理方法和信息技术，以电子化手段实现工程项目档案生命周期化管理，系统地改进了经营、生产、服务、管理等各项过程，保障了工程项目的稳定运行，提升了公司的竞争优势。

案例形成单位：浙江中控技术股份有限公司

案例形成人：赖景宇、俞洪超、许航、陈爱竹、张苗、楼晓晓

打造档案"乡愁"版,助力泉州乡村振兴

——泉州市乡村记忆文化项目建设综述

一、案例概述

2018年,泉州市出台《关于实施乡村振兴战略的实施意见》,提出了由19个项目组成的乡村振兴战略三年行动方案,其中乡村记忆文化项目作为泉州市自主创新项目,由泉州市档案局、馆联合市委史志室组织实施,项目市级总投入405万元,县级累计配套近1000万元,在三年时间内,按照"一村一品、一村一韵"的基本原则,以档案抢救保护开发为主线,创建"项目化"运作方式,通过规范建档、编史修志、建设村史馆、保护史迹等措施,在全市范围内先行保护并建设50个具有地方特色历史文化记忆的代表性乡村。截至2020年12月底,50个项目示范村已全部建设完成并通过验收。

二、实施背景

习近平总书记在中央城镇化工作会议上指出:"要让居民望得见山、看得见水、记得住乡愁。"历史遗迹、红色记忆、乡土民俗、农耕用具及地方名产、名人、名艺等是形成特色乡村文化的重要元素,这些丰富多彩、历史悠久的乡村记忆是铭记历史的精神坐标,是实现乡村全面振兴的"助推剂",对新时代的中国传统文化建设具有重要现实和历史意义。

当前,随着农村社会经济的快速发展,生产生活方式发生巨大变化,这些饱含"乡愁"元素的记忆文化的保护开发面临诸多不利因素:一是见证长期以来农村各项变化过程的本土村民越来越少,且富有乡愁记忆的东西或元素正在加快消失,加强村档村史的收集刻不容缓;二是对村史村志、民俗、涉农技艺、传统服饰等非物质文化遗产重视不足,保护措施缺失,使得这些乡村文化遗产面临消失的风险,需通过乡村记忆文化项目的建设加以抢救保护;三是对乡村记忆文化的

挖掘利用不够,相关开发利用规划欠缺,导致文化"无用论"在乡村普遍存在,需深入挖掘利用这些乡村记忆元素,融入乡村振兴发展规划,加快形成"以用促保"的长效保护机制。

三、创新做法

(一)四级联动,组织领导"机制化"

为落实乡村记忆文化项目相关建设工作,泉州市档案局、馆联合市委史志室成立由市政府分管领导任组长的泉州市乡村记忆文化项目建设领导小组,构建"市级统筹部署、县级指导运作、乡镇督促落实、村居具体实施"的四级联动组织领导机制。同时,市县两级同步制发三年行动方案,明确建设的各项任务及措施,确保同步规划、同步启动、同步运作、同步落实;市、县(市、区)、村(居)签订项目建设协议书,明确责任单位与责任人,合力推进示范项目建设。通过四级联动的机制化领导组织模式,结合常态化的跟踪指导,为高效推进乡村记忆文化项目建设提供坚强的组织保障。

(二)规范程序,运作管理"项目化"

创建"立项—可研(初设)—实施—验收"的"项目化"运作管理模式,扎实推进泉州市乡村记忆文化项目建设:

抓"好"立项:2018年年初,泉州市乡村记忆文化项目建设纳入泉州市《关于实施乡村振兴战略的实施意见》,作为全市自主创新项目并启动建设。

抓"准"可研(初设):2018年4月,制发《泉州市实施乡村记忆文化项目建设三年行动方案》,在调研的基础上,组织项目可行性研究及论证,最终确定50个乡村记忆文化项目建设单位。

抓"全"实施:分两批实施,首批试点示范单位12个村(社区)于2019年完成建设,第二批38个村(社区)于2020年完成建设。

抓"严"验收:组建项目验收组,按照"成熟一家,验收一家"的原则,组织开展项目验收工作。

(三)以评促建,验收测评"标准化"

验收测评是乡村记忆文化项目建设的关键环节,也是规范化推进项目建设的重要抓手。2018年8月,市乡村记忆文化项目建设领导小组办公室在多方征求意见和充分调研论证的基础上,研究制发了《泉州市乡村记忆文化项目建设测评标准》(以下简称《标准》),细化建设内容,按百分制对各项目示范村(居)进行标准化量化测评。同时,采取以会代训的方式,强化《标准》在项目建设过程中的具体运用,做到"一标两用",既能作为项目测评验收的基本依据,又能作为各地区项目建设的工作指南,确保高质量完成建设任务。

(四)因地制宜,建设内容"特色化"

泉州市乡村记忆文化项目立足各村(居)的实际情况,因地制宜,在硬件设施方面,不新建馆舍,主要依托各村(居)现有的建筑设施进行乡土文史档案室(图1)、乡村记忆文化展示场所(图2)等建设,力求"旧貌换新颜"。在建设内容方面,根据各村(居)的风土人文情况,从传统工艺到闽南古建筑、从"侨"文化到"南拳"文化、从宫观寺庙到古厝宗祠、从农耕文化到特色产业以及名产、名人、名艺等方面,开展资源整合提升,力求所有示范项目村(居)达到"一村一品、一村一韵"的建设目标,实现对乡村特色文化遗产的整体性和真实性保护。

图1 泉州晋江市金井镇围头村乡村记忆文化档案室

图 2　泉州市永春县仙夹镇龙水村"乡村记忆文化展馆—漆篮传统工艺展示"

四、效果及影响

（一）乡村档案进一步规范，记忆文化传承创造"新载体"

通过泉州市乡村记忆文化项目建设，采取全方位、多渠道的抢救保护措施，各示范村（居）汇集了初具规模、种类多样、内容丰富的乡村记忆文化档案，包括反映农村生产生活的党务、村务、村史、乡村建设、综合治理、土地确权、精准扶贫、社会保障、文化教育、会计、节庆活动、民俗方言、民俗活动、民间故事、族谱志书等文书、照片、录音录像及实物档案，为"乡愁"记忆及传统文化的永久传承创造了全新载体。目前，各示范村已基本建立一套完善的档案管理机制及业务规范；完成各种门类、载体的乡村记忆档案收集及规范整理累计 2 万余卷（件），其中特色资料 80 多卷、老照片 1000 余张、视频资料 60 多件、文史典籍 300 余篇等；建设符合"八防"要求的乡村综合档案室，建立各具特色的"乡村文化展厅"。此外，各示范村还精心编修了本地村史村志、家谱、视频专题片等多种乡村文化精品等。

（二）特色资源进一步整合，记忆文化宣教展示"新韵味"

泉州是传统历史文化悠久的资源大市，具有深厚文化底蕴的村（居）数量众多。泉州市乡村记忆文化项目建设充分注重实际，针对每个示范村（居）的地域情况、历史文化、产业资源、民情风俗等，集中收集整合富有当地特色、活态文化特色和群体记忆的特色文化资源，按照"一村一品、一村一韵"的原则，建设以"村情村史馆、民俗生态展览厅、传统产业制作工艺展示馆、历史名人纪念馆"等为主要形式的乡村记忆文化展示场所，全面提升乡村文化软实力。同时，各地充分发挥乡村记忆文化项目的宣传教育作用，通过开放展馆（厅）、播放专题视频、发放编研材料等方式，面向群众、学生及社会各界积极宣传爱乡爱国情怀和传统家风家训。如永春大羽村的"白鹤拳"史馆及《永春白鹤拳传衍世袭分支图谱》《白鹤拳教程》等文化精品、永春县龙水村传统工艺展馆、德化县葛坑村的"民俗工艺馆"、惠安潮乐村"渔业"文化展厅、小村惠女服饰文化、南安观山村历史古厝群、泉港前黄村传统小吃、鲤城区王宫社区"拍胸舞、车鼓婆"、晋江围头村战地特色文化等，均发挥了多元化、全方位的宣传教育作用。

（三）助力振兴进一步突显，记忆文化效益实现"新提升"

乡村振兴"说一千、道一万，增加农民收入是关键"，这是泉州市乡村记忆文化项目建设的动力源泉。一是打造"名气"。借助广播电视、报刊网络等平台开展宣传，引导社会各界共同参与，打造泉州特色乡村记忆文化品牌，近年来，得到国家级媒体新华网、光明网、《中国档案报》、中国档案网，地方知名媒体福建电视台、泉州电视台、《泉州晚报》、闽南网等的关注报道，进一步提升了各村（居）的名气，为当地发展特色乡村旅游经济起到有力的宣传作用。如晋江围头村战地特色文化基地每年吸引各地参观者达180万人次。二是聚集"财气"。通过挖掘、开发历史留存的乡土传统记忆，引导一批群众经营如特色农产品加工、农家小吃、传统工艺品制作、"南拳"功夫培训、农家乐等具有浓厚传统乡土特色的创新产业，让村（居）民"钱袋子"鼓起来。如晋江苏垵村村民传承传统工艺制作的"黑茶古"、惠安大村村民制作的惠女服装及鱼卷食品等，已逐步畅销市场。

案例形成单位：泉州市档案局、泉州市档案馆
案例形成人：傅天宝、廖晓凌、陈若波、吴清杰、黄清泉、杨义嘉

运用"文件包"技术，
优化洪屏电站项目档案管理

一、案例概述

为保证项目档案真实、齐全、完整，做到施工文件收集与工程建设同步，2012年至2018年，江西洪屏抽水蓄能有限公司（以下简称洪屏公司）对施工文件采用"文件包"管控，将全过程的施工文件保存在事先建立的"文件包"中，施工过程中不断充实，待工程结束后稍作整理，即可移交归档，解决了传统模式下整理时间长、人员流动大、管理难度高等问题，从而保证了工程文件齐全、完整、安全，实现了过程管理与目标管理的有机结合。截至2018年年底，电站共形成纸质档案正本10948卷，为电站顺利通过专项竣工验收、创国家优质工程金奖奠定了坚实的基础。

二、实施背景

项目档案是在工程建设项目过程中形成的有保存价值的文字、图表及声像等各种载体的历史纪录。产生于项目建设的各参建方，在工程建设过程中记录施工情况、评定施工质量、质量缺陷原因的分析、索赔和反索赔、阶段验收和竣工验收及日常管理工作中具有不可替代的重要作用，也是工程建成后运行、管理、维护工作中不可缺少的依据。在建立工程质量终身责任制的今天，档案的凭证作用显得尤为重要。

通过对各参建单位档案工作情况的调查了解，发现档案管理存在以下问题：

一是不能满足工程完工验收后3个月内完成档案移交工作。本工程应在2011年年底完成7个标段的竣工档案的移交工作，实际却未能按时完成，暴露出各参建单位只注重工程施工进度，对施工文件未妥善保管，不按规定及时移交和定期整理归档，项目完工时才组织力量突击编制，增加了档案的收集难度，难以保证档案的完整性和准确性等问题。

二是洪屏电站各参建单位管理方式不一，档案管理规范化程度不一，文件材料编制、存放的部门也不相同，施工文件没能集中统一管理（表1）。

表1 数据库案卷目录字段表

序号	归档内容	存放部门
1	管理性文件	由各责任部门编制，档案室统一存放
2	原材料质量证明文件	试验室
3	工程变更文件	工程技术部、计划合同部
4	测量资料	测量队
5	施工记录	施工管理部、质量保证部
6	单位、分部、单元工程质量验评记录	质量保证部、各外协队
7	工程数码照片	质量保证部、施工管理部

三是档案工作不能与工程进度同步管理。部分单位为赶工期和进度，只重视工程验收是否过关，在工程建设中忽视文件材料的编制与收集，放松了项目文件的日常管理工作，专业档案人员难以做到全程跟踪和指导，因此造成施工文件的编制、收集、整理不及时、不符合要求，待工程结束后再靠写"回忆录"编制竣工文件，甚至为通过竣工验收编造不实文件记录，工程项目质量不能得到真实体现。

四是档案管理人员整体素质不高。洪屏电站施工期长、人员流动性大，特别是武警部队每年都有人退伍，工程技术与档案人员不稳定，有的单位档案人员为兼职人员，缺乏专业管理知识，对档案的收集、整编等要求不熟悉，导致档案质量较差。

五是建设单位的档案平时指导少，待施工单位工程竣工验收完成后，移交档案时才发现档案管理不善等问题，造成被动局面。

上述弊端制约和影响了档案管理的质量及进程。为了解决存在的问题，洪屏公司组织参建单位有关人员学习规章制度，开展现状调查，比较分析，听取意见，形成了新的管理理念和管理方式。

三、创新做法

针对洪屏电站工程施工周期长、参建单位多、施工作业面广、形成的文件渠道广泛、人员变动频繁等特点，洪屏公司创新档案管理理念，建立具有鲜明特色的施工文件过程管理新方法，积极推行"文件包"管理制度的应用。

（一）制定单位工程"文件包"管理制度

2012年，洪屏公司印发《江西洪屏抽水蓄能电站土建、金属结构及水工仪器单位工程文件包管理制度》，该制度明确了建立"文件包"的目的、工作职责、工作程序，并组织施工单位集中进行了培训，对文件包的具体操作进行了讲解。

各施工单位根据本单位工程施工的项目实际，制定了个性化的单位工程文件包管理制度，报监理单位审批，经监理审核通过后，各单位按此制度执行。文件包管理制度其作用在于指导施工单位自工程开工至竣工期间，以单位工程为基础开展工程施工文件的收集与整理、组卷与归档工作，并明确工作职责、程序、收集内容、组卷顺序及要求，保证工程竣工后能在规定时间内顺利移交竣工档案。

（二）"文件包"的含义

"文件包"是指开工前的准备、施工过程中和施工结束后三个阶段的原材料、设备、产品、合格证、原材料及半成品的检验报告、有关工程技术文件、施工记录及验收签证，按一定的形式装入规定的文件盒中。

"文件包"中的文件材料必须符合归档的质量要求。"文件包"是专门为建设项目档案收集工作制定的，用来控制施工前及全过程中产生文件的齐全、完整和准确，使各种施工文件符合规定质量要求，并按照要求进行妥善保管，待工程结束后作为合格的竣工档案加以整理和移交。

（三）"文件包"的构成

"文件包"包括封面、编号、包内目录、包内文件等。

（1）"文件包"的封面由文件包名称、编号、技术负责人、建包时间组成。

（2）"文件包"编号的构成：根据"江西洪屏抽水蓄能电站主体工程项目划分表"和"江西洪屏抽水蓄能电站6～9大类分类表"（图1），将单位工程划分表编码和档案分类表分类号有机结合形成"文件包"管理的编号，其中包括单位工程编码、档案分类号、文件包序号。例如，P1-11-8110-001，该编号中P1-11为上水库主坝混凝土重力坝单位工程编号，8110为档案分类表中主、副坝类目号，001 为文件包序号，使施工技术人员能了解该份文件归档的类目，档案人员知道文件所在的单位工程，起到双向管理效果。

（3）包内目录：采用卷内目录的格式。包内目录内容为各参建单位负责编制本合同项目的每个单位工程从开工到竣工应产生的施工文件、记录，并结合"抽水蓄能发电企业档案分类表（6～9类）"固定"文件包"内文件的收集内容和保管的排序。

表1　江西江屏抽水蓄能电站主体工程单位工程划分

编号	序号	项目类别	单位工程名称	说明
P1-11	1	上水库	主坝混凝土重力坝	
P1-21	2		西副坝混凝土面板堆石坝	
P1-22	3		西副坝混凝土面板堆石坝	
P1-31	4		上库库岸库盆	
P1-41	5		上库防渗	
P1-51	6		西副坝导流隧洞	根据图纸确定明确名称
P1-61	7		上库泄洪设施	
P2-11	1	输水系统	上库进出水口和闸门井	
P2-21	2		1号引水系统	
P2-22	3		2号引水系统	
P2-31	4		尾水事故闸门室	
P2-41	5		1号尾水系统	
P2-42	6		2号尾水系统	
P2-51	7		下库进出水口和闸门井	
P3-11	1	地下厂房系统	通风兼安全洞	
P3-21	2		进厂交通洞	
P3-31	3		主副厂房开挖支护	
P3-41	4		主变室和母线洞	
P3-51	5		主副厂房和主变室结构工程	
P3-61	6		厂房附属洞室	
P3-71	7		厂房防渗与排水系统	
P3-81	8		厂房建筑装修	
P4-11	1	地下厂房系统	下库大坝	
P4-21	2		下库库岸库盆	
P4-31	3		下库防渗	
P4-41	4		下库导流洞	

81 水工及附属建筑

810　综合

811　上书库

8110　综合

　　综合性材料入此，有专指类目的归入其类目

8111　主、副坝

8111　库岸、库盆

　　库岸、库盆开挖支护、库区整治（含库岸外高边坡处理、库盆基础加固等）

8113　防渗系统

　　库岸、库盆边坡防渗

8114　帷幕灌浆

8115　排水观测廊道、灌浆廊道

8116　环库公路

　　防浪墙、栏杆、路面、灯饰等

8117　测量、监测设施、接地、防雷系统

8118　放空洞、冲沙、导流洞

图1　江西洪屏抽水蓄能电站主体工程项目划分表、档案分类表

（4）包内文件：由技术负责人负责收集该项目的有关文件材料、记录，要求数据真实、填写规范并符合质量记录。在工程建设中每形成一份施工文件，对号入座放到事先建好的"文件包"中，施工过程中不断充实"文件包"。使施工单位在日常工作中可以据此做好施工文件材料的收集、整理、保管工作，保证了竣工档案的质量，减轻了竣工档案编制整理的工作量。单位工程结束后闭合"文件包"（图2）。

（四）以先带后促进"文件包"管理的实施

各施工单位按照"文件包"制度，建立了"文件包"，文件包制度实施后，洪屏公司每季度组织监理单位技术及档案人员对"文件包"的运行情况进行检

查，发现各单位"文件包"管理执行情况参差不齐。为此，决定将"文件包"管理较好的中水六局作为典型单位，抓典型、树标杆，召开档案管理典型经验交流会，采取经验介绍和现场学习的方式，以点促面，达到了理想的效果。

图 2 单位工程结束后产生的"文件包"

四、效果及影响

一是施工文件采用"文件包"管理制，是过程管理和目标管理的有机结合，打破了传统到工程结束再进行文件材料的收集、整理的工作习惯，现在每形成一份施工文件，工程技术人员就将其放置到相应的"文件包中"，做到了施工文件的收集与工程同步，每个"文件包"分类准确，包内文件有序排列，合同项目结束后，稍做整理就可以移交归档，解决了施工单位需要工程结束后花费很长时间制作竣工档案的问题，避免后期返工的风险，项目竣工时档案收集、整理同时完成。

二是"文件包"的收集是按照单位工程进行收集、分类，它是工程竣工档案的基础。按照 DA/T 28—2002《国家重大建设项目文件归档要求与档案整理规范》，项目施工文件也是按照单项工程、单位工程进行组卷，与"抽水蓄能电站企业分类表"中的分类、组卷要求一致,给组卷带来极大的方便,节省了组卷的时间,避免了以往追、补造成的时间浪费,也避免了后期返工的风险,做到了项目档案管理的"四同步"。

三是增强项目档案管理理念,规范建设过程中单位工程施工文件管理方式,提高施工过程文件的管理能力,充分体现档案的原始记录性,使参建单位树立高度的责任意识,在科学、合理的管理流程中互相配合、互相约束,协同合作,保证建设项目档案真实、全面地反映工程建设全过程;使档案成为基建项目实体的重要体现形式,有效提高洪屏电站项目档案质量的整体水平。

四是"文件包"的建立解决了施工时间长、人员流动大造成档案管理不善及流失的问题。在实施"文件包"管理模式前,施工文件有的存放在技术人员个人手中,有的因工作调动时被带走,现在的文件全部都放入"文件包"中了,保证了施工文件的安全。

在国内水电站建设项目中,洪屏公司对施工文件过程管理创新采用"文件包"模式。通过2012年以来六年多的运行,该管理措施已被充分证明是确保施工过程文件全程控制、工程档案质量提高、竣工档案顺利移交的一项重要措施。通过"文件包"模式,洪屏公司项目档案管理质量及工作效率得到了很大程度的提高,电站工程项目档案在投产发电后10个月内完成了全部项目文件的收集、整理、归档,投产11个月内通过了档案专项预验收,投产18个月内完成竣工决算,极大缩短了整理档案的周期。2018年6月,洪屏项目档案通过国家档案局专项验收,并得到了国家档案局的高度评价,被誉为"水电行业的档案标杆,堪称精品",为洪屏电站创2018年度国优金奖打下了坚实基础。

案例形成单位:江西洪屏抽水蓄能有限公司
案例形成人:戴静芬、郑渚娓

白蚁档案资料助力小浪底大坝安全防护

一、案例概述

黄河流域水库大坝白蚁危害十分严重，而白蚁防治最重要一点就是要熟悉了解白蚁，为了给黄河流域白蚁防治工作提供直接科学的依据，小浪底人拓展思路、创新想法，创新档案载体，成功利用归档的防治白蚁资料和实物，探索制作了小浪底白蚁标本室，对推动黄河流域白蚁防治工作具有历史参考指导价值、科学研究价值、文化挖掘价值、经济社会价值，树立了黄河流域白蚁标本室标杆，成了水利行业的示范，在全国白蚁防治工作中处于领先地位。

二、实施背景

"千里之堤，溃于蚁穴"。在地球上生存着一种昆虫，距今约有2亿5千年的历史，被称为地球的"活化石"，它就是白蚁。白蚁一般是在自然沉积或夯实的素土中营集，通向蚁巢的蚁路四通八达，如果白蚁蚁巢筑在堤坝内部，当汛期水位高涨时，水流便通过蚁路，形成管漏现象，严重的可能造成垮坝溃堤，对江河、水库堤坝有重大危害。白蚁虽小，危害巨大。中华人民共和国成立以来，我国因白蚁危害造成决堤垮坝的事件常有发生，如四川万县的刘家湾水库、云南的巴马水库、广西的大洋河水库等都给国家和人民生命财产造成了重大损失，据1998年特大洪水后报道，长江流域出现险情4974处，其中80%是白蚁造成的。

黄河在我国经济社会发展和生态安全方面具有十分重要的地位。习近平总书记在黄河流域生态保护和高质量发展座谈会上发表重要讲话，将黄河流域生态保护和高质量发展上升为重大国家战略，提出"重在保护，要在治理"，要求"共同抓好大保护、协同推进大治理"，发出了"让黄河成为造福人民的幸福河"的伟大号召，为新时代加强江河保护和治理指明了方向。近几年来，国家高度重视水利建设，围绕黄河保护与治理开展了诸多研究和实践工作，取得了举世瞩目的伟大成就，如小浪底水利枢纽工程。

小浪底水利枢纽和西霞院反调节水库处于北纬34.9度，气候温湿，一月平均气温零下1~2摄氏度，七月平均气温26摄氏度，大坝分别为黏土斜心墙堆石坝和砂砾石坝，大坝与两岸山体相连，周围植被茂密，生态环境良好，利于白蚁生存繁衍。山西省运城、晋城两市部分县曾发生大面积的白蚁灾害，其中重灾区垣曲县古城镇与小浪底水利枢纽管理区的直线距离不足50千米，传播可能性大。

鉴于小浪底水利枢纽和西霞院反调节水库在黄河治理开发中的重要战略地位和主坝的结构特性，为保证小浪底水利枢纽和西霞院反调节水库大坝及电力设施安全，做好白蚁防控工作十分必要，而白蚁防治最重要一点就是要熟悉了解白蚁。

小浪底水利枢纽管理中心对白蚁防治工作极为重视，近年来积极组织开展白蚁防治工作，在防治工作中取得显著成效。为留下历史纪录，充分利用白蚁防治实物档案，展示白蚁防治技术、防治措施和防治成果，为以后白蚁防治工作提供帮助，搭建普及水利工程白蚁防治知识的平台，提高白蚁防治工作的管理水平，小浪底水利枢纽管理中心探索制作了小浪底白蚁标本室（图1）。

图1 小浪底白蚁标本室案例

三、创新做法

(一)创新档案载体,树立黄河流域白蚁标本室标杆

为更好地开展白蚁防治研究,使水利行业了解和掌握白蚁的理论知识,保障水利工程大坝安全,促进黄河流域高质量发展。小浪底人善于拓展思路、创新想法,积极研究技术措施,创新档案载体,改变传统文字、图片、影像档案,充分利用归档的防治白蚁资料和实物(图2),探索制作了小浪底白蚁标本室,位于小浪底水利枢纽管理区档案馆一楼西侧,长12米,宽8.15米,净占地面积97.8平方米,布置有21幅白蚁宣传展板、8个白蚁展台,一套关于白蚁危害宣传的影音播放设备。

图2 白蚁标本

白蚁标本室在同类型水利行业可借鉴经验少，现在水利工程的档案馆没有把白蚁标本作为实物档案保存的案例，小浪底人自主研究、积极创新，把白蚁标本作为科技档案的一部分进行妥善保管。按照"白蚁科普—白蚁危害—白蚁防治"等顺序进行展示。白蚁标本，从"虫卵—蚁王、蚁后—婚飞蚁—蚁巢"逐一展示，是对白蚁生活情况的真实复原，为今后白蚁防治实践和应用打下良好的理论基础，成了水利行业的示范，在全国白蚁防治工作中处于领先地位。

通过国内最大的知识数据平台"中国知网"进行关键词组合检索，在文献类和成果类查询"白蚁标本室"，查询结果均为零，白蚁标本室成为水利行业的示范，在全国白蚁档案工作中处于领先地位。

（二）创新管理模式，实现白蚁档案信息资源共享

白蚁栖居在土壤中对土石坝威胁很大，是堤坝安全的大敌，小浪底水利枢纽大坝失事对下游造成的损害是不可想象的。小浪底水利枢纽防控白蚁工作总的任务是对防控范围内发现白蚁的区域进行治理，对没有发现白蚁的区域进行预防，对蚁源区进行重点治理。中长期任务是争取在3~5年内基本解决核心区域的白蚁危害，白蚁的治灭率应达到95%以上。长期任务是对防控范围进行长期监控、治理，确保水利枢纽和有关设施安全。

在白蚁档案管理上，小浪底人创新管理模式，在档案库房改造时专门划分部分空间作为白蚁标本室，不是简单地把白蚁标本放在展台上（图3），而是按照白蚁的成长过程、危害、防治方法，通过音像、图片、实物进行展示，建成灵活、有创意的小浪底白蚁标本室，为小浪底白蚁防控技术创新实践与成果提供档案支撑，实现了白蚁多年信息资源的共享，为我国其他同类水利水电工程项目的白蚁防治提供借鉴，为近年来黄河流域白蚁防治工作提供了直观科学的依据，也为小浪底特级档案馆建成奠定了基础。后期将增加VR体验方式，使参观者对白蚁防治有身临其境的感觉。

（三）创新宣传方式，挖掘发挥了白蚁档案资料的最大作用

小浪底人创新宣传方式，挖掘白蚁档案的最大利用价值，在档案收集过程中要求防治单位除提供纸质防治资料外，还要求同时提供防治白蚁的图片和实物档案。随后，在大量图片和标本中挑选出有代表性的、能反映整个防治过程的图片

和标本，经过精心设计和布置，展示白蚁防治的过程，利于更好地做好白蚁防治宣传。

图3　白蚁标本的宣传及展示

通过白蚁标本室对白蚁危害的宣传，提高了人们对水利档案价值的认识，也提高了人们的白蚁防治意识，对加强水利档案科学管理具有积极的现实意义。小浪底白蚁标本室建成后，水利行业和业务单位经常来白蚁标本室参观，不仅成为水利档案管理的特色，现已成为普及水利工程白蚁防治知识、参观小浪底水利枢纽的重要展览场所，形成了具有小浪底特色的企业文化。

四、效果及影响

（一）在新时代幸福河建设中具有一定的历史价值

水利工程中，大坝安全是一项特别重要的内容，白蚁防治事关大坝安全。小浪底水利枢纽控制黄河流域面积的92.3%、径流量的87%、输沙量的100%，是治理黄河总体规划的关键控制性工程。大坝为黏土斜心墙堆石坝，坝底最大宽度864米（其中心墙宽80米），心墙顶宽度7.50米，坝顶公路路面距离心墙顶部1米，心墙是防止白蚁危害需要保护的重点。

小浪底白蚁标本室是小浪底水利枢纽管理中心在从事白蚁防治工作及相关活动中直接形成制作的档案，是对国家、社会、水利行业和本单位具有保存价值的实物形式的历史纪录，凝结着小浪底白蚁防治工作者的智慧和汗水。小浪底白蚁标本室真实展现了白蚁进化进程和防治工作的成果，是各个时期白蚁防治决策的重要参考，直接影响着大坝安全。随着新时代幸福河建设推进，小浪底白蚁标本室作为维护历史真实面貌的有效记忆工具，成为了历史的真实记录，也是水利工程的运行管理的最好见证，是白蚁防治工作得以持续推进的重要基础保障。

（二）为水利行业白蚁防治工作提供科学借鉴

小浪底白蚁室归档整齐、直观展示，通过对白蚁档案的分析，可以准确掌握黄河流域小浪底地区数年的白蚁规律和特点，有助于研判当前和今后一个时期的白蚁防治工作重点，为以后做好白蚁防治工作提供现实参考和指导，为黄河流域水利工程在白蚁防治上的运行管理、利用提供依据。

近年来，小浪底白蚁防治工作取得了一系列成果，不仅控制白蚁效果好、实用性强，而且绿色环保，对当地环境和下游水域无污染，成本较低、可推广性强，适合在中原地区水利堤坝工程白蚁防治中推广应用，也可应用于房屋建筑、文物古建、园林绿化等方面，可为我国其他同类水利水电工程项目的白蚁防治提供借鉴，能产生显著的经济效益和生态效益。2018年，小浪底枢纽区的土白蚁在全国范围内最早分飞，这使得洛阳土白蚁的生物习性研究具有重要的学术价值。

（三）为白蚁防控技术创新实践与成果提供档案支撑

2018年调查黄河小浪底水利枢纽和西霞院反调节水库大坝区域的白蚁危害情况，结果在小浪底水利枢纽和西霞院反调节水库大坝区域内共采集到白蚁标本115组，经鉴定是洛阳土白蚁和圆唇散白蚁；发现白蚁危害点6541处，其中散白蚁3225个点，土白蚁3316个点。结论为黄河小浪底水利枢纽和西霞院反调节水库大坝区域内有较为严重的洛阳土白蚁危害，需要采取有效措施对其种群进行控制，确保库坝安全运行。

小浪底水利枢纽管理中心对白蚁防治工作极为重视，通过小浪底白蚁标本室等途径对小浪底水利枢纽管理区中的白蚁种类、巢群数量、危害范围和危害程度等情况进行深入细致的调查研究，采取分区域控制、光控技术、喷粉技术、饵剂诱杀技术等手段，2018年4—6月，发现小浪底白蚁活动迹象明显减少，防控效果初步显现，并在小浪底主坝南岸山坡开挖了一窝长出死巢指示物——炭棒菌的蚁巢，证明了白蚁防治有效。小浪底白蚁标本室也为制定有效的白蚁防控方案提供了科学依据，为制定相关白蚁防治规范提供了科学的档案支撑。

（四）对白蚁档案规范化管理有助推作用

白蚁防治工作是一项重要的基础性、战略性工作。小浪底白蚁标本室开启了白蚁档案规范化管理，2019年小浪底档案馆在同类行业中成为唯一一家通过特级档案评定的单位。小浪底白蚁标本室规范化管理，促进了水利档案从单一的文书档案、科技档案，发展到实物档案等门类齐全的档案储存体系，档案管理手段由传统到现代，对于国内外其他水利工程的档案规范化管理具有十分重要的指导和借鉴意义。在小浪底白蚁标本室建成后，水利行业和业务单位经常来白蚁标本室参观，给予启迪，为后续的白蚁防治工作提供防治思路。

案例形成单位：小浪底水利枢纽管理中心
案例形成人：柯明星、王和平、张红建、李根成、王燕、李芳

文档一体化编码（HN 编码）在海南核电的创新应用

一、案例概述

自 2015 年起，海南核电有限公司（以下简称海南核电）通过科学论证，在借鉴成熟核电厂实践经验基础上，采用"内容—文种"两级的划分标准，将原来相互独立的文件编码体系和档案编码体系有机统一起来，建立了一套适应本单位的、新的文档一体化编码体系——HN 编码体系，并根据 HN 编码体系的特点开发了 HN 编码系统，改变了档案部门不熟悉业务部门文件形成情况、被动接收文件的不利局面，确保了文件记录归档的完整性。

二、实施背景

核电文件、档案体系正在不断完善中。文档体系体现了一个企业对于文件的认识和对工作领域的划分，是涉及公司统筹管理的大问题。核电是一个较新的领域，文件体系正在不断完善的过程中，统一的文件、档案分类标准也不断成熟，核电文档相对于其他领域企业而言，种类复杂、数量大，统筹管理难度较大。在以往的核电站建设过程中，产生了多种编码格式，如公文、管理程序、技术规程等，这些文件编码格式像一个个信息孤岛，缺少系统分类和统一识别方式。

文档一体化的工作模式是大势所趋，但缺乏代码支持。核电文档一体化水平在国内企业界相对比较高，但因为核电产生的文种多、数量大、介质复杂，文件产生流程各不相同，文档一体化编码产生的难度较大。

由于没有统一的文件、档案体系，档案部门很难全面、准确掌握各部门形成文件类型，只能按文件产生部门提交的清单来决定归档文件的范围，较为被动的工作方式有可能引起归档文件的不完整，而文件编码与档案编码之间的差异是档案工作者与文件产生者之间产生沟通障碍的重要原因。

要解决以上问题，必须加强文件、档案工作，加强文件的前端控制，重点是要深化文档一体化管理。文件编码和档案编码体系是对整个核电厂文档体系、档案体系的建立，是文档一体化工作的基础，对核电厂的影响贯穿设计、制造、运行乃至退役的整个周期，文档管理能否一体化，文档编码一体化是一个提纲挈领的关键步骤。

三、创新做法

通过比较各类文件编码，发现在结构上多数包含以下部分：一是文种，即这类文件与其他类文件相区别的代码；二是关键属性，如对于管理程序而言关键属性是领域，对于合同而言关键属性是形成年度，等等；三是顺序号用以区别同一文种下的不同文件，避免编码重复。从这个角度出发，海南核电制定了由"文件产生单位－文种名称－特征码－顺序号"四部分构成的文件编码结构。

（一）统一核电文件与档案编码

核电文件与档案编码的共性：通过比较各类档案编码，发现档案编码一般由以下部分构成：一是档案产生单位，即全宗；二是档案分类；三是关键属性；四是顺序号。这与文件编码是基本一致的，也就是说"文件产生单位－文种名称－特征码－顺序号"的结构是可以适用于档案编码的。

但是文件编码与档案编码毕竟是两类有差异的编码，因此要对二者进行修改和统一。

（1）对核电文档从内容上进行划分，从而构成 HN 编码的主体框架。

（2）对主体框架进行适应性修改。主要包括以下几个方面：

对档案编码进行扩容。文件的种类是档案种类的几十倍，因此文件编码必须要有足够的容纳度。HN 编码采用两位字母表示大类＋三位数字表示文种的方式，最多可以容纳 484 个二级类目，每个二级类目可容纳 1000 个文种，完全满足了文件编码的需要。

增加具有文件特色的字段。文件与档案相比，划分更为细致，因此，将特征码由一段增加为两段，从而更容易表示文件的特性，满足了工作的需要。载体、语种对于文件来说都是重要的属性，HN 编码将最后一个字段定义为载体、语种，充分考虑了文件编码的特点。

（3）公文、管理程序、信函以及外单位产生的文件最终也会通过立卷归档的形式，赋予 HN 编码。这样所有的文件与档案都具有了唯一的统一标识。

（4）针对一些会在电厂寿期内持续升版、不断更新的基准文件，因其无须归档，为了确保档案体系的完整性，另一方面可以提醒员工这是受控文件，需要注意版本，在文种的标识上与一般文件有所区别。

（二）编码的具体结构

HN 编码由"公司代码－文种－特征码－流水号－载体类型（语种）"构成，采用英文字母和数字混合编制（图1）。编码文种固定以两位字母＋三位数字表示，如 HN-EA100-2016-001 中，EA100 是文种代号，代表服务类合同文本，2016 是特征码，代表 2016 年度。

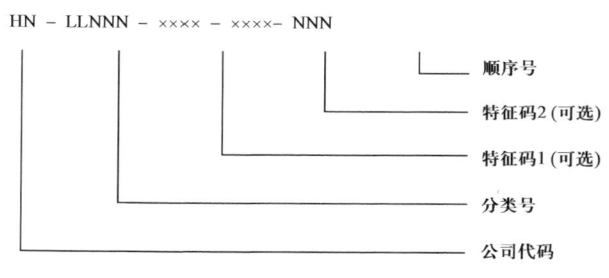

图 1　HN 编码结构图

（1）公司代码：固定用"HN"表示海南核电一期工程。

（2）分类号：前两位用字母表示，采用中核集团《档案分类编码规则》划分大类，后三位用数字表示，表示该分类下的各种文种类型或子分类。

（3）特征码：可选字段，共两段，用以体现各类文件的关键属性，各种特征码应尽可能地采用国内核电厂通用的代码来进行表示，包括机组号、子项代码、系统代码、设备类型标识代号、核燃料循环号、机组大修号、年度、功能领域代码、组织机构代码、专业代码、员工号、记录仪号等。

（4）顺序号：当顺序号超过 999 时，百位用字母 A、B、…表示。

（三）文件的归档处理

1. 按"件"归档的文件

按"件"归档的文件，其文件编码即为这些文件的档案编码，这些文件在作为文件运转与作为档案进行保存、利用时，它的编码不发生变化。

2. 需要组卷归档的文件

组卷归档的文件，在组卷时，新增一个档案分类，然后将其包含的文件组卷放入。

3. 不归档的文件

不归档的文件也是需要编制 HN 编码的，一方面这些文件可能会作为处室档案保管，采用 HN 编码就可以利用 HN 编码的分类对文件进行系统管理；另一方面不归档的文件有可能随着要求的变化在以后的某个时刻需要归档，这时既不需要重新编号也不需要重新确立分类。

（四）文种登记制度

为了保证文档一体化编码的实施，加强编码的执行力度，海南核电建立了一系列制度为编码实施提供保障。

1. 建立文种登记制度

所有由海南核电形成的文件，除公文、信函、管理程序、技术规程外，不论内容、用途、产生部门，一律采用 HN 编码，而且所有新增文种必须由文档部门归口审查、确定。文件产生部门需要新增文种时，需要向文档部门提供该文种的详细信息，如产生文件的部门、用途、保管期限等，文种的变更也必须向文档部门登记。这样一个文种从诞生开始，就已经将其产生的起点、运动过程中可能经过的流程、办理完毕后的归宿进行全面了解，有利于文档部门与文件产生部门对文件进行更好的控制。

2. 将文件编码的要求纳入质保体系

海南核电质保大纲中要求所有程序中涉及的文件、记录、表格等须采用 HN 编码，质保部门在对管理程序进行审查时，将同时提交文档部门对程序中的文件编码和文件模板进行审查。

3. 领导带头对制度进行宣贯

HN 编码生效后，公司领导带领各部门员工参加 HN 编码培训，并在培训会上着重强调文档对于核电的重要性，要求各部门严格执行 HN 编码。

（五）HN 编码系统的建立

HN 编码的核心软件是 HN 编码系统，该系统包含文件登记流程、文件编码系统、文件模板子系统三个主要部分。

文件登记流程为每个文种提供规范的申请、变更、取消流程，从而记录每个文种的产生、消亡历史。文件编码子系统则为海南核电所有的信息系统提供文件编码服务。当这些文件经过业务流转，归档进入文档系统后，可以直接进入文档系统的相应分类，不必重新编制档号，从而实现文档的一体化管理。不通过软件系统运转的文件，用户只需要在 HN 编码系统中找到需要的文种，输入文件题名、编制年度、功能领域等关键信息，系统就可以根据这些信息，判断这是当前分类的第几份文件，自动给出该文件的编号。此外，为规范公司各类文件格式，公司由文档部门统一归口文件模板的发布。文件模板系统可以将生成的编码和登记的文件题名产生部门等信息自动录入到文件模板中，为用户提供标准格式的文件。

通过这种机制，HN 编码系统将记录公司所有产生的文件及其基本信息，从而使 HN 编码成为核电厂信息化的重要组成部分。对于各部门来说，软件取号（图 2）既取代了以往各部门编号的工作，又可以通过该系统对文件进行查询、统计，甚至进行辅助管理，还可以规范文件格式，给各部门工作带来方便，各部门使用积极性较高。

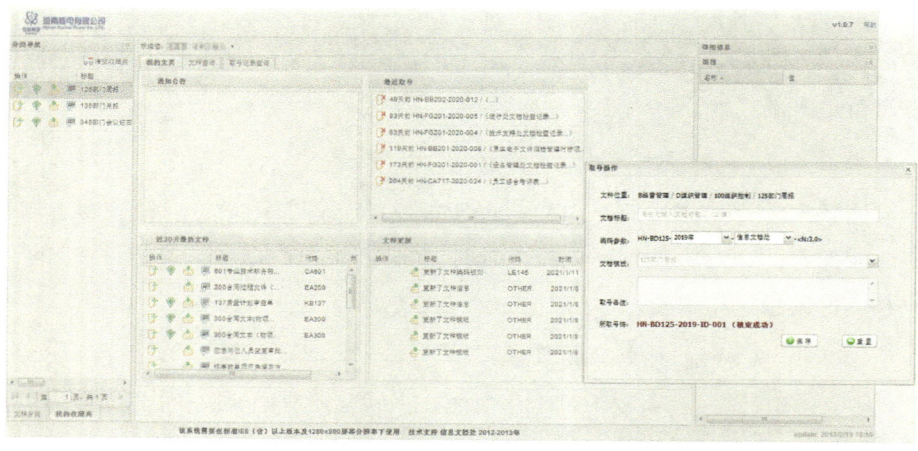

图 2　HN 编码系统取号示例

四、效果及影响

（一）提供了全面系统的核电文档分类，推动项目通过国家档案局验收

经过多年实践和完善，HN 编码在最初核电文档分类框架的基础上不断衍生出二级分类、三级分类以及具体的文种，通过逐渐稳定的分类表，可以清晰地看到核电文档复杂的全貌，大大提高了核电文档的系统性。2019 年，海南昌江核电项目通过国家档案局组织的档案验收，验收意见中指出"HN 编码系统解决了档案分类与文件编码的一体化管理"。

（二）实现了文档一体化管理

编码的统一，实现了计算机自动生成所有文件编码，在方便各部门人员编制文件的同时，也使所有文种的产生、文件的编制都依赖于文档部门，文档部门掌握所有产生文件的种类和数量，可以最大限度保证归档文件的完整性和系统性，并可以据此制定更为合理的归档方案和归档计划。文件登记制度从文件形成的最前端规范了文件的格式和编码，确保了文件的质量，实现了对文件产生情况的实时监控。

（三）促进了文件检索的深化

HN 编码统一了文件编码和档案编码，避免了一个文件出现多个编码的情况，使每个文件有了唯一的标识，全面的文件登记制度、自动取号系统，使文件的检索可以直接深入到每份文件、深入到文件产生之时，而不必等待文件办理完毕后进行查询，从而深化了检索。

（四）创造了一套长期、稳定、统一、开放的编码体系

HN 编码是适用于核电厂全寿期的编码，可以成为各部门之间沟通的有效途径，避免文件编码各自为政的情况。HN 编码具有很好的开放性，对于核电企业有较好的普适性，它的管理模式还可以推广到其他行业与领域的企业。

HN 编码不仅是一套编码体系，更是一种科学的管理方式和管理理念，它所包含的文种登记制度、文件登记制度，不仅可以保证文件体系的完整与系统，更

从文件产生之前就对其在整个文档体系中所处的地位、使用的范围和作用、归档时间、保存期限作了统筹考虑，相当于对每个文种、每个文件都发放了身份证，纳入到了公司整个文档管理体系中，更好地实现了文档的前端控制和一体化。

案例形成单位：海南核电有限公司

案例形成人：夏凯、余志诚、陈智文、刘朋朋、汪佑栋、王蓝蓝

聚焦攻坚，电亮民生

——电网扶贫工程档案管理创新与实践

一、案例概述

党的十九大报告指出：要坚决打赢脱贫攻坚战。国网重庆奉节供电公司将电网扶贫工程档案管理作为脱贫攻坚工作的"先行生力军"和"全程参与者"，创新提出"1243"档案管理方法，建立"一项一档一分一合"标准，纳入"两大体系"，采取"四个三"方式，实施"三晒"，环环相扣，层层监管，确保精准管控。

通过档案管理与工程计划进度同布置、同落实，同步开展脱贫攻坚项目资料的收集、整理、归档，采取全过程、全覆盖、全方位、全渗透式管理，确保档案齐全完整，真实记录公司完成脱贫攻坚重点任务的艰辛历程。将电网扶贫工程项目与农网工程有机结合，纳入脱贫攻坚工作整体部署。

二、实施背景

重庆市奉节县平安乡位于奉节县西北角，地处奉节、巫溪、云阳三县交界处，交通条件落后，居民人均可支配收入仅7803元。全乡12个村（社区）中有桃树、向子、咏梧、文昌、长坪、林口6个贫困村，建卡贫困户676户2700人，贫困人口多、程度深、覆盖面广。平安乡于2017年8月被列为重庆市深度贫困乡镇，向子村列为市级扶贫重点扶贫村。

平安乡供电面积32.75平方千米，供电人口2.0859万人。改造前，平安乡由10千伏竹平线供电，该线路1986年建成投运，线路全长76.932千米。由于原配网升级改造设计、施工标准较低，配网运行指标很难达标，导致10千伏竹平线停电次数较多，平安乡供电可靠性差。

以档案管理为抓手，以满足用电需求、提高可靠性为目标，国网重庆奉节供电公司着力解决市级深度贫困乡镇乡配电网发展薄弱问题,建设"安全可靠、坚固耐用"配电网,支撑经济发展和服务社会民生。重庆市奉节县平安乡2018年农网改造升级工程深度贫困乡镇电网改造项目作为电网扶贫工程,纳入国网重庆市电力公司市级深度贫困乡镇配电网建设改造项目,纳入奉节县平安乡定点包干脱贫攻坚工作任务,列入奉节县"十三五"农网升级改造规划及奉节县配电网规划,列入国网重庆奉节供电公司2018年度综合计划,实施10千伏竹平线改造工程和新建10千伏竹平Ⅱ线工程(图1)。

图1　2018年6月23日,施工人员在10千伏新建竹平Ⅱ线86号杆进行安装工作

三、创新做法

以助力脱贫攻坚为目标,结合电网扶贫档案工作实际,创新提炼"1243"管理方法,破解难题,成效显著。

"1"是建立"一项一档一分一合"的档案管理标准。脱贫攻坚项目时间紧、任务重,按照常规各个项目档案分开管理的传统模式效率较低。如何快速提高电网扶贫工程档案管理效率成为急需破解的一大难题。档案人员认真研究,充分运用脱贫攻坚两个项目的建设、设计、施工、监理单位相同的特点,创新实践,最终确立"分开建档,合并管理"的档案管理工作原则,即在分开建档的基础上对电网扶贫工程档案实施合并集中统一全过程管理,难题成功破解。

"2"是两个项目同时纳入"两大体系",实现全覆盖管理。将电网扶贫工程档案管理工作纳入公司脱贫攻坚工作体系,树立大格局、大布局意识,服务企业中心工作,作为推动此项工作顺利开展的基础保障。与农网工程有机结合,纳入公司农网工程管理体系,建立以档案管理部门为核心、项目管理部门为骨干、参建单位为基础的档案管理工作网络体系。

"4"是采取"三计划三检查三整改三落实"的"四个三"工作方式,多方联动,分工明确,环环相扣,层层落实,实现全渗透式管理。三计划是指档案管理部门制订项目年度整体归档计划,项目管理部门制订月度归档计划,参建单位根据工程进度制订同步归档计划,明确工作任务时间节点责任到人。三检查是指档案管理部门对项目管理部门归档完成情况进行不定期抽查,项目管理部门对参建单位归档完成情况进行定期检查,参建单位对收集整理情况进行自查。三整改是指不定期抽查发现问题,由项目管理部门整改、档案管理部门督促;定期检查发现问题,由参建单位整改、项目管理部门督促;自查发现问题,由参建单位整改、专人督促。三落实是指档案管理部门对项目管理部门归档问题整改落实情况进行复检;项目管理部门对参建单位归档问题整改落实情况进行复检;参建单位内部开展自查整改落实工作。

"3"是引入"三晒"监督机制,实现全方位管理。归档工作与通报考核有机结合,落实监督机制,晒进度晒成绩晒问题,"三晒"结果纳入工程管理进行通报,纳入部门绩效和工程质量体系进行考评,形成闭环管理,确保电网扶贫工程档案年度目标任务顺利完成。

四、效果及影响

档案,历史的见证者,文明的传承者。国网重庆奉节供电公司在深度贫困乡镇电网改造项目实施过程中,档案工作者主动融入扶贫民生工程,助力脱贫攻坚任务,创新管理做好电网扶贫工程档案工作,记录脱贫攻坚新局面。

档案争当排头兵,真实记录公司电网扶贫工程从立项、设计、进场施工到竣工投运不到四个月时间迎难而上抢工期的艰辛历程;承载使命担当,全程深度参与,助推公司圆满完成攻坚任务。用事实说话,让档案发声。归档材料齐全完整,充分佐证奉节电网扶贫工程"几个之最"辉煌印记:一是项目从立项到投运,用时最短;二是最先在奉节县农村乡镇实现双电源供电,有效提高了平安片区的用电可靠性;三是最大限度地保障了平安乡脱贫攻坚任务的顺利开展,为平安乡基础建设提供了坚强的电力保障。

2015年以来,国网重庆奉节供电公司按照奉节县"精准脱贫"总体部署,充分发挥电力帮扶的主导作用。2016—2019年,奉节供电公司立足脱贫攻坚大局工作,实施新一轮农网改造升级工程总投资2.87亿元,共224个子项工程,共新建及改造线路1543.2千米,新增配变容量106010千伏安,农村电网持续升级。将电网扶贫工程档案与农网工程档案有机整合,共形成档案673卷,各类原始材料对脱贫攻坚起到重要支撑作用(图2)。

图2 新建竹平Ⅱ线电网扶贫工程档案

2018年10月,重庆市市长唐良智在视察平安乡脱贫工作时,就电力基础设施建设和供电可靠保障,对电力作出的积极努力给予高度肯定。2018年12月12日,平安乡茨竹村546户村民致信真诚感谢国家电网公司践行央企责任为乡村脱贫致富给予大力支持和帮助（图3）在2018年全县第三方民主测评中，群众认可度达99%以上，广受赞誉，国网品牌深入人心。2019年4月29日，奉节县顺利退出国家扶贫开发工作重点县序列，戴了33年的"贫困帽"被成功摘掉。2019年10月21日，在奉节县2019年度"扶贫日"脱贫攻坚故事会暨脱贫攻坚表彰大会上，国网重庆奉节供电公司荣获"2018年度脱贫攻坚工作先进单位"。

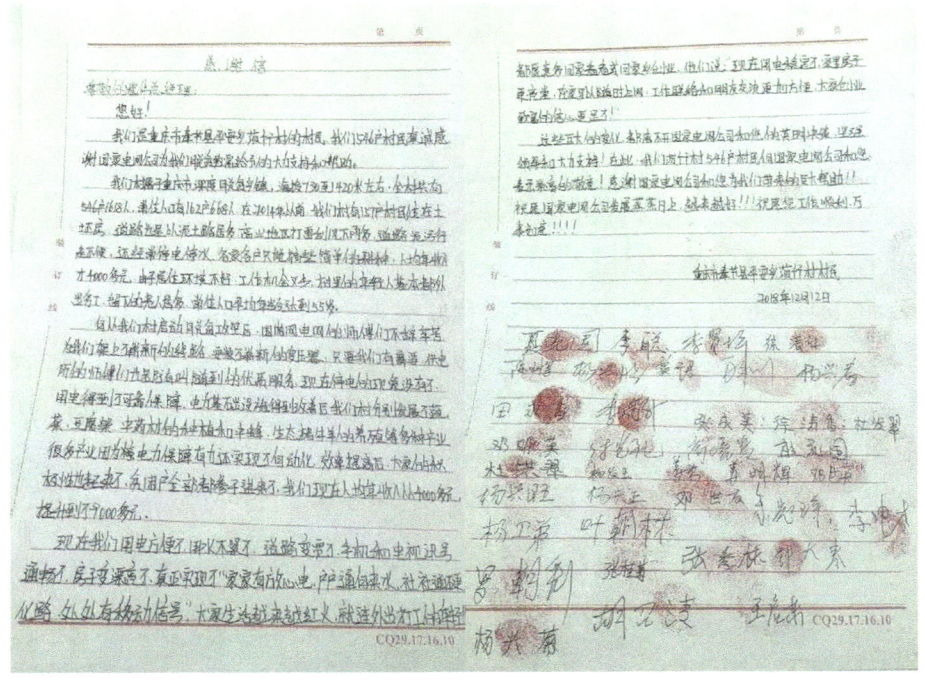

图3　2018年12月12日，重庆市奉节县平安乡茨竹村546户村民致信真诚感谢国家电网公司为乡村脱贫致富给予大力支持和帮助

国网重庆奉节供电公司创新提出的电网扶贫工程档案"1243"管理方法，成功破解管理难题，具有可推广意义。电网扶贫工程档案管理的创新与实践，聚焦电网建设与改造，集中展现了电力扶贫在脱贫攻坚伟大事业中取得的工作成果，为今后电力档案更好服务民生、服务大局中心工作进行了积极、有效探索，为电力扶贫留下了珍贵的历史印记。

案例形成单位：国网重庆市电力公司

案例形成人：刘俊、方立、严金平、马文海、张斌、黄凯

以服务产出为导向的"档案业务合伙人"文化建设

近年来,四川九洲电器集团有限责任公司(以下简称九洲集团)档案工作,结合公司实际,以服务企业发展为宗旨,以制度建设为抓手,以档案服务为纽带,不断营造档案文化氛围、强化档案与业务工作的融合、提升档案人才队伍综合能力,不断总结和创新档案管理工作模式,为公司发展奠定了坚实基础。

档案管理部门通过为公司各事业部、下属公司派驻档案BP(Business Partner,业务合伙人)深入参与项目过程,形成一种"档案合伙人"文化;同时为公司各事业部、下属公司提供常规服务模式和增值服务模式两种服务模式;打造了一支档案专业与项目管理并重的档案队伍;在实施档案BP的基础上,探索建立一套档案知识推送方式,为档案用户提供更高效精准的档案知识服务。总结创新出"1211"管理及服务模式,有效促进档案与项目的联动,推动公司档案服务从单一化向多元化转变。

一、案例概述

九洲集团档案工作围绕企业改革发展,以服务为核心、以管理为抓手、以人才为保障,始终找准档案工作定位,不断树立企业档案文化。档案管理部门创新档案服务模式,为公司各事业部、下属公司派驻档案BP,深入参与项目过程,促进用户需求的传递和落实、项目档案形成质量和归档效率的提升,了解项目各阶段的需求并为各事业部、下属公司提供精准的信息资源服务。通过跨部门融合团队的形成,打造融合协作的文化,有力地保障公司归档文件材料的齐全、完整、准确,促进档案业务更好地服务于公司科研、生产、管理等工作。

二、实施背景

"十二五"期间,中办、国办印发了《关于加强和改进新形势下档案工作的意见》，提出要创新国有企业档案管理和利用机制，要以国有企业改革为契机，积极创新文件材料收集和保管机制、积极创新档案管理方法、强化服务功能，推行企业档案利用"一站式"服务。

为了实现"351"目标，建九洲百年基业，公司按照"一张蓝图绘到底，重整行装再出发"的改革总体思路，对企业发展战略、产业板块、组织机构等进行调整，坚持奋斗为本、成就客户的核心价值观，对整个组织机构、管理流程进行重新梳理和再造，对公司整个档案管理体系的运行提出了新的挑战，档案管理部门坚持以服务为核心，创新工作模式，更多地发挥档案在企业发展过程中应有的责任和担当。

公司研制产品多、研制周期短，不少产品往往从研制开始到一定阶段，甚至到研制工作完成之后才进行档案资料的收集归档，造成归档技术资料不齐全、不完整。因此，必须实施产品研制全过程的档案资料的跟踪收集归档，保证产品研制档案符合质量要求、符合技术状态要求。主动监督产品研制部门做好产品从论证、立项、实施、验收、使用等全生命周期形成的全部记录和文件材料的收集和归档，才能保证收集积累的科研档案资料能够准确、完整、翔实地反映产品研制的历史面貌和有机联系，尤其是要确保科研档案资料的真实、完整、准确和系统，对其实行跟踪收集、跟踪管理，并使其处于受控状态，确保产品档案资源的完整性、准确性和保密性。

三、创新做法

（一）组织领导有力，支撑档案工作开展

机构健全、组织领导有力是档案工作规范、高效开展的前提条件。九洲集团高度重视档案工作的机构设置和组织领导，设置了独立的档案管理工作机构，配备了专职档案管理人员21名；档案管理工作由公司副厂长分管，各部门指定领导负责部门档案管理工作，并在各部门设立专兼职档案管理人员。公司还建立了档案工作领导团队和档案管理人员团队，形成了良好的沟通机制，为整个公司档案工作奠定了领导基础。

（二）以服务为导向，提供精准高效服务

2020年，为适应改革发展形势和外部竞争态势，九洲集团全面开展了"解放思想　转变观念　行动起来"系列专题工作。公司档案管理部门充分分析公司项目特点，以服务产出为导向，通过为事业部和产业公司派驻档案BP的方式提供档案服务，档案BP根据公司项目或产品运营需求，以项目团队成员的角色深入参与项目过程，了解项目各阶段的需求，为各事业部、下属公司提供精准的信息资源服务，并对档案的形成从源头上进行监督和检查，大大提升了项目档案形成质量和归档效率。

档案BP工作模式分为常规服务模式和增值服务模式，事业部和产业公司可根据需要分别选取任一模式：

常规服务模式：档案管理部门面向事业部和产业公司明确对口衔接的档案BP，档案BP的主要工作内容：（1）跟踪、促进项目外来顶层技术文件的归档，经数字化加工后，传递到项目组分享、利用；（2）将项目档案管理的相关要求在项目策划初期传递到项目组，促进项目组按要求形成技术文件；（3）核查项目组归档技术文件的准确性、完整性和规范性，并促进按阶段节点进行归档；（4）做好档案业务的衔接工作，为项目提供快捷的档案服务工作，充分发挥档案的利用价值。

增值服务模式：档案管理部门对事业部和产业公司的档案业务进行承包，以"送档上门、上门收档"的方式为事业部和产业公司提供增值服务，降低事业部和产业公司人员在档案归档、更改、利用方面的时间成本。在项目组人员履行完归档、更改、借阅流程后，档案BP按定时送、定时收的原则到事业部和产业公司开展送档、收档工作；如有工作紧急情况，可急用急送。增值服务模式将增加档案人员较多业务工作，会根据事业部和产业公司的业务量和服务效果向档案管理部门核算一定的业务费用。

档案BP的工作实行项目负责制，项目经理可根据项目档案业务的需要直接向档案BP安排工作；由档案BP协调档案管理部门专业资源满足项目业务需求；档案管理部门负责对档案BP的工作进行专业指导，对输出成果质量审核把关，确保其工作符合公司统一规范和要求。为保障档案服务质量，档案BP需要有较强的专业水平，熟悉档案各环节业务流程及要求；熟悉产品图样和技术文件的归

档要求以及标准；熟悉产品鉴定和定型文件的标准和要求；有较强的服务意识和沟通协调能力。

（三）强化档案团队，提供专业档案服务

九洲集团在档案队伍建设方面，不断完善档案教育和人才培养的体系建设，保持档案人员职业发展通道畅通，拓宽档案专业技术职务晋升通道，充分发挥档案专业人员的作用和潜力，形成在工作中摸索、在摸索中积累、在积累中沉淀、在沉淀中创新的专业性档案人才管理体系。

在档案 BP 实施过程中，档案人员从项目策划初期参与到项目中，在项目研制过程中与项目进行对接，在项目资料归档阶段对档案进行鉴定，确保归档的文件具有保存价值，从而练就了一支档案专业性强、懂科研项目的人才队伍，为科研项目档案整理、保护、鉴定、利用等工作提供了重要支撑。

（四）注重服务质量，探索档案知识服务

探索档案知识共享，开展档案知识服务。档案知识服务是以知识信息的收集、组织、分析等为基础，根据用户的问题进行挖掘和提炼知识，能够提供有效的知识应用和创新的增值服务。档案知识服务建立在档案知识共享的基础之上，借助信息化手段，充分实现知识共享，提升服务质量。

开展档案知识服务的同时，注重咨询反馈，提高档案知识利用服务质量。基于数字档案管理系统，建立档案知识咨询反馈平台。当利用者仅依靠自身检索无法对档案知识进行有效获取时，可以利用定制、交流，与档案人员进行交流和沟通，在他们的帮助下找到自己需要的档案知识。获取档案知识后，利用者在平台对档案知识服务效果进行评价，档案人员在收到反馈信息后，可对之前提供的知识服务进行完善和补充，以便今后为用户提供更优质的知识服务，促进整个档案知识服务体系的完善。

四、效果及影响

通过实施以服务产出为导向的"档案业务合伙人"文化建设，一是使档案管理和公司业务融合更加紧密，档案资源得到了充分利用，档案能更好地为业务服务，能够促进档案资源建设和开发利用；二是为事业部、产业公司提供了优质

的档案服务，保障了归档文件的质量，为九洲集团档案事业的发展奠定了坚实的基础；三是通过为事业部、产业公司提升增值服务，提升了档案管理人员的获得感，每年产生经济价值约为30万元。

案例形成单位：四川九洲电器集团有限责任公司
案例形成人：王军、张玉凤、邓敏、卢宏泽、向渍藜

宣传领航，
创新档案文化传播实践

一、案例概述

近年来，国网雅安电力（集团）公司深入贯彻落实习近平总书记关于"文化自信"的重要论述，坚持"文化兴档、文化强档"的指导思想，以服务公司中心大局为档案工作宗旨，积极创新档案宣传理念，深入挖掘档案资源的时代价值，把加强档案文化建设和传播作为凸显档案价值、推动档案工作创新发展的重要举措。本文以习近平总书记关心的雅安汉源古路村电力扶贫档案文化建设传播实践（图1）为例，客观阐述了近年来宣传领航、创新档案文化传播的一些做法和成效。

图1　2017年9月，汉源县古路村农网升级改造时航拍下的古路村全景图

二、实施背景

（一）文化背景

档案是一种文化财富，是人类积淀和传播文化的一种有效手段，既是人类文化的"储存器"，也是人类文化的"传播器"。充分发掘档案资源，加强档案文化建设和宣传，是新时期档案工作的客观需要，也是提升档案工作软实力、推进档案开发利用体系建设的重要抓手。档案工作者是与档案有着"肌肤之亲"的好伙伴，有责任也有能力让故纸堆中的"死档案"变成"活档案"，向社会传递它们的声音和温度，展示它们的风采。

为此，国网雅安电力（集团）公司档案工作者围绕公司中心工作，紧扣时代脉搏，深挖档案价值，精心组织策划，把握重要时间节点，以习近平总书记关心的雅安汉源古路村（"悬崖村"）农网改造升级工程为切入点，全过程跟踪做好各阶段档案收集整理，通过与宣传平台共建，创新档案文化传播途径，多维立体开展了系列宣传领航、文化强档的档案文化传播创新实践，真实记录了古路村电力扶贫工作成效，充分展示了档案文化传播带来的政治、经济和社会效益，让历史说话，用史实发言，彰显了档案价值，为建设具有中国特色国际领先的能源互联网企业服务。

（二）时代背景

了解档案历史时代背景，做好档案文化传播主题的选材，才能更好地弘扬档案文化。2015年以来，国网雅安电力（集团）公司认真贯彻落实党中央国务院提出的"坚决打赢脱贫攻坚战"决策部署，全力以赴确保各项脱贫攻坚目标任务完成。在2017年3月的全国两会上，习近平总书记在参加四川代表团审议时，听取了全国人大代表、雅安汉源古路村党支部书记骆云莲关于近年来该村脱贫攻坚情况汇报，他高度肯定取得的成效，强调要坚定不移打赢脱贫攻坚战，全过程要精准，有的还需要下一番"绣花"功夫。

而如何让包括古路村在内的贫困山区群众用上电、用好电，为脱贫攻坚提供坚强的电力保障，着实让国网雅安电力（集团）公司下了一番"绣花"功夫。通过多年持续加强电网建设和服务保障工作，特别是实施新一轮农村电网改造升级"两年攻坚战"，截至2018年年底，雅安市贫困村累计投入农网改造资金5.3亿元,供区内贫困村改造率达 100%,为雅安市促进城乡电力服务均等化、推动农村经济社会发展、打赢脱贫攻坚战打下坚实基础。

三、创新做法

(一)找准典型,打造精品,抓住档案文化传播的关键

在档案文化传播中,如何找准典型档案打造精品至关重要。故事典型,才能吸引媒体关注,从而利于传播。对此,国网雅安电力(集团)公司结合时代背景与地域特点、施工难度,选取习近平总书记两会上曾关心过的绝壁之上的古路村作为典型进行档案文化传播。古路村具有三个典型特征:一是时代背景典型。习近平总书记关心过的贫困村,是雅安脱贫攻坚与农网升级改造的主战场。二是地理环境典型。古路村位于雅安、乐山、凉山三地交界处、大渡河大峡谷入口的绝壁之上,因其险要地势,被称为"天梯上的彝寨",又名"悬崖村",至今有 400 年的历史。该村是当前雅安唯一不通公路的村寨,村民与外界交流的唯一通道是 2003 年从石壁上凿出的一条长约 3 千米、平均宽度 1.5 米,垂直高度近 1000 米的 Z 字形骡马道。2015 年,该村被列为汉源县 63 个贫困村之一,被认为

图 2　在陡峭狭窄的骡马道上,人背马驮运输超过 10 吨重的电力施工物资

是雅安全市脱贫攻坚最难啃的一块硬骨头。三是施工难度典型。古路村农网改造升级工程规模不大，但施工过程却异常艰辛，在陡峭狭窄的悬崖路上，超过10吨重的施工物资全靠人背马驮方式运送上山（图2），为搬运一台950公斤重的变压器，电力工人采用"雪橇移动"方式，在1.5千米的骡马道上，历时6天5夜完成搬运。

（二）全程记录，精心收集，夯实档案文化传播基础

巧妇难为无米之炊。档案文化传播离不开丰富的档案资料，特别是收集极其珍贵的原始素材尤为重要。为记录古路村施工的艰难过程，国网雅安电力（集团）公司加强内外协作联动，选派档案部门工作人员、媒体中心记者，并联合地方媒体力量组成现场记录组提前进驻古路村，采用全程跟拍的方式，工程推进到哪里，记录组就跟进到哪里。通过持续半个月时间的用心跟拍，前方记录组用相机、摄像机、航拍等全程记录下悬崖绝壁之上农网升级改造的珍贵历史画面，并精心挑选具有视觉冲击力和表现力的照片与视频素材留存档案，确保珍贵档案不流失，为档案文化传播提供了重要支撑。

（三）深度挖掘，讲好故事，突出档案文化传播的重点

档案以它独有的形式记载着时代历史变迁，受客观因素制约，库藏档案不一定很完整、很全面。要讲好档案故事，必须精心研究，深度挖掘，把这些零散的档案原件串好，把枯燥的档案写活，让故事更有滋有味。为宣传古路村农网改造这一德政工程取得的效果，2017年至今，国网雅安电力（集团）公司邀请各方媒体记者多次攀爬古路绝壁，和档案人员一同走进群众家中，深入采访电力扶贫背后的精彩故事，感受电力扶贫为古路村群众带来的变化，从不同视角挖掘了贫困村脱贫发展的磨面省时、用电省力、发展省心等"三省"档案故事。同时在宣传文章编写上强调以大量的档案资料为基础，辅之以亲历者的口述和图片作佐证，最终形成一篇篇引人入胜的专题作品，在人民日报、新华社、央视等主流媒体刊发，如《电进悬崖村照亮脱贫路—古路村电网建设档案纪实》《峡谷里的那片灯光（新时代之光）》《古路飞歌》等，传递国网声音，展现了档案的魅力，增强了档案文化宣传的影响力。

（四）加强沟通，搭建平台，凝聚档案文化传播合力

档案文化建设传播是一个系统工程，需要各方面大力支持、提供保障。在策划古路村扶贫档案文化传播活动时，国网雅安电力（集团）公司一方面加强内部档案部门与宣传部门和业务部门横向协同，制定了档案文化传播与农网升级改造同部署、同实施的工作方案，确保亮点题材不流失。另一方面加强向上级主管部门和宣传部门的汇报，加强与媒体、当地档案部门、村干部和群众的沟通，赢得了多方支持，形成了档案文化传播的强大合力。

（五）深化媒体合作，开展多维传播，形成档案文化传播新局面

国网雅安电力（集团）公司在档案文化传播中，始终将主题传播的目标靶心瞄准高端平台，深化与主流媒体合作，积极利用多方档案信息资源，促进共赢发展，通过一系列立体多维传播，真正形成"报刊上有文、网络上有声、电视上有影"的档案文化宣传新局面。结合党的十九大召开、改革开放40周年、新中国成立70周年、国际档案日宣传等重要时间节点，先后在《人民日报》，央视"喜迎十九大"直播、经济半小时、新闻联播，新华社等高端媒体进行深度传播，真实记录了古路村农网改造助推脱贫攻坚取得的工作成效，推动古路村电力扶贫故事成为国内外广泛关注和点赞的亮点。如2018年11月，电力员工参演的反映脱贫攻坚题材的影片《云上的彩虹》成功首映；2019年10月17日，《人民日报》中文客户端和英文客户端相继发布短视频，专题报道了古路村农网改造的典型事例；外籍主持人深入古路村采访拍摄相关视频，通过国家领导人海外社交媒体、人民日报客户端等平台向全世界推出，引发近1000万网友关注和点赞。

四、效果及影响

国网雅安电力（集团）公司通过宣传领航，创新档案文化传播实践，大力弘扬档案文化，产生的效果和影响有以下几点：

一是有利于凸显档案工作的价值。通过各种媒体，采取多种形式宣传，进一步凝聚档案文化共识，拓展了档案宣传工作的内涵，提高了档案文化影响力，增强了档案工作的存在感，让档案工作的重要性和重要价值为更多人所知，更加凸显了档案工作的价值和意义。

二是有力有据服务地方经济社会发展。这些围绕档案工作推出的宣传文章成

为推动当地经济社会发展的动力,进一步提升了当地企业和地域的知名度、美誉度,带动当地加工业和旅游产业经济的发展,助力贫困户增收脱贫,走上奔小康的道路。

三是彰显了国家电网敢于担当的央企责任形象。从档案的视角向全世界展示了国家电网通过持续加强电网建设和服务保障工作,让包括古路村在内的贫困山区群众用上电、用好电,为脱贫攻坚提供坚强的电力保障而下的一番"绣花"功夫,有利于彰显央企责任担当。

案例形成单位:国网四川雅安电力(集团)股份有限公司
案例形成人:唐正胜、郑治、汤小强、谢芹、袁德俊

"档案集中共享"模式助力企业经营管理

一、案例概述

山东新希望六和集团有限公司(以下简称新希望六和)是一家农牧食品民营上市企业,目前已有分(子)公司800余家,主要分布在国内三线、四线城市及部分东南亚国家,业务范围涵盖养殖、饲料、屠宰、食品加工、金融担保等。因行业特点,企业选址一般集中在乡、镇、村或远离人群居住的地区。随着企业管理逐渐趋向集约化、规模化,受企业地域分布广、地理位置较偏僻、公司发展迅速、人员流动较为频繁、信息传递慢等因素影响,档案统一收集工作漫长、档案易缺损和遗失、档案利用效果时效性弱等档案管理问题亟须解决。为此,新希望六和积极创新档案管理模式,通过实施"档案集中共享管理模式",实现了档案跨全宗借阅利用,为企业乃至全行业的档案管理贡献智慧方案。

二、实施背景

受企业位置偏、公司发展快、组织架构简、人员流动强等因素影响,档案的安全性及完整性无法得到有效保障,公司档案管理亟须数字化转型。此外,因企业数量多且分散,以往档案的借阅利用工作常常难开展,例如,在开展上市尽调或数据统计过程中,便耗费了大量人力、精力和时间。面对以上困难,如何确保档案完整不缺失且实现档案使用价值最大化,公司在调研和摸索中不断探讨和修正,逐步推进数字化转型升级,建立"档案集中共享管理模式"。

2005年,公司通过调研制定《档案管理办法》,明确文件归档范围及保管期限表,进一步强化档案制度管理,要求各分(子)公司严格执行,并各自开展属地化档案集中管理,为后期集中共享奠定基础。但在工作推进过程中,常因档案管理人员更换且身兼多职,虽然公司持续开展培训但效果并不理想,加之分子公司分布广,总部不能给予现场指导与审核,有分(子)公司档案工作一度中断,造成文件的缺失甚至丢失,影响公司档案管理和使用中的完整性、连续性。

2008年,企业进行大规模核查,需要向分(子)公司调档,而文件的远距离流转影响了核查进度,同时也耗费了大量精力。为此,公司对档案管理进行高效化改革,实施档案"集中+分散"管理模式,总部加强对分(子)公司的档案监管,凡涉及企业经营决策、政府支持、合资合作、知识产权、上市规范等内容的档案,由总部集中保管;厂房施工建设、企业日常经营、产品、原料等与生产经营密切相关的档案,则在本公司集中归档管理。这一举措使得新希望六和在2010年并购上市的过程中,仅用3个月就完成了300余家分(子)公司的尽调工作。同年,在青岛市档案局的指导下,公司率先在山东省内开展分(子)公司档案的数字化管理,继而辐射至周边各省,逐步在公司体系内全面实施"集中+分散"的管理模式,通过制定档案管理分级原则、引进数字化档案管理系统、完善档案的分级监管机制,借助网络平台提供数字化档案共享借阅服务等,最终实现了档案的共享及大数据统计。

2019年,为强化风险防控意识,新希望六和结合印章管理及档案管理经验,建立印章档案管控中心,对用印文件进行科学规范管理,对文件的有效性、完整性、真实性进行预审核,深入参与文件材料的前端管理及材料形成后的追溯收集,直至移交至档案室整理归档,同时规范分(子)公司档案的移交及借阅管理,确保档案的规范性及完整性。

三、创新做法

通过长达15年的摸索实践,新希望六和构建了印章档案风控平台,建立监管机制,将档案实体管理中的收集步骤移向前端,对文件进行用印前审核,确保档案文件符合规范要求,强化分(子)公司档案的集中管理,从而实现档案的共享和大数据统计。具体创新管理措施如下。

(一)平台搭载保证档案收集时效性及可追溯性

成立印章档案集中管控中心,搭建印章智能化管控系统及档案信息化系统,完成从文件形成审核、档案收集管控、档案借阅共享的集中共享管理平台(图1)。

对通过印章智能管控系统形成的文件,依据上市规范、档案管理规范及企业风险防控要求,对用印前文件进行审核,并对文件的存放地进行总部集中保管或分(子)公司保管的范围界定,文件形成后直接移交至相应保管地。对暂未形成的文件在印章智能化管控系统进行追踪，直至文件归档。同时，通过分析此类文件进而追溯到其他可能形成的过程性文件资料，督促产生部门（公司）进行移交。此类文件随时产生随时归档，将文件归档工作标准化、流程化，对签批手续不完善的文件实现线上可追溯，确保文件的真实性、完整性、安全性和可用性，避免档案缺失。

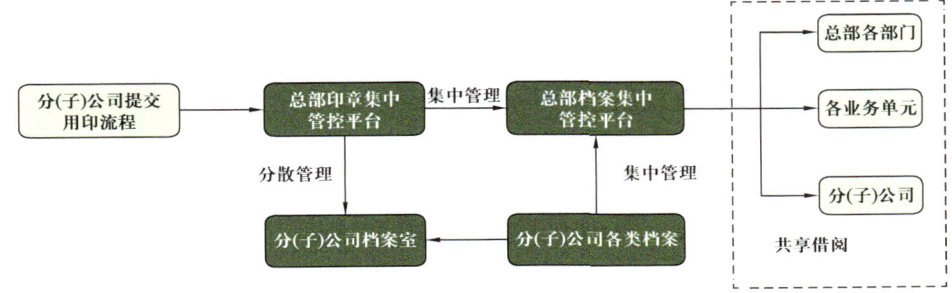

图 1　集中共享管理模式架构图

针对分（子）公司自行形成的文件资料，在经过分（子）公司档案调研，分析企业经营档案利用需求后，将文件资料划分为总部档案保管及分（子）公司档案保管，借助档案信息化系统及 OA 办公平台进行线上移交（图 2、图 3）。同时

图 2　分（子）公司集中管理档案上架

通过制度管控，强化档案管理，实现档案的集中管理。

档案的集中管控使得档案管理部门参与到企业主营业务活动中，提高了了解掌握主营业务活动信息的程度，进而提高了档案管理部门对档案材料的把控度。反之，如果档案管理部门不能顺畅地捕获主营业务活动的信息，档案工作就会远离主业、偏离主业，造成档案工作和业务活动"两张皮"，容易造成档案的缺失。

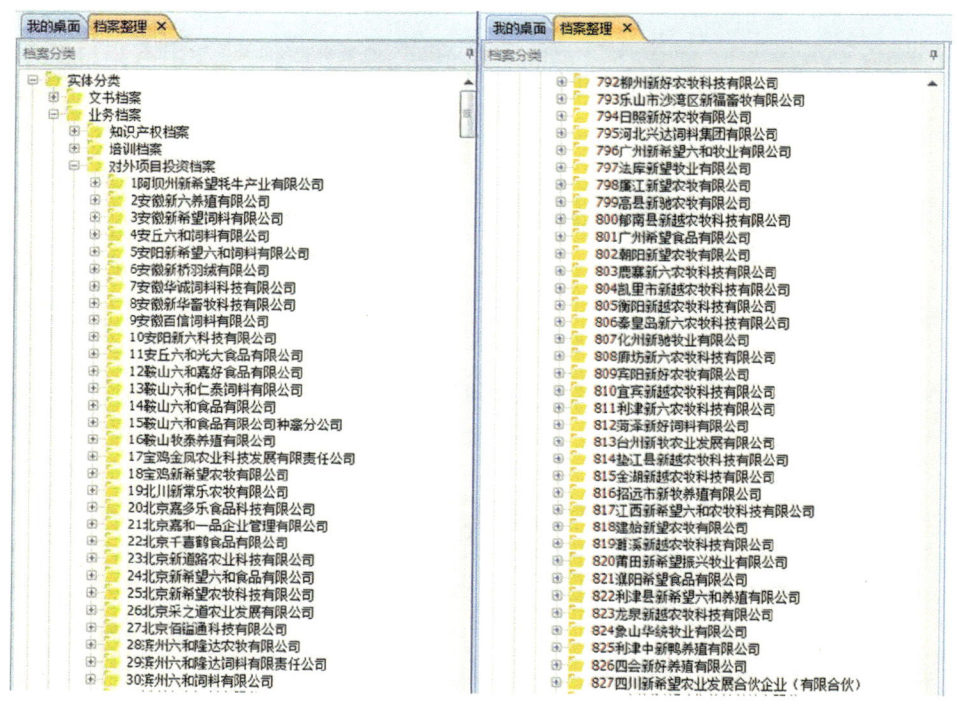

图3　分（子）公司集中档案数字化存储

（二）建立分级监管机制，层层管控深入基层

作为上市公司，新希望六和档案管理部门的重要性不言而喻，特别是总部档案管理部门，不仅要承担档案实体管理职能，而且还要承担对下属单位档案业务的监督指导职能。针对企业地域分布广、公司发展迅速、人员流动较为频繁的特性，建立自总部至经营单元、分（子）公司、分（子）公司部门的层级监管机制，总部档案室作为档案一级管理部门，其职能包括制度建设、总部档案管理、

业务监督指导，按照上市规范及历史价值评判强化档案的集中管理。经营单元负责向下强化制度的落地执行，指导培训分（子）公司档案管理工作，向上配合总部档案室进行档案收集、考核反馈。分（子）公司则依据相关制度办法对本公司档案进行档案信息管理，并按要求定期向总部档案室移交档案，形成自上到下的档案条线管理，既解决了总部档案管理部门无法全面监督核查的问题，又减轻了总部档案部门的管理压力，还能确保各级分（子）公司将总部的档案管理规定落到实处。

在分级监管过程中，新希望六和通过档案人才库的建立、档案示范企业评比、美好公司测评、网络视频培训等一系列措施，不断扩大档案管理影响力，完成了赋予的档案保管利用和档案业务监督指导职能。公司选拔忠诚度高、稳定性强的档案管理人员，纳入公司的人才库重点培养，在区域化培训、年度测评时进行人员抽调，从而减少人力成本，同时基层管理经验与总部管理经验相融合，确保档案管理工作不脱离实际，管理水平得到不断提升。档案示范企业的设立，则为就近企业提供了学习交流的平台，在档案管理工作过程中得到及时指导。同时示范企业在交流过程中不断完善管理，为总部档案的制度建设提供建设性意见。

（三）网络信息化利用提高档案利用效果

充分调研企业档案利用需求，在不违反档案保密原则的前提下，按照上市合规检查要求、大数据统计范畴及诉讼维权、经营决策等业务所需，对档案类别、著录项目及档案借阅流程进行规划设置，借助 OA 办公平台及档案信息化系统搭建网络信息化平台，实现档案的网络共享及大数据统计。利用网络信息化平台查询档案，缩短了文件资料查找时间，通过专题、关联设置等一系列操作，提高了档案利用的时效性，从而节省了档案利用过程中所耗费的人力、耗材、时间成本及文件传递产生的物流成本等，在利用中实现档案价值的最大化。

新希望六和正处于业务快速发展的机遇期，公司坚持行政赋能、科技助力、数字化转型，逐步实现档案制度体系化、档案资源数字化、档案队伍专业化的任务需求，按照"规范化、精细化、电子化"的工作目标，发布了《档案管理办法》和《档案操作手册》。下一步，公司还将实现线上文件电子签约、文件全程数字化管理，打造档案管理新格局。

四、效果及影响

（一）文件形成前管控，避免无效档案产生

一份文件的产生到归档往往需要多位同事经办且间隔时间较长，如归档文件存在内容缺失或错误，追溯补救难度较大，甚至变为无效档案给公司带来不可预知的风险。档案"集中共享管理模式"以档案真实性及重要程度为前提，对档案形成前段进行严格把控，从根本上杜绝文本与原意不符、内容填写不完整等常见档案问题，前端印控中心对于不符合要求文件不予以用印，保证存档文件真实有效，避免无效档案的产生，强化企业的风险管控。

（二）建立档案追溯机制，减少档案丢失风险

通过印章管控平台文件管控及档案信息化平台档案移交，对需移交总部档案室集中保管的档案及时进行收集，提高档案收集时效，避免纸质文件在公司内部传递或借阅过程中丢失及损伤的风险，未及时归档的文件资料建立追溯机制，直至文件归档。同时，印章管控平台文件直接移交总部档案室，减少了分子公司文件判断和移交档案的工作，避免档案的重复判断及移交工作。

（三）提升执行力，档案制度管控有成效

通过设立分级监管机制，逐级监督考核，层层落实指导，强化档案制度落地，使分子公司的档案管理水平不断提升，档案数字化实施率达90%以上，档案集中管理率达95%以上，提高了档案的完整率，有效提升档案管理水平。

（四）网络平台利用，事半功倍效率高

档案类目、著录项目设置及收集整理的全过程充分考虑档案利用所需，对档案进行数字化加工，利用档案信息管理平台，实现跨部门、跨公司的档案关联、借阅利用及集团化大数据统计，达成"三个一"的效率提升，即诉讼维权证据材料第一时间提供，上市公司合规检查调研一个端口查阅，经营大数据统计一键导出，大大提高了档案利用的效率，节省了人力、耗材及物流成本。同时通过对档案的综合分析，充分挖掘了档案价值，为分子公司提供政策导向，指导规范经营，进行经验分享，尽可能地通过档案利用实现档案价值最大化。

"档案集中共享管理模式"是新希望六和针对农牧行业档案管理的现实困难,在实践中不断总结形成的有效方案,有利于充分发挥好档案赋能主业的作用,从而促进企业的稳健发展。下一步,新希望六和将继续总结、改进、提高现有的档案管理模式,结合公司业务发展探索创新更加高效、规范的档案管理模式。

案例形成单位:山东新希望六和集团有限公司

案例形成人:刘洁、杨树君、倪靖、张小楠、肖雪薇、陈瑞丹

全方位精细化技术引领，创新重大项目档案管理

一、案例概述

为实现国家海洋重大项目（以下简称项目）档案高质量在国家层面上的集中统一管理，在坚持档案工作基本原则、遵循项目和学科规律的前提下，中国海洋档案馆创建了以人为本、因人施教、以点带面、多级联动的全方位精细化业务支持模式，通过多层次多环节质量把控，引用数据质量控制理念，实施档案目录数据自动检测，全面提升了项目档案质量和档案工作整体水平，有效克服了项目周期长、机构调整和人员变化等诸多因素对项目档案工作造成的不利影响。

二、实施背景

项目档案是国家海洋事业发展轨迹和成就的佐证，是国家实施海洋强国建设不可或缺的重要信息资源。国家档案局和国家海洋行政主管部门长期以来非常重视项目档案管理工作，针对项目跨部委、跨学科、跨系统的特点，联合实施了多个海洋重大项目的档案管理工作。如20世纪80年代和20世纪90年代开展的"全国海岸带和海涂资源综合调查""全国海岛资源综合调查"，原国家海洋局和国家档案局联合出台了相关档案管理办法和技术标准，实施了"档案一票否决制"，开创了具有时代意义的档案管理新模式。但从早期项目档案质量来看，还留有不同程度的遗憾。例如，档案有效性存在明显不足，馆藏多为复制件，部分原件散存在单位或个人手中，随着机构改革和人员变动，部分档案资料难以找寻；存在或缺管理过程记录或缺原始调查数据或缺最终成果等现象，馆藏档案数量远低于实际形成数量，不足以全面反映项目实施的全过程和取得的成果。

虽然历史遗留问题已无法全部解决，但究其问题成因，寻求破解方法，引以为戒，是档案工作者应尽的职责。同时，随着国家海洋战略的不断深入实施，国

家海洋权益维护、经济发展、环境保护和科学研究等对海洋信息资源的需求，无论是紧迫性还是全面性都在快速增长，实施项目的规模和投入不断加大，其实施周期长、参加单位多、涉及学科复杂等特点越加明显，海洋领域学科的发展也进一步丰富了形成档案的类型，项目档案工作面临诸多挑战。如"我国近海海洋综合调查和环境评价专项"，涉及多个部委（系统），任务承担单位180多个，国家级和省级任务合同630余个，项目实施周期近10年。"第一次全国海洋经济调查"工作覆盖全国11个沿海省（区、市）的100多个城市、900多个区县，以及自然资源部的19个部属单位。这些项目档案管理的复杂和困难显而易见。

中国海洋档案馆作为项目档案管理支撑单位和档案保管单位，在实践中不断探索、总结和升华，发挥专业档案工作技术条件和实力，研究项目管理和实施机制，分析档案内容、形式和形成过程，用全方位精细化的技术服务引领项目档案管理，为实现项目档案管理目标保驾护航。

三、创新做法

（一）以人为本，携手共建共享

项目档案工作涉及人员结构复杂，从领导到普通工作人员，从项目管理者到任务承担者，从一线科研人员到基层兼职档案员，工作角色不同，学科背景不同，学历水平和档案工作经验也不尽相同。为形成档案工作合力，发挥一线档案工作积极性，中国海洋档案馆坚持以人为本、共建共享的工作原则，与任务承担单位携手推进项目档案工作。

一是建立长期有效的服务平台，如通过QQ群、微信群，与全部项目兼职档案员保持不间断的联系，及时沟通并解决遇到的问题，制作发布档案整理小视频和学习培训材料，使之成为档案工作者温暖之家，如"第一次全国海洋经济调查"档案工作群中，提供解答超2000人次。

二是紧跟项目实施进程，掌握文件材料形成情况，收集整理技术规范中没有细化或具象的内容，形成补充性技术文件，尽量避免理解和认识不到位造成的档案工作环节反复。如《第一次全国海洋经济调查档案工作手册》等。

三是尊重项目管理体系和学科规律，在档案形成和构成方面，维护文件材料形成的学科特征，在档案质量把关方面，通过任务验收前的归档审核、档案进馆前的专家评审以及进馆档案验收前的现场指导等，共同促进项目任务档案质量提升。

四是项目档案进馆后即开展数字化工作，制作满足移交单位需求的数字化档案产品交付使用，不仅减轻档案移交单位数字化的负担，而且消除了档案利用不便的后顾之忧，真正实现了档案资源的共建共享，任务承担单位移交档案的积极性和意愿明显增强。

（二）需求牵引，小软件大作为

档案目录数据是档案保管和利用开发的重要依据，但档案著录专业性较强，是项目档案工作中相对薄弱的环节，而且项目档案目录数量大，动辄几万甚至数十万条，人工查验成本高且准确性差，抽查方法不能满足全面掌握档案质量全貌的要求。由此，中国海洋档案馆自主研发了"海洋档案目录信息离线采集软件"（以下简称采集软件）（图1），为项目档案工作提供了自动化的质量管理平台。

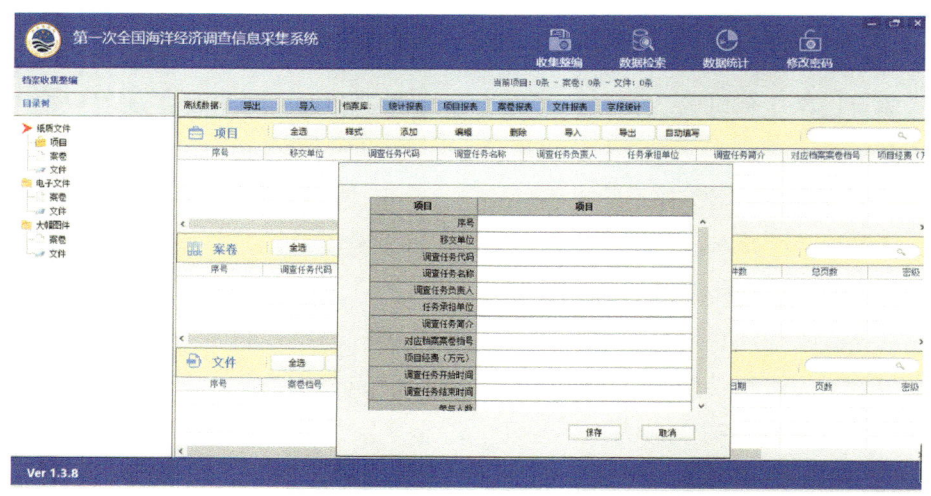

图1　海洋档案目录信息离线采集软件应用端界面

采集软件引入海洋科学数据质量控制方法，将档案目录数据的规范性要求融入质控程序中，由计算机自动识别检验，档案目录不规范时无法进入目录数据库，批量数据导入时系统自动生成不符合要求档案目录及其错误信息的反馈文件，用户可对照反馈文件逐条修改。软件采用的质控方法主要有范围性检验、非法码检验、一致性检验和相关性检验等，质控对象包括全部档案著录项，并根据不同著录项设计不同的质控标准。采集软件还融入计算机辅助整理、报表打印和统计、数字化文件挂接和查询浏览等功能，为档案力量薄弱的任务承担单位提供了实用的档案管理平台。用户只要完成目录数据录入或导入，就可以用采集软件进行档案整理，如文件分类组卷、排序排重等，可用采集软件的报表打印功能，生成卷内目录、备考表、案卷目录等。

采集软件投入使用后，任务承担单位档案整理效率、准确性和规范性得到大幅度提高，档案进馆效率和进馆档案质量得到有效保障。

（三）因人施教，全过程全覆盖

项目档案工作周期长、涉及人员多，任何一个环节做得不到位，就有可能造成不可弥补的档案损失或损坏。培训是规章规范宣贯的重要手段，中国海洋档案馆在项目档案工作的不同环节，面对不同人群，设计了针对性强的培训内容和培训方式，把培训工作落实到项目实施的全过程，全面覆盖项目参加人员。

一是分阶段按角色分类培训。在项目启动之初开展档案意识宣传，对象是项目管理人员和任务责任人，乃至任务承担单位项目或档案工作分管领导，重点解读项目档案管理制度，提出项目档案工作的基本要求。在项目执行期间开展档案基本知识和技能培训，对象是项目和项目档案主要责任人及兼职档案员，重点解读文件材料归档范围和档案保管期限、档案整理基本程序和要求，促进兼职档案员与科研人员的密切联系，落实分工和职责。在项目验收阶段开展档案规范性整理的进一步培训，旨在强调档案的系统性和完整性，明确各载体类别档案的构成以及档案进馆程序和要求。

二是国家和地方分层级培训。结合项目覆盖面和培训内容，开展不同范围、不同层级的培训工作。例如，第一次全国海洋经济调查项目档案工作中，有国家层面的档案专题培训，也有与项目规范同步的北海、东海和南海区域性融合培训，还有11个沿海省（区、市）级的培训等。据统计，在该项目实施的5年内，参加培训人员近3000人次。

三是创新培训手段和形式。运用多媒体技术，采取"讲解与现场示范同步共屏"的模式，使培训内容更加生动立体，促进科研人员对档案工作的理解和掌握，效果明显。

（四）以点带面，用示范促全局

业务引领要效果，重在讲究方式方法，在档案管理全过程、全链条中树典型、做示范，这是深化档案技能、提高整体效果的有效途径。试点工作可以设立在文件材料形成、规范性整理阶段以及档案验收和移交进馆阶段等。

规范性整理阶段，选择具有一定档案工作基础且具有示范性的任务承担单位，对其进行针对性的档案技术指导，选其有代表性的整理单元和不同载体类别的档案，协助形成一整套标准案卷作为示范，并在此基础上举办现场交流示范。档案工作人员现场通过翻阅标准化的档案案卷实体、操作整理用具，直观地感受档案案卷的构成、文件材料整理方法，即使没有档案整理经验的科研人员也能身临其境，快速掌握档案的基本知识和技能。

档案移交进馆阶段，选取已通过验收且档案质量较好的任务承担单位，在档案进馆时举办示范交流会，任务承担单位代表现场观摩进馆档案实体，进馆单位现身说法，互相交流档案工作经验，有效地提高了任务承担单位对项目档案整体的感性认识，使其快速了解和掌握进馆的流程和要求，对推进项目档案工作进度起到了很好的促进作用。同样，在文件材料形成阶段进行示范，项目档案工作人员可以快速地了解和掌握哪些文件应该积累、文件形成过程中应该注意哪些问题等，从而提高项目文件材料形成和积累的有效性。

交流活动既对示范单位起到了非常好的激励作用，又带动了进展缓慢单位的档案工作，以此推动全局。这种以点带面促全局的做法，在"我国近海海洋综合调查和环境评价专项"等项目档案工作中都显示出事半功倍的效果。

四、效果及影响

（一）助力国家海洋管理、权益维护和经济发展

党的十八大以来，中国海洋档案馆完成了"我国近海海洋综合调查和环境评价""全国海域海岛地名普查""全球变化和海气相互作用（第一阶段）""第一次全国海洋经济调查"等项目档案在国家层面上的集中统一管理，累计接收纸质档案10万余件、电子文件170TB，这些宝贵资源作为我国高端海洋科研和管理进程的"智慧之库"，充分发挥了其支撑海洋事业高质量发展战略资源的作用。

一是在服务国家海洋权益维护方面，有关项目档案中的"历史事实、科学

数据、具体线索"在钓鱼岛、南海岛礁、国际海底矿区的相关管理实践中得到多次利用。二是在服务海洋综合管理和辅助国家海洋事务决策方面，向国家海洋行政部门多次提供了不同时期、不同区域海洋战略、海洋资源、开发管理等方面的档案信息，有关内容已纳入具体成果和海洋管理及海洋行政执法现实应用。三是在服务海洋科研和海洋经济建设方面，项目档案在新立项目的前期筹备、现状分析、资料查证方面被多次利用，也为全国海域基础地理数据体系建设等的实施提供了支撑。

项目档案显著的服务成效，正是长期坚持"为国家投入负责、为历史负责"、把项目档案工作做细做实的结果。

（二）促进全国海洋档案工作整体水平和档案意识显著提高

多年来，通过项目档案工作这一抓手，采取以最严格进馆验收标准倒逼任务承担单位项目档案管理工作，尤其是对建制比较短、人员编制少的单位，促其建制度、配人员、齐设施，档案工作基础有了极大改观。同时，任务承担单位通过做实做好项目档案管理，也意识到本单位其他科研项目归档工作中的问题，将项目档案管理的有效措施和方法主动纳入本单位科研档案管理工作中，海洋档案工作整体水平得到明显提升。与此同时，现行项目档案管理模式也极大地降低了基层单位在档案长期保管方面的投入。

项目档案工作取得的丰硕成果让项目管理者尝到了甜头，充分意识到档案工作在规范项目管理、集中展示项目成果和高效利用服务中的重要性和必要性，自觉将档案工作作为新增项目任务的重要组成部分，主动与档案管理部门沟通，协同开展档案工作"四同步"管理。很多科研人员经历过项目档案工作过程后，越来越意识到文件材料不但是国家的财富，也是项目成果准确性和真实性追溯的唯一凭证，在科研工作中主动做好科研文件材料的形成和保管工作，并逐渐形成项目档案工作的高度自觉。

（三）发挥国家实施重大项目档案管理示范作用

不论是项目档案管理模式，还是项目档案业务支持模式，中国海洋档案馆在项目档案管理工作中的一系列有效做法，都是长期以来海洋档案工作在做好项目档案管理方面不断摸索、不断优化、不断创新的结果，也得到了国家档案主管部门的高度评价和认可。其典型做法契合国家层面上组织开展的大范围调查和科研项目档案管理,一些地方国家综合档案馆及相关专业档案馆的专家多次表示,海洋重大项目档案管理谋划周全、思路新颖、措施得力,具有很强的引领作用,值得推广和应用。一些涉海高校任务承担单位通过项目档案工作,打破了项目档案仅限于合同和成果的管理局面,学校档案馆表示要借鉴项目档案管理方法,重视做好学校科研项目档案工作。

案例形成单位:国家海洋信息中心

案例形成人:薛惠芬、孙晓燕、徐文斌、李瑛、岳晓峰、刘巍

《民用运输机场建筑信息模型应用统一标准》的编制与发布

一、案例概述

由广东省机场管理集团有限公司工程建设指挥部（以下简称指挥部）及中国民航大学主编的行业标准 MH/T 5042—2020《民用运输机场建筑信息模型应用统一标准》（以下简称《标准》）于 2020 年 3 月 1 日正式实施，这是民航行业第一个有关建筑信息模型（BIM）应用的标准，为行业 BIM 应用提供了普适性的指导依据（图 1）。

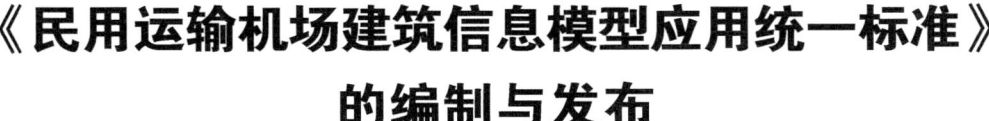

图 1 《民用运输机场建筑信息模型应用统一标准》封面和前言

其中指挥部档案部门负责编写"成果移交"一章,首次对 BIM 成果文件的形成、收集、整理及归档移交等进行规范,填补了 BIM 成果标准化管理的空白,在民航及档案行业具有科研创新性。

二、实施背景

随着航空运输业的发展,大量民用机场设施改扩建和新建。《中国民用航空发展第十三个五年规划》明确提出,"十三五"期间全国续建、新建机场有 74 个,我国民用机场面临着巨大的建设任务。BIM 技术作为工程建设领域的一项信息化前沿技术,特别是在广州白云机场、深圳机场、北京大兴机场、上海浦东机场、桂林两江机场等多个国内机场建设中已有广泛应用,且在设计质量提升、优化施工方法,提升工程建造品质、管理流程优化、协同管理等机场建设管理方面发挥了重要作用。但行业内仍缺乏统一的 BIM 实施标准,导致各机场项目 BIM 应用的范围、深度、交付以及生成的电子文件等成果管理方面存在较大差异。为推动 BIM 技术在运输机场工程建设中的应用,全面提高运输机场工程建设、设计、施工、运维等单位的 BIM 技术应用能力,规范 BIM 技术应用环境,发挥 BIM 技术在"四型机场"建设中的价值,为中国民用运输机场 BIM 技术应用提供普适性指导。为民用机场建设行业提供 BIM 技术应用的方法和规范,规范相关电子文件管理,具有迫切的行业需求。

三、创新做法

BIM 技术作为工程建设领域的一项信息化前沿技术,产生的数据库等电子文件如何管理,对档案行业来说也是新的内容和挑战。为规范民航 BIM 技术应用产生的成果,为工程资产运营和维护、工程文件归档和保管提供支持,指挥部档案室以建设平安机场、绿色机场、智慧机场、人文机场为标杆,深入咨询、学习、总结国内外运输机场工程建设领域 BIM 技术应用情况,掌握 BIM 成果文件的形成规律、特点,经与国内几位曾参与编写 BIM 技术行业标准的专家及设计、施工单位多次探讨及深入合作,并参考国内外相关 BIM 技术标准及相关标准,最终确定从一般规定、成果内容及成果收集与整理三方面明确提出 BIM 成果及相关文件的归档范围、归档要求、分类编号、收集与整理、移交等内容,具体成果如下。

(一)一般规定

(1)民用运输机场工程的竣工验收过程中,BIM 成果应与其他验收文件同时进行移交,并应为工程资产运营和维护、工程文件归档和保管提供支持。

(2)竣工移交的 BIM 成果形式可包括数据库、电子文件和纸质文件,纸质文件应由可输出打印型电子文件制成。

(3)BIM 成果之间应根据相关性建立关联关系,并应符合下列要求:

① 各成果应提供关联访问的入口;

② 电子文件超链接应保持有效,且访问目标为单一对象;

③ 能够双向关联访问。

【条文说明】BIM 成果之间的关联性体现 BIM 本身的技术特点。技术上看,BIM 是一种信息化处理方式,其前提是工程数据和资料能够有效地结构化和关联化,从而体现信息之间的关联性。

(4)用于归档的 BIM 成果电子文件等格式宜符合表 1 的规定。

表 1 用于归档的 BIM 成果电子文件格式

文件类别	指定文件格式
模型文件	原生文件和 IFC(或其他开放格式)
文字文本文件	WPS 或 DOC 和 PDF
表格文本文件	ET 或 XLS 和 PDF
图像文件	JPEG 或 PNG
图形文件	DWF 或 PDF
视频文件	AVI 或 MPEG4 或 exe(封装)
音频文件	WAV 或 MP3
数据库文件	SQL 或 DDL 或 DBF 或 MDB 或 ORA
地理信息数据文件	DXF 或 SHP 或 SDB
激光扫描文件	ASC 或 TXT

注:当指定文件格式与原生文件格式相同时,可不重复交付。

(5)提交原生文件格式时,应记录足够的技术环境元数据,详细说明电子文件的使用环境和条件。

【条文说明】原生文件格式一般需要特定的软件才能达到最佳工作状态，因此将软件的技术环境元数据详细说明，例如软件名称、版本等保存下来，有利于原生文件的有效使用。

（6）BIM 模型应以电子文件或数据库的方式移交，并具有完全的访问权限。

（7）除模型外的 BIM 成果，应同时保存文件的电子版本及其输出的纸质版本，并在内容、格式、相关说明及描述上保持一致，且二者之间应建立关联。

（8）竣工移交的 BIM 成果文件进行电子档案管理时，应符合 GB/T 50328—2014《建设工程文件归档规范》、GB/T 18894—2016《电子文件归档与电子档案管理规范》、CJJ/T 187—2012《建设电子档案元数据标准》和 CJJ/T 117—2017《建设电子文件与电子档案管理规范》的有关规定。

【条文说明】档案管理的业务规则由相应的各级标准进行规定，本标准与上述标准共同形成完成的电子文件存档所需的全部规则。

（二）成果内容

（1）BIM 成果及其他验收文件的类别及内容应符合表 2 的规定。

【条文说明】设计、施工和竣工 BIM 模型均需分别存档，这三类模型分别代表了设计要求、施工措施、最终建设成果，都应作为技术文件需存档备查，其中竣工 BIM 模型还需为运维提供支持。

表 2 BIM 成果及其他验收文件的类别及内容

文件类别代号	文件类别	文件内容代号	文件内容
1	工程前期文件	001	机场选址文件
		002	预可行性研究文件
		003	可行性研究文件
		004	总体规划文件
		005	其他文件
2	工程管理文件	001	工程质量文件
		002	工程进度文件
		003	工程造价文件
		004	工程变更文件

续表

文件类别代号	文件类别	文件内容代号	文件内容
2	工程管理文件	005	工程安全文件
		006	竣工移交文件
		007	其他文件
3	监理文件	001	监理管理文件
		002	进度控制文件
		003	质量控制文件
		004	造价控制文件
		005	工期管理文件
		006	监理验收文件
4	设计文件	001	方案设计
		002	初步设计
		003	施工图设计
		004	其他文件
5	施工文件	001	施工管理文件
		002	施工技术文件
		003	进度造价文件
		004	施工物资文件
		005	施工记录文件
		006	施工试验文件
		007	施工检测文件
6	竣工图	依据专业工程从001开始依次进行编号	各专业工程竣工图
7	竣工验收文件	001	竣工验收与备案文件
		002	行业验收文件
		003	竣工决算文件

续表

文件类别代号	文件类别	文件内容代号	文件内容
8	工程声像文件	001	照片
		002	光盘
		003	录音带、录像带
		004	其他载体声像文件
9	BIM 成果	001	设计 BIM 模型及应用成果
		002	施工 BIM 模型及应用成果
		003	竣工 BIM 模型及应用成果
		004	轻量化竣工 BIM 模型
		005	竣工 BIM 模型各级模型单元的"属性信息表"
		006	竣工 BIM 模型的"建筑信息模型执行计划"
		007	竣工 BIM 模型的"建筑指标表"
		008	竣工 BIM 模型的"工程量清单"
		009	隐蔽工程扫描模型

（2）竣工 BIM 模型应与工程实际建设成果保持一致，并符合下列要求：

① 功能系统之间划分明确，各系统内部组成完整，路由清晰；

② 土建工程的构件级模型单元几何表达精度不宜低于 G2，信息深度不应低于 N3；

③ 土建设备、工艺设备、民航专业工程的设施设备的构件级模型单元几何表达精度不宜低于 G3，信息深度不应低于 N3，且应与最终安装的产品一致。

（3）竣工 BIM 模型宜编制"属性信息表"，其中的民航专业工程的设施设备应编制"民航设施设备属性信息表"，并应与信息模型一同交付。

【条文说明】"属性信息表"记载了工程对象的绝大部分信息，是对工程对象最明确的说明文件，因此也是竣工移交的重点文件。美国专门为此制定了 COBie 标准，英国标准也进行了采纳。GB/T 51301—2018《建筑信息模型设计交付标准》中对此进行了转化，合并至"属性信息表"，本标准符合国标的规定，但考虑到当前的 BIM 应用水平，因此对专业设备也加强了规定。

(4)"属性信息表"内属性值宜标记数据来源,数据来源符合本标准相关规定。

【条文说明】"属性信息表"中属性条目的属性值来源十分重要,代表着该属性值的意义,例如设计方赋予的属性值,代表着设计要求;而生产方赋予的属性值,代表着最终产品的性能。

(三)成果收集与整理

(1)成果收集与整理宜基于BIM协同工作平台完成。

(2)工程各阶段应齐全、完整地收集BIM成果和其他验收文件,并满足下列规定:

① BIM模型所包含的电子文件应保持链接有效,文件夹类型应为"存档";
② BIM模型的应用成果应注明所使用的应用软件及其版本。

(3)各工程文件应采集元数据并编制识别标签,识别标签的内容应符合表3规定。

表3 识别标签的内容

序号	标签类	常见标签内容举例
1	文档编号	档案编号、管理编号
2	文档说明	文档全称、文档类型、保密级别
3	责任人	提交责任人、审定责任人、接收责任人、存档责任人
4	主题词或关键词	项目地点、项目名称、项目类型、工程对象、工程阶段、产品名称、生产厂家、内容摘要、信息分类和编码
5	版本号	—
6	成果移交时间	—
7	成果存放地点	—

【条文说明】识别标签有助于对文件进行快速识别,因此规范的识别标签对文件搜索、档案索引具有重要意义。

(4)纸质文件宜增加识别标签页,置于文档首页,并宜以二维码方式记录识别标签所有内容。

(5)竣工移交的BIM成果应以各级目录、电子文件层级、关联关系、版本管理等方式进行组织和管理。

（6）BIM 成果应编制总目录和子目录，总目录按单项工程进行编制，子目录可按子项工程、专业或系统、楼层标高、施工标段等分级进行编制。

（7）BIM 成果电子文件归档时，应基于文件夹的方式进行存放，一级文件夹名称应与项目名称相同，二级文件夹名称应符合表 4 的规定。

表 4 二级文件夹名称

二级文件夹序号	二级文件夹名称
10	目录
21	工程前期文件
32	工程管理文件
43	监理文件
54	设计文件
67	施工文件
76	竣工图
87	竣工验收文件
98	工程声像文件
109	BIM 成果

【条文说明】多数文件夹是以树状结构进行组织的，因此明确文件夹层次关系有助于迅速定位存档文件。本条主要对二级文件夹名称进行规定，并增加了目录，以符合档案管理的有关规定。为了不影响其他子项的排序，目录文件夹名称前置数字码设定为 0。应注意，二级文件夹的顺序不能改变，因此文件夹名称的前置数字码不能省略。

（8）BIM 模型应与对应的建设成果或建设资源或建设行为建立关联关系，属性信息表和模型说明应与对应的模型单元建立关联关系。

【条文说明】为了建立文件系统与工程实际之间的对应关联关系，首先需要 BIM 模型能够充分反映工程实际情况，并形成孪生状态和关联，其次需要属性信息表、模型说明这些文件能够与模型建立关联关系，从而实现成果文件与工程实际之间的指向性。

（9）补充描述模型单元的电子文件应根据内容与对应的 BIM 模型建立有效关联。

（10）BIM 成果和其他验收文件进行在线归档时，系统应能自动生成电子档案的档号。

（11）电子档案的档号编制规则，符合下列规定：

① 宜使用英文字符、数字、半角下画线"_"和半角连字符"-"的组合；

② 档号中左边为上位代码，右边为下位代码，连写时上、下位代码之间宜使用半角下画线"_"分隔，同一位代码中不同级位的类别之间宜用半角连字符"-"；

③ 各字符之间、符号之间、字符与符号之间均不宜留空格。

（12）电子档案的档号由项目编号、类别号、电子文件命名字段组成如图 2 所示，并应符合以下规定：

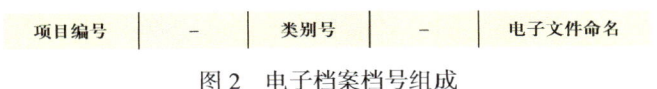

图 2　电子档案档号组成

① 项目编号应符合标准 MH/T 5042—2020 第 5 章的规定；

② 类别号由文件类别代号和文件内容代号两部分组成如图 3 所示，并应符合表 2 的规定。

图 3　类别号组成

③ 电子文件命名应符合标准 MH/T 5042—2020 第 5 章的规定。

【条文说明】例如，某机场初步设计文件的电子档案命名可为"20121_4-002_XX 机场-航站区工程-航站楼工程_初步设计_土建模型 V2.0 版"，其中"20121"为项目编号，"4"为表 2 中对应的设计文件，"002"为表 2 中对应的初步设计文件，"XX 机场-航站区工程-航站楼工程_初步设计_土建模型 V2.0 版"为电子文件命名。

四、效果及影响

《标准》中对 BIM 成果文件管理的规定填补了此类电子文件及档案标准化管

理的空白，为今后此类档案的规范化、标准化管理提供了有效的技术支持。相关内容的编写在遵循国家现行法律、法规和相关标准的基础上，充分考虑了民用运输机场现阶段 BIM 应用的实际情况，明确了基本要求和重点，确保了 BIM 成果文件及档案得以规范、安全、有效加以保存及利用，大大丰富了电子文件及档案的管理范畴，形成了具有民航特色的标准化成果，为进一步规范民用运输机场 BIM 应用奠定了良好基础，具有可操作性和普遍指导意义，值得推广与借鉴。

案例形成单位：广东省机场管理集团有限公司工程建设指挥部

案例形成人：冯兴学、段冬生、凌语珍、黄春涛、吴玉婷、马磊

核动力知识型数字档案室建设

一、案例概述

"知识型数字档案室"属于国家档案局企业数字档案馆（室）建设试点项目，中国核动力研究设计院（以下简称核动力院）为首批企业数字档案馆（室）建设试点单位之一，由设计所具体实施。该项目的试点目标是构建知识型数字档案室，实现数字档案馆（室）的三大功能：档案资源数字化、档案管理信息化、档案服务知识化。

试点工作始于2017年12月，成立项目申报团队；2018年4月批复立项，2020年1月通过国家档案局验收。

二、实施背景

（一）《中国制造2025》对创新设计能力提出的战略要求

《中国制造2025》指出，在战略性新兴产业等重点领域，全面推广应用以智能、协同为特征的先进设计技术，提高企业创新设计能力。核动力院建设有AVIDM系统、核电设计管理系统、三代核电管理系统等多个信息化管理系统，并通过自主研发形成了堆芯设计、热工水力与安全分析、燃料设计分析等多个设计分析软件，对于提高研发设计效率、增强项目管理能力，起到了重要的推动作用。但知识与研发设计的融合不足，在研发过程中，标准、规范、科技档案、情报专题报告等显性知识存储在不同的系统当中，历史设计经验、专家经验等隐性知识尚无有效手段进行管理。分散存储、数据资源的关联和共享缺失、数据复用效率低等现实问题，成为创新设计能力进一步提升的制约因素。

（二）电子档案"单套制"及"四性"保障是档案行业的时代要求

《全国档案事业发展"十三五"规划纲要》提出，要加快提升电子档案管理水平，在有条件的单位开展电子档案单套制（即电子设备生成的档案仅以电子方式保存）管理试点。国家标准 GB/T 18894—2016《电子文件归档与电子档案管理规范》规定了电子文件归档与电子档案管理的要求。国家档案局印发的《企业数字档案馆（室）建设指南》从政策方面进一步规范了企业数字档案室的建设工作，并提出运用"四性"检测技术，从移交环节、接收环节、长期保存环节，保证电子档案的真实性、完整性、可用性和安全性。核动力院现有档案系统与 AVIDM 系统的集成，实现了电子文件在线归档管理，但在电子文件元数据管理、"四性"保障方面，仍与行业要求存在一定差距。

（三）满足数字研发与交付是智慧院所建设对档案工作转型升级的迫切要求

核动力院结合新形势、新变化，紧跟未来发展趋势，提出了设计数字化、管理信息化、决策智能化的实际需求。PDM 系统、PMS 系统大大缩短了产品研发周期，仿真、三维等协同软件大大提高了设计效率。其中自主研发设计的三代核电"华龙一号"，已全面开展向巴基斯坦、阿根廷、英国、苏丹等国的核电机组出口工作。随着科研和工程项目的不断增多以及数字化设计技术应用程度的不断提高，电子文件、研发数据、专家经验、三维模型等各种形态的数字资源处于加速增长态势，传统档案管理模式不完全具备与研发产生的三维数据、计算数据、多媒体数据等非文档型数据交换的能力，档案工作转型升级迫在眉睫。

三、创新做法

（一）构建档案系统和知识管理系统"双平台"，实现电子文件全生命周期精益管理模式

基于信息长期保存的 OAIS 参考模型，结合核动力院数字化协同能力建设、知识管理能力建设等发展趋势，从核动力院信息系统电子文件管理及资源管理现状和需求出发，围绕基础管理、前端控制、全程管理、知识管理等原则，构建数字档案室系统（以下简称 DAS 系统）和知识管理系统（以下简称 KMS 系统），其系统主要功能及与外部系统的关系如图 1 所示。

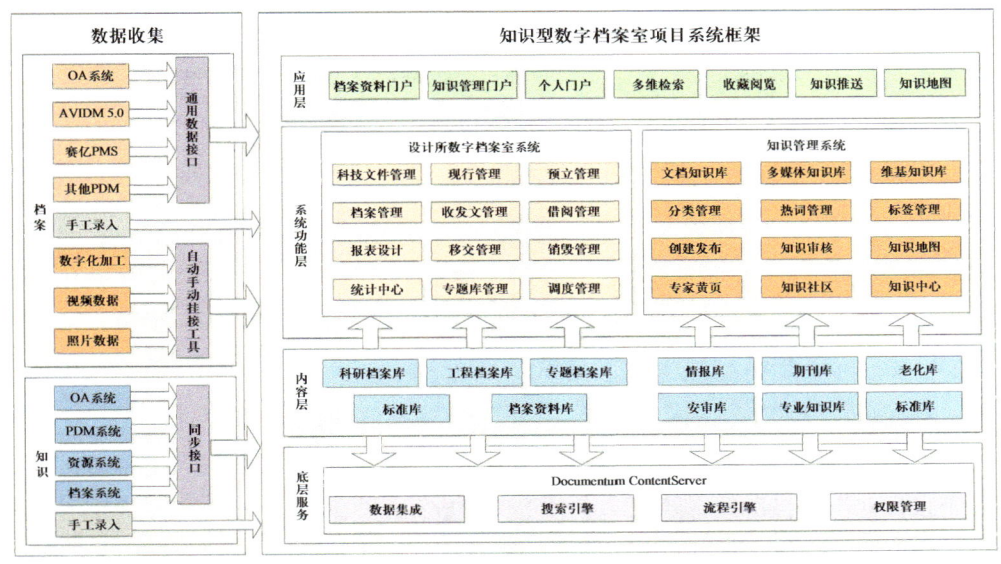

图 1 数字档案室系统框架图

依托 DAS 系统和 KMS 系统"双平台",参照国内外电子文件管理标准,构建知识型数字档案室项目系统框架,实现一站式跨库检索,为用户提供高效、便捷、准确的查询和统计手段,解决原生电子文件归档和利用问题,实现电子文件的全生命周期管理,从而达到提高文档管理工作效率,满足科技人员的信息需求。

DAS 系统框架实现办公自动化流程与电子文件归档、电子档案管理流程的无缝对接,解决文档脱节、分散管理等问题;同时改变传统的文件收集、整理和归档方式,针对文档、用户、业务实现精益管理,提高管理效率,从源头上保证电子文件的完整、准确和系统,推动无纸化办公条件下电子文件归档和电子档案管理工作创新,实现电子文件从"双套制"向"单套制"过渡;运用"四性"保障电子文件归档的可信性,同时将"四性"检测与电子文件的流转环节融合,解决电子文件在流转、长期保存环节中的真实、完整、可用和安全,实现电子档案的规范性检测从人工到智能、从无到有的跨越。

(二)固化电子文件归档流程,规范 AVIDM 与 DAS 系统接口技术要求

在 AVIDM 系统固化电子文件归档流程,经过严格安全控制的 Web Service 接口,实现 AVIDM 系统电子文件向 DAS 的自动归档,目前已经实现核心业务

系统 AVIDM 系统电子文件单套制管理。升级后的 AVIDM 系统取消了原系统资料管理模块中项目调度、打印、手动归档等环节，优化了归档流程。

1. 电子文件形成流程

设计人员在 AVIDM 系统中选择所属项目填写文件属性及创建电子文件并提交审批，经文件审批流程中校对、审核、定密责任人、项目管理、审定、批准、质保核查、档案人员审查等各环节流转，如审批通过则该文件进入 AVIDM 系统受控库，不允许对文件进行修改；若审批未通过，则返回创建节点由设计人员修改后，重新提交审批。

2. 系统接口规范要求

AVIDM 系统与 DAS 系统的数据交互全部采用 Web Service 进行，发送方将一个条目和该条目所拥有的所有电子文件生成一个 ZIP 压缩包，将该压缩包通过 Web Service 接口分块上传到数据接口服务器中，文件包上传完成后接口服务器验证文件包的签名信息，保证文件的安全性和完整性。签名信息验证失败时，记录日志到日志系统中并删除文件包。签名信息验证通过后立即执行解析导入操作，并记录解析导入日志，然后移动文件包区分导入成功和失败的文件。

接口程序在导入数据之前，根据文件类型对应的校验规则对文件格式和附件信息进行合法性验证，如果验证失败，则停止该文件的导入并生成消息通知进入消息系统，推送给相关用户。DAS 系统提供标准的 Web Service 接口，AVIDM 系统可通过该接口检查文件是否导入成功，并可获取文件详细信息。导入 DAS 系统的数据，根据文件类型设置为只读数据，该类数据在 DAS 系统不可编辑。

3. 电子文件元数据管理规范

依据 NB/T 20418—2017《核电电子文件元数据》，并结合核动力院实际情况，项目组编制《科技电子文件元数据管理规范》，版式电子文件有 67 个元数据项，其中引用国家标准元数据 53 种，本单位特性元数据 14 种，包括项目代号、项目名称、子项名称、子项代号、项目阶段、内部编号、图册内部编号、总号、专业、变更单号、变更次数、变更单页数、变更人、变更时间。

（三）突破"四性"技术难点，结合工作实际确保电子文件长期安全保存

AVIDM 系统和 DAS 系统已通过安全技术、制度程序、管理措施共同保证电

子文件的真实性、完整性、可用性和安全性。其中，在技术方面参照 DA/T 70—2018《文书类电子档案检测一般要求》，结合业务实际制定了科技类电子文件“四性”检测方案，“四性”检测指标和触发点的选择达到应既与业务流程相符又实现“四性”检测的目的。检测项目总计 29 项，包括真实性、完整性、可用性、安全性四个类别。DAS 系统对每一份文件进行“四性”检测，并把检测结果标识出来，绿色标识为检测正常，红色标识为异常，黄色标识为警告，红色黄色需档案人员核查、验证。针对某一份文件可以浏览单项检测项目的详细信息。图 2 为某份设计文件的“四性”检测结果截图，绿色标识为通过检测，黄色标识为未通过检测，提醒档案人员核查、验证。

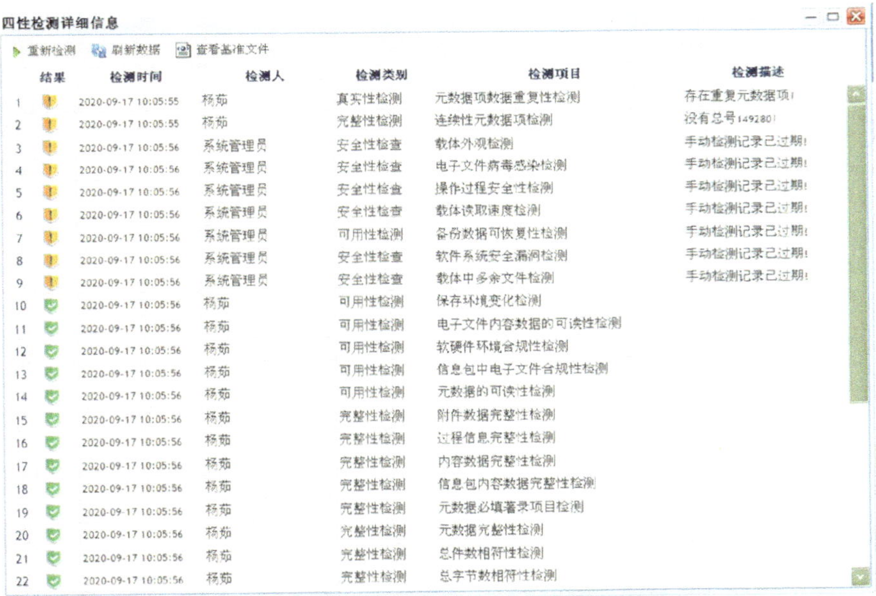
四性检测详细信息

重新检测　刷新数据　查看基准文件

	结果	检测时间	检测人	检测类别	检测项目	检测描述
1		2020-09-17 10:05:55	杨茹	真实性检测	元数据项数据重复性检测	存在重复元数据项!
2		2020-09-17 10:05:55	杨茹	完整性检测	连续性元数据项检测	没有总号149280!
3		2020-09-17 10:05:56	系统管理员	安全性检查	载体外观检测	手动检测记录已过期!
4		2020-09-17 10:05:56	系统管理员	安全性检查	电子文件病毒感染检测	手动检测记录已过期!
5		2020-09-17 10:05:56	系统管理员	安全性检查	操作过程安全性检测	手动检测记录已过期!
6		2020-09-17 10:05:56	系统管理员	安全性检查	载体读取速度检测	手动检测记录已过期!
7		2020-09-17 10:05:56	系统管理员	可用性检测	备份数据可恢复性检测	手动检测记录已过期!
8		2020-09-17 10:05:56	系统管理员	安全性检查	软件系统安全漏洞检测	手动检测记录已过期!
9		2020-09-17 10:05:56	系统管理员	安全性检查	载体中多余文件检测	手动检测记录已过期!
10		2020-09-17 10:05:56	杨茹	可用性检测	保存环境变化检测	
11		2020-09-17 10:05:56	杨茹	可用性检测	电子文件内容数据的可读性检测	
12		2020-09-17 10:05:56	杨茹	可用性检测	软硬件环境合规性检测	
13		2020-09-17 10:05:56	杨茹	可用性检测	信息包中电子文件合规性检测	
14		2020-09-17 10:05:56	杨茹	可用性检测	元数据的可读性检测	
15		2020-09-17 10:05:56	杨茹	完整性检测	附件数据完整性检测	
16		2020-09-17 10:05:56	杨茹	完整性检测	过程信息完整性检测	
17		2020-09-17 10:05:56	杨茹	完整性检测	内容数据完整性检测	
18		2020-09-17 10:05:56	杨茹	完整性检测	信息包内容数据完整性检测	
19		2020-09-17 10:05:56	杨茹	完整性检测	元数据必填著录项目检测	
20		2020-09-17 10:05:56	杨茹	完整性检测	元数据完整性检测	
21		2020-09-17 10:05:56	杨茹	完整性检测	总件数相符性检测	
22		2020-09-17 10:05:56	杨茹	完整性检测	总字节数相符性检测	

图 2　DAS 系统某份文件四性检测详细信息界面

（四）构建一站式跨库检索的专题知识库，促进知识的共享与利用

构建核动力特色创新数字资源库，形成数字档案室核心竞争力。核动力院在进行数字档案室建设试点时，除科技档案管理外，也将其他数字资源纳入统一管理，形成数字档案室的核心竞争力，具体分三类数字资源库：已构建以科技档案、标准、期刊、资料、AP1000 等资源为主的信息资源库；已构建以部门、项目、专

业、情报等以工程为导向的知识资源库;正在构建以研发结构设计的标准件、通用件、零部件等多堆型的研发资源库。通过数字档案室,统一了各类数字资源利用入口与方式,消除了资源类系统信息孤岛,建立了行业特色的数字资源库。

全文检索功能基于 Documentum 套件中的 Xplore 进行了二次开发,通过构建异构系统全文索引的方式,实现了全所资源的统一检索,知识管理平台提供了统一的检索入口、全文摘要、结果排序、热词学习,革新了传统的知识查找利用模式,免去了不同的信息系统来回切换的烦琐,为研发人员提供了一键式的用户体验,促进了研发效率的提升,降低了管理工作成本(图3)。目前,知识管理平台可实现全库数十万条数据的检索,集成了知识管理系统、核电设计管理平台、标准系统等 7 个系统的核电数据。

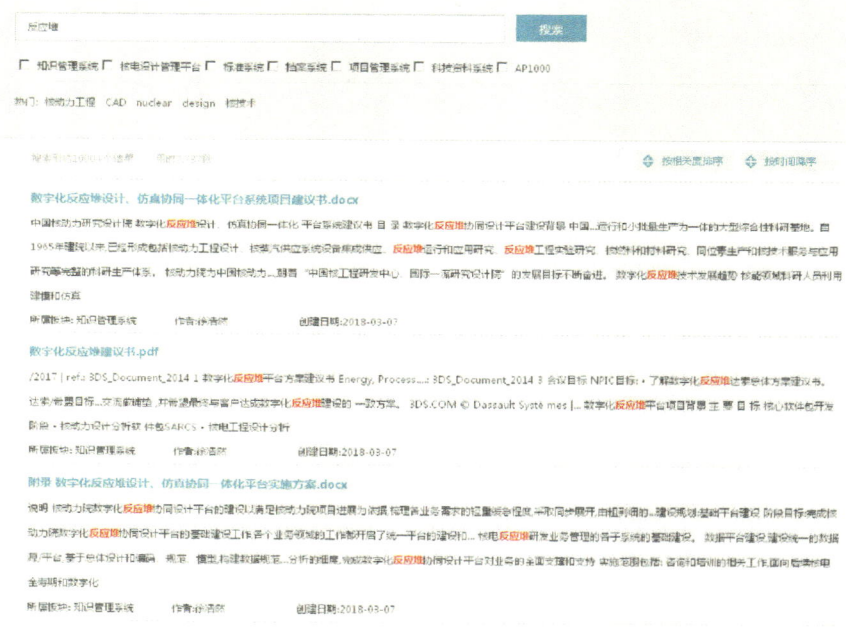

图 3　KMS 系统全文检索界面

四、效果及影响

(一)经济效益

实现数字档案精益管理,大幅节约研发和设计成本。通过系统建设实现业务系统与档案系统的无缝链接，使文件从计划、编制、流转、分发、整理、归档、输出、保管、利用、统计、鉴定到永久保存或销毁的全生命周期，都在信息系统中闭环运行，真正实现文档一体化的数字档案精益管理模式。优化文档管理流程，减少流程环节，避免纸质送审文件的资源浪费和重复劳动，节约了人力、财力和物力资源，提高文档流转效率与工作效率，具有极大的经济效益。以设计所为例，每年为国家及单位基础建设、人力成本、设备购置与维护、文印耗材、用电等节约成本300余万元。此外，"华龙一号"核电机组出口，数字移交已经成为未来发展的趋势，项目建设有利于提高移交质量与规范。

（二）社会效益

1. 创新资源融入科研全过程，有力支撑了新堆型装置加快突破关键技术

通过数字资源管理体系的建设，将多类数字资源融入科研生产全过程，数字档案室系统运营以来，累积沉淀了100余万份电子文件，构建的某专项档案库作为核动力院乃至集团的特色数字资源，目前已近40万份，得到了广大设计人员的大力认可，成功帮助核动力院实现了"华龙一号"蒸汽发生器、压力容器等"卡脖子"装备的研制，助力科技人员缩短装备研制周期，取得了重大进步。

依托知识管理系统构建情报专栏，已经实施了模块式小堆等20余个专题，实现了4000余份优质情报资源的管理与利用，有力保障了核动力院在短期内完成关键装置的研制及完全自主研制等创新性研究设计工作。

2. 提高档案基础服务水平，助推档案管理向知识管理的职能转变

实现了数字档案室从"档案型"向"知识型"的转变。不仅归档数据，而且面向所有职工收集个人的经验和知识，将单一知识资源形式扩展得更加丰富。同时运用各种制度和文化建设，保证内部的共享机制，营造贡献和共享的氛围。在业务管理层面，构建了档案管理和知识管理融合的管理模式。项目成员紧密围绕工作目标和内容，结合核电数字化研发设计发展思路，基于数字档案室的研究和系统建设经验，结合集成管理、前端控制、全程管理、知识共享、文件生命周期、电子文件"四性"保证等指导原则，构建电子档案管理系统和知识管理系统，探索出了一条适合基层档案管理部门的、以文件管理为主并与知识管理融合

的，将档案、资料、图书、情报等信息资源综合一体的管理模式，实现了从传统的文档管理向知识管理的迈进。

（三）良好的外部评价

1. 通过国家档案局现场验收

该项目于 2020 年 1 月 9 日通过国家档案局组织的专家组现场验收。项目的创新点：基于档案系统和知识管理系统"双平台"，构建一站式跨库检索的专题知识库，促进知识的共享与利用。2020 年 3 月 26 日，《国家档案局关于印发企业电子文件归档和电子档案管理试点、企业数字档案馆（室）建设试点通过验收企业名单的通知》（档函〔2020〕26 号）发布，标志该项目通过验收。

2. 获得多项奖励

撰写多篇论文，投稿中国核学会 2019 年学术年会征文、中国核工业档案学会 2019 年档案学术征文征集活动等。这些报告和论文有理论有实践，总结了项目核心内容，并具有一定的参考借鉴意义。同时，以该项目为契机，核动力院以《知识型数字档案室建设与研究》为题，分别组织申报了 2019 年度院 QC 成果汇报、四川省科工办 QC 成果汇报，并获得好评和肯定，荣获院三等奖（第 5/28 名），省科工办 QC 二等奖。

3. 推广复用价值高

该创新案例得到上级部门、兄弟单位的一致好评，具有很强的推广利用价值。目前已经接待三门核电有限公司、中核控制系统有限公司、航天火工技术研究所等多家单位来院交流。核动力院知识型数字档案室的应用，不但适用于科技类电子档案的全生命周期管理，还可以为集团内外类似单位的电子档案管理提供借鉴和参考，推广复用价值高。

案例形成单位：中国核动力研究设计院
案例形成人：崔静华、杨茹、李聪、杨林、苏弟荣、徐浩然

基于文件生命周期理念的
固定资产投资项目档案协同管理

一、案例概述

固定资产投资项目档案是固定资产投资项目管理的重要组成部分,按照国家关于推进项目档案管理与项目建设同步开展,提升企业固定资产投资项目档案管理水平的总体要求,案例以理论探索为基础,基于文件生命周期理念,设计并形成了"行业标准+信息系统+知识库"的固定资产投资项目档案协调管理框架,实现了整体推动项目档案与项目管理的同步推进,有效提升了固定资产投资项目档案管理水平。

二、实施背景

(一)落实国家关于实现项目档案管理与项目建设同步开展的要求

军工企业固定资产投资项目档案是保障国防科技工业持续发展的重要技术依据,是军工科研和生产不可缺少的基础性资源。

《国防科技工业固定资产投资项目档案工作管理办法》指出,项目档案管理应与项目建设同步进行、同步开展,确保项目档案完整、准确、系统和安全,并提出要采用信息化手段实现项目档案管理。2016年,国家档案局、国家发改委联合印发《建设项目电子文件归档和电子档案管理暂行办法》,明确要坚持全程管理,将电子文件归档和电子档案管理纳入项目建设计划和竣工验收要求。

(二)解决军工项目档案管理复杂性高与项目档案管控难度大之间矛盾的需要

军工项目档案管理的难度主要表现在以下四个方面。

1.项目档案形成时间跨度大、文件数量多

固定资产投资建设项目,特别是国家重大建设项目、军工固定资产投资项目投资金额大,一般项目的建设时间至少跨三个年度,形成文件数量庞大。

2.项目文件版本不断变化,归档文件版本不正确

建设项目由立项开始至竣工验收整个过程中,会出现文件内容补充、修改或替换等现象,如项目建议书在最终审批前要经过多轮修改。这种动态变化性使同一文件的项目管理过程中呈现出多个版本。

3.项目档案的来源跨越多个部门,收集管理难度大

固定资产投资项目建设过程涉及基建、设备、财务、法律、使用等多个部门以及各类厂商,不同部门或主体在项目建设中都有各自的工作职责、工作节点和工作要求。

4.项目档案内容呈现多专业性,档案部门指导难度大

固定资产投资项目的管理涉及土地资源管理、城市建设规划、职业卫生、劳动安全、环境保护等多个政府部门,不同建设类型、建设内容的项目所涉及的审批手续办理程序也不同。同时,项目建设的内容还涉及设备仪器、信息系统等多个领域。

(三)满足集团项目档案管理水平持续提升的迫切需要

中国航天科工集团项目档案工作已经建立了基本的管理制度,并定期开展项目档案的培训,但在实现项目档案与项目管理同步进行方面,因缺乏系统、有效的手段,项目档案管理水平无法有序提升。项目档案管理中的问题主要表现在:缺乏前端控制与全程控制,文件归档完整性低;个体对管理标准理解的差异性造成归档文件规范性差;信息沟通渠道不完善造成归档工作与项目管理脱节;制约机制欠缺造成项目档案管理制度要求落实不到位;知识积累效率低造成文件指导工作效力差。

三、创新做法

本项管理成果以理论研究为基础,构建了基于文件生命周期理念的"行业标准+信息系统+知识库"固定资产投资项目档案管理框架(图1),并通过中国

航天科工集团有限公司的企业标准《固定资产投资项目档案管理规范》、"固定资产投资项目档案信息资源管控系统"、《固定资产投资项目档案管理指南》等多项应用成果的设计,实现了项目档案与项目管理的系统推进。

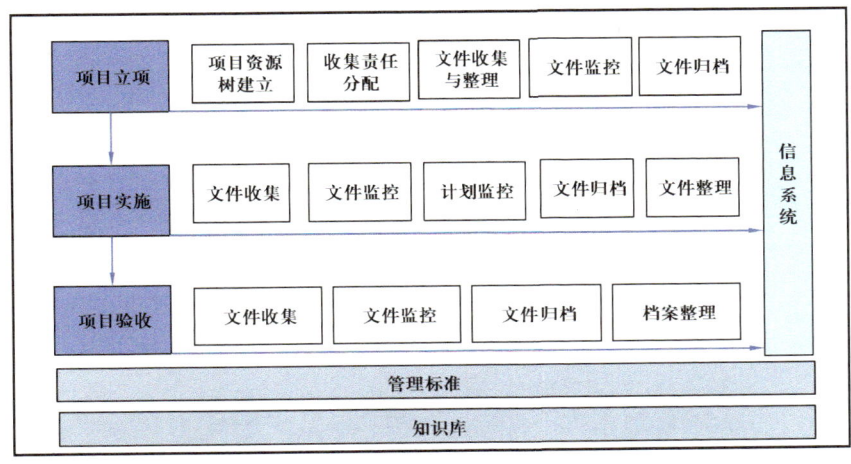

图1 项目档案管理框架图

主要创新做法如下。

(一)顶层设计,构建项目档案工作组织管理体系及标准体系

针对固定资产投资项目档案的管理,制定了企业标准 Q/QJB 237—2014《固定资产投资项目档案管理规范》,明确了项目档案工作的主体责任和归口管理部门,建立了项目档案工作人员网络体系,进一步确立了项目负责人、项目档案管理员、设计施工监理人员、设备管理人员的有关档案责任;明确了项目管理部门的主体责任,构建了覆盖项目管理部门、项目实施部门和档案部门的文件档案管理职责,形成了重点突出、职责明晰的职责体系;明确了涵盖档案管理的总体原则、管理职责、档案验收的程序、标准、组织等方面的管理标准与技术标准。

(二)界面管理,设计基于全过程管理的项目档案管理框架

为进一步完善工作机制,从分析档案部门、项目管理部门、实施部门的管理界面关系入手,通过合同归档制度建设、档案监控节点建立、文件虚拟卷设计三个方面积极构建协同工作框架。

1. 建立基于合同的归档制约制度

项目建设单位在合同中约定双方在文件方面的责任和义务，固定资产投资项目各阶段的合同必须送交档案部门会签，否则财务部门不予支付款项；在进行所有固定资产投资项目尾款支付时，移交的文件必须经档案部门审查合格并签字后，财务部门才能支付。

2. 建立项目档案管理监控节点

为实现项目管理相关部门与项目档案管理部门的准确顺利对接，根据项目实施阶段与特点，基于信息系统建立覆盖项目管理全过程的监控节点（图2），并根据实施的实际情况进行文件符合性审查、版本控制和业务指导。同时，结合节点的工作目标，对项目各节点的情况给予总体评价，包括积累进度、积累质量、风险控制措施等，实现了项目文件归档监控与项目管理的同步推进。

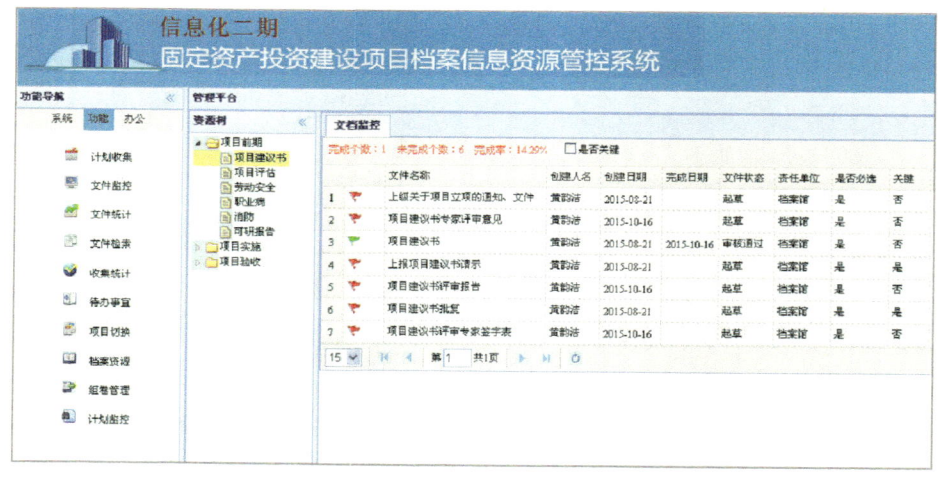

图2　系统文件监控界面

3. 建立项目文件虚拟卷

项目档案管理部门可以通过信息系统建立虚拟卷，将组卷工作提前到项目立项阶段，即根据项目批复的建设内容，与项目实施部门沟通，了解具体实施方式，从而确定项目档案组卷方式，并以项目树的形式在系统中建立虚拟案卷，给定案卷编号。虚拟卷的组建与传统的"文件积累袋"有异曲同工之处，实现了项目档案整理与项目文件积累的协同。

（三）知识引领，建立项目档案管理知识库

项目档案人员业务知识的积累、提升和释放是项目档案管理水平持续、稳步提升的重要基石。2014年，中国航天科工集团有限公司办公室主持编制了《固定资产投资项目档案管理指南》（ISBN 978—7—5159—1590—6），通过对项目档案管理涉及的各专业法律法规、标准制度要求、经验方法进行归纳、分类与汇总，形成了项目档案管理知识库，从而为项目档案管理知识积累的同步螺旋式增长奠定了重要基础（图3）。

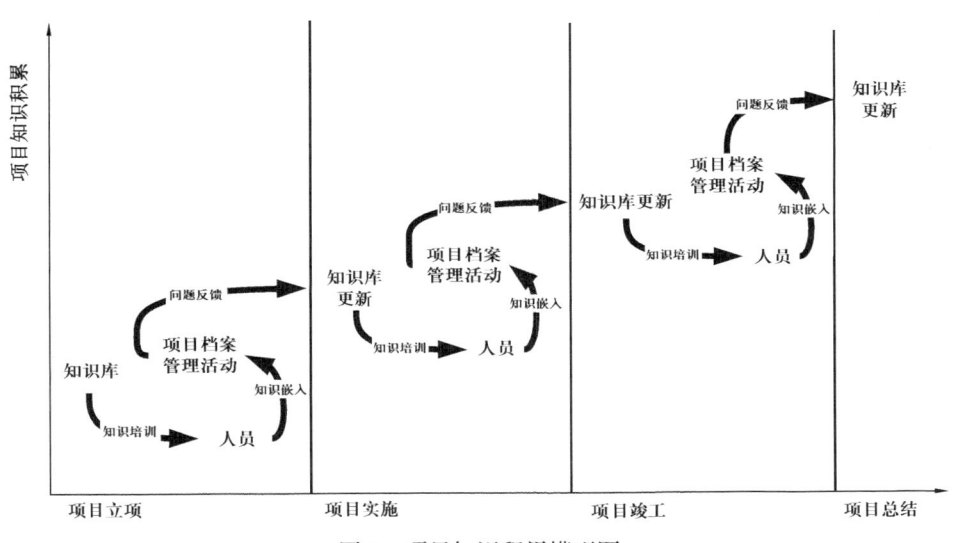

图3　项目知识积累模型图

（四）精细指导，建立"标准规范+文件收集模板数据库"的收集管控机制

主动介入项目档案工作，加强项目阶段文件监督管理，通过"标准规范+文件收集模板数据库"的方式，为项目管理和实施人员提供了明确详细的归档指导。

1.建立业务指导书制度

档案人员根据项目性质、阶段、程序等提出相应的文件归档要求，档案部门与项目管理部门共同确定项目文件归档的重要节点和控制措施，实现项目档案人员在关键节点对项目文件归档的全面、系统指导，有效规避项目档案因被动接

收、追溯整改造成的文件归档不完整、问题整改难等问题。

通过标准规范建设，建立了基于业务指导书的沟通机制，统一了项目档案管理标准，为提高企业固定资产投资项目档案管理标准化水平提供了制度支撑。

2. 建立文件收集模板数据库

依托固定资产投资项目档案信息资源管控系统，建立项目文件收集模板数据库，对覆盖项目管理各阶段节点产生的文件以模板的方式进行展示，为指导项目文件的收集提供精细化的智能指导，实现按照项目阶段文件资源从收集到归档的全过程管控（图4）。

依托信息系统，通过"标准规范+文件收集模板数据库"的方式，为固定资产投资项目档案资源的标准化管理提供了制度保障和技术支持。建立涵盖固定资产投资项目管理及档案管理验收各阶段产生的各类文件的收集范围及文件模板数据库，并可根据管理实际扩展为各类项目文件收集的范围及文件模板数据库，为项目文件积累提供了专业的指导。同时，与《固定资产投资项目档案管理指南》相结合，对项目档案管理全过程中出现的各类问题进行了诠释，并提供工作方式方法的指导。

（五）引入信息化手段，推动项目档案管理流程再造

为提高管理效率，有效推动"项目档案管理与项目管理同步开展"要求落地，积极引入信息化手段，推动项目档案管理流程再造。2015年，在集团的支持下，北京海鹰科技情报研究所开发了拥有完全自主知识产权的《固定资产投资建设项目档案信息资源管控系统V1.0》（软件著作权授权号2015SR246745），该系统设计基于文件生命周期管理理念，突破了传统项目档案管理流程串行的模式，采用文档一体化管理模式，实现项目前期、实施和验收阶段项目档案资源收集的全过程管理和状态监控，为项目文件收集计划的制定、进度监控和人员的绩效考核以及项目资源的查询和利用提供技术支持。

四、效果及影响

（一）系统推动了项目档案与项目管理的协同管理

该成果设计了"行业标准+信息系统+知识库"的管理框架，并依托企业

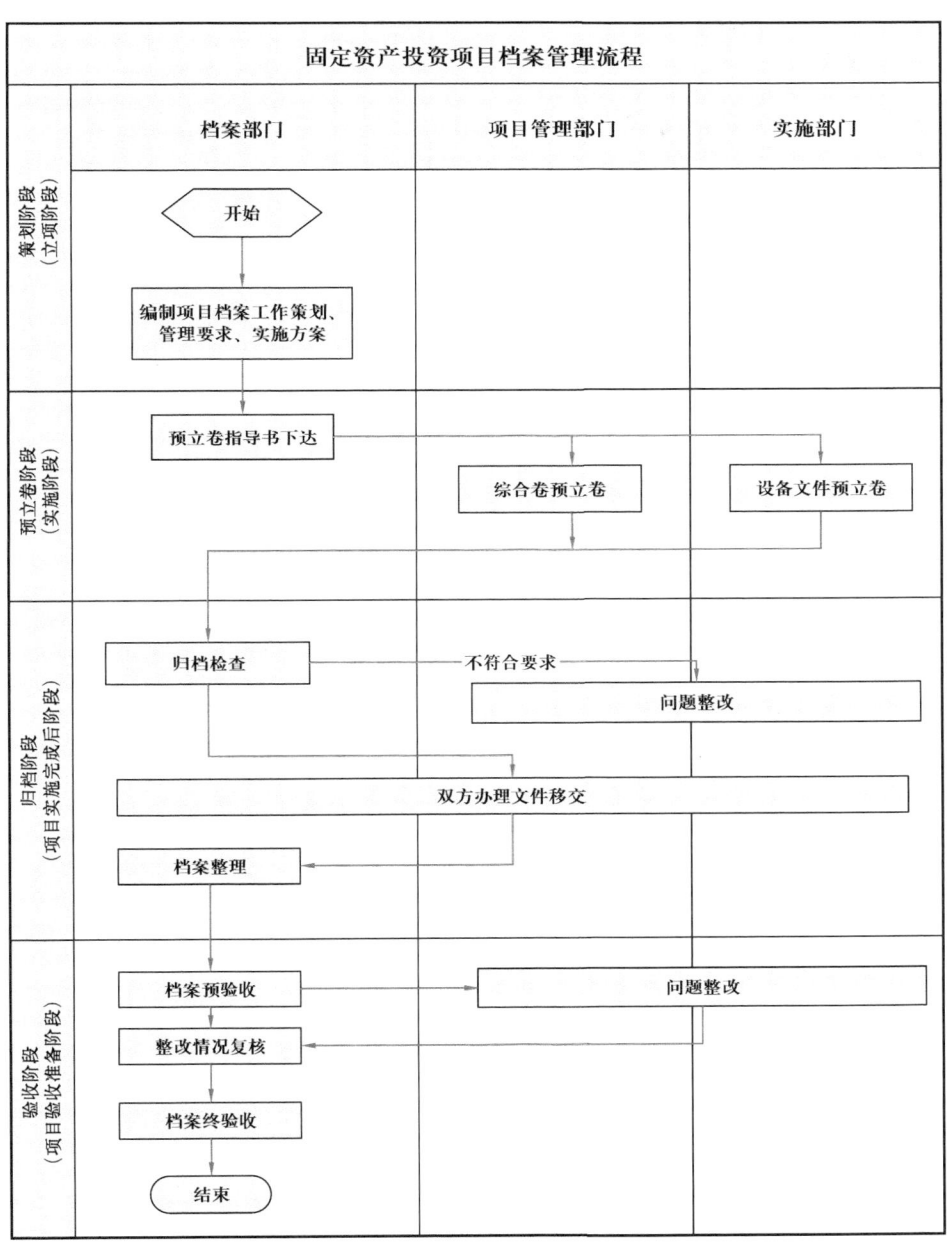

图 4 固定资产投资项目档案管理职责与项目协同图

标准《固定资产投资项目档案管理规范》、"固定资产投资项目档案信息资源管控系统"、《固定资产投资项目档案管理指南》3项成果，整体推动项目档案与项目管理的同步推进。

全过程管理模式下，实现了项目立项阶段文件档案管理职责的同步部署。档案部门从项目立项阶段介入固定资产投资项目管理活动，在项目启动之初对整个项目文件归档工作进行策划，合理规避风险，并提前实施指导，使整个固定资产投资项目档案管理活动处于主动介入的良性循环状态。

以信息化手段为牵引，实现了固定资产投资项目文件从产生到归档的全过程管理和状态监控，并可以对责任部门与人员文件收集工作进行绩效考核，提升了固定资产投资项目档案管理的质量和效率。

（二）建立了多部门协同的项目档案组织管理方法体系

"固定资产投资建设项目档案信息资源管控系统"研究建立了标准化的项目资源收集管控机制，为国防军工固定资产投资项目档案的标准化管理，提供了制度保障和技术支持；建立了项目文件收集模板数据库，该数据库涵盖国防军工行业固定资产投资项目管理的各个阶段及产生的各类文件目录，并且具有良好的兼容性和扩展性，可根据项目实际需求进行模板数据库的维护，并扩展为各类项目文件收集的模板数据库，为项目文件积累提供了标准、直观的指导。《固定资产投资项目档案管理指南》能够在标准文档数据库的基础上，对项目档案管理全过程中出现的特殊问题进行诠释，并提供工作方式方法的指导。该项成果的应用推动并形成了项目管理部门、实施部门及档案部门之间的协同工作机制，明晰了项目档案管理责任和沟通机制，规范了项目档案管理流程，通过管理和技术手段的双提升构建了多部门协同的项目档案组织管理方法体系。

（三）有效促进项目管理能力和基础管理水平的提升

该项成果在集团范围内应用以来，提升了项目文件收集、管控能力，有力推动了固定资产投资项目文件收集进度失控、文件质量不合格、文件资源不完整等难点问题的解决，实现了固定资产投资项目文件的全过程管理和状态监控，项目档案的完整性、准确性、规范性和系统性水平得到大幅提升，保证了项目竣工验收工作的顺利开展，提升了集团项目档案管理水平，成为行业标杆。

结合项目档案管理经验和国家有关标准,从项目立项开始对每个环节的文件进行管控,项目建设完成档案收集工作即完毕,整个建设过程文件都处于跟踪和监控当中,真正做到档案工作与项目建设同步进行,实现对项目档案的完整性、准确性、规范性和系统性进行规范和固化。

(四)形成了一套可复制、可移植、可推广的管理成果

该管理工作中形成的一系列成果被军工系统多家单位认可和采纳。

标准建立了以主体责任为核心的责任机制、基于合同的归档制约机制以及基于业务指导书的沟通机制,统一了项目档案综合管理标准与技术标准。该标准被国防科工局采用借鉴,并在军工及其他行业项目管理中得到广泛应用和推广。

固定资产投资建设项目档案信息资源管控系统,以项目资源树结合文件收集模板库的形式为项目档案收集管理提供了指导,能够对项目文件进行全过程管理和状态监控,有效地促进了文件收集的有效性和完整性。该系统已应用于三院、航天三江、六院,也可扩展应用于各类项目档案管理。

《固定资产投资项目档案管理指南》内容覆盖项目档案管理过程中的各个专业,结合项目档案管理的经验和国家有关标准,对项目档案的完整性、准确性、规范性和系统性进行了规范和固化,其较强的实操性和广泛的适用范围得到了行业内相关专家的认可,已在军工系统内外单位发行1000余册。

案例形成单位:中国航天科工集团有限公司
案例形成人:张燕、卓文友、高苏、贾伟军、董宇环、徐梅

瞄准一心二效三节,打造星级服务现场

一、案例概述

为紧跟科研生产步伐,提升档案整体服务能力,构建一个"高效、绿色、可持续的"文件服务现场,航天科技五院五〇二所信息档案室(以下简称信档室)开展了主题为"瞄准一心二效三节,打造星级服务现场"的建设工作,构建了以科研需求为导向、以《现场持续改进与创新管理办法》等五大体系文件为核心、以持续高效服务为重点的"三位一体"文件服务保障体系,进一步打开了五〇二所文件服务的新局面,实现了文件管理服务的创新和全面升级。服务现场经中国质量协会现场审查,被认定为"全国四星级服务现场"(图1)。

图1 现场管理诊断评价证书

二、实施背景

（一）新时期科研任务的迫切需求

航天任务进入跨越式发展快车道。"十二五"期间，研究所参与完成的发射任务从 9 星船 / 年提升到 20 星船 / 年，同时完成了神舟七号到神舟十号载人出舱到载人交会对接等多项重大任务。"十三五"期间，发射任务更是从 20 星船 / 年提升到 40 星船 / 年。每年交付产品数达 3000 台（套），设计产品类别近百种。每个产品的设计、生产、试验、测试等工作都与文件密不可分，高强度的型号任务研制工作对航天档案管理服务提出了更高的要求。档案文件是五〇二所在轨及在研所有型号产品状态的直接记录，发挥着记录历史、传承历史、保障科研生产的重要作用，一旦档案文件丢失、损毁、状态错误等，传递到了生产现场，可能会导致产品状态错误，对所内科研生产将造成重大影响。

（二）现场管理持续改进提升的必经之路

信档室提供的文件服务项目有几十个，日均消耗 3 万张 A4 纸用于复印加工任务，每年接收的存档文件能装满约 70 个文件柜，共计 4000 多盒，5 万份文件，200 万页，重约 8 吨；服务用户绝大部分为研究所所内顾客，顾客需求相对统一，如档案文件存档、借阅利用和申请复制分发等，但每种服务一般只需 1~2 名人员直接与顾客接触。其他服务岗位人员按照服务流程，在内部完成工作传递和交接，顾客不可见，因此呈现垂直服务的特点；之前的档案服务更注重于完成工作任务，且经过几十年的发展，信息化管理与人工管理的交织、先进硬件与系统的不断推陈出新，以及顾客不断上升的各类精细化服务需求，都表明工作现场的服务已不能满足现阶段顾客需求，必须转换思想，换被动为主动，以顾客需求为导向，对服务现场进行一次有针对性的改造，并结合服务现场自身的规律、特点，建立更适合现阶段需求的档案服务保障体系，让档案服务更精准、高效、快速地助力科研生产工作。

三、创新做法

（一）主动挖掘、分析顾客需求

信档室档案文件服务现场的顾客分为外部顾客和内部顾客，前端服务岗位与外部顾客直接沟通，后端服务岗位主要为前端提供支撑性的服务工作。

信档室采用顾客问卷调查的方法，识别并分析顾客需求。这些需求转化为与之相对应的服务特性要求，共性需求如下。

1. 研究室、机关

产品的技术状态得到真实有效的记录和长期保存，能够快速、方便地查询、利用产品技术状态相关文件，含 7×24 小时临时紧急服务需求和异地服务需求。

2. 生产系统

能够快速、方便地查询、利用产品技术状态相关文件；能够快速、高效地准备好产品生产所需的大量文件，保障科研生产任务有序开展，含 7×24 小时临时紧急服务需求和异地服务需求。

3. 全所顾客

能够快速、高效地查询、利用国内外文献、期刊，学习知识，提高能力。

信档室对内部顾客也进行了详细调研和分析，内部顾客的需求也主要围绕文件质量展开，总结如下：

（1）图纸文件的交接手续符合相关规定和要求；

（2）图纸文件保持完整，无缺页、污损等；

（3）内部顾客之间遇到问题能够及时、有效、友善地沟通。

通过对顾客的需求分析，形成了现场重要管理目标，从服务质量、投诉服务、保密、安全与环境四方面进一步细化了现场重点管理指标，保证了各项服务有效完成。

（二）构建"三位一体"的档案服务现场管理体系

信档室以科研生产需求为导向，完成了从被动服务到主动服务升级的同时，形成了《现场人员管理办法》《6S 管理办法》《设备及耗材管理办法》《现场文件管理办法》《现场持续改进与创新管理办法》五大体系文件，进一步细化了服务具体要求；以持续高效的服务为重点，在达成服务目标的同时，积累总结提炼，持续改进、不断创新，形成了稳固的"以科研需求为导向、以五大体系文件为核心、以持续高效服务为重点"的"三位一体"精细化服务体系（表1）。

表 1　信档室现场管理文件汇总表

序号	类别	详细类别	数量
1	国家相关法律法规	/	18
2	所级相关规章制度	/	38
3	部门级管理文件	部门综合管理	7
		岗位规范	27
		工作流程	5
		质量子体系文件	13
		职业健康体系文件	11
		环境管理体系文件	1
合计			120

（三）全面优化服务界面

1. 明确服务规范

（1）服务时间：工作日 8：30—17：00。

（2）服务项目：服务项目开窗率 100%。

（3）服务响应时间短：普通业务即时处理，30 分钟内完成；复杂业务即时处理，3 天内完成；紧急业务 7×24 小时响应。

（4）顾客意见反馈和投诉：普通投诉当天处理，重大投诉处理时间小于 3 天。

2. 服务提供规范

针对目前室内开展的各项业务活动，根据需求分析结果及室内讨论结果，对服务提供过程进行设计改进，如减少客户等待时间、规范业务咨询过程标准、业务处理流程优化、规范顾客投诉处理流程、增加服务评价方式、增加服务补救环节等。

（1）明确现场人员服务规范。

根据以上要求编制了《信息档案室现场人员管理办法》，具体包含内容如下：

① 考勤及工作纪律管理办法。

②岗位服务标准规范。

③员工培训管理办法。

④员工考核管理办法。

⑤服务信息反馈办法。

（2）优化了主要业务办理流程。

针对顾客需求，对业务办理流程进行了梳理，为规范服务人员服务标准，将各岗位工作流程的基础步骤、软件操作及业务要求等汇总形成班组级操作指南及培训手册；对业务办理频次较高且需求迫切的文件存档流程、从库房提取复制流程进行了优化，并对优化流程的业务岗位职责进行重新梳理，形成接口清晰、职责明确的流程要求。

以"文件存档工作为例"，所内存档文件来源主要有电子系统直接输出纸质、人工签署纸质两种方式，且文件存档量呈现逐年递增趋势，库存也基本饱和，流程优化前，交接环节甚多，流转文件成山；经过前期的数据分析和多次小组讨论，决定将文件存档流程优化，优化前后流程对比如图2所示。

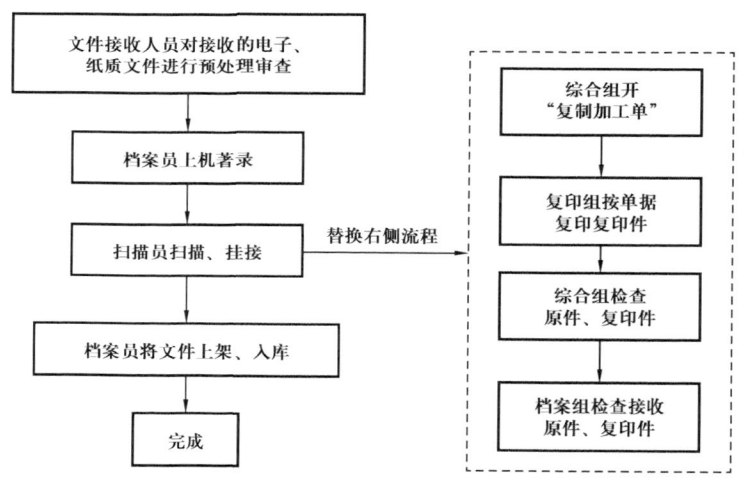

图2 文件存档工作流程优化前后对比图

（3）其他现场管理活动设计。

将业务咨询、服务评价、顾客投诉处理、服务补救、合理化建议等纳入服务管理过程，形成《服务提升改进管理办法》。

3.服务过程质量控制

（1）通过现场管理制度定期巡查现场工作。

信档室梳理了现场管理各项规章制度，依据制度严格现场检查工作，明确了服务过程质量控制要求和流程。通过员工定期自检、各组组长定期巡检、室领导定期巡检等方式，对服务过程进行质量控制。制度中包含整改要求，对有问题的现场实时开具整改单，跟进整改结果。

（2）借助航星文件管理系统监控文件去向。

借助档案管理软件，建立了文件流转的信息化监控方式，文件流转信息被实时记录，加强了顾客、服务人员、保密等各方对文件的监控。

4.优化服务现场环境布局

（1）整体布局设计。

信档室重新划分各区域功能，调整设备放置地点、调整人员工位的位置，方便员工使用。如划分业务办理区、顾客等待区、内部办公区等。设置了服务等待区、文件交接台，明确了顾客服务接触点，规划了服务路径，提高了工作效率。

（2）优化设备布局。

对复印机、出图机、晒图机、胶装机、切纸机、蓝图机、叠图机等设备布局进行了优化调整，将存在关联的设备摆放在一起，达到操作行走距离最短的效果。

（3）配备自动档案密集架、定制大型货柜。

档案库房为了实现最大化利用，选用了自动手动一体式档案密集架，相比普通档案文件柜，档案承载量提升了50%～70%。根据现场文件多、分类多的特点，定制了大型文件暂存柜、大型耗材货柜，存放不同规格的耗材，方便现场工作人员取用。

（4）配备信息化、人性化电子阅览室。

针对顾客需求，不断改善和增强顾客体验，参照国际一流自由阅读区的标准，建立了电子阅读区、互动体验区，按照星巴克的服务区设置，配备了长短沙发、软椅、咖啡桌、饮水台等设备设施，让顾客在自由舒适的空间里充分享受阅读、学习的乐趣。

四、效果及影响

(一) 为服务现场可持续发展奠定基础

通过分析顾客需求,建立了系统的现场管理改进流程,根据现场管理过程的特点,明确各类改进项目的系统化改进方法。现场员工能够掌握必要的改进方法,积极参与到现场管理改进活动中,能够从质量、效率、成本、交期、安全等多个维度开展系统化改进工作,现服务现场管理重点指标完成率均达到100%(表2)。

表 2 服务现场管理重点指标完成情况

项目	管理重点指标	2017 年	2018 年	2019 年
顾客服务质量	顾客满意度大于 97.5%	100%	100%	100%
	服务开窗率 100%	100%	100%	100%
	服务岗位通用工作标准达标率 100%	100%	100%	100%
	顾客紧急任务响应率 100%	100%	100%	100%
顾客投诉服务	顾客意见反馈和投诉率低于 2‰	小于 1‰	小于 1‰	小于 1‰
	普通投诉当天处理,重大投诉小于 3 天	达标	达标	达标
保密	员工保密教育人均培训学时大于 15 学时	16	16	16
	涉密人员培训教育覆盖率 100%	100%	100%	100%
	泄密等人为责任事故为 0	0	0	0
安全与环境	安全标准化建设达标	达到二级	达到二级	达到一级
	全体职工安全教育率为 100%	100%	100%	100%
	应急演练计划完成率 100%	100%	100%	100%
	危害国家安全、爆炸、火灾等人为责任事故为 0	0	0	0

以服务可持续为原则,在深度分析顾客需求的基础上,创建"档案知识管理网站",多维度对档案知识进行总结,打造了一个用户获取档案知识的便捷通道,获得用户一致好评,为服务现场可持续发展奠定基础。

（二）团队服务意识、专业能力有效提升

《信档室现场人员管理办法》的实施，明确了员工的职责和权限，构建了良好的员工关系和沟通技巧，激发了全体员工参与现场管理的积极性和主动性。现阶段，顾客普遍反映良好，较之前服务态度、服务质量、业务办理速度均有较大提升，这些改善是人员相关制度不断贯彻实施的体现。

（三）服务效率和效能全面提升

建设过程中进行了多项流程优化与创新工作，优化节拍，全方面提高效率和效能，据不完全统计，在此次建设过程中，节约各类成本情况如下：

（1）资源成本：双面打印复印、扫描，全年节约100万张纸，4万元；自行扫描电子版，每年节约扫描费140万元；采购电子文献，每年节约30万元。

（2）管理成本：减少复印环节和污染物排放、节约库房空间40平方米/年；采购电子文献，减少纸质文献订货，节约管理成本。

（3）时间成本：优化流程，减少交接和无效移动，减少周转，减少3万人次工作交接；为顾客提供4万次/年电子服务，替代手工纸质服务，为顾客节约了时间。

（4）人员成本：培养多能员工，提高人员的复用率；减少人力资源的占用，平均一年可节约7900个工时。

（四）整体档案服务能力大幅提升

通过服务现场建设工作，构建了以科研需求为导向、以《现场持续改进与创新管理办法》等五大体系文件为核心、以持续高效服务为重点的三位一体文件服务保障体系；以体系要求为基础，以提供"快速、高效、友善"服务为目标，对服务界面进行了全面优化提升，概括如下：

（1）以服务最便捷为原则，通过打通接口、完成重要历史文件数字化、服务流程全部信息化等措施，全面提升了信息化服务能力；

（2）以服务最高效为原则，优化了服务工作流程，实现了资源、管理、时间、人员等成本的深度降本增效；

（3）以服务最直观为原则，完成了区域划分、服务标识设计、服务环境改造，提升了用户体验满意度；

（4）以服务可持续为原则，在建立常态化需求收集通道的同时，完成了档案知识管理网站的创建，打造了一个用户与档案知识互通隧道。

以上工作的完成，推动了服务现场管理工作由粗放式向系统化、专业化、精细化的转变，为科研生产等工作提供了更全面、专业的文件服务。

案例形成单位：航天科技五院 502 所

案例形成人：张大业、赵欢、刘子菲、刘文静、王莹、倪春华

军工科研院所综合档案馆资源协同整合与多粒度标引机制实践

一、案例概述

中国电子科技集团有限公司第五十三研究所（以下简称五十三所）为有效化解档案信息资源需求快速增长和供给不足的矛盾，解决档案利用过程中流程不畅问题，借助档案信息化建设工作，根据所内业务特征重新对现有档案分库式管理模式进行整合，压缩档案门类。同时，开展基于多源异构特征的档案原始信息标引工作。基于档案信息与大数据信息的不同特质，通过对档案数据开展规范化、结构化清洗，实施档案信息资源多粒度标引工作，有效化解信息碎片化和主题检索能力不足的难题。

二、实施背景

军工科研院所各级各类综合档案馆在科研生产工作中，通常会根据经营活动的需要，将档案分成不同类别进行分库式管理。因行业性质原因，企业建成时间较为久远，其间经历分化、重组、改制等大规模变动，档案门类不断划分，划分标准逐渐复杂化，门类间内容交叉阻碍了实际利用工作开展。加之档案工作本身的历史性特点及部分文件归档类别选择错误，造成同一来源的档案因不同归档流程归入不同档案库，产生新的信息割裂问题，后期信息识别难度增大。

当前，军工科研院所为提升企业整体管理水平，都普遍采取加速推进档案信息化建设的举措。而军工科研院所因其行业自身特性，如产业链体系庞大、产品研发与使用周期较长等，在实际档案业务中也容易出现信息割裂、资源识别和整合能力不足等问题，特别是因厂所分离形成研发与生产档案分化管理的模式，更加重了信息资源分类隐患。企业档案馆汇集了大量各种来源、内容高度专一的原始信息，但迫于档案数据高度个性化原因而无法提出并采用有效治理手段，资源整合难度要远高于企业其他业态部门。此类问题随着档案信息化建设而更加凸显,目前大部分企业解决方案相对模糊,致使档案信息化建设成果似是而非,影响到企业主营业务整体质量和长远发展。

军工科研院所综合档案馆作为与一线科研生产业务直接相关的部门,除发挥基本的服务保障工作职能外,还应当提供包括计划管理、质量管理、科研生产论证支持在内的决策支持服务,而企业因受制于资源整合能力不足而举步不前。近年来,军工行业研发、生产体系日趋完善,企业在研发生产中接受项目监督、检查等力度增加,对档案工作提出了全息化、高价值密度信息供给的管理要求,档案信息资源整合工作迫在眉睫。

档案信息资源整合和标引工作要考虑资源多源异构、历史信息等多种因素,其实施重点在于高度驾驭档案数据的个性化特征,单纯采用强化资源分类,或是改造元数据、创新管理和利用流程都无法实现档案信息资源一体化建设。因此,只有通过降低现有档案分类维度,减少资源分类隐患,提升档案目录数据库标引质量,才能有效驾驭好档案管理对象复杂的问题,使档案工作提升至一个全新层面。在企业现有的经营模式下,以较低的改造实施成本达到信息资源高度整合、管理效率显著提升的目的,是当前该类企业档案工作开展的必由之路。

三、创新做法

五十三所主要通过采用优化分类体系和对档案信息多粒度标引方式分别解决新归档文件和历史档案信息整合问题。

(一)建立新归档文件资源协同整合机制

对于新归档文件资源整合,主要包含档案门类间资源整合、门类内部分类体系综合治理两个方面。

1. 借助档案信息化建设压缩档案门类,降低档案管理维度

传统的档案归档流程是归档人员根据文件内容特征选择相应的档案门类,与对应的档案员办理归档手续。此过程存在两个主观行为,一是归档人员需要主观判断文件类别,二是档案员主观判断归档类别是否合理,两个主观性行为形成了资源分类隐患问题。近年来,随着五十三所整体体量的增长,加之体制机制变革,企业内档案门类划分控制逐渐弱化,资源分类隐患和信息碎片化问题有逐步扩大的趋势。

自 2016 年开始，五十三所综合档案室开展了全馆档案信息化建设工作。借此契机，档案室根据经营业务的划分特点对全馆档案分类标准进行了重新布局，将原有 10 大类、16 个二级类目的档案门类在档案信息系统中整体压缩成 3 大类、5 个二级类目的整体分类架构。需要说明，人事档案因利用原因由部门专职保管，未划入所内档案管理体系。具体划分结果如图 1 所示。

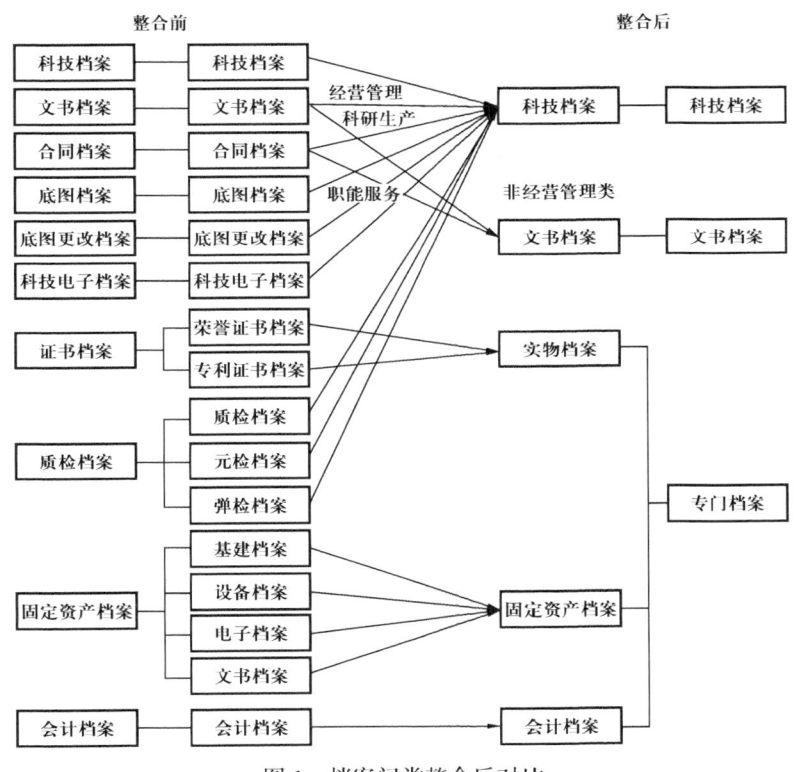

图 1　档案门类整合后对比

重新划分档案门类后，"分库"式管理模式下造成的信息割裂问题得以缓解，归档和利用过程中不必要的业务负担得以消除。此项工作作为系统性工作，其主要工作原则：

（1）有效利用档案分类信息与载体相分离的原理，尽可能不对实体档案整理现状作调整，减少档案信息资源组织规划过程中的业务负担。出于对过程信息的保护，过时的业务标准也是档案工作保管的重点。

（2）档案信息资源组织遵从所内主营业务流程开展。通过梳理当前馆藏资源，五十三所综合档案室将全所归档文件重新划分成科研生产和经营管理、行政和党群工作、职能管理三大门类，与之对应的是划分后的新版科技、文书、专门档案。划分原则不再按照办文流程、载体形式、课题类型等多重标准，避免造成档案内容切片、切块等信息孤岛问题。如所有科研生产类文件均划入科技档案外，将原有涵盖科技创新、市场、技术状态管理、图纸及软件、质量、售后服务等内容的文件并入科技档案，使本应是一个体系内的文件重新划入整体管理。文书档案只保留党政工团、安全、环保、后勤等辅助类职能活动内容，不划分二级类目，专门档案划分后只包含会计档案、固定资产档案、实物档案内容。

划分后各档案业务模块保持相对独立，彼此信息体系完整。对于新产生不易界定门类的档案，按照是否与科研生产业务或辅助性职能业务相关的原则划分。

2. 档案门类内部信息资源综合治理

以信息资源整合后的科技档案为例，该门类集成了原有七大门类档案，需要对各自保留的分类标准进行协同化。原有分类标准主要依据是课题、生产环节、办文方式、载体类型，标准不唯一导致分类方案不能将所内科研生产活动原始、完整、真实地记录。

五十三所作为科研事业单位，所有辅助性活动均要服从于产品研发生产。通过重新对档案类目下分类方案进行梳理，遵循以企业科研生产本身的逻辑循序为原则，将科技档案分类标准统一为产品类型。具体分类标准如图2所示。

简化档案分类体系，统一分类标准，保持类系间档案内容平行无交叉，可以有效克服五十三所内设机构调整、档案员变动造成的档案分类体系不稳定的问题。其中型研类目下的平台类系为所内第一到第三研究部对应平台，各产品分类标准为对外提供总体产品，不再划分产品下各分机、各专业标准。

（二）实施历史档案信息资源多粒度主题标引工作

出于对过程信息的保护，且避免陷入对档案整理工作反复整改的死循环，在实践中，五十三所通过强化主题标引工作，没有用新标准对老标准作校正。如原有科技档案中的历史档案部分，多数以课题代号作为分类标识，包含产品平台、部门、阶段等多维度信息。通过对老型号产品档案进行主题分析，根据需求设立标引深度并强化数据关联性，也可根治因档案类别划分问题造成的信息割裂现象。

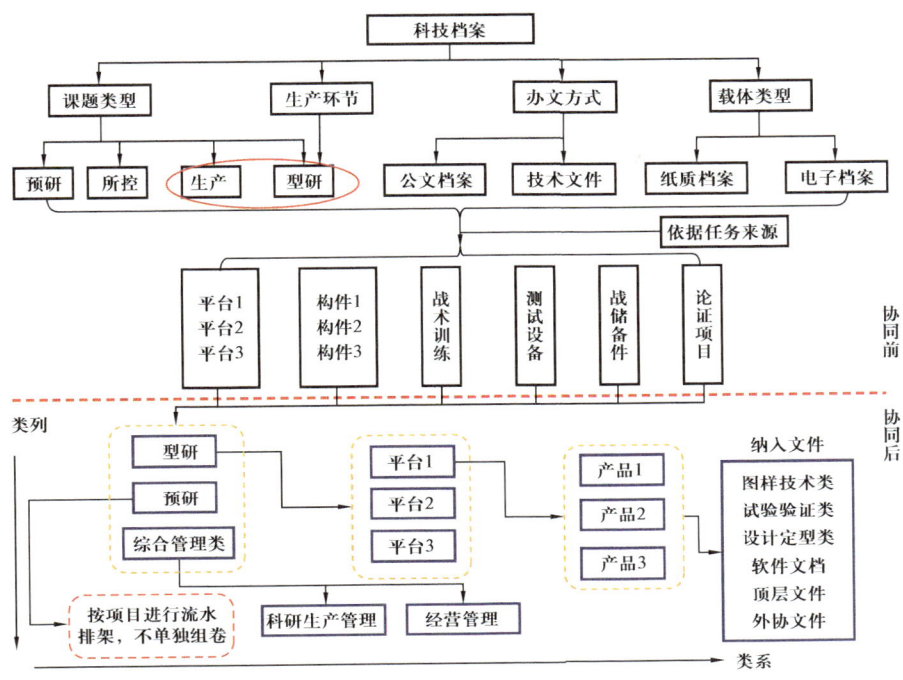

图 2　协同前后科技档案分类标准

以科技档案为主线，主题词提取首先需要对现有档案目录数据库进行规范化和结构化改造，涵盖题名、结构化摘要等主要信息的入口词、省略项、同名异义词汇规范化控制。按照语料库语词构成特点，五十三所将科技档案主题标引工作划分为技术文件类和综合管理类两个类型。将标准化之后的档案信息库按类别以 CSV 文件形式导出，利用 Python 中 jieba 库函数开展分词，其主要工作包含：

（1）技术文件类语料库分词。因涉及产品型号、专业、构件等专有词汇，常规 jieba 库函数的搜索引擎模式自带词库无法开展精确标识。五十三所将所内综合计划部下达的科研生产计划和所内常用专业、构件名称按照对口标引的原则提取出叙词，以行为单位添加至文本文件 "userdict.txt" 中。调用 jieba.load_userdict 模块和该文件，引入自定义词库，此时调用 jieba.cut_for_search 模块开展分词工作可达到较为理想效果。

（2）综合管理类语料库分词。该库中语词通用性较强，包含所内市场、运营、技改、投资、计划、质量等内容，主题分布广泛，分词流程相对简易，调用 jieba 精确模式开展分词即可，其主要工作在于关键词提取和主题转化过程。

对于关键词提取和主题标引,依照语料不同特点开展。对于技术文件类,因该类下停用词出现频率较低,词频较高的词可作为关键词提取标准,通过设立参项、代项明确主题标引用词,文件主题信息基本包含产品、构件、专业等多维度和主要用途。而对于综合管理类文件,主要通过调用 TF-IDF(词频—逆文本)算法实现,起到过滤掉常见语词下保留重要语词的目的。以科技档案中计划大类下语料为例,在 python 中调用关键词抽取接口 analyse 开展抽词,高频词主要包含五十三所、科研、计划、生产、代号等词素。通过计算,计划、代号 TF 和 IDF 分值均较高,相乘后得分最高,可确认为该类档案主标引用词,这一做法有效过滤掉了五十三所、科研等库内常用词,标引结果基本与预期一致。

在目前企业档案工作人力、技术都相对薄弱的现状下,以不破坏档案原有整理规则为前提开展档案信息资源主题标引,具有技术成本低、工作集约等优势。随着自定义词库内容扩展可增加档案内容标引深度。当用户检索需求超越档案分类表提供的框架时,或面对由于分类不科学引起的档案信息碎片化问题时,运用主题检索途径,可同时实现对专有词汇项检索,极大提升检索效率。

四、效果及影响

(1)利用信息化建设进行档案门类压缩,有效避免对原有档案整理工作的破坏,保留五十三所历史原貌,同时将改造后的分类模块保存在档案管理系统中,形成线上、线下利用服务工作两条线的新工作模式,有效降低归档人员、档案员对档案内容的驾驭要求,也从机制上极大降低了文件归档过程中类别划分错误的概率。针对目前五十三所采用的实时归档流程,当文件完成输出流程后,分散在不同业务关口的技术人员提交归档申请,需要判断的档案类别极大减少,可有效减少主观性选择错误发生概率,档案员也可减少管理维度,提高档案接收效率。

对于因档案目录整合造成的档案号重复问题,通过编制原库房代码,在原有层累制档案号基础上增加库房代码号段,可以有效化解档案号编制隐患。这样,在整个资源整合阶段,档案的实体存放位置和原有整理规则并不发生改变,资源整合整体成本和工作量较低。以强化档案数据关联的手段弱化实体档案整理规则,档案员业务负担降低明显,整体业务流程顺畅度明显提升,逐步消除有存无取、大海捞针的问题。

(2)利用信息化建设开展档案信息资源协同整合的过程,也革除了多种手工管理模式。档案目录废除了互见号和备考表的统计功能，也废除了对文件整理顺序的要求，相应数据关联、统计功能并入档案信息系统。各库房原有实体馆藏彼此孤立的状态被打破，档案利用申请不再以库房为分界点，利用人员也不必关心实体档案分类原则，从而有效地从利用者的实际需求出发展开档案各类服务。此外，破除原有按载体进行档案分类的手工管理模式，有效减少了第一载体来源为电子文件的档案进行"双套制"归档的重复工作，同时有效推进了目前以电子文件为主流的"单套制"归档模式。

档案信息资源整合也对部分档案目录数据库中的元数据优化创造了条件，删除了具有传递性函数依赖的元数据，通过创建附表的形式建立参照完整性约束，添加时间戳元数据实现全息化管控，总体上，在减少元数据数量的前提下记录的信息量却大幅增加，归档人员申请填写时间和错误概率也相应降低。

（3）建立了档案业务标准与企业业务相匹配的档案信息资源灵活整合机制。在国家层面，各类档案著录、整理标准都是建立在档案移交进馆的呈缴制度下制定的，多为推荐性标准，并不能作为强制标准实施。五十三所从资源整合一体化建设出发，将国家标准的一般性指导原则与企业业务内容实际相结合，不机械套用，通过重新制定科学、实际的树形分类原则，形成了档案管理系统建设具备编程意义的编码体系，最大限度地模拟了实际业务特征，在目前以"双套制"归档为主体的"多态性"现状下，建立了较为严谨的映射关系。而历史档案实施的多粒度标引工作，主要是针对前期分类体系不科学而制定的信息整合对策，从考虑前期各分类主线开展。如果前期历史档案分类采用大流水式无序模型，单纯以文本提取从碎片化档案信息中逆向分析和抽取关联的，经济性和可操作性都大为降低。因此，五十三所以资源通用性分类方法结合档案业务、数据个性化特征开展的信息整合工作，最大限度地实现了资源一体化整合，为后续开展语义化检索、知识多维聚类，构建了稳定的数据基础。

案例形成单位：中国电子科技集团有限公司第五十三研究所
案例形成人：张鑫、付野、吴琼、刘兵、晏祺、赵健

AEOS建设助力固定资产投资项目档案管理

一、案例概述

中国航发沈阳黎明航空发动机有限责任公司（以下简称中国航发黎明）为满足国防科工局、国家档案局、中国航发集团对固定资产投资项目档案管理要求，提升固定资产投资项目档案管理水平，保证固定资产投资项目档案管理质量，按照AEOS（AECC OPERATION SYSTEM，中国航发运营管理系统）管理理念，建设以固定资产投资项目档案验收问题为导向、以固定资产投资项目档案管理为核心、以满足上级机关及公司固定资产投资项目发展为目标的项目档案管理体系。在前期工作基础上，进一步解决固定资产投资项目档案管理与公司固定资产投资项目发展需求不匹配和实施过程中档案管控不足等问题，为公司整体运营提供有力保障。

二、实施背景

中国航发集团成立以来，习近平总书记对航空发动机事业作出了一系列重要指示，要求加快实现航空发动机及燃气轮机自主研发和制造生产，集团公司肩负落实党中央决策、总书记重托的责任。集团愿景是建成世界一流航空发动机集团，开展以产品自主研发体系为核心内容的AEOS建设，是实现集团愿景的必由之路。中国航发黎明作为主机厂，为缩小与国际航空发动机先进标杆企业的差距，大力开展AEOS建设，满足公司未来产品发展的需要。

集团公司档案工作要点中多次提到加强固定资产投资项目档案管理工作，固定资产投资项目档案是公司的基础信息资源和重要知识资产，项目档案重要性已提升到与实物资产同等地位。固投档案验收是固定资产投资项目竣工验收的重要一环，在固定资产投资项目管理中能够起到锁定证据、监控过程、规范管理、验证效果的重要作用。

2019年，中国航发黎明在进行某项目档案预验收过程中暴露出一些档案管理问题，尤其是面对建设内容多、建设周期长、主管人员变动频繁的重大项目，还存在一定的不足。公司目前在建固定资产投资项目较多，面对问题，公司领导高度重视，组织档案管理部门及固定资产投资项目参与部门开展固定资产投资项目档案管理质量提升工作，不能"头痛医头、脚痛医脚"，要求结合公司AEOS建设工作，跳出档案视角，关注固定资产投资项目建设全过程，从业务角度和档案角度两方面入手，全面完善公司固定资产投资项目档案工作体系。

通过研究国家档案局、国防科工局、集团公司各项关于固定资产投资项目档案管理的制度、要求，梳理档案管理与中国航发黎明固定资产投资项目策划、实施等业务的关联逻辑，厘清固定资产投资项目档案与固定资产投资项目各个阶段关系，修订固定资产投资项目相关制度；通过流程梳理，规范项目档案管理相关表单、模板，加强基础管理，强化过程管控，完善固定资产投资项目档案管理流程，进一步明确相关单位职能，建立系统、高效的固定资产投资项目档案管理体系。

三、创新做法

（一）固定资产投资项目档案管理流程梳理

按照AEOS理念，建设固定资产投资项目档案管理流程、活动单元，活动单元输入输出、控制项（制度等）及使能项（包括方法、工具、操作规范、数据库、模板等）。在公司顶层业务流程架构的基础上，承接公司发展战略，综合考虑业务现状和相关管理要求，开展业务流程架构设计，搭建档案业务流程架构（图1）。

1. 完成固定资产投资项目档案管理流程显性化及初步优化

根据业务流程架构，开展业务流程的逐层分解，分解至活动单元，对每个活动单元的输入、输出、使能项、控制项进行分析，形成权责分明、精简高效、风险可控的业务流程及使能项、控制项清单。

对公司原有固定资产投资项目档案管理流程进行梳理，建立流程框架，明确固定资产投资项目档案管理流程所在业务域，确定档案工作最小业务单元34项，固定资产投资项目档案管理业务单元包含8项子业务单元。通过对固定资产投资项目档案管理流程梳理发现，主要存在三方面问题：第一，管理职责方面仅发挥了档案保管、利用、验收等服务职能,未体现对业务部门文件收集情况、归档及时性等进行检查指导;第二,固定资产投资项目档案管理未实现"前端介入,过程管理",只是在实施完成后对归档的文件进行整理,没有真正做到档案工作要求的"三纳入""四参加""四同时";第三,关注重点侧重档案验收环节,对验收后期的管理还存在一定不足。按照 AEOS 理念,完成固定资产投资项目档案管理流程梳理及优化,增加 7 项子业务单元,完善了固定资产投资项目档案管理各个环节内容。

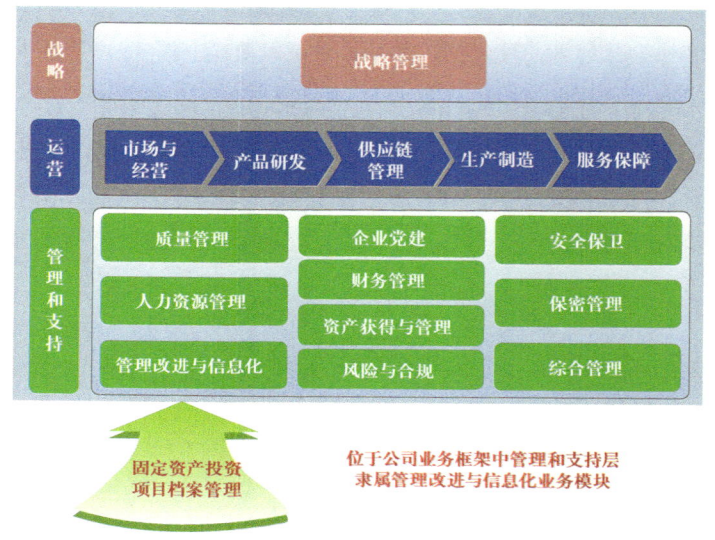

图 1　业务流程框架图

2. 建立固定资产投资项目档案管理流程信息表

通过流程梳理,明确了 15 项子业务单元内容,针对这些内容编制了流程信息表,分为流程基本信息和流程执行信息。流程基本信息表主要包含流程名称、适用范围、控制措施、质量要求等 17 项主要内容;流程执行信息表主要包括步骤、详细描述、制度、表单、执行时间等 11 项内容。流程各个环节清晰可见,通过控制项、使能项的加入,能够减少对经验管理的依赖,使固定资产投资项目档案管理更加科学可靠(表 1)。

表 1 流程基本信息表

流程名称	适用范围	流程编制者	流程责任岗位	流程执行责任单位	流程执行频率	风险描述	控制措施	质量管控要求	相关制度/标准
固定资产投资项目档案管理	全公司		信息技术员、档案管理员	信息管理与信息化部	不定期	资料归档不及时,过程资料缺失,导致项目验收不能通过	档案员进行跟踪控制,指导归档部门及时按照归档		固定资产投资项目档案管理细则
流程输出	前置流程		流程开始条件	流程结束条件					
			项目立项	项目通过验收					
文件资料	档案资料归档								
流程输入	档案查借阅								

流程执行

序号	流程步骤名称	工作详细描述	执行岗位/角色	相关制度	作业单据(表单)	时间要求(小时)	风险描述	控制措施	质量管控要求	相关信息系统
1	接收建设计划	档案部门接收计划部门下达的建设计划	档案管理员		计划单			将项目档案管理纳入项目管理程序和技改计划,与项目建设工作同步开展		OA

续表

流程名称	流程说明	适用范围	流程编制者	流程责任岗位	流程执行责任单位	流程执行频率	风险描述	控制措施	质量管控要求	相关制度/标准
2	编制档案归档计划及要求	档案部门按照计划内容编制项目档案归档计划和相关要求	档案管理员	固定资产投资项目档案管理细则	归档计划、固定资产投资项目档案管理登记表			项目实施部门在编制招标文件、与参建单位签订合同（协议）时，应设立专门条款，明确相关单位文件材料的归档职责、归档范围、质量要求、整理标准、归档数量、归档时间和违约责任	公司各项目组织实施部门及参建单位在项目论证、批复、实施、竣工验收、运行维护等阶段均应形成相应的文件材料；公司按照集团公司建设项目文件材料归档范围和档案管理相关规范要求，制定项目文件管理相关规范范围和保管期限，相应项目电子文件应同时归档	OA
3	在建项目文件材料积累情况检查	档案人员按照项目建设中的文件材料收集情况进行检查	档案管理员	固定资产投资项目档案管理细则	问题清单			项目实施部门应按照项目档案管理有关要求，开展项目文件资料收集、整理和归档工作，做到"谁形成、谁归档"，并接受管理与信息化部的监督、指导和检查		
4	业务部门归档前自查	业务部门对已办理完成的项目文件材料移交前对其完整性和规范性进行检查	业务人员	固定资产投资项目档案管理细则	文件归档范围和保管期限参考表、归档前档案自查报告			文件材料归档前由档案形成部门进行自查，形成自查报告		

续表

流程名称	流程说明	适用范围	流程编制者	流程责任岗位	流程执行责任单位	流程执行频率	风险描述	控制措施	质量管控要求	相关制度/标准
5	业务部门归档文件	业务部门根据归档范围，将各类档案归档到档案室	业务人员	固定资产投资项目档案管理细则	档案资料归档流程		归档文件不齐全	项目实施部门应对项目建设的重要阶段和关键环节（重要部位、重要工序、重要活动等）、重要结构构件或关键部位的隐蔽工程形成照片、录音、录像等国家有关规范及管理要求的文件、资料移交归档时，项目管理人员应在公司综合档案协同管理平台上提交档案资料归档流程，档案管理人员进行整理和归档	1.归档的文件材料应完整、准确、系统、有效；2.归档的文件材料应为原件；3.归档的文件材料字迹线条件久、清晰，载体质量优良，签章完备，符号、代号、计量单位符合标准化要求；4.竣工图更改到位，标识清楚	OA
6	档案审核人员审核，提出问题	档案员根据固定资产投资项目档案管理细则要求，审核所归档档案，提出存在问题	档案管理员	固定资产投资项目档案管理细则	问题清单		审核问题不全	加强学习，积累经验	项目实施部门在支付合同尾款时，管理与信息化部检查项目文件材料归档情况，对于未到档归档要求的，在付款单上加盖"档案合格"印章，财务部支付尾款；未达到档案要求的，项目档案人员拒绝盖章，财务管理部暂停支付尾款	
7	业务部门逐条整改	业务人员逐条整改存在问题	业务人员	固定资产投资项目档案管理细则	问题整改情况清单		无法逐项整改			

3. 完善流程控制项、使能项

基于使能项、控制项建设清单，开展支撑流程运行的使能项、控制项建设，形成一套可有效支撑流程运行的标准、制度、方法、工具、模板、操作规范等使能项、控制项。

固定资产投资项目档案专项验收中出现的问题，大部分表现为部分资料的收集不齐全，通过流程控制项、使能项的建立，使档案人员不但了解档案工作过程，而且能够了解固定资产投资项目策划、实施等各个环节的过程，流程中各个环节的表单（即档案收集）的主要内容。

（二）完善固定资产投资项目档案管理体系

1. 梳理固定资产投资项目管理制度和标准

按照《国防科技工业固定资产投资项目档案验收办法》《国防科技工业固定资产投资项目档案工作管理办法》《建设项目档案管理规范》《中国航发集团公司和中国航发黎明固定资产投资项目档案管理细则》的要求，对公司固定资产投资项目10项制度进行梳理，对其中档案收集、归档方面的内容进行查验，标注不符合项，同责任单位进行沟通，明确制度修订内容。公司相关部门职能中明确规定了项目档案的归档职责和要求。

按照档案工作"三纳入""四参加"要求，将项目档案管理纳入项目管理程序和技改计划，与项目建设工作同步开展，并明确项目档案工作管理职责、控制措施、归档计划、归档范围等方面的要求。构建了以公司主管领导分管，计划部门、技改部门及档案部门依托项目建设，团队协作、密切配合，有效的项目档案资料管理网络：计划部门负责项目建设组织协调，技改部门主动收集、归档项目资料，档案部门指导项目档案的收集，审查归档资料，汇总存在的问题，协调实施部门按照时间节点补充归档、整改归零，共同促进缺项资料的补充完善，为项目档案管理提供了组织保障，确保了项目资料按照要求及时归档。

2. 完善固定资产投资项目档案归档范围

档案部门从档案管理角度出发，对相关标准中的归档范围进行细化，固定资产投资项目相关部门从业务角度出发完善归档范围内容，形成了更加清晰、完善的固定资产投资项目档案归档清单，包括综合类档案3大项、35小项，基建类6

大项、420 小项，设备仪器类 5 大项、220 小项等内容。归档清单按照档案类别和阶段进行编制，并逐渐补充完善相关内容，使档案人员和业务人员能够对应收集、归档项目文件材料有明晰的认知。

3.建立固定资产投资项目档案验收问题知识库

每一次档案专项验收都是对公司档案工作的检验，检验档案工作人员工作能力，更检验固定资产投资项目实施各个环节的规范性，固定资产投资项目档案验收问题更是验收专家经验的展示。公司构建固定资产投资项目档案验收问题数据库，收集近几年验收过的项目档案问题 1300 余项，对其中问题进行分类，并从完整性、准确性、系统性、规范性等几个方面对问题进行标注。在问题收集、整理基础上，再通过汇总分析，形成档案验收问题知识库，为其他固定资产投资项目提供经验，更是一种知识的积累和传承。

四、效果及影响

通过 AEOS 理念在固定资产投资项目档案管理工作的应用，不仅厘清了固定资产投资项目档案管理各个环节，更厘清了档案管理和项目各个环节之间的关系，完善了固定资产投资项目档案工作体系，形成体系完整、流程清晰、运行高效的固定资产投资项目档案工作体系，促进档案管理能力的提升。主要作用表现为以下几个方面。

（一）固定资产投资项目档案管理更加科学化

通过 AEOS 理念的运用，进一步提升了固定资产投资项目档案管理科学化，减少对经验的依赖，从原来的定性评价转变为定量评价，使各个管理环节显性化，依靠控制项、使能项、表单等模板化工具，完成项目从策划、实施、验收后评价等各个环节文件材料的收集，帮助业务人员知道归档内容，档案人员了解项目管理过程。档案管理从后端转变为项目策划阶段介入，实施阶段管控，验收后评价阶段补充的全过程管理，全环节融入。

（二）完善了固定资产投资项目档案工作体系

进一步完善了固定资产投资项目档案工作体系，真正实现项目档案"三纳入""四参加"。固定资产投资项目档案工作有主管领导、有管理部门、有项目档案网络、有相关管理制度，做到了固定资产投资项目档案"有人管""管得住"。

（三）提升了固定资产投资项目档案管理工作质量

通过一系列举措，在新的固定资产投资项目档案验收中，减少了同类档案问题出现的概率，以设备仪器档案为例，2019年验收项目单台套问题数为2.5个，2020年新验收项目设备仪器档案单台套问题数为1.5个，产生问题概率降低了40%。

通过遵循AEOS理念，建设和优化固定资产投资项目档案管理流程、活动单元，活动单元输入输出、控制项（制度等）及使能项（包括方法、工具、操作规范、数据库、模板等）等内容。梳理了档案管理与公司固定资产投资项目策划、实施等业务的关联逻辑，厘清固定资产投资项目档案与固定资产投资项目各个阶段关系，修订固定资产投资项目相关制度。通过流程梳理，规范项目档案管理相关表单、模板，加强基础管理，强化过程管控，完善固定资产投资项目档案管理流程，进一步明确了相关单位职能，建立了系统、高效的固定资产投资项目档案管理体系。

案例形成单位：中国航发沈阳黎明航空发动机有限责任公司
案例形成人：修娟、赵锐鑫、王宏所、李瑶

国家级页岩气示范区
全数字化移交及在线归档实践

一、案例概述

为探索与验证"智能油气田产业链和数据链逻辑架构",实现开发建设全生命周期管理及在线实时归档,提升企业管理现代化、信息化、标准化、规范化水平,中国石油在国家级页岩气示范区开展了全数字化移交及在线归档实践。在线归档范围覆盖长宁页岩气田126个单项工程,涉及已建、在建、拟建3种工程建设状态;利用项目文件管理系统(PDMS)及数据采集工具完成项目电子文件的在线流转、收集、整理、组卷、装盒,支持将项目电子文件(档案)与三维模型、工程实体对应关联,实现项目电子文件/电子档案快速检索和准确利用。

二、实施背景

企业管理数字化转型是中国石油集团公司适应新形势新挑战,提升管理质量和水平的必然要求;是破解集团公司发展中深层次矛盾和问题,实现发展战略目标的必然要求;是推进世界一流综合性国际能源公司建设,实现有质量、有效益稳健发展的必然要求。

长宁—威远页岩气产业化示范区是国家级页岩气示范区(图1),位于其中的长宁页岩气田2014年实现效益开发,2016年全面建成国家级页岩气示范区,截至2020年年底,累计采输页岩气约140亿立方米,为国家能源保障和冬季保供作出了重要贡献。作为中国石油在勘探与生产上游业务的唯一试点项目,承担着中国石油油气开发建设全生命周期管理和地面建设精益管理示范引领和页岩气智能油气田建设先行试点的重任。按照文档全生命周期管理和数字油田精细化管理的要求,长宁页岩气田50亿立方米/年产能建设工程竣工资料全数字化移交和在线归档管理试点工作,主要是要解决以下困境和实际问题。

图 1　示范区宁 201 井区中心站全景图

（一）电子文档真实性、可靠性、完整性和可用性验证方式和工具缺乏

长期以来，中国石油建设项目存档按照 GB/T 17678—1999《CAD 电子文件光盘存储、归档与档案管理要求》、GB/T 18894—2002《电子文件归档与管理规范》等相关规范，采用项目纸质文件稿本与项目电子文档的存储载体一同归档，并使两者建立互联的"双套制"竣工档案管理模式。理想状态下，纸质文件稿本与项目电子文档互为印证和备份。在实际项目中，由于缺乏成熟可靠的文档管理系统及规范体系不健全，"双套制"归档的电子文件与纸质档案在内容上很难完全匹配；加之需要专用软件读取的电子文件未明确其可用性验证的裁判员、时间范围等，导致无法及时准确地验证项目电子文件的可用性。

（二）电子档案管理精细度不足

由于电子档案的数据范围、格式、颗粒度和数据仓库的业务结构特点等主要指标不明确，可能因数据范围、格式、颗粒度等指标差异，导致不同分类条件下的数据采集、交付、存储工作量激增。

（三）电子档案利用需求分析不足

由于电子档案利用的关键或潜在用户不明确，可能因缺乏核心需求或真实需求而造成项目电子文件编码、文件信息包等档案信息不齐全或不合理，影响电子档案利用效率。

（四）数字化交付标准不完善

多年来的数字化工程面临着标准不完善的处境，前期多方位的探索实践多以应用解决业务问题为主，因此，分散单位的实践可复制性、推广性较差。没有系统的数字化交付理论，没有反复的项目实践论证，没有自主可控的 IT 实现手段和对理论验证的坚守，很难催生优质可落地的数字化交付数据标准。

三、创新做法

（一）制定相关规范体系

针对数据采集、预处理、存储、管理和应用，制定了数据采集规范，涵盖线路、站场工程、橇装安装和项目文档 4 类，研发了数据采集、预处理、存储和管理工具，编制了物资分类和编码标准体系 1 套、文件编码规范 2 套、电子化文件采集与审核操作规程 1 套，形成了完备的规范体系，为数字化交付在线归档提供了制度保障。

（二）打通文档管理全生命周期业务链路

通过长宁 50 亿全数字化交付系统（DHMS）和项目文件管理系统（PDMS）及与之配套的数据采集工具，实现项目电子文件从形成、传递、收集、整理、归档、鉴定、处置、编研、利用的全过程数字化管理，注重电子文件的真实性、可靠性、完整性、可用性、安全性，实现试点项目设计、采购、施工文件电子化在线流转，为项目建设期和运营期各相关方提供有力的数据支撑，深度挖掘设计、采购、施工数据的最大价值。同时在实现项目电子文件在线归档的基础上，打通文档管理全生命周期业务链路，形成数字化交付环境下文档全生命周期管理的标准化方案（图 2）。

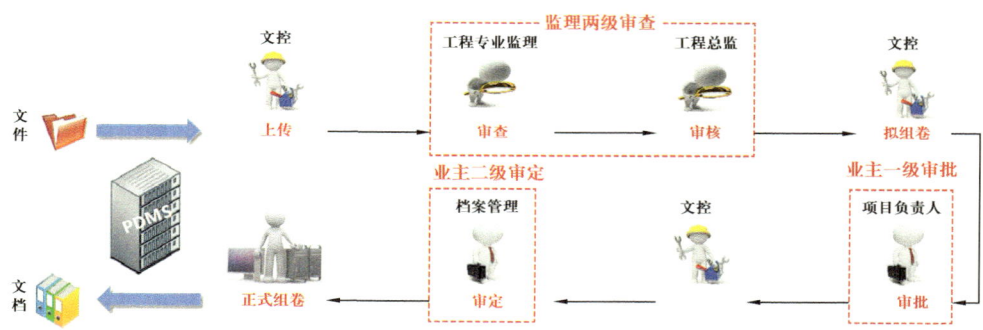

图 2　在线归档标准方案示意图

（三）实现数字证书规范化应用

在档案的形成过程中，使用电子签名与数字证书，通过规范化的程序和科学化的方法，鉴定签名人的身份，强调签名人对电子文件内容的认可；通过 IT 技术手段保证原文在传输过程中有无变动，从而确保了在归档、接收等关键环节电子档案内容的真实性、完整性和责任人的不可抵赖性。同时，将原文件、签名图片、数字证书三者作为一个完整的整体保存，便于今后随时验证数字签名的有效性和合法性（图 3）。

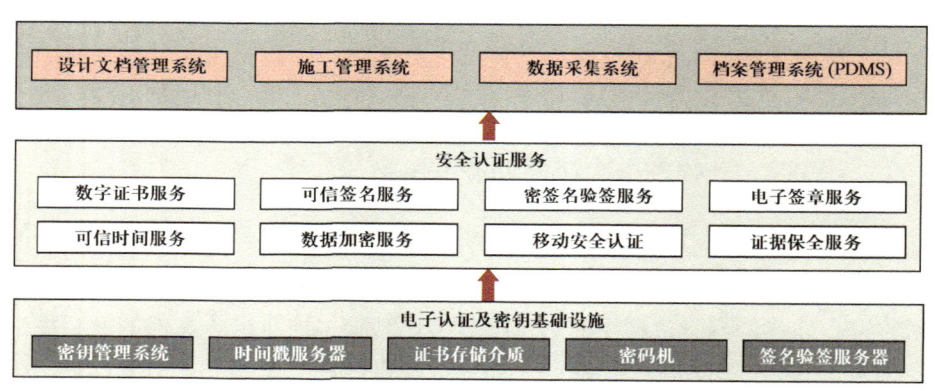

图 3　项目数字证书服务平台构架方案

（四）建设功能完备电子档案管理系统

依据先进、实用、安全、发展的原则，做好项目电子文件结构化和在线归档的总体规划和同步建设，在兼顾电子档案管理要求的基础上，充分结合试点项目及行业特点，合理确定系统功能需求。针对功能需求设计兼容性强的 IT 架构，建成具备开放性、可扩展性、快捷查阅、安全可靠的且满足多用户需求的电子档案管理系统。

（五）研发可靠性高的数据采集技术

结合长宁 50 亿全数字化移交项目，研发了通用可靠的数据采集工具，可根据需要对工程建设过程各参建单位的信息系统，如设计文档管理系统、施工数据采集系统、采购管理系统等，进行目录数据和全文数据采集，满足电子文档收集要求。

（六）优选项目文档多格式转换技术

项目文档主要包括文本文档、图形文档、图像文档、音频和视频文档等，各类文档又有不同的文件格式和多种版本，且都需要特定的阅读软件。为解决电子文档长期可读和有效利用困难的问题，本项目经过对各种常见格式的选型，最终选择 PDF、JPG、TIFF、MP3、MP4 等格式作为电子档案的标准格式，并利用格式转换工具进行集中转换存档。

（七）实现电子档案无障碍快速浏览体验

为了降低电子档案对特定格式浏览器的依赖，项目文件管理系统（PDMS）对已转换存档的标准格式电子文档，实现了支持标准格式在线浏览的功能，有效避免了浏览多格式电子档案时需要安装多种浏览软件的困扰，并在文档浏览时提供安全可靠、快速呈现的应用体验。

四、效果及影响

工程项目竣工资料全数字化移交是工程项目数字化交付的基础工作和重要组成部分，有利于减少纸质文件扫描工作量，降低管理成本，更是保证竣工资料真实性、完整性的重要举措，是数字化转型背景下企业提质增效和提高项目管理质量的必然要求。

长宁页岩气田 50 亿立方米 / 年产能建设工程开展竣工资料全数字化移交和在线归档管理试点尝试，建立了以数据"采、存、交、用、管"为核心目标的数字化交付体系，对数字化交付的理论体系、技术实现方法、标准适应性三个方面进行了积极探索和有益尝试。

（一）直接效益分析

全数字化移交和在线归档示范工程的实施将先进信息技术与地面工程建设业务紧密结合，建设成果可直接服务于地面工程建设全过程的各个环节，将显著提升地面建设工程管理的效率和水平，带来显著的经济效益和社会效益。

（1）地面建设工程管理由原来的定期提交资料转变为每天通过系统填报资料，自动生成档案，所有参建单位的运行成本和劳动强度都将明显降低，同时将促进多方生产组织方式的转变，管理方式、组织结构的优化，进一步提高企业效益。经统计测算，过去单个工程交付投产后平均需花1个月时间进行文档整理与存档，采用在线归档后，存档工作可与工程交付同步完成。长宁页岩气田50亿立方米/年产能建设工程总共节约存档工作人工时约8000人·天，折算节约人工成本约480万元。

（2）可快速掌握工程现场施工进度、质量、重要事件等，同步掌握多方面同源信息，辅助多个参建单位各级管理人员及时进行调度指挥和科学决策，减少或避免发生损失，折算节约人工成本约500万元。

（3）可将地面工程建设期电子档案直接移交和服务于生产运维期，减少生产运维人员获取相关数据信息的时间和误差，确保工程建设实体能及时、正确投入运维。

（4）可逐步有限减少纸质档案数量，节省大量纸张和打印、运输、存储占地费用，同时电子文件储存方式比纸质方式更简约、利用更便捷，节约相关费用约1000万元。

（二）间接效益分析

（1）将构建统一的标准和平台，可直接复制推广到类似地面工程建设项目，不必再重复投资构建系统，可节省大量投资和时间。

（2）将进一步增强四川长宁天然气开发有限责任公司数字化转型能力和提高西南油气田"两化"融合水平，对西南油气田整体信息化水平的提升具有重要意义，进一步推进西南油气田信息化建设向"智慧油气田"发展。

（三）社会效益分析

将先进的IT技术与地面建设基础工作管理紧密结合，采用物联网、移动应用、大数据等技术，并通过可视化的流程管理和便捷化的现场指导，实现地面建设工程管理工作规范化，提升工作效率。数字化移交和在线归档的实施，将开创国内外油气行业地面建设工作管理领域全新的管理模式，将推动国内外油气行业的整体创新和大规模推广应用，进而带动其他相似行业基础工作管理水平的提升。

案例形成单位：中国石油西南油气田分公司
案例形成人：何益萍、高朝阳、周波、刘巍、苗新康、母军

基于融合共生理念的电网基建与运检档案管理提升

一、案例概述

2019年,国家电网公司积极推动档案管理升级,倡导档案信息资源融合共享、互联互通,提高档案利用水平,以国网安徽省电力有限公司(以下简称国网安徽电力)为试点,融合基建与运检档案资源,推动电网运检效率提升。

本案例通过创新建立与电网运检工作相契合的基建与运检档案融合共享管理体系,构建运检业务和已有档案资源池之间的映射关系,充分利用运检与基建档案数据资源,集成数字档案馆系统与运检业务系统,提升电网档案管理水平,在推动电网运检效率提升、保障电网安全运行等方面进一步发挥电网档案价值。

二、实施背景

党的十八届五中全会提出创新、协调、绿色、开放、共享的新发展理念,2019年全国档案局长馆长会议再次强调,要进一步做好档案查阅利用服务,同时在确保安全的前提下,不断加大档案开放力度,并通过档案资源共建共享、互联网在线服务等方式,使档案利用服务更加方便快捷、优质高效。

国网安徽电力始终秉承融合共享的理念,对内打破专业条线桎梏、强化档案资源的互联互通,对外有效连接各类资源,推动由传统的"存档""归档"等基础性管理向数字化、信息化转变,全面提升档案服务生产经营活动的能力。但在实际工作中,档案信息共享工作仍存在"死角""盲区",如基建档案在日常的运维检修工作中利用效能仍较低,运维检修档案未形成有效管理体系,本质上相同的基建档案和运检档案彼此隔离。

一是部分技改大修资料归档滞后。在电网项目建设过程中,设计单位、施工单位、监理单位通过对项目过程中的重要资料进行收集、整理,形成了较为规范的建设项目档案。但在项目投运后，运检部门在运维及应急抢修过程中也陆续产生大量文件和图纸资料，这些资料呈现不连贯、碎片化的特点，同时由于部门间缺少有效的沟通机制，档案部门不能及时了解项目投运后的情况，从而影响了运维期间该部分档案资料归档的及时性和完整性，进一步影响到后期档案的准确和高效利用。

二是工程档案利用方式烦琐。电网建设项目档案按照项目管理要求建档管理，同一项目的不同阶段，如新建、扩建、技改大修等都按照不同的项目代号进行归档，且部分元数据著录信息较为简单，部分工程项目档案尚未进行数字化处理。对普通利用人员而言，单个关键字不能准确定位到所查项目，且部分档案资料还需要运维及应急抢修人员人工翻阅、查找、调取。

三是信息共享程度低，影响了检修效率。运维及应急抢修部门主要利用一体化生产管理信息系统（PMS）进行日常工作，该系统存储着最新的设备信息、运维检修数据；档案部门主要利用档案管理系统开展业务。但以上两个信息系统尚未有效衔接，严重制约着档案资料的及时归档和在线利用。同时，电网基建档案由档案部门管理，运检档案由运检部门管理，无法高效获取反映电网项目当前最新状态的档案。因安徽省地形地貌复杂，丘陵、山区、湖沼洼地占全省总面积的68.7%，电网通道自然灾害和外力破坏事件时有发生。档案的分散管理一方面增加了档案共享利用难度，严重影响了应急抢修工作的及时性和准确性，另一方面也影响到了运检效率的提升。

上述问题严重制约了档案的准确、快速利用，基于此，国网安徽电力迫切需要创新运检档案管理新模式，建立运检业务与数字档案资源池的关联关系，整合电网档案资源，提高档案利用效率，切实解决运检档案的基础管理问题，切实履行好档案服务生产运维的管理职责。

三、创新做法

（一）创新实现数据资源聚合

针对电网运检档案碎片化、基建档案与运检档案分散、分业务管理的现状，国网安徽电力通过档案统一管理、信息管理融合、电子数据融合三项举措，实现电网基建档案与运检档案融合管理。

1. 运检档案工作纳入统一管理

为推进电网基建与运检档案更好融合,国网安徽电力参照电网基建档案管理模式,完善运检档案管理,落实各责任部门、参建单位职责,档案专业人员负责实施监督、检查和指导,参建单位负责收集、整理档案,运检人员负责运检档案汇总并移交档案室集中保管。档案专业人员深度介入运检档案工作,有力提升档案齐全性、系统性和规范性。电网实体档案的集中保管,避免了同条电网档案查询跑多个部门的现象。

2. 信息化工作统一融入数字档案馆

国网安徽电力加快推进运检档案信息化建设,研究开发运检档案管理软件,通过分析和比对基建档案管理模块,明确运检档案采用与基建档案管理相同的模块化形式,制定详细的运检档案数据库架构,将档案数据分为结构化数据和非结构化数据,结构化数据存入数据库,非结构化数据存储于分布式文件系统,并嵌入国网数字档案馆系统,纳入统一管理(图1)。运检档案模块的档案定制和档案管理功能与基建档案管理模块基本一致,具有相匹配的目录树结构、参数配置、字段设置等,有利于电网档案数据融合。

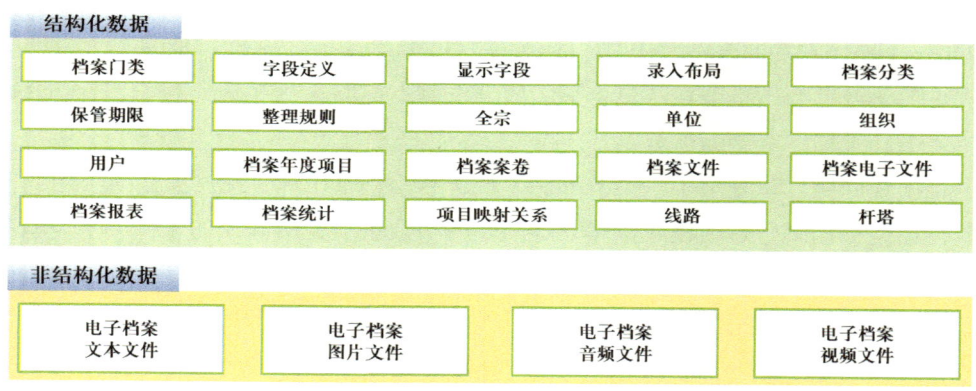

图1 运检档案模块数据分布

3. 运检档案与基建档案电子数据统一利用方式

国网安徽电力利用档案数字化技术,开展运检档案数字化工作,全面梳理从500千伏到35千伏的电网历史基建、运检库存档案,分电压等级、分业务、分类型、分阶段开展分析、扫描、处理等数字化工作,对电子档案标注、整理、分类后,通过运检档案管理模块,上传到国网数字档案馆系统。系统整合了基建、运检档案数据资源,通过检索实现档案的有效利用,提高了查全率和查准率。

(二)创新实现数据映射共享方法

1. 构建有效的档案映射关系

针对电网生产数据和已归档历史数据的特征信息(如运行编号、设备名称、目录代号、项目名称等关键特征)对应关系复杂问题,从运检作业人员工作需要出发,按照运检管理工作的方式与流程,从内容需求、管理模式、管理流程等不同维度,调研和分析运检作业人员对档案资源的利用需求,根据生产管理系统与档案管理系统不同的管理方式,设计数据映射模型,利用设备运行编号与基建档案目录代号,构建有效映射关系。国网安徽电力按照电压等级梳理基建档案,分析比对运行线路实际运行状态和对应的运行编号,建立运行线路与该线路新建、改造、开断、π接的基建档案关联关系。目前已经梳理189条线路,其中超特高压93条、220千伏线路33条、110千伏线路54条、35千伏线路9条,与412个基建项目档案建立关联关系。

2. 建立数据共享中心

国网安徽电力运用大数据智能管理理论,在国网数字档案馆系统构建数据共享中心,遵循符合Java EE规范的多层分布应用模式,采用组件化、动态化的软件技术,利用可共享数据模型,按照数据资源层、业务逻辑层、业务服务层和展现层,达到纵向贯通、横向集成的信息交互要求,最终实现档案信息协同管理。数据中心集成基建档案中的竣工图纸、设备出厂文件、通道补偿文件等档案信息,可有效满足运检人员需求。

3. 集成运检管理系统与档案管理系统

国网安徽电力着力打破管理壁垒,采用通过运检业务系统进入档案管理系统共享数据的方案,充分分析设备运维精益管理系统(PMS系统)特征,收集运检档案应用需求,完善档案共享数据中心与PMS系统之间的关联逻辑,打通二者之间网络防火墙,向PMS系统提供档案共享服务。针对运检人员的工作思路和习惯,在PMS系统内打造多角度多方位的数据共享利用路径,构建基建电子档案的全数据检索、运行设备的全项目检索、杆塔型号的关键字检索。在国网系统内首次实现电网基建、运检档案资源跨部门、跨系统共享利用,在疫情防控、防洪抢修中发挥了巨大作用。

(三)创新应用档案管理模式

1. 采用档案"卷件融合"管理模式

国网安徽电力经过充分调研,确定以档案齐全完整为目标,采用"卷件融合"的档案管理模式,充分遵循文件形成规律,简化档案人员整理工作。运检项目的前期文件以"件"为单位进行整理,项目参建单位的文件按卷进行整理,统一由运检兼职档案员收集、汇总。

2. 制定运检档案分类方案

针对运检项目规模小、数量多、每个项目档案少的情况,结合运检工作实际,创新制定《生产技术改造和设备大修项目档案分类方案》,进一步规范电网运检档案整理工作。国网安徽电力运检项目档案按年度整理,按照项目计划下达的年度汇总该年度所有运检项目档案。运检档案分类体系参照基建档案模式建立,以文件下发的运检项目编码作为档案目录代号,以参建单位的代号作为分类号同时标识归档内容。该方案填补了电网运检档案分类标准的空白,得到国网公司的高度认可,为运检档案工作系统化、标准化、规范化管理提供了重要标准依据。

四、效果及影响

(一)运检工作效率有效提高,应急服务能力显著增强

通过项目实施,实现了运检和基建两种不同管理模式档案的有机融合。运检作业人员通过档案共享系统,与档案服务人员无缝对接,及时、准确、全面调阅所需档案信息,为各类突发事件及公共危机事件的事前、事中、事后处理提供了全面支撑。数据获取时间较以往的查询方式缩短80%,同类检修工作处置时间整体缩短近25%,极大缩短了停电时间,经济及社会效益显著。例如,2020年6月入汛以来,安徽省累计遭受10轮次强降雨袭击,面对长江、淮河、巢湖"三线作战"的防汛压力,国网安徽电力统筹做好防汛救灾保供电工作,把"人民至上、生命至上"落到实处,按照"水进人退电停、水退人进电复"的原则,出动

近6000支抢修队伍、3.99万名抢修人员,共计架设临时线路3652千米、配变119台,提供照明灯具6.78万个,投入应急发电机145台次。在这期间,国网安徽电力档案人更是主动出击、靠前服务,档案的共享利用为提升电网抢修效率、保障抗洪救灾作出了积极贡献。通过数十天的艰苦奋战,国网安徽电力全体干部员工用实际行动诠释了"大国重器"的责任担当,有效保障了全省3000余万用户的生产生活用电需求,向党和人民交出了一份满意的答卷。

(二)档案管理水平持续提升,档案治理体系更加完善

通过项目实施,运检档案实现了传统手工式服务向信息化服务的全面转变,电子档案信息一站式检索查询应用范围更加广泛,线上利用功能真正覆盖到了国网安徽电力档案业务的方方面面。数字档案馆各路径查询月均超4000次,同比增长40%,静态的"数据仓库"日益成为企业"信息资料库",档案在日常管理和生产建设工作中发挥的作用大幅度提升。同时,运检档案按期归档率由54%提升到100%,共享档案体系的建设成为了运检档案管理的有力抓手,为后期项目结算审计、利用等工作奠定了基础。

国家电网有限公司在国网安徽电力项目成果基础上,进一步加强顶层设计,全面整合各参建单位资源,明确职责分工,确定工作流程,最终形成国网系统电网技改大修档案管理标准。该标准将分散、碎片化的设备技改大修运检资料纳入了档案管理范畴,从内容需求、管理模式、管理流程等不同维度规范运检档案管理,弥补传统档案管理短板,使得档案治理体系更加科学完善,为档案治理能力现代化奠定坚实基础。

(三)实现"融合共享",打造业界示范工程

在业务融合方面,从"基建"与"运检"档案共享入手,是国网首个基建与运检档案资源融合共享的典型案例,为其他业务的档案信息融合共享提供了宝贵经验,也为档案管理体系的进一步健全丰富了路径。在内部推广方面,国网安徽电力成熟的运检档案管理体系在其他网省公司具有很强复制应用价值,国家电网有限公司也以该项目成果为基础,形成技改大修档案管理标准。在其他行业应用方面,基建档案与运行期档案管理分离,无法充分整合服务运检利用的现象非常普遍,"融合共享"的档案管理模式真正扫清了基建档案利用的"死角",解决了

这一困扰各行业档案工作者的"老大难"问题,进一步拓展了档案管理范畴,为推动档案治理体系和治理能力现代化提供了优质的示范案例。

案例形成单位:国网安徽省电力有限公司、安徽送变电工程有限公司

案例形成人:周峰、赵大青、程东生、俞雯静、汪蕙、张群

机制、业务、技术"三位一体"创新档案管理助力打造电网精品工程

一、案例概述

云南电网有限责任公司(以下简称云南电网公司)是云南省域电网运营和交易的主体,所建主网项目具有投资大、周期长、参建单位多等特点,项目档案记录了项目建设和管理具体情况,作为见证工程质量和优质工程评审依据,创新档案管理对企业尤为重要。本案例介绍2015年以来,云南电网公司以强化档案管理促精品工程为切入点,强化项目和文档全过程管控,确保项目档案的完整、准确、系统、规范、安全,为公司建设优质工程提供了精准助力。

二、实施背景

云南电网公司是中国南方电网有限责任公司全资子公司,前身是1910年创办的商办耀龙电灯公司,于1912年建成中国第一座石龙坝水电站。一百多年来,云南电力从无到有、从弱到强,建成了"三横两纵一中心"的电力网络,是世界上技术最先进、特性最复杂、电力最绿色的大电网。但随着知识经济的到来,企业档案部门作为企业信息资源集散地,亟待创新档案管理,解决面临困境,更好为工程建设提供优质的服务。

(一)项目档案管理制度不统一、不健全

档案管理制度是指导项目档案规范管理的纲领性文件,在执行中经常会因为国家、行业标准间不统一、不明确,或引用的标准过期,导致差异化管理。或制定的制度不注重档案与业务交融,生搬硬套,未对项目文件的收集、整理、保管、利用等各方面进行细致规定,对项目档案没有指导性,参建单位各自为政,导致项目档案管理整体水平参差不齐。

（二）项目档案管理责任履行和业务管控不到位

在项目建设过程中仍存有"重建设、轻档案"的管理思想，未能切实履责，未发挥监理职责，检查参与度不深，待到工程竣工验收和优质工程评优时，才想起档案工作；有的参建单位在项目建设过程中未及时产生项目文件或不注重收集与积累，未认真开展档案策划、交底及中间检查，导致业务管控层层衰减，项目档案的成套性、准确性、真实性、归档及时性得不到有效保障。

（三）参建单位档案管理水平参差不齐

参建单位档案管理多为兼职人员，大多没有参加过档案培训，业务水平不高，缺乏档案管理系统性，对项目档案的成套性、系统性、完整性、准确性、规范性、有效性把关不严，未将项目文件管理纳入岗位职责。档案交接手续不完备，一旦人员变动，造成档案遗失或归档的文件分散在工程管理部门或技术人员手中，导致后补档案漏洞百出，直接影响项目档案管理水平。

（四）项目电子文件管理水平不高

云南电网公司持续推进档案系统升级改造，项目档案管理由条目向全息化转变，实现项目档案电子化移交。但建设项目管理未实现信息化管理，在收集、整理过程中过于重视实体档案资料，各参建单位都在各自系统进行项目管理，未与档案管理系统无缝连接，电子档案也仅以扫描件归档，项目产生大量原生电子文件未及时归档，导致原始电子数据大量流失及后期利用效率的低下。项目档案电子化管理水平低，亟待需要运用"云大物移智链"技术，提升项目档案电子化管理水平。

三、创新做法

2015年以来，云南电网公司将项目档案管理作为项目管理的"驱动器"，从机制、业务、技术三方面创新档案管理，将创一流档案管理的目标贯穿工程管理始终，项目档案工作由以前的软性约束升级为硬性指标，项目档案管理由原来的自由式管理转变为强制性管理。有效保证项目档案的完整、准确、系统、规范、安全。

（一）筑架构促机制，提升档案管理内生动力

1. 健全管理网格，档案管理有保障

云南电网公司始终坚持统一管理、分级负责的原则，注重提升管理内生动力，完善档案管理网络，形成由分管基建领导挂帅、办公室主任分管、档案室具体负责、各部室及业主项目部协助的四级档案管理网络。规定项目经理、总监为项目档案管理的责任人，强化管理责任。在业主项目部设立专职文档管理员，成立项目档案信息工作小组，负责项目文件材料归档和整理。与地方档案局支部联建，定期开展支部联建活动，为项目档案业务开展、后续档案专项验收及优质评选提供有力组织保障。

2. 统一标准，规范档案业务

没有规矩，不成方圆。云南电网公司依据国家、行业及公司的档案管理体系，坚持以"工作制度化、制度流程化、流程表单化、表单信息化"的原则，认真厘清业务及职责，建立了云南电网公司档案管理制度体系，对项目文件的收集、整理、保管、利用等进行细致规范，将工作流程细化到岗到人，使工作横向到边、纵向到底，不留盲区和死角，省、地、县三级单位统一标准，避免差异化，实现全省统一管理。创新编制了《档案收集整理常见问题及其解决办法》手册，方便携带随时查考，为现场人员提供工作参考，从源头将相关工作要求予以固化。

3. 激励考核，档案管理执行有力度

云南电网公司加强激励机制，把项目档案管理机制、机构和人员配置、归档率、归档质量等情况纳入项目管理考核体系和档案工作年度评价内容，每年进行一次全面考核并在公司系统内发布考核结果，表彰先进，通报不足；抓好参建单位项目档案管理落实，在合同条款中均明确规定了档案管理要求，工程结算与项目档案归档质量挂钩，对文件归档质量不符合要求的，采取扣减质量保证金的措施；严格执行《南方电网公司基建承包商违章扣分管理工作实施指南》，将项目档案管理纳入承包商违章扣分管理内容，大大激发各参建单位档案管理内动力，从源头上加强档案收集、整理，确保项目文件齐全、完整、准确、系统。

（二）夯实档案业务，整体提升公司档案管理水平

1. 强化过程监督管控，促进档案业务水平上台阶

近年来，云南电网公司将档案管理由末端的被动收集转变为前端的主动监控，在项目立项之初，开展档案策划，明确组织机构、设备配备、考核措施、执行标准、收集移交范围、声像材料取证部位、项目档案里程碑计划；加强部门间、地方档案管理机构、参建单位及其技术人员、业主等多层面有效沟通，及时掌握工程项目的建设进度和档案收集、整理情况；严格执行四级交底、中间检查、归档审查及专项验收，充分发挥"大监理"职责，建立档案质量通病清单并实时滚动，指导参建单位及时收集档案、规范整理档案，从源头上抓文件形成质量，促进项目档案水平上新台阶。

2. 发挥"大档案"检查模式，助力打造精品工程

云南电网公司重视优质工程评选工作，将档案工作纳入了优质工程评审及基建综合评价内容，助力打造精品工程，为避免检查中档案人员单打独斗的局面，以及人员专业性不足导致的检查针对性不足、效率低下、问题查找深度不够等问题，在工程转序期间，采取"大档案"管理模式，抽调公司系统专职档案人员和项目技术专家组成专项检查组，集中专业力量开展档案业务现场指导，提升项目档案管理水平，助力打造精品工程。

3. 加强档案队伍建设，提升档案管理整体水平

"工欲善其事，必先利其器"，要做好档案工作，关键在人。首先，公司提升档案人员专业素养，有针对性地开展专题档案培训，与基建部门不定期召开项目档案交流协调会和档案交叉检查，以会代训和以查促能。其次，各参建单位组建档案信息工作小组，开展"师徒制"，一帮一、一促一，以旧带新，为参建单位搭建交流平台，促进参建单位之间相互学习。再次，注重档案宣传教育工作，拍摄建设项目宣传片，制作《2020年版新档案法小科普宣传微视频》，在业主项目部开展新修订《中华人民共和国档案法》宣贯，通过手机可以实时学习，增强提升项目档案管理全员意识，营造档案管理人人有责氛围。

（三）新技术与信息化应用，提升项目电子化管理水平

1. 持续推进档案信息化，档案精益化管理见成效

云南电网公司档案信息化起步早、效果好，从20世纪90年代末自主研发综

合档案管理系统，持续推进系统升级改造。2019年，将公司档案制度体系固化到系统，对集中式档案管理系统优化，编制档案培训视频，将建设项目档案管理系统和培训视频放到百度网盘，各参建单位可在百度网盘下载，自行观看培训视频、安装软件，开展项目档案资源建设，可实时掌握项目档案管理动态，增强了项目档案管理的透明度和可控性，实现参建单位档案电子化移交、建设单位电子档案数据汇总、检索利用、统计分析等功能，促进信息共享。

2.注重科研课题的研究，企业项目档案管理水平见成果

近年来，云南电网公司加大信息化与新技术应用课题研究，注重成果转化应用。2015年以来，列入云南省档案科技项目计划共有10项，结题5项。列入国家级项目有1项，为220千伏三岔变改造工程电子文件归档试点项目，该项目主要研究项目档案单轨制管理。通过课题和科研项目研究，为档案管理的智能化信息共享与可视化应用提供支撑。

3.充分应用新技术，项目档案电子化管理成效快

云南电网公司注重新技术运用，利用App资源，采用"钉钉"和"今目标"等软件，加强项目管理信息化，实现项目各个工序电子记录，最大限度还原现场情况。同时，加强重要工序的影像文件同步记录，在授权范围内，可以随时随地查看一个或多个工地的工作日报、进度，并进行指导。后续可将项目所有的资料整合，提升项目档案电子化水平。

四、效果及影响

云南电网公司高度重视项目档案管理，从筑牢档案管理机制、夯实档案业务、注重技术创新入手，建立"三位一体"档案管理创新模式，强化了项目档案管理，助力打造精品工程，为公司改革发展做好服务，取得明显成效。

（一）档案机制内发动力，档案业务更加规范

坚持以机制建设为基础、全程管控为核心、信息技术为支撑，实现档案工作与工程建设双促进，富宁换流站工程投产后2个月内完成1287卷档案移交建设单位和运行单位，创造了云南电网最短归档时间记录，档案质量达到了"两无三同"的标准，全面提升了电网建设项目档案管理水平。

(二)档案业务夯实推进,助力精品工程成果更加凸显

2015年以来,云南电网公司聚焦难点,强化过程管控,充分发挥"大监理""大档案""支部联建""师徒制"等创新管理机制,抓实、抓细、抓好项目档案,助力打造精品工程,先后取得2项中国建设工程鲁班奖、4项国家优质工程奖、2个安装之星奖工程奖(图1)。

图1 荣誉厅展示部分精品工程国优和鲁班奖

(三)项目档案信息化管理提升,档案服务更加精准

云南电网公司持续推进档案信息化建设,项目过程管理更加透明,实现各种门类项目档案全息化管理,档案部门和业主项目部不到施工现场就可第一时间知晓项目档案管理状况,及时发现档案管理存在问题,极大提高档案管理效率。其次,实现在线、离线检索和查阅档案,降低反复借阅原件对档案原件的损伤,改变了项目档案的借阅方式,通过计算机检索、利用电子档案,大大缩短了档案检索时间,提升了档案利用效果和员工工作效率,提升了档案服务水平,档案服务更加精准、快捷,更好服务公司改革发展。

(四)档案资源有效利用,档案价值更加彰显

档案开发利用是档案工作永恒主题,项目档案在云南电网公司大修、技改、

运营维护中发挥重要作用，特别是为抢险救援、精准扶贫提供了大量准确的档案。在公司依法经营方面发挥重要作用，在公司触电索赔、资产划分、资产处置、法律纠纷等方面提供重要档案依据，成功利用法律武器主动为公司维权，挽回巨大经济损失，仅 2019 年，云南电网公司及所属各单位新发法律案件 310 宗，涉案总金额 17616.21 万元，全年办结法律案件 267 宗，涉案总金额 23179.48 万元，胜诉 256 宗，胜诉率达到 95.88%，挽回经济损失 22762.89 万元，避免了国有资产的流失。此外，在对公司巡视、督查、审计工作中，公司档案提供了大量支撑文件，保证迎审工作正常开展，得到了各方认可，为公司改革发展作出了积极贡献。

案例形成单位：云南电网有限责任公司
案例形成人：王卫军、徐红飞、向瑞祥、吴冬梅、武泽淼

创新思维，强化产权变动企业档案管理
主动谋划，保障国有资产安全高效利用

一、案例概述

为适应国家经济体制改革及市场经济发展需要，中建三局不断深化企业改革与机构革新，重组整合19家二级、三级分支机构。机构精简、职能变更、人员调整……每一次机构改革均面临着各项事务的巨大变化，中建三局通过建立健全档案处置制度、细化档案处置流程、规范资产整合档案的管理与利用，共计完成资产整合档案29411卷、8299件的处置工作，不仅确保了涉改企业档案的完整与安全，还有效防止了国有资产的流失。同时，利用中建数字档案馆做好涉改企业档案信息资源的整合与集成，在服务企业生产经营及职工权益方面发挥了重大作用，为企业挽回经济损失近437.87万元。

二、实施背景

2015年以来，中建三局加速推进企业向综合性的高端建造商、建造与投资并重的现代企业集团和海内外一体化的跨国企业转型，根据国家经济体制改革、企业向现代化企业发展的需要，逐步调整企业二级、三级子公司的机构布局，实行机构重组、撤销、合并，截至2020年，中建三局先后完成19家二级、三级子企业机构重组调整。

中建三局原综合加工厂、路桥公司、安装公司、材料公司等专业公司由局综合实力强的大公司进行整合；为壮大区域公司发展规模，由局西北公司整体接收三公司西安分公司和局西安事业部，局三公司将华东片区的上海和苏州大项目事业部整合组建三公司华东分公司；为适应社会发展，关闭中建三局建筑学校；以企业发展为目标，将效益落后、无市场份额的原局四公司撤销。

从企业发展运营和档案历史留存两方面而言，机构整合重组应重视档案处置问题，做到对原有档案的安全保护和规范处置，以确保档案资产安全，维护职工权益，为企业在国家经济和社会发展中提供信息和证据。做好机构整合时期的档案处置工作，意义重大。

三、创新做法

产权变动档案的价值不可替代，企业产权变动都要进行资产清核、评估和界定，档案是不可缺少的原始凭证材料。保证企业档案完整与安全，维护企业利益，保守企业商业秘密，是产权变动企业核心工作。中建三局各级档案管理部门主动参与中建三局各机构整合工作，建立产权变动企业档案处置制度，对企业产权变动档案处置过程进行监督、指导与检查。

（一）建立健全档案处置制度，将档案处置与企业产权变动同步推进

中建三局将档案处置工作纳入产权变动程序中，明确责任主体，制定档案处置方案，鉴定档案内容，确定档案的归属与流向，保证档案有序移交。

中建三局档案处置与企业产权变动同步开展，从制度上严格管控，制定中建三局资产整合档案管理的宏观依据性文件，从制度上明确机构整合、重组改制的档案处置有关规定。

1. 确定档案处置工作的性质

档案处置工作是企业机构整合重组改制工作中的一项重要内容。各级领导高度重视，将此项工作列入机构整合重组改制工作议程中同步进行，各级档案管理部门积极主动地做好档案处置中的各项工作（图1）。

2. 提出档案处置的要求

企业机构整合重组改制中必须确保档案的完整与安全，防止档案散失，区别情况，合理处置，以便档案的利用，保持本单位经营管理的连续性。

3. 明确档案处置的原则

机构整合分为撤销、合并两种处置原则，机构重组分为改制、新组建两种处置原则，针对不同的机构调整制定相应档案处置制度，并就各类档案如何划分进行了详细要求。

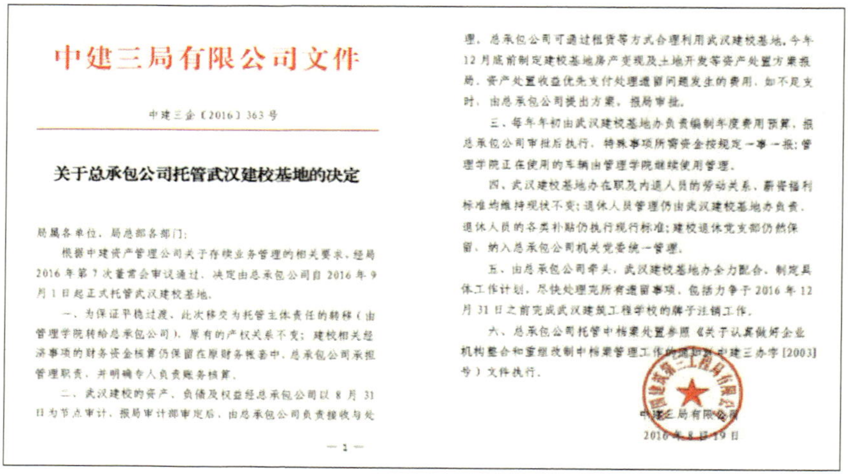

中建三局有限公司文件

中建三企〔2016〕363号

关于总承包公司托管武汉建校基地的决定

局属各单位，局总部各部门：

根据中建资产管理公司关于存续业务管理的相关要求，经局2016年第7次董常会审议通过，决定由总承包公司自2016年9月1日起正式托管武汉建校基地。

一、为保证平稳过渡，此次移交为托管主体责任的转移（由管理学院转给总承包公司），原有的产权关系不变；建校相关经济事项的财务资金核算仍保留在原财务账套中，总承包公司承担管理职责，并明确专人负责账务核算。

二、武汉建校的资产、负债及权益经总承包公司以8月31日为节点审计，报局审计部审定后，由总承包公司负责接收与处理，总承包公司可通过租赁等方式合理利用武汉建校基地。今年12月底前制定建校基地房产变现及土地开发等资产处置方案报局，资产处置收益优先支付处理遗留问题发生的费用，如不足支时，由总承包公司提出方案，报局审批。

三、每年年初由武汉建校基地办负责编制年度费用预算，报总承包公司审批后执行，特殊事项所需资金按规定一事一报；管理学院正在使用的车辆由管理学院继续使用管理。

四、武汉建校基地办在职及内退人员的劳动关系、薪资福利标准均维持现状不变；退休人员管理仍由武汉建校基地办负责，退休人员的各类补贴仍执行现行标准；建校退休党支部仍然保留，纳入总承包公司机关党委统一管理。

五、由总承包公司牵头，武汉建校基地办全力配合，制定具体工作计划，尽快处理完所有遗留事项，包括力争于2016年12月31日之前完成武汉建筑工程学校的牌子注销工作。

六、总承包公司托管中档案处置参照《关于认真做好企业机构整合和重组改制中档案管理工作的通知》（中建三办字[2003]号）文件执行。

中建三局有限公司

2016年8月19日

— 1 —

图1　关于总承包公司托管武汉建校基地的决定

（二）细化档案处置流程，确保企业档案安全与完整

在中建三局对机构整合重组的宏观指导下，各分支机构细化档案处置方案，档案清点做到全方位无死角，确保档案安全移交、保管及后期利用。

1. 建立档案处置机构，编制档案处置方案

中建三局在实施机构变动时，根据各子公司的实际情况，明确档案工作处置工作责任主体，成立由档案分管领导和档案部门负责人组成的档案处置领导小组，并根据机构调整公司档案实际情况出台《档案移交及后期管理方案》，对档案移交管理进行详细周密的策划与部署，方案包括档案移交与接收单位、档案移交范围、档案移交类型、档案移交流程及相关要求等事项。

2. 清点档案库存，掌握档案分类情况

由档案部门组织机构调整双方单位专职档案员按类目清点，按照处置方案，清点各门类档案并编制《档案清册》。清点内容：根据纸质目录清查实体档案，逐卷（盒或件）清点实体；根据纸质目录核查档案系统，逐项逐条核查系统完整性及原文的链接。清点完毕后，将档案库存实际数量、分类情况以及存在的问题形成企业产权变动档案情况汇报材料。

3. 鉴定产权变动单位档案，确定留存与销毁范围

由档案处置领导小组对产权变动单位档案进行鉴定，鉴定需要销毁的档案，

按中建三局档案销毁制度流程进行统计、鉴定、审批和销毁，销毁清册随产权变动中形成的其他文件材料一起归档，永久保存。鉴定需要继续留存的档案，按中建三局档案管理办法和产权变动单位档案移交管理方案，向档案接收单位进行移交。

（三）严格管控档案移交全过程，规范档案后期管理

产权变动单位的档案在企业产权变动协调机构的领导下，由档案处置专门领导全程管控，严格档案移交，确保档案完整和安全。中建三局共完成19家单位机构整合（表1），整合单位专职档案员与被整合单位档案员现场清点并签字，办理移交手续，由上级单位档案主管部门现场监督清点并抽检，作为监交人在移交单上签字，并由分管领导签字及单位（部门）盖章，移交文件及目录清单一式两套，移交双方各执一份并归档处理。

表1 中建三局机构整合档案数据一览表

整合单位	被整合单位	整合时间	移交档案数量				销毁档案数量	
			档案卷数	档案件数	照片张数	其他档案	卷数	件数
局一公司	局深圳现代监理	2011.6	16					
	辽宁路桥	2016.6	90			印章28		
局三公司	局综合加工厂	2001.6	275					
	局三公司一分公司	2002.7	79					
	局三公司武汉分公司	2002.10	458	270				
	局三公司特种分公司	2002.10	62	32				
	局建发公司	2005.7		944				
	局大项目事业部	2020.4	3539	1502	993	光盘89		
局总承包公司	局材料公司	2004.3	820			印章86	425	
	局路桥公司	2005.4	302					
	局安装公司	2005.6	144	2				
	局建筑技术公司	2006.4	1334	289		印章40 录像带9	852	123
	局四公司	2007.11	8980	3389		荣誉466 印章380		
	局建筑学校	2016.8	1821		600			

续表

整合单位	被整合单位	整合时间	移交档案数量				销毁档案数量	
			档案卷数	档案件数	照片张数	其他档案	卷数	件数
局西北公司	局三公司西安分公司	2009.9	1894	1413				
	局西安事业部	2014.7	9240	458				
华东公司	局上海联络处	2002.6	318				204	
	局一公司上海分公司	2005.9	26					
	局二公司上海分公司	2005.9	13					

中建三局在《关于认真做好企业机构整合和重组改制中档案管理工作的通知》中明确规定，整合后的档案由档案接收单位负责规范管理。中建三局档案建立全宗号，所有档案均按全宗录入档案管理系统。为此，接收单位会对整合前原有的档案全宗保持不变，实体档案库存单独放置。利用中建集团统一部署的中国建筑数字档案馆，可以按全宗实现线上快速检索、统计和利用，线下可以便捷查找档案实体，全局档案都可按《中建三局档案利用管理规定》办理利用手续，提供利用，实现档案信息资源共建共享。

四、效果及影响

（一）依法处置档案，有效防止机构整合的国有资产流失

企业档案是企业生产经营活动的忠实记录和重要载体，做好整合中的档案管理，可以促进整合工作的合法合规和有效。《中华人民共和国档案法》规定，机关、团体、企业事业单位和其他组织发生机构变动或者撤销、合并等情形时，应当按照规定向有关单位或者档案馆移交档案。档案安全是档案工作的底线，中建三局档案工作始终遵守并严格执行《中华人民共和国档案法》，做到产权变动中的档案科学管理，有效防止企改中国有资产的流失，为保障企业运营的连续性提供了有效利用。

企业档案是企业经营决策和文化传承的技术库、知识库，也是企业生产力的重要组成部分。中建三局档案工作秉承"为企业服务"宗旨，围绕企业发展需

求，在企业机构整合产权变动中的档案管理模式逐步"在传承中创新思维"，不断规范企改档案处置制度和流程，采用远程监控、视频会议、数字档案馆、云技术以及智能监控等先进的手段和设备，以人力、物力、技术相结合的方式，将档案处置工作做到全方位全覆盖，做到处置后的档案安全、规范和科学化管理，确保档案的绝对安全，有效防止机构整合中的国有资产流失。

（二）规范档案管理，助力机构整合企业档案利用

企业档案是企业发展历史的记录，更是企业资产情况的证明，机构整合的档案有效安全管理，为企业资产盘点、整合、拆迁赔偿等工作起到十分重要的作用，为企业改革发展提供有效利用。

按照中建总公司《关于进一步推进中国建筑"瘦身健体"工作的通知》精神，以及2018年中建三局对各子公司下达的《瘦身健体及剥离企业办社会职能专项责任书》要求，局总承包公司按中建三局总体部署于2018年3月31日前完成7家全民所有制企业的注销，7家企业为中国建筑第三工程局材料设备公司武昌建材经营部、中国建筑第三工程局材料设备公司三隆酒家、中国建筑第三工程局材料设备公司三隆贸易商行、中国建筑第三工程局材料设备公司中山路经营部、中国建筑第三工程局材料设备公司华建纸制品厂、中建三局材料租赁公司（武汉）经营部、中国建筑第三工程局劳务服务公司。在注销机构办理过程中，由总承包公司档案室提供原局材料（包括公司营业执照复印扫描件及相关证件档案），如期完成机构注销工作，完成沉积多年的机构清理。

2018年，中建三局三公司查阅中国建筑第三工程局综合加工厂（以下简称综合加工厂）的股权投资、土地卷宗等相关资料12件，这些保存完好的档案，为查清综合加工厂债权债务、土地隶属等情况提供了宝贵的原始信息，为上级主管部门提供了有力的判断依据，使机构顺利办理了注销工作。

2019年年初，原中建三局材料公司余家头有块土地被洪山区政府征迁。该地块土地房屋权属单位为原材料公司，该公司已由中建三局总承包公司整合，但土地、房屋等资产未进行清算处理。在总承包公司档案室调取原企业注销核准通知单，确定该地块权属单位已注销后，取得拆迁款项437.87万元。

(三)发挥档案价值,服务企业与个人

档案全面、客观、系统地记录着企业各项活动,为企业运营提供有效支持。做好机构整合的档案管理,为企业、职工提供便捷利用,可以有效提高利用者的满意度和幸福感。

原三公司西安分公司被局西北公司整合,机构整合时将结算完毕的工程档案、1996—2009年的文书档案共计1894卷、1413件全部移交三公司档案室,这些档案不仅没有因为机构整合而失去利用价值,反而在维护企业权益方面发挥了重要作用。西北公司从三公司档案室借阅宝鸡卷烟厂、西安烟草办公楼、宁夏污水处理厂等项目档案参与投标等利用约20人次、30卷次;2017年,西北公司在建某项目基坑位于原中通住宅楼旁,基坑施工较近,西北公司从三公司调阅中通住宅楼的图纸进行查考,确保了施工安全;原西安分公司绝大部分员工留在西北公司,干部任免职、职称评定、职工离职、退休等文件均需从三公司档案室调取,共借阅30人次、78件次;2019年,由中建三局总承包公司提供原中建三局建筑学校的学生学籍档案,完成20年以前参加工作的建校学生学历核准工作。中建三局做到机构整合但档案资源不分家,档案资源深度融合到企业运营和职工服务层面,为企业及职工建立了档案安全保障。

今天,中建三局的档案见证着中建三局自1965年成立以来,历经三线拓荒、调迁湖北、出征特区、布局全国、走向海外、转型升级等各个时期的发展历程,中建三局的机构改革离不开档案管理,中建三局档案管理工作制度的建立,涉及前端方案策划、过程指导与监督、后期监管维护利用,真正做到了全系统、全覆盖、全管控,上下互融互动,档案资源共享。近三年,中建三局档案管理工作荣获国家档案局、湖北省档案局、中建集团等颁发的20多项荣誉,多家司属单位参加湖北省档案工作目标管理考评,提高了全局档案工作标准化、科学化水平,促进了全局档案工作朝着均质化方向发展。

案例形成单位:中建三局第三建设工程有限责任公司、中建三局工程总承包公司

案例形成人:朱芙蓉、陈德慧、廖莎莎、易雪梅、栾雪蔚、万涤

科技创新激发内生动力，
档案价值助力科技创效

——中稀依诺威科技创效档案管理侧记

一、案例概述

中稀依诺威（山东）磁性材料有限公司（以下简称中稀依诺威）在推进混合所有制企业科技档案管理工作中，结合企业性质变化及档案管理实际，健全完善档案管理机制，创新档案管理载体，丰富档案管理手段和方式，探索、总结了"一个中心（科技档案管理中心）、两个档案库（科技项目档案库、科技人才档案库）、三个展示平台（科技成果展示平台、科技创意展示平台、科技文化展示平台）"的科技档案管理模式，特别是充分发挥科技档案资源和信息优势，为科技创新创效工作提供了准确翔实的资料数据及强有力的支撑保障作用。

二、实施背景

（一）中稀依诺威发展现状的迫切需要

中稀依诺威由中铝集团战略单元中国稀有稀土公司整合民营企业而来，但体量小、规模小，现阶段不具备做大产业的基础和条件。一直以来，中稀依诺威合理定位企业发展战略，坚持走科技创新发展道路，持之以恒做精、做特、作响钕铁硼磁材产业，坚持不懈开展科技创新活动。鉴于民营企业阶段，档案意识欠缺，缺乏专业管理人员，档案管理不系统、不规范，许多档案特别是科技创新档案多有遗失或损毁，建立健全科技档案管理体系机制，规范管理、有效利用科技创新档案资源，最大化科技创新项目档案成果，实现科技创新创效，实施科技创新档案项目显得尤为重要。

（二）行业科技创新日新月异的现实需要

钕铁硼磁材产业是一个相对体系完备、技术完善、市场成熟的产业，科技创新异常活跃，科技成果层出不穷。中稀依诺威要想在日渐惨烈的竞争中生存、发展，就必须时刻洞悉行业科技发展趋势方向，了解行业前沿科技，掌握行业发展动态信息，攥牢撒手锏技术和拳头产品。科技档案囊括科技工作方方面面，发挥科技档案资源优势，综合利用好科技档案信息、数据，可发现科技创新的规律，在原有创新成果的基础上，实现在科技创新理论上、技术上、产品上不断推陈出新，为科技创新提供信息、数据支撑。

（三）中稀依诺威科技创新成果保护完善的工作需要

中稀依诺威科技创新成果是科技团队长期智力劳动、生产实践的结晶，须以必要的手段和方式加以保护，真正把辛苦得来的创新成果转化为实实在在的经济效益。中稀依诺威科技创新项目前期投入了大量人力、物力、财力，并严格按照项目管理流程开展工作，项目完成后验收。科技项目档案资料是重要内容之一，必须将各项目资料、技术数据等保存好、归好档，以便顺利验收。

（四）勇攀高峰、创新不止的科技创新精神的传承需要

中稀依诺威现有生产制造技术源于国家863项目成果，是我国863项目自主研发的高技术研究成果之一。站在国家863项目成果巨人肩膀之上，中稀依诺威坚持勇攀高峰、创新不止的科技创新精神生存发展至今，这是根和魂，必须弘扬、守护、传承下去。中稀依诺威要不断发展民族自主研发技术，发扬勇攀高峰、创新不止的科技创新精神，才能促进企业长久、可持续、高质量发展。

三、创新做法

（一）建设科技档案管理中心

作为科技创新型企业，科技档案如同一座"宝藏"。中稀依诺威在新搬迁的档案室划定专门区域，设立了科技档案管理中心，专门用于存放历年科技档案。中稀依诺威从生产技术部门抽调人员配合档案管理人员管理科技档案，对科技档案重新进行整理、编号、归类、建档，建立了详细、完备、准确、便捷的科技档

案名录。在原有档案管理制度基础上，制定了科技档案管理制度，保证了科技档案使用的规范化。实施纸质电子档案一体化管理，将现有所有纸质科技档案全部扫描后存入专用存储设备，专人保管，做到纸质档案、电子档案分别存放保存，防止档案遗失或损坏。

（二）设立两个档案库

1. 科技项目档案库

为保证企业始终立于行业科技前沿、尽可能掌握尖端技术，中稀依诺威建立了科技项目档案库，用于科技项目储备、攻关、研发。中稀依诺威科技研发团队根据行业科技技术发展方向和企业实际，每年编制科技项目计划，对科技项目档案库进行丰富、更新。首先由科技小组提出本小组年度3～5项科研项目，经专题科技项目计划会审核批准后，列入中稀依诺威年度科技项目计划。实行科技项目负责制，每个科技小组负责1～2项科研项目，制订小组项目实施计划，报中稀依诺威批准后实施，并将科技项目实施情况作为科技小组年度考核重要依据，年底考核兑现奖惩。中稀依诺威对所有项目进行保密性处置，所有项目特别是对研发难度大、短期内难以见效或难以实施的项目资料，一律由科技档案管理中心管理保存，待自身技术或条件具备时再行研发攻关。通过日积月累，中稀依诺威科技项目档案库项目已达50余项，积累了丰厚的项目资源和技术信息。

2. 科技人才档案库

科技人才是科技创新型企业的第一资源，也是制约企业持续性生存、高质量发展的关键性因素。中稀依诺威自始至终坚持将科技人才放在科技工作的第一位，最早建立了科技人才档案库，全面搜集国内科研院所、大专院校、行业大型先进企业的科技人才信息，实现了柔性引进建立合作关系、刚性引进弥补科技人才急缺短板。同时，注重从技术骨干、相关专业毕业生中培养自身高水平技术人才，建立起了自身培养、技术过硬的科技人才团队。内外两条途径互相承接，所有符合条件的科技人才全部纳入科技人才档案库，每年进行更新替换。不定期开展学术交流、行业报告、信息互通，实现了科技人才档案库资源价值最大化利用。目前，中稀依诺威科技人才档案库常规储备40人以上。

（三）搭建三个展示平台

1. 科技成果展示平台

科技成果是科技创新活动生命的延续，也是科技创新活动最直观、最真实的现实体现。为牢记科技创新之艰难，中稀依诺威设立了科技成果展示平台，全方位展示自成立以来产品从无到有、从低端到高端、从几种到现有几十种的新旧更迭发展历程。在展示中心有一个显著而又特别的区域，那里陈列的是中稀依诺威已淘汰的旧产品和不曾面世的失败产品，到现在已有近20个种类。它们原先放置于科技档案管理中心角落，为了不使它们的价值被埋没，中稀依诺威将它们专门陈列出来。它们中有的已经氧化、掉角，失去了原有光彩；有的已经没有了实物，只剩下了一张张技术数据和工艺参数。这些产品是从不在聚光灯下闪耀的"明星"，是一批在别人眼中弃之无用而中稀依诺威却倍加珍惜的"宝贝"，它们是中稀依诺威科技发展之艰辛的最好见证，激励中稀依诺威创新不止，永不满足。每次参观科技成果展示平台，中稀依诺威都会着重介绍它们，让客户认识了解它们，一起回味科技创新之路。

2. 科技创意展示平台

创意多奇特，创新就有多无限可能。作为钕铁硼磁材行业著名领军人物的中稀依诺威总经理、博士张书凯常说："科技创新如同架柴烧锅，创意、点子就是那根引燃木柴的火柴。"科技档案管理中心一本本点子集、创意录就是科技创意星火燎原的"英雄谱"。中稀依诺威搭建了科技创意展示平台，为科技人员提供创新创意展示机会、渠道和路径，激发科技人员创新创意兴趣。自发成立了科技创意兴趣小组，分析行业科技发展趋势，提出创意好点子、新想法，为科技创新项目积累素材。每年举办科技创新创意大赛，集中总结一年来科技创新创意工作，表彰创意新成果、创新创效新业绩。开展创意成果展，集中展示科技人员在行业新技术、新工艺、新设备、新材料的创意想法和创新实践。编纂科技创意手册，将一年来的科技创新创意情况梳理总结，归纳整理，提炼经验，存入科技档案管理中心，使创新创意载有册，留有名，记于心。

3. 科技文化展示平台

文化之于企业价值，如同文化之于民族灵魂。中稀依诺威科技档案管理中心至今完整保存着历届党和国家领导人关于科技创新的讲话、批示、指示精神，特别是习近平总书记在 2019 年调研稀土企业时指出，"技术创新是企业的命根子。拥有自主知识产权和核心技术，才能生产具有核心竞争力的产品，才能在激烈的竞争中立于不败之地。要紧紧扭住技术创新这个战略基点，掌握更多关键核心技术，抢占行业发展制高点。"中稀依诺威将习近平总书记创新论断作为科技文化建设的核心和根基，健全完善了科技文化管理体系机制，厚植科技文化发展的土壤，搭建科技文化展示平台。根据中稀依诺威各时期五年发展规划，编制科技创新五年发展规划，每五年开展一次企业发展成果展、科技成果展，系统展示五年来企业发展和科技进步成果。每五年修订一次企业文化手册，更新完善科技创新方向、目标、理念、措施。每年开展一次科技文化大讲堂，以务虚形式探讨行业技术发展趋势方向，见证行业科技进步和科技文化的推陈出新，融文化之力，传科技之功，促企业长青。

四、效果及影响

（一）科技档案支持支撑作用更加明显

支撑作用主要体现在两个方面：

1. 对科技创新项目的支撑

中稀依诺威科技档案库集中了当前和今后一段时期内钕铁硼磁材行业的前沿技术创新项目，其现在正在研发攻关的 70% 以上的项目来源于科技项目档案库，为其科技创新研发提供了重要前期资料。2020 年，中稀依诺威着重开展了低重无重稀土钕铁硼磁材项目的研发攻关，在前期研讨阶段，中稀依诺威科技研发团队通过搜寻科技项目档案库，发现该项目技术在 2018 年时已被研发创意小组提出，但由于当时技术条件和工艺水平无法实现，因此就在档案库封存搁置。项目研发团队立即将项目资料从档案库中调出，项目的前期技术可行性、实施方案、工艺参数、初试中试方案等资料一应俱全，项目研发团队经过研究论证，发现绝大多数资料都具有较高的参考和利用价值，大大节省了项目的前期准备工作，加快了项目研发进度。

2. 对科技人才的支撑

为满足对科技领军型人才的需求，中稀依诺威从科技人才档案库中进行遴选，选定目标，柔性引进了中国计量大学舒康颖博士和中国科学院金属研究所吴世丁研究员、赵新国博士，刚性引进了钕铁硼磁材行业优秀技术人才张亚波，优化了科技团队结构。2019年，中稀依诺威开展了钇基磁材项目研发，该项目是用稀土金属钇替代磁材中部分稀土金属镨钕，达到与使用镨钕金属同等性能和质量的产品，实现降本增效的目的。由于缺乏该技术相关研发人才，中稀依诺威从科技人才档案库中搜寻到中国科学院宁波材料所闫阿儒博士团队有相关技术的研究，立即与其联系，并迅速达成了合作研发钇基磁材产品的合作协议，项目得到迅速落地，减少了自主研发的诸多困难和风险。

（二）科技成果转化率明显提升

紧紧依托省级企业技术中心，在中铝集团首席工程师张书凯的带领下，中稀依诺威科技创新工作如火如荼，成果转化率显著提升。科技档案库有关数据显示，中稀依诺威近几年来先后组织实施科技攻关项目28项，已经实现成果转化、工业化生产的项目22项，正在研发攻关的项目6个，成果转化率达到79%。随着科技档案库功能日趋完善和科研团队能力提升，科研成果转化周期缩短，转化质量不断提升。2018年之前，中稀依诺威科研成果转化周期为1~1.5年，近两年来周期已基本缩短至1年内。中稀依诺威总工程师张亚波介绍道，同样的高性能钕铁硼永磁材料研制（中铝科技发展基金项目）、高牌号产品脆性改善项目，原先研发周期为1年半，现在1年时间即可完成；现在研发攻关的钇基磁材项目、低重无重磁材项目，原先根本不具备研发条件，现在也可以在1年半内达成预期目标。原先科技成果转化后的产品品质控制一直是难题，大部分产品初期质量合格率仅在93%~95%徘徊，实现质量稳定还需要半年左右时间。现在科技成果转化产品一下生产线即稳定在96%以上，2~3个月可达到合格率99%以上。科技成果转化率的提升，大大降低了科技创新潜在的风险和损失，实现了科研成果经济价值最大化。

（三）科技贡献率显著增强

科技创新成果转化效率和质量的提升，直接带动了科技贡献率的提升。统计数据显示，近年来公司收入、利润的科技贡献率分别在60%、75%以上，并且实现了每年15%~20%的增长。科技成果转化产品代表着行业较高技术水平、性能品质，是一个企业增收提效的重要手段。几年来中稀依诺威科技成果转化已贡献发明专利 1 项，实用新型专利 12 项，累计为中稀依诺威增加收入 4000 余万元，利润 500 余万元，真正实现了科技创新创效。2019 年，中稀依诺威研发攻关的钇基磁材项目获评山东省重大科技创新项目，获得专项奖励 1230 万元。科技创新的累累硕果直接带动了科技投入的迅猛增长和科研队伍的快速成长壮大，几年来中稀依诺威科技投入始终保持在营业收入的 15% 左右，并以每年 15%～20% 的速度猛增，科技队伍总量也已提升至人员总量的 40% 以上。

案例形成单位：中国稀有稀土有限公司
案例形成人：史文龙、毕京平、张春岚

"6·9"国际档案日宣传之"深圳特区四十周年及中广核（大亚湾核电）与特区同成长特展——博物大亚湾，珍贵手稿展"

一、案例概述

大亚湾核电运营管理有限责任公司（以下简称大亚湾公司）于 2020 年 6 月 9—30 日组织"6·9"国际档案日系列宣传活动，精选核电站具有中国文化特色的手书手稿，推出"深圳特区四十周年及中广核（大亚湾核电）同成长——博物大亚湾，珍贵手稿展"（简称"我与特区同成长"特展，或"博物大亚湾，珍贵手稿展"）。展览以特区建设时间为线，精选反映特区建设初期大亚湾核电建设和与改革开放相关手稿、核电"黄金人"的手稿、馆藏珍贵题字、书法作品等进行深度挖掘，讲述手稿背后的故事，书写特区建设浓墨重彩篇章的点滴。同期还组织了书法绘画体验、"我和我的手稿"摄影、经典老视频展播等活动，吸引众多员工及家属参观、参与，取得良好的档案宣传效果。

二、实施背景

2020 年是深圳经济特区成立四十周年。四十年前特区成立之时，大亚湾核电也刚开始选址起步。四十年来，大亚湾核电伴随着深圳特区共同成长，大亚湾人用自己勇于开拓、敢为人先的奋斗精神，为深圳特区建设书写了浓墨重彩的篇章。

工作之时全程电脑、生活之中全民手机的时代，人们已经很少手写文书信件、工作报告……因此，在纪念深圳特区成立四十周年、"6·9"国际档案日到来之际，大亚湾公司档案宣传团队从大亚湾档案馆馆藏、原集团首任董事长昝云龙先生移交资料、员工捐赠资料中精选部分手稿进行展览，期望通过重温几十年前中国人的手书之美,从这些珍贵的手稿中回望特区和大亚湾核电站建设中的点滴。

三、创新做法

2020年是具有里程碑意义的一年,是中国共产党第一个百年奋斗目标(全面建成小康社会)的实现之年,是深圳特区成立四十周年,也是大亚湾公司战略三部曲的收官之年。本年度的国际档案日宣传项目深度契合社会与公司热点,以深圳特区成立四十周年、中广核(大亚湾核电)与之共同成长为主线,围绕大亚湾公司年度工作主题"结实果、创佳绩""从黄金人到黄金时代"开展。

展览采取展板与实物(手稿)展出、经典视频展播相结合方式,定制精美展板十块,分别从"序言""深圳初建,核电起步""先行先试特区精神,借贷建设广核逐梦""敢闯敢试,砥砺前行""疾风知劲草,烈火见真金""峥嵘岁月稠,风雨彩虹见""光荣使命,赴法学习""风雨书声尽入耳,家国情怀黄金人""携手邻里,共建小康"和"结实果创佳绩,迈向黄金时代"徐徐展开。以深圳特区建设和核电发展为主线,以不同的主题唤起老一辈人的历史记忆,传承核电建设者敢闯敢试的核电精神,激发新时代核电人不忘初心、牢记使命、砥砺前行。

展览同期组织书法国画体验活动,邀请集团国画和书法大师现场泼墨并讲解书画技巧,指导参与活动的员工和家属参与书法、绘画体验。活动也吸引了很多疫情期间未开学的核电小朋友来体验书画魅力,同时传播了国学文化,深得广大员工好评。

展览同期还组织了"我和我的手稿"摄影活动,吸引了集团和基地各公司员工携家属参与,作为核电建设者、守护者,通过与老手稿合影,回望并定格了珍贵的历史纪录,提醒我们不忘历史,继续前行。

四、效果及影响

大亚湾作为中广核集团文化的发源地,组织"博物大亚湾,珍贵手稿展",创建和延续"博物大亚湾"品牌,提高员工对企业文化的认同感和归属感。中广核集团老领导昝云龙、濮继龙,公司总经理潘银生、李智胜、陈军琦等及各部门经理、部分党员出席展览开幕仪式并参观了展览,基地各公司的员工和家属前来参观展览并参与活动。

档案宣传契合深圳特区成立四十周年主题,通过在晶报、"学习强国"、公司和集团官微、SID 科信馆(公众号)等渠道的宣传,也吸引了市民、集团和各成员公司员工慕名前来,得到公司领导、核电行业、档案同仁、深圳市民的关注和高度评价,至 2020 年 6 月 30 日已接待参观者超千人次。

中国时下正经历着抗击疫情的考验,面对多变复杂的国际形势,通过展示核电站建设者们的真迹手书、拍摄"我和我的手稿"、组织现场书画体验、经典老视频展播等方式,不仅激发了大亚湾人的职业自豪感和成就感,展现了中广核与深圳共为改革开放先锋和共同成长的历程,更增添了作为核电人的骄傲与自豪。

案例形成单位:大亚湾核电运营管理有限责任公司

案例形成人:郭炳杰、汪红梅、荣涛、沈洪伟、杨祥、黄洁萍

新中国铁路记忆

——企业历史档案挖掘与利用

一、案例概述

为全面回顾企业发展历史,传承优秀文化,中铁一局集团有限公司(以下简称中铁一局)从2018年4月开始筹建企业展览馆。该项工作由档案部门负主责,档案人员充分挖掘企业文书、科技、实物、图片、音像等各类历史档案,并向广大职工尤其是退休职工征集了一大批历史物件。展览馆已于2019年7月1日建成开放。展览馆企业历史篇章(2010年前发展阶段)集中展示了150余张历史图片、180件历史实物、2段历史视频,全方位展现了企业70年发展历史,见证了新中国铁路发展历程。

二、实施背景

中铁一局原荣誉室于2005年投入使用,实为一个大型会议室,四周摆放了展柜,用于展示奖杯、奖牌、锦旗等实物,共展有实物88件,辅以图片、文字介绍,面积约为270平方米。其中介绍企业发展历史的内容比较少,企业深厚的历史和文化以及强大实力,没有得到充分体现。新的综合性展览馆建设迫在眉睫,建设必要性:

一是中铁一局为新中国成立最早的铁路施工企业,历史上参建的铁路包括天兰、兰新、包兰、西延、阳安、大秦、京九、青藏等,以及郑西、武广、哈大、京石、京沪、西成等高铁,铁路施工总数超过130条,为新中国铁路建设作出了巨大贡献。同时在城市轨道、公路、市政、房建、水利等领域,也承建了一大批重点工程,需要进行全面回顾与总结企业发展史。

二是2017年企业新签合同额已经超过千亿元,承揽了一大批急难险重工程,在管理和技术方面一直走在行业前列。原荣誉室与企业发展规模不匹配，与企业行业地位、强大实力不匹配。

三是企业积累的客户逐年增多，各类客户及各方人士到公司总部访问考察也逐年增多，新职工每年也要进行参观学习，年参观总次数超过 80 次，人数超 500 人。如此频繁的参观，加之原荣誉室的有限条件，对全面宣传展示企业形象不利。

四是原有展示方式落后，现展览方式、技术都有了很大提升，还能互动与体验，能够给予参观者更深刻的印象。

五是 2020 年 5 月 1 日中铁一局迎来建局 70 周年，新展览馆建设为局庆献礼工程，向社会各界全面展示企业发展成就。

新展览馆必然包含企业发展历史的板块，展陈方式借鉴国内大型历史博物馆，力求生动反映企业发展史，这就要求除了文字介绍，更需要通过展示历史照片、历史物件和历史视频等生动直观的内容，给予参观者直观感受和视觉冲击。中铁一局从建局伊始，就保持了良好的档案管理传统，文书和实物档案实现了不断代保管，历史档案资源非常丰富，广大老职工手中，还散落很多与企业相关的老物件，可用于展示。因此，档案人员需要对库存有价值的历史档案进行系统挖掘；同时，广泛征集一批反映企业各发展阶段、各类别的历史物件，丰富展示内容。

三、创新做法

为了建设展览馆，追溯企业发展历史，中铁一局档案部门对库存的历史档案进行了挖掘，并向广大老职工征集历史物件，经过筛选，进行了展览，取得了良好效果。

（一）挖掘库存历史档案

中铁一局库存的历史档案非常丰富，最早的档案可以追溯到 1949 年。借展览馆建设之机，2018 年 5 月，3 名档案人员对三类历史档案进行了集中挖掘。一是文书档案类。先从局史志中搜寻有价值的线索，厘清企业发展脉络，再从老档案的目录上查找。搜集到 1950 年 5 月刚成立时局领导班子《告所属全体职工书》、西北军政委员会印发的文件、公司九易其名的文件、重大改革文件，党中央、国务院、中央军委、铁道部各个年代发送的贺电等珍贵文书档案。二是奖状锦旗题词类。之前对企业进行重大表彰，颁发奖状和锦旗比较普遍，因此，企业保管了多达100多幅奖状和锦旗，省部级以上领导到公司视察也比较多，有很多题词。档案人员对全部奖状锦旗题词进行了梳理，包括1952年西北军政委员会授予的绣有毛主席题词的锦旗原件，最后成为"镇馆之宝"（图1）；毛泽东、刘少奇、彭德怀、习仲勋、张治中、朱镕基等领导人的题词；铁道部颁发的各类奖状。三是书籍报刊画册类。企业保管的各类报刊也非常多，全部进行梳理，搜集到20世纪50年代企业报刊《西北铁道》创刊号，天兰铁路通车纪念画册、建局十周年纪念画册，以及20世纪50年代第一条沙漠铁路包头至兰州铁路施工总结、20世纪70年代陕南山区阳平关至安康铁路施工总结等，都非常珍贵。

图1　镇馆之宝——毛泽东主席题词的锦旗原件

中铁一局在70年的发展历程中，还锻造了两段文化传奇。一是文工团。文工团的前身为陕甘宁边区延安西北儿童剧团，1952年划入中铁一局；1960年文工团三进中南海演出歌剧《两代人》，受到周恩来、朱德、董必武、习仲勋等领导接见；1983年话剧《唐太宗与魏征》再进中南海演出，受到习仲勋、杨尚昆等领导接见；1992年文工团解散。档案人员专门对文工团相关历史档案进行挖掘，收获非常丰富，包括剧照近千张，各个时期的曲谱、剧本、证书、报刊等历史资料，尤其还有一把19世纪末意大利纯手工小提琴，也是文工团唯一保存下来的乐器，具有很强的时代价值和艺术价值。二是子弟学校老师张桂林的版画。张桂林从20世纪50年代坚持版画教学和创作，多件经典作品引起社会广泛关注，在国际、国内获得多项艺术大奖，培养了众多艺术人才。档案人员除了在库房找到一箱相关书籍，还与80多岁的张桂林取得了联系，获赠了其代表作品、获得的重要奖项、国家级报刊的报道、艺术创作的工具等。两段文化传奇，让中铁一局的历史发展更有文化韵味。

（二）广泛征集历史老物件

中铁一局为老国企，有众多退休老职工，保管着许多与企业相关的历史物件，可以用于展览馆展示。2018年4月至5月期间，档案人员赴陕西各地8个老小区开展老物件现场征集。为了征集到尽可能多的老物件，档案人员采取了以下几项措施：一是广泛宣传动员。档案人员发布了关于征集有价值历史实物、声像资料的通知，要求各公司将通知张贴于各老小区宣传栏，主要集中在陕西西安、咸阳、宝鸡、渭南地区。二是重要人物个别通知。档案人员与各个小区的物业人员取得联系，寻求其工作支持，逐个小区约定现场征集老物件时间；物业人员还赴处级以上老干部家中进行单独通知，平时也在小区内口头宣传，营造了良好的征集氛围。三是现场征集。每个小区安排1天时间进行现场征集，在小区显著位置挂横幅，还让捐赠者通知其亲朋好友，征集信息传播更加广泛，老职工纷纷前来捐赠。档案人员对每位捐赠者的信息和物品都进行了详细登记，捐赠者还获得了纪念品。

广大老职工对企业感情深厚，因此对此次征集活动大力支持，基本都是倾囊相授，将有价值的老物件全部捐赠（图2）。本次征集活动，共有150余名老职工捐赠了700余件实物，包括施工资料、奖章奖状、证件、工作学习和生活用品等，印证了公司从20世纪50年代至今各个时期的发展情况。

除此之外，档案人员还赴兰州铁路局，搜寻到了公司修建的第一条铁路——天水至兰州铁路通车视频（1952年10月1日），视频中再现了在兰州东站举行的庆祝新中国成立三周年暨天兰铁路通车盛典，还能看到现场授予西北铁路干线工程局（中铁一局前身）绣有毛泽东题词锦旗的画面，以及老领导王世泰的画面。从西安电影制片厂搜集到20世纪70年代修建陕南山区阳平关至安康铁路的纪录片，视频中广大职工干劲十足、攻坚克难，彰显了吃苦奉献的精神，具有较强的教育意义。

图 2　老职工捐赠老物件

（三）集中整理展示

针对库存的历史档案，档案人员多次讨论研究，筛选出最具有代表性的档案，按照年代进行分类，并进行了临时编号。征集来的历史物件，档案人员对捐赠人和征集物件进行临时编号，还逐一对物件进行了拍照；因为要按年代进行展示，所以选取了一批有代表性的老物件，按年代进行了分类。

在展示过程中，根据所有展柜、展龛的展示空间，再次进行了筛选，选择最有时代特色、最有企业特色的物品进行展示，体现出企业在各个年代为新中国发展作出的巨大贡献。最终展示150余张历史图片、180件历史实物、2段历史视频；对文工团和版画进行了专题展示。

总之，在中铁一局展览馆历史篇章，以时间为轴，展现了各个时期修建的各项铁路及其他工程，并展示了相关实物和视频，让广大参观者直观感受到了时代的发展和企业的成就（图3）。

四、效果及影响

中铁一局展览馆以图文并茂、实物展览、记录视频等形式，全方位展现了中铁一局70年发展历史和企业综合施工实力，涌现出的窦铁成、白芝勇、王海等劳模先进事迹，反映了西北铁路建设史乃至新中国基建领域的发展历史和辉煌成就。

图 3　历史篇全景

（一）服务企业市场开发工作

中铁一局利用展览馆向各地政府和各方客户展示企业历史文化、强大实力和良好形象。开馆一年多来，全国各地 30 多个政府考察团、10 多家交通建设系统考察团、10 多家地铁公司考察团，以及合作客户、大型企业领导超过 1000 人来企业考察参观，企业的历史文化和实力得到了参观者的认可和肯定，也为企业承揽施工任务起到了促进作用。2020 年，中铁一局新签合同额超过 2000 亿元，为企业带来了巨大的经济效益。

（二）有助于开展爱党爱国教育

展览馆对外开放，利用各类主题教育、大型会议等时机，开展爱党爱国爱企教育活动。自开馆以来，先后接待长安大学、西南交通大学、石家庄铁道大学、兰州交通大学、西安建筑科技大学、陕西省铁路职业技术学院等高校师生 200 余人开展研学活动。师生们参观期间重温入党誓词，了解新中国铁路及其他基础建设发展史，给予他们极大鼓舞，增强了民族荣誉感和自豪感，对青少年具有非常好的爱国主义教育作用。2020 年 9 月，中铁一局展览馆被共青团陕西省委认定为陕西省青少年爱国主义教育基地（图 4）。

图 4　中铁一局展览馆被认定为陕西省青少年爱国主义教育基地

（三）在社会及企业形成较好反响

中铁一局展览馆自 2019 年 7 月 1 日建成开放以来，向社会各界全方位展现了企业 70 年发展历史，见证了新中国铁路发展历程，展览馆先后接待全国各省（自治区、直辖市）市及各类科研机构、协会 200 余次，受到社会各界及企业职工的一致好评，取得较好反响。

2019 年 9 月，中国中铁党委书记、董事长陈云在西安出席 2019 欧亚经济论坛期间，专程来参观中铁一局展览馆。陈云指出，中铁一局历史文化深厚，综合实力突出，展览馆进行了充分佐证。展出的历史物件，包括 20 世纪 50 年代毛主席题词的锦旗，充分体现出中铁一局、中国中铁为新中国发展作出的巨大贡献。

原《铁路建设报》总编钱之强用"震撼，非常震撼"六个字表达了他参观展览馆的感受："好像从退休以前的老一局走出来了，走到了中铁一局新的时代、新的天地、新的世纪。"他认为，中铁一局在庆祝建局 70 周年之际推出此展览，阐述了"不忘初心、牢记使命"的内涵。他表示，档案管理历来是一种静态管理的模式，现在从原来长期封存、静态管理的模式走到了今天开放、优化的模式，把档案这种具有历史价值和时代意义的老物件与时代需要结合起来，真实将档案功能公开在大众面前，变成了传承企业精神、感化职工情操的好教材，有助于鼓舞过去这一代、现在这一代和将来这一代。

"收集老物件是一件功在当代、利在千秋的大好事,很好传承了中铁一局的精神。"在中铁一局工作了44年的原《铁路建设报》报社编委刘本贵动情地说:"我是一局的老人,在一局成长起来,是一局养育了我,对一局的感情是永远不能割舍的,我把自己的所有工作时间献给了一局,献出的那些东西都是一局发展过程中的一些物件,这些物件经过捐献,将永远存在一局的历史当中。"

案例形成单位:中铁一局集团有限公司

案例形成人:刘彬彬、周静、黄扬笛、舒明磊、谭洪波